民商法学家(第11卷)

张民安 主 编

隐私合理期待总论
——隐私合理期待理论的产生、发展、继受、分析方法、保护模式和争议

张民安 主 编
林泰松 副主编

中山大学出版社
SUN YAT-SEN UNIVERSITY PRESS
·广州·

版权所有　翻印必究

图书在版编目（CIP）数据

隐私合理期待总论：隐私合理期待理论的产生、发展、继受、分析方法、保护模式和争议/张民安主编；林泰松副主编. —广州：中山大学出版社，2015.9

（民商法学家·第11卷/张民安主编）

ISBN 978-7-306-05354-1

Ⅰ.①隐…　Ⅱ.①张…②林…　Ⅲ.①隐私权—研究　Ⅳ.①D913.04

中国版本图书馆CIP数据核字（2015）第159757号

出版人：	徐　劲
策划编辑：	蔡浩然
责任编辑：	蔡浩然
封面设计：	方楚涓
责任校对：	杨文泉
责任技编：	何雅涛
出版发行：	中山大学出版社
电　　话：	编辑部 020-84111996，84113349，84111997，84110779
	发行部 020-84111998，84111981，84111160
地　　址：	广州市新港西路135号
邮　　编：	510275　　　　传　真：020-84036565
网　　址：	http://www.zsup.com.cn　　E-mail:zdcbs@mail.sysu.edu.cn
印　刷　者：	广东省农垦总局印刷厂
规　　格：	787mm×1092mm　1/16　36.75印张　557千字
版次印次：	2015年9月第1版　2015年9月第1次印刷
定　　价：	69.90元

如发现本书因印装质量影响阅读，请与出版社发行部联系调换

主编特别声明

提出新观点,倡导新观念,援引新资料,解决新问题,推动中国民商法理论的创新和民商法学的进步,是《民商法学家》一贯的宗旨,也是《民商法学家》主编一直以来所追求的目标。

《民商法学家》主编张民安教授和林泰松律师凭借良好的专业素质、外语水平和与国内外民商法理论界和民商法实务界的良好关系,从理论和实务、国内和国外两个角度诠释当代民商法的最新理念,揭示当代民商法案例中所蕴含的内涵,提升我国民商法的理论水准,为我国立法机关科学地制定民商法提供理论支撑,为我国司法机关科学妥当地解决纷繁复杂的民商事案件提供理论指导。

尊敬的读者,如果您在《民商法学家》中读到所援引的任何案例、法官的判词、学者的精辟论述和提出的学术观点,并在撰写文章或出版著作时引用,请您遵守最基本的学术规范和尊重作者最基本的权利,加上"转引自张民安主编的《民商法学家》"等字样,以体现对作者艰辛劳动的尊重。因为学术虽然是开放的,但是,作者的劳动是应当得到保护的。只有这样,学术才能繁荣,民商法学才能进步,在学术上倡导新观念、提出新观点的学者才能真正体现其价值。

序

一、美国联邦最高法院在1967年所确立的隐私合理期待理论

（一）问题的提出

在任何国家，法律均保护他人对其住所或者其他私人场所享有的权利，因为这些国家的法律均认为，他人对其住所或者其他私人场所享有财产所有权或者其他权利，在欠缺正当根据的情况下，行为人不得擅自侵入他人的住所或者其他私人场所，否则，他们的行为就构成侵权行为，在符合侵权责任的一般构成要件的情况下，他们应当对他人遭受的损害承担赔偿责任。

问题在于，如果政府执法人员怀疑公民在其住所或者其他私人场所实施犯罪行为，政府执法人员是否有权侵入公民的住所或者其他私人场所搜查犯罪证据？如果政府执法人员在公民的住所或者其他私人场所发现了犯罪证据，他们是否有权扣押所发现的犯罪证据？如果政府执法人员在没有权利侵入公民的住所或者其他私人场所的情况下擅自侵入公民的住所或者其他私人场所实施搜查行为或者扣押行为，他们所实施的搜查行为或者扣押行为是否侵犯了公民所享有的权利？如果政府执法人员所实施的行为侵犯了公民所享有的权利，他们所实施的搜查行为或者扣押行为究竟侵犯了公民所享有的哪一种权利，是财产所有权、自由权、人格尊严权还是隐私权？

同样，如果公民驾驶其机动车驶入大街或者高速公路，在政府执法人员怀疑公民驾驶机动车实施犯罪行为的情况下，政府执法人员是否有权拦截公民的机动车并且即刻对其机动车实施搜查行为或者扣押行为？如果政府执法人员没有权利拦截公民的机动车并且对其机动车实施搜查行为或者扣押行为，他们所实施的搜查行为或者扣押行为是否侵犯了公民所享有的权利？如果他们的搜查行为或者扣押行为侵犯了公民所享有的权利，他们所实施的行为究竟侵犯了公民所享有的什

么权利,是财产所有权、自由权、人格尊严权还是隐私权?

(二)《美国联邦宪法第四修正案》的规定

在美国,无论是法官还是学者均对这些问题作出了明确说明。他们均认为,如果政府执法人员违反《美国联邦宪法第四修正案》的规定实施搜查行为或者扣押行为,则他们所实施的搜查行为或者扣押行为将会是违法的、违宪的,因为他们实施的搜查行为或者扣押行为侵犯了公民所享有的权利。《美国联邦宪法第四修正案》明确规定:公民对其人身、住宅、文件和财产享有免受无理搜查和扣押的权利。除非存在某种依照合理根据,以宣誓或代誓宣言保证,并具体说明搜查地点和扣押的人或物;否则,法官不得发出搜查证或者扣押证。问题在于,政府执法人员所实施的搜查行为或者扣押行为究竟侵犯了公民的什么权利?对此问题,法官和学者在不同时期所作出的说明并不相同。

(三) 从财产所有权理论到隐私合理期待理论

总的来说,在1967年之前,美国的法官和学者所作出的回答是,政府执法人员所实施的不合理的搜查行为和扣押行为侵犯了公民所享有的财产所有权;而到了1967年之后,美国的法官和学者所作出的回答是,政府执法人员所实施的不合理的搜查行为和扣押行为侵犯了公民所享有的隐私权。同样是违反了《美国联邦宪法第四修正案》。美国的法官和学者之所以在不同时期作出的回答存在天壤之别,是因为在1967年之前,美国的法官和民法学者对《美国联邦宪法第四修正案》进行字面解释,认为该条所保护的利益是公民的财产利益;而到了1967年之后,为了应对科技快速发展所带来的影响,美国的法官和民法学者对《美国联邦宪法第四修正案》进行目的解释,认为该条所保护的利益并不是公民的财产利益而是公民的隐私利益。

在美国,放弃司法判例长久以来所确立的财产所有权理论而改采隐私权理论的做法始于1967年,它是由美国联邦最高法院在著名的Katz v. United States 一案[1]当中确立的,在该案当中,美国联邦最高

---

[1] 389 U. S. 347(1967).

法院确立了其影响深远并且备受争议的著名理论，即隐私的合理期待理论（reasonable expectation of privacy）。隐私的合理期待理论认为，如果公民对其被政府执法人员搜查或者扣押的场所或者财物享有主观上的隐私期待，并且如果公民对这些场所或者财物所具有的隐私期待是合理的，则政府执法人员不得对公民的这些场所或者财物实施搜查行为或者扣押行为，否则，他们实施的搜查行为或者扣押行为就侵犯了公民对这些场所或者财物所享有的隐私权，除非他们在实施搜查行为或者扣押行为时完全遵守了《美国联邦宪法第四修正案》所规定的条件和程序，或者虽然他们没有遵循《美国联邦宪法第四修正案》所规定的条件或者程序，但是，他们符合美国联邦最高法院所确立的各种各样的例外规则。

（四）隐私合理期待理论的适用领域

在美国，公民所享有的此种隐私权被认为是一种新隐私权，在性质上属于一种场所隐私权，虽然美国联邦最高法院在 Katz 一案当中明确认定，《美国联邦宪法第四修正案》所保护的是人而不是场所，但实际上，隐私的合理期待理论所保护的隐私权当然属于公民对其私人场所和公共场所所享有的隐私权，因为该种理论的目的在于防止行为人尤其是政府执法人员在没有正当理由或者正当程序的情况下对公民在其私人场所或者公共场所的行为或者活动实施监控。

今时今日，虽然隐私的合理期待理论备受争议，但是，该种理论仍然是美国实在法当中的重要理论，除了在美国侵权法当中得到适用之外，该种理论也从美国渗透到其他英美法系国家，因为，由于受到美国联邦最高法院所确立的隐私合理期待理论的影响，加拿大和英国的法官和学者也开始适用或者主张该理论。除了向英美法系国家渗透之外，隐私的合理期待理论也渗透到传统的大陆法系国家，因为从1997年开始，欧洲人权法院也采取隐私的合理期待理论来分析行为人的行为是否侵犯了他人所享有的隐私权。

此外，虽然隐私的合理期待理论仅仅是美国联邦最高法院在《美国联邦宪法第四修正案》当中所确立的理论，但是，该种理论除了在宪法领域、人权领域得到适用之外，也在一般侵权责任领域得到适用，因为，包括美国在内的某些国家的法官也在一般的隐私侵权责任当中适用该种理论。

在我国，除了笔者和笔者的学生近些年来对美国联邦最高法院所主张的隐私合理期待理论表示关注之外，几乎没有任何学者或者法官对隐私合理期待理论表示关注。虽然我们的具体实践当中已经发生了这样的案件，诸如人们所熟悉的夫妻在家看"黄碟"案，但是，很少有民法学者从隐私合理期待理论的角度对这些案件作出分析。

二、笔者对隐私合理期待理论的关注

自1967年被首次确立以来，隐私的合理期待理论即获得快速的发展，除了在英美法系国家得到适用之外，它也在大陆法系国家获得承认。在我国，笔者和笔者的学生近些年对隐私合理期待理论作出过研究和介绍，例如，宋志斌律师和孙言在2013年的《社会公众的合理隐私期待》一文当中，对美国联邦最高法院所确立的隐私合理期待理论作出了讨论，介绍了美国联邦最高法院在2001年的著名案件即Kyllo v. United States一案中对隐私的合理期待理论作出的说明。① 在2013年的《美国当代隐私权研究》当中，笔者以大量的篇幅介绍了《美国联邦宪法第四修正案》当中的隐私合理期待理论。

首先，在《美国当代隐私权研究》的序言当中，笔者对隐私合理期待的二分法理论作出了简单的说明。② 其次，在《美国隐私权的百年历程》当中，肯·高米莉对美国联邦最高法院所确立的隐私合理期待理论作出了详细的阐述，包括隐私合理期待理论产生的历史、原因、隐私的合理期待理论与一般隐私侵权责任之间的关系以及美国Katz一案之后法官对待隐私合理期待理论的态度等等。③ 再次，在《"隐私合理期待"的三步分析法》一文当中，理查德·威尔金斯除了对隐私的合理期待理论的产生和发展作出了详细的介绍之外，也对

---

① 宋志斌、孙言：《社会公众的合理隐私期待——Kyllo v. United States 一案评析》，载张民安主编：《隐私权的比较研究》，中山大学出版社2013年版，第98～116页。
② 张民安主编：《美国当代隐私权研究》，中山大学出版社2013年版，序言，第25页。
③ 肯·高米莉：《美国隐私权的百年历程》，黄淑芳译，载张民安主编：《美国当代隐私权研究》，中山大学出版社2013年版，第118～134页。

如何界定隐私合理期待问题作出了详细的分析，他认为，应当通过所谓的三步分析法来界定公民所享有的隐私合理期待。① 复次，在《公众对于免受 GPS 监控是否享有合理隐私期待》一文当中，林泰松博士和韩林平对 GPS 用户所享有的合理隐私期待问题作出了讨论，介绍了美国联邦最高法院在 2011 年的著名案件即 Jones v. United States 一案当中对隐私的合理期待理论作出的分析。② 最后，在《隐私期待与隐私权的消退》一文当中，肖恩·B. 斯宾塞对隐私合理期待理论所面临的问题作出了讨论，他着重分析了隐私合理期待正在因为各种各样的原因而消退的问题。③

不过，这些研究过分琐碎，不够集中，与隐私合理期待理论在现代隐私权领域的重要地位严重不对称。为了加强我国民法学者对隐私合理期待理论的了解，为了强化我国民法学者对隐私合理期待理论重要性的认识，为了推动我国民法学者对隐私合理期待理论的研究，为了能够将隐私合理期待理论引入我国并因此成为我国民法学者和法官耳熟能详的一种民法理论，笔者同时在所主编的《民商法学家》（第 11 卷）和《侵权法报告》（第 8 卷）当中对隐私合理期待理论进行详尽的研究，其中的《民商法学家》（第 11 卷）集中讨论隐私合理期待的一般理论，诸如：隐私合理期待理论的产生、发展和继受，隐私合理期待的不同保护模式，公民或者他人对其被政府执法人员或者行为人搜查的对象所享有的权利性质以及隐私合理期待理论所存在的问题。而《侵权法报告》（第 8 卷）则集中讨论隐私合理期待理论的具体适用，诸如：科技对隐私合理期待理论所产生的影响；隐私合理期待理论在互联网和计算机领域的适用；隐私合理期待理论在 iPhone、Facebook、MySpace 和 GPS 领域的适用以及隐私合理期待理论在人际交往关系当中的适用；等等。

---

① 理查德·威尔金斯：《"隐私合理期待"的三步分析法》，南方译，载张民安主编：《美国当代隐私权研究》，中山大学出版社 2013 年版，第 412～443 页。
② 林泰松、韩林平：《公众对于免受 GPS 监控是否享有合理隐私期待》，载张民安主编：《美国当代隐私权研究》，中山大学出版社 2013 年版，第 444～456 页。
③ 肖恩·B. 斯宾塞：《隐私期待与隐私权的消退》，载张民安主编：《美国当代隐私权研究》，中山大学出版社 2013 年版，第 457～515 页。

三、《民商法学家》（第 11 卷）的主要内容

具体来说，《民商法学家》（第 11 卷）对隐私合理期待的一般理论进行详尽的研究，主要包括五个方面的内容。

（一）隐私合理期待理论的产生、发展和继受

在历史上，隐私合理期待理论是不存在的，即便民法学者或者法官普遍认可隐私权的存在，他们也并没有主张隐私合理期待理论。事实上，隐私合理期待理论的历史较为短暂，因为该种理论首次在 1967 年确立，它是经由美国联邦最高法院在著名的 Katz v. United States 一案[①]当中确立的。因此，如果从其产生之日开始起算，隐私合理期待理论也仅仅具有 48 年的历史。不过，虽然该种理论产生的历史很短，但其发展和传播却非常迅速，因为该种理论在短短的 48 年之内已经从美国渗透到加拿大、英国，已经从英美法系国家渗透到大陆法系国家，也就是渗透到欧盟。

问题在于，隐私合理期待理论是如何确立的？美国联邦最高法院为什么要在 1967 年的 Katz 一案当中确立隐私合理期待理论？该种理论为什么能够在短短的 48 年内漂洋过海并因此在两大法系国家的侵权法当中站稳脚跟？

关于这些问题，《民商法学家》（第 11 卷）将作出详细的说明，此处从略。

（二）隐私合理期待的分析方法

如果法官要采用隐私合理期待理论来分析政府执法人员或者行为人是否侵犯了公民或者他人所享有的隐私权，他们所采取的分析方法是什么？对此问题，美国联邦最高法院在 1967 年的 Katz 一案当中作出了明确说明，这就是它在该案当中所采取的隐私合理期待的二步分析法。

第一步，确立公民或者他人是否对被政府执法人员或者行为人所

[①] 389 U. S. 347 (1967).

侵犯的场所或者财物享有主观上的隐私期待，也就是，判断公民或者他人是否将这些场所或者财物看作具有私人性质的场所或者财物。如果法官认定公民主观上没有此种隐私期待，则即便政府执法人员或者行为人对这些场所或者财物实施搜查行为或者扣押行为，他们所实施的搜查行为或者扣押行为是合法的，不构成隐私侵犯行为。

第二步，确立公民或者他人对政府执法人员或者行为人所侵犯的场所或者财物所享有的主观隐私期待在客观上是否合理，如果公民或者他人的主观隐私期待是合理的，则政府执法人员或者行为人的搜查行为或者扣押行为就侵犯了公民或者他人所享有的隐私权，应当承担隐私侵权责任，或者其收集的证据构成应当予以排除的非法证据，除非政府执法人员或者行为人具备了某种正当理由并且履行了某种正当程序。如果公民或者他人的主观隐私期待是不合理的，则即便政府执法人员或者行为人实施了搜查行为或者扣押行为，他们的行为也没有侵犯公民或者他人所享有的隐私权，无需承担隐私侵权责任，其收集的证据也不构成应当予以排除的非法证据。

美国联邦最高法院所采取的此种二步分析法已经为两大法系国家的法官所采取，也应当为我国的法官所采取。

关于隐私合理期待的二步分析法，《民商法学家》（第11卷）将作出详细的说明，此处从略。

（三）隐私合理期待的保护模式

在美国，虽然联邦最高法院明确承认了隐私合理期待理论，但是，公民的隐私合理期待究竟应当如何保护，公民的隐私合理期待究竟有哪些保护模式，联邦最高法院并没有作出清晰的说明，美国民法学者对这样的问题存在这样或者那样的争议。某些民法学者认为，联邦最高法院所确立的隐私合理期待仅有一种保护模式，这就是平衡保护。而某些民法学者则认为，联邦最高法院所确立的隐私合理期待保护模式虽然仅有一种，但是，它并不是平衡保护模式，而是另外一种新模式：考察公民对其信息披露程度的模式。某些民法学者认为，联邦最高法院所确立的隐私合理期待保护模式并不是一种，而是四种，即可能性模式、私人事实模式、实在法模式以及法律目的模式。

关于隐私合理期待保护模式的争议，《民商法学家》（第11卷）将作出详细的说明，此处从略。

（四）公民或者他人权利的性质

如果政府执法人员实施不合理的搜查行为或者扣押行为，或者如果行为人实施不合理的侵入行为或者侵扰行为，他们所实施的这些不合理行为究竟侵犯了公民或者他人什么性质的权利？对此问题，不同时期的法官和学者有不同的意见，甚至同一时期的不同法官或者学者也有不同的意见。虽然隐私合理期待理论将公民或者他人享有的权利称为隐私权，但是，某些法官和民法学者也认为，当政府执法人员或者行为人实施非法行为时，他们所实施的非法行为除了侵犯公民或者他人的隐私权之外，也可能同时侵犯了公民或者他人的财产权，尤其是财产所有权。某些学者则认为，政府执法人员或者行为人所实施的非法行为并没有侵犯公民或者他人的隐私权，而是侵犯了公民或者他人享有的安全权、人格尊严权、自由权，等等。关于政府执法人员或者行为人实施的非法行为所侵犯的权利性质的不同学说，《民商法学家》（第11卷）将作出详细的说明，此处从略。

（五）隐私合理期待理论所存在的问题

在美国，虽然联邦最高法院所确立的隐私合理期待理论已经获得了两大法系国家法律的承认，但是，美国学者近些年来一直都对此种理论作出严厉的批判。美国学者为什么会对隐私合理期待理论作出严厉的批判？这些学者在批判隐私合理期待理论的同时究竟提出了什么样的替代理论？他们究竟是主张完全放弃隐私合理期待理论还是改良该种理论？

对于这些问题，《民商法学家》（第11卷）将作出详细的说明，此处从略。

四、《民商法学家》主编致谢

想他人所不能想，言他人所不能言，著他人所不能著，编他人所不能编，对迄今为止被认为是天经地义、理所当然的某些基本民商法理论、某些基本民商法制度提出挑战，介绍或者提出某些"不同凡响"的甚至被认为是"离经叛道"的民商法理论和民商法观点，是编者 20 年以来所一直追求的目标，也是笔者主编《民商法学家》的宗旨和希望实现的目的。

自 2005 年 5 月笔者在中山大学出版社出版了《民商法学家》第 1 卷以来，笔者已经先后在中山大学出版社出版了 10 卷本的《民商法学家》，对英美法系国家的最新民法理论尤其是最新的侵权法理论作出了详细的讨论。这些著作出版之后被国内民法学者广泛阅读、引用，对于繁荣我国民法理论尤其是侵权法理论起到了重要的作用。在第 11 卷的《民商法学家》即将出版之际，编者希望对 10 年来不断关注和阅读《民商法学家》的广大读者表示由衷的谢意，是你们对笔者所主编的《民商法学家》的关注、阅读和引用，才让笔者十年如一日地执着于《民商法学家》的编著和出版。

《民商法学家》（第 11 卷）之所以能够顺利出版，除了主编和各著译者的努力之外，还得益于中山大学出版社的鼎力支持，在《民商法学家》（第 11 卷）即将出版之际，本书主编真诚地对中山大学出版社和蔡浩然编审表示由衷的感谢！

张民安教授
2015 年 4 月 6 日
于广州中山大学法学院

目 录

第一编 隐私合理期待理论的产生和发展

隐私合理期待理论研究 …………………………………… 张民安
　一、导论 …………………………………………………………（1）
　二、财产所有权理论的产生和发展 ……………………………（3）
　三、隐私权理论的产生和发展 …………………………………（11）
　四、隐私合理期待理论在美国的产生和确立 …………………（18）
　五、隐私合理期待理论在两大法系国家的继受 ………………（31）
　六、隐私合理期待理论在我国的继受 …………………………（43）

隐私合理期待理论
——《美国联邦宪法第四修正案》所保护的隐私权原则和政策
　………………………………… 大卫·M. 奥布赖恩 著　张雨 译
　一、导论 …………………………………………………………（54）
　二、隐私权的政治理想与权利现状 ……………………………（56）
　三、《美国联邦宪法第四修正案》的历史、文本以及
　　　逻辑 …………………………………………………………（62）
　四、Boyd v. United States 一案及其后续案件 ………………（66）
　五、合理的隐私期待：从 Olmstead 一案到 Katz 一案 ……（81）
　六、灵活的宪法与狭隘的保护模式 ……………………………（98）
　七、结语 …………………………………………………………（115）

加拿大的隐私合理期待理论 ……………………………………
　………………………………… 哈米什·斯图尔特 著　陈圆欣 译
　一、导论 …………………………………………………………（117）
　二、加拿大最高法院对隐私合理期待理论作出的一般
　　　说明 …………………………………………………………（119）
　三、加拿大最高法院在 R. v. Nolet 一案中对隐私合理
　　　期待作出的具体说明 ………………………………………（128）

四、加拿大最高法院在 R. v. Gomboc 一案中对隐私合理
期待作出的具体说明 …………………………………（129）
五、结语 ………………………………………………………（133）

第二编　隐私合理期待的分析方法

公民的隐私合理期待
——《美国联邦宪法第四修正案》中的搜查、扣押和
　　诉权 …………… 斯蒂芬·P. 琼斯 著　王垚 译
一、导论 ………………………………………………………（135）
二、《美国联邦宪法第四修正案》诉讼案件中"诉权"的
　　概念 ………………………………………………………（136）
三、Katz 一案与隐私合理期待的分析方法 ………………（137）
四、何为扣押行为 ……………………………………………（145）
五、何为搜查行为 ……………………………………………（148）
六、结语 ………………………………………………………（175）

为了更好地保密而超越纯粹的保密利益
——拓展《美国联邦宪法第四修正案》所保护的隐私
　　范围 …………… 詹姆斯·J. 汤姆克维兹 著　孙言 译
一、导论 ………………………………………………………（176）
二、理解《美国联邦宪法第四修正案》搜查规制的界限：
　　利益驱使方法的诞生、成熟与改进 ……………………（179）
三、对宪法保护范围的恰当指引：《美国联邦宪法第四
　　修正案》所保护的隐私利益的性质 ……………………（184）
四、对《美国联邦宪法第四修正案》所规定的范围规则的
　　批判与修改建议 …………………………………………（193）
五、实现 Katz 一案的承诺：一种经过改良的范围界定的
　　理论分析方法 ……………………………………………（204）
六、结语 ………………………………………………………（225）

隐私合理期待的两步分析法
——对 United States v. Knotts 一案的评析 …… 林泰松　王垚
一、导论 ………………………………………………………（228）

二、隐私权的三种分析方法 …………………………… (229)
三、对 United States v. Knotts 一案的判决 …………… (237)
四、对 United States v. Knotts 一案的评析 …………… (243)
五、结语 ………………………………………………… (245)

第三编　隐私合理期待的保护模式

《美国联邦宪法第四修正案》所贯彻的平衡调整理论
………………………… 奥林·S. 科尔 著　陈圆欣 译
一、导论 ………………………………………………… (248)
二、《美国联邦宪法第四修正案》中的平衡调整理论…… (252)
三、与平衡调整理论相关的例子 ……………………… (264)
四、支持平衡调整理论的案件 ………………………… (294)
五、结语 ………………………………………………… (310)

隐私合理期待保护的一种新模式
………………………… 布莱恩·J. 赛尔 著　孙言 译
一、导论 ………………………………………………… (312)
二、Katz 一案：现代《美国联邦宪法第四修正案》的
　　诞生 ………………………………………………… (316)
三、联邦最高法院对 Katz 一案标准的解读 …………… (322)
四、《美国联邦宪法第四修正案》保护的一种新模式：
　　考察他人披露的程度 ……………………………… (338)
五、结语 ………………………………………………… (350)

《美国联邦宪法第四修正案》对隐私合理期待所提供的四种保护模式
………………………… 奥林·S. 科尔 著　罗小艺 译
一、导论 ………………………………………………… (354)
二、隐私合理期待的四种保护模式 …………………… (358)
三、适用多种保护模式的论证 ………………………… (377)
四、结语 ………………………………………………… (404)

第四编　隐私合理期待理论的争议

《美国联邦宪法第四修正案》所保护的对象：财产、隐私和安全
………………………… 托马斯·K. 克兰西 著　李倩 译

一、导论 ………………………………………………… (407)
二、财产所有权理论的产生、发展及终结 ……………… (409)
三、隐私权理论的产生、发展及缺陷 …………………… (421)
四、安全权理论的确立 …………………………………… (430)
五、结语 …………………………………………………… (443)

人格尊严理论与《美国联邦宪法第四修正案》
………………… 约翰·D. 卡斯堤略内 著 陈圆欣 译
一、导论 ………………………………………………… (446)
二、过分依赖隐私权理论会削弱《美国联邦宪法第四
　　修正案》为公民提供保护的力度 ……………………… (450)
三、人格尊严理论比隐私权理论更能把握《美国联邦
　　宪法第四修正案》的核心价值观念 …………………… (458)
四、将人格尊严理论纳入合理性的判断标准 …………… (470)
五、结语 …………………………………………………… (481)

"每个人"的《美国联邦宪法第四修正案》
——隐私或者政府与公民之间的互相信任
………………… 斯科特·E. 桑德贝 著 罗小艺 译
一、导论 ………………………………………………… (484)
二、《美国联邦宪法第四修正案》的当前理论：隐私权与
　　合理性 …………………………………………………… (487)
三、隐私权已不再适用于《美国联邦宪法第四修正案》
　　的分析 …………………………………………………… (490)
四、《美国联邦宪法第四修正案》的新比喻：政府与公民
　　之间的信任 ……………………………………………… (501)
五、结语：公民自由的代价 ……………………………… (533)

《美国联邦宪法第四修正案》保护范围的判断标准
——一种实用主义的方法
………………… 丹尼尔·J. 索洛韦伊 著 敬罗晖 译
一、导论 ………………………………………………… (536)
二、《美国联邦宪法第四修正案》保护范围的有限性 …… (540)
三、一种实用主义的方法 ………………………………… (553)
四、结语 …………………………………………………… (564)

第一编 隐私合理期待理论的产生和发展

隐私合理期待理论研究

张民安[①]

目　次

一、导论
二、财产所有权理论的产生和发展
三、隐私权理论的产生和发展
四、隐私合理期待理论在美国的产生和确立
五、隐私合理期待理论在两大法系国家的继受
六、隐私合理期待理论在我国的继受

一、导论

在我国，《侵权责任法》第 2 条明确规定，一旦行为人侵犯他人所享有的隐私权，他们应当根据《侵权责任法》的规定对他人承担侵权责任。问题在于，我国《侵权责任法》第 2 条所规定的隐私权的客体是什么，是他人的住所、其他场所、机动车、容器还是他人所实施的行为、活动或者其他信息？如果政府执法人员或者行为人对公民或者他人的住所、其他场所、机动车、容器或者他们所实施的行为、活动或者其他信息实施搜查行为或者扣押行为，他们所实施的搜

[①] 张民安，中山大学法学院教授，博士生导师。

查行为或者扣押行为究竟是侵犯公民或者他人对这些不动产、动产或者信息所享有的财产权,还是侵犯公民或者他人对这些不动产、动产或者信息所享有的隐私权?对此问题,除了我国《侵权责任法》没有作出明确规定之外,我国民法学者也普遍没有作出回答。笔者认为,在分析我国《侵权责任法》第2条所规定的隐私权时,我们应当引入美国联邦最高法院在1967年所确立的隐私的合理期待理论。

所谓"隐私合理期待"理论（reasonable expectation of privacy）,是指在判断政府执法人员或者行为人所实施的行为是否侵犯了公民或者他人所享有的隐私权时,我们应当同时考虑公民或者他人在主观上对待其住所、其他场所、机动车、容器、行为、活动或者其他信息的主观态度和公民或者他人所具有的此种主观态度在客观上是否合理的问题。如果公民或者他人对其住所、其他场所、机动车、容器、行为、活动或者其他信息享有主观上的隐私期待,并且如果公民或者他人对其住所、其他场所、机动车、容器、行为、活动或者其他信息所享有的此种隐私期待在客观上是合理的,则政府执法人员或者行为人就不得侵犯公民或者他人对这些场所、行为、活动或者其他信息所享有的隐私权,除非他们具有侵犯这些场所、行为、活动或者信息的某种正当理由并且履行了正当程序,否则,他们应当就其实施的侵犯行为对公民或者他人承担侵权责任。如果政府执法人员通过非法搜查行为或者扣押行为获得了公民实施犯罪的证据,他们所收集的证据也构成应当予以排除的非法证据。①

传统民法认为,如果政府执法人员或者行为人在没有正当理由或者正当程序的情况下进入公民或者他人的住所、其他场所时,则他们所实施的行为将不被看作侵犯他人隐私权的行为,而被看作侵犯他人财产所有权的行为,因为公民对其住所或者其他场所享有财产所有权,该种财产所有权具有排他性,该种排他性排除了政府执法人员或者行为人的擅自侵入行为。不过,传统民法所采取的不动产或者动产侵权责任制度无法有效保护公民或者他人的利益免受侵犯,因为在当今科技社会,即便政府执法人员或者行为人没有侵犯他人对其住所或者其他财产所享有的财产所有权,他们也能够收集公民或者他人在其

---

① 张民安主编:《美国当代隐私权研究》,序言,中山大学出版社2013年版,第25页。

住所或者其他场所所实施的活动或者所从事的行为。因此，为了应对当今科技发展的需要，美国联邦最高法院在1967年的司法判例当中放弃了财产权尤其是财产所有权的理论，而主张公民或者他人对其住所或者其他场所享有的隐私权理论。这就是所谓的合理隐私期待理论，虽然该种理论在美国备受学者的批判，但是，该种理论已经为两大法系国家所借鉴，并因此成为两大法系国家的民法理论。我国侵权法也应当借鉴此种理论。

二、财产所有权理论的产生和发展

（一）一般搜查令制度的产生和发展

William Blackstone 曾写道："没有什么能如财产所有权一般激发人类的想象力，并受到人类的普遍青睐。"① Camden 勋爵也指出："所有人进入社会的最终目的均是为了保护自己的财产所有权免受别人侵犯。"② 既然财产所有权具有如此重要的地位，除了一般社会公众应当尊重他人的财产所有权之外，政府尤其是政府的执法人员也应当尊重公民的财产所有权，如果一般的社会公众侵犯他人的财产所有权，那么他们所实施的侵犯行为当然会构成侵权行为，应当对他人承担侵权责任；如果政府尤其是政府执法人员侵犯公民所享有的财产所有权，那么他们所实施的侵犯行为当然也构成侵权行为，他们也应当对公民承担侵权责任。

在历史上，政府执法人员侵犯公民财产所有权的方式虽然多种多样，但是，最主要的方式就是借口一般搜查令对公民的房屋、文件或者其他具有秘密性质的场所（以下简称为他人的私人财产）实施搜查行为和扣押行为。在搜查令、现代警察以及《美国联邦宪法第四修正案》出现之前的很长一段历史时期内，政府执法人员就已经开始对公民的私人财产实施肆无忌惮的搜查行为或者扣押行为，因为早在1335年，英国国会就将搜查权与扣押权授予港口城市的旅店老板，

---

① William Blackstone, Commentaries * 2; William C. Heffernan, Property, Privacy and the Fourth Amendment, (1994—1995) 60 Brook. L. Rev. 633, p633.

② Entick v. Carrington, Howell's State Trials 1029 (1765).

以便让他们有权对非法的进货款项进行搜查和扣押。①

随着印刷技术的使用和发展，公民开始通过其设立的出版社和杂志社出版和发行书籍或者报纸杂志。这些书籍或者报纸杂志经常会刊登各种各样的具有煽动性或者诽谤性的文章，除了由此引起社会的骚动不安之外，也因此危及政府的威信。出于对公民所散布的各种各样的具有煽动性或者诽谤性言论的担忧，英国国会在印刷技术使用之后不久就开始制定法律，授权政府执法人员对公民的私人财产实施搜查行为和扣押行为。②

到了16世纪，英国政府的执法人员普遍使用一般搜查令（general search warrants）和协助执行令（a writ of assistance）来搜查公民的私人财产或者扣押公民的私人财产，使政府执法人员能够对公民实施完全不受任何限制的搜查行为或者扣押行为，因为，根据一般搜查令制度，一旦政府执法人员获得了针对某一个公民的搜查令，他们就能够肆意搜查公民的私人场所，根本不会受到搜查时间、搜查地点或搜查次数的限制，政府执法人员能够在任何时候对公民的任何私人财产实施无数次的搜查行为。此外，除了政府执法人员能够亲自破门而入、翻墙而入和翻箱倒柜地实施搜查行为和扣押行为之外，政府执法人员也能够凭借其获得的协助执行令要求其他人协助政府实施搜查行为或者扣押行为。

从17世纪中期开始一直到18世纪中期，由于一般搜查令和协助执行令让政府的执法人员享有不受限制的搜查权或者扣押权，社会公众强烈反感政府执法人员的此种做法，认为政府执法人员的行为完全

---

① David M. O'Brien, Reasonable Expectations of Privacy: Principles and Policies of Fourth Amendment-Protected Privacy, (1977 – 1978) 13 New Eng. L. Rev. 662, p673；大卫·M. 奥布赖恩：《隐私合理期待理论》，张雨译，载张民安主编：《隐私合理期待总论》，中山大学出版社2015年版，第63页。

② David M. O'Brien, Reasonable Expectations of Privacy: Principles and Policies of Fourth Amendment-Protected Privacy, (1977 – 1978) 13 New Eng. L. Rev. 662, p673; Richard G. Wilkins, Defining the "Reasonable Expectation of Privacy": An Emerging Tripartite Analysis, (1987) 40 Vand. L. Rev. 1077, pp. 1081 – 1082；大卫·M. 奥布赖恩：《隐私合理期待理论》，张雨译，载张民安主编：《隐私合理期待总论》，中山大学出版社2015年版，第63页；理查德·威尔金斯：《隐私的合理期待的三步分析法》，南方译，载张民安主编：《美国当代隐私权研究》，中山大学出版社2013年版，第415页。

践踏了公民所享有的权利,让公民饱受蹂躏、摧残之苦。在社会公众普遍对政府执法人员的搜查行为和扣押行为持反感态度的情况下,某些学者开始对政府执法人员的此种做法提出严厉的谴责。例如,在当时的伦敦所发行的一份小册子(a London pamphlet)当中,作者对政府执法人员手持一般搜查令搜查公民住所和其他私人场所的做法进行了谴责,该作者指出,"一般搜查令的理论是一个臭名昭著的理论,是彻头彻尾的暴政的体现,是地地道道的专制和独裁的反映。"①

不过,最为当时和后世民众所津津乐道的谴责和批判意见并非来自于这一本小册子,而是来自于英国政治家 William Pitt 针对一般搜查令所作出的激情洋溢的演说。为了使公民从政府执法人员的粗暴搜查行为或者扣押行为当中解脱出来,防止政府执法人员手持一般搜查令对公民的住所实施搜查行为,William Pitt 发表了一段激情洋溢的演说,他宣称:"即使是最贫困的公民,他们也可以在其寒舍当中抵挡英国国王的淫威,即使他们的房屋是破败不堪的,即便他们的房屋根基是摇摇欲坠的,即便狂风会吹垮他们的房屋,即便暴雨会淹没他们的房屋,国王也不得擅自侵入他们的房屋。"② 虽然 William Pitt 的演说摄人心魂、振聋发聩,但是,他的演说收效甚微,因为,在他的演说发表之后,英国政府执法人员对公民的私人财产所实施的肆无忌惮、无所顾忌的搜查行为和扣押行为并没有因此减弱,更没有停止下来,英国政府的执法人员仍然一如既往地手持一般搜查令和协助执

---

① Marcus v. Search Warrant, 367 U. S. 717 (1961).
② Frank v. Maryland, 359 U. S. 360, 378 – 379 (1959) (Douglas, J., dissenting) (quoting William Pitt); David M. O'Brien, Reasonable Expectations of Privacy: Principles and Policies of Fourth Amendment-Protected Privacy, (1977 – 1978) 13 New Eng. L. Rev. 662, p674; Richard G. Wilkins, Defining the "Reasonable Expectation of Privacy": An Emerging Tripartite Analysis, (1987) 40 Vand. L. Rev. 1077, p1082;大卫·M. 奥布赖恩:《隐私合理期待理论》,张雨译,载张民安主编:《隐私合理期待总论》,中山大学出版社 2015 年版,第 63 页;理查德·威尔金斯:《隐私的合理期待的三步分析法》,南方译,载张民安主编:《美国当代隐私权研究》,中山大学出版社 2013 年版,第 415 – 416 页。

令对公民的私人财产实施搜查行为和扣押行为。①

（二）英国上议院判定政府执法人员手持一般搜查令所实施的搜查构成侵犯财产所有权的行为

为了平息公民对政府的此种做法的愤怒，从18世纪中后期开始，英国的法官试图通过他们的司法判例对政府执法人员的搜查行为或者扣押行为进行谴责。例如，在1763年的Wilkes v. Wood一案②当中，法官对政府执法人员手持一般搜查令对公民的住所或者其他私人场所实施搜查的做法进行强烈谴责。法官认为，政府执法人员手持一般搜查令的做法比西班牙中世纪的宗教法庭的做法有过之而无不及，英国国会所颁布的有关一般搜查令的法律让所有英国人无时无刻都生活在恐怖当中。

不过，仅仅对政府执法人员手持一般搜查令的做法进行谴责还不足以遏制政府执法人员的恣意搜查行为或者扣押行为。如果要从根本上约束政府执法人员的肆无忌惮的搜查行为或者扣押行为，法官还应当比仅仅对政府执法人员的行为进行谴责的做法走得更远，这就是，认定政府执法人员手持一般搜查令对公民的住所或者其他私人财产实施搜查或者扣押的行为构成侵权行为，并因此要求政府执法人员就其实施的侵权行为对公民承担侵权责任。

在1765年的著名案件Entick v. Carringto一案③当中，英国上议院的法官最终迈出了这一步。在该案当中，英国国务大臣向执法人员颁布了一般性的搜查令，允许其搜查Entick的房屋并收缴其对政府有煽动性、诽谤性言论的作品。执法人员凭借国务大臣所颁发的一般搜查令对Entick的房屋进行了长达四个小时的搜查。Entick为此向法院起诉，要求法官责令政府对其承担侵权责任，因为他认为，政府执法

---

① N. lasson, The History and Development of the Fourth Amendment to the United States Constitution 37 (1937); Richard G. Wilkins, Defining the "Reasonable Expectation of Privacy": An Emerging Tripartite Analysis, (1987) 40 Vand. L. Rev. 1077, p1082; 理查德·威尔金斯：《隐私的合理期待的三步分析法》，南方译，载张民安主编：《美国当代隐私权研究》，中山大学出版社2013年版，第416页。
② Wilkes v. Wood, Lofft 1, 98 Eng. Rep. 489 (1763).
③ 19 Howell's State Trials 1029, 95 Eng. Rep. 807 (KB 1765).

人员的搜查行为侵犯了其享有的财产权。英国上议院认为，政府执法人员所实施的搜查行为的确侵犯了 Entick 享有的财产权，因为 Entick 对其房屋或者文件享有不受侵犯的财产权，当政府执法人员凭借一般搜查令对其房屋或者文件进行搜查时，他们的搜查行为构成不动产或者动产的侵害行为，应当根据不动产或者动产侵害侵权责任制度承担侵权责任。

在作出上述裁判时，Camden 勋爵认为，政府执法人员之所以应当对他人承担侵权责任，是因为人们之所以建立社会，其最大的目的就是要确保他们的财产安全。他们对其财产享有的权利是受到神圣保护的，是在任何情况下均不允许别人接触的（incommunicable），除非公法基于整个社会的公共利益的考虑而剥夺公民享有的财产权，或者除非公民根据私法的规定丧失了他们的财产权。Camden 指出："在没有经过我允许的情况下，任何人均不得踏足我的地面，一旦他们在没有经过我允许的情况下踏足我的地面，则他们应当就其踏足我的地面的行为对我承担侵权责任，即便他们踏足我的地面的行为并没有引起任何损害的发生。"[1]Camden 还指出："他人的文件、档案属于他人所有的动产：这是他人最私密的财产，政府无权对其进行扣押，也不能对其进行任何检查。如果政府人员看见了这些私人文件中的内容，那么根据英国的法律规定，政府人员的眼睛并不会构成动产侵犯行为，然而，一旦他人的文件被政府人员没收或扣押，鉴于这些财产本身的私密性，政府人员的行为就构成了对他人财产的侵犯，政府部门必须对他人作出经济赔偿。"[2]

在英国乃至整个英美法系国家，Entick v. Carringto 一案具有非常重要的地位。其原因是：其一，它从宪法的角度确立了公民在宪法上所享有的民事自由权。其二，它在宪法上确立了政府权力的受限制性，即便政府享有搜查权或者扣押权，他们所享有的此类权力也不是不受限制的，如果政府执法人员手持一般搜查令对公民的住所或者其他私人场所实施搜查行为，则他们的搜查行为仍然构成违法行为，应当按照不动产侵入侵权责任制度对公民承担侵权责任。其三，它认

---

[1] 19 Howell's State Trials 1029, 95 Eng. Rep. 807（KB 1765）.
[2] 19 Howell's State Trials 1066, 95 Eng. Rep. 807（KB 1765）.

定，在没有搜查令或者扣押令的情况下，政府执法人员不得侵入公民家中或者其他私人场所；否则，他们的侵入行为将构成侵犯他人财产所有权的行为，也应当按照不动产侵入侵权责任制度对他人承担侵权责任。其四，它保护了公民对其房屋或者其他私人场所所享有的财产所有权，认为公民的住所或者其他私人场所是应当受到政府执法人员尊重的地方。

（三）《美国联邦宪法第四修正案》对公民财产权的保护

在殖民地时期，英国政府的执法人员除了手持一般搜查令对英国本土的公民实施恣意的搜查行为或者扣押行为之外，也在北美殖民地手持一般搜查令对美国人实施搜查行为或者扣押行为，并且他们的此类搜查行为或者扣押行为同样引起了美国人的强烈反对。例如，在1761年的Paxton一案①中，James Otis对警察滥用搜查证的行为提出了控诉："一个人的住宅就是他的城堡，即使他沉默不语，不动声色，他也是被这座城堡保护的王子。"② 再例如，《弗吉尼亚权利宣言》（Virginia Declaration of Rights）也对一般搜查令作出了强烈的谴责，认为一般搜查令是"让人痛苦不堪的和让人无法忍受的"（grievous and oppressive）。③ 同样，在为《权利法案》的通过而呼吁时，Patrick Henry也曾警告过美国人当心一般搜查令的危险，他指出："国会领导的公职人员也许现在就会出现在你面前，他们会为强化美国联邦的统治权而采取任何恐怖手段。美国联邦的收税官非常之多，没有人知道他们的数量限制。除非政府的权利受到《权利法案》的限制，或是其他类似的限制，否则这些收税官就会肆意闯入你的住

---

① Quincy's Reports 51（Mass. 1761）；大卫·M. 奥布赖恩：《隐私合理期待理论》，张雨译，载张民安主编：《隐私合理期待总论》，中山大学出版社2015年版，第63页。

② David M. O'Brien, Reasonable Expectations of Privacy: Principles and Policies of Fourth Amendment-Protected Privacy,（1977 - 1978）13 New Eng. L. Rev. 662, p674；大卫·M. 奥布赖恩：《隐私合理期待理论》，张雨译，载张民安主编：《隐私合理期待总论》，中山大学出版社2015年版，第63页。

③ David M. O'Brien, Reasonable Expectations of Privacy: Principles and Policies of Fourth Amendment-Protected Privacy,（1977 - 1978）13 New Eng. L. Rev. 662, p674；大卫·M. 奥布赖恩：《隐私合理期待理论》，张雨译，载张民安主编：《隐私合理期待总论》，中山大学出版社2015年版，第64页。

宅进行搜查,并且夺走你全部的食物、饮品以及衣物。他们的权力必须受到适当的限制。"①

为了防止美国联邦政府官员也像英国政府官员一样使用一般搜查令对公民的住所、文件或者其他场所进行肆无忌惮的搜查,美国国会在1789年制定了《美国联邦宪法第四修正案》。《美国联邦宪法第四修正案》的法律条款是由James Madison负责起草,在Elbridge Gerry作出一些修改之后获得国会通过的。②《美国联邦宪法第四修正案》明确规定,公民对其人身、住宅、文件和财产享有免受无理搜查和扣押的权利。除非存在某种合理根据,以宣誓或代誓宣言保证,并具体说明搜查地点和扣押的人或物,否则,法官不得发出搜查证和扣押证。《美国联邦宪法第四修正案》的目的在于保护公民的利益免受政府执法人员的不合理搜查行为或者扣押行为的侵犯。在1982年的 United States v. Ross 一案③当中,联邦最高法院再次确认了它对搜查令的要求:"《美国联邦宪法第四修正案》禁止不合理的搜查行为与扣押行为,它是一项极其重要的规则,因为根据《美国联邦宪法第四修正案》,警察在事先未获得法官或者治安法官允许的情况下所实施的搜查行为,在法律上都是无效的——这一规则只有极少数的已经清晰化了的例外情形'。"④

根据《美国联邦宪法第四修正案》的规定,如果政府执法人员要对公民实施搜查行为和扣押行为,他们应当具备三个条件:其一,他们在申请搜查令或者扣押令之前必须具有某种合理根据,如果他们

---

① David M. O'Brien, Reasonable Expectations of Privacy: Principles and Policies of Fourth Amendment-Protected Privacy, (1977 - 1978) 13 New Eng. L. Rev. 662, p674; 大卫·M. 奥布赖恩:《隐私合理期待理论》, 张雨译, 载张民安主编:《隐私合理期待总论》, 中山大学出版社2015年版, 第64页。

② David M. O'Brien, Reasonable Expectations of Privacy: Principles and Policies of Fourth Amendment-Protected Privacy, (1977 - 1978) 13 New Eng. L. Rev. 662, pp. 674 - 675; 大卫·M. 奥布赖恩:《隐私合理期待理论》, 张雨译, 载张民安主编:《隐私合理期待总论》, 中山大学出版社2015年版, 第64页。

③ 456 U.S. 798 (1982).

④ 456 U.S. 798, 825 (1982) (footnotes omitted) (quoting Mincey v. Arizona, 437 U.S. 385, 390 (1978) which in turn, quoting Katz v. United States, 389 U.S. 347, 357 (1967)).

不具有此种合理根据，则他们不得申请搜查令或者扣押令；其二，他们在具备合理根据的情况下向居于中立地位的法官申请搜查令或者扣押令，在申请搜查令或者扣押令时，政府执法人员应当以宣誓或代誓宣言保证，并具体说明搜查地点和扣押的人或物；其三，在居于中立地位的法官颁发搜查令或者扣押令之后，他们手持搜查令或者扣押令才能够实施搜查行为或者扣押行为。

问题在于，《美国联邦宪法第四修正案》所保护的利益究竟是公民的何种利益？对此问题，美国联邦最高法院在1886年的著名案件即 Boyd v. United States 一案①中认定，《美国联邦宪法第四修正案》所保护的利益是公民对其住所或者文件所享有的财产所有权，当政府制定的法律侵犯了公民依据该条法律所享有的财产所有权时，政府所制定的法律违宪无效。在作出此种判决时，Bradley 大法官直接援引了英国 Entick v. Carringto 一案作为其裁判的法律根据。Bradley 大法官指出："Entick v. Carrington 一案所建立的原则就涉及联邦宪法对公民自由与公民安全的保护问题。虽然该案中有许多偶然情形，但这些原则的意义远远超过该案本身。它们能够被用来保护他人神圣的住宅、住宅之内的受访者以及他人的隐私事务免受政府执法人员的侵犯。所谓'侵犯'，本质上既不是指政府执法人员所实施的破门而入的行为，也不是指政府执法人员所实施的翻箱倒柜的行为，而是指政府执法人员对他人所享有的不可剥夺的安全权、自由权以及私有财产所有权实施的侵犯行为。即使他人是犯罪嫌疑人或是刑事被告人，他人也并不会自然而然地丧失这些权利。Camden 勋爵之所以在 Entick v. Carringto 一案当中做出判决，其目的就在于保护他人所享有的这些神圣权利。虽然政府执法人员所实施的破门而入的行为和翻箱倒柜的行为均属于侵犯行为，但是，更为严重的是，警方迫使他人作出自证有罪的证词，或是强迫他人上缴证明自己有罪的私人文件或是相关的非法货物，警方的这类行为都应该受到谴责。"② Story 大法官认定，

---

① Boyd v. United States, 116 U. S. 616 (1886).
② 116 U. S. 616 (1886), at 630; David M. O'Brien, Reasonable Expectations of Privacy: Principles and Policies of Fourth Amendment-Protected Privacy, (1977 – 1978) 13 New Eng. L. Rev. 662, pp. 677–678；大卫·M. 奥布赖恩：《隐私合理期待理论》，张雨译，载张民安主编：《隐私合理期待总论》，中山大学出版社2015年版，第66～67页。

《美国联邦宪法第四修正案》所保护的利益是他人的财产所有权,因为他也指出,《美国联邦宪法第四修正案》保护他人不容剥夺的安全权、自由权以及私有财产所有权。①

三、隐私权理论的产生和发展

(一)《美国联邦宪法第四修正案》仅仅保护公民的财产所有权

美国联邦最高法院在 Boyd v. United States 一案当中所确立的规则被此后的其他司法判例所遵循,其他法官在处理有关政府执法人员违反《美国联邦宪法第四修正案》的案件时均认为,当政府执法人员违反《美国联邦宪法第四修正案》的规定而实施搜查行为或者扣押行为时,他们所实施的搜查行为或者扣押行为所侵犯的利益是他人的财产所有权:如果政府执法人员违反《美国联邦宪法第四修正案》的规定侵入公民的住所或者其他场所实施搜查行为或者扣押行为,则他们的搜查行为或者扣押行为侵犯了公民对其住所和其他场所所享有的不动产所有权,政府执法人员的搜查行为将构成不动产侵入侵权行为。

不过,如果政府执法人员所实施的搜查行为要构成不动产侵入行为,则他们应当符合不动产侵入侵权责任的一般构成要件,如果不符合不动产侵入侵权责任的一般构成要件,则他们的行为将不构成不动产侵入行为,也就没有违反《美国联邦宪法第四修正案》的规定,无需对公民承担侵权责任。根据英美法系国家的普通法,如果行为人所实施的行为要构成侵犯他人不动产所有权的不动产侵入行为,他们必须实际地、物理性地侵入(actual physical intrusion)他人的不动产之内或者不动产之上,如果行为人并没有实际地、物理性地侵入他人的不动产之内或者不动产之上,则他们的行为将不构成不动产侵入行

---

① Commentaries on the Constituftion of the United States § 1895 (1st ed. 1833).

为，无需对他人承担侵权责任。①

在美国，大量的法官在他们的司法判例当中对这样的规则作出了明确说明。在1914年的Weeks v. United States一案②当中，美国联邦最高法院对此种规则作出了说明，它认为，当政府执法人员在没有扣押令的情况下侵入公民家中对文件或者其他财物实施扣押行为时，他们所实施的扣押行为违反了《美国联邦宪法第四修正案》的规定，因为，他们的行为侵犯了公民所享有的财产所有权，构成不动产的侵入行为。在1928年的著名案件，即Olmstead v. United States一案③当中，美国联邦最高法院也对此种规则作出了说明，它认定，即便政府执法人员在公民住所外面的电话线上搭线窃听公民在其家中的电话通话，他们的窃听行为也没有违反宪法第四修正案，因为政府执法人员并没有实际地、物理性地侵入公民的家中，没有侵犯公民对其住所所享有的财产所有权；如果政府执法人员的行为要构成《美国联邦宪法第四修正案》所规定的搜查行为或者扣押行为，他们必须实际地、物理性地侵入公民的家中。

Olmstead一案的规则确立之后被众多的司法判例所援引，并因此成为具有里程碑性质的规则。例如，在1924年的Goldman v. United States一案④当中，联邦最高法院对此种规则作出了说明，它认为，只要警察没有现实地侵入被告的办公室内偷录被告与别人之间的通话，则他们的行为并没有违反《美国联邦宪法第四修正案》，因为他们的行为并没有侵犯被告对其办公室所享有的财产权。再例如，在1952年的On Lee v. United States一案⑤当中，联邦最高法院也采取此种规则，它认定，当一名携带窃听器的卧底正在与本案的被告对话时，如果这段对话被卧底以远程传输的方式传输给了一名缉毒警察，

---

① Richard G. Wilkins, Defining the "Reasonable Expectation of Privacy": An Emerging Tripartite Analysis, (1987) 40 Vand. L. Rev. 1077, p1084；理查德·威尔金斯：《隐私的合理期待的三步分析法》，南方译，载张民安主编：《美国当代隐私权研究》，中山大学出版社2013年版，第417页；张民安：《无形人格侵权责任研究》，北京大学出版社2012年版，第438、451页。
② 232 U. S. 383（1914）.
③ 277 U. S. 438（1928）.
④ 316 U. S. 129（1942）.
⑤ 343 U. S. 747（1952）.

警方所实施的此种行为也不构成侵犯他人财产所有权的行为。这些案件意味着，在对公民的住所或者其他私人场所进行调查的时候，政府执法人员是被允许使用窃听器或者其他技术手段来窃听公民在其住所或者其他私人场所的通话或者谈话的，他们所实施的窃听行为并没有违反《美国联邦宪法第四修正案》，因为，只要政府执法人员在进行窃听的时候没有实际地、物理性地侵入公民的住所或者其他私人场所，则他们的行为并没有侵犯公民享有的财产所有权。①

（二）从财产所有权向隐私权的嬗变

在美国，Olmstead v. United States 一案之所以被学者称为具有里程碑性质的案件，其最重要的原因或者并不在于美国联邦最高法院在该案当中所作出的上述裁判，而在于美国联邦最高法院的大法官 Louis D. Brandeis 在该案当中发表的著名的反对意见。

在美国，Brandeis 大法官被认为是美国乃至整个英美法系国家最先、最早倡导隐私权理论的学者，因为，在 1890 年第 4 期的《哈佛法律评论》上，Brandeis 与 Samuel D. Warren 共同发表了《论隐私权》一文，主张美国要认可隐私权和隐私侵权责任的独立性，反对再像英美法系国家普通法那样通过类推适用其他的既存侵权责任制度来保护他人的隐私利益。Brandeis 和 Warren 在 1890 年所提出的隐私权理论获得了巨大的成功，除了立法者的广泛认同和司法判例的广泛适用之外，还获得了民法学者的广泛赞誉，民法学者将该文称为"当之无愧的经典文章"，是"美国所有法律评论所发表的文章当中最具影响力的文章"，是"法律期刊对美国法律产生重大影响的杰出范例"，是"为美国的侵权法著作增加了一章的文章"，是"一颗普通法论证方面的明珠并且独立地创设了一种新的侵权行为"的文章。②

在 1928 年的 Olmstead v. United States 一案当中，Brandeis 再一次适用他在 1890 年的《论隐私权》一文当中所主张的理论，认为即便

---

① 肯·高米莉：《美国隐私权的百年历程》，黄淑芳译，载张民安主编：《美国当代隐私权研究》，中山大学出版社 2013 年版，第 125～126 页。

② 张民安：《无形人格侵权责任研究》，北京大学出版社 2012 年版，第 441 页；张民安主编：《美国当代隐私权研究》，中山大学出版社 2013 年版，序言，第 5 页。

政府执法人员没有实际地、物理性地侵入公民的住所或者其他私人场所偷录、偷听公民与别人之前的谈话或者通话，他们的行为也违反了《美国联邦宪法第四修正案》，因为他们的行为侵犯了公民对其谈话或通话所享有的隐私权，即便他们的行为并没有侵犯公民所享有的财产所有权。换言之，Brandeis 认为，《美国联邦宪法第四修正案》所保护的权利不再是联邦最高法院一直以来所确认的财产所有权，而是 Brandeis 和 Warren 在 1890 年的《论隐私权》一文当中所主张的隐私权。在 Olmstead v. United States 一案的异议意见当中，Brandeis 大法官指出："我国伟大的立宪者们承担着保障我们幸福的重任。他们早已意识到，一个人的精神、感情与智慧至关重要，物质生活仅仅只分担了我们一部分的喜怒哀乐，因此他们所努力追求的目标是，保护每一个美国公民的信念、思想、情绪及其感受。为了抵挡来自政府的侵犯，他们认为每个公民都享有独处的权利——这是一项含义广泛的权利，是一项文明社会普遍珍视的权利。为了保护该项权利，政府对公民隐私的无理侵犯，无论其手段如何，都应该被视为是对《美国联邦宪法第四修正案》的违反与背离。"①

（三）隐私权理论的正式确立

由于受到了 Brandeis 大法官在上述 Olmstead v. United States 一案当中的著名反对意见的影响，从 20 世纪 60 年代开始，在处理涉及《美国联邦宪法第四修正案》的案件时，联邦最高法院的法官逐渐远离 Olmstead 一案所遵循的财产所有权理论，而改采 Brandeis 在 Olmstead 一案反对意见当中所主张的隐私权理论，这在 1961 年的 Silverman v. United States 一案②当中表现得淋漓尽致。

在 1961 年的 Silverman v. United States 一案③中，美国联邦最高法院明确表达了其对 Olmstead v. United States 一案④与 Goldman v. United States 一案⑤判决结论的不满。在这两个案件的判决中，联邦最高法

---

① 277 U.S. 438, 471-485 (1928).
② 365 U.S. 505 (1961).
③ 365 U.S. 505 (1961).
④ 277 U.S. 438 (1928).
⑤ 316 U.S. 129 (1942).

院均认为,《美国联邦宪法第四修正案》的保护对象仅限于他人的财产所有权,并不包括他人的隐私权。在 Silverman 一案中,法院判决通过以下这种方式收集的证据不能被采信——在他人住宅的墙上安装窃听器,从而窃听到他人在其住宅内与别人的对话。但是,如果用于窃听的麦克风与通往住宅内的暖气管相连,那么警方有权窃听发生在住宅内的任何对话。在这种情况下,警方并没有对他人的财产利益造成实际侵害,即使可能存在一种技术性的侵犯。联邦最高法院认为:"安装在他人住宅墙上的窃听器的技术性质,不应根据地方法律来判断……毋庸置疑,《美国联邦宪法第四修正案》所保护的权利不能由侵权法与不动产法的古老细节来判定。"[1] 在 1964 年的 Clinton v. Virginia 一案[2]中,联邦最高法院援引了 Silverman 一案的判决,法院认为,如果窃听器是安装在他人的住宅墙上,但是没有钉入这道墙,通过这种方式窃听到的对话也不能被法庭采信。毋庸置疑,Silverman 一案和 Clinton 一案预示着以财产所有权为中心的判断标准的衰落。[3]

在 1967 年的 Warden v. Hayden 一案[4]之中,美国联邦最高法院继续朝着放弃财产所有权的理论而转向隐私权理论的方向发展,因为它在该案当中明确指出,《美国联邦宪法第四修正案》旨在保护的对象是他人的隐私权而非财产权。针对犯罪工具、赃物或违禁物品的搜查行为可能会侵犯他人的隐私权,纯粹只是对证据的搜查也可能造成对他人隐私权的侵犯。在随后的 Katz v. United States 一案[5]中,联邦最高法院推翻了 Olmstead 一案与 Goldman 一案的判决,并且在 Katz 一案的判决书中指出,《美国联邦宪法第四修正案》保护的是"人",而不仅仅是"区域"、"空间"。由 Stewart 大法官撰写的多数意见重

---

[1] Gerald G. Ashdown, The Fourth Amendment and the "Legitimate Expectation of Privacy", (1981) 34 Vand. L. Rev. 1289, p1299;肯·高米莉:《美国隐私权的百年历程》,黄淑芳译,张民安主编:《美国当代隐私权研究》,中山大学出版社 2013 年版,第 126 页。
[2] 377 U. S. 158 (1964).
[3] Gerald G. Ashdown, The Fourth Amendment and the "Legitimate Expectation of Privacy", (1981) 34 Vand. L. Rev. 1289, pp. 1299 – 1300.
[4] 387 U. S. 294 (1967).
[5] 389 U. S. 347 (1967).

点论述了"合理的隐私期待"这一理论，在20世纪70年代，这一理论成为以《美国联邦宪法第四修正案》为中心的司法标准。[1]

在1967年的Katz v. United States一案[2]当中，美国联邦最高法院最终抛弃了Olmstead一案与Goldman一案的判决所确立的规则，此种抛弃表现在两个方面：一方面，美国联邦最高法院认为，即便政府执法人员没有实际地、物理性地侵入公民的住所或者其他私人场所，如果他们在没有搜查令或者扣押令的情况下通过某种先进的科技手段对公民的住所或者私人场所进行侦查，他们所为的侦查行为仍然违反了《美国联邦宪法第四修正案》的规定；另一方面，如果政府执法人员在违反《美国联邦宪法第四修正案》的情况下对公民实施搜查行为或者扣押行为，他们的搜查行为或者扣押行为不再是侵犯公民所享有的财产所有权，而是侵犯了公民所享有的隐私权。

在Katz v. United States一案中，Charles Katz在波士顿和迈阿密经营图书编辑出版事业，联邦当局将窃听设备安装在一个公用电话亭外面，并通过这个窃听设备偷听到了Charles Katz和别人的谈话内容，随后，联邦当局根据其获取的电话内容作出了逮捕Charles Katz的决定，并在洛杉矶逮捕了Charles Katz。在该案上诉到美国联邦最高法院之后，Stewart大法官代表联邦最高法院对该案作出了裁判，他的意见也得到了审理该案的其他大部分法官的支持。

Stewart大法官明确指出，在涉及政府执法人员窃听的问题上，Olmstead一案所确立的财产所有权规则已经被此后的判例所侵蚀。因此，在决定政府执法人员的窃听行为是否违反了《美国联邦宪法第四修正案》的规定时，政府执法人员是否实施了实际地、物理性地侵入公民住所或者其他私人场所的行为不再是决定性的因素。当政府执法人员在没有获得窃听令的情况下对公民之间的通话或者谈话予以窃听时，他们所实施的窃听行为侵犯了公民所享有的隐私权，因为政府执法人员的窃听行为构成《美国联邦宪法第四修正案》所规定的"搜查"行为或者"扣押"行为，政府执法人员不得以其窃听器没有

---

[1] Gerald G. Ashdown, The Fourth Amendment and the "Legitimate Expectation of Privacy", (1981) 34 Vand. L. Rev. 1289, p1300.
[2] 389 U.S. 347 (1967).

侵入公民的住所或者其他私人场所为由拒绝对公民承担隐私侵权责任。Steward 大法官的此种判决最终让美国联邦最高法院长久以来所确立的"财产所有权"理论和物理侵入公民的不动产之内或者不动产之上的理论寿终正寝，因为他指出，法院就应当明白，《美国联邦宪法第四修正案》的适用与否不能取决于政府执法人员是否对公民的特定场所实施了物理侵入行为。① Stewart 大法官还对《美国联邦宪法第四修正案》的真正目的作出了明确说明，他认为，《美国联邦宪法第四修正案》所保护的对象是人而不是场所，无论《美国联邦宪法第四修正案》所保护的人是足不出户还是出现在大街小巷，他们均应当受到《美国联邦宪法第四修正案》的保护，政府执法人员不得借口公民已经离开其私人住所进入公共场所而主张《美国联邦宪法第四修正案》不对他们提供保护。这就是 Stewart 通过其判决所确立的两个重要规则：《美国联邦宪法第四修正案》仅仅保护人的规则和公共场所有隐私权的规则。Stewart 大法官对这两个规则作出了明确说明，他指出："鉴于《美国联邦宪法第四修正案》所保护的是人而不是场所，因此，如果公民故意将自己披露在公众视野当中，即使他们身处自己的住所或办公室内，他们也无法成为《美国联邦宪法第四修正案》的保护对象。然而，如果公民想要保护其私人事务的私密性，即使他们身处公共场所，其私人事务也能成为宪法的保护对象。"②

当然，虽然 Stewart 大法官明确宣称，《美国联邦宪法第四修正案》并不是保护公民的场所，但他所谓的《美国联邦宪法第四修正案》仅仅是保护人而非场所的说法也仅仅是相对的，不应当作过分的渲染，因为，他之所以认定《美国联邦宪法第四修正案》不是为了保护公民的住所，其目的在于废除美国联邦最高法院长久以来所确立的不动产侵入侵权责任制度，让《美国联邦宪法第四修正案》对公民提供的保护不再建立在不动产所有权的基础上，而是建立在隐私权的基础上。因此，一旦确定了《美国联邦宪法第四修正案》不再是建立在不动产所有权和不动产侵入侵权责任的基础上，人们就应当

---

① 389 U.S. 347, 353 (1967).
② 389 U.S. 347, 351 (1967).

明白，《美国联邦宪法第四修正案》仍然保护公民对其私人场所或者公共场所所享有的隐私权，如果政府执法人员违反《美国联邦宪法第四修正案》的规定，对他人的私人场所或者公共场所实施搜查行为或者扣押行为，则他们实施的搜查行为或者扣押行为仍然侵犯了他人依据《美国联邦宪法第四修正案》所享有的隐私权。换言之，《美国联邦宪法第四修正案》所保护的隐私权仍然属于场所隐私权。这就是人们将《美国联邦宪法第四修正案》所规定的权利称为新隐私权的原因。

四、隐私合理期待理论在美国的产生和确立

（一）隐私合理期待理论的界定

在美国，1967年的Katz v. United States一案也属于具有里程碑性质的案件，因为，该案所确立的规则最终导致以财产所有权为核心的不动产侵入侵权责任制度从《美国联邦宪法第四修正案》当中退出。在分析政府执法人员所实施的搜查行为或者扣押行为是否违反《美国联邦宪法第四修正案》的规定时，法官所关注的核心问题不再是政府执法人员在实施搜查行为或者扣押行为时是否实际地侵入公民的住所或者其他私人场所之内或者之上，他们所关注的核心问题已经转移到政府执法人员所实施的搜查行为或者扣押行为是否侵犯了公民所享有的合理隐私期待，即便政府执法人员在实施搜查行为或者扣押行为时已经实际地侵入公民的住所或者其他场所之内或者之上，如果他们所实施的搜查行为或者扣押行为并没有侵犯公民对这些场所所享有的合理隐私期待，则他们所实施的搜查行为或者扣押行为是合理的，没有违反《美国联邦宪法第四修正案》的规定；即便政府执法人员在实施搜查行为或者扣押行为时没有实际地侵入公民的住所或者其他场所之内或者之上，如果他们所实施的搜查行为或者扣押行为侵犯了公民对这些场所所享有的合理隐私期待，则他们所实施的搜查行为或者扣押行为是不合理的，违反了《美国联邦宪法第四修正案》的规定。

在美国，无论是法官还是学者均仅在《美国联邦宪法第四修正案》所规定的范围内对隐私合理期待理论作出明确界定，根据此种

界定,一旦政府执法人员对公民的住所或者其他私人或者公共场所实施搜查行为或者扣押行为,如果他们所实施的搜查行为或者扣押行为完全符合《美国联邦宪法第四修正案》所规定的条件和程序,或者虽然不符合《美国联邦宪法第四修正案》所规定的条件或者程序,但是,他们符合联邦最高法院长久以来所确立的各种各样的例外规则的要求,则他们所实施的搜查行为或者扣押行为就没有侵犯公民依据《美国联邦宪法第四修正案》所享有的隐私权,否则,他们所实施的搜查行为或者扣押行为就侵犯了公民依据《美国联邦宪法第四修正案》所享有的隐私权。

(二) 隐私合理期待理论的产生和发展

在侵权法上,隐私合理期待理论是美国联邦最高法院在1967年的著名案件,即 Katz v. United States 一案[1]当中确立的,已如前述。不过,虽然该种理论是由 Katz 一案确立的,但是,它并不是由 Stewart 大法官在其上述裁判当中确立的,而是由 Harlan 大法官在该案的并存意见当中所确立的。

在 Katz v. United States 一案当中,Harlan 大法官认为,在决定《美国联邦宪法第四修正案》所保护的对象时,法官应当考虑双重要求,这就是,公民对政府执法人员搜查或者扣押的场所或者事物表现出真实的、主观的隐私期待;社会公众认定公民对这些场所或者事物所享有的真实的、主观的隐私期待是合理的;一旦具备这两个要求,则按照《美国联邦宪法第四修正案》的要求,政府执法人员就不得对这些场所或者事物实施搜查行为或者扣押行为,否则,他们的搜查行为或者扣押行为将会违反《美国联邦宪法第四修正案》的规定,除非他们具备各种各样的例外规则的要求。

Harlan 大法官指出:"根据我的理解,从以往的判决中,我们可以得出一个对《美国联邦宪法第四修正案》保护对象的双重要求,这就是:其一,公民对其隐私表现出了真实的、主观的期待;其二,公民所表现出的此种真实的、主观的隐私期待被社会认为是合理的隐

---

[1] 389 U.S. 347 (1967).

私期待。"①

　　Harlan 大法官在 Katz 一案当中所提出的隐私合理期待理论被大量的法官所采纳，在判断政府执法人员所实施的搜查行为或者扣押行为是否违反了《美国联邦宪法第四修正案》的规定时，法官均采取上述的两步分析法，包括但是不限于以下案件：Terry v. Ohio 一案②、Mancusi v. DeForte 一案③、United States v. White 一案④、Couch v. United States 一案⑤、United States v. Dionisio 一案⑥、United States v. Miller 一案⑦、United States v. Chadwick 一案⑧以及 Rakas v. Illinois 一案⑨，等等。

　　例如，在 1979 年的 Smith v. Maryland 一案⑩当中，美国联邦最高法院的法官援引 Harlan 大法官在 Katz 一案当中所主张的隐私合理期待理论来分析政府执法人员所实施的行为是否违反了《美国联邦宪法第四修正案》的规定，他们指出："同 Katz 一案的规则一样，本院认为，《美国联邦宪法第四修正案》是否应当予以适用，取决于政府执法人员所实施的行为是否侵犯了《美国联邦宪法第四修正案》所保护的公民所享有的某种'正当的'、某种'合理的'或者某种'合法的隐私期待'。就像 Harlan 大法官在 Katz 一案当中所发表的意见所注意到的那样，此种探寻通常包含两个问题：一是作为单个的个人，公民是否通过其行为表现出某种真实的（主观）隐私期待，或者用 Katz 一案当中的大多数法官的话说，公民是否试图将其事务当中的私人事务予以保留；二是作为单个的个人，他人的主观隐私期待是一种社会准备承认为合理的期待，或者，用 Katz 一案当中的大多数法官

---

① 389 U. S. 347, 361 (1967) (Harlan, J., concurring).
② 392 U. S. 1, 392 U. S. 9 (1968).
③ 392 U. S. 364, 392 U. S. 368 (1968).
④ 401 U. S. 745, 401 U. S. 752 (1971) (plurality opinion).
⑤ 409 U. S. 322, 409 U. S. 335 – 336 (1973).
⑥ 410 U. S. 1, 410 U. S. 14 (1973).
⑦ 425 U. S. 435, 425 U. S. 442 (1976).
⑧ 433 U. S. 1, 433 U. S. 7 (1977).
⑨ 439 U. S. 128 (1978).
⑩ 442 U. S. 735 (1979).

的话说,从客观方面来审视,公民的期待在具体情况下是正当的。"①

再例如,在1983年的United States v. Knotts一案②当中,美国联邦最高法院的法官除了援引Harlan大法官在Katz一案当中所发表的上述并存意见之外,还援引了他们在1979年的Smith v. Maryland一案当中所发表的意见,法官指出:"在Smith v. Maryland一案当中,我们将Katz一案所确立的原则阐述为:同Katz一案的规则一样,本院认为,《美国联邦宪法第四修正案》是否应当予以适用,取决于政府执法人员所实施的行为是否侵犯了《美国联邦宪法第四修正案》所保护的公民所享有的某种'正当的'、某种'合理的'或者某种'合法的隐私期待'。就像Harlan大法官在Katz一案当中所发表的意见所注意到的那样,此种探寻通常包含两个问题:第一个问题是,作为单个的个人,公民是否通过其行为表现出某种真实的(主观)隐私期待,或者,用Katz一案当中的大多数法官的话说,公民是否试图将其事务当中的私人事务予以保留;第二个问题是,作为单个的个人,他人的主观隐私期待是一种社会准备承认为合理的期待,或者用Katz一案当中的大多数法官的话说,从客观方面来审视,公民的期待在具体情况下是正当的。"③

应当注意的是,虽然隐私合理期待理论主要是从《美国联邦宪法第四修正案》当中产生出来的一种宪法性质的理论,但是,该种理论也并非仅仅在政府执法人员所实施的不合理搜查或者扣押领域适用,它也能够在传统的隐私侵权责任领域适用,也就是,能够在侵犯他人安宁的隐私侵权责任(the tort of intrusion of privacy)领域适用。这就是,一旦他人向法院起诉,要求法官责令行为人就其侵犯他人安宁的行为对他人承担侵权责任,法官也会采取上述二步分析法来判断行为人是否应当对他人承担隐私侵权责任。

例如,在1998年的Shulman v. Group W Productions, Inc.一案④当中,法官就采取了隐私合理期待理论分析隐私侵权案件。在该案

---

① 442 U.S. 735 (1979).
② 460 U.S. 276 (1983).
③ 460 U.S. 276, 281 (1983).
④ 18 Cal. 4th 200, pp. 208–210 (1998).

中，原告 Ruth 和 Wayne Shulman（两人系母子关系）与另外两名家庭成员在驾驶车辆至洲际公路的沿河路段时，该车驶出既定车道并沿着路堤滑落至公路的排水沟渠中，车体上下颠倒，Ruth 和 Wayne 被困在车里，并且 Ruth 伤势较重，救援人员必须使用一种叫作"救生颚"（the jaws of life）的装置才能将此二人救出。Mercy 航空公司随即派遣了一架直升机用于参与救援，除了飞行员外，随机同行的还有一名医生、护士 Laura Carnahan 和被告公司的雇员——录影师 Joel Cooke。在救援现场，护士 Carnahan 通过无线扩音器与被困在车里的 Ruth 和 Wayne 进行交流，Cooke 则使用录像设备将救援的全过程拍摄下来，并编辑成一段接近九分钟长的视频资料，其中还加入了叙述性的话外音，随后于 1990 年 9 月 29 日通过电视媒体播放了该视频资料。[①] Ruth 和 Wayne 向法院起诉该视频的制作者，要求法官责令被告对其承担隐私侵权责任，因为他们认为，被告的行为构成侵扰他人安宁的隐私侵权行为。

在讨论行为人是否应当就其实施的侵扰行为对他人承担隐私侵权责任时，加利福尼亚州最高法院认为，如果行为人所实施的行为要构成侵扰他人安宁的隐私侵权行为，他们应当具备《美国侵权法复述（第二版）》第 652B 条所规定的以下两个构成要件：①他人被侵扰的事项应当是具有私人性质的事项；②行为人的侵扰行为应当是一个有理性的人高度反感的行为。不过，加利福尼亚州最高法院认为，仅仅具备这两个构成要件还不够，如果行为人要就其实施的侵扰行为对他人承担隐私侵权责任，他们还应当具备一个构成要件，这就是，在客观上，他人必须对行为人所侵扰的场所、谈话内容或数据资料享有合理的隐私期待。因为，即便行为人侵扰了他人的场所、谈话内容或者数据资料，如果他人对行为人所侵扰的场所、谈话内容或者数据资料没有合理的隐私期待，则行为人无需对他人承担隐私侵权责任，但是，一旦他人对行为人所侵扰的场所、谈话内容或者数据资料享有合理的隐私期待，在具备上述两个要件的情况下，行为人应当对他人承

---

① 宋志斌、蔡雅智：《美国侵权法上的新闻媒体侵扰侵权制度——Shulman v. Group W Production 一案评析》，载张民安主编：《侵扰他人安宁的隐私侵权》，中山大学出版社 2012 年版，第 425～426 页。

担隐私侵权责任。① 加利福尼亚州最高法院法官指出:"当然,我们从来就没有说,为了符合侵扰他人安宁的隐私侵权责任的构成要件,他人所具有的隐私期待一定要是绝对的、完全的……实际上,即便他人对其通话内容不享有合理隐私期待,他人至少对其通话的电子记录享有合理隐私期待,行为人在没有经过他人同意的情况下擅自以电子设备记录他人的通话,他们的行为当然侵犯了他人所享有的合理隐私期待。"

再例如,在 2002 年的 Phillips v. Grendahl 一案②当中,法官也采用隐私的合理期待理论来分析侵扰他人安宁的隐私侵权案件。法官认定,如果他人向法院起诉,要求法官责令行为人就其实施的侵扰行为对其承担隐私侵权责任,他人除了应当证明具备《美国侵权法复述(第二版)》第 652B 条所规定的各种构成要件之外,还应当证明他人对被行为人所收集或者公开的信息享有合理隐私期待。如果他人对行为人通过侵扰方式所收集或者公开的信息没有合理隐私期待,则他人无权要求行为人对其承担隐私侵权责任。

(三) 隐私合理期待的具体判断

1. 隐私合理期待的二步分析法

在判断政府执法人员所实施的搜查行为或者扣押行为是否侵犯公民依据《美国联邦宪法第四修正案》所享有的隐私权时,法官要采取以下二步分析法来作出判断。

(1) 判断公民对政府执法人员实施搜查或者扣押的住所或者财物是否具有主观上的隐私期待。如果公民对政府执法人员实施搜查或者扣押的场所或者财物没有主观上的隐私期待,则政府执法人员实施的搜查行为或者扣押行为将是合理的,因为他们的搜查行为或者扣押行为没有侵犯公民依据《美国联邦宪法第四修正案》所享有的隐私权。

---

① 宋志斌、蔡雅智:《美国侵权法上的新闻媒体侵扰侵权制度——Shulman v. Group W Production 一案评析》,载张民安主编:《侵扰他人安宁的隐私侵权》,中山大学出版社 2012 年版,第 439 页。

② 312 F. 3d 357 (8th Cir. 2002).

(2) 判断公民所具有的主观隐私期待是否合理。如果公民对政府执法人员实施搜查或者扣押的场所或者财物具有主观上的隐私期待，法官接着应当判断公民主观上的此种隐私期待是否合理。如果法官认定公民主观上的此种隐私期待是不合理的，则政府执法人员所实施的搜查行为或者扣押行为将是合理的，因为他们的搜查行为或者扣押行为没有侵犯公民依据《美国联邦宪法第四修正案》所享有的隐私权；如果法官认定公民主观上的此种隐私期待是合理的，则政府执法人员所实施的搜查行为或者扣押行为将是不合理的，因为他们的搜查行为或者扣押行为侵犯了公民依据《美国联邦宪法第四修正案》所享有的隐私权。

2. 公民主观隐私期待的判断标准

根据美国联邦最高法院所确立的隐私合理期待理论，法官应当采取的第一步分析法是，判断公民对政府执法人员搜查或者扣押的场所、财物是否享有主观上的隐私期待。在判断公民是否对被政府执法人员实施搜查或者扣押的住所或者财物具有主观上的隐私期待时，法官所采取的方法简单明了，这就是，看一看公民是否采取措施试图掩盖被政府执法人员所搜查或者扣押的场所或者财物，如果公民没有试图通过自己的行为掩盖这些场所或者财物，则他们在主观上就没有隐私期待，反之，如果公民试图通过自己的行为掩盖这些场所或者财物，则他们在主观上就享有隐私期待。换言之，如果公民故意将其被政府执法人员搜查或者扣押的场所或者财物暴露在光天化日之下，则他们对这些场所或者财物就没有主观上的隐私期待。因此，即便是公民的行李箱、行李袋、双肩包、运动包、公文包、钱包、塑料制小包或吉他盒子，等等，如果在政府执法人员对其实施搜查行为时这些包或者盒子处于开启状态而非密封状态，则公民对这些包或者盒子没有主观上的隐私期待；相反，如果在政府执法人员对其实施搜查行为时这些包或者盒子处于非开启状态或者密封状态，则公民对这些包或者盒子就享有主观上的隐私期待。

3. 公民客观隐私期待的判断标准

根据美国联邦最高法院所确立的隐私合理期待理论，法官应当采取的第二步分析法是，一旦法官认定公民享有主观上的隐私期待，他们接着应当判断公民所持有的此种主观上的隐私期待是否合理。在判断公民的主观隐私期待是否合理时，法官不会适用一般理性人的抽象判断标准，而是要考虑案件所面临的各种各样的具体情节或者因素，并且最终决定公民所持有的主观隐私期待是否合理，法官需要考虑的包括但是不限于以下因素。

（1）政府执法人员所处的位置和视野。具体来说，在考虑公民所享有的主观隐私期待在客观上是否是合理隐私期待时，法官会考虑政府执法人员在实施搜查行为时所处的位置和视野：如果政府执法人员在实施搜查行为时处于任何人均能够处于的位置上，并且政府执法人员仅仅通过该种位置对公民的场所或者财物实施其视野所及的范围内的搜查，则公民可能不会享有合理隐私期待，反之，如果政府执法人员所处的位置是其他人不能够处于的位置，则公民可能享有合理的隐私期待。

（2）政府执法人员所搜查容器的透明性。在考虑公民所享有的主观隐私期待在客观上是否是合理隐私期待时，法官会考虑政府执法人员所搜查的容器是否是透明的：如果政府执法人员所搜查的容器是透明的、单凭肉眼就能够观察到的，则公民可能不会享有合理的隐私期待，反之，如果政府执法人员所搜查的容器是不透明的、单凭肉眼无法观察到的，则公民可能享有合理隐私期待。

（3）政府执法人员所搜查对象的快速转移性。在考虑公民所享有的主观隐私期待在客观上是否是合理隐私期待时，法官会考虑政府执法人员所搜查的对象是否是机动车：如果政府执法人员所搜查的对象是机动车，则公民可能不会享有合理隐私期待，因为机动车具有快速转移和逃离的可能性，反之，如果政府执法人员所搜查的对象不是机动车，则公民可能享有合理隐私期待，因为机动车之外的东西无法像机动车那样快速转移或者消失在政府执法人员的视野当中。

（4）政府执法人员所搜查的场所的性质。在考虑公民所享有的主观隐私期待在客观上是否是合理隐私期待时，法官会考虑政府执法人员所搜查的场所是否是公民的住所：如果政府执法人员搜查的场所是公民的住所，则公民对这些场所可能具有合理的隐私期待；反之，如果政府执法人员搜查的场所不是公民的住所，则他们对这些场所可能不具有合理隐私期待。因为公民的住所是具有天然隐私性质的场所，而其他场所并不具有此种天然的性质。

(5) 政府执法人员所搜查的财物的性质。在考虑公民所享有的主观隐私期待在客观上是否是合理隐私期待时，法官会考虑政府执法人员实施搜查的对象是否是已经被公民所抛弃的财物：如果政府执法人员所搜查的对象是公民享有财产所有权的财物，则公民对这些财物可能会享有合理的隐私期待；如果政府执法人员所搜查的对象仅仅是公民已经抛弃的财物，则他们对这些财物可能不会享有合理隐私期待。

(6) 政府执法人员使用的科技手段的普及性。在考虑公民所享有的主观隐私期待在客观上是否是合理隐私期待时，法官会考虑政府执法人员在实施搜查行为时所使用的科技手段的普及性：如果政府执法人员在实施搜查行为时所使用的科技手段价格昂贵，一般的社会公众无法使用这些科技手段，则公民可能享有合理隐私期待；反之，如果政府执法人员在实施搜查行为时所使用的科技手段价格低廉或者适中，一般的社会公众也能够使用这些科技手段，则公民可能不会享有合理的隐私期待。这就是科技对隐私合理期待理论所产生的影响。

(7) 政府执法人员是否获得了第三人的同意。在考虑公民所享有的主观隐私期待在客观上是否是合理隐私期待时，法官会考虑政府执法人员在实施搜查行为时是否获得了与被搜查者具有亲密关系的第三人的同意：如果政府执法人员在实施搜查行为时获得了与被搜查者具有某种亲密关系的第三人的同意，则被搜查者可能不会享有合理的隐私期待；反之，如果政府执法人员在实施搜查行为时没有获得与被搜查者具有某种亲密关系的第三人的同意，则被搜查者可能会享有合理的隐私期待。这就是隐私合理期待领域的第三方当事人规则。

4.《美国联邦宪法第四修正案》的二步分析法在侵扰侵权责任领域的适用

如果他人向法院起诉，要求法官责令行为人就其实施的侵扰他人安宁的隐私侵权行为对其承担隐私侵权责任，法官在处理当事人之间的侵权案件时也同样采取他们在《美国联邦宪法第四修正案》领域所采取的上述二步分析法。这就是：

(1) 判断他人对行为人所侵扰的场所、所收集或者公开的信息是否具有主观上的隐私期待。如果法官认定他人对行为人所侵扰的场所、所收集或者公开的信息并没有主观上的隐私期待，则他们就会驳回他人的诉讼请求，不会责令行为人对他人承担隐私侵权责任。

（2）判断他人的主观隐私期待是否具有客观合理性。如果法官认定，他人对行为人所侵扰的场所、所收集或者公开的信息具有主观上的隐私期待，他们接着会判断，他人对被侵扰的场所、被收集或者被公开的信息所享有的主观隐私期待是否合理。如果法官认定他人的主观隐私期待是不合理的，则法官也会驳回他人的诉讼请求；如果法官认定他人的主观隐私期待是合理的，在具备侵扰他人安宁的隐私侵权的其他构成要件的情况下，法官就会责令行为人对他人承担隐私侵权责任，除非行为人具有拒绝对他人承担此种隐私侵权责任的某种正当事由。

（四）美国学者对隐私合理期待理论的批判

自 1967 年的 Katz v. United States 一案[1]判决以来，美国联邦最高法院不仅已经将隐私的合理期待理论作为判断政府执法人员所实施的搜查行为或者扣押行为是否违反《美国联邦宪法第四修正案》的判断标准，而且还在大量的案件当中适用该种理论来判断政府执法人员所实施的搜查行为或者扣押行为是否侵犯了公民所享有的隐私权。然而，美国联邦最高法院所主张的此种理论广受学者的批判，几乎没有什么学者对隐私合理期待理论持肯定、赞同的意见。

美国学者 Scott E. Sundby 对隐私合理期待理论所面临的此种状况作出了说明，他指出："近来，美国联邦最高法院就《美国联邦宪法第四修正案》所做出的判决在法学界引起了日益尖锐的批判。学者们撰写了一篇又一篇的文章来证明美国联邦最高法院的不当行为，他们指出，美国联邦最高法院不仅通过各种例外情况使搜查证条款变得错综复杂，而且以一个无所不包的合理性标准（reasonableness standard）扼制了个人隐私权的发展，并且还赋予了执法机构前所未有的巨大权力。"[2]

---

[1] 389 U. S. 347, 353 (1967).

[2] Scott E. Sundby, "Everyman" 's Fourth Amendment: Privacy or Mutual Trust between Government and Citizen, (1994) 94 Colum. L. Rev. 1751, p1752；斯科特・E. 桑德贝：《"每个人"的〈美国联邦宪法第四修正案〉》，罗小艺译，载张民安主编：《隐私合理期待总论》，中山大学出版社 2015 年版，第 484～485 页。

美国著名学者 Daniel J. Solove 也对隐私合理期待理论所面临的此种现状作出了明确说明，他指出："有助于创造优秀的智力游戏的因素并不能创造好的法律。事实上，几乎没有学者赞同隐私合理期待的判断标准，学者们抨击美国联邦最高法院适用隐私合理期待的判断标准所做出的判决是'易变的'、'不符合逻辑的'，甚至是有可能引起'混乱的'，一位学者经过长期观察后发现，'即使最近的司法判决带有政治倾向性，大多学者还是发现，合理隐私期待判断标准的理论体系仍然十分混乱。'"① 美国著名学者 Orin S. Kerr 也对隐私合理期待理论所面临的此种现状作出了明确说明，他指出："通过从文字上简单地禁止政府执法人员实施'不合理的搜查行为和扣押行为'，《美国联邦宪法第四修正案》对执法调查行为作出了规范。尽管规则简单明确，但是，某些法院却因为其对《美国联邦宪法第四修正案》作出了拜占庭式的解读而变得声名狼藉。警察的各种实践、判例法和几百个看起来不相干的规则似乎都在回答公民是否享有《美国联邦宪法第四修正案》的保护以及他们在多大程度上受到保护的问题。学者抱怨，这个法律就是'一团糟'、'一件尴尬的事情'以及'自相矛盾的集合体'。"②

John D. Castiglione 律师也对隐私合理期待理论所面临的问题作出了明确说明，他也指出："乍眼一看，公民的隐私利益与政府的执法利益的两分法十分合理；数十年来，《美国联邦宪法第四修正案》都被理解为捍卫公民隐私的堡垒，并且在执法过程中，避免了政府执法人员对公民的隐私造成不合理的侵犯。然而，这个以隐私权理论为核心的分析方法是不完整的。虽然在很大程度上，隐私权理论是一个多面的理论，但是它还没有完全包括《美国联邦宪法第四修正案》基础性的宪法价值观念。而在这些价值观念中，最重要的是人格尊严。

---

① Daniel J. Solove, Fourth Amendment Pragmatism, (2010) 51 B. C. L. Rev. 1511, p1512；丹尼尔·J. 索洛韦伊：《〈美国联邦宪法第四修正案〉保护范围的判断标准》，敬罗晖译，载张民安主编：《隐私合理期待总论》，中山大学出版社 2015 年版，第 537 页。
② Orin S. Kerr, AN EQUILIBRIUM-ADJUSTMENT THEORY OF THE FOURTH AMENDMENT, (2011–2012) 125 Harv. L. Rev. 476, p479；奥林·S. 科尔：《美国联邦宪法第四修正案所贯彻的平衡调整理论》，陈圆欣译，载张民安主编：《隐私合理期待总论》，中山大学出版社 2015 年版，第 248～249 页。

然而，法院的判决已经把公民的隐私利益和政府的执法利益对立起来，政府的执法利益正在扩张，而公民的隐私利益却在缩减。简单来说，我们越来越清晰地看到，以隐私权理论为核心的分析并不足以充分地解释《美国联邦宪法第四修正案》的内容，即便是作最粗略的解释。仅仅依靠隐私权理论，并不足以为《美国联邦宪法第四修正案》的保护范围提供一个理论框架。"①

美国学者之所以对隐私合理期待理论提出严厉的批判，一个主要原因在于，美国联邦最高法院在适用该种理论时对第四修正案所保护的隐私权作出了非常狭义的理解，它通过各种各样的例外规则限缩了公民根据第四修正案所享有的隐私权的范围，此举除了导致公民所享有的隐私权几乎消失殆尽之外，也纵容了、助长了政府执法人员的飞扬跋扈、为所欲为。

Scott Sundby 教授对此种原因作出了明确说明，他指出："以隐私权为中心的《美国联邦宪法第四修正案》理论既无法适应一个逐渐去隐私化的世界，也无法应对司法上不愿继续扩张个人权利的趋势。"② John D. Castiglione 律师也对此种原因作出了明确说明，他指出："长期以来，法院过分依赖隐私权理论作为《美国联邦宪法第四修正案》的判断标准，导致了公民的隐私安全容易遭受由政府的善意决定造成的侵犯，更广泛地说，这导致了公民的隐私安全容易遭受政府权力的侵犯。"③

Daniel J. Solove 也对此种理由作出了说明，他指出："适用合理

---

① John D. castiglione, Human Dignity Under The Fourth Amendment, (2008) Wis. L. Rev. 655, pp. 659 – 660；约翰·D. 卡斯堤略内：《人格尊严理论与〈美国联邦宪法第四修正案〉》，陈圆欣译，载张民安主编：《隐私合理期待总论》，中山大学出版社 2015 年版，第 447～448 页。

② Scott E. Sundby, "Everyman"'s Fourth Amendment: Privacy or Mutual Trust Between Government and Citizen? (1994) 94 Colum. L. Rev. 1751, p1771；斯科特·E. 桑德贝：《"每个人"的宪法第四修正案》，罗小艺译，载张民安主编：《隐私合理期待总论》，中山大学出版社 2015 年版，第 501 页。

③ John D. castiglione, Human Dignity Under The Fourth Amendment, (2008) Wis. L. Rev. 655, pp. 663 – 664；约翰·D. 卡斯堤略内：《人格尊严理论与〈美国联邦宪法第四修正案〉》，陈圆欣译，载张民安主编：《隐私合理期待总论》，中山大学出版社 2015 年版，第 450 页。

隐私期待的判断标准来确定《美国联邦宪法第四修正案》的保护范围似乎很感性。但正如美国联邦最高法院所言：'《美国联邦宪法第四修正案》最重要的作用，就在于保护公民的隐私和尊严免受政府无根据的侵扰。'保护公民的隐私是《美国联邦宪法第四修正案》的中心目的，这也就是说，公民可以根据《美国联邦宪法第四修正案》来判断某种政府执法行为是否应当受到法律调整。但隐私合理期待判断标准并不如预想的那样有效。随着该判断标准的发展，美国联邦最高法院也形成了他们的一种隐私观，但大多数学者都认为，美国联邦最高法院所采用的这种隐私观过于狭隘、混乱、短视、损害自由并与社会完全脱节。"①

在美国，自联邦最高法院在 1967 年的 Katz 一案当中确立隐私的合理期待理论以来，该种理论不仅没有起到保护公民免受政府执法人员侵犯的目的，而且还助长了政府执法人员的嚣张气焰，它在严重限缩公民所享有的隐私权的同时让政府执法人员所享有的搜查权、扣押权急剧膨胀。美国联邦最高法院之所以通过限缩公民隐私权的方式纵容、助长政府执法人员的嚣张气焰，其目的在于实现政府执法人员所肩负的打击犯罪、预防犯罪的功能。

美国联邦最高法院实现此种目的的手段是，在《美国联邦宪法第四修正案》所规定的条件和程序之外设立各种各样的例外规则，让政府执法人员在对公民的住所、其他场所或者财物实施搜查行为或者扣押行为时免受《美国联邦宪法第四修正案》所规定的条件或者程序的约束，换言之，即便政府执法人员对公民实施搜查行为或者扣押行为，他们也无需按照《美国联邦宪法第四修正案》的要求申请搜查令或者扣押令。他们在没有搜查令或者扣押令的情况下对公民实施的搜查行为或者扣押行为并没有违反《美国联邦宪法第四修正案》的规定，不构成违宪行为，因为美国联邦最高法院认定，只要公民对政府执法人员实施搜查的场所或者财物不享有合理隐私期待，政府执法人员的搜查行为或者扣押行为就没有侵犯公民依据《美国联邦宪

---

① Daniel J. Solove, Fourth Amendment Pragmatism, (2010) 51 B. C. L. Rev. 1511, p1519；丹尼尔·J. 索洛韦伊：《〈美国联邦宪法第四修正案〉保护范围的判断标准》，敬罗晖译，载张民安主编：《隐私合理期待总论》，中山大学出版社 2015 年版，第 543～544 页。

法第四修正案》所享有的隐私权。

在美国，联邦最高法院通过其前前后后的司法判例对《美国联邦宪法第四修正案》所规定的例外规则多达20个，在符合这20个例外规则的情况下，即便政府执法人员没有获得搜查令或者扣押令，他们所实施的搜查行为或者扣押行为也不构成侵犯公民隐私权的行为，因为美国联邦最高法院认为，在这20个例外情况下，即便公民享有主观上的隐私期待，他们所享有的隐私期待也是不合理的。根据美国联邦最高法院的判决，这20个例外规则包括：①逮捕附带搜查例外（适用于两者）；②汽车搜查例外（适用于令状原则要求）；③边境搜查例外（适用于两者）；④临边境搜查例外（适用于令状原则要求，有时也适用于合理根据要求）；⑤行政搜查例外（适用于合理根据要求）；⑥规范商业活动进行的行政搜查例外（适用于令状原则要求）；⑦盘查例外（适用于两者）；⑧开放视野搜查例外，公开领域扣押例外以及监狱搜查例外（适用于两者，因为这些行为并没有在第四修正案中加以规定）；⑨紧急情况例外（适用于令状原则要求）；⑩对被监护人搜查例外（适用于两者）；⑪存在合理依据逮捕犯罪嫌疑人时的非逮捕附带搜查例外（适用于两者）；⑫火灾调查搜查例外（适用于令状原则要求）；⑬逮捕搜查例外（适用于令状原则要求）；⑭船舶停泊登记搜查例外（适用于两者）；⑮被告同意搜查例外（适用于两者）；⑯福利搜查例外（适用于两者，因为这不是一种"搜查"）；⑰存货搜查例外（适用于两者）；⑱司机执照检查例外和汽车登记搜查例外（适用于两者）；⑲机场搜查例外（适用于两者）；⑳法院门前搜查例外（适用于两者）以及最后的一项持续搜查例外；虽然从严格意义上来说它不能被算作《美国联邦宪法第四修正案》的一个例外情形，但是它通过让法庭忽视警察违反《美国联邦宪法第四修正案》的行为的方式达到了例外情形的效果。[①]

五、隐私合理期待理论在两大法系国家的继受

美国学者虽然对联邦最高法院在1967年的Katz一案当中所提出

[①] Craig M. Bradley, Two Models of the Fourth Amendment, (1985) Mich. L. Rev. 1468, pp. 1473–1474.

的隐私合理期待理论持这样或者那样的批判态度，但是该种理论不仅在美国站稳了脚跟并因此成为美国隐私权法领域的一个重要理论，而且还溢出美国，成为对加拿大、英国和欧盟产生重大影响的理论。

（一）隐私合理期待理论在加拿大的继受

为了保护公民免受政府执法人员所实施的非法搜查行为或者扣押行为的侵犯，《加拿大权利和自由宪章》① 第8条对公民所享有的免受不合理搜查和扣押的权利作出了明确规定，该条规定："任何人均享有免受不合理搜查或者扣押的安全权。"除了对公民所享有的免受不合理搜查或者扣押的权利作出明确规定之外，《加拿大权利和自由宪章》第24条也对公民所享有的起诉权作出了明确规定，其中的第24（1）条规定："任何人，一旦其享有的受到宪章保护的权利或者自由被侵犯或者被否认，均有权向有管辖资格的法院起诉，要求有关法院对其提供任何适当的、公正的法律救济措施。"第24（2）条规定："一旦公民根据第24（1）条向法院起诉，则法官有权得出这样的结论：政府执法人员通过侵犯或者否认公民依据宪章所享有的权利或者自由的方式所获得的证据应当被排除，如果公民能够证明，在考虑案件的所有具体情况之后，允许通过此种方式获得的证据在诉讼当中使用会败坏司法机关的名声。"

当政府执法人员违反《加拿大权利和自由宪章》第8条的规定对公民实施不合理的搜查行为或者扣押行为时，他们所实施的不合理搜查行为或者扣押行为是否侵犯了公民所享有的合理隐私期待？对此，由于受到美国联邦最高法院在1967年的Katz一案所确立的合理隐私期待理论的影响，加拿大最高法院的法官普遍作出了肯定的回答。他们也认为，一旦政府执法人员违反《加拿大权利和自由宪章》第8条的规定，则他们所实施的搜查行为或者扣押行为也侵犯了公民所享有的隐私合理期待。

在2010年的两个案件，即 R. v. Nolet 一案② 和 R. v. Gomboc 一案③

---

① The Canadian Charter of Rights and Freedoms.
② ［2010］S. C. J. No. 24，［2010］1 S. C. R. 851（S. C. C.）.
③ ［2010］S. C. J. No. 55，［2010］3 S. C. R. 211（S. C. C.）.

当中,加拿大最高法院认定,公民根据《加拿大权利和自由宪章》第8条所享有的合理隐私期待应当受到保护。在 Nolet 一案当中,加拿大最高法院认定,公民对其用于生活的房车享有合理的隐私期待,政府执法人员如果要对公民用于生活的房车实施搜查行为,则他们应当实施合理的搜查行为,否则,他们的不合理搜查行为将侵犯公民所享有的合理隐私期待。在 Gomboc 一案当中,加拿大最高法院认定,公民对其住所当中的用电量享有合理的隐私期待,政府执法人员在没有搜查证的情况下查看公民在其住所当中的用电量的行为侵犯了公民所享有的合理隐私期待。

在 2012 年的 R. v. Cole 一案①当中,加拿大最高法院再一次作出了肯定的回答。它认为,一旦政府执法人员违反《加拿大权利和自由宪章》第8条的规定,侵犯公民根据第8条所享有的免受不合理搜查或者扣押的权利,除了他们通过违反《加拿大权利和自由宪章》第8条规定的方式所获得的证据应当根据第24(2)条的规定予以排除之外,政府执法人员的行为也侵犯了公民所享有的隐私合理期待。

在该案当中,一名中学教师使用所在学校分配给他的手提电脑储存了儿童色情相片,根据学校关于教师电脑的使用政策,除了将学校分配给教师的手提电脑用于教学活动之外,教师也有权将其电脑用于同其教学活动有附带关系的个人活动。在学校的技术人员对该名教师的电脑进行维修时,该技术人员发现了储存在该电脑当中的儿童色情相片。在自行拷贝了一份儿童色情相片之后,该技术人员通知了校长,校长随即对该电脑实施了扣押。此外,校委会技术人员也拷贝了一份储存在该教师电脑当中的儿童色情相片。此后,学校将该名教师使用的电脑和所拷贝的两份儿童色情相片一并给了警察。在没有获得搜查令的情况下,警察查看了该名教师电脑当中储存的内容。

加拿大最高法院的法官认为,警察所实施的行为侵犯了该名教师对其电脑所享有的隐私合理期待,其行为违反了《加拿大权利和自由宪章》第8条的规定,属于不合理的搜查行为或者扣押行为。法院指出,无论教师所使用的电脑是在教师的工作场所发现的还是在他们的住所发现的,教师均能够将其电脑用于个人目的,因为他们的电

---

① 2012 SCC53.

脑均包含了他们的具有意义的、亲密的个人信息。因此，作为加拿大人，所有人均对他们电脑当中所储存的信息享有合理隐私期待，至少在他们的电脑被允许用于个人目的的情况下，他们对其电脑当中的信息享有合理隐私期待。在判断该名教师是否对其电脑享有合理的隐私期待时，人们当然应当考虑教师所使用的电脑属于其雇主所有的这一情况，但是，这一因素并不是决定性的因素。此外，在考虑该名教师是否对其电脑储存的信息享有合理的隐私期待时，人们也应当考虑雇主对工作场所电脑的使用所规定的政策，不过，雇主的此种政策也并不是决定性的因素。在判断该名教师是否对其使用的电脑储存的内容享有合理的隐私期待时，人们应当考虑案件所面临的所有不同情况，采取具体问题具体分析的办法。虽然工作场所电脑使用的政策和惯常的做法会减损该名教师对其电脑储存的信息所享有的合理隐私期待的程度，但是，无论是工作场所电脑的使用政策还是惯常的做法均不会完全排除该名教师对其电脑储存的信息所享有的合理隐私期待。换言之，即便该名教师对其电脑储存的信息所享有的合理隐私期待属于减损性质的隐私期待，他所享有的隐私期待仍然属于一种合理的隐私期待，该种隐私期待仍然应当受到《加拿大权利和自由宪章》第 8 条的保护。警察在没有获得搜查令或者扣押令的情况下对该名教师的电脑实施搜查或者扣押的行为侵犯了该名教师根据《加拿大权利和自由宪章》第 8 条所享有的隐私权。

根据加拿大最高法院的判决，在判断公民所享有的隐私期待是否是合理隐私期待时，法官虽然应当结合每一个具体案件的具体情况进行分析，应当考虑案件所面临的各种各样的特殊情况，但法官应当考虑以下因素：①政府执法人员实施搜查的对象；②政府执法人员实施搜查的地点；③政府执法人员所搜查的对象是否处于公共视野范围内；④政府执法人员所搜查的对象是否是公民已经丢弃的东西；⑤政府执法人员所实施的对象是否处于第三人的手中，如果处于第三人的手中，该第三人是否对被搜查者承担信任义务；⑥政府执法人员所实施的搜查行为所具有的侵扰程度；等等。①

---

① Hamish Stewart, Normative Foundations for Reasonable Expectations of Privacy, Supreme Court Law Review, (2011) 54 S. C. L. R. (2d), p338.

(二) 隐私合理期待理论在英国的继受

英国虽然像美国和加拿大一样属于英美法系国家,但长久以来,英国的制定法或者司法判例均否认隐私权或者隐私侵权责任制度的独立存在,当行为人侵犯他人的具有隐私性质的场所或者财物时,英国的法官仅仅采取类推适用其他已经存在的侵权责任制度的方式来保护他人的隐私利益,包括类推适用违反信任侵权责任、不动产侵入侵权责任、滋扰侵权责任、名誉侵权责任,等等。① 既然英国根本就不承认美国普通法当中的隐私权或者新隐私权理论当中的隐私权的存在,那么,英国法律当中也就不存在所谓的隐私合理期待理论,因为,隐私合理期待理论是建立在隐私权存在的基础上,它也仅仅是一种隐私权的分析方法,如果一个国家根本就不承认隐私权的存在,当然也就无所谓隐私权的分析方法了。②

不过,为了执行《欧洲人权公约》的规定,英国立法者在1998年制定了英国《1998年人权法》(Human Rights Act 1998),其中的第8条对公民所享有的隐私权作出了明确规定,该条规定,他人享有要求别人尊重其私人生活的权利。在2001年的案件当中,英国法官适用《1998年人权法》第8条的规定来保护他人所享有的隐私权。此外,英国法官在处理当事人之间的隐私权纠纷时也会适用《欧洲人权公约》第8条和第10条的规定,其中的第8条对公民享有的隐私权作出了规定,而第10条则对行为人所享有的表达自由权、言论自由权作出了规定。③ 在英国,由于受到美国联邦最高法院所确立的隐私合理期待理论的影响,从2001年开始,法官在大量的隐私侵权案件当中也开始采取美国联邦最高法院所采取的隐私合理期待理论,通过二步分析法来分析他人的隐私权是否受到保护,这些案件包括Douglas v. Hello! 一案④、Campbell v. MGN 一案⑤、McKennitt v. Ash

---

① 张民安:《无形人格侵权责任研究》,北京大学出版社2012年版,第450~452页。
② 张民安主编:《美国当代隐私权研究》,中山大学出版社2013年版,序言,第25页。
③ 张民安:《无形人格侵权责任研究》,北京大学出版社2012年版,第455~456页。
④ [2001] QB 967.
⑤ [2004] 2 AC 457.

一案①、Lord Browne of Madingley v. Associated Newspapers 一案②、Murray v. Express Newspapers 一案③、Donald v. Ntuli 一案④以及 JIH v. News Group Newspapers 一案，等等。⑤ 当然，英国法官所采取的二步分析法也不完全等同于美国联邦最高法院所建立的二步分析法，它们之间的差异有二：其一，美国联邦最高法院仅仅在宪法领域适用隐私合理期待理论，也就是，仅仅在政府执法人员实施的搜查或者扣押领域适用二步分析法，没有在一般的隐私侵权责任领域适用二步分析法。而英国的法官也仅仅在一般的隐私侵权责任领域适用隐私合理期待理论，没有在宪法领域适用此种理论，也就是，没有在政府执法人员实施搜查或者扣押领域适用该种理论。其二，二步分析法的具体内容存在差异。在美国，联邦最高法院所采取的二步分析法是从主观方面和客观合理性方面来分析公民的隐私期待是否值得宪法保护，而在英国，法官所采取的二步分析法当中的第二步分析法并不是美国联邦最高法院所采取的第二步分析法，而是一种利益平衡的方法。

具体来说，在英国，隐私侵权案件当中的二步分析法是指以下方面。

（1）法官必须决定，当行为人收集或者公开他人的信息时，如果他人要求法官责令行为人根据《欧洲人权公约》第 8 条的规定对其承担隐私侵权责任，法官必须判断他人是否对行为人所收集或者公开的信息享有合理隐私期待，如果法官认定他人对行为人所收集或者公开的信息没有合理隐私期待，则法官不会责令行为人根据《欧洲人权公约》第 8 条的规定对他人承担侵权责任。

（2）一旦法官认定他人对行为人所收集或者公开的信息享有合理的隐私期待，则他们接着应当进行两种权利之间的平衡：他人根据《欧洲人权公约》第 8 条所享有的隐私权和行为人根据《欧洲人权公约》第 10 条所享有的表达自由权、言论自由权，看一看究竟是他人的隐私权更加重要还是行为人的表达自由权、言论自由权更重要。如

---

① ［2008］QB 73.
② ［2008］1 QB 103.
③ ［2009］Ch 481.
④ ［2010］EWCA Civ 1276.
⑤ ［2011］EWCA Civ 42.

果法官认定他人的隐私权要比行为人的表达自由权、言论自由权更重要，则他们就会责令行为人就其侵犯他人的合理隐私期待的行为对他人承担侵权责任；反之，如果法官认定行为人的表达自由权、言论自由权要比他人的隐私权更加重要，则法官不会责令行为人对他人承担侵权责任，即便他人对其信息享有合理的隐私期待。

不过，人们无需夸大英国法官所采取的二步分析法与美国法官所采取的二步分析法之间的差异，因为，在进行上述第一步分析时，英国的法官实际上将美国联邦最高法院所采取的二步分析法涵盖在内，因为在进行隐私合理期待的分析时，英国的法官同时要考虑两个问题：其一，他人对待行为人所收集或者公开的信息的主观态度，如果他人在主观上并不反对行为人收集或者公开其信息，则他人对行为人所收集或者公开的信息并没有隐私期待；但是，如果他人在主观上反对行为人收集或者公开其信息，则他人对行为人所收集或者公开的信息就享有隐私期待。其二，他人主观态度的合理性。如果法官认定他人主观上反对行为人收集或者公开其信息，他们还应当判断他人主观上此种态度是否具有合理性。如果法官认定他人的主观态度是不合理的，则法官不会认定他人所享有的隐私期待是合理的。如果法官认定他人的主观态度是合理的，则法官会认定他人所享有的隐私期待是合理的。一旦法官认定他人对行为人所收集或者公开的信息具有合理的隐私期待，法官最终会进行上述的利益平衡。

例如，在2004年的Campbell v. MGN Ltd. 一案[①]当中，英国上议院大法官Hope对隐私合理期待理论作出了说明。在该案当中，著名模特儿Naomi Campbell因为吸毒而进入诊所接受康复治疗。在从诊所离开时，被告MGN不仅偷拍了Campbell从康复诊所出来的相片，而且还在其杂志上公开了Campbell是瘾君子的信息。Campbell为此向法院起诉，要求法官责令MGN对其承担隐私侵权责任。在对该案进行分析时，英国上议院就采取上述二步分析法进行分析，以便决定MGN是否应当对Campbell承担隐私侵权责任：第一步，判断原告Campbell是否对其吸毒的事实享有合理的隐私期待，英国上议院认为，Campbell当然对此种事实享有合理的隐私期待。第二步，判断原

---

① [2004] UKHL 22；[2004] 2 AC 457；[2004] 2 WLR 1232；[2004] EMLR 247.

告的隐私权与被告的表达自由权、言论自由权之间孰轻孰重。英国上议院最终认定，原告的隐私权要比被告的表达自由权、言论自由权更重要，因此，责令被告对原告承担隐私侵权责任。大法官Hope对隐私的合理期待理论作出了说明，他指出，一旦行为人知道或者应当知道他人对其信息享有受到法律保护的合理隐私期待，则他们就应当对他人承担保密义务，不得泄露他人的秘密，如果行为人侵犯他人所享有的合理隐私期待，则他们应当对他人承担侵权责任，除非他们能够证明，他们在侵犯他人的合理隐私期待时具有某种正当理由。

再例如，在2008年的Murray v. Express Newspapers plc and another一案①当中，法官也适用隐私合理期待理论来解决当事人之间的纠纷。在该案当中，英国大作家J. K. Rowling与其丈夫和未成年子女一起上街，由于丈夫的推撞，Rowling的未成年子女从其儿童单车上跌落下来。被告将该儿童从其单车上跌落下来的相片刊登在其出版的杂志上。原告为此向法院起诉，要求法官责令被告对其承担隐私侵权责任。法官在处理该案件时也适用了上述二步分析法。其中的第一步就是分析原告是否对其从单车上跌落下来的相片享有合理的隐私期待。法官认定，虽然被告的确公开了原告从其单车上跌落时的肖像，但是，被告无需对原告承担隐私侵权责任，因为，原告对其在公共场所跌落时的肖像并不享有合理的隐私期待。法官指出："我认为，英国的法律是这样的：如果他人的行为是发生在公共场所的无伤大雅的行为，则他人对该种行为并没有合理的隐私期待。"

就像美国联邦最高法院一样，英国的法官也认为，在认定他人是否对行为人所收集或者公开的信息享有合理的隐私期待时，法官应当考虑案件所面临的各种各样的具体因素，包括他人的特性（attributes）、他人从事活动的性质、他人从事活动的地点、行为人实施侵入行为的性质或者目的、他人同意的欠缺、行为人是否知道他人没有同意、行为人否侵入行为对他人造成的影响，以及行为人收集或者公开他人信息的目的或者具体情况，等等。②

---

① [2008] All ER (D) 70 (May).
② Murray v. Express Newspapers, [2009] Ch 481.

(三) 隐私合理期待理论在欧盟的继受

在欧洲大陆，除了传统的英国普通法之外还存在大陆法系国家的民法，而大陆法系国家的民法又分为法国式的民法和德国式的民法。在隐私权的法律保护问题上，欧洲大陆不同的国家所采取的保护措施存在非常大的差异。传统上，英国通过其信任责任法来保护他人的隐私权；[①] 德国通过联邦最高法院在1954年所确立的一般人格权理论并且结合《德国民法典》第823（1）的规定来保护他人的隐私权；[②] 而传统上，法国通过《法国民法典》第1382条所规定的一般过错侵权责任来保护他人的隐私权，在1970年之后，法国则是通过《法国民法典》第9条的规定来保护他人的隐私权。[③]

为了消除欧洲大陆不同的国家在包括隐私权等问题上所存在的这样或者那样的差异，为了为欧盟不同成员国的公民提供强有力的统一保护，欧洲理事会各成员国在1950年11月4日制定了第一个区域性质的国际人权公约即《欧洲人权公约》（*The European Convention on Human Rights*），《欧洲人权公约》第8条对公民所享有的隐私权作出了规定，而其中的第10条则对公民所享有的表达自由权、言论自由权作出了明确规定。《欧洲人权公约》第8条规定："人人有权享有使自己的私人和家庭生活、家庭和通信得到尊重的权利。"《欧洲人权公约》第10条规定："人人享有表达自由的权利。"[④]

如果行为人违反《欧洲人权公约》第8条的规定，侵犯他人依据第8条规定所享有的隐私权，当他人向法院起诉，要求法官责令行为人对其承担侵权责任时，当事人之间的隐私侵权纠纷往往由欧洲人权法院负责审理。在审理当事人之间的隐私侵权纠纷时，欧洲人权法

[①] 张民安：《无形人格侵权责任研究》，北京大学出版社2012年版，第450～451页；尼尔·M. 理查兹、丹尼尔·J. 索洛韦伊：《隐私权的另一种路径：信任责任法律的复兴》，孙言译，张民安主编：《隐私权的比较研究》，中山大学出版社2013年版，第72～86页。

[②] 张民安：《无形人格侵权责任研究》，北京大学出版社2012年版，第50～56页。

[③] 张民安：《无形人格侵权责任研究》，北京大学出版社2012年版，第430～436页；张民安：《法国的隐私权研究》，载张民安主编：《隐私权的比较研究》，中山大学出版社2013年版，第124～138页。

[④] 张民安：《无形人格侵权责任研究》，北京大学出版社2012年版，第454页。

院往往采取利益平衡的方式，这就是，权衡他人依据《欧洲人权公约》第 8 条所享有的隐私权与行为人依据《欧洲人权公约》第 10 条所享有的表达自由权孰轻孰重：如果法官认定隐私权要重于表达自由权，则法官会责令行为人对他人承担隐私侵权责任，如果法官认定表达自由权重于隐私权，则法官就会拒绝责令行为人对他人承担隐私侵权责任。①

传统上，在分析行为人是否侵犯他人依据《欧洲人权公约》第 8 条所享有的隐私权时，欧洲人权法院并不会采取美国联邦最高法院在 1967 年的 Katz 一案当中所主张的隐私合理期待理论，而是会采取三步分析法：第一步，判断《欧洲人权公约》第 8 条是否应当对他人予以适用，一旦法官认定案件涉及他人的私人生活，则他们就会认定案件涉及《欧洲人权公约》第 8 条。第二步，判断行为人是否侵犯了他人享有的隐私权。如果法官认定案件涉及《欧洲人权公约》第 8 条，则法官接着采取第二步分析法，判断他人的私人生活是否遭受行为人的侵犯，或者行为人是否没有采取措施保护他人的私人生活免受侵犯。② 第三步，判断行为人是否具有某种正当理由。一旦法官认定行为人的行为侵犯了他人所享有的隐私权，他们应当采取最后一步分析法，这就是，判断行为人在侵犯他人的隐私权或者没有采取措施保护他人的隐私权时是否具有某种正当理由，如果行为人具有某种正当理由，则法官不会责令行为人对他人承担隐私侵权责任；否则，法官就会责令行为人对他人承担隐私侵权责任。③

由于受美国联邦最高法院所确立的隐私合理期待理论的影响，大约从 1997 年开始，欧洲人权法院在分析隐私侵权案件时就开始采用隐私合理期待理论，他们也像美国联邦最高法院那样认为，即便他人向法院起诉，要求法官责令行为人对其承担侵权责任，法官也并非在任何情况下均会认定他人的此种主张成立。这是因为，如果他人对行

---

① 张民安：《无形人格侵权责任研究》，北京大学出版社 2012 年版，第 454 页。
② Marckx v. Belgium, No. 6833/74 [PC] (13 June 1979); A. v. France, No. 14838/89, A-277-B, 17 EHRR 462 (23 Nov. 1993); Hatton et al. v. UK, No. 36022/97, 34 EHRR 1 (2 Oct. 2001).
③ Handyside v. UK, No. 5493/72 [PC] (7 Dec. 1976); Powell & Rayner v. UK, No. 9310/81 (21 Feb. 1990).

为人所收集或者公开的信息并不享有合理的隐私期待，则行为人无需对他人承担侵权责任，只有在他人对行为人所收集或者公开的信息享有合理的隐私期待的情况下，法官才有可能责令行为人对他人承担侵权责任。

在 1997 年的 Halford v. The United Kingdom 一案①当中，欧洲人权法院首次采用美国联邦最高法院所主张的隐私合理期待理论来分析案件。在该案当中，原告 Halford 是英国一个地方警局的女警察，她在该地方警局工作多年，是英国当时所有女警察当中警衔最高的女警察。由于表现出色，Halford 认为自己应当晋升为该地方警局的副局长，为此，她多次向所在地方警局的局长提出晋升请求，但是均遭拒绝，她认为，局长之所以拒绝将她晋升为所在地方警局的副局长，完全是因为该局长对其存在性别歧视。为此，她于 1997 年向欧洲人权法院起诉，除了要求法官认定所在地方警局的局长对其存在性别歧视之外，还要求法官责令所在警局对其承担隐私侵权责任，因为她认为，为了对付她所提出的性别歧视案件，所在警局多次违反《欧洲人权公约》第 8 条的规定，窃听她从家中或者从地方警局所拨打的电话内容。在就被告警局是否侵犯原告依据《欧洲人权公约》第 8 条所享有的隐私权作出判决时，欧洲人权法院第一次采用了隐私的合理期待理论分析《欧洲人权公约》第 8 条所规定的隐私权问题。

在该案当中，原告主张，即便她是政府雇员，即便她用雇主提供的电话进行通话，她所进行的通话内容也属于《欧洲人权公约》第 8 条所规定的私人生活和通讯，因此，应当受到保护。被告地方警局则提出反驳，认为当原告使用地方警局的电话与别人通话时，原告的通话内容不属于《欧洲人权公约》第 8 条所规定的私人生活或者通讯，因为，原告对其通话内容并不享有合理的隐私期待，原则上，当政府雇员使用政府雇主为其提供的电话与别人通话时，政府雇主能够在不预先让雇员知道的情况下监控他们与别人之间的电话通话内容。在这里，并不是原告首先主张隐私合理期待理论，而是被告政府首先主张隐私合理期待理论；因为被告政府认为，当政府雇员使用政府雇主所提供的电话与别人通话时，政府雇员对其电话通话并不享有合理的隐

---

① No. 20605/92, ECHR 1997 – III, 24 EHRR 523 (25 June 1997).

私期待。

英国政府的此种辩解为欧洲人权法院所采纳，因为在对该案作出判决时，欧洲人权法院明确适用了此种理论。它指出，原告与别人之间的电话通话属于《欧洲人权公约》第8条所规定的私人生活或者通讯内容，虽然原告使用其地方警局的电话与别人通话，原告仍然对其与别人之间的电话通话享有合理的隐私期待，并且原告所享有的此种合理隐私期待因为一系列的因素而得到强化；在没有预先警告原告的电话通话会被窃听的情况下，被告地方警局就擅自窃听原告与别人之间的电话通话，被告的行为侵犯了原告所享有的合理隐私期待，应当对原告承担隐私侵权责任。

在四年之后，也就是在2001年的P. G. & J. H. v. The United Kingdom一案①当中，欧洲人权法院第二次适用隐私的合理期待理论来分析隐私侵权案件。在该案当中，原告涉嫌抢劫运钞车未遂，警察在将原告逮捕之后将其扣押在警察局。为了获得声音样本，当原告在警察局与其他犯罪嫌疑人通话时，警察局偷录了该原告与其他犯罪嫌疑人之间的电话通话内容，并且以所偷录的电话通话内容检控原告与其他犯罪嫌疑人。原告认为他们的隐私权遭受了侵犯，为此向欧洲人权法院提起诉讼，因为他们认为，当他们在进行电话通话时，他们并不知道或者没有理由怀疑他们的电话通话会被窃听。而被告政府则提出反驳，认为政府的窃听行为并没有侵犯原告所享有的隐私权，因为原告对其被偷录的声音并不享有合理的隐私期待，它所偷录的内容也仅仅是原告的声音，而原告的声音并不是《欧洲人权公约》第8条所规定的私人生活的组成部分。欧洲人权法院拒绝接受政府的意见，它认为，原告的声音属于《欧洲人权公约》第8条所规定的私人生活的组成部分，原告对其被政府偷录的声音享有合理的隐私期待，政府在原告不知道的情况下偷录其电话通话的行为，侵犯了原告所享有的合理隐私期待。自此之后，在分析他人所享有的、受到《欧洲人权公约》第8条所保护的私人生活是否受到侵犯时，欧洲人权法院习惯于采取隐私合理期待理论。例如，在2003年的Peck v. The

---

① No. 44787/98, ECHR 2001 – IX (25 Sept. 2001).

United Kingdom 一案①、2003 年的 Perry v. The United Kingdom 一案②以及 2004 年的 von Hannover v. Germany 一案③当中，欧洲人权法院均采取了此种分析方法。在这些案件当中，欧洲人权法院均认为，在决定他人的私人生活是否受到《欧洲人权公约》第 8 条保护时，法官应当考虑他人对其被搜集或者被公开的信息是否享有合理的隐私期待，虽然他人对行为人所搜集或者公开的信息所享有的合理隐私期待并不是决定性的、唯一性的因素，但是，它也是一种非常重要的因素。

六、隐私合理期待理论在我国的继受

在我国，除了笔者和笔者的研究生对隐私合理期待理论作出讨论之外，民法学者普遍没有对隐私合理期待理论作出讨论，虽然如此，笔者认为，我国也应当引入美国联邦最高法院所确立的隐私合理期待理论，以便保护社会公众的隐私权免受政府执法人员的肆无忌惮的侵犯。

（一）我国民法学者对隐私合理期待理论的忽视

在我国，《民法通则》没有对隐私权或者隐私侵权责任作出明确规定，因此，我国民法当中当然不存在隐私合理期待理论，因为隐私的合理期待理论以隐私权和隐私侵权的存在和承认作为必要前提。在 2009 年之前，最高人民法院虽然对《民法通则》的适用作出了大量的司法解释，但是，除了在隐私权和隐私侵权的问题上类推适用《民法通则》第 101 条和第 120 条所规定的名誉权和名誉侵权之外，它并没有承认隐私权和隐私侵权责任的独立性，因此，我国民法当中仍然无所谓隐私合理期待理论问题。到了 2009 年，立法者最终在其制定的《中华人民共和国侵权责任法》当中承认了隐私权和隐私侵权责任的独立性，因为《侵权责任法》第 2 条明确规定：一旦行为人侵犯他人所享有的隐私权，行为人就应当按照《侵权责任法》的

---

① No. 44647/98, ECHR 2003–I, 36 EHRR 719（28 Jan. 2003）.
② No. 63737/00, 39 EHRR 76（17 July 2003）.
③ No. 59320/00（24 June 2004）.

规定对他人承担侵权责任。①

问题在于，在我国《侵权责任法》第 2 条对隐私权和隐私侵权责任作出明确规定的情况下，我国侵权法是否就一定承认了隐私合理期待理论？对此问题，答案当然是否定的，因为，即便我国《侵权责任法》第 2 条已经承认了隐私权和隐私侵权的存在和独立性，但并不会自动采用隐私合理期待理论来分析隐私侵权案件。

在侵权法上，虽然隐私合理期待理论应当以隐私权和隐私侵权责任的存在和独立作为条件，但是，隐私权和隐私侵权责任的存在和独立也仅仅是隐私合理期待理论产生的必要条件，而不是充分条件，如果一个国家根本就不承认隐私权或者隐私侵权责任的存在或者独立性，则这个国家当然就不会承认隐私合理期待理论，但是，即便一个国家已经承认隐私权和隐私侵权责任的存在和独立性，这个国家也未必一定会承认隐私合理期待理论。

例如，法国虽然早就承认了隐私权和隐私侵权责任的存在和独立性，但是，法国迄今为止并没有承认隐私合理期待理论。再例如，欧盟虽然早在 1950 年时就已经承认了隐私权的存在，但是，欧洲人权法院也仅仅到了 1997 年才开始承认隐私合理期待理论，已如前述。同样，美国虽然早在 19 世纪末期和 20 世纪初期就已经承认了隐私权和隐私侵权责任的存在和独立性，但是，它也仅仅是到了 1967 年才开始承认隐私合理期待理论，已如前述。因此，人们不能够说，既然我国的《侵权责任法》第 2 条已经明确承认隐私权和隐私侵权责任的存在和独立性，则我国侵权法自然就会采用两大法系国家的侵权法所采用的隐私合理期待理论。

在侵权法上，隐私权的存在和隐私权的分析方法并不是同一个问题。因为，一方面，即便所有国家均承认隐私权的存在，它们对隐私权所采取的分析方法可能并不是相同的。例如，虽然美国和法国均承认隐私权的存在，但是，在公众人物是否享有隐私权的问题上，美国的分析方法就不同于法国的分析方法。美国的法官和民法学者采取不

---

① 张民安：《隐私权的起源——对我国当前流行的有关隐私权理论产生于美国 1890 年观点的批判》，载张民安主编：《隐私权的比较研究》，中山大学出版社 2013 年版，第 1～2 页。

平等保护的分析方法，因为他们认为，公众人物所享有的隐私权弱于一般社会公众所享有的隐私权；① 法国的侵权法则采取平等保护的分析方法，因为他们认为，公众人物所享有的隐私权与一般社会公众所享有的隐私权是完全相同的、不存在任何差异的。② 另一方面，即便是同一个国家，不同时期的法官或者民法学者对隐私权所采取的分析方法也可能是不同的。例如，虽然法国民法承认隐私权的存在和独立，但是，法国的法官和民法学者在不同时期对隐私侵权所采取的分析方法是不同的：在2003年之前，法国的法官和民法学者一边倒地以牺牲行为人的表达自由权、言论自由权的方式来对他人的隐私权提供近乎绝对性的保护，他们不允许行为人借口表达自由权、言论自由权的享有而侵犯他人的隐私权。但是，到了2003年之后，由于受到欧洲人权法院在分析隐私侵权案件时所采取的利益平衡方式的影响，法国的法官和民法学者也开始主张以利益平衡的方法来分析隐私侵权案件。③ 因此，人们不能说，既然我国的《侵权责任法》已经明确承认了隐私权和隐私侵权责任的存在和独立，我国的侵权法自然就会采取隐私的合理期待理论来分析隐私侵权案件。

(二) 我国宪法所规定的隐私权

在我国，1982年《中华人民共和国宪法》（以下简称《宪法》）对公民所享有的某些重要的权利作出了明确规定。《宪法》第39条明确规定：中华人民共和国公民的住宅不受侵犯。禁止非法搜查或者非法侵入公民的住宅。《宪法》第40条明确规定：中华人民共和国公民的通信自由和通信秘密受法律的保护。除因国家安全或者追查刑事犯罪的需要，由公安机关或者检察机关依照法律规定的程序对通信进行检查外，任何组织或者个人不得以任何理由侵犯公民的通信自由和通信秘密。

问题在于，我国《宪法》第39条所规定的住宅免受侵犯的权利

---

① 张民安：《无形人格侵权责任研究》，北京大学出版社2012年版，第572～576页。
② 张民安：《无形人格侵权责任研究》，北京大学出版社2012年版，第568～569页；张民安：《法国的隐私权研究》，载张民安主编：《隐私权的比较研究》，中山大学出版社2013年版，第150～152页。
③ 张民安主编：《隐私权的比较研究》，中山大学出版社2013年版，序言，第3～4页。

究竟是什么权利？公民所享有的住宅免受非法搜查或者非法侵入的权利究竟是什么性质的权利？当政府执法人员违反《宪法》第39条的规定而对公民的住宅进行非法搜查或者非法侵入时，他们所实施的非法搜查或者非法侵入行为究竟侵犯了公民所享有的什么性质的权利？同样，我国《宪法》第40条所规定的通信秘密免受侵犯的权利究竟是什么性质的权利？如果政府执法人员违反该条的规定，侵犯公民所享有的通讯秘密权，他们所实施的行为究竟侵犯了公民所享有的什么权利？对于这些问题，我国民法学者鲜有论及，即便是在2002年陕西延安市夫妻在家观看"黄碟"案发生之后，也是如此。

2002年8月18日23时，陕西省延安市万花山派出所接到群众举报，说一张姓居民家正播放"黄碟"。接到群众的举报之后，该派出所四名民警前往调查。当民警从该居民家的窗口发现其房间内的电视机中正在播放淫秽录像时，他们就找借口进入该居民家中，在表明了他们的警察身份之后，民警就要求正在家中观看"黄碟"的张姓夫妻将他们正在观看的"黄碟"从影碟机中取出。为了阻止民警的调查，张姓丈夫抡起木棍砸向一名民警，致使该民警手被打肿，另一名民警的衣服也被抓破。为此，该派出所以妨害公务的罪名将张姓丈夫带回派出所协助调查，并将从现场搜查到的3张光碟连同电视机、影碟机一起作为证据带回该派出所。

在该案当中，万花山派出所所实施的行为是否违反了《宪法》第39条的规定？他们在没有搜查证的情况下进入公民家中的行为是否构成《宪法》第39条所规定的非法搜查或者非法侵入行为？如果他们的行为构成《宪法》第39条所规定的非法搜查或者非法侵入，他们所实施的非法搜查或者非法侵入行为究竟侵犯了这对夫妻所享有的什么权利？他们是否有权擅自扣押这对夫妻的"黄碟"、电视机、影碟机？如果他们没有权利擅自扣押这些物品，他们所实施的扣押行为究竟侵犯了这对公民所享有的什么权利？

笔者认为，在1982年时，如果人们要对这些问题作出回答，他们所作出的回答可能完全不同于人们在今天对这些问题作出的回答。如果人们在1982年时会对这些问题作出回答，他们所作出的回答可能是《宪法》第39条和第40条所规定的住宅免受非法搜查、非法侵入的权利和通信秘密免受侵犯的权利在性质上属于财产权，其中的住宅免受非法搜查、非法侵入的权利在性质上属于不动产财产权,而其中的通信秘密免受侵犯的权利则属于动产财产权。当政府执法人员或者行为人违反《宪法》第39条或者第40条的规定时,他们所实施的侵犯行为将构成侵犯公民财产权的行为。

如果人们在今时今日对这些问题作出回答,则他们所作出的回答可能存在差异。某些学者可能会认为,《宪法》第39条和第40条所规定的权利在性质上仍然属于财产权,如果政府执法人员违反这些法律条款的规定,他们所实施的非法行为将侵犯公民所享有的财产权;而某些学者可能会认为,《宪法》第39条和第40条所规定的权利在性质上不属于财产权,而属于单纯的隐私权,当政府执法人员违反这些法律条款的规定时,他们所实施的非法行为将会侵犯公民所享有的隐私权。某些学者可能会认为,《宪法》第39条和第40条所规定的权利同时具有双重性:它们既属于财产权,也属于隐私权。当政府执法人员违反这些法律条款的规定时,他们所实施的非法行为既会侵犯公民所享有的财产权,也会侵犯公民所享有的隐私权。

为什么人们在1982年时仅仅会将《宪法》第39条和第40条所规定的权利看作单纯的财产权,不会将这些法律条款所规定的权利看作隐私权?这是因为,在1982年的时候,虽然人们会秉持财产权尤其是财产所有权的理念,但是,人们根本就不可能秉持隐私权的理念,因为隐私权的理念在中国社会出现的时间非常晚,在1996年左右才开始为我国的某些民法学者所主张。① 而到了今时今日,人们为什么会将《宪法》第39条和第40条所规定的权利看作单纯的隐私权或者同时看作隐私权和财产权?这是因为,在今时今日,除了民法学者对隐私权的理论喜爱有加之外,社会公众也高度重视他们的隐私权,他们除了要求一般的社会公众尊重其隐私权之外,尤其要求政府执法人员尊重他们的隐私权。这就是社会公众在上述夫妻看"黄碟"案发生之后纷纷同情这一案件当中的夫妻的原因,也是社会公众认为派出所民警侵犯公民隐私权的原因。

《宪法》第39条和第40条所规定的权利不仅可以被看作隐私

---

① 张民安:《隐私权的起源》,载张民安主编:《隐私权的比较研究》,中山大学出版社2013年版,第19~22页。

权,而且也应当被看作隐私权,即便人们在将这两个法律条款所规定的权利看作隐私权的同时也能够将它们看作财产权,尤其是看作财产所有权,即便在这样做时可能会犯下违反立法者立法意图的毛病,因为在1982年时,即便立法者规定了公民所享有的住宅免受侵犯、通信秘密免受侵犯的权利,他们在当时也不可能会认为,他们制定这两个法律条款的目的是为了保护公民的隐私权免受政府执法人员或者行为人的侵犯。

《宪法》第39条所规定的权利之所以可以被看作隐私权,是因为,公民的住宅是他们建立家庭关系的场所,是他们发生各种各样的亲密关系的地方,是他们过着与众不同的生活的城堡。而无论是他们所建立的家庭关系、亲密关系还是他们所过着的与众不同的生活,均是他们不愿意别人尤其是政府执法人员所了解的东西,它们不仅构成公民天然的私人生活的组成部分,并且还构成他们天然的私人生活的最重要的组成部分。我国《宪法》第40条所规定的权利之所以可以被看作隐私权,是因为公民的通信秘密涉及他们内心最亲密的感受,关乎他们与其信任的人之间的关系的维系,也是他们不愿意让别人知道或者了解的信息,也构成他们天然的私人生活的组成部分和最重要的组成部分。

《宪法》第39条和第40条所规定的权利之所以应当被看作隐私权,是因为,随着我国的治安形势日趋紧张,随着政府执法人员所肩负的打击犯罪、预防恐怖活动实施的任务越来越艰巨,随着政府执法人员所采用的科技手段越来越先进,公民所享有的宪法性隐私权也面临前所未有的危险:政府执法人员可能借口犯罪分子的抓捕而非法侵入公民的住宅;政府执法人员可能借口犯罪证据的收集而窃听、偷听公民与别人之间的通话;政府执法人员可能通过远距离摄像机记录公民在其住宅当中所实施的行为或者所进行的活动;等等。

既然我们在今时今日将《宪法》第39条和第40条所规定的住宅免受非法搜查、非法侵入的权利和通信秘密免受侵犯的权利看作隐私权,则政府执法人员在履行他们所承担的职责时就应当尊重公民根据这两个法律条款所享有的隐私权,除非基于公共利益的目的并且履行了法律所明确规定的正当程序;否则,政府执法人员不得违反这两个法律条款的规定,实施侵犯公民隐私权的非法搜查行为、非法侵入行为或者非法窃听行为、非法偷录行为等。一旦政府执法人员实施了这些非法行为，除了他们通过这些非法行为所获得的证据在检控犯罪嫌疑人时应当被作为非法证据予以排除之外，国家也应当就他们实施的非法行为引起的损害对公民承担侵权责任，应当赔偿公民因为政府执法人员实施的非法行为所遭受的损害。政府执法人员通过这些非法行为所收集的非法证据之所以应当被排除，是因为隐私权属于公民所享有的基本权利，属于公民所享有的最重要的人权之一，它的重要性绝对不亚于公民所享有的生命权、身体权与自由权。

为了保护公民的隐私权免受政府执法人员的非法侵犯，我们应当对《宪法》第39条所规定的"非法搜查"和"非法侵入"做广义的理解，这就是，除了政府执法人员在没有搜查证的情况下实际进入公民的住宅实施搜查行为的行为属于该条所规定的"非法搜查"和"非法侵入"之外，即便政府执法人员没有实际地进入公民的住宅当中，如果他们在没有获得搜查证的情况下借助于高科技手段对公民在其住宅内的行为或者活动予以侦查、监视或者监控，他们所实施的此种侦查、监视或者监控也属于《宪法》第39条所规定的"非法搜查"或者"非法侵入"。之所以要对《宪法》第39条所规定的"非法搜查"和"非法侵入"作这样的理解，是因为在当今中国，政府执法人员在对公民的住宅实施搜查或者侵入时无需现实进入公民的住宅，他们能够利用最先进的科技在没有实际地侵入公民住宅的情况下对公民实施侦查、监视或者监控。

因此，在上述夫妻看"黄碟"案当中，派出所的民警在没有预先获得搜查证的情况下实际地进入公民的家中实施搜查和扣押的行为当然违反了《宪法》第39条的规定，他们所实施的搜查行为和扣押行为当然属于该条所规定的"非法搜查"和"非法侵入"行为，因为这些行为侵犯了这对夫妻依据《宪法》第39条所享有的隐私权。既然派出所民警的行为侵犯了公民所享有的隐私权，则国家当然应当根据我国《民法通则》第121条的规定对公民承担侵权责任。《民法通则》第121条规定："国家机关或者国家机关工作人员在执行职务中，侵犯公民、法人的合法权益造成损害的，应当承担民事责任。"

(三) 隐私合理期待理论在《宪法》领域和非《宪法》领域的确立

在我国，除了《宪法》第 39 条和第 40 条对公民所享有的宪法性隐私权作出了明确规定之外，我国《侵权责任法》第 2 条也对他人所享有的隐私权作出了明确规定，因此，隐私权既属于公民所享有的隐私权，也属于一般的社会公众所享有的权利。换言之，隐私权除了保护公民的私人生活免受政府执法人员的侵犯之外，也保护他人的私人生活免受一般行为人的侵犯。当政府执法人员侵犯公民所享有的宪法性隐私权时，国家应当根据《民法通则》第 121 条的规定对公民承担侵权责任。当一般的行为人侵犯他人所享有的隐私权时，他们应当根据《侵权责任法》的规定对他人承担侵权责任。

问题在于，在分析政府执法人员或者行为人是否侵犯公民或者他人的隐私权时，我国的法官是否应当适用隐私合理期待理论？换言之，我国的侵权法是否应当继受美国联邦最高法院所确立的隐私合理期待理论？笔者认为，在分析隐私侵权案件时，我国侵权法当然应当引入隐私合理期待理论。在我国，侵权法之所以应当引入隐私合理期待理论，第一个也是最重要的原因是，隐私合理期待理论是一种最能够对隐私作出解释的理论。在我国，无论是《宪法》第 39 条、第 40 条还是《侵权责任法》第 2 条均保护公民或者他人所享有的隐私权，该种隐私权的客体当然就是公民或者他人的"隐私"。问题在于，何为公民或者他人的"隐私"？对此问题，民法学者虽然作出了这样或者那样的说明，但是，这些说明均无法准确地对作为隐私权客体的"隐私"作出界定。我们民法学者对隐私作出的说明之所以均无法准确地界定作为隐私权客体的隐私，当然是因为他们没有引入隐私合理期待理论。事实上，如果民法学者要对作为隐私权客体的隐私作出准确的界定，他们必须引入美国联邦最高法院在 1967 年的 Katz 一案当中所确立的隐私合理期待理论。

换言之，在民法上，仅有隐私合理期待理论才能够最准确地对"隐私"作出界定，因为根据隐私合理期待理论，无论是公民或者他人所实施的任何行为、所作出的任何事情，无论这些行为或者事情发生在什么样的场所、场合，如果要成为受到我国《宪法》和《侵权责任法》所保护的"隐私",均应当同时具备两个要件:其一,公民或者他人在主观上将这些行为、事情看作私人行为、私人事情。如果他们在主观上根本就不将其实施的行为、所作出的事情看作私人性质的行为或者私人性质的事情,则他们的行为或者事情根本就不会成为"隐私"。只有当公民或者他人在主观上将其看作私人行为或者私人事情时,他们的行为或者事情才有可能成为隐私权的客体即"隐私。"其二,社会公众也将公民或者他人的行为、事情看作其私人行为、私人事情。即便公民或者他人在主观上将其实施的行为或者作出的事情看作私人行为或者私人事情,他们的行为或者事情也未必一定能够成为隐私权的客体,因为,如果他们在主观上的此种态度无法获得社会公众的认同,则他们的行为或者事情也不得成为隐私权的客体。但是,如果他们在主观上的此种态度获得了社会公众的认同,则他们的行为或者事情就能够成为隐私权的客体。为什么说他们在主观上的此种态度在获得了社会公众的认同时就能够成为隐私权的客体?这是因为,如果社会公众也像公民或者他人那样将其行为或者事情看作私人行为、私人事情,则他们对其行为或者事情所具有的主观隐私期待就具有合理性,而正是此种合理性,才让他们的行为和事情被看作应当加以保护的私人行为和私人事情。

一旦同时具备了上述两个构成要素,则公民或者他人所实施的行为或者作出的事情就成为隐私权的客体即隐私,政府执法人员或者一般的行为人应当尊重公民或者他人的这些隐私,不得擅自侵扰、侵入,不得在没有搜查证的情况下收集或者公开公民或者他人所实施的私人行为或者私人事情,除非他们有这样做的某种正当理由,否则,他们实施的行为就构成隐私侵权行为,应当对公民或者他人承担侵权责任。

在我国,侵权法之所以应当引入隐私合理期待理论,第二个主要原因是,隐私合理期待理论是一种最能够对隐私侵权责任领域所贯彻的利益平衡理论作出解释的理论。在我国,无论是《宪法》第 39 条、第 40 条所规定的隐私权还是《侵权责任法》第 2 条所规定的隐私权均不是绝对的权利,即便隐私权在性质上就像财产所有权、自由权一样属于一种基本权利、基本人权,这是因为,虽然《宪法》和《侵权责任法》保护他人的隐私权免受政府执法人员或者一般的行为人的侵犯，但是，我国《宪法》和《侵权责任法》对公民或者他人隐私权的保护也不是完全的，事实上，在决定是否保护公民或者他人的隐私权时，法官当然也会采取利益平衡的方式，看一看究竟是公民、他人的隐私权更重要，还是政府的执法利益、行为人的表达自由权和言论自由权以及社会公众的知情权更重要？仅在公民或者他人的隐私权要比政府的执法利益、行为人的表达自由权和言论自由权以及社会公众的知情权更重要的情况下，法官才会保护公民、他人的隐私权免受政府执法人员或者一般行为人的侵犯，也才会责令国家或者一般行为人对他人遭受的损害承担赔偿责任。

在侵权法上，隐私合理期待理论是一种最能够在利益平衡理论当中加以适用的理论，因为根据隐私合理期待理论，在决定隐私权与政府执法利益、行为人的表达自由权和言论自由权以及社会公众的知情权孰轻孰重的情况下，法官既要考虑公民、他人对待政府执法人员、一般行为人试图收集或者公开的他人的信息、活动或者行为的主观态度，也要考虑社会公众对待公民、他人主观态度的意见。即便公民或者他人对政府执法人员或者一般行为人所试图收集、公开的信息、活动或者行为具有主观上的隐私期待，如果社会公众普遍认定公民或者他人所具有的此种隐私期待是不合理的，则政府执法人员或者一般行为人也能够收集或者公开公民或者他人的信息、活动或者行为，即便他们的收集行为或者公开行为让公民或者他人遭受损害，他们也无需承担侵权责任。因为这样的原因，我国侵权法也应当引入经由美国联邦最高法院所确立并且被其他国家所采用的隐私合理期待理论。

（四）判断他人的隐私期待是否合理的各种因素

如果公民或者他人向法院起诉，要求法官责令政府执法人员或者行为人对其承担隐私侵权责任，在适用隐私合理期待理论来解决当事人之间的纠纷时，法官所面临的一个最主要的问题是，如何判断公民或者他人的主观隐私期待是否合理。对此问题，两大法系国家的法官均作出了说明，认为应当采取具体问题具体分析的方式，应当考虑案件所面临的各种各样的特殊情况，已如前述。笔者认为，此种做法是恰当的，不过，也存在不足，因为，法官在对各种各样的因素作出考量时并没有建立起一般规则。

笔者认为，在我国，在判断公民或者他人的主观隐私期待在客观上是否合理时，法官应当适用一般理性人的判断标准，这就是，如果一般理性人也认定公民或者他人的行为、事情在性质上属于其私人行为、私人事情，则公民或者他人的行为、事情就是其私人行为、私人事情，如果一般理性人并不认为公民或者他人的行为、事情在性质上属于其私人行为、私人事情，则公民或者他人的行为、事情也就不属于私人行为、私人事情。① 不过，在适用一般理性人的判断标准的情况下，法官应当分别依据以下两种不同的情况来作出判断：

（1）制定法的判断标准。如果制定法明确规定，公民或者他人实施的某种行为或者他们作出的某种事情在性质上不属于其私人行为、私人事情，则公民或者他人的行为、事情就属于公共行为、公共事情，如果公民或者他人对制定法明确规定的这些行为或者事情具有主观上的隐私期待，则他们的此种主观上的隐私期待是不合理的。如果制定法明确规定，公民或者他人所实施的某种行为或者作出的某种事情在性质上属于其私人行为、私人事情，则公民和他人的行为、事情就属于其私人行为、私人事情，除非公民或者他人在主观上不将此种行为、事情看作其私人行为、私人事情。这就是所谓的制定法的判断标准，它是一般理性人判断标准的具体化。

（2）非制定法的判断标准。如果制定法没有对公民或者他人实施的行为、作出的事情究竟是不是私人行为、私人事情作出明确规定，在判断公民或者他人的行为、事情究竟是不是其私人行为、私人事情时，法官应当考虑有关领域的惯例、惯常做法，考虑当事人所制定的隐私政策，考虑公民或者他人的身份，考虑政府执法人员或者行为人的身份，考虑政府执法人员或者行为人实施搜查行为、收集或者公开公民、他人信息的目的，考虑公民或者他人实施行为或者作出事情的场所，等等，不过，这些因素当中的任何一个均不是决定性的因素，法官必须将所有这些因素结合在一起，才能够作出恰当的判断。

---

① 张民安主编：《美国当代隐私权研究》，中山大学出版社2013年版，序言，第25页。

隐私合理期待理论

——《美国联邦宪法第四修正案》所保护的隐私权原则和政策

大卫·M. 奥布赖恩[①]著　张雨[②]译

目　次

一、导论
二、隐私权的政治理想与权利现状
三、《美国联邦宪法第四修正案》的历史、文本以及逻辑
四、Boyd v. United States 一案及其后续案件
五、合理的隐私期待：从 Olmstead 一案到 Katz 一案
六、灵活的宪法与狭隘的保护模式
七、结语

一、导论

近来，美国联邦最高法院（以下简称联邦最高法院）在 United States v. Chadwick 一案[③]的判决书中重申："《美国联邦宪法第四修正案》所保护的是人，而不是地点或处所"，与此同时，联邦最高法院也指出，"尤为重要的是，《美国联邦宪法第四修正案》能够保护他人所享有的合理隐私期待免遭来自政府部门的无理侵害。"

[①] 大卫·M. 奥布赖恩（David M. O'Brien），美国加利福尼亚大学教授。
[②] 张雨，中山大学法学院助教。
[③] 433 U. S. 1 (1977).

作为宪法判例历史的一部分，自 Boyd v. United States 一案①到 Katz v. United States 一案②以来，为了实现对他人隐私权的保护，联邦最高法院已经对《美国联邦宪法第四修正案》进行了不同的解释，也提出了多种具体的适用模式。这其中也包括联邦最高法院在 Olmstead v. United States 一案③中对《美国联邦宪法第四修正案》所作出的严格解释。然而，一系列后续案件的判决都表明，联邦最高法院旨在对《美国联邦宪法第四修正案》中涉及隐私权的条文进行灵活解释，鲜有对该项条文的严格解释与严格适用。

　　尽管联邦最高法院对《美国联邦宪法第四修正案》的解释和适用一直都在变化，但是，这样一项基本的原则几乎是得到了公认——该项修正案对他人隐私权的保护仅限于使其免遭政府部门的无理侵害。那么，怎么判断政府行为的合理性呢？这要取决于政府进行搜查、扣押时的具体地点、详细情形，以及政府行为旨在保护的利益与他人的隐私权益究竟有什么样的关系。《美国联邦宪法第四修正案》保护"他人住宅的神圣性和他人私人事务的神圣性，"④尽管联邦最高法院对此作出的灵活解释会导致其在适用该项修正案时存在不同的情形，但是，它们均强调了这样一项事实，即《美国联邦宪法第四修正案》不仅以宪法的形式肯定了普通法所创造的法律格言——"每个人的住宅都是他的城堡"，而且还为他人的隐私期待与私人事务提供了最核心的保护。联邦最高法院试图根据他人活动的地点和空间来构建宪法对隐私权的保护模式，这是对《美国联邦宪法第四修正案》的严格适用，对于他人的信息性隐私权而言，这样的模式只能提供很有限的保护。

　　在下文的论述中，本文将试图阐明联邦最高法院对《美国联邦宪法第四修正案》的解释，包括其中所蕴含的原则以及解释的形式，并会以此来说明，联邦最高法院一度在回避《美国联邦宪法第四修正案》对隐私权的保护问题，因为联邦最高法院所提出的"合理的

---

①　116 U. S. 616（1886）．
②　389 U. S. 347（1967）．
③　277 U. S. 438（1928）．
④　Boyd v. United States, 116 U. S. 616, 630（1886）．

隐私期待"概念并不充分，此外，联邦最高法院一直在限制《美国联邦宪法第四修正案》对传统所有权的保护。在下文的第一部分中，笔者将会阐述隐私权概念本身所蕴含的政治理想，以及隐私权行使的现实情况，从而为本文构建一个分析框架。在第二部分中，笔者将会介绍《美国联邦宪法第四修正案》的历史背景。第三部分、第四部分会重点阐述与《美国联邦宪法第四修正案》相关的隐私侵权判例及其所奠定的原则。第五部分将会阐述，以 Warren 大法官为首席大法官的联邦最高法院（以下简称 Warren 法院）在一系列的案件判决中都否定了 Olmstead 一案对《美国联邦宪法第四修正案》的严格解释和适用，并且维持了 Boyd 一案所塑造的灵活解释模式。此外，笔者也会讨论，针对 Warren 法院所作出的判决先例，以 Burger 大法官为首席大法官的联邦最高法院（以下简称 Burger 法院）作出了哪些取舍。本文将会重点分析 Warren 法院和 Burger 法院对这类案件的判决——涉及窃听、线人、行政搜查以及信息性隐私权的案件。本文认为，虽然 Warren 法院维持了对《美国联邦宪法第四修正案》的灵活解释，但是它却限制了该项修正案对信息性隐私权的保护。此外，Burger 法院进一步限缩了《美国联邦宪法第四修正案》的保护范围，并且坚持认为应以"所有权"来判断他人是否享有合理隐私期待，他人是否应得到《美国联邦宪法第四修正案》。因此，Burger 法院在一定程度上规避了 Katz 一案对《美国联邦宪法第四修正案》所作出的灵活解释，以及其所奠定的合理的隐私期待理论。

二、隐私权的政治理想与权利现状

隐私权所蕴含的政治理想在于，保护他人的自由免受政府部门的无理侵犯。在任何政治体制中，这一理念都颇有意义；因为所有的政治体制都不是完美的，其在运行过程中必然存在一定的缺陷。既然没有哪一种政治体制是全能或全知的，那么他人的某些行为必然就能够逃脱政治权力的管控，从而维持私密的状态。从这方面而言，与其他多数国家相比，美国当今的自由政治体系在运行的过程中还存在诸多的缺陷，这其实为他人的隐私提供了更大程度的保护。在美国联邦宪法以及《权利法案》制定之初，我们的立法者们就明确将"有限政府"的观念奉为圭臬。这一观念意味着，不论是政府部门，抑或是受政府管理的公民、组织，都必须尊重、接受法律的管辖，并且，"政府权力不应对公民的私人生活进行非法侵犯"。① 实际上，"《权利法案》的目的之一就是避免让某些社会问题陷入风云诡谲的政治斗争之中，使它们脱离大多数人与政府官员的控制，从而将其置于法庭之上，接受法律原则的管辖。"② 除开那些经"公民的同意"（consent of the people）而赋予政府部门的合法权利外，美国联邦宪法与《权利法案》均为他人的基本自由提供了保护——这些基本自由免受政府部门的侵犯。因此，美国的政治体制实践了"有限政府"的原则，这其中也囊括了一种关于隐私权的政治理想。这一政治理想所代表的不仅是免遭政府侵犯的公民自由，而且也是一种基本的人权与隐私权。从政府的角度而言，只有经过宪法的授权，政府才能对公民的基本自由作出合法的限制。所有公民都享有隐私权，也就是 Louis D. Brandeis 所提出的"独处的权利"（right to be let alone）。Brandeis 大法官曾说，"美国联邦宪法的起草者们旨在保障每位公民追求幸福所需要的条件。他们早已意识到，精神、感受，以及智识对于所有人的重要性，我们一生之中的喜怒哀乐只有一部分会建立在物质生活之上。美国联邦宪法的起草者们旨在保护每位公民的信仰、思想、感受以及情绪。他们确信，独处权作为一项综合性的权利，能够保护公民免遭政府的侵害，这是一项任何文明社会都会珍视的权利。"③ 不论是 Brandeis 大法官的上述论点，还是其他相似的司法理论，它们均将宪法性隐私权视为"任何自由的开端"，④ 这种隐私权"源于我们所生活的宪政体制及其宪政目标之中"，是美国联邦宪法文本所囊括的政治理想。"宪法的外衣"与《权利法案》在其草创之处，均旨在保护公民的基本权利，从更广泛的意义上而言，这也包括公民的独处权。但是，美国联邦宪法的条文并没有明确提到隐私权，因此，就需要以宪法解释的形式来承认美国联邦宪法对隐私权的保护，或是将隐私权与个人自由联系到一起，从而实现对隐私权的宪法性保护，又或

---

① Emerson, Nine Justices in Search of a Doctrine, 64 MICH. L. REV. 219, 229 (1965).
② West Va. Bd. of Educ. v. Barnette, 319 U. S. 624, 638 (1943).
③ Olmstead v. United States, 277 U. S. 438, 478 (1928) (Brandeis, J., dissenting).
④ Public Util. Comm'n v. Pollack, 343 U. S. 451, 467 (1952) (Douglas, J., dissenting).

是以司法创造、法官造法来奠定隐私权的法律基础。

　　毋庸置疑，若以司法权力来将有关隐私权的政治理想转化为一项宪法性权利，这将是铤而走险又备受争议的方式。① 众所周知，联邦最高法院已经以宪法解释的形式实现了对他人隐私权的保护，但这也招致了诸多的批评，在我们评价联邦最高法院的判决之前，我们必须要进一步审视隐私权中所包含的政治理想，以及相关司法判决所制定的理论原则。

　　为什么隐私权会被视为一种政治理想？隐私权与个人自由、公民自由、法定权利有何关系？传统的理论分析认为，隐私是个人选择的结果，对隐私的承认必然会涉及对个人自由的法律认可，随之而来的即是对隐私权的认可。这样的分析思路是从政治意义上将隐私权理想化了，其论述的角度在于，他人享有自由权，他人就有权使自己的个人经历和私人事务免受其他人的干预。

　　然而，这种政治理想是有缺陷的，因为它忽略了隐私本身的定义及隐私权的概念，与此同时，它也掩盖了隐私、隐私期待以及相关法律规定之间的关系。从内在逻辑与现实实践的角度而言，"隐私"与"隐私权"截然不同。他人在不用作出任何选择的情况下，就能够拥有一定程度的隐私，更不用说他人也有权获得隐私。然而，隐私权是社会结构、文化传统与法律政策的综合产物。此外，隐私权并不必然意味着他人能够选择在何时、何地以何种形式拥有隐私。传统的理论分析掩盖了这样的事实——并不是任何隐私利益都必须要得到法律的认可，因为对于某些隐私利益而言，那些非法律的保护形式已然非常充分，还有一些隐私利益只需要与传统的权利类别相联系，即就能获得充分的保护。所以说，并不是所有的隐私利益都尤为重要，以至于我们应该以法律的形式对它们逐个进行认可。

　　从另一方面而言，隐私权的政治理想就是一种免受干预的自由，也就是独处的自由。虽然我们在目前的法定权利或政治权利中，并没有找到"独处"的定义。McCloskey教授指出："如果我们独处，那么在一定程度上而言，我们就是自由的。因此，如果他人孤身一人，

---

① See generally Roe v. Wade, 410 U. S. 113, 171 (1973) (Rehnquist, J., dissenting); Griswold v. Connecticut, 381 U. S. 479, 525 (1965) (Black, J., dissenting).

即使忍饥挨饿，或是因为缺乏生存的手段而死去，那么他人也是自由的。如果在某个地区之内，唯一存在的教学模式是私人教育，但它成本昂贵，远远超过了我们的承受能力，但是我们依然能够自由地阅读、写作、学习，并且没有人能够干预我们去寻求自己能够承受的教育方式。从这种意义上而言，我们享有充分的自由，虽然我们并不能做任何自己想做的事情，因为我们的确缺乏相关的条件来实现自己的全部愿望。但我们的确能够独处，我们是自由的。"①

从概念上来说，"自由"会受到"权利"的限制。他人可能具有获得隐私的自由，但这并不就等同于隐私权，虽然自由是权利的一个构成要件，但隐私权并不就是自由。权利与自由之间有什么样的联系呢？我们可以用这样一段论述来解释："他人享有做 X 这件事情的权利，他人不能同时负有不做 X 的义务。但是，如果说他人不负有不做 X 的义务，那么这就意味着他人享有做 X 这件事的自由或是特权。如果他人有权做 X 这件事，那么他就一定能够自由地做 X 这件事。'权利'实际上是为'自由'添加了一部分内涵——当他人有权做 X 这件事时，其他人就相应地负有一项义务——不能对他人进行干预。"② 自由意味着他人被允许做某些事，但并不必然会受到法律的保护，然而，权利意味着他人可以实践自由、拥有自由。隐私的理想形式是免受任何干预的绝对自由，当然，这种理念难以被接受，也不可能实现，因为现实中缺乏这样的条件，理想化的隐私缺乏相关的法律保护。一种能被接受的政治理想需要得到权利理论的支持，因为权利在一种程度上囊括了自由，也限制了自由，当然也限制了那些免受干预的绝对自由。

严格意义上的权利是指他人有权提起诉讼请求，即："他人提起诉讼请求必然意味着其他人对他人负有一定的义务。一项法定权利就是他人提出的诉求——要求其他人履行义务——作出某个行为或是对自己进行克制。"权利与诉讼请求之间具有密切的联系。他人所提出的诉讼请求一般就是声称自己拥有某项权利——表明他人在法律或道德上有权做某事或拥有某物，不论其他人是否反对。然而，权利与诉

---

① McCloskey, A Critique of the Ideals of Liberty, 74 MIND 483, 487 (1965).

② J. Feinberg, Social Philosophy 66 (1973).

讼请求也有不同之处，因为权利能够被他人实际拥有、行使，但当他人提出诉讼请求时，他人并不能切实地拥有、行使其诉讼请求中的具体权利。

正如 Feinberg 曾解释道："如果说他人针对 X 提出了一项诉讼请求，但这并不等同于说他人就确实享有一项针对 X 的权利，这只是表明，在一个案件中，存在一部分理由或至少是一点可能性会使他人最终拥有一项针对 X 的权利。诉讼的权利意味着让某个案件受到公正审判的权利，而不是针对 X 的权利。不同的诉讼请求也有不同，一项诉讼请求可能比另一项诉讼请求具有更大的胜诉概率。但是权利与权利之间没有这样的不同。"

当他人提起一项诉讼请求时，就表明他人为了做某事或拥有某物，从而希望法院来审理某个案件，就意味着他人声称自己拥有一项权利，或是声称能够自由做某事而免受其他人的干预，或是能够自由地拥有某物。正如 Flathman 教授所言："当他人拥有一项权利时，他人就能够决定是否行使这项权利，何时何地、如何行使，或是是否将这项权利让与其他人。这同时也意味着，他人能够坚决捍卫自己的权利。"[1]

权利，也就意味着他人有权做某事或拥有某物，而免受义务、责任或是其他来自道德或法律的限制与干预。然而，隐私权并不是指所有的隐私期待都能受到法律的保护。因为就像其他权利一样，隐私权也不是一个免受限制的绝对范围。隐私权是一项表面权利（a prima-facie right），这项表面权利就意味着，除非他人受到了一些压倒性的道德因素的限制，否则他人就有权做某事。至今，隐私权的性质尚不明确，其定义是开放式的。隐私权作为一项表面权利，也就意味着，只要他人的隐私权诉求不会因法律、道德或政治因素而被驳回，那么他人的隐私就能获得法律的保护。隐私权之所以是一种表面权利不仅源于其本质，也源于人们行使隐私权的现实状况。

隐私权的法律范畴要取决于该权利在一个社会中的现实状况——哪些类型的隐私期待一般会得到法律的认可。对权利的行使会涉及人们之间的互动关系，他人提起诉讼请求的正当形式，以及他人如何使

---

[1] R. Flathman, The Practice of Rights 1-2 (1976).

自己做某事或拥有某物的诉求得到法律的认可。正如 Flathman 所指出的那样，某个领域所产生的权利与受规则制约的社会现实往往相互一致。但是，权利的行使也会受到某些个人的影响，虽然从整个社会来看，这些个人的行为似乎无足轻重，权利的行使是一种社会现象，它会受到法律文本、经济因素、政治气氛、社会传统或是其他社会环境的影响。

一项法定的隐私权必然会关涉这些实践问题——他人该如何正式地提起一项有关隐私权的诉讼。如果我们看到一般法定权利的实践现状，那么就会发现，隐私权所依赖的制度程序，及其在整个社会中的现状，它们都足以将隐私权益提升到一种法定权利的地位。与此同时，当他人宣称自己拥有隐私权时，相关的法律、道德与政治因素就能塑造出隐私权的法律边界。从美国社会的权利现状来看，隐私权所蕴含的政治理想似乎就是将隐私权视为是一种表面权利。隐私权是一项具有宪法背景的权利，因为美国联邦最高宪法的文本并没有清楚地提出"隐私权"的观念，它只是根据有限政府的宪政原则与宪政目标所作出的逻辑推理。当然，美国社会的社会环境与政治现状也对隐私权的保护起到了维持和推动的作用。

作为宪法性权利的隐私权必然是一项抽象的表面权利。这就意味着，只要他人的隐私权诉求是合理的，并且没有受到其他法律、政治因素的限制，那么他人的隐私权就能得到法律的保护。作为一项表面权利，隐私权必然是抽象的权利——这能保障他人能够向法院提起诉讼，要求法院对他的隐私利益加以保护。一项抽象的权利能够使他人在任何案件中提起这样的诉求——诉称自己拥有某项具体的权利，比如，诉称自己的确享有一些特殊的隐私利益。抽象权利与具体权利之间的区别不在于权利的种类，而在于受到法律保护的程度，理解它们的区别对于我们理解权利的行使现状与宪法性隐私权的意义具有非常重要的影响。抽象的权利，如同发表政治言论的权利一般，它们之间不存在相互的竞争与对抗。但具体的权利则与此相反。[①] Dworkin 教授曾对抽象权利与具体权利的区别作出过这样的论述："抽象的权利其实就是一种普通的政治目标，它并不会在特殊的情况中压倒其他的

---

① Dworkin, Hard Cases, 88 HARv. L. REV. 1057, 1075（1975）.

政治目标,或是向其他的政治目标作出妥协……抽象的权利为具体的权利提供了论证基础,但是,他人对具体权利的诉求要比对抽象权利的诉求更为明确……具体的权利属于含义更为精确的政治目标,在具体的情况下,具体的权利之间必然会有孰重孰轻之分。"在法律诉讼之中,宪法性隐私权属于抽象的表面权利,他人能够以此提出一项诉讼——诉称自己的隐私和自由遭到了无理侵犯,自己的隐私、自由应该受到法律的保护。但是,他人的诉求是否合法,他人是否拥有具体的隐私权,这还要取决于法院对相关法律因素和政治因素作出的判断和平衡。从人们行使权利的现状来看,抽象的隐私权能保障他人有权提起隐私侵权的诉讼,具体隐私权的意义要比抽象隐私权的意义更为广泛。

一些司法先例将隐私权所蕴含的政治理想视为一种抽象的隐私权——它旨在保障他人对具体隐私权的行使。只有当抽象隐私权属于一项宪法性权利,而不是道德权利、政治权利时,以上那些案件判决才是合理的。因为美国联邦宪法的条文并没有明确提到对他人隐私权的保护,因此,相关的司法判例及其对宪法性隐私权的构建和解释都必然要以此为前提——抽象的隐私权是一项以美国联邦宪法为基础的权利,它之所以具有正当性,是因为它源自于"有限政府"的原则和目标,也受到《权利法案》的保护。正如前文所述,美国联邦宪法具有极其深远、广阔的原则和目标,它足以为一项抽象的宪法性隐私权奠定基础,然而,这却并不必然表明,司法判例能够将《美国联邦宪法第四修正案》的主旨阐述为是对隐私权的保护。如何理解司法判例对《美国联邦宪法第四修正案》的阐述和解释?若要回答这一问题,我们必须首先回顾一下该项修正案的历史渊源和相关原则。

三、《美国联邦宪法第四修正案》的历史、文本以及逻辑

(一)《美国联邦宪法第四修正案》的历史背景

《美国联邦宪法第四修正案》几乎是明确地认可了隐私权的存在,也为他人的隐私权提供了重要的宪法性保护。立法者最初在起草这一项修正案时,其目的就是为了保护美国人民免受殖民地时代的厄

运——英国殖民政府的公职人员总是滥用一般搜查证与协助收缴物品令（general warrants and writs of assistance）。针对政府人员滥用行政裁量权、滥用一般搜查证的行为，《美国联邦宪法第四修正案》以及与之相似的各州宪法均为他人提供了一种程序性的保护。实际上，Jacob Landynski 指出："这类宪法条文其实是在为政府人员建立一种行为标准，从而保证被告或嫌疑人能够得到公平的审判。《美国联邦宪法第四修正案》所蕴含的理念深深扎根于美国社会之中，就如同它在英国社会中一般。该项修正案是美国联邦宪法中的一条程序保障条款，它是在美国人民推翻英国殖民统治的独立战争中直接产生的。"早在1335年，英国国会就将搜查权与扣押权授予港口城市的旅店老板——使他们有权对非法的进货款项进行搜查和扣押。然而，在查理一世统治时期，英国枢密院、星室法院以及英国国会便利用一般搜查证来对付政治异见之人、宣传煽动性言论的作家和出版人，对他们进行肆意的扣押与"掠夺"。直到1765年，英国法院才在 Entrick v. Carrington 一案①中判决一般搜查证实属违法，英国国会在随后的一年也宣布一般搜查证违法。② 在这段时期，殖民地居民也屡屡控告英国警察对搜查证的非法使用行为。在 Paxton 一案③中，James Otis 对警察滥用搜查证的行为提出了这一段里程碑似的控诉：一个人的住宅就是他的城堡，即使他沉默不语、不动声色，他也是被这座城堡保护的王子。Otis，如同 Thomas Jefferson 一般——Thomas Jefferson 后来在起草《独立宣言》时，就坦言其目的在于"昭示人类的共识"——不论是英国人还是殖民地居民都需要一个尊重信仰的社会。William Pitt 将这种信仰表达得最为清晰："即使是最贫穷的人，他在他的小屋中也能抵御来自王室的任何侵犯。这座小屋可能非常脆弱——屋顶会摇晃，大风能够掀翻屋顶，风能进，雨能进；但是国王不能进入这座小屋，国王的任何权力都不敢进入这座即将被摧毁的小屋。"④

将每个人的住宅比作城堡，这样的比喻非常睿智，这不仅是因为

---

① 19 Howard State Records 1029, 95 Eng. Rep. 807 (K. B. 1765).
② Fraenkel, Concerning Search and Seizure, 34 HARV. L. REV. 361, 363 (1920).
③ Quincy's Reports 51 (Mass. 1761).
④ Frank v. Maryland, 359 U.S. 360, 378 – 379 (1959) (quoting Pitt, Speech on the Excise Bill). 15 Hansard, Parliamentary History of England (1753 – 1765) 1307.

房屋住宅就是保护他人私有财产的堡垒，更是因为住宅属于他人的私人领域，他人能够随意在自己的住宅中进行各种私人事务。《弗吉尼亚权利宣言》(Virginia Declaration of Rights)指出，一般搜查证显示着"痛苦与压迫"，此后，Patrick Henry 在为《权利法案》的通过时也曾指出："国会领导的公职人员也许现在就会出现在你面前，他们会为强化美国联邦的统治权而采取任何恐怖手段。美国联邦的收税官非常之多，没有人知道他们的数量限制。除非政府的权利受到《权利法案》的限制，或是其他类似的限制，否则这些收税官就会肆意闯入你的住宅，进行搜查，并且夺走你全部的食物、饮品以及衣物。他们的权力必须受到适当的限制。"James Madison 起草了限制搜查权、扣押权的法律条文："公民对其人身、住宅、文件和财产享有免受无理搜查和扣押的权利。除依照合理根据，以宣誓或代誓宣言保证，并具体说明搜查地点和扣押的人或物，否则不得发出搜查和扣押证。"Elbridge Gerry 曾对 Madison 所起草的条文作出了一些修改，他将"secured"（受到保护）修改为"secure"（应是安全的），并且加入了"免受无理的搜查与扣押"(against unreasonable searches and seizures)，并将"若没有特别指定搜查"修改为"并具体说明搜查的地点和扣押的人或物"(by warrants issuing)，除此之外，该项草案没有再被修改，最终，它被《权利法案》所囊括，成为《美国联邦宪法第四修正案》。

（二）《美国联邦宪法第四修正案》的文本与逻辑

仅仅从《美国联邦宪法第四修正案》的条文来看，它并没有明确提出"隐私权"。然而，不论是英裔美国人的担忧，还是当时的社会现实，都促使人们以《权利法案》尤其是《美国联邦宪法第四修正案》来捍卫自己的隐私期待——根据《美国联邦宪法第四修正案》足以得出以下结论：当他人的基本自由遭到政府部门的肆意侵犯时，他人就能利用该项修正案来保护自己所享有的合理的隐私期待。该项修正案的文本是："公民对其人身、住宅、文件和财产享有免受无理搜查和扣押的权利。除依照合理根据……不得发出搜查和扣押证。"从字面意识来看，该项修正案仅仅是程序性的保护条款。然而，这一程序性的条款实际上是以否定的形式来保护公民的权利以及公民的自由。

《美国联邦宪法第四修正案》旨在保护他人的自由免受政府搜查、扣押行为的侵犯,"除依照合理根据,以宣誓或代誓宣言保证,并具体说明搜查地点和扣押的人或物,否则不得发出搜查证和扣押证"。《美国联邦宪法第四修正案》的第一款强调了对他人自由的一般性保护,而第二款是从否定的层面上提出的程序性保障条款。[①]《美国联邦宪法第四修正案》所保护的实体权利一方面是指他人的人身、财产等,另一方面也是指他人的私人事务和私人生活有权免遭政府部门的无理侵犯。

因为《美国联邦宪法第四修正案》旨在保障他人的自由免遭政府的无理侵犯,所以他人就对其"人身、住宅、文件以及财产"享有合理的隐私期待。从逻辑上来看,该项修正案的保护范围足以扩展至由基本自由派生出的各种隐私利益。因此,我们不仅能从《美国联邦宪法第四修正案》的历史渊源来理解其所保护的隐私利益,也可以从该项修正案的语言逻辑来推论出其所保护的隐私利益。

实际上,《美国联邦宪法第四修正案》的历史渊源与语言逻辑都与美国早期的社会现实相关,它们之间的联系清楚地表现在 Cooley 大法官对"隐私"的阐述中:"除非一些例外的情况,普通法均保护公民的住宅免受政府的窥探和侵犯,也保护公民的人身、财产与文件免受程序性法规的侵犯。普通法格言'每个人的住宅均是他的城堡'已经成为我们宪法性法律的一部分,它旨在禁止政府部门对公民住宅及其财产的无理搜查与非法扣押……"[②] Cooley 大法官对隐私的探讨旨在保护他人的住宅、私人事务、私人财产免受政府的非法搜查与扣押。这不仅重申了保护公民自由这一历史性的论点,而且也表明,Cooley 大法官希望以司法判例的形式来确立《美国联邦宪法第四修正案》对"他人神圣的住宅及其私人事务"的保护。[③]

[①] See Note, The Concept of Privacy and the Fourth Amendment, 6 U. MICH. J. L, REF. 154, 156 – 157 (1972).

[②] T. Cooley, A Treatise on the Constitutional Limitations Which Rest Upon the Legislative Power of the States of the American Union 305 (Ist ed. 1868).

[③] Boyd v. United States, 116 U. S. 616, 630 (1886).

四、Boyd v. United States 一案及其后续案件

（一）一种扩张性解释的理论

联邦最高法院虽然曾在其早期审理的一件案件中暗示了隐私权与《美国联邦宪法第四修正案》之间的关系；该案的判决认为，美国联邦国会不能授权邮政部门可以"侵犯收件人隐私"①，但是直到九年之后的 Boyd v. United States 一案②，才引起了公众对《美国联邦宪法第四修正案》与隐私权之间关系的讨论。在该案中，一项州法律规定，政府有权命令犯罪嫌疑人上缴涉嫌非法进口货物的运输票据，联邦最高法院最终判决该项州法律因违宪而无效。联邦最高法院对《美国联邦宪法第四修正案》、《美国联邦宪法第五修正案》作出了较为自由的解释，法院指出，联邦宪法旨在保障公民的安全与财产权，宪法条文本身应该得到比较灵活的解释。如果法院在解释宪法条文时受制于字面的文义，这不仅会剥夺法律条文的效力，而且还会贬低联邦宪法对公民权利的保护价值，进而使宪法条文徒有其表，丧失其本质意义。如果《美国联邦宪法第四修正案》是对他人自由的保障，那么该项修正案也能被解释为是对他人隐私利益的保障。Bradley 大法官曾强烈指出："Entrick v. Carrington 一案所建立的原则就涉及联邦宪法对公民自由与公民安全的保护问题。虽然该案中有许多偶然情形，但这些原则的意义远远超过该案本身。它们能够被用来保护他人神圣的住宅、住宅之内的受访者以及他人的隐私事务免受政府部门的侵犯。'侵犯'实质上不是指政府部门破门而入的行为，搜查他人抽屉的行为，而是指对他人不可剥夺的安全权、自由权以及私有财产权造成了侵犯。即使他人是犯罪嫌疑人或是刑事被告人，他人也并不会自然而然地丧失上述权利——Camden 勋爵所作出的判决就旨在保护这样神圣的权利。政府执法人员破门而入，对他人的住宅进行翻箱倒柜的搜查，这些都属于侵犯行为，但是，更为严重的是，警方迫使他人作出自证有罪的证词，或是强迫他人上缴证明自己有罪的私人文件

---

① 96 U. S. at 733.
② 116 U. S. 616 (1886).

或是相关的非法货物，警方的这类行为都应该受到谴责。因此，从这个方面而言，《美国联邦宪法第四修正案》与《美国联邦宪法第五修正案》是相互联系，相互交错的。"① Bradley 大法官的判决意见着重强调了《美国联邦宪法第四修正案》对他人隐私的保护功能。实际上，Story 大法官也曾指出，《美国联邦宪法第四修正案》保障了"他人不容剥夺的安全权、自由权以及私有财产权"。② Bradley 大法官并没有表明，《美国联邦宪法第四修正案》必须与《美国联邦宪法第五修正案》相联系才能发挥自己的效力，而是表明，从历史渊源与逻辑推理而言，《美国联邦宪法第四修正案》对他人安全权的保护也能扩展至对他人隐私事务的保护。当然，在相关的刑事案件中，他人的这类隐私事务也会受到《美国联邦宪法第五修正案》的保护。

虽然 Bradley 大法官指出了《美国联邦宪法第四修正案》与《美国联邦宪法第五修正案》之间的关联，然而他重点论述的却是《美国联邦宪法第四修正案》的主旨要义，这就是该项修正案旨在保护他人"人身、住宅、文件、财产"的安全与隐私，因此，在相关的刑事案件中，警察只能够扣押犯罪工具，而不能扣押他人的文件作为犯罪证据。Bradley 大法官的这一结论遵从了他对《美国联邦宪法第四修正案》中"合理性条款"的解释。他认为，普通法保护他人不容剥夺的财产权，如果政府部门仅仅是想扣押他人的文件、财产作为刑事案件的证据，那么《美国联邦宪法第四修正案》就会保护他人的文件、财产免受政府部门的无理搜查与扣押。因此，对于不被政府所有或未被政府没收的财产，任何的搜查证或法庭传票都没有正当理由去搜查或扣押这些财产。Bradley 大法官指出："警方之所以会进行'无理的搜查和扣押行为'，实则是为了强迫他人提供证据自证其罪，'无理的搜查和扣押行为'被《美国联邦宪法第四修正案》禁止，而'强迫他人自证其罪'则被《美国联邦宪法第五修正案》禁止。"③ 当警方强迫他人上缴自己的私人文件或其他财产时，这本身就属于一

---

① 116 U. S. 616（1886）. at 630. The Court was referring to the case of Entick v. Carrington and Three Other King's Messengers, 19 How. State Trials 1029（K. B. 17651）.

② Commentaries on the Constituftion of the United States § 1895（1st ed. 1833）.

③ Boyd v. United States, 116 U. S. at 626 – 629.

种无理而非法的程序。简而言之，警方的行为侵犯了他人对其私有财产所享有的基本自由权与合理的隐私期待，这在普通法上均被统一为财产权，它除了受到《美国联邦宪法第四修正案》的程序性保护之外，亦受到《美国联邦宪法第五修正案》的保护，因为该项修正案赋予了他人一项特权，即不被强迫自证其罪的特权。

隐私权所受到的宪法性保护并不主要依赖于《美国联邦宪法第四修正案》与《美国联邦宪法第五修正案》间的"亲密关系"。因为这两项修正案分别从不同的方面为他人的隐私利益和隐私自由提供了宪法性的保护。Bradley大法官强调，只有某些特殊类型的隐私权诉求才会以《美国联邦宪法第四修正案》与《美国联邦宪法第五修正案》的联系为依据。我们之所以会指出它们之间的"亲密关系"，其实是源于他人会根据这两项修正案提出不同类型的隐私期待。在某些具体的案件中，他人所提出的隐私权诉求，就是以《美国联邦宪法第四修正案》与《美国联邦宪法第五修正案》为宪法性依据。正如一位学者曾经指出："《美国联邦宪法第四修正案》与《美国联邦宪法第五修正案》能够独立地为他人的文件与书籍提供保护——Bradley大法官其实应该利用这一观点来论证他人与其他人的通话记录不应被政府部门随意获取。"[1]

因为各级法院经常根据这两项修正案的联系来判决案件（虽然一些法院和学者偶尔也会对这种判案方式表示反对和质疑），我们有必要指出，这两项修正案能够独立地为宪法性隐私权提供法律依据。那种利用两项修正案的关联来论证宪法性隐私权的理论被认为是"趋同理论"（convergence theory）。趋同理论忽视了这样的现实，《美国联邦宪法第四修正案》与《美国联邦宪法第五修正案》所保护的是不同种类的隐私利益，这两项修正案具有不同的功能和效力。某些有关隐私权的案件判决的确表明，这两项修正案之间存在亲密的关系，但不容忽视的是，其前提基础实际上是这两项修正案都分别为他人的隐私权利提供了不同的保护。正如Clark大法官在Mapp v. Ohio

---

[1] Note, Formalism, Legal Realism, and Constitutionally Protected Privacy Under the Fourth and Fifth Amendments, 90 HARv. L. REV. 945, 956 (1977).

一案①的判决意见中所指出的那样:"我们认为,对于美国联邦政府而言,《美国联邦宪法第四修正案》与《美国联邦宪法第五修正案》的功能就是保护美国公民的隐私与自由免受无理的侵害,美国公民也不应被迫自证其罪……其实,这两项修正案均是对相同的宪法目标的补充,即也维护他人不容侵犯的隐私事务。这两项修正案的效力相互补充,但并不相互依赖,至少,它们均保证了他人不会因为一些非法获取的证据而被判有罪。"

Bradley 大法官将《美国联邦宪法第四修正案》解释为对他人隐私权的保护,其在很大程度上是依赖于普通法中的财产权原则,从而证明美国联邦宪法对隐私权的保护。从传统理论而言,当政府部门侵害他人的"人身、住宅、文件和财产"时,他人隐私利益以及由普通法所规定的财产利益均受到《美国联邦宪法第四修正案》的保护。更为灵活的解释是,《美国联邦宪法第四修正案》的保护范围足以扩展至他人的隐私利益,这一结论也印证了普通法中的法律格言——"每个人的住宅都是他的城堡"。

最初,联邦最高法院是从《美国联邦宪法第四修正案》的历史渊源和立法背景出发,论证该项修正案所保护的隐私利益在于物理空间中的隐私与"私密的领域"。一位学者曾指出:"将某些空间领域视为是由私人掌控的神圣领域,这种推论合乎逻辑,并且也能有助于我们得出广受支持的结论。"② 并不是所有类型的隐私期待都能受到《美国联邦宪法第四修正案》的保护。有时候,政府部门对隐私权的侵犯也不会触犯该项修正案的规定,因为,在这类案件中,刑事侦查的利益要比他人的隐私利益更为重要,毕竟,控制犯罪是整个社会的目标。在 Burdeau 一案的判决中,联邦最高法院就指出:"在本案中,美国联邦政府对相关文件的占有并没有侵犯上诉人的利益。这些文件中存在一定的犯罪嫌疑,我们没有理由认为,它们不应被用于检察机关对刑事案件的诉讼之中。"③

---

① 367 U.S. 643 (1961).
② Note, From Private Places to Personal Privacy: A Post-Katz Study of Fourth Amendment Protection, 43 N.Y.U.L. REV. 968, 971 (1968).
③ 256 U.S. at 476.

虽然《美国联邦宪法第四修正案》只保护他人的隐私权利免受政府部门的侵害，但联邦最高法院并未根据该项修正案的字面意思来限制他人所提出的宪法性隐私权诉求。在任何受到美国联邦宪法保护的范围和领域中，他人都能对此提出相关的隐私权诉求。虽然联邦最高法院在 Hester v. United States 一案的判决书中指出，《美国联邦宪法第四修正案》旨在保护他人的"人身、住宅、文件以及财产"，它并不能扩展到任何的"开放式空间"，但随后的一系列案件却建立了《美国联邦宪法第四修正案》对以下领域的保护——他人的住宅[1]、办公室[2]、商店[3]、宾馆房间[4]、公寓[5]、汽车[6]以及出租车[7]。

19世纪后期至20世纪初期，联邦最高法院将其对隐私权的保护重点放置在被警方搜查的空间与扣押的物品之中。因此，Bradley大法官在判决中就是根据普通法以及《美国联邦宪法第四修正案》来保护他人不可剥夺的隐私权。随着后来的发展，《美国联邦宪法第四修正案》又派生出"纯粹证据规则"（The Mere Evidence Rule）和"非法证据排除规则"（exclusion of ill-gotten evidence），这更进一步体现了该项修正案对他人隐私权的保护。

（二）纯粹证据规则

联邦最高法院仅仅将《美国联邦宪法第四修正案》对隐私权的保护局限在禁止政府部门对他人隐私的无理侵害之上。因此，近一个世纪以来，联邦最高法院一直都在试图通过逐案判决的形式来阐述何为"合理的搜查与扣押行为"。1920年，联邦最高法院指出，如果法院根据一些非法获得的信息向他人发出传票，要求他人向法院提供自己的书籍和文件，那么他人有权拒绝遵循法院传票的要求[8]。在接下

---

[1] Weeks v. United States, 232 U. S. 383 (1914).
[2] Silverthorne Lumber Co. v. United States, 251 U. S. 385 (1920).
[3] Amos v. United States, 255 U. S. 313 (1921).
[4] Stoner v. California, 376 U. S. 483 (1964); United States v. Jeffers, 342 U. S. 48 (1951); Lustig v. United States, 338 U. S. 74 (1949).
[5] Jones v. United States, 362 U. S. 257 (1960).
[6] Henry v. United States, 361 U. S. 98 (1959).
[7] Rios v. United States, 364 U. S. 253 (1960).
[8] Silverthorne Lumber Co. v. United States.

来的一年中，联邦最高法院对 Gouled v. United States 一案①作出判决，法院认为，警方非法扣押的文件在庭审时应不被采信，不论被告是否提出过归还该文件的审前动议。

Gouled v. United States 一案的判决重申了 Bradley 大法官对《美国联邦宪法第四修正案》"合理性"条款的解释，也重申了他的这一观点——将《美国联邦宪法第四修正案》与《美国联邦宪法第五修正案》所确定的"禁止自证其罪"原则相结合，方能为他人的隐私权提供实质性的保护。该案的判决认为，警方对私人文件的扣押行为违反了《美国联邦宪法第四修正案》的规定，而将这些文件用作庭审的证据又违反了《美国联邦宪法第五修正案》的规定。警方在搜查之时没有获取搜查证，这一点足以让法庭将警方扣押的文件排除在庭审证据之外，然而，就如同 Boyd 一案的判决一般，联邦最高法院认为，根据《美国联邦宪法第四修正案》的规定，政府部门只能扣押此类财产——政府部门对该财产享有一定的财产利益或是扣押证上写明的赃物。联邦最高法院曾指出："警方无权以搜查他人的犯罪证据为由使用搜查证闯入他人的住宅或办公室从而搜查他人的文件，但是，如果公众或是刑事案件的被害人对此类物品享有重要的财产利益，或者说他人对这类物品是非法占有，那么警方就可以使用搜查证来对他人的住宅或办公室进行搜查。"

在此，联邦最高法院重审了 Boyd 一案所建立的财产权原则，并且还对以下两类证据作出了区分：一类是"纯粹证据"，另一类是"犯罪工具或犯罪的媒介"，法院认为，《美国联邦宪法第四修正案》只保护证据性质的材料、物品，而不保护犯罪工具、犯罪所得或是其他违禁物品。为了防止公共利益受到损害，政府部门有权对犯罪工具、犯罪所得和违禁物品实施扣押。

近来有一位学者指出，联邦最高法院之所以会构建出"纯粹证据规则"，是为了以《美国联邦宪法第四修正案》来平衡两方面的利益——一方面，警方负有收集犯罪证据的责任和义务，而另一方面，

---

① 255 U.S. 298（1921）.

他人也享有合理的隐私期待。① 联邦最高法院后来还屡次适用这一规则，但所得出的结果却互不一致，也不合逻辑。在 Jones v. United States 一案②中，联邦最高法院才首次摆脱了 Boyd 与 Gouled 两案对《美国联邦宪法第四修正案》的解释，从而表明该项修正案对隐私权所提供的保护并不必然要与传统的财产权理论联系在一起。"我们有理由认为——他人享有免受非法搜查和扣押的自由，这项宪法性权利受到哪些法律的保护呢？我们根本没必要对相关法律作出精细的区分。因为普通法中的私有财产法在其漫长的发展过程中已经作出了足够的区分。它的有效性是由历史所赋予的。"五年之后，联邦最高法院在审理另一个案件时指出，秘密档案与违禁物品截然不同，警方所获得的搜查证上并没有清楚地写明其有权搜查哪些物品和材料，因此，警方的搜查行为仍然是对他人隐私权的无理侵害。③ 这里不存在任何的违禁品……从字面上来说，被警方扣押的物品是"有关共产党的书籍、档案、小册子、传单、收据、清单、备忘录、图片、录音以及其他书面材料。"这种不加选择的列举实属违宪。如果本院认可了警方扣押行为的合法性，那么这无疑是对美国联邦宪法的背叛，不仅背叛了它的主旨意义，更背叛了它的历史渊源。

1967年，联邦最高法院在根据《美国联邦宪法第四修正案》为他人的隐私权提供保护时，已经明确摒弃了传统的财产权原则。④ 联邦最高法院在 Warden v. Hayden 一案⑤中指出，"传统理论认为，政府之所以不能肆意搜查、扣押他人的物品，是因为他人对这些物品享有财产权益。如今，这样的理论已经被摒弃。即使政府部门宣称其对这类物品所享有的财产权要优于他人所享有的权利，政府部门的搜查、扣押行为也是'不合理的'，因为它们违反了《美国联邦宪法第四修正案》。本院已经意识到，《美国联邦宪法第四修正案》主要的

---

① Note, Papers, Privacy and the Fourth and Fifth Amendments: A Constitutional Analysis, 69 Nw. U. L. REV. 626, 633 (1974).
② 362 U. S. 257 (1960).
③ Stanford v. Texas, 379 U. S. 476 (1965).
④ Katz v. United States, 389 U. S. 347 (1967); Warden v. Hayden, 387 U. S. 294 (1967). See discussion pp. 703 – 704 infra.
⑤ 387 U. S. 294 (1967).

保护对象在于他人的隐私权,而非财产权,因此,我们应该摒弃'财产权'为审判所设置的程序性障碍。"在 Mancusi v. DeForte 一案①中,联邦最高法院反复重申了上述理念——他人的隐私权是否能够得到《美国联邦宪法第四修正案》的保护,这并不取决于他人对被警方侵犯的领域是否享有财产利益,而是在于他人在这一领域内,是否享有合理的预期——预期到自己的自由能够免受政府的侵害。

纯粹证据与犯罪工具的混淆最终导致联邦最高法院不再区分这两类物品的性质,并且也使法院摈弃了 Boyd-Gouled 两案所建立的财产权原则(以下简称为 Boyd-Gouled 原则)。在 20 世纪初期,Boyd-Gouled 原则的确为法院提供了保护宪法性隐私权的有力途径。正如 Marshall 大法官在 Couch v. United States 一案②的异议意见中所言:"虽然 Boyd-Gouled 原则还不甚明确,但它也是为了阐述何为他人的隐私事务——何为不容政府侵害的隐私事务。"当然,也有学者指出,如果被扣押的物品中暗含着他人合理的隐私期待,那么此类案件必会适用到《美国联邦宪法第四修正案》。Boyd-Gouled 原则不仅能够限制政府部门依据有效搜查证所执行的搜查行为,而且也为如何保护隐私权的问题提供了客观的评判标准,从而排除了法院对其他标准的采用。比如,合理的隐私期待标准,或是对政府"强制"行为的评判,从而也保护了他人的私人文件免受政府的扣押。当时,联邦最高法院是从财产权的角度来保护隐私权,后来联邦最高法院就摒弃了这样的判决原则,然而,随之而来的是,法院也逐渐地摈弃了非法证据排除规则的立论基础,也就是非法证据排除规则能为隐私权提供宪法性保护。

(三) 非法证据排除规则

为了实现立法者们在草拟《美国联邦宪法第四修正案》时的初衷,即保护公民免遭英国国王签发的一般搜查证的侵害,阻止政府对公民住宅的肆意侵犯,同时也为践行 Boyd 一案对《美国联邦宪法第四修正案》所作出的灵活解释理论,联邦最高法院在审理 Weeks

---

① 392 U. S. 364 (1968).
② 409 U. S. 322 (1973).

v. United States 一案①时便采用了非法证据排除规则，从而禁止联邦法院采信任何被非法扣押的证据。当联邦最高法院第一次面对这样的案件时，警方的搜查行为违反了《美国联邦宪法第四修正案》的搜查证条款，Day 大法官在其撰写的多数意见中指出，以下两种行为不应被区分开来，即非法搜查证据的行为和将此类证据作为呈堂证供的行为。Day 大法官认为，警方非法获取的证据应该被排除在庭审之外。如果将警方非法获取的证据用于庭审，那么这无疑是对美国联邦宪法的忽略，甚至是蔑视。Day 大法官就如同 Boyd 一案中的 Bradley 大法官一样，他认为，联邦最高法院有权质疑证据的来源，而非法证据排除规则的基础一方面在于政府部门的非法行为必须被否决，另一方面也在于法院已经意识到，它有必要维护司法系统的完整性。"办理刑事案件的政府官员总会倾向于为获取证据而不择手段，比如对他人的物品进行非法扣押，或是强迫他人自证其罪……以这些方式获得的证据都应该被排除在庭审之外……因为这样的政府行为无疑违反了美国联邦宪法……"② Weeks 一案表明，如果没有非法证据排除规则，那么他人的住宅和隐私就极易遭到政府的无理侵害，他人也很难对政府部门提起诉讼。"如果他人的信件和私人文件可以被警方任意扣押，并被呈上法庭用于证明他人的罪行，那么，《美国联邦宪法第四修正案》还有何价值。美国联邦宪法的地位是否会受损，这是我们目前所关心的问题。"非法证据排除规则是从反面来限制警方对证据的搜查，Weeks 一案的判决依据在于《美国联邦宪法第四修正案》所保护的宪法性权利，而不是一种司法政策。《美国联邦宪法第四修正案》不仅保护他人的住宅、文件和财产免遭政府无理的搜查和扣押，而且也要求法院在审理案件时必须将非法获取的证据排除在庭审之外。③

因为联邦最高法院的一系列判例表明，《权利法案》并不能直接适用于各州政府，因此，由 Weeks 一案所建立的非法证据排除规则

---

① 232 U. S. 383 (1914).
② 232 U. S. at 392.
③ See Agnello v. United States, 269 U. S. 20 (1925) (excluding contraband cocaine seized without a warrant); Amos v. United States, 255 U. S. 313 (1921) (excluding contraband whiskey seized without a warrant).

也尚不能被各州法院采用。Weeks 一案发生的 35 年之后，联邦最高法院在审理 Wolf v. Colorad 一案①时明确指出，非法证据排除规则不应适用于各州政府。此外，不论联邦最高法院的大法官们是否认可他人所享有的合理的隐私期待，法院的判决意见认为，非法证据排除规则并不属于一种宪法性的救济规则。然而，Frankfurter 大法官指出："他人的隐私有权免受警方的肆意侵害——这就是《美国联邦宪法第四修正案》的核心所在，这也是任何自由社会的基石。这样的理念暗含在'有序的自由'概念之中，如同正当程序条款（Due Process Clause）对他人的保护一般。"尽管当时联邦最高法院的多数大法官也意识到了《美国联邦宪法第四修正案》的核心是对他人隐私权的保护，然而多数意见仍然拒绝将非法证据排除规则适用于各州政府。虽然《美国联邦宪法第四修正案》禁止各州政府侵犯他人的隐私权，但联邦最高法院仍然拒绝对以下问题进行考虑——当政府部门将非法获得的证据作为呈堂证供时，这是否也属于政府对他人隐私权的侵害。Frankfurter 大法官对 Day 大法官曾提出的非法证据排除规则感到悲观，他认为，该项规则仅仅是一个"司法注脚"。它既没有明确的宪法条文支撑，又没有国会立法的支撑。Black 大法官在其协同意见中重申："联邦最高法院所建立的非法证据排除规则并不属于《美国联邦宪法第四修正案》的条文要求，而是一项司法性的创造，美国联邦国会可以将其推翻。"

与此相反的是，该案的异议意见认为，《美国联邦宪法第四修正案》是隐私权的基础，这就要求政府不应对他人的人身、住宅和财产进行无理的搜查与扣押，也不能将非法获取的证据作为呈堂证供。异议意见指出，非法证据排除规则是解读《美国联邦宪法第四修正案》的唯一方式，Rutledge 大法官与 Murphy 大法官进一步指出，美国联邦宪法本身就暗含着非法证据排除规则，如果将非法获取的证据作为呈堂证供，那么这无疑是在损害司法系统的完整性和一致性。

11 年之后，在 Elkins v. United States 一案②中，联邦最高法院接受了 Wolf 一案的异议意见对非法证据排除规则的态度，但并没有认

---

① 338 U. S. 25（1949）.
② 364 U. S. 206（1960）.

可相关的理由。Elkins v. United States 一案的判决意见摒弃了对以下两项修正案的区分：一方面是《美国联邦宪法第四修正案》，它禁止美国联邦政府对他人的人身、住宅与财产进行无理的搜查与扣押；另一方面是《美国联邦宪法第十四修正案》所包含的正当程序条款，它是对各州政府的限制。该案的异议意见认为，《美国联邦宪法第十四修正案》仅仅表明，政府无权对他人的隐私事务进行"肆意的侵害"（an arbitrary intrusion），而《美国联邦宪法第四修正案》所禁止的是政府部门"无理"（unreasonable）的搜查与扣押行为。Elkins 一案的多数意见总结道，以下两类证据在逻辑上毫无差异：一类是警方违反《美国联邦宪法第四修正案》而获得的证据，一类是警方违反《美国联邦宪法第十四修正案》所获得的证据。

因此，Elkins 一案的多数意见最终推翻了 Weeks 一案的判决，并且指出，州政府非法扣押的证据也不应被联邦法院采信，正如 Wolf 一案的判决一样，法院认为，非法证据排除规则的基础在于联邦最高法院对政府部门的监督权力，而不是一项宪法性的权利。出于对"理论和经验的考虑"，联邦最高法院认为，将州政府非法获取的证据排除在联邦法院之外，这是保护隐私权的必然。"非法证据排除规则的功能在于事前的阻止，而非事后的修复。其目的在于阻止警方使用违法的方式来搜查证据——打消警方进行违法搜查与非法扣押的动机，从而迫使警方对宪法性权利表示尊重"。具有讽刺意味的是，联邦最高法院扩展了非法证据排除规则的适用范围，但它并不是依据 Weeks 一案的相关原则，认为他人的隐私权受到美国联邦宪法的保护，而是依据 Wolf 一案的判决理由——非法证据排除规则是司法政策的产物，它旨在阻止政府部门对他人的隐私权进行侵害，并且也是为了保持司法系统的完整性和一致性。

然而，在 Elkins 一案发生的两年之后，联邦最高法院却指出，非法证据排除规则的基础正是相关的宪法性原则。在 Mapp v. Ohio 一案①的判决中，联邦最高法院指出，扩展美国联邦宪法所保护的范围也属于《美国联邦宪法第四修正案》的目的，因此，该项修正案也应该直接适用于各州的刑事诉讼程序。Clark 大法官执笔撰写了多数

---

① 367 U. S. 643 (1961).

意见，他指出："《美国联邦宪法第四修正案》所保护的隐私权也能通过《美国联邦宪法第十四修正案》的正当程序条款而受到保护。《美国联邦宪法第十四修正案》也能保护他人的隐私事务免遭美国联邦政府的无理侵犯。如果没有 Weeks 一案所建立的原则，那么美国联邦宪法旨在保护他人免受政府无理侵害的初衷只能沦为一纸空文，所谓的人类自由也将毫无价值。如果没有非法证据排除规则，那么他人的自由将何其脆弱，政府能够利用各种蛮横的手段来迫使他人交出证据。这种所谓的'自由'并不值得珍视，联邦最高法院也没有必要将其称为'自由秩序的表现'。"正如在 Boyd 一案的判决书所陈述的一般，联邦最高法院认为："在保护隐私权方面，《美国联邦宪法第四修正案》与《美国联邦宪法第五修正案》的确存在互补的关系，但是，非法证据排除原则仅仅立基于《美国联邦宪法第四修正案》之上。《美国联邦宪法第四修正案》保护他人的隐私权免遭政府侵害……我们不应再让这一权利成为一张'空头支票'……本院的判决是建立在法理与事实之上，它将给予每个人以宪法性的保护，对于警方而言，他们只能依照国会的授权而忠实地执行法律，对于各级法院而言，他们必须要维护司法体系的完整性。"尤为重要的是，联邦最高法院将非法证据排除规则所依据的宪法性原则扩展到了对他人隐私权的保护之中，值得注意的是，Elkins 一案判决的补充理由是维护司法体系完整性的司法政策。

与此相反，联邦最高法院在审判 Linkletter v. Walke 一案[①]时又退回到了它之前的立场之中，即当他人向法院提起诉讼，要求法院对其隐私严加保护时，这类诉讼所建立的只是一种特权，而并非是一种权利——保护他人免遭无理搜查与无理扣押的权利。在 Linkletter 一案中，联邦最高法院认为非法证据排除规则的主要效力是对警方的威慑力，法院拒绝援引 Mapp 一案的判决并认为："我们并没有说援引 Mapp 一案的判决，就会促进非法证据排除规则的威慑力……也不是指 Mapp 一案的判决会损害各州政府与美国联邦政府之间的关系。总之，一旦他人的住宅隐私和财产隐私遭到了侵害，那么就将很难修复，任何赔偿都为时已晚。"

---

① 381 U.S. 618（1965）.

Linkletter 一案的判决似乎独具一格，实际上，它已表明，联邦最高法院宁愿认为非法证据排除规则的基础是一项司法政策，而不愿认为其基础是一项宪法性原则。后续的一些案件判决虽然重申了非法证据排除规则的威慑力，但却否决了该项原则的正当性及其背后的原理。①

　　实际上，在 United States v. Calandra 一案②的判决中，联邦最高法院就表明，非法证据排除规则不能适用于一位接受大陪审团审判的证人，此前，警方曾非法搜查并非法扣押了这名证人所拥有的文件，本案的判决意见指出："他人不能以自己所享有的民事权利为由，而拒绝向大陪审团提供相关的证据。公民都负有作证的义务，虽然作证的义务偶尔会令人感到烦累，也可能会令人感到尴尬。作证也可能会使证人的社会地位和经济地位受到损害。然而，作证的义务仍然被视为'实现正义的必要之举'，因此，证人个人的隐私利益就必须要屈从于社会的公共利益。"

　　非法证据排除规则在其产生之初，就旨在保护他人的宪法性权利，然而，随着联邦最高法院将非法证据排除规则与其最初的法理依据剥离开来，该项规则对他人隐私权的保护效力也不复存在。

　　虽然非法证据排除规则只是从反面来限制法院对证据的采信，但 Weeks-Mapp 两案所建立的原则——《美国联邦宪法第四修正案》禁止警方将其非法获取的证据作为呈堂证供——这一原则确实为他人的隐私诉求提供了支持和保护。③ 如果把《美国联邦宪法第四修正案》比作一条小狗，那么非法证据排除规则就只是这条小狗的尾巴。正如 Robert McKay 所指出的："在保护他人的隐私权免遭政府侵害时，Mapp v. Ohio 一案中的非法证据排除规则的确显得僵硬而不精确，随之而来的结果便是，警方能够更加容易地搜查他人的住宅、公司、电

---

① See United States v. Calandra, 414 U.S. 338, 347 – 352 (1974); Bivens v. Six Unknown Named Agents, 403 U.S. 388, 414 – 417 (1971) wherein Chief Justice Burger outlined his objections to the rule.
② 414 U.S. 338 (1974).
③ See Mapp v. Ohio, 367 U.S. 643, 648 (1961); Olmstead v. United States, 277 U.S. 438, 478 (1928) (Brandeis, J., dissenting); Weeks v. United States, 232 U.S. 383, 389 – 392 (1914).

话记录以及一切存在犯罪嫌疑的个人信息。在此,美国联邦宪法似乎排除了其对个人隐私和财产的保护。"①

曾有判例指出,权利的行使,尤其是隐私权的行使就是《美国联邦宪法第四修正案》的核心②,从逻辑上而言,这无疑需要非法证据排除规则的支撑。联邦最高法院对《美国联邦宪法第四修正案》的灵活解释必然会产生 Weeks-Mapp 两案的原则以及 Boyd-Gouled 两案所蕴含的原理。

相比之下,Warren 法院和 Burger 法院越来越倾向于将非法证据排除规则视为司法政策,即一种旨在保持司法系统完整性与统一性的政策,并且他们也都认为,该项规则的主要功能在于其威慑作用。通过这样的司法政策,Warren 法院和 Burger 法院一直在表明自己并没有与非法的政府行为同流合污。此外,Warren 法院和 Burger 法院认为,非法证据排除规则的效力在于其威慑力。它旨在提醒政府部门的公职人员,非法的搜查与扣押行为纯属徒劳。这似乎是唯一一种实现《美国联邦宪法第四修正案》价值的方式。③ 总之,Warren 法院和 Burger 法院认为,非法证据排除规则源于一种司法政策,而非宪法性原则,其目的在于威慑警方和维持司法系统的完整性,它只是偶然而顺便地实现了对他人隐私权的保护。近些年来,不论是联邦最高法院内部,还是法院以外,总有许多观点对非法证据排除规则的功能提出了抨击和批判。这一现象所导致的结果便是该项规则的适用进一步受到了限制。当他人提出隐私权的相关诉求时,法院往往会认为刑事侦查、控制犯罪的社会利益更为重要,从而驳回他人的诉求。④

---

① McKay, Mapp v. Ohio, the Exclusionary Rule and the Right of Privacy, IS ARiz. L. REV. 327, 340 – 341 (1973).

② Wolf v. Colorado, 338 U. S. 25, 27 (1949).

③ In United States v. Calandra, 414 U. S. 338 (1974), the Court concluded that: "[i] n sum, the rule is a judicially created remedy designed to safeguard Fourth Amendment rights generally through its deterrent effect, rather than a personal constitutional right of the party aggrieved." See also Bivens v. Six Unknown Named Agents, 403 U. S. 388, 416 (1971) (Burger, C. J., dissenting); Terry v. Ohio, 392 U. S. 1, 12 – 13 (1968).

④ See Stone v. Powell, 428 U. S. 465 (1976); United States v. Janis, 428 U. S. 433 (1976); United States v. Peltier, 422 U. S. 531, 536 – 539 (1975); United States v. Calandra, 414 U. S. 338 (1974).

尽管联邦最高法院近来在审理案件时也存在上述倾向，但Weeks一案的判决仍然是以宪法性原则为基础，正如，从逻辑上而言，Gouled一案中的纯粹证据规则来源于Boyd一案对《美国联邦宪法第四修正案》的灵活解释。以上三个案件均扩大了《美国联邦宪法第四修正案》的保护范围。纯粹证据规则是对警方搜查行为与扣押行为的限制，而非法证据排除规则是对他人隐私权的扩大化保护。Boyd – Gouled – Weeks原则（即Boyd、Gouled、Weeks三个案件所建立的原则）所反映的正是Alan Westin所指的"财产化的隐私权"（propertied privacy），联邦最高法院根据《美国联邦宪法第四修正案》将隐私权与普通法中的财产权联系到一起，从而实践了普通法中的法律格言——"每个人的家都是他的城堡"。

Boyd – Gouled – Weeks原则旨在根据《美国联邦宪法第四修正案》来保护他人的隐私权，该原则的前提是一项空间性的隐私权概念。也就是只有当他人对某一处所或某一空间拥有一定的财产所有权时，他人才对此享有隐私利益，他人所提出的隐私权诉求才能得到法律的认可。他人对其住宅所享有的隐私期待属于所谓的"美国联邦宪法所保护的领域"。《美国联邦宪法第四修正案》和由司法判例所建立的纯粹证据规则、非法证据排除规则均能够保护他人的住宅免受政府部门的无理搜查和无理扣押。

从19世纪末期到21世纪初期，突飞猛进的科学技术为我们带来了新的法律问题——怎样的政府行为才算是《美国联邦宪法第四修正案》所指的无理的搜查与扣押。当政府部门在进行相关的执法活动时，它们往往都会使用一些先进的技术设备，从而对公民的个人隐私造成潜在的威胁和侵犯。然而，联邦最高法院解决这些问题的方式却是放弃了美国联邦宪法对隐私权的保护，摒弃纯粹证据规则，并且逐渐地改变了非法证据排除规则。因此，Gouled一案、Weeks一案和Boyd一案所建立的原则都被否定。正是Boyd一案的判例催生了美国联邦宪法对公民处所、空间的保护，它也反映了纯粹证据规则与非法证据排除规则对他人隐私权的扩大化保护。在接下来的内容中，笔者将会介绍联邦最高法院对《美国联邦宪法第四修正案》所作出的判例解释，此类解释导致Boyd一案的原则被抛弃。

五、合理的隐私期待：从 Olmstead 一案到 Katz 一案

（一）Olmstead 一案对《美国联邦宪法第四修正案》的严格解释

在 20 世纪初期，包括电话与广播等新型技术设备都经历了飞速的发展，这就让远距离的窃听行为成为可能。因此，法院不得不面对的问题就是，如果政府部门的公职人员并没有实际侵入到他人的住宅，只是用搭线窃听或无线窃听器等电子设备来记录他人在其住宅中的对话时，他人还有权根据《美国联邦宪法第四修正案》对政府部门提起诉讼吗？1928 年的 Olmstead v. United States 一案①是一件里程碑式的案件。联邦最高法院在审理该案时以 5∶4 的票数作出了最终的判决，即法院认为，对于他人住宅或办公室外部的电话线，他人并不享有合理的隐私期待。因此，警方通过监听这些电话线来获得信息的行为就属于合法的行为。联邦最高法院认为，警方并没有真正侵入到他人的住宅内部，因此，也就不存在美国联邦宪法中所指的"搜查"行为，此外，电话通讯信息也不属于《美国联邦宪法第四修正案》所指的可以"被扣押"的物品。

从司法动机与政策倾向来说，Olmstead 一案的判决表明，联邦最高法院越来越倾向于 19 世纪所盛行的自由经济哲学。从 19 世纪末期到 20 世纪初期，整个美国社会都经历着前所未有的变化，这是一个工业化、城镇化的时代，也是出现大批移民的时代。Olmstead 一案的结论是对这种社会变化的保守应对。联邦最高法院在审理此案时，严格坚持以 Boyd 一案为法理依据——也就是通过财产权的理念来解释《美国联邦宪法第四修正案》中的"合理性"条款。因此，Olmstead 一案的判决实则是对宪法性隐私权的严格解释。

联邦最高法院认为，如果警方没有对他人的住宅进行物理性的实质侵犯，那么警方就没有对他人的隐私合理期待造成侵犯。原因在于，从字面上而言，《美国联邦宪法第四修正案》禁止"无理的搜查与扣押"，"搜查"是指对某一空间的物理性搜查，而"扣押"是对

---

① 277 U.S. 438（1928）.

有形财产的扣押。首席大法官 Taft 指出,《美国联邦宪法第四修正案》所蕴含的财产权原则表明:其一,本案之中的电子监控设备不属于对他人住宅的物理性侵入,因此,这并不属于"搜查"行为。其二,在本案之中,警方也没有真正扣押他人的有形财产,所以,警方的行为不属于《美国联邦宪法第四修正案》所禁止的"扣押"行为。

Taft 大法官作出的判决意见是对《美国联邦宪法第四修正案》及相关财产权原则的严格解释。Taft 大法官认为,只有当他人对某些有形财产拥有所有权时,他人才可能对此享有合理的隐私期待。联邦最高法院进一步限缩了 Boyd 一案所建立的原则。在 Olmstead 一案中,法院认为,"什么才是他人的'私人事务',我们很难以列举的方式对这个问题作出回答。然而,如果与他人住宅、办公室相连通的电话线都不属于他人的隐私事务,那么,我们就很难说出其他的隐私事务了。"尽管如此,Taft 大法官依然坚持对《美国联邦宪法第四修正案》进行严格解释。"当警方对一位犯罪嫌疑人的住宅电话进行窃听时,不论这种窃听行为是否属于违背道德的侵犯行为,它都不属于《美国联邦宪法第四修正案》所禁止的行为。"法院指出,"根据普通法的规定,在刑事案件的审判中,以非法手段获得的证据不应被法庭采信",但是,Taft 大法官并不认为以下两种行为应该被区分开来:一类行为是警方通过电子窃听获取他人的信息,另一类行为是警方从窗外或门外偷听他人的对话。因此,在 Olmstead 一案中,虽然联邦最高法院接受了这种传统的财产权观念,以财产所有权来批判他人的隐私权,但是法院却对《美国联邦宪法第四修正案》作出了严格的解释——这种解释正好符合政府部门的迫切要求。"任何应该受到谴责的搜查行为与扣押行为都必须是违背了《美国联邦宪法第四修正案》的字面意义。所有案件无一例外都是如此,我们必须严格遵守《美国联邦宪法第四修正案》的文本,即'他人的人身、住宅、文件和财产',这里的'财产'是指有形的个人财产。"[①] 联邦最高法院对《美国联邦宪法第四修正案》以及隐私权与财产权之间的关系都作出了严格的解释,由此而产生的结果便是,限制他人能够提出的隐

---

① Brief for the United States, 38 – 39, quoted by Beaney.

私权诉求，正如 Beaney 所言，"联邦最高法院对该案的判决意见，实际上是将《美国联邦宪法第四修正案》视为一种保护他人隐私与个人安全的特殊方法——禁止政府部门对他人的住宅进行侵犯，对他人的实体物品进行扣押——这并非是对隐私权本身的保护（也就是指，并不是对固有隐私权利的承认和保护）。"在 Butler 大法官发表的异议意见中，他试图将传统的财产权原则扩展到对电子窃听问题的审判中，"本案中的电子窃听行为必然会干扰到他人正在使用的电线电路。从字面意义上而言，政府部门这种行为即构成了搜查行为。"Butler 大法官试图通过判决电路窃听行为侵犯了他人的财产利益，从而将以下两种理论结合起来：其一，对财产权原则的严格解释，其二，对隐私权的灵活解释。因此，与 Taft 首席大法官的意见相比，Butler 大法官所认同的隐私权请求更为广泛。但是，他们的意见也存在相似之处，即他们都将隐私权利与传统的财产权利结合起来。Butler 大法官之所以会认同更为广泛的隐私权诉求，是因为他对传统的财产权原则作出了更为自由而灵活的解释。此外，Butler 大法官与 Taft 首席大法官均认为，当警方使用电话监控器与电子监控设备时，警方的行为不应受到《美国联邦宪法第四修正案》的规制。① 实际上，Butler 大法官对《美国联邦宪法第四修正案》中的财产权原则作出了较为严格的解释和相对灵活的适用，这是他对 Taft 首席大法官作出妥协的产物，并且旨在反对 Brandeis 大法官对《美国联邦宪法第四修正案》所作出的灵活解释和灵活适用，但 Butler 大法官的观点难以自圆其说。

针对隐私权的保护问题，Brandeis 大法官所强调的不仅是要灵活解释《美国联邦宪法第四修正案》所构建的原则，而且要对其进行灵活的适用。他认为，该项修正案为政府行为设置了一般的限制性条件，当联邦最高法院在对这些限制性条件作出解释时，法院必须考虑到该项修正案的基本目的，以及立法者在立法之时难以预见到的现实问题。② 因此，《美国联邦宪法第四修正案》所控制的政府行为，不应被仅仅局限于传统类型的搜查行为——对实体空间的物理性侵犯以

---

① See, e. g., Goldman v. United States, 316 U. S. 129 (1942).
② 277 U. S. at 472. In support of this proposition, Justice Brandeis cited Buck v. Bell, 274 U. S. 200 (1927), and Euclid v. Amber Realty, 272 U. S. 365, 389 (1926).

及对有形财产的扣押。"如今,政府会使用更加微妙而广泛的行为来侵犯他人的隐私权。不断进步的发明创造会助政府部门一臂之力。这就意味着,政府部门的公职人员不用实际接近他人的住宅,就可以听到他人在门背后的低语……终有一天,政府的公职人员根本不用将他人的文件从其秘密抽屉中取出,就可以将其中的内容呈上法庭,因此,政府部门便可以将他人住宅内的任何私密事务呈现在陪审团面前。"① Brandeis 大法官对《美国联邦宪法第四修正案》作出了灵活的解释和建构,他指出,搜查和扣押行为不应仅仅是指那些针对私有财产和有形财产的搜查和扣押。"只要是对他人隐私的无理侵犯,都应该受到该项修正案的规制,不论其侵犯行为的具体形式是什么……"因此,他人的隐私权利是否应该受到美国联邦宪法的保护,不应取决于政府部门是否侵犯了他人所有的财产,以及政府部门的具体侵犯行为。他人提出的隐私权诉求与财产权诉求并不相同,但传统的观念认为,他人的隐私权诉求必然要与他人对其住宅、文件、财产所享有的所有权相结合,才能得到法律的保护。根据 Brandeis 大法官对《美国联邦宪法第四修正案》所作出的严格解释,只有当政府部门能够证明其侵犯行为的合理性时,政府部门才能够对他人住宅、文件、财产等个人事务中的隐私进行调查。从历史来看,联邦最高法院既没有接受 Taft 大法官对《美国联邦宪法第四修正案》及其财产权原则所作出的严格解释与严格适用,也没有认可 Brandeis 大法官的灵活解释与适用。此外,联邦最高法院还对 Butler 大法官作出的妥协性意见提出过反对,Butler 大法官认为,应对该项修正案进行严格解释,但要灵活适用。实际上,联邦最高法院逐渐地认可了对《美国联邦宪法第四修正案》的灵活解释,但却很少将其适用到对隐私权的保护之中。特别需要指出的是,Brandeis 大法官曾强烈批判过 Olmstead 一案的判决意见——将物理性的侵害行为视作"搜查"行为的前提条件,将对有形财产的扣押行为视为《美国联邦宪法第四修正案》唯一规制的对象。如此这般,Brandeis 大法官灵活地解释了美国联邦宪法所保护的隐私利益与普通法中的财产权原则之间有何关系。然而,直到 20 世纪 60 年代中期,他的观点才逐渐得到承认,但依然

---

① Olmstead v. United States, 277 U. S. at 473 – 474.

只为他人的隐私权提供了有限的保护。

（二）对"实际侵入理论"的偏离

起初，联邦最高法院一直在规避 Olmstead 一案所奠定的"实际侵入理论"，针对政府部门对他人的窃听行为，法院并没有用《美国联邦宪法第四修正案》来分析相关的问题，而是援引了《美国联邦通信法》（Federal Communications Act）的规定。比如，在审理 Nardone v. United States 一案①时联邦最高法院就通过适用这部法律，从而避免了以美国联邦宪法为根据来对电子监控、窃听行为作出评判。

在1942年，联邦最高法院扩展了实际侵入理论的适用范围。比如，警方通过将电话窃听器或其他类型的监控设备安装在他人住宅的墙外，从而监听其住宅内部的对话，此时，警方的这一行为就不属于对他人住宅的实际侵犯。在 Goldman v. United States 一案②中，美国联邦政府的警察在没有获得搜查证的情况下，就进入了被告的办公室，并且将一个录音器安装在与隔壁办公室相联通的电话线上。不过第二天这个录音器就坏了，所以警方又换了一个新的窃听器。联邦最高法院认为，警方通过使用窃听器而收集的证据应该得到法庭的采信，因为警方并没有实际地侵入到被告的办公室。但是，警方通过录音器而搜集到的证据不应被法庭采信。在本案中，联邦最高法院对实际侵入理论做了严格的区分与适用，从而规避了对宪法性隐私权的承认。在 Murphy 大法官所提出的异议意见中，他提醒联邦最高法院必须注意，"《权利法案》为美国公民提供的最大福祉就在于，《美国联邦宪法第四修正案》对美国公民隐私权的保护。"

三年之后，在 On Lee v. United States 一案③中，联邦最高法院指出，当一名携带窃听器的卧底正在与本案的被告对话时，这段对话被远程传输给了一名缉毒警察，那么警方的这种侦查行为就不会对他人构成实际的侵犯。此外，这段对话也应该作为呈堂证供而被法院采信，因为被告是自愿与卧底警察展开对话的。因此，正如上诉法庭在

---

① 302 U.S. 379（1937）.
② 316 U.S. 129（1942）.
③ 343 U.S. 747（1952）.

判决中指出，装备在卧底警察身上的窃听器消除了所有的宪法性困境。在联邦第二巡回法院所作出的判决书中，Frank 法官提出了自己的异议意见，他重申了 Boyd 一案的判词，即《美国联邦宪法第四修正案》的最初目的与根本原则是为他人的隐私权提供保护，而不仅仅是禁止政府部门对他人住宅、财产、人身的物理性侵犯。Frank 法官为此作出了庄严而郑重的异议意见："他人至少对其所在环境中的一部分空间享有控制权，他人总是对自己的住宅享有控制权。这就意味着，他人能够拒绝其他人进入其住宅。因为他人的这种控制权受到了美国联邦宪法的保护。这是一种相当广泛的自由——他人有权保护自己的住宅免遭其他人的侵犯。任何理性而文明的社会必然要为他人提供一个安宁的隐私空间——这个空间远离公共视野，免受公共监督，也不会遭受其他人和政府的侵犯——这就是他人所拥有的城堡。"① 然而，联邦最高法院在对实际侵入理论进行严格解释的同时，也否定了上述灵活解释理论。在 On Lee 一案中，联邦最高法院指出，从逻辑上而言，隐藏的窃听器已经构成了"未经他人同意的侵犯行为"，这就属于实际的侵犯行为。实际上，联邦最高法院在此并没有严格依照财产权原则来对该问题进行分析。

虽然联邦最高法院一直根据 Olmstead – Goldma 两案中的严格侵入理论来审理案件，然而，在 1961 年，联邦最高法院却根据《美国联邦宪法第四修正案》将警方窃听到的对话排除在了庭审证据之外。在 Silverman v. United States 一案②中，美国联邦警察在没有获得搜查证的情况下，将一种"钉入式窃听器"安装到了被告住宅的外墙上，与住宅的加热管相连，从而窃听被告在整个房间内的对话。联邦最高法院认为，窃听器与加热管相连的事实表明，这不仅仅是一种技术性的侵犯，更是"美国联邦最高宪法所禁止的实际侵犯行为"。在此，联邦最高法院似乎在坚守自己对财产权原则和实际侵入理论的严格解释。Stewart 大法官在其所撰写的多数意见中写道："本院没有机会来对 Goldman 一案进行重新的审视，本院对该案的判决没有作出丝毫的超越。"在 Douglas 大法官的协同意见中，他建议，联邦最高法院应

---

① United States v. On Lee, 193 F. 2d 306 (2d Cir. 1951) (Frank, J., dissenting).
② 365 U. S. 505 (1961).

该更新其对宪法性隐私权的灵活解释，并且摒弃那种严格的实际侵入理论和财产权原则。"电子监控设备被嵌入住宅的程度——即使这种设备离住宅的内部空间很远——这种程度都不是衡量侵害行为的最佳标准。正如多数意见所言，我们所关心的不应是地方法律对'侵犯'的琐碎规定。他人是否应该获得《美国联邦宪法第四修正案》的保护，不应以监控设备的种类来确定。我们唯一关心的是他人住宅内的隐私是否真正遭到了侵犯。"

实际上，因为联邦最高法院在该案中明确表示，他人住宅内的对话应该获得《美国联邦宪法第四修正案》中搜查证条款的保护，所以 Silverman 一案的判决实际上是处于两类意见的中间：一类是 Douglas 大法官所支持的对《美国联邦宪法第四修正案》的灵活解释，另一类是 Olmstead - Goldma 两案所坚持的财产权原则。

两年之后，在 Lopez v. United States 一案的判决书中①，联邦最高法院却继续援引了财产权原则。跟 On Lee 不同，本案中的 Lopez 在明确知道对方是美国国家税务局公务员的情况下，作出了一些涉及刑事犯罪的言论。本案并不存在秘密线人，但是，这名公务员却随身携带了一个微型录音机从而记录了 Lopez 的话语——Lopez 试图贿赂这位公务员。联邦最高法院认为，这名公务员的证言应被法院采信，因为他是在 Lopez 的同意之下进入其办公室，更为重要的一点是，微型录音机所记录的言辞也应被法院视为是独立的证据，因为携带录音机的公务员合法地进入 Lopez 的办公室，并且合法地与他展开对话。既然这名公务员并没有以一种侵犯性的手段进入、搜查 Lopez 的办公室，那么 Lopez 就不应获得《美国联邦宪法第四修正案》的保护。Lopez 没有资格提出有关隐私权的诉求，既然他自愿与这名公务员对话，那么他必定要承担一定的风险。此类"风险"包括他的话语"将会被精确无误地呈现在法庭之上——可能是由这名公务员超人的记忆来实现，也可能是通过其他的窃听设备来实现"。Brennan 大法官提出了异议意见，他反对多数意见所采用的财产权原则，但他认为，也可将财产权原则限制性地适用于一部分的隐私权诉求中。《美国联邦宪法第四修正案》应该被灵活地解释，它所保护的隐私权也

---

① 373 U.S. 427（1963）

包括——他人有权限制别人获取自己的任何话语。Brennan 大法官认为，他人有权与其他人自由地交流，电子监控设备无疑会威胁到这种自由，政府能够利用这些设备来获取他人的一切信息，因此，电子监控设备将摧毁他人"所有的隐私"。Brennan 大法官指出"Boyd 一案的判决从未遭到怀疑，"《美国联邦宪法第四修正案》应该适用于所有由电子监控而获得的证据，而不是其他政府行为所获得的证据。因此，以偷听获取的证据以及通过使用秘密线人而获得的证词就不会造成对他人隐私的无理侵犯，因为一旦他人自愿将自己的信息透露给其他人，他就必须承担潜在的风险。在此，评价他人的隐私权诉求是否应该得到法院认可的标准，就是他人与其他人交流时的"自愿性"。总之，Brennan 大法官认为，《美国联邦宪法第四修正案》只能适用于政府利用电子监控设备的情况，而不能适用于政府通过偷听或秘密线人获取证据的情况。

（三）有形财产与秘密线人

与 Boyd – Gouled – Weeks 三案对个人隐私的广泛保护相反，20世纪 60 年代中期的联邦最高法院严格遵守 Olmstead 一案中的财产权原则，从而仅仅只对极少的隐私权诉求提供宪法性的保护。此外，不论政府部门是通过偷听、秘密线人还是通过电子监控设备获取他人的隐私，联邦最高法院都拒绝根据《美国联邦宪法第四修正案》来保护他人与其他人的私密对话以及他人的隐私事务。然而，在 1966 年，联邦最高法院在对三个有关秘密线人的案件进行审判时，均推翻了此前其所肯定的有形财产原则——有形财产原则一度严格限制着他人的隐私权诉求。① 究竟如何判断一项行为是否侵犯了他人的隐私呢？对于该问题，联邦最高法院仍然采用一种极其狭隘的观点，尽管如此，比起 Olmstead 一案的判决而言，此时的联邦最高法院为他人隐私权提供了更多的保护，因为 Olmstead 一案的判决采用了僵硬的财产权

---

① Silverman v. United States, 365 U. S. 505 (1961), held intangibles to fall within the scope of the fourth amendment, and Wong Sun v. United States, 371 U. S. 471, 485 (1963), reiterated its rejection of the tangibles requirement; the Court however continued to base its decision dealing with electronic surveillance upon the requirement of physical trespass, i. e., Clinton v. Virginia, 377 U. S. 158 (1964), until Katz v. United States, 389 U. S. 347 (1967).

分析方式。

在 Hoffa v. United States 一案①的判决中，联邦最高法院指出，"《美国联邦宪法第四修正案》为他人提供的保护不应仅仅局限于有形财产之上，还应扩大至对他人口头语言的保护。"在本案中，一位卡车司机工会官员实际上在秘密地为美国联邦调查局工作，当 James Hoffa 因涉嫌挪用工会资金而在田纳西州纳什维尔被诉至法庭时，这名官员也是 James Hoffa 的随行人员。这名官员随后作出了相关证词，这份证词表明，他在 Hoffa 的酒店套房中听到了 Hoffa 意图贿赂陪审团的话语。正如 Silverman 一案的判决一般，Stewart 大法官就指出，联邦最高法院不应再遵从 Olmstead – Goldman – Lopez 三案中严格的财产权原则。

Stewart 大法官意识到，酒店中的房间也是"《美国联邦宪法第四修正案》"的保护对象，"他人的安全依赖于他人是否将自己处于美国联邦宪法的保护范围之内。"那名卡车司机工会官员受邀进入 Hoffa 的酒店套房，并且获知了直接呈现在他面前的信息，或是故意呈现在他面前的信息。因此，Hoffa 不能再"依赖酒店房间的安全性"，他不再享有合理的隐私期待。

与此相似的是，在 Lewis v. United States 一案②中，被告 Lewis 辩称，除非他表示同意，否则根据 Gouled 一案的判决，他有权保护自己的家庭住宅免遭政府人员的侵入，联邦最高法院驳回了被告的这一辩论意见。在该案中，一名缉毒警察作为卧底进入了 Lewis 的住宅，并且谎称他想要购买大麻。首席大法官 Warren 认为该案同 Gouled 一案截然不同，Gouled 一案涉及的是一般性的彻底搜查，而该案涉及政府部门对秘密线人的使用。Lewis 的隐私权诉求不能得到美国联邦宪法的保护，因为在案件发生时，他主要关心的问题是，对方是否属于一名真心实意的大麻购买者，对方能否付得起相应的价款。另一方面，那位缉毒警察在进入 Lewis 的住宅之后，他也没有"看见、听到或是考虑任何与大麻交易无关的事务"。

---

① 385 U.S. 293（1966）.
② 385 U.S. 206（1966）.

在 Osborn v. United States 一案①中，Osborn 是 Hoffa 在纳什维尔受审时的一名律师，Hoffa 还雇佣了纳什维尔的一名警察作为侦查员。本案的主要问题是一盘录音带是否应被联邦最高法院采信，这盘录音带记录了 Osborn 与这名侦查员之间的对话。这名侦查员随后向司法部门报告称 Hoffa 试图贿赂陪审团，他的证据就在于其随身携带的录音机，录音机记录下了一些非法言论。正如 Hoffa 一案的判决一般，联邦最高法院表明，当他人对这名卧底警察作出一些非法言论时，他人显然是认敌为友，法庭应该将录音机所记录的言论视为合法的证据，因为这并没有违反《美国联邦宪法第四修正案》的规定。此外，该案的案情中并不涉及窃听行为，如同 Lopez 一案，该案也只涉及一方当事人通过使用电子设备从而精确地记录了另一方当事人的言论。Stewart 大法官在其所撰写的多数意见中指出，本案的判决结论并不以 Lopez 一案所奠定的"广泛基础"为依据，该案中，卧底警察的行为获得了先前的司法授权。联邦最高法院强调，应更新对隐私权的灵活解释，但是依然坚持对该项修正案的严格适用。换言之，虽然联邦最高法院在 Osborn 一案的判决书中指出，《美国联邦宪法第四修正案》也保护"无形财产"，比如私人之间的对话，但是法院认为，从宪法的意义上而言，以下两类证据没有显著的区别——一类是由录音机记录的对话，一类是由秘密线人作出的证词。实际上，录音机被视为是秘密线人的记忆助手与作证助手。

（四）Katz 一案的发展

如上文所述，联邦最高法院在一系列有关秘密线人的案件中都重申了 Silverman 一案的判决原则——该案的判决推翻了 Olmstead 一案的结论，联邦最高法院曾在审理 Olmstead 一案时指出，《美国联邦宪法第四修正案》只能适用于政府人员对有形财产的搜查。然而，在1967 年，联邦最高法院有效地推翻了 Olmstead 一案所奠定的实际侵入理论。在这一年，联邦最高法院判决了 Katz v. United States 一案②，

---

① 385 U. S. 323 (1966).
② 389 U. S. 347 (1967).

此外，法院在审理 Warden v. Hayden 一案①时摒弃了纯粹证据原则。与此同时，联邦最高法院摒弃了《美国联邦宪法第四修正案》所蕴含的财产权原则，也不再对他人的隐私权诉求进行严格的限制。Katz 一案作为一个里程碑式的案件极其重要，它重新诠释了《美国联邦宪法第四修正案》对他人隐私权的保护。

在 Katz 一案中，美国联邦警察在没有许可令的情况下，就将一种电子监控器，类似于电话窃听器，安装在一间公共电话亭的玻璃外。此后，本案的被告在这间电话亭里拨打电话，并且说了一些与赌博有关的涉嫌犯罪的言论。本案的焦点在于，公共电话亭是否属于《美国联邦宪法第四修正案》所保护的领域，Katz 对于该领域是否享有合理的隐私期待，只有当窃听器真正穿透公共电话亭的玻璃时，才构成对被告隐私的侵犯吗？Stewart 大法官在其撰写的多数意见中表明，如若根据 Boyd 一案所蕴含的"宪法性保护领域"原则（The doctrine of "constitutionally protected areas"）来对该案的隐私权进行分析，这无疑具有一定的欺骗性和误导性。"宪法性保护领域"原则的确非常诱人，因为它表明，《美国联邦宪法第四修正案》主要保护的即是他人的隐私。但是，该项修正案不应"被直接转化为一项具有普遍意义的宪法性隐私权"。更为具体地说，Stewart 大法官其实是为了表明，"宪法性保护领域"原则具有欺骗性，因为根据这项原则，他人的隐私权诉求是否能够得到法院支持，完全是根据他人在案发时所处的具体地点，而这一地点往往具有偶然性——"《美国联邦宪法第四修正案》保护的是人，而不是地点和空间。如果他人故意将自己暴露在公共的视野之中，不论他人此时是处于住宅内，还是办公室中，他人都不再受到《美国联邦宪法第四修正案》的保护……但是，如果他人意在维护自己的隐私，那么即使他人处在公共空间中，他人的隐私依然能够受到宪法性的保护"。在本案之中，Katz 就处在一间公共电话亭中，但这并不意味着他就必然放弃了自己的隐私期待，也不意味着他无权提起有关隐私权的诉讼。

Olmstead‐Goldman 两案对"宪法性保护领域"这一原则进行了严格的解释和适用，从而将《美国联邦宪法第四修正案》的规制对

---

① 387 U.S. 294 (1967).

象仅仅限制在政府人员实施的实际性的搜查行为方面,也就是从物理意义上而言,政府人员的确侵入了一些原本封闭的区域。Katz v. United States 一案表明,政府部门的实际侵犯行为不再是他人提起隐私权诉求的前提。他人的隐私权诉求不再和实际侵犯行为相联系。正如 Stewart 大法官所言,"当 Katz 在使用公用电话亭时,政府部门对他的语言进行电子监控,这就构成了《美国联邦宪法第四修正案》所规定的'搜查与扣押'行为,并且是对 Katz 隐私权的侵犯。在此,政府部门所使用的电子监控设备是否穿透了公共电话亭的玻璃,这根本无关紧要。"本案的焦点不在于以下这些问题——"政府部门是否实施了实际的侵犯行为,Katz 在案发时是否处于美国联邦宪法所保护的领域之中,他当时是否希望维持自己通话信息的私密性"。① 公共电话亭这一领域就属于一个不应受到外界侵犯的安全空间,这并不是因为它本身就是受到美国联邦宪法保护的空间,而是因为当 Katz 进入公共电话亭时,他有权使自己的通话信息成为自己的隐私。

与传统意义上的"宪法性保护领域"不同,Stewart 大法官所强调的是《美国联邦宪法第四修正案》旨在保护人,而非地点或空间,因此,他所关注的问题是,Katz 进入公共电话亭时,他是否意识到自己的通话信息就属于自己隐私的一部分。但是,"《美国联邦宪法第四修正案》旨在保护人,而非地点或空间"这种观点仍然存在一定的模糊性。此外,Boyd 一案的判决从未表明,《美国联邦宪法第四修正案》保护的是人,而非地点。该案意味着,《美国联邦宪法第四修正案》只保护他人的隐私、安全免遭政府部门的侵犯,此外,若他人对某些财产拥有普通法所规定的所有权,那么这些财产也会受到该项修正案的保护。

Boyd 一案与 Katz 一案所提出的问题是,究竟在何种情况下,他人的人身与隐私才有权得到《美国联邦宪法第四修正案》的保护?Boyd 一案的判决建立了一种相对客观的评判标准。也就是,要看他人所处的地点,他人对该地点是否享有一定的财产所有权,从而来判断他人的隐私诉求是否能够得到法院的支持。相比之下,Stewart 大

---

① See Note, From Private Places to Personal Privacy: A Post Katz Study of Fourth Amendment Protection, 43 N. Y. U. L. REV. 968, 976 – 977 (1968).

法官在 Katz 一案的判决中提出了一种主观的标准——"如果他人意在维护自己的隐私,那么即使他人处在公共空间中,他人的隐私依然能够受到宪法性的保护。"

一种完全主观的评判标准会给基层法院带来混乱,此外,也会从一定程度上限制了《美国联邦宪法第四修正案》的适用。正是联邦最高法院造成了这种混乱的局面,因为它将《美国联邦宪法第四修正案》的适用问题转化成了对他人隐私期待的具体评判。他人的隐私期待是否能够得到宪法性的保护,这不再取决于他人处在何种位置,以及他人是否对相关的财产拥有所有权,因为即使他人处在公共场所,他人也可能拥有合理的隐私期待,即使他人处在秘密的居所中,他人也可能意在公开自己的信息。联邦最高法院认为,他人的隐私期待与他人所处的地点没有太大的关联。既然如此,只要他人享有合理的隐私期待,那么就可以有效地阻止政府部门的搜查行为。也就是说,"如果他人享有完整的隐私期待,那么根据《美国联邦宪法第四修正案》的规定,政府部门的搜查行为就是非法的,如果他人完全预期到自己的信息会被公开,那么政府的搜查行为就不应受到《美国联邦宪法第四修正案》的限制。"① 根据一种完全主观的评判标准,一项合理的隐私期待不仅为他人的隐私权诉求奠定了宪法性基础,而且它也能诠释《美国联邦宪法第四修正案》的保护范围。如果我们将以下两类行为等同视之:一类是侵犯了他人隐私期待的搜查、扣押行为,一类是《美国联邦宪法第四修正案》中所规定的无理的搜查与扣押行为,那么,《美国联邦宪法第四修正案》的保护范围就会被缩小,正如一位学者所说,"有观点对主观的隐私期待标准表示反对,因为它剥夺了人们原本能从《美国联邦宪法第四修正案》中所获得的保护。比如,当他人在熟睡时,或处在昏迷之时,他人根本就不能作出任何的主观性期待,如果他人的无意识状态持续一生,那么根据合理的隐私期待标准,他人就不能得到《美国联邦宪法第四修正案》的保护。"

然而,这种完全主观化的分析——将他人隐私期待的合理性与

---

① See also Note, Types of Property Seizable Under the Fourth Amendment, 23 U. C. L. A. L. REV. 963, 970 – 973 (1976).

《美国联邦宪法第四修正案》所规定的无理的搜查、扣押行为直接联系起来，似乎是对 Katz 一案的过分误读。Stewart 大法官在否定财产权原则时就曾指出："《美国联邦宪法第四修正案》为他人所提供的保护往往与隐私权无关。"更为重要的是，联邦最高法院认为，警方使用电子监控器的行为之所以是无理的行为，这是因为警方事先没有获得司法授权。反之，如果警方事先获得了有效的司法授权，那么警方的行为就可能被认定为合法。司法授权会相应地降低他人隐私期待的合理性；他人的隐私权诉求也必然会屈从于一项有效的司法授权。因为他人的隐私期待不会改变司法机关对警方的授权。警方的搜查行为是否合理，他人是否能够获得《美国联邦宪法第四修正案》的保护，这些问题都不单单与他人主观的隐私期待有关。在这一方面，Anthony Amsterdam 教授曾经写道："从一定程度上而言，Katz 先生在公用付费电话亭中的通话之所以应该受到保护并不是因为他自己的隐私期待，而是因为一项权利的存在。该案的判决依据在于，《美国联邦宪法第四修正案》旨在保护一些特殊类型的利益。"① 联邦最高法院对隐私期待的探讨并不仅仅局限于他人内心的主观期待，也会涉及《美国联邦宪法第四修正案》对他人诉权的保护——他人有权提出有关隐私权的诉求。不过，当警方获得了一项有效的搜查证时，他人的隐私期待与隐私权诉求就难以得到法院的支持。

那么，Katz 一案的判决究竟意味着哪些隐私会受到宪法性的保护呢？Amsterdam 教授曾指出，《美国联邦宪法第四修正案》所保护隐私期待实际上就是它所认可的隐私权诉求。那么，究竟在何时、何种情况下，他人的隐私权诉求才会受到《美国联邦宪法第四修正案》的认可呢？

Harlan 大法官 在 Katz 一案的协同意见中对以下两个概念进行了区分：其一，他人真实的隐私期待，其二，社会公众所认可的合理的隐私期待。"《美国联邦宪法第四修正案》保护的是人，而非地点或空间，这句话应该如何理解？我认为，这其中有两层含义：其一，他人的确享有一项主观的隐私期待，其二，社会公众普遍认为这项隐私期待是合理的。例如，在大多数人看来，他人对自己的住宅总是享有

---

① See Amsterdam, Perspectives On The Fourth Amendment, 58 MINN. L. REV. 349（1974）.

合理的隐私期待。当他人将自己的行为、活动或言语暴露在局外人的一般视野中时，他人就不再享有合理的隐私期待，因为他人旨在让自己的信息暴露于公众的视野之中。"Harlan 大法官的第一层分析仍然与他人的主观心理有关。因此他的意见也常常遭到学界的批评，有学者认为，Harlan 大法官的意见实际上稀释、淡化了《美国联邦宪法第四修正案》对隐私权的保护效力。Amsterdam 教授曾指出："Katz 一案的判决以及《美国联邦宪法第四修正案》所蕴含的保护原则明显不是指一种实际的、主观的隐私期待。这种隐私期待其实不会影响到他人所获得的宪法性保护。如果情况恰恰相反，那么政府部门完全有能力消除每个人主观的隐私期待，即政府部门可以每隔半小时就在电视上宣布，'1984 年'已经提前到来，那么我们所有人都会处在政府的全面电子监控之中。"

与 Amsterdam 教授有所不同的是，Harlan 大法官可能已经意识到，权利的行使并不仅仅依靠司法部门对权利的认可，还要依赖于他人内心的真实期待以及对权利的确信。这种期待与确信是促使他人要求获得法律认可与法律保护的动力。在 Harlan 大法官所表达的第一层观点中，最具价值的观点就是，具体的隐私权要依赖他人真实的隐私期待，也就是他人会提起这类诉求，声称自己的确享有一定的财产利益或人身利益。Harlan 大法官将这种主观的标准与第二层观点联系起来，从而完善了该案的多数意见。Harlan 大法官的第二层观点是，只有社会公众普遍认为他人的隐私期待是合理的，那么他人的隐私期待才能得到宪法性的认可，这一观点为法院提供了必要的评判依据。但是，这一观点也存在歧义，究竟哪些隐私期待才能得到社会公众的普遍认可，这是一种经验性的社会判断呢，还是一种概念化的表述？不论是 Harlan 大法官，还是其他的法学学者，都没有对上述问题作出充分的回答。要评判一项隐私期待是否合理，这就必然会涉及"社会目前的体系结构、人际交往的形式、社会规范以及公众的价值观。"[1] 如果社会公众认为一项隐私期待是合理的，那么这就与刑法上的这一观点相类似："如果具有一般智识、技能和审慎心理的人在

---

[1] Simmel, Privacy is Not an Isolated Freedom, in PRIVACY. NoMOS XIII 71 (J. Penncok & J. Chapman eds.

同样的情况下也会作出同样的行为，那么这项行为就是合理的。"①事实上，Harlan 大法官曾经强调过，如果他人将自己的行为暴露在公众的视野之中，并且没有阻止其他人看到自己的行为，那么他人的隐私权诉求就不会受到法院的支持。

Harlan 大法官所提出的两层观点表明，他人的隐私诉求是否合理，这必然与警方在何时、何地进行搜查行为有关，也与社会公众的一般判断有关。他的协同意见与多数意见都指出，隐私权所受到的保护不是抽象的（并不是所有的隐私期待都会得到保护），只有社会所承认的、合理的隐私期待才会受到美国联邦宪法的保护。当然，这里的问题仍然是，哪些隐私期待属于合理的隐私期待。面对该问题，Harlan 大法官称："我同意本院所作出的多数意见，一间封闭的电话亭就像 Weeks v. United State 一案中的家庭住宅……而不是 Hester v. United States 一案所涉及的地点。他人对此享有的隐私期待受到美国联邦宪法的保护。不论是对他人隐私事务的电子监控，还是实际的侵犯，这两种行为都违反了《美国联邦宪法第四修正案》的规定。美国联邦警察在没有获得搜查证的情况下，侵犯了他人的隐私领域，这当然是无理的行为。正如本院的多数意见所指出的一般，'《美国联邦宪法第四修正案》所保护的是人，而不是地点或空间。'然而，这里的问题在于，对于他人而言，怎样的保护才是充分而足够的？一般而言，该问题的答案往往又会和具体的地点或空间联系到一起。"Harlan 大法官的观点似乎含蓄地承认了这一点——他人的隐私利益是否应该获得保护，在大多数情况下要取决于他人的私人事务处在何种环境中，以及他人有没有试图阻止这些事务被其他人获知。通过援引 Boyd 一案所奠定的"宪法性保护领域"理论，Harlan 大法官指出，如果我们要评判他人隐私期待的合理性，就必然会涉及他人所处的地点和环境。相关的地点和环境是他人享有隐私合理期待的前提，也是公众评判他人隐私期待合理性的前提条件。

Harlan 大法官在 Katz 一案中所阐述的协同意见与 Boyd 一案的判

---

① Howard, The Reasonableness of Mistake in the Criminal Law, 4 U. Queensl. L. J. 45 (1961). Similarly, in tort law, "reasonableness" applies to behavior which is in accord with community standards of acceptable behavior. W. Prosser, Law Oftorts 149 – 151 (4th ed. 1971).

决意见有相似之处。Boyd 一案的判决意见对隐私权作出了灵活解释，并且也奠定了"宪法性保护领域"原则的基础。Katz 一案的判决书指出："《美国联邦宪法第四修正案》保护的是人，而非地点或空间。"这无疑说明，任何地点或空间都必然属于他人的隐私领域。然而，他人隐私期待的合理性往往会涉及他人所处的地点和环境。因此，"问题的关键不是某个地点或空间的性质……而是这个地点与他人之间有何关系"。① 诸多学者都曾指出："联邦最高法院必须要面对的问题是，案件中涉及的地点或空间是否能受到美国联邦宪法的保护。有观点认为，Katz 一案削弱了他人获得宪法性保护的可能性——因为 Katz 一案的判决实际上对州政府高超的技术侵入行为作出了卑躬屈膝的臣服。"

Katz 一案的判决书指出："不论他人身在何处，他都有权作出以下期待，即他的人身、财产都能够免遭政府部门的无理搜查与扣押。"Katz 一案的判决摒弃了 Olmstead 一案的原则，从而提出了这项全新的标准——合理的隐私期待。此外，该案的判决意见依然认为，政府部门无理的搜查与扣押行为无疑侵犯了美国联邦宪法所保护的领域。Katz 一案的判决改变了法院判断隐私领域、私人事务的标准。②

在判断他人是否应该获得《美国联邦宪法第四修正案》保护的问题上，Katz 一案摒弃了 Boyd 一案的财产权原则。实际上，Boyd - Gouled - Weeks 三案扩大了美国联邦宪法对隐私权的保护。这三个案件的判决重点不仅在于政府执行搜查行为与扣押行为的具体地点，而且也在于政府行为的具体内容。然而，联邦最高法院在审理 Katz 一案时所关注的重点在于他人的隐私期待，以及政府是否获得了司法授权，是否获得了搜查证或扣押证。Katz 一案的判决否定了联邦最高法院此前对财产权原则的严格解释与严格适用，此外，该案的判决指出，《美国联邦宪法第四修正案》也保护一些无形物，比如说他人表达的言论和话语。与此同时，Katz 一案表明，警方无权对他人的隐私

---

① Kitch, Katz v. United States: The Limits of the Fourth Amendment, 1968 SuP. CT. REV. 133, 136 (1968).
② Comment, The Concept of Privacy and the Fourth Amendment, 6 U. MICH. J. L. REF. 154, 176 (1972).

事务、隐私物品进行搜查和扣押。因此，Katz 一案只是建立了一种相对的保护标准，并非授予了他人一项绝对的特权。该案的判决书表明，在没有合法授权的情况下，政府部门无权执行搜查与扣押行为。此外，政府部门也不能采用任何不当的方式来执法。

作为一件里程碑式的案件，Katz 一案的判决其实在以下两件案件中保持了中立：其一，Boyd 一案，该案的判决对《美国联邦宪法第四修正案》作出了灵活的解释与适用；其二，Olmstead 一案，该案的判决对财产权原则作出了严格的限制与适用。如此这般，Katz 一案的判决就为联邦最高法院奠定了正当的法理依据，使法院能对《美国联邦宪法第四修正案》所保护的隐私权作出灵活的解释和建构，并且将《美国联邦宪法第四修正案》严格地适用于对具体隐私权的保护之中。

六、灵活的宪法与狭隘的保护模式

《美国联邦宪法第四修正案》究竟为他人的隐私权提供了哪些保护？针对这一问题，尽管联邦最高法院在一系列的案件中作出了不同的解释，但一项基本的原则始终不变——根据《美国联邦宪法第四修正案》的规定，他人只能对政府部门无理的侵犯行为提起隐私诉求。政府行为的合理性取决于该项行为所涉及的地域、环境，以及他人的隐私利益与政府执法行为所保护的利益之间究竟有何关系。尽管政府的执法行为多种多样，但当联邦最高法院在解释《美国联邦宪法第四修正案》时，它总是秉承着这样的理念："保护他人家庭住宅的神圣性以及他人隐私事务的神圣性。"这种理念也在强调，《美国联邦宪法第四修正案》实践了普通法上的法律格言："每个人的住宅都是他的城堡。"

《美国联邦宪法第四修正案》禁止司法部门颁布一般搜查证，这是为了限制政府部门的执法行为，尤其是极其快速的搜查行为。该项修正案对他人隐私权提供的主要保护就在于，政府部门在进行搜查之前，必须要获得搜查证，即依靠一位"中立的地方法官"在搜查证中写明搜查行为的合理依据。[①] 当政府部门有证据证明他人可

---

① See Aguilar v. Texas, 378 U. S. 108, 110 – 111 (1964); Johnson v. United States, 333 U. S. 10, 13 – 14 (1948).

能涉嫌刑事犯罪时，司法部门才能向其颁布一项针对他人的搜查证。① Douglas 大法官在 McDonald v. United States 一案②的判决中就指出了他人隐私权与搜查证之间的关系："本院无意于建立任何的形式或仪式。根据《美国联邦宪法第四修正案》的规定，除非是一些非常紧急而严重的事件，否则警方在对他人进行搜查之前，都必须由一位地方法官进行决定。这并不是在包庇犯罪嫌疑人，也不是说，他人可以在自己的家中窝藏犯罪证据，或是将自己的住宅当作刑事罪行的庇护所。警方负责侦查犯罪、逮捕犯罪嫌疑人，而他人的隐私权如此珍贵，警方无权对此进行自由裁量。权力会让人晕头转向，历史表明，警方难以对自我行为进行监管。因此，根据美国联邦宪法的规定，警方在对他人的私人住宅进行搜查之前，必须要经过一位地方法官的评判。"

如果司法部门所颁布的搜查证写明了搜查的合理依据，那么它便能够界定，在何种情况下，个人的隐私诉求必须要屈从于政府部门所保护的利益。在 20 世纪初期，联邦最高法院认可了《美国联邦宪法第四修正案》所存在的两项例外。随后的司法政策表明，警方在这些例外情形中，可以不遵守《美国联邦宪法第四修正案》中对司法授权的要求。一类是警方在进行搜查时可能会发生的逮捕行为，另一类就是所谓的"越境追捕"（hot-pursuit）以及"拦截盘查"（stop-and-frisk）。越来越多的情形反映出这样的事实，当联邦最高法院将 Katz 一案的判决原则用于对他人的隐私权保护时，法院其实也在对《美国联邦宪法第四修正案》的价值与控制犯罪的社会目标作出新的评估和权衡。

1968 年，联邦最高法院在 Katz 一案的判决书中写道："不论他人身处何地，只要他人享有合理的隐私期待……那么，他就有权免遭政府部门的无理侵害。"对于他人的隐私而言，Katz 一案确立了一种两分法——他人要么拥有完全的隐私，要么就是将自己的隐私完全公开。与该案结论有所不同的是，Terry v. Ohio 一案③的判决书指出，

---

① See Fisher v. United States, 425 U. S. 391, 400 (1976).
② 335 U. S. 451 (1948).
③ 392 U. S. 1 (1968). See also United States v. Dionisio, 410 U. S. 1, 8 (1973).

要判断他人究竟享有多少合理的隐私期待，必须要判断他人所处的环境情形。判断隐私期待的合理性，就如同判断搜查行为的合理性一般，必须要依靠具体的环境和情形。

就目前而言，因为联邦最高法院主要关注的是警方搜查行为的具体方式，所以，要判断警方行为的合理性，就必须要对两类利益进行权衡：一类是警方在进行搜查、扣押等执法行为时所维护的社会利益，一类是他人的隐私权利。为了平衡这两类利益，Terry一案的判决书指出，必须对警方最初的侵犯行为与最终所侵犯的具体范围作出区分。只有当警方所保护的社会利益比个人的隐私权更为重要时，只有当警方实际搜查的范围严格等同于司法授权的范围时，警方的行为才是合理的。然而，该案的判决书中仍然存在矛盾之处，比如，联邦最高法院还在该案中指出，"警方实际搜查的范围，只能是与搜查证（司法授权）上所写明的范围以及其他合理的相关范围。"尽管如此，该案的判决书仍然表示，虽然他人不能对所有的政府侵犯行为提起隐私权诉讼，但只要政府部门超越了司法授权的范围，他人就能够以自己享有合理的隐私期待为由提起相关诉讼。因此，从这一方面而言，本案只是对Katz一案的点缀和修饰。

当联邦最高法院在Katz一案中对他人的隐私合理期待进行分析时，它实际上也运用了一些传统的隐私权分析法。比如，美国联邦法院也曾指出，他人对自己的住宅、公寓、宿舍、办公室都享有合理的隐私期待，此外，他人对自己通过邮局寄出去的邮件，在租来的储物柜中储存的物品，或是对自己的垃圾都享有合理的隐私期待。然而，联邦最高法院也认为，他人在监狱、院子或其他开放的地域中，都不享有合理的隐私期待。他人对于自己丢弃的垃圾、委托其他人保管的货物、破产公司的金融记录、长途电话的通讯记录、车牌号、社保号不享有合理的隐私期待。

近年来，联邦最高法院虽然一直延续了Katz一案对《美国联邦宪法第四修正案》的灵活解释，但也在渐渐缩小其对他人隐私权的保护范围。虽然联邦最高法院曾经指出："《美国联邦宪法第四修正案》意在表明，除非政府部门获得了一项有效的搜查证，否则只要未经他人同意，政府部门对他人私有财产进行搜查的行为都是无理的。"① 然而，Burger 法院实际上已经弱化了上述理念，因为 Burger 法院通过判例的形式增加了多种例外情形——警方无须事前获得搜查证的情形。与此同时，Burger 法院还放宽了对"合理依据"的审查标准。

1976 年，United States v. Santana 一案②的判决书无疑表明了联邦最高法院对《美国联邦宪法第四修正案》的严格适用标准。该案的案情是，Santana 当时站在自己的家门口，她手提着一个装有海洛因的纸袋，后来 Santana 回到自家的住宅，随后她遭到了警察的逮捕。Rehnquist 大法官指出，"根据普通法对财产权的规定，他人的居所，连同周围的院落都属于他人的隐私。然而，Santana 在案发时却是身处'公共'场所，她当时并不享有任何的隐私期待。"③ 因为 Santana 对自己的家门口并不享有合理的隐私期待，所以，警方在没有搜查证的情况下，也可以根据合理依据来逮捕她。当她退回到自家住宅的门厅时，警方就有权以防止 Santana 毁损证据为由而对她进行"紧急追捕"。Marshall 大法官和 Brennan 大法官不同意多数意见的论点，即多数意见并没有着重判断案发时的具体情形，比如当时的情形是否已经非常紧急，以至于需要警方对 Santana 进行紧急逮捕。多数意见只是指出，当 Santana 处在她家的家门口时，她就将自己暴露在了"公共的视野之中"，此时，她不能受到美国联邦宪法的保护，她也不享有合理的隐私期待。

Santana 一案表明，虽然联邦最高法院已经对《美国联邦宪法第四修正案》作出过灵活的解释，但 Boyd 一案的原则依然没有得到法院的肯定。因此，虽然 Katz 在公共电话亭里享有合理的隐私期待，但 Santana 在自己的家门口却不享有合理的隐私期待，即使是对自己所有的汽车，他人也不享有合理的隐私期待。但是，"对汽车的搜查行为，本质上仍然是对他人隐私权的侵犯。"④ Burger 法院在审理最

---

① Mancusi v. DeForte, 392 U. S. 364, at 370, quoting Camara v. Municipal Court, 387 U. S. 523, at 528 – 529.
② 427 U. S. 39 (1976).
③ United States v. Santana, 427 U. S. at 42. Earlier that term, in United States v. Watson, 423 U. S. 411 (1976).
④ United States v. Ortiz, 422 U. S. 891, 896 (1975).

近的一些案件时已经重申了以下观点，他人"对机动车辆只享有极少的隐私期待，因为汽车的功能在于交通运输，汽车很少会成为他人的居所或储物柜"。① Burger 法院在最近的案件中表明，警察有权在没有获得搜查证的情况下对他人的汽车进行搜查，因为汽车本身具有很大的流动性，而且"汽车并不能等同于他人的住宅或办公室"。

现如今，联邦最高法院重申了其对《美国联邦宪法第四修正案》的灵活解释，但是法院对该项修正案的适用仍然持非常严格的态度。颇具讽刺意义的是，虽然 Boyd 一案在财产权原则的基础上扩展了宪法第四修正案对个人隐私权的保护，但联邦最高法院却根据 Katz 一案对《美国联邦宪法第四修正案》作灵活解释，从而限制了该项修正案对他人隐私权的保护——即使是对于自己所有的财产，他人也可能不享有任何的隐私期待。Warren 法院与 Burger 法院往往会将《美国联邦宪法第四修正案》严格适用于有关窃听、告密者、行政搜查以及关涉他人信息性隐私权的案件当中。

（一）窃听与告密者

1967 年，与 Katz 一案同时发生的还有 Berger v. State of New York 一案②。联邦最高法院在 Berger 一案中解决了 Silverman 一案所遗留的问题。Berger 一案的判决书指出，他人与其他人的对话也有权受到《美国联邦宪法第四修正案》的保护。在该案中，联邦最高法院推翻了一项纽约窃听法令。因为该项法令规定司法部门可以对警方的电子监听行为颁布许可证，但是该项法令对以下问题的规定并不明确，即警方可以对哪些犯罪行为、哪些地点进行电子监听。联邦最高法院认为："比起一般的侵犯行为，窃听行为对他人隐私权所造成的伤害更大。"据此，联邦最高法院确立了一系列特殊的规定，根据这些规定，司法部门对警方窃听行为所颁布的许可证必须符合下列条件：①必须要写明窃听行为的合理依据；②必须要写明警方有权扣押的物品；③确定执行搜查行为的主体；④明确搜查的时间；⑤必须写明警

---

① South Dakota v. Opperman, 428 U.S. 364, 368 (1976), quoting Cardwell v. Lewis, 417 U.S. 583, 590 (1974).
② 388 U.S. 41 (1967).

方扣押的物品须由地方法院保管。虽然联邦最高法院在近来的一些判例中也表明，警方的窃听行为会对他人的隐私权造成更大的侵害，但是法院却未能为他人的权利提供更有效的保护模式。

Burger 法院在审理有关保密者与秘密线人的案件时，也采用了与警方窃听案件类似的判决方式——Burger 法院将《美国联邦宪法第四修正案》严格适用于这两类案件中。United States v. White 一案的判决书强调，必须严格限制《美国联邦宪法第四修正案》对他人权利的保护，这是受到了 Olmstead 一案财产权原则的影响。实际上，联邦最高法院还在坚守 On Lee-Lopez-Hoffa-Lewis-Osborn 这几个案件所确立的"风险负担"原则，这就是，当他人自愿与其他人对话交流时，他人必定要承担一定的风险——其他人可能会将他们对话的内容报告给政府部门。

在 United States v. White 一案中，警方在一位线人的身上安装了语音发射器，这名线人以此记录了他与 White 的对话并将其发送给警方。最终这些对话被检方视为是控告 White 的证据。联邦最高法院采信了这些证据，并且以此判决 White 有罪。它为此还推翻了上诉法院的判决。上诉法院认为："White 对自己所说的语言享有合理的隐私期待。"大法官 White 执笔撰写了多数意见，他指出："他人有权享有哪些合理的隐私期待？这个问题不应由与他人交流的同伴来决定。他人通常都不知道自己的同事就是政府部门的线人，他人也不会怀疑自己的同事会在身上携带窃听器。否则人们之间的语言交流就会停止。根据 Katz 一案的判例原则来看，本案的重点问题是他人对哪些事物所享有的隐私期待应该得到美国联邦宪法的保护。就目前而言，如果他人的同事因为某个目的而将自己与他人的对话告诉警方，那么法院有权对这些对话加以采信，法院也能够授权警方在侦查案件时使用秘密线人。Hoffa 一案与 Lewis 一案就是例证。"

White 大法官的意见一方面表明，有关秘密线人的隐私权案件必然会涉及他人对自身信息的控制权，另一方面也表明，White 大法官并不承认以下两类政府行为在美国联邦宪法中具有不同的意义：其一，Hoffa 一案所代表的传统窃听模式，其二，政府部门使用携带电子窃听器的秘密线人。

虽然联邦最高法院接受了 Katz 一案对《美国联邦宪法第四修正

案》的灵活解释，但它仍然承认 On Lee 一案中的"风险负担"原则，没有接受 Katz 一案所建立的"合理的隐私期待"标准。实际上，联邦最高法院回避了 Katz 一案对隐私期待的分析，将《美国联邦宪法第四修正案》仅仅适用于有关秘密窃听者的案件，以及通过窃听器收集证据的案件。

本案的异议意见指出，多数意见实际上是允许他人放弃自己的隐私权的，比如，他人会允许自己的密友将他们之间的对话公之于众。Douglas 大法官重申了 Olmstead 一案中 Brandeis 大法官的判决意见——必须对《美国联邦宪法第四修正案》的原则进行灵活的解释与灵活的适用。"传统意义上的'窃听'，不同于我们如今所称的'电子监控'。如果将这两类行为等同起来，这就相当于将手枪的威力与核弹等同起来。电子监控给人类的隐私带来了前所未有的威胁。它如何会拥有《美国联邦宪法第四修正案》所称的'合理性'呢？毋庸置疑，美国联邦宪法和《权利法案》的意义绝不会仅仅停留在18世纪的科技水平之上。否则，这些文本中的'商业'概念在现代社会中就会变得毫无意义。如果我们允许政府部门以各种美其名曰的法律或规定为依据而随意闯入我们的居所，那么我们伟大的立法者在《美国联邦宪法第四修正案》中所奠定的隐私权还有何意义呢？住宅居所能够保护他人免受来自外界的侵害，守护着他人的健康与力量。"

然而，联邦最高法院认为，当他人自愿将自己的个人信息公开时，这部分信息就不再受到《美国联邦宪法第四修正案》的保护。也就是说，当他人的一位密友或是一位秘密线人将自己与他人的对话告知给政府部门后，他人对此部分对话就不享有合理的隐私期待，他人的隐私权诉求也不会得到法院的认可。

（二）行政搜查

尽管行政搜查会给更多人的权利带来潜在的威胁，并且也会给他人的隐私权造成更大的侵害，但是联邦最高法院在审理有关行政搜查的相关案件时仍然指出，行政搜查行为只需存在较低程度的合理依据即可以获得搜查证。实际上，联邦最高法院在最近一些有关行政搜查的判例中就对他人的隐私权诉求作出了回应。除此之外，法院还必须要面对这些问题：联邦最高法院是否应以《美国联邦宪法第四修正案》的规定来评判行政搜查行为，怎么判断一项行政搜查行为的合理性，如何评判行政搜查所保护的公共利益与他人的隐私权——这二者孰轻孰重。

Frank v. Maryland 一案①的判决书指出，如果政府部门的搜查行为是为了促进卫生条例的执行，即使政府部门没有获得搜查证，只要政府部门是在合理的时间内对合理的地区进行搜查，那么这种行政搜查行为就不会受到《美国联邦宪法第四修正案》的管制。从表面上来看，《美国联邦宪法第四修正案》只适用于刑事搜查行为，而非民事搜查行为。"该案并不存在有关宪法性隐私权的问题。因为政府部门对他人的住宅进行搜查只是为了执行《巴尔地摩卫生条例》。本案中并不存在刑事搜查行为。"本案的多数意见旨在分析《美国联邦宪法第四修正案》与《美国联邦宪法第五修正案》之间的关系，并且援引了 Boyd 一案的判决意见："针对政府行为对他人权利所造成的侵犯，美国联邦宪法规定了两种保护模式。其一，美国联邦宪法对他人隐私权的保护——除非政府部门得到了法律的授权，否则他人有权对政府人员关上大门。其二，自我保护的形式。他人有权抵制任何未经授权的政府人员进入自己的住宅——这是为了保护自己的个人信息免遭政府部门的侵犯。因为面对强大的政府权力，丧失自己的个人信息就意味着自己的生命、自由与财产日后也会遭受到政府部门的蚕食鲸吞。"

总之，多数意见认为，只有刑事搜查行为才会对他人自我保护的权利造成影响，因此，只有刑事搜查行为才必须要获得司法授权。然而，对于行政搜查行为而言，只要它意在保护和促进的社会福祉能够抵消它对他人隐私权所造成的侵害，那么这项行政搜查行为就不需要获得司法授权。Frankfurter 大法官表明，即使我们从最广泛的角度来理解宪法性隐私权，行政搜查行为也不应受到《美国联邦宪法第四修正案》的规制。与此相反的是，Warren、Black、Douglas，以及Brennan 几位大法官都认为："本案的判决会削弱隐私权本身的价值意义，每位美国公民都对自己的住宅享有隐私权，这是伟大的立法者

---

① 359 U. S. 360（1959）.

为我们留下的遗产。"① 这几位法官所提出的异议意见认为,多数意见的谬误在于——它坚持认为《美国联邦宪法第四修正案》的主旨是对刑事搜查行为进行规制,而不是其他的政府行为。正如 Bradley 大法官在 Boyd 一案中所指出的一般,Douglas 大法官在 Frank 一案的异议意见中指出:"《美国联邦宪法第四修正案》的主旨在于保护公民的隐私免遭政府部门的肆意侵犯。这并不意味着他人的住宅能够成为他人逃避法律制裁的庇护所。这只表明,政府部门在获得司法授权的情况下才可以对他人的隐私事务进行搜查。历史表明,政府的公职人员总是倾向于要对他人的生活指手画脚,即使是卫生管理部门的公职人员也不例外,他们很可能搜查出一些对他人不利的刑事证据。只要是政府部门对他人隐私权的侵犯,都会造成对他人的压迫,在不同的案件中,他人的隐私权都同等重要。"Frank 一案的多数意见认为,应该对他人的隐私期待进行限制,应对刑事搜查行为与民事搜查行为作出区分,然而,该案的异议意见却史无前例地指出,只要是政府部门实行的搜查行为,都应该受到《美国联邦宪法第四修正案》的规制。

在 Frank 一案发生之后的第二年,联邦最高法院又审理了 Abel v. United States 一案②与 Eaton v. Price 一案③。这两个案件的异议意见均反对将刑事搜查行为与民事搜查行为区分开来,"《美国联邦宪法第四修正案》意在保护他人的隐私权,而并不是要对政府部门的行为与目的进行区分。" Abel 一案接受了 Frank 一案的判决原理,Abel 一案的判决书其实表明,在政府部门没有获得搜查证的情况下,政府部门所扣押的刑事证据也能够被法院采信。该案的多数意见认为,在非刑事程序之中,行政逮捕令只是将他人驱逐出境的初始阶段。异议意见坚信政府部门必须事先获得搜查证。在 Eaton 一案中,联邦最高法院确认了俄亥俄州一项市政条例的有效性。该项条例规定,房屋检查员无需获得司法授权就可以进入到他人的住宅中。Brennan 大法官认为,如果房屋的主人反对房屋检查员进入自家的住宅,那么这名检

---

① 359 U. S. 374 (1959) (Douglas, J., dissenting).
② 362 U. S. 217, 241 (1960) (Douglas, J., dissenting).
③ 352. 364 U. S. 263 (1960).

查员就应该事先获得一项司法许可令。

七年之后，Brennan 大法官的意见终于在 Camara v. Municipal Court 一案①中得到了联邦最高法院的认可。Camara v. Municipal Court 一案及其同类案件 See v. City of Seattle 一案②的判决书都表明，联邦最高法院对《美国联邦宪法第四修正案》进行了灵活的解释。"联邦最高法院的无数判例表明，《美国联邦宪法第四修正案》的基本目的在于保护他人的隐私与安全免遭政府部门的肆意侵害。《美国联邦宪法第四修正案》所明确保护的权利是任何一个自由社会都会珍视的基本权利。"③ 该案的多数意见认为，一方面，根据《美国联邦宪法第四修正案》的规定，行政官员在没有获得搜查证的情况下无权对他人的住宅进行检查，另一方面，法院认为，没有证据表明"政府官员在遵守搜查证的情况下，就不能实现搜查行为的目的"。联邦最高法院认为，政府官员在搜查他人的住宅之前的确需要获得司法部门签发的搜查证，并且搜查证中必须写明搜查的合理依据。但是，联邦最高法院也认为，对于不同的搜查行为，应该以不同的"合理依据"标准来衡量。

Camara 一案与 See 一案的判决表明，"合理依据"标准应该被分为不同的层级，就如同他人的隐私诉求一般。传统的合理依据标准被用来衡量刑事搜查行为的合理性。他人的隐私权应该获得极高层面的保护，因为他人拥有隐私权也就意味着他人的自由有权免遭政府部门的肆意侵犯。然而，法院需要在行政搜查行为所保护的公共利益与他人的隐私利益之间作出权衡，行政搜查行为只需要遵守较低层次的合理依据标准即可。

在行政部门对他人的商业财产进行搜查之前，行政部门应该在社会公共利益与他人的隐私利益之间作出权衡，从而为行政搜查行为奠定了一定的合理依据。虽然行政搜查行为也会对他人的隐私期待造成潜在的威胁——这种隐私期待所反映的是隐私的本质价值而非隐私的工具价值——但相比刑事搜查行为，司法部门对行政搜查行为设置了

---

① 387 U. S. 523 (1967).
② 359. 387 U. S. 541 (1967).
③ Camara v. Municipal Court, 387 U. S. at 533.

更低的合理依据标准。与此同时，针对政府部门的侵犯行为，他人所提起的隐私诉求是否能得到法院的认可，这也会根据行政行为的不同性质而有所不同（这类行政行为包括健康卫生部门的检查、福利保障部门的登门访问、为了判定缓刑或假释的搜查行为、航空巡逻或是边境检查行为）。

包括 G. M. Leasing Corporation v. United States 一案[1]在内，近来的一些案件判决表明，联邦最高法院在判断他人隐私期待的合理性时，仍然会依据"宪法性保护领域"原则。联邦最高法院再次重申了 Camar 一案的判决："除开那些由联邦最高法院确定的例外情形，政府部门在对他人的私有财产进行搜查之前，都必须获得有效的搜查证，如果政府部门在既没有搜查证，又未经他人同意的情况下对他人的财产进行搜查，那么政府部门的行为就是对他人隐私的无理侵犯。"联邦最高法院在 Camar 一案的判决中拒绝对《美国税收法》第 6331 条作出解释，该条规定如同是对"政府部门的全权委托"——政府部门有权在没有获得搜查证的情况下对他人的隐私事务进行搜查。根据《美国税收法》的规定，为了对他人的财产进行风险评估，政府部门可以在没有扣押证的情况下对他人停放在街头或其他开放性区域的汽车进行扣押，政府的行为不会对他人的隐私权造成侵犯，也不会违反美国联邦宪法的规定。但是，如果政府部门想要评估他人的应缴税额，政府人员就无权在没有获得搜查证的情况下肆意闯入他人的办公室。Blackmun 大法官指出："在没有获得搜查证的情况下，政府部门只能搜查、扣押或是征收那些放置在开放地域中的财物。这样的政府行为不会对他人的隐私权造成侵犯。但是，如果政府部门扣押的对象是公司的财产，或是放置在他人私人领域之中的财产，那么政府的行为就可能会侵犯到他人的隐私权。"

Burger 法院的判决认为，政府在没有获得扣押证的情况下对他人的私有财产进行扣押，这无疑侵犯了他人的隐私权——这是美国联邦宪法所保护的权利。G. M. Leasing 一案表明，联邦最高法院的确对《美国联邦宪法第四修正案》作出了灵活的解释，然而，该项修正案

---

[1] 429 U. S. 338 (1977). See also United States v. Chadwick, 433 U. S. 1 (1977) (privacy interest sufficient to require a warrant when locked trunk is in police possession).

是否能适用于隐私权案件,对于这一问题,联邦最高法院一直持严格而审慎的态度。联邦最高法院的大法官们一致认为,从隐私权与财产权的关系而言,美国联邦税务局的公职人员在没有获得有效搜查证的情况下就进入他人的办公室,并且扣押他人的财物,这无疑违背了美国联邦宪法的规定。

(三) 文件、财产以及信息性隐私权

从19世纪到20世纪初期,联邦最高法院一直被认为存在"财产偏见"(property bias)。当时的联邦最高法院一方面严格限制《美国联邦宪法第四修正案》的适用,另一方面只对他人的隐私权提供极其有限的保护。虽然Burger法院一直遵从Katz一案的判决原则——对《美国联邦宪法第四修正案》进行灵活的解释,并且将目光聚焦于他人的合理隐私期待之上。但Burger法院却一直严格限制《美国联邦宪法第四修正案》为他人的信息性隐私权提供保护。因为,Burger法院认为,只有当他人的财产权与隐私权相结合时,他人的隐私权才能得到该项修正案的保护。近来的California Bankers Association v. Schultz一案①和United States v. Miller一案②就是例证,这两件案件的判决表明,联邦最高法院只对他人的信息性隐私权提供极其狭隘的保护。至少一位法学家曾经指出:"Katz一案的判决并没有完全消除传统的财产权原则,这里的财产权包括所有权、占有权。但是Katz一案的判决的确改变了财产权原则的地位——财产权原则原本是衡量他人是否能获得《美国联邦宪法第四修正案》保护的标准,在Katz一案之后,法院会以财产权原则来评判他人是否享有合理的隐私期待。"

实际上,联邦最高法院对待信息性隐私权的狭隘保护模式源于三项司法政策:其一,相比刑事搜查行为,行政搜查行为只需要拥有较低程度的合理依据即可;其二,当他人自愿将自己的信息告知自己的密友或政府的线人时,他人就应当承担一定的风险——自己的信息会被其他人披露给政府;其三,至关重要的一点是,联邦最高法院坚持

---

① 416 U. S. at 21 (1974).
② 425 U. S. 435 (1976).

认为财产权原则应该得到适用，因为该项原则能够将评判他人隐私期待的问题转化为评判他人是否拥有财产权、占有权的问题。① 他人的私人信息一旦被其他人掌握，该种私人信息就很难再受到实际的保护。一旦政府部门通过行政传唤或法庭传票扣押他人的私人文件，它们的行为就可能会给他人的私人信息造成难以弥补的侵害。

虽然他人对于自己的私人信息享有合理的隐私期待，但是在以下这几种情况中，他人的信息性隐私权可能会作出妥协与退让：其一，政府部门以电子监听的形式获得了他人的私人信息，或是以刑事制裁来威胁他人必须披露自己的某些信息；其二，他人自愿将私人信息告知其他人，其他人被政府强迫披露他人的这些信息；其三，其他人违背他人的意愿，自愿将他人的信息告知政府部门。在第一种情形中，政府部门以不正当的形式收集他人的私人信息，他人的私人信息有权受到《美国联邦宪法第四修正案》的保护。如果政府部门以刑事制裁来威胁他人必须披露自己的某些信息，那么他人有权享有《美国联邦宪法第五修正案》的保护。第二种情形反映在 California Bankers Association 一案②与 United States v. Miller 一案③中。第三种情形其实就是涉及秘密线人的典型案件，比如 Hoffa 一案④。显而易见，后两种情形主要会运用到《美国联邦宪法第四修正案》。虽然以上三种情形各不相同，但是在这三种情形中，他人的隐私权都只能受到极低程度的法律保护。面对第一种情况，也就是当政府部门使用窃听器等电子监控设备时，联邦最高法院已经在一定程度上改变了《美国联邦宪法第四修正案》的规定，并且也缩小了《美国联邦宪法第五修正案》对他人隐私权的保护范围。联邦最高法院认为他人在第二种情形中不享有合理的隐私期待，他人的隐私诉求不会得到法院的认可。因为联邦最高法院指出，当他人自愿将其私人信息告知其他人时，他人就必须要承担一定的风险，即其他人会将这些信息透露给政府部门——这就是风险负担原则。与此相似的是，在第三种情形下，联邦最

---

① Comment, Government Access to Bank Records, 83 YALE L. J. 1439, 1461 (1974).
② 416 U. S. at 21 (1974).
③ 425 U. S. 435 (1976).
④ Hoffa v. United States, 385 U. S. 293 (1966).

高法院也只为他人的隐私权提供非常狭隘的保护,此外,法院还强调必须根据传统的财产权原则来对该类案件进行判决。根据《美国联邦宪法第四修正案》的规定,他人所拥有的隐私权利非常广泛,他人有权保护自己的隐私利益免遭政府部门的无理搜查与无理扣押。该项修正案特别指出,只有存在合理的依据,政府部门才能获得搜查证与扣押证。然而,联邦最高法院的判例表明,政府部门仍然可以通过行政传唤以及法庭传票来获取他人的个人隐私。

在 Boyd 一案中,联邦最高法院指出,"在本院看来,如果他人被迫上缴那些能够证明他人罪责的私人文件或私人财产,那么他人理应受到《美国联邦宪法第四修正案》的保护。因为获取这些私人文件与私人财产就是政府部门执行搜查行为的目的。"① 尽管如此,联邦最高法院在随后的判例中指出,《美国联邦宪法第四修正案》只禁止那些内容广泛而模糊的一般性传票。② 被要求上缴的私人文件通常都得不到《美国联邦宪法第四修正案》的保护。行政传票只需要在政府部门的权利范围之内,要求不至于太过模糊,政府试图获得的信息与政府的职能具有一定的相关性即可。行政传票只需要满足《美国联邦宪法第四修正案》的如下要求,也就是传票的内容不能太过空泛,几乎与一般搜查证别无二致。比如,美国联邦税务局所发出的传票只需要写明搜查的文件即可。

联邦最高法院将行政调查与大陪审团的审理相提并论,认为以上二者均是基础性的调查。因此,联邦最高法院认为,行政传票无需写明行政调查的合理依据。在 United States v. Powell 一案③中,联邦最高法院指出,美国联邦税务局不需要遵守所有有关合理依据的法律标准,合法的行政传票需要遵守以下几项要求:①行政调查行为获得了国会的授权,并且具有合法的目的;②政府试图取得的文件和材料与政府部门的职能相关;③传票的内容足够明确具体,不会给调查行为带来麻烦;④必须符合其他的程序性要求。

不论是司法判例还是立法的目的都意在增大美国联邦税务局的权

---

① Boyd v. United States, 116 U.S. 616, 622 (1886).
② In FTC v. American Tobacco Co., 264. U.S. 298 (1924).
③ 379 U.S. 48, 57 – 58 (1964).

力，使美国联邦税务局能够以税务调查为目的而搜查他人的文件、书籍以及其他记录。Donaldson v. United States 一案①表明，当政府部门试图通过行政传票来获取他人的文件时，他人能够对行政传票的合法性提出质疑。与此同时，联邦最高法院倾向于以财产权原则来判断是否应将《美国联邦宪法第四修正案》适用于该类案件的审理之中。虽然 Donaldson 一案的判决书主要聚焦于《美国联邦民事诉讼规则》(*The Federal Rules of Civil Procedure*) 而不是《美国联邦宪法第四修正案》，但是联邦最高法院依然对《美国联邦宪法第四修正案》所保护的对象作出了明显的区分。法院认为，如果他人对于行政传票上所要求的物品根本不享有财产权，那么他人就无权对行政传票提出质疑。在该案中，美国联邦税务局要求 Donaldson 上缴其雇员的工资记录以及其他的交易记录，联邦最高法院指出，Donaldson 无权对美国联邦税务局的传票提出质疑，因为他无法证明自己享有"一项非常重要，应该受到法律保护的利益"；"纳税人对其公司的财务记录并不享有财产权，虽然纳税人掌握着这些记录，但这些文件记录的是纳税人与第三方之间的交易"。在该案中，美国联邦税务局要求他人上缴的财务记录并不掌握在他人的律师或会计师手上，该案不涉及任何的保密特权，诸如律师与其客户之间的保密特权，会计师与其客户之间的保密特权。Donaldson 一案表明，他人拒不履行行政传票的前提条件是，他人必须对相关的文件或财产拥有财产权。

众所周知，公司或银行的财务文件会存储大量的个人交易信息。联邦最高法院认为，美国国会可以以立法的形式要求银行或公司保留这些记录，政府部门也可以调取这些记录。一般而言，政府部门有权在没有搜查证的情况下，对银行或公司的财务记录进行查阅，因为这是政府的职能要求——政府必须对商业主体进行监管。② 联邦最高法院在 California Bankers Association v. Schultz 一案③的判决书中认可了《银行保密法》的规定，根据《银行保密法》的规定，银行"应遵从现有的法律程序"向政府部门履行信息报告义务。联邦最高法院认

---

① 400 U. S. 517, 530–536 (1971).
② California Bankers Ass'n v. Schultz, 416 U. S. at 45.
③ 416 U. S. at 21 (1974).

为，银行或其客户对于《银行保密法》要求银行报告的信息并不享有合理的隐私期待。Rehnquist 大法官在其所撰写的多数意见中称，《银行保密法》要求银行向政府部门报告那些超过 10000 美元的金融交易记录，但是当加州银行协会作为诉讼代理人根据《美国联邦宪法第四修正案》提出相关的隐私诉求时，该协会所代理的银行客户并不拥有超过 10000 美元的金融交易记录。Rehnquist 大法官还驳回了原告的这一项诉求，即《银行保密法》的规定违背了美国联邦宪法所规定的正当程序条款，因为它强迫原告必须要承受诸多无理的负担。Rehnquist 大法官援引了 Darby 一案①与 Shapiro 一案②所确立的规则并且得出了以下结论：美国联邦国会为了对银行进行监管，有权要求银行上缴相关的金融交易记录。要求银行上缴金融记录的法律规定并不会构成"无理的搜查与扣押行为"。联邦最高法院还根据 United States v. Morton Salt Co. 一案③的判决原则指出，银行作为交易的当事人理应向政府报告相关的交易记录。Douglas、Brennan、Marshall 三位大法官提出了自己的异议意见。Douglas 和 Marshall 两位大法官提出，我们应该注意到，要求银行上报交易记录的法律规定会带来哪些后果。Douglas 大法官认为，迄今为止，全国的银行都被迫要向监管部门报告自己的金融交易记录，类似法律规定所带来的结果是，政府部门能够直接监控银行的客户。然而，他人对自己的银行账户享有合理的隐私期待，因为他的账户信息不仅能够反映他的收益和债务，还能反映他人的生活方式、他人的家庭情况。一个活期存储账户就如同他人的通讯记录一般，能够记录他人的生活、观念以及信仰。与此类似的是，Marshall 大法官也指出："当政府部门强迫银行上缴那些载有客户信息的文件复印件时，这就相当于政府人员强行进入到这些客户的住宅、办公室。《美国联邦宪法第四修正案》并不是一项极其僵硬呆板的文本，它不能忽略掉这样一个事实——当代社会充斥着各种电子科技，除开一般搜查证，非法搜查与扣押行为还会被转化为各种各样的形式……正如 Katz 一案判决书所强调的一般，《美国联邦宪

---

① United States v. Darby, 312 U. S. 100 (1941).
② Shapiro v. United States, 335 U. S. 1 (1948).
③ 338 U. S. 632, 652 (1950).

法第四修正案》所规制的目标并不仅限于政府部门对有形财产的物理性扣押。"

在 United States v. Miller 一案①中,上诉法院认为,政府部门根据《银行保密法》要求银行报告的信息属于美国联邦宪法所保护的隐私领域。然而,联邦最高法院推翻了上诉法院的判决,联邦最高法院援引了 Hoffa 一案的判决意见并且得出了以下结论:除非政府部门侵犯了他人的隐私区域,否则政府部门的调查行为就不会侵犯到宪法第四修正案所保护的任何权利。"只有当他人将自身或自己的财产置于那些受到美国联邦宪法保护的区域之内时,他人的安全才会得到保障。"Miller 认为,政府部门通过《银行保密法》的规定和法庭传票规避了《美国联邦宪法第四修正案》的规定。联邦最高法院驳回了 Miller 的上述意见。法院指出,Boyd 一案表明,他人必须对相关的文件拥有财产权。Katz 一案的判决书也表明,当他人故意将自己暴露于公众的视野之中时,他人就不再受到《美国联邦宪法第四修正案》的保护。因为他人的账户记录会被用于各种金融交易,它并不属于不能对第三方泄露的秘密,因此,他人的账户信息就不再受到宪法第四修正案的保护。此外,当他人将自己的信息告知银行之时,他人就应承担这样的风险,即银行会将这些信息上报给政府部门。② Santana 一案与 United States v. Miller 一案都表明,联邦最高法院仍然认为隐私权只是一种空间概念,此外,法院仍然在限制《美国联邦宪法第四修正案》对他人隐私权的保护。尽管如此,联邦最高法院却在 United States v. United States District Court 一案中指出:"从《美国联邦宪法第四修正案》的文本来看,政府部门对他人隐私权的侵犯行为主要表现为政府人员直接闯入他人的住宅。然而,该项修正案的精神如此广博,它足以保护他人的秘密言论免遭政府部门无理的监听。"毋庸置疑,他人对于自己住宅之中的文件享有合理的隐私期待,然而,与此相比,他人是否也对自己的银行账户信息享有合理的隐私期待呢?如果政府部门在对银行进行税务调查时偶然查看了银行客户的交易信息,虽然这也涉及他人的隐私,但政府部门在此并没有滥用自己的裁

---

① 425 U. S. 435 (1976).
② United States v. Miller, 425 U. S. 435 (1976).

量权，所以政府的行为属于可容忍的行为。联邦最高法院没有回答以下问题——要求银行存储并上报客户的交易记录会在公共政策领域引来哪些问题，如果政府人员享有一定的自由裁量权会给他人的隐私权造成哪些侵害。

当政府部门要求银行或其他商业主体向其报告交易记录时，至少存在这样的两个问题：其一，银行或其他商业主体有权收集、持有哪些类型的文件与信息；其二，当他人的信息被获取、收集时，他人应该在哪些方面得到程序性保障。不论是在 California Bankers Association 一案的判决书中，还是在 United States v. Miller 一案的判决书中，联邦最高法院都对银行记录的合理性进行了分析，也分析了银行记录给他人隐私权所带来的潜在影响。① 联邦最高法院极少将《美国联邦宪法第四修正案》适用于该类案件。一位法学家曾指出："联邦最高法院只为他人的信息性隐私权提供了极其有限的保护，也没有对政府部门收集他人信息的行为进行有力的限制。"

七、结语

最近的相关案件表明，如今，有关宪法性隐私权的问题已与 20 世纪初期截然不同。虽然在 20 世纪 20 年代与 30 年代，《美国联邦宪法第四修正案》总是与政府的电子监控行为联系到一起，但在 20 世纪 60 年代与 70 年代，新型的隐私权诉讼会涉及政府部门对第三代计算机的使用——政府部门会利用计算机进行信息的收集、维护和交换。在科学技术突飞猛进的今天，隐私权与财产权并不总会统一存在于他人的财产之中，但联邦最高法院即 Taft 法院却未能以合适的判例总结出《美国联邦宪法第四修正案》所保护的权利类型。② Warren 法院通过推翻 Olmstead 一案的判决，从而重申了 Boyd 一案对《美国联邦宪法第四修正案》的灵活解释。Olmstead 一案的判决严格遵循了财产权原则，并且对《美国联邦宪法第四修正案》作出了严格的解释与审慎的适用。然而，Warren 法院未能促进美国联邦宪法对他人信

---

① See generally Personal Privacy in an Information Society, Report of the Privacy Protection Study Commission（U. S. Printing Office 1977）.
② Comment, Government Access to Bank Records, 83 YALE L. J. 1439, 1474（1974）.

息性隐私权的认可与保护。Burger 法院进一步限制了《美国联邦宪法第四修正案》对他人隐私权的保护。此外，Burger 法院仍然根据传统的财产权原则来判决以下问题——他人是否享有合理的隐私期待，哪些领域应该受到《美国联邦宪法第四修正案》的保护。Burger 法院进一步限制了 Katz 一案的判例效力。

加拿大的隐私合理期待理论

哈米什·斯图尔特[①]著　陈圆欣[②]译

目　　次

一、导论

二、加拿大最高法院对隐私合理期待理论作出的一般说明

三、加拿大最高法院在 R. v. Nolet 一案中对隐私合理期待作出的具体说明

四、加拿大最高法院在 R. v. Gomboc 一案中对隐私合理期待作出的具体说明

五、结语

一、导论

《加拿大宪章》第八条的"权利与自由"条文[③]规定："每一位公民都享有免受政府执法人员不合理搜查或者扣押的权利。"众所周知，虽然该宪章第八条保障公民享有合理的隐私期待，但是，它仅仅规定了，只有当政府执法人员的行为侵犯了公民合理的隐私期待，其行为才会受到宪章第八条的约束[④]。如果政府执法人员的行为没有侵犯公民合理的隐私期待，那么即便他们实施了"搜查"或者"扣押"

[①] 哈米什·斯图尔特（Hamish Stewart），加拿大多伦多大学法学院教授。
[②] 陈圆欣，中山大学法学院助教。
[③] Part I of the Constitution Act, 1982, being Schedule B to the Canada Act 1982 (U.K.), 1982, c. 11.
[④] Canada (Combines Investigation Act, Director of Investigation and Research) v. Southam Inc., [1984] 2 S. C. R. 145 (S. C. C).

行为，其行为也不会受到该宪章第八条的约束。换言之，如果政府执法人员的行为影响了公民合理的隐私期待，那么其行为必须是合理的，即符合该宪章第八条的规定：搜查必须得到法律的授权，而且授权的法律必须是合理的（即宪法上是有效的），以及政府执法人员实施搜查的方式必须是合理的[1]。不符合以上三个条件的搜查就是不合理的搜查，其违反了《加拿大宪章》第八条的规定。然而，如果政府执法人员的行为没有影响公民合理的隐私期待，那么他们就不需要遵守《加拿大宪章》第八条的规定，也不需要证明其行为是合理的。特别是，他们的行为不需要得到法律的授权[2]。因此，确定公民合理隐私期待的标准非常高。

"合理的隐私期待"是什么呢？加拿大最高法院对这个问题的回答似乎只停留在表面，因为判断合理隐私期待的因素在指导案例中被不断地、清晰地阐述。然而，与合理的隐私期待有关的因素如何指导法官作出判决这一点却从未被明示，因为在这些案例中，至少存在两种不同的主张。笔者把这两种主张分别称为"风险途径"和"监视途径"。这两种途径都需要评估公民主张其受到宪章保护的隐私是否极其容易被别人侵犯。根据"风险途径"，最重要的判断因素与其他人的经验知识息息相关，比如，获取证据或者其他信息的人是不是政府执法人员，他们的行为是否合法；物理访问公民信息是简单还是困难，被告是否抛弃或者放弃其隐私，这些问题都是至关重要的。根据"监视途径"，核心问题是行为人的调查技术是否侵犯了他人的隐私权，他不受约束的行为是否引发了宪法忧虑。最重要的判断因素与技术对隐私权所保护的利益造成的影响有关。然而，加拿大最高法院并没有明确采纳任何一种途径，所以即便是面对毫无争议的案件事实，我们都难以预计加拿大最高法院会不会认定公民享有合理的隐私期待，因为不同的途径会得出不同的结果。

在本文中，笔者将会介绍这两种途径，并且主张监视途径能够更好地反映《加拿大宪章》第八条所保护的利益，因为它强调了核心的规范问题：根据确定受到宪法保护的隐私利益的需要，合理的政府

---

[1] R. v. Collins, [1987] 1S. C. R. 265, at 278 (S.C.C.).
[2] R. v. Evans, [1996] S. C. . J. No. 1, [1996] 1 S. C. R. 8 at para. 11 (S.C.C.).

与公民关系是否允许政府执法人员在没有特定的法律授权的情况下采取技术调查手段？然后，笔者将会讨论加拿大最高法院在2010年所判决的两个涉及合理隐私期待的案件：R. v. Nolet 一案① 和 R. v. Gomboc 一案②。在 Nolet 一案中，加拿大最高法院一致认为把牵引式挂车作为生活区域的公民对此享有合理的隐私期待。虽然该案的主要问题是政府执法人员的搜查是否合法，但是加拿大最高法院选择利用监视途径判断公民是否享有合理的隐私期待。然而，在 Gomboc 一案中，加拿大最高法院对于被告对住宅用电的模式的信息是否享有合理的隐私期待却不能达成一致的看法。意见的分歧表明两种途径会导致不同的结果，以及风险途径对隐私价值带来的危险。

二、加拿大最高法院对隐私合理期待理论作出的一般说明

（一）加拿大最高法院的方法

判断主张其隐私受到宪章保护的公民通常是被告③，他们是否享有合理的隐私期待？对此，法官需要考虑下列问题：

（1）被告是否主观上产生了隐私期待？虽然这个问题要根据具体事实才能回答，但是在许多情况下，被告的主观上都会产生隐私期待，比如当被告的住宅④或者人身被侵犯时。

（2）如果被告主观上产生了隐私期待，那么其隐私期待是否在客观上是合理的？为了回答这个问题，法官需要考虑案件的整体和环境⑤，包括搜查的目标、搜查的区域。搜查的目标是否已暴露在公众的视线中，搜查的目标是不是抛弃物，搜查的目标是否掌握在第三方当事人手上，以及第三方当事人是否需要遵守保密协议，搜查对公民造成多大程度上的侵犯，在涉及信息隐私权的案件中，这种侵犯应该达到"披露了被告所有隐秘的生活细节"，以及搜查的法律框架。

---

① [2010] S. C. J. No. 24, [2010] 1 S. C. R. 851 (S. C. C.).
② [2010] S. C. J. No. 55, [2010] 3 S. C. R. 211 (S. C. C.).
③ See Ruby v. Cananda, (solicitor general), [2002] S. C. J. No. 73, [2002] 4 S. C. R. 3 (S. C. C.).
④ R. v. Tessling, [2004] S. C. J. No. 63, [2004] 3 S. C. R. 433 (S. C. C.).
⑤ R. v. Edwards, [1996] S. C. J. No. 11, [1996] S. C. R. 128 (S. C. C.).

进一步来说，加拿大最高法院需要识别三种不同但是可能重叠的隐私利益类型：第一种是人身隐私，比如，公民对他/她的身体享有的隐私权；第二种是区域隐私，比如公民对特定的地点，如他/她的办公室或者住宅享有的隐私权；第三种是信息隐私，比如公民对能够披露其信息的文件记录（医疗表、银行清单、学术手稿和电脑使用痕迹）享有的隐私权。

在涉及不同的隐私利益的案件中，法院用于判断公民是否享有合理隐私期待的因素也有所不同。比如，放弃的问题很少与人身隐私有关，但是它经常出现在涉及信息隐私的情况中。

（二）两种途径

加拿大最高法院的判决显示，至少有两种迥然不同的方法可以确定被告是否享有合理的隐私期待。笔者将这两种方法称为"风险途径"和"监视途径"。

根据风险路径，核心问题在于被搜查的区域（或者信息存放的地方）的安全性是否足以抵抗一般的侵扰。如果事实上，被搜查的区域的安全性不足以抵抗一般的侵扰，那么它也不能抵抗政府执法人员的搜查，公民对此不享有合理的隐私期待。如果被告不能确保其隐私不受其他人的侵扰，那么他就只能够接受其隐私被侵犯的可能，而当"其他人"恰好是政府执法人员的时候，被告也不能有任何的抱怨。

在 Edwards 一案和 Patrick 一案[①]中，法院的推理清晰地阐述了风险途径。在 Edwards 一案中，通过搜查 Edwards 女朋友的住宅，警察找到了他的犯罪证据。加拿大最高法院认定，被告不能主张非法证据排除，因为他对其女朋友的住宅不享有任何合理的隐私期待。Edwards 不能阻止其他人进入该住宅，事实上，他只不过是该住宅的一位特殊来宾。为什么要查明这些事实呢？虽然加拿大最高法院没有解释得很清楚，但是它在推理中说道："因为 Edwards 不能阻止一般人入侵或者干扰其女朋友的住宅，所以他不能对警察的入侵或者干扰表示反对。"被告不能阻止其女朋友或者一个陌生人在该住宅内发现其

---

① R. v. Patrick, [2009] S. C. J. No. 17, [2009] S. C. R. 579 (S. C. C.).

犯罪的证据，更不能阻止他们把证据交给警察；所以他需要承担其犯罪证据被别人发现的风险。即便该入侵者是警察，即便警察对其女朋友的住宅的搜查是公然违法的行为，他也不能抱怨。类似的，在 Patrick 一案中，法院认定，被告对于遗留在其房子边、等待垃圾车清理的垃圾不享有合理的隐私期待，即便这些垃圾是能够披露被告在住宅内的活动的"信息袋"，即便市政条例规定除了清洁工人以外，任何人不得取走这些垃圾。在该案中，被告已经抛弃了他原本对该垃圾享有的合理隐私期待。任何人都可以把垃圾拿走，不管合法还是不合法：这些垃圾袋缺乏保护，任何走在街道上的人都可以接触到它们，包括行人、收集废品的人、城市抢劫者、喧闹的邻居和淘气的孩子，更不用说狗和其他各种各样的野生动物，清洁工人和警察当然也能够接触它们。垃圾被警察取走而不是被流浪汉或者浣熊（虽然这两者都不会把垃圾交给警察）取走，这只是被告需要承担的风险之一。

根据监视途径，核心问题在于，一个理性的公民能否预料政府执法人员可以在没有特定法律授权的情况下侵犯被告的隐私利益。在这种情形下，私人，甚至政府执法人员是否有权力侵犯被告的隐私利益这一点并非一成不变的；被告接不接受非政府执法人员的行为人侵犯其隐私利益这一点也并非一成不变的。最重要的问题是政府执法人员采取的调查技术对被告隐私造成的影响。

关于监视途径的经典案件莫过于加拿大最高法院在 20 世纪 90 年代判决的涉及电子监控的案件。例如，R. v. Duarte 一案①。警察在其线人的公寓里安装了视听记录装置，记录下被告、线人和卧底探员以及其他出现在该公寓的人之间的对话。录像的制作过程并非不合法的，因为线人根据《加拿大刑事法典》s. 184（2）(a)② 的规定同意该录像。此外，线人和卧底探员本来可以在庭审中作证，依据传闻证据的例外规则，以参与者的身份披露其与被告之间的谈话内容③。然而，加拿大最高法院认定，被告对政府执法人员在没有司法授权的情

---

① [1990] S. C. J. No. 2, [1990] 1 S. C. R. 30 (S. C. C.).
② R. S. C. 1985, c, C-46; formerly s. 178. 11. (2) (a) of the Criminal Code, R. S. C. 1970, c. C – 34.
③ Compare R. v. Sanelli, [1987] O. J. No. 821, 61 O. R. (2d) 385, 38 C. C. C. (3d) 1 (Ont. C. A.).

况下记录的对话内容享有合理的隐私期待。因为加拿大最高法院担心，如果这种隐私期待没有被承认，那么政府执法人员就可以不受限制地利用电子技术持久地监听公民的隐秘对话。在该案中，法官虽然明确地考虑到了风险途径，但也明确地拒绝适用这个方法。"如果公民因为自己的言语而遭受责难，那么他除了自己以外谁也不能怪罪"这个观点存在瑕疵，这个瑕疵是它忽略了政府执法人员采取的电子监控技术对公民所造成的影响：这个观点不仅损害罪犯和其他违法分子的隐私期待，它还侵犯了公民合理的安全和自由的权利，侵犯了公民希望免受监控的权利，无论该监控是电子监控还是其他形式的监控。被线人或者卧底探员获取自己言论的风险与被电子设备记录下自己言论的风险是迥然不同的。

  在某些情况下，无论采取哪一种途径，法院通过与隐私合理期待相关的因素都能得出一致的结果。例如，在 R. v. Kang-Brown 一案①中，加拿大最高法院一致认定，在公共汽车车站的公民对其行李享有合理的隐私期待，对其行李所散发的味道也享有合理的隐私期待，即便这种味道只能被警犬发觉而不能被人类发现。虽然加拿大最高法院通过假设而非分析得出被告享有合理的隐私期待，但是无论是根据风险途径还是根据监视途径，加拿大最高法院的认定都是正确的。当公民把行李放在公共汽车内部时，公民不应该承担其行李所散发的气味被非人的生物所察觉的风险。这种不受监管的侦查技术会严重侵犯公民对其行李享有的合理隐私期待（谁也不知道行李里面有什么，警犬也不能被训练成能够判断行李里的东西是否合法）。然而，在某些情况下，法院采取不同的途径会得出不同的结果。在 Duarte 一案中，虽然多数意见认为被告对其与线人之间的对话享有合理的隐私期待，但如果按照风险途径进行分析，多数意见可能会得出相反的结果。在 Edwards 一案中，多数意见认为被告不享有任何合理的隐私期待，但是，如果按照监视途径进行分析，多数意见可能会得出相反的结论：一个理性的公民会假设警察都是依法行动的，而不会预料到警察会对其朋友的住宅实施非法搜查。因此，被告对于警察非法搜查的行为享有合理的隐私期待，至少政府执法人员不会为了调查的目的损害第三

---

① [2008] S. C. J. No. 18, [[2008] 1 S. C. R. 456 (S. C. C.)。

方当事人享有的权利。

(三) 规范根据

显然，根据标准方法判断公民是否享有合理的隐私期待的因素都不具有明显的规范性；它们全部都是描述被告与被搜查的区域或者被扣押的物品之间的关系的事实。然而，公民是否享有合理的隐私期待不仅仅是事实问题，它还涉及案件应该是什么的问题。在任何情况下，案件应该是什么的问题都不会仅仅与事实相关，还应该与结合适用规范的事实相关。因此，虽然规范性结论通常由事实产生[1]，但是我们不能够认为规范性结论仅仅源于事实[2]。当法官需要判断公民是否享有合理的隐私期待时，法官不仅需要考虑该案中是否存在由加拿大最高法院确定的与合理隐私期待相关的因素，还需要考虑为什么这些因素对判断公民是否享有合理的隐私期待具有重要作用，以及它们如何发挥其重要作用。换言之，最终的问题是，根据调查技术对公民隐私产生的影响，政府执法人员能不能在没有任何法律授权或者司法监管的情况下采用这种调查技术。我们所认为的政府与公民之间的合理关系是否允许政府执法人员使用这种没有特定法律授权的技术呢？案件事实的确与这个规范性问题高度相关，但是它们不是决定因素。

加拿大最高法院已经明确地承认合理的隐私期待的规范性。正如 Binnie 大法官在 Tessling 一案中所说的：" 合理的隐私期待是一个规范性而不是描述性的标准。" 此外，在 Tessling 一案和 Edwards 一案所提到的某些特定因素似乎表明，法官关注政府执法人员未经授权的技术调查行为，比如被告所主张的隐私利益与执法行为的侵犯性之间的联系。无论是风险途径还是监视途径，抑或是其他决定公民是否享有合理的隐私期待的途径，只有更好地反映《加拿大宪章》第八条所保护的价值的途径才是最佳途径。

然而，加拿大最高法院不完全明白这些规范根据。好几次，加拿

---

[1] A. K. Sen, "The Nature and Classes of Prescriptive Judgments" (1967) 17 Philosophical Quarterly 46.
[2] David Hume, A Treaties on Human Nature, L. A. Selby-Bigge, ed. (Oxford: Clarendon Press, 1978), at 469–470.

大最高法院在案件中提到了公民的独处权、自主权、自由、人格尊严和完整性①，但是它都没有明确解释这些权利如何被合理的隐私期待所保护。事实上，这个问题可以从几个角度来回答，而且应该把《加拿大宪章》第二条所保护的基本权利与第八条所保护的隐私利益联系起来。正如 Thomas Nagel, Lisa Austin 以及其他学者主张的那样，每个人都需要与他人隔绝的私人空间；每个人都需要"从公众的目光中得到喘息的机会"②。至少有以下理由支持这种需要。

第一个理由是，出于各种原因，每一位能够表达自己的思想和情感的公民都会参加一些不想被别人知道的活动。公民在公共场合中的表达会受到情感和态度的约束；但是，有时候，我们需要突破这些约束，"我们需要隐私来让自己纯粹依照个人需求来行动，这种需求带有强烈的个人情感"③。虽然许多活动是很普通而且绝对不是什么违法犯罪的活动，比如睡觉、上厕所、洗澡、穿/脱衣服，但是，如果这些活动被其他人看到了，从事该活动的公民就会感到尴尬或者羞耻。这就是暗中观察或者记录这些活动构成犯罪的原因④。另外一些活动可能是公民出于愉悦或者放松的目的而做的，如坐在某人的内衣旁边、弹空气吉他、唱歌唱得很难听、看漫画书，如果这些活动被其他人看到了或者知道了，从事该活动的公民也会感到尴尬或者浑身不自在。虽然还有一些是公民为向公众展示而做准备的活动，但是，从事该活动的公民同样希望能够私下做准备活动，以免其他人来干扰。例如，钢琴表演是向公众展示的活动，但是一般而言，钢琴家都不愿意公众看到他们缓慢的、艰苦的学习、重复过程。类似地，开展"阅读20世纪政治上重要的书籍"这个项目不需要法律依据，但是，如果要公开某位公民的阅读清单，那么这可能会招致其他人不必要地猜测该公民阅读《如何做一名优秀的共产党员》⑤的原因，如果政府

---

① R. v. Golden, [2001] S. C. J. No. 81, [2001] 3 S. C. R. 679 (S. C. C.).
② Lisa M. Austin, "Privacy and the Question of Technology" (2003) 22 Law & Philosophy119, at 147.
③ Thomas Nagel, "Concealment and Exposure" (1998) 27 Philosophy & Public Affairs 3. at 19.
④ Criminal Code, R. S. C. 1985, c. C-46, s. 162 (1).
⑤ Liu Shao-Chi, How t be a Good Communist (Peking: Foreign Languages Press, 1951).

执法人员能够经常看到公民的阅读清单，那么公民可能就会改变其阅读选择。

第二个理由是，隐私能够让只愿意与小部分人保持亲密关系的公民维持彼此的亲密活动。性活动是最常见的例子，虽然这不是违法或者可耻的活动，但是大多数公民都希望秘密地进行①。例如，流行乐团或者独奏者都希望有隐私来进行排练。大部分公民需要隐私空间来进行日常对话，因为他们表达意见的方式可能不适合公众论坛的形式，可能他们表达的方式过于激进或者绝对而容易被误解，又或者他们根本没有充分考虑问题。

因此，隐私"保护公民个性的两个方面：其一是区别于其他公民的能力，其二是拥有真实的内心生活和亲密关系的能力"。② 为了保护公民个性的这两个方面，隐私就有了第三个功能，即让某个公众人物能够通过参与机构和集会实现其社会、政治目标。如果没有隐私空间，那么公民与其表现出来的自我之间的界限会变得模糊，这样一来，公民就无法区分其私人活动与经过深思熟虑的公共行为、立场和态度。此外，秘密监视的可能性会剥夺公民选择如何向其他人展现自我的权利。因此，隐私不仅保护私人活动，也保护公共活动。

如果公民经常性地处于其他人的目光之下，隐私的三个功能就会被严重地损害，而这些功能对于一个人而言是必不可少的。这些功能与公民的良心自由、宗教自由、思想自由和信仰自由息息相关，这些自由被《加拿大宪章》第二条（a）和（b）保护着。如果公民想要思想自由和建立自己的信仰和观念，那么他不仅需要表达和讨论的公共空间，还需要思考和沉思的私人空间、阅读各种资料的私人空间、与朋友和同事探讨意见的私人空间。

如今，我们可以看到监视途径比风险途径更适合判断公民是否享有合理的隐私期待的原因了。风险途径低估了隐私权所保护的利益，它只关注公民的隐私空间是否容易被别人侵入，而没有关注该隐私空间的价值。相反，监视途径关注与合理的隐私期待相关的因素，并且

---

① J. David Velleman, "The Genesis of Shame" (2001) 30 Philosophy & Public Affairs 27.
② Lisa M. Austin, "Privacy and the Question of Technology" (2003) 22 Law & Philosophy 119, at 147.

根据隐私空间的三种功能（保护公民的个性、亲密活动和自我表现）判断这些因素能否确认公民享有合理的隐私期待。风险途径经常会根据经验知识，判断行为人是否在他人合理的隐私期待消失的情况下作出该入侵行为；而监视途径则会根据入侵行为对受到隐私权保护的活动所造成的抑制影响，思考行为人能否在没有法律授权的情况下入侵他人的隐私空间。

回顾 Duarte 一案，根据风险途径，被告对于线人偷录他们之间的对话内容不享有合理的隐私期待，因为他不能阻止线人向警察披露他们之间的对话内容。La Forest 大法官反对这种风险损害了被告合理的隐私期待，因为被告应该想到在私人空间里发生的私人对话被对方记录下来并且披露的可能。他说道："没有法律能够保护我们免受对话者披露原本应该是私人对话的内容。"然而，电子监控技术为政府执法人员提供更加隐蔽的方法来记录和传达我们所说过的话，如果政府执法人员能够随心所欲地利用电子设备长时间记录公民之间的私人对话，那么公民将会失去免受政府监视的有意义的权利。如果缺乏监管，那么高效的电子监控设备就可能损害公民对其私人对话内容享有的任何隐私期待。在这样的社会中，从公民嘴巴中说出的每一个字都有可能被别人知道，时刻存在的电子监控设备已然成为打击犯罪的超级武器，但是此时此刻，隐私权就没有了它的意义。

事实上，La Forest 大法官的推理过程表明，风险途径背后的逻辑可能损害在其他领域中受到重视和被长期保护的隐私权。试想一下，在 Duarte 一案中，与被告对话的人不是警方的线人，但是，该对话者事后向警方表达了其忧虑。从被告的角度来看，他在假设情形中所承受的风险与在现实案件中所承受的风险是一样的。然而，没有人会觉得，在假设情形中，警察可以在没有搜查令的情况下窃听公民之间的对话；《加拿大刑事法典》显然要求警察需要具备搜查令，但是，如果公民对其对话不享有合理的隐私期待，《加拿大宪章》第八条就不要求警察需要具备搜查令。类似的，如果 Joe 向 Bill 写了一封信，任何人/事都不能阻止 Bill 向警察披露信中内容。然而，这不意味 Joe 对这封信的内容不享有合理的隐私期待。如果警察要打开这封信，他们就需要获得搜查令①。路过的人无意中听到钢琴家在练习肖邦夜曲的风险比政府执法人员偷偷录下钢琴家练习肖邦夜曲的风险要低得多。前者是练习房的隔音效果可能不完美的结果,后者是严重地影响了钢琴家的练习。

如果被告在其地下室种植大麻或者在其车库里制作迷幻药,那么这些行为应该与笔者描述的《加拿大宪章》第八条所保护的隐私利益相关吗?这些活动与保护公民个性、亲密关系以及自我表现的权利似乎没有关系。然而,加拿大最高法院坚持,无论公民所从事的活动合法还是不合法,这都不会影响公民在该区域享有的合理的隐私期待。换言之,公民所享有的合理隐私期待与其从事的活动无关。每一位公民对其卧室都享有合理的隐私期待,不管他们在卧室里睡觉、做爱、读书、玩空气吉他、练习小提琴、种大麻、存放武器还是计划一场谋杀。这不是保护犯罪活动,而是保护公民免受政府执法人员不受约束的监控。因此,加拿大最高法院认定,为了保护公民在特定区域,比如卧室,享有合理的隐私期待,公民在该特定区域从事的活动与其是否享有合理的隐私期待无关②。

此外,没有一个地方(也许除了公民的大脑)能够免受政府执法人员的搜查或者扣押。公民对某个地方享有合理的隐私期待不意味着该地方能够免受政府执法人员的搜查;相反,这意味着政府执法人员需要在获得法律授权的情况下实施搜查。因此,在其住宅内进行犯罪活动的公民也应该预见到政府执法人员搜查其住宅的可能性,这不是因为其从事的活动是犯罪活动,而是因为其公开可见的证据(如大麻的味道、掩盖的窗户)可能为政府执法人员申请搜查令提供合理依据。

接下来,笔者将会介绍加拿大最高法院在 2010 年作出判决的两个案件,在这两个案件中,加拿大最高法院都需要判断被告是否享有合理的隐私期待。

---

① See R. v. Fry [1999] N. J. No. 352, 142 C. C. C. (3d) 166 (Nfld. C. A.).
② R. v. Wong, [1990] S. C. J. No. 118 [1990] 3S. C. R. 36 at paras. 18 – 21 (S. C. C.); also R. v. Silverira, [1995] SC. J. No. 38 [1995] 2 S. C. R. 297 (S. C. C.).

三、加拿大最高法院在 R. v. Nolet 一案中对隐私合理期待作出的具体说明

在 Nolet 一案[①]中，两名被告和其他人在 Saskatchewan 中开着一辆明显没装东西的牵引式挂车。他们被一辆加拿大皇家骑警队（RCMP）的警车拦下并且接受抽样检查。然而，这个抽样检查演变成了对拖车和挂车的搜查。在检查了一些文件后，警察拿出了一个大包并且声称其在拖车的"休息室的驾驶员座位下"找到了这个包。该包里装着价值11.5万美元的小额钞票，基于此，警察逮捕了被告并且控告其持有赃款。然后，警察获得了搜查挂车的搜查令，并且在隐蔽的隔间里找出了大量大麻。两名被告被控告为了非法交易而持有大麻以及其他相关犯罪。

如果被告对其车厢不享有隐私合理期待，那么警察拿走袋子的行为就不是搜查，也不涉及《加拿大宪章》第八条的规定，警察的行为不需要任何法律的授权。然而，加拿大最高法院认定，"被告对拖车里的休息室享有合理的隐私期待，因为不管生活区域多么简陋，它都应该受到《加拿大宪章》的保护；尽管拖车在高速公路上极其容易受到检查，公民所享有的合理隐私期待的程度很低"。这个推理过程很简短但是具有建设性。虽然拖车容易受到频繁的常规搜查这一点体现了风险途径，但是，出于两个原因，我们应该把加拿大最高法院的推理看作监视途径的一种表现。一方面，虽然居住时间很短，但是拖车司机居住在车厢的事实导致了他们对该车厢享有合理的隐私期待。这类似于（可能程度更低）公民对其住宅享有的合理的隐私期待，所以警察需要在获得搜查令的情况下才能搜查车厢，尽管该车厢容易受到常规检查。另一方面，加拿大最高法院所指的"容易被入侵"不是指容易受到其他人的侵犯；相反，这种"容易被入侵"是指法律上的入侵，因为出于交通安全的考虑，警察通常会对这种牵引式挂机实施详细的检查。事实上，被告对其他人享有的合理隐私期待要比对 RCMP 警察享有的合理隐私期待的程度要更低。首先，一个驾驶私家车的普通司机没有权力截停被告的车辆。如果被告把拖车停

---

① [2010] S. C. J. No. 24, [2010] 1 S. C. R. 851 (S. C. C.).

在某个地方，其他公民闯入了该拖车，那么其他公民有可能实施了严重的罪行。其次，在该案中，被告是在一次常规检查中被截停，警察有权利截停和询问被告，被告对此不享有隐私期待。警察实施常规搜查的权利必须得到宪法认可，这些权利必须满足"猎人准则"或者其替代规则。加拿大最高法院在 Nolet 一案采用的途径令人感到振奋，因为它关注到了警察行为的法律环境，而不是被告的场所是否容易受到其他人的入侵。该案的主要争论点是警察行为的合法性。然而，得出这个争论点的前提是加拿大最高法院承认被告享有合理的隐私期待。

四、加拿大最高法院在 R. v. Gomboc 一案中对隐私合理期待作出的具体说明

Nolet 一案更多与警察的搜查权有关，而不是公民享有的隐私期待。相反，Gomboc 一案[①]主要关于公民所享有的合理隐私期待。该案的意见分歧不在于事实的认定，而在于从法律上看公民是否享有合理的隐私期待。虽然该案的推理能够看到风险途径和监视途径的要素，但是风险途径对 Deschamps 大法官的多数意见影响最大，而监视途径最能够在 McLachlin C. 大法官和 Fish 大法官的异议中体现。

被告被指控生产大麻和其他相关的罪行。Calgary 警察和 RCMP 警察发现，有足够的证据表明被告的住宅其实是种植大麻的温室。调查人员要求被告的电力供应商在其输电线上安装一个数字记录电流表（DRA）。DRA 可以记录住宅电流的增加量。在安装 DRA 的五天里，它显示被告住宅的用电模式与种植大麻的用电模式是一致的。这个数据加上警察搜集到的其他信息为警察申请法官签发搜查令提供了依据。在搜查了被告的住宅之后，警察扣押了大量的大麻和发现了种植大麻的迹象。

被告主张，警察在没有搜查令的情况下使用 DRA 监测其住宅用电情况的行为侵犯了其根据《加拿大宪章》第八条所享有的权利，即"每一位公民都有免受不合理的搜查或者扣押的权利"。因此，他主张警察使用 DRA 的行为侵犯了其隐私合理期待；如果是这样，警

---

① [2010] S. C. J. No. 55, [2010] 3 S. C. R. 211 (S. C. C.).

察的行为就是在未获得搜查令的情况下实施搜查的行为，是不合理的；此外，如果警察对此没有合法的解释，那么他们就是侵犯了其根据《加拿大宪章》第八条所享有的权利。然而，法院认定，警察使用 DRA 的行为没有侵犯被告隐私合理期待，并且采纳了从搜查中获取的证据，从而判决被告罪名成立。被告向阿尔伯塔省上诉法院提起上诉，上诉理由是他对于警察通过 DRA 获取的信息享有隐私合理期待，警察在没有获得搜查令的情况下使用 DRA 监测其住宅用电情况的行为是不合法的，侵犯了其根据《加拿大宪章》第八条所享有的权利。

最终，政府执法人员上诉到加拿大最高法院，加拿大最高法院维持了有罪的判决。7:2 的多数认定，被告对 DRA 收集到的数据不享有合理的隐私期待，然而，7 位持多数意见的法官对被告不享有合理隐私期待的原因分成了两派，比数为 4:3。因此，我们可以猜测，在事实稍微不同的案件中，加拿大最高法院可能以 5:4 的比例对被告是否享有隐私合理期待形成分歧。

在与判断公民是否享有隐私合理期待相关的因素中，有三个因素在 Gomboc 一案中显得至关重要。首先，DRA 搜集的数据显示被告的住宅里发生了什么。DRA 搜集的数据显示了被告住宅的用电模式与用于种植大麻的房屋的用电模式是一致的。其次，被搜查的地方在哪里。DRA 被安装在被告住宅附近的变压器箱上，而不是被告住宅内部；但是它搜集的数据揭露了住宅的内部情况。最后，政府执法人员使用 DRA 的行为有什么法律依据吗？法官对被告与其电力供应商之间的合同条款没有异议：该合同和阿尔伯塔省的相关规章都允许电力供应商把用户信息交给警察，"只要这种披露行为没有明确违反用户的要求"[①]。在该案中，Gomboc 没有提过不允许电力供应商把自己的信息披露给警察的要求。

法官对待这些因素的态度显示风险途径和监视途径对他们的影响。Deschamps 大法官代表四人的多数意见（Charron, Rothstein 和 Cromwell J. J.）强调，DRA 搜集到的数据有限，因此它是一种几乎没有入侵性的技术。虽然 DRA 搜集的数据显示被告在其住宅内进行

[①] See also Code of Conduct Regulation, Alta. Reg. 160/2003, s. 10 (3) (f).

的活动，而被告对其住宅享有高度的合理隐私期待，但是，她认为，这个事实不应该夸大搜查对公民造成的影响；公民对其住宅内部情况不必然享有合理的隐私期待。最后，她认定，电力供应商能够自愿地安装 DRA，并且把相关数据向警察披露；因此，被告不能主张其认为该数据应该是"保密的或者隐秘的"。即便是警察要求电力供应商安装 DRA，这个结论也不会改变。

Deschamps 大法官的推理建立在风险途径和监视途径之上，但更多地体现了风险途径。根据 Deschamps 大法官的推理，因为被告没有要求电力供应商不得披露自己的信息，所以他要承担信息被披露的风险；而即便是警察要求电力供应商安装 DRA，这个结论也不会改变。这个推理过程与 Duarte 一案的"风险分析理论"十分相似。同时，因为 DRA 几乎不具有入侵性，所以没有必要限制政府执法人员使用。在某些情况下，被告承担着与本案一样的风险，但是，如果法官认定被披露的信息与被告有切身利益，那么风险途径和监视途径会得出不一样的结论。

这就是同样认定被告不享有隐私合理期待的其他三名法官所看到的情形。Abella 大法官（Binnie 大法官和 LeBel JJ. 大法官）认定，事实上，DRA 对被告造成了一定的侵犯，因为它允许政府执法人员准确地推断被告住宅的内部情况。又因为存在比保护被告住宅隐私更加重要的利益，所以政府执法人员能够在没有司法监管的情况下使用调查技术。因此，虽然大部分因素都指向被告对 DRA 搜集的数据享有合理的隐私期待，但是 Abella 大法官清楚地指出，该案中存在比合理的隐私期待更加重要的利益。又因为被告没有明确要求信息保密，所以他享有的隐私期待在客观上是不合理的。

Abella 大法官的推理更加倾向于监视途径。她把 DRA 视为揭示被告住宅内部情况的装置，因此 DRA 应该受到法律的监管。根据 Abella 大法官的推理，该案的关键不是被告的用电数据是否容易受到侵犯，而是允许政府执法人员在没有法律授权的情况下搜集该数据的行为所造成的影响。Deschamps 大法官将被告没有要求电力供应商保密其信息这一点作为判断其是否享有合理的隐私期待的因素之一；因此，即便被告要求电力供应商保密其信息，她还是有可能认定被告不享有合理的隐私期待。相反，Abella 大法官将被告没有要求电力供应商保密其信息这一点作为决定性的因素，如果被告要求电力供应商保密其信息，她就有可能认定被告享有合理的隐私期待。换言之，如果被告要求电力供应商保密其信息，但是电力供应商仍然违反约定，自愿地把信息披露给警察，那么被告根据《加拿大宪章》第八条所享有的权利有没有受到侵犯呢？Deschamps 大法官会认为被告的权利没有被侵犯，因为 DRA 没有记录居住者亲密活动或者其他被认为是切身利益的数据，所以被告对 DRA 搜集的数据不享有合理的隐私期待。相反，Abella 大法官认为，政府执法人员在违反用户明确意愿的情况下收集这种核心信息的行为就是不合法的搜查行为："用户对电力供应商保护其信息的要求使得政府执法人员必须在获得法律授权的情况下才能获得这些信息。"此外，她没有回答阿尔伯塔省的相关规章是否违反了《加拿大宪章》第八条的规定，因为如果该规章不是规范政府执法人员搜查和扣押受到隐私合理期待保护的信息，那么挑战这个规章就没有意义了。

  首席大法官 McLachilin 和 Fish 大法官认定被告享有合理的隐私期待，他们同意 Abella 大法官的大部分推理，但是，他们认为 DRA 所披露的信息应该受到合理隐私期待的保护。然而，他们认为阿尔伯塔省的相关规章没有破坏公民享有的隐私期待。与 Nolet 一案①不同，在该案中，一名合理的卡车司机应该预见到驾驶卡车会受到政府执法人员的常规检查。但是，在 Gomboc 一案②中，"签订用电协议的用户不可能预见到其用电模式会受到政府执法人员的常规检查……尤其这种检查限制了用户的宪法权利"。因此，被告对于 DRA 搜集的信息享有合理的隐私期待。政府执法人员使用 DRA 搜集数据的行为构成《加拿大宪章》第八条所规定的搜查行为。持有异议的法官担忧监视途径带来的不良影响。DRA 能够让政府执法人员分析相关数据，从而推断"屋子里有谁，居住者睡觉和起床的时间……他们用了什么电器以及是否栽培了植物等等"。如果公民对这类信息不享有合理的隐私期待，如果警察在没有合理依据证明犯罪正在发生以及其搜集的证据能够证实该犯罪的情况下要求供应商披露信息，那么警察是否也

---

① [2010] S. C. J. No. 24，[2010] 1 S. C. R. 851（S. C. C.）.
② [2010] S. C. J. No. 55，[2010] 3 S. C. R. 211（S. C. C.）.

可以在没有合理依据的情况下要求有线电视公司披露用户观看的节目，或者要求水管工以修理厕所的借口搜集公民洗漱间的情况？持有异议的法官认为多数意见的判决是"进一步侵犯了公民根据《加拿大宪章》第八条享有的隐私权"。因为他们担心多数意见的方式会无法将上述情况与 Gomboc 一案的情况区分开来。公民睡觉和起床的模式、洗漱间的情况并非什么违法或者让人感到羞耻的事情，这是与其他人无关的事情。公民会认为，通过受到监管的节目供应商比如 Bell 或者 Rogers 观看节目是合法行为，否则，监管局不会让他们的节目播出；但是，政府执法人员想要记录公民观看的节目清单这一行为会限制公民选择观看节目的自由，限制他们的思想和表达自由。如果政府执法人员能够不受约束地获取公民的信息，那么谁能够保证政府执法人员不能知道其观看的节目、睡觉时间、洗漱间的情况呢？这些例子似乎与 DRA 搜集公民的用电模式这个事实相距甚远，但是，风险途径的逻辑是无法区分这些情况的。相反，监视途径更好地保护公民根据《加拿大宪章》第八条所享有的隐私权，因为它更多地考虑政府执法人员不受约束的入侵行为对公民的隐私造成的影响。

五、结语

《加拿大宪章》第八条保护公民隐私合理期待。因为它要为公民提供一个隐私区域，让公民能够在该区域里做一些人类必须做的，但是经常令人感到尴尬或者羞耻的事情，这些事情是绝对禁止其他人记录或者观察的。加拿大最高法院判断公民是否享有隐私合理期待的方法有两种：其一是风险途径，它重视公民的区域或者信息是否事实上容易受到其他人入侵；其二是监视途径，它重视政府执法人员不受约束地使用调查技术的行为对公民造成的影响。在 Gomboc 一案中，这两种对立的途径正式交锋。在该案中，政府执法人员使用的调查技术是用于记录被告用电模式的装置。法院面对这样一个问题：被告对该信息是否享有隐私合理期待呢？多数意见中的四名法官认为这种装置几乎不具有入侵性，电力供应商能够轻而易举地搜集到用户的用电数据，但是，这种分析方法显然忽视了公民的隐私权所保护的价值。其余的五名法官持有相反的意见，如 La Forest 大法官。在 Duarte

一案①中，法官认为，即便政府执法人员能够通过电子监控技术轻易地搜集到公民住宅内部的信息，这也不意味着居住者对该信息不享有隐私合理期待。《加拿大宪章》第八条保护的不是公民的隐私，而是公民所享有的过上内心真实生活的权利、保持亲密关系的权利以及自我表现的权利，这些权利导致《加拿大宪章》第八条保护公民所享有的隐私合理期待。

---

① [1990] S. C. J. No. 2, [1990] 1 S. C. R. 30 (S. C. C.).

第二编　隐私合理期待的分析方法

公民的隐私合理期待
——《美国联邦宪法第四修正案》中的搜查、扣押和诉权

斯蒂芬·P. 琼斯[①] 著　王垚[②] 译

目　　次

一、导论
二、《美国联邦宪法第四修正案》诉讼案件中"诉权"的概念
三、Katz 一案与隐私合理期待的分析方法
四、何为扣押行为
五、何为搜查行为
六、结语

一、导论

"隐私合理期待"（或称"合理隐私期待"）是理解《美国联邦宪法第四修正案》（以下简称《第四修正案》）的关键词。它是任何想要排除政府违反《第四修正案》所搜集证据的被告都必须证明的

[①] 斯蒂芬·P. 琼斯（Stephen P. Jones），美国田纳西州律师。
[②] 王垚，中山大学法学院助教。

核心点。如果被告对于政府搜查的场所或者扣押的物品不享有隐私合理期待,那么他的《第四修正案》权利就没有受到侵犯。

因为《第四修正案》本身只规范了"搜查行为"和"扣押行为",所以,这两个术语就自然而然地包含在隐私合理期待的概念里面。如果某一被告对于政府搜查的场所或者扣押的物品不享有隐私合理期待,那么,该被告就没有遭受《第四修正案》意义上的搜查或扣押。相反,如果某一被告对于政府搜查的场所或者扣押的物品享有合理的隐私期待,那么,该被告就遭受了《第四修正案》意义上的搜查或扣押。

因此,我们在分析涉及《第四修正案》的诉讼案件时,第一步是判断被告的隐私合理期待是否受到政府侵犯。[①] 在实践中,这一步往往是十分困难的。只有当这一问题被肯定地回答后,法院才能考虑被告的《第四修正案》权利是否受到侵犯。

本文首先讨论涉及《第四修正案》的诉讼案件中被告申请证据排除的诉权问题。其次,笔者将指出在 Katz v. United States 一案[②]中所宣布的隐私合理期待的分析方法的构成要件。这些构成要件包括:①政府的侵权行为;②政府侵权行为所侵犯的被告的隐私期待;③被告的这一隐私期待是合理的。然后,本文将讨论法院在判断政府行为是否构成《第四修正案》意义上的"搜查行为"或者"扣押行为"时所需要考虑的一些因素。最后,本文将讨论在涉及《第四修正案》的诉讼案件中具有隐私合理期待的一些场所,包括容器、汽车、住宅、开放领域、荒地以及非居住建筑物,等等。

二、《美国联邦宪法第四修正案》诉讼案件中"诉权"的概念

"诉权"(standing)的意思是指,诉讼当事人一方在法庭上享有的其诉讼意见被法庭听取的权利。更具体地说,"诉权"是指法庭享

---

① See Morgan Cloud, The Fourth Amendment During the Lochner Era: Privacy, Property, and Liberty in Constitutional Theory, 48 STAN. L. REV. 555, 616 – 617 (1996).

② 389 U. S. 347 (1967).

有的处理诉讼双方争议的权力。① 诉权的概念通过诉讼当事人一方申请证据排除的动议而进入《第四修正案》的视野。② 如果某一刑事被告申请排除政府通过违反《第四修正案》所搜集的一些证据,那么,该被告这样做的前提是其必须有一项合法权利。③

被告何时有权提出证据排除的动议呢? 这一问题的答案与传统的诉权规则无关。如果被告援用传统的诉权规则,那么,被告就可以主张他的《第四修正案》权利被侵犯了,因为法庭如果采纳政府通过非法手段所获得的证据的话,被告就会遭受实质性的损害,所以法庭不应该采纳这些证据。相反,这一问题的答案在于对司法权力的非宪法性限制——被告应该证明,政府所侵犯的《第四修正案》权利是他自己的而不是其他人的。④

根据这一标准,被告必须证明,政府所侵犯的《第四修正案》权利是他自己的,而不是其他任何人的。"《第四修正案》权利是公民个人的权利,与公民的其他宪法权利一样,也具有不可替代性。"因此,这一问题必须在我们讨论政府是否违反了《第四修正案》这一问题之前就得到回答。

但是,法院怎样才能知道某个公民的《第四修正案》权利是在何时受到侵犯的呢? 这一问题的答案取决于隐私合理期待分析方法。

三、Katz 一案与隐私合理期待的分析方法

美国联邦最高法院曾经从字面意义上理解《第四修正案》,即公民仅仅对其某些具体的有形物享有安全权,也就是他们的"身体"、"住宅"、"文件"以及"财产"。⑤ 即使从字面上来理解《第四修正案》,那些受到《第四修正案》保护的有形物也不包括公用电话线或

---

① If a court entertains a complaint from a party who has no right to be in the court, the court's opinion or judgment would be advisory only.
② See generally Thomas J. Hickey & Rolando del Carmen, The Evolution of Standing in Search and Seizure Cases, 27 Criminal Law Bulletin, 134 (Mar. —Apr. 1991).
③ The defendant has the burden of establishing his reasonable expectation of privacy. See United States v. Brazel, 102 F. 3d 1120, 1147 (11th Cir. 1997); United States v. Rigsby.
④ See Alderman v. United States, 394 U. S. 165, 171 (1969).
⑤ See Olmstead v. United States, 277 U. S. 438, 464 (1928).

者电话所传递的信息。① 因此,政府官员利用电子设备窃听公民的电话并无任何法律上的障碍。然而,世事境迁,曾经已经变成过往,现在呈现出新的面貌。

Charles Katz 并不知道,当他进入公用电话亭打电话时,他所面临的风险之高。联邦调查局官员之前将一个窃听装置安装在公用电话亭外侧,以便搜集证据证明 Charles 通过电话非法组织赌博。② 当 Charles 被传唤到法庭去解释他的罪行时,他试图排除政府所搜集的那份电话通话记录。Charles 辩称,《第四修正案》为他提供了一项实质权利,即他和他的赌友在公用电话亭内的通话属于《第四修正案》所保护的隐私。政府方则称,Charles 并不对公用电话亭享有隐私期待,因为政府官员并没有物理性地侵入电话亭,电话亭对所有公众开放,而且透明玻璃制的电话亭使得电话亭内的活动为所有公民可见。③

美国联邦最高法院支持了 Charles 的主张,认定他对公用电话亭享有隐私期待,它指出:"《第四修正案》保护的是公民个人,而不是地方。公民个人自愿暴露给公众的地方,即使是他的住宅或者办公室,都不属于《第四修正案》保护的对象……但是公民个人主张隐私的地方,即使是开放给公众的领域,也受到《第四修正案》的保护。"④ 因此,公用电话亭是用透明玻璃制造的事实丝毫不会影响 Charles 对该公用电话亭享有隐私期待:"当 Charles 进入公用电话亭时,他所希望排除的不是侵入性的眼睛,而是侵入性的耳朵。"⑤ 美国联邦最高法院同样认定,《第四修正案》保护的对象不限于 Olmstead 一案所宣称的有形物。因此,警察受到限制的行为不再仅仅是物理性的侵入行为。⑥

Katz 一案是解读《第四修正案》的一种新兴方法。与严格解释

---

① See Olmstead, 277 U. S. at 465.
② Katz v. United States, 389 U. S. 347, 348 (1967).
③ See Katz v. United States, 389 U. S. at 348 – 354.
④ Katz v. United States, 389 U. S. at 351 – 352 (citations omitted).
⑤ Katz v. United States, 389 U. S. at 352.
⑥ See Katz v. United States, 389 U. S. . at 352 – 353 (citing and discussing Silverman v. United States, 365 U. S. 505 (1961)).

《第四修正案》的方法不同,在考虑搜查与扣押时,法官仅仅关注"身体"、"住宅"、"文件"以及"财产";而审理 Katz 一案的法庭采用了一种宽泛的解释方法,这使得《第四修正案》能够适应瞬息万变的社会。审理 Katz 一案的法庭明确表明,《第四修正案》所规定的"身体"超出了物理性躯体的范围,它还包括个人对其行为或者活动享有的隐私期待。①

Harlan 法官发表了附合意见。在其附合意见中,他明确讲到了合理隐私期待分析方法的现代标准,包括主观隐私期待和客观隐私期待。② 这一标准可以用两个不同的提问表达清楚:"第一个问题是,该公民是否认为他对他的行为享有隐私期待(主观的)……第二个问题是,该公民所享有的主观隐私期待是否被社会认为是'合理的'。"③

这种二步分析法虽然很容易记住,但却极难予以运用。也许,这是由于"隐私"概念的复杂性的缘故吧:"隐私是一种权利或主张或控制权或价值,就隐私的特征而言,它是否与信息有关、与自治权有关、与个人身份识别有关、与物理接触有关,或者隐私是一个非常贪婪的概念,它试图操纵或者控制一切。"④ 在刑事诉讼程序中,"隐私"意味着,公民的行为活动免受政府的规制,免受公众的关注,它是公民的一项"独处权",它可以保证公民的某些个人信息处于秘密状态。⑤ 在一些案件中,公民的隐私期待能够很容易地被辨别出来;然而在另外一些案件中,就不那么显而易见、容易辨别了。回顾有关合理隐私期待的一些案例会给读者留下这样一种印象:美国联邦

---

① Katz, 589 U. S. at 373 - 374 (Black, J., dissenting) (emphasis in original). Notably, Justice Black was the sole dissenter.
② Katz, 389 U. S. at 361 (Harlan, J., concurring).
③ United States v. Knotts, 460 U. S. 276, 281 (1983) (quoting Justice Harlan's concurring opinion in Katz, 389 U. S. at 361).
④ Daniel B. Yeager, Search, Seizure and the Positive Law: Expectations of Privacy Outside the Fourth Amendment, 84 J. CRIM. L. & CRIMINOLOGY 249, 251 (1993). at 279 (citations omitted).
⑤ William J. Stuntz, Privacy's Problem and the Law of Criminal Procedure, 93 MICH. L. REV. 1016, 1020 - 1021 (1995) (citations omitted).

最高法院对某些问题的看法是不准确的。[1]

（一）非政府侵权行为

在判断被告是否可以主张《第四修正案》保护时，法院首先需要判断的是，涉案侵权行为是否是政府实施的。这种考虑在有关搜查的案件中出现得较多。即使一项搜查行为显然是不合理的，它未必一定会违反《第四修正案》，除非这一搜查行为是由政府官员实施的。[2]

公民个人可能因为非政府官员搜查其物品的行为而遭受隐私期待的损失。这种情况经常出现在"私人搜查"的案件中。在这些案件中，政府官员的任何在后搜查行为都不由《第四修正案》管辖。在"私人搜查"案件中所面临的问题往往是，政府官员的在后搜查行为是否侵犯了被告在遭受私人搜查后仍然所享有的哪怕是一丁点的隐私期待。

例如，在 United States v. Jacobsen 一案[3]中，一个装有可卡因的纸箱在联邦快递公司的送货过程中被损坏。联邦快递公司的一个装货铲车不小心撕开了这个纸箱，并从纸箱中掉出一个包裹。该公司员工打开这个包裹以检查里面装有的物品。[4] 他们发现包裹里面是一些白色粉末状的物质之后立即将这一情况告知了缉毒局。当政府官员到达时，联邦快递公司的员工已经重新包装好了这个纸箱，将纸箱的开口打开，并将纸箱放在了一张桌子上。政府官员一览无遗地查看了整个纸箱，发现箱里一个包裹的一角已经被撕开。然后，他们从这一包裹中拿出四个塑料袋，随之就发现了白色粉末状物质。美国联邦最高法院考察了 Jacobsen 在政府官员检查他的纸箱时是否享有隐私期待的问题。[5] 即使 Jacobsen 的纸箱已经被重新包装，美国联邦最高法院仍然认为，联邦政府官员还是可以依赖私人第三方的观察行为，私人第三方的观察行为并不由《第四修正案》来规范。美国联邦最高法院总结道，在政府官员首次实施搜查行为时，私人第三方（也即联邦快

---

[1] Smith v. Maryland, 442 U. S. 735, 745 (1979).
[2] United States v. Jacobsen, 466 U. S. 109, 113 - 114 (1984).
[3] 466 U. S. 109 (1984).
[4] 466 U. S. 109 (1984). at 111.
[5] 466 U. S. 109 (1984). at 115 - 116.

递公司）已经破坏了这个纸箱的完整性，因此，Jacobsen 不再对该纸箱享有任何隐私期待。①

应当注意的是，公民个人并不会仅仅因为他的包裹被私人第三方打开过而自动地丧失对包裹内物品的隐私期待。法院同样应该考虑包裹内物品的特征、政府搜查行为的性质等因素，以便判断私人第三方侵害他人隐私期待的程度。在 Walter v. United States 一案②中，一家私人企业的职员打开了一个包裹，而这个包裹是被错误运送给了他，并不是他自己的。③ 该职员发现这个包裹里装满了带有明显色情图片和色情文字描述的电影影碟。该职员本想在一个电影播放器里观看这些影片，无奈光线不行，只得放弃播放。于是，该职员联系了联邦调查局（FBI），联邦调查局工作人员在未申请搜查令的情况下就在一台先进的电影播放器上观看了这些影片。美国联邦最高法院在本案中需要判断，私人第三方通过肉眼搜查被告影碟的行为是否破坏了 Walter 对其蕴藏在影碟里的所有影像图片所享有的隐私期待。美国联邦最高法院拒绝支持政府的主张。政府主张，被告电影影碟上明显的色情图片以及文字描述已经被私人第三方看到，而这完全破坏了被告对其电影影碟内蕴藏的动态影像图片所享有的任何隐私期待。与此相反，美国联邦最高法院认定，政府官员利用电影播放器观看影碟的行为，是私人第三方所未实施的行为，这一行为是一种附加的侵权行为，超过了初始非政府侵权行为的范围。在详细考察了不同程度的侵权行为后，美国联邦最高法院最后判决认定，非政府职员的部分侵权行为并没有破坏被告对电影影碟的动态影像图片所享有的合理隐私期待。④

当政府实施一个有预谋的运输行为，即运输一个已经被私人打开过或者被有合理依据的政府官员打开过的包裹时，又会产生另外一个有趣的问题。比如，假设海关官员打开了一个包裹，发现里面装有非法毒品，然后重新包装好这个包裹，并将这个包裹运送给其主人

---

① 466 U. S. 109（1984）. at 120 n. 17.
② 447 U. S. 649（1980）.
③ The business, "L'Eggs Products, Inc." mistakenly received the package sent to "Leggs, Inc." 447 U. S. 649（1980）at 651 – 652.
④ 447 U. S. 649（1980）at 658 – 659.

（也即嫌疑犯）。该嫌疑犯随即将这个包裹带回公寓，海关官员就利用这一间歇时间去申请搜查令。在搜查令被签发之前，嫌疑犯就已经带着这个包裹离开了公寓。政府官员发现嫌疑犯离开公寓后，就立即逮捕了他，并没收了包裹中所装有的走私物品，可是，政府官员在实施这些行为时并没有一张搜查令。嫌疑犯随后申请了一项排除走私物品这一证据的动议，理由是，政府官员无证搜查他包裹的行为侵犯了他所享有的合理隐私期待。该种情形所面临的关键问题是，嫌疑犯在因为海关官员发现他包裹内的走私物而丧失了对该包裹的隐私期待后，他是否可以通过海关官员重新包装该包裹的行为，或者海关官员无暇顾及嫌疑犯公寓内的包裹而去申请搜查令的行为重新建立起对该包裹的隐私期待。

这种情形取材于 Illinois v. Andreas 一案[①]。在该案中，美国联邦最高法院认为："一旦政府官员合法地打开了被告的包裹，并认定其包裹内的物品为非法物时，那么该被告就对该包裹内的非法物不享有隐私期待了，即使该包裹又被重新包装过。"然而，嫌疑犯将走私物带回公寓而并未被政府官员所监控的事实却让美国联邦最高法院的态度有所迟疑。也许，嫌疑犯在离开公寓前可能打开该包裹并往里面装一些其他东西，嫌疑犯这样做就会重新建立起他对该包裹享有的隐私期待。美国联邦最高法院最终判决认定，在政府监控的间歇时间里，如果有客观事实能够证明该包裹内的物品已经发生改变，那么，该公民可以重新建立起对该包裹的隐私期待。[②]

（二）主观的隐私期待

被告必须证明，其在政府行为所侵犯的领域享有一项主观隐私期待，而无论该隐私期待是否合理。比如，一个人极有可能对其钱包享有一项隐私期待。然而，一个钱包能够建立一项隐私期待的事实并不意味着其能适用到所有人身上。那些想要挑战警察搜查其钱包行为的被告必须首先证明，他对钱包内的物品享有隐私期待。在 Rawlings

---

[①]　463 U. S. 765（1983）.
[②]　463 U. S. 765（1983）at 772 – 773.

v. Kentucky一案①中,被告不能证明他享有一项主观隐私期待。在警察申请搜查令之前,Rawlings将他的财物(恰好是非法毒品)藏匿在一个熟人的钱包中。警察将钱包内的物品搜查出来的同时发现了非法毒品。Rawlings诉称,警察搜查钱包的行为违反了《第四修正案》。政府辩称,Rawlings对该妇女的钱包并不享有合理隐私期待。尽管Rawlings已经承认,他对警察不能搜查该钱包的行为不享有主观期待,美国联邦最高法院仍然找到了一些其他理由,证明了他不享有主观隐私期待的事实。具体来说,这些理由有:Rawlings无权排除其他人使用该钱包;他没有采取维护其对钱包享有的隐私的保护措施;以及在"突然的保管协议"之前,他并不能接触这一钱包。② 因此,美国联邦最高法院认为,Rawlings并不对该钱包享有主观隐私期待,所以,他的《第四修正案》权利就没有被政府侵犯。

(三) 客观的隐私期待

除了证明自己享有一项主观隐私期待外,被告还须证明,这一主观隐私期待被社会认为是合理的。③ 这是法庭经常需要处理的问题。有时候,被告的物品被传递给第三方的事实可能损害被告对该物品所享有的隐私期待的合理性。在将物品邮递给另外一个人时,人们应该预想到这一物品有可能最终被传递到政府那里。

例如,虽然人们会预期,一旦一个垃圾袋被扔在路边,这个垃圾袋就会一直处于封闭状态,并等待着垃圾收集人的到来。从整个社会的角度来看,该看法并非一贯如此。美国联邦最高法院认为,垃圾袋被丢在路边的目的是为了方便其他人能够将它拿走。同样,被丢在路边的垃圾袋很容易受到"动物、小孩、私家侦探或者其他社会成员"的影响,因此,人们对其扔掉的垃圾袋并不具有合理隐私期待。④

在20世纪70年代,人们无法想象别人能够翻阅他们在电话上所拨打过的一些电话号码。然而,当警察命令电话公司将一个能够记录

---

① 448 U.S. 98 (1980).

② 448 U.S. 98 (1980) at 105. In contrast, there was evidence that another male friend did have access to the purse and had "rummaged" through it earlier.

③ See California v. Greenwood, 486 U.S. 35, 39-40 (1988).

④ Greenwood, 486 U.S. at 40.

电话号码的定位仪安装在嫌疑犯的家用电话线上时，美国联邦最高法院却认为，嫌疑犯对于其在电话上拨打过的电话号码不享有客观合理的隐私期待。促使美国联邦最高法院作出这种决定的关键事实是，电话拨打者为了使用电话公司提供的电话服务，他们自愿将电话号码传递给电话公司。[1] 电话公司并不经常记录其客户所拨打过的电话号码的事实对本案毫无影响。因为电话公司能够记录客户所拨打过的电话号码，以及因为嫌疑犯为了通话而自愿使用电话公司提供的服务，所以，美国联邦最高法院就预设，社会并不认为拨打过的电话号码属于公民个人的隐私。[2]

相同地，人们可能认为银行账户记录是他们非常重要的隐私。然而，美国联邦最高法院却不赞同这一看法。[3] 支票是商业贸易中人们经常使用的具有可转让性的工具。银行客户自愿地将自己的资产信息提供给银行职员，以便银行职员审查他们是否可以使用支票。[4] 此外，联邦政府的一些行为以及某些法律规定都证明了，银行客户的账户记录可能被披露给政府。因此，"存款人采取了一个极具风险的行为，当存款人将自己的资产信息披露给其他人时，该信息可能被其他人又披露给政府"。[5]

最后，即使人们没有将自己的信息披露给第三方，一些法院也不认为人们对该信息享有客观合理的隐私期待。比如，坐在警车后座的嫌疑犯们对于他们之间的谈话并不享有客观合理的隐私期待，即使他们此时并未受到警察的监视。因此，当嫌疑犯因为在警车后座具有歧视性的谈话而受到审判时，他们无理由反对法庭将他们之间谈话的录音带播放给陪审团的做法。[6]

公民的隐私合理期待只有可能被两种类型的行为所侵犯，因为

---

[1] Smith, 442 U. S. at 744 – 745.

[2] Smith, 442 U. S. at 744 – 745. The Court also explains this notion of a presumption in terms of assuming the risk that the information will be revealed to the police.

[3] See, e. g., United States v. Payner, 447 U. S. 727 (1980); United States v. Mill-er, 425 U. S. 435 (1976); United States v. Sturman, 951 F. 2d 1466, 1483 – 1484 (6th Cir. 1991).

[4] Miller, 425 U. S. at 442.

[5] Miller, 425 U. S. at 442 – 443.

[6] See State v. Morgan, 929 S. W. 2d 380, 383 – 384 (Tenn. Crim. App. 1996). at 382 – 384.

《第四修正案》仅仅规定了"搜查行为"和"扣押行为"。相应地,在涉及《第四修正案》问题的每个案件中,法院必须要么认定要么假设被告遭受了"搜查行为"或者"扣押行为"的侵犯。因此,被告是否具有隐私合理期待的问题可以通过回答被告是否遭受《第四修正案》"搜查行为"或者"扣押行为"侵犯的问题而找到答案。

四、何为扣押行为

公民的具体财产是否被警察扣押的问题很少被人们讨论。然而,人们却经常考虑到公民个人是否被警察"扣押"的问题。这一问题的答案非常重要。如果某个公民没有被"扣押",那么,他的《第四修正案》权利就没有遭受侵犯,无论警察行为是如何的粗暴野蛮,他都不能利用非法证据排除规则来进行救济。只有当法院认定被告被扣押后,法院才能相继考虑,根据《第四修正案》,该扣押行为是否合理的问题。

这一宪法问题的核心是,警察的扣押行为是否影响了公民对其自身身体所享有的合理隐私期待。当一名警察告诉某一公民,他不能再"自由的走动"①,或者不能再"无视警察的出现"② 时,该公民就在《第四修正案》意义上被扣押了。③ 警察扣押某一公民不再必要拷上他并把他带回警局。警察可以通过实施强迫拦截行为或者展示警察权威的方式扣押公民。④

例如,在 Michigan v. Chestrenut 一案⑤中,警察注意到一辆轿车停在了路边。一名乘客跨出汽车并走向站在路边的被告。被告一看到具有警察标志的巡逻车后立马逃跑。警察巡逻车很快就追赶上了被告,并尾随了一小段距离。⑥ 当警察尾随逃跑的被告时,他们发现,被告从他的口袋里扔掉了一些小包,这些小包最后被证明装有毒品。

---

① Terry v. Ohio, 392 U. S. 1, 16 (1968).
② Florida v. Bostick, 501 U. S 429, 437 (1991) (quoting Michigan v. Chestrenut, 486 U. S. 567, 569 (1988)).
③ Terry, 392 U. S. at 16 – 17.
④ Chesternut, 486 U. S. at 573 (quoting Terry, 392 U. S. at 19 n. 16).
⑤ 486 U. S. 567 (1988).
⑥ 486 U. S. 567 (1988) at 569.

当警察停下车来检查这些小包时，被告就自动地停下来了，紧接着他就被逮捕了。被告在法庭上辩称，在他丢弃这些毒品时就被警察"扣押"了，因此，警察从非法扣押行为中所获得的证据应该被排除掉。美国联邦最高法院不同意被告的主张，它认为，警察在逮捕被告前并没有实施《第四修正案》意义上的"扣押行为"，因为一个理性人不会觉得自己必须停下来，不再逃跑。① 在 Chesternut 一案之后，美国联邦最高法院改善了在警察追捕的背景下分析是否出现"扣押行为"的方法。在 California v. Hodari D. 一案②中，当一群少年犯发现一辆无警察标志的巡逻车在一个"高犯罪率地区"巡逻时，他们立马撒腿逃跑。③ 警察随后展开了追捕。在一名少年犯被警察抓住之前，他将一包可卡因扔掉。本案的问题是确定警察实施扣押行为的具体时刻。如果当被告被抓时警察才实施人身扣押行为，那么，被丢弃的毒品就可以作为证据使用。如果警察是在追捕过程中通过展示警察威力的方式"扣押"了被告，那么，警察从追捕行为中所获得的证据就应该被排除。④ 美国联邦最高法院集中精力解释了"扣押"一词，它认为，警察在追捕过程中没有出现扣押行为，除非嫌疑犯停止了逃跑，无论警察是通过展示威慑力的方式还是通过实施强迫拦截的行为促使嫌疑犯停了下来。⑤

法院将该案的分析方法与 Chesternut 一案的分析方法区别开来，法院指出："我们认为，在 Chesternut 一案中，警察巡逻车尾随被告的行为并没有向被告传递这样一个信息，也即他不能无视警察的出现，或者不能继续进行自己的行为。然而，在 Chesternut 一案中，我们并没有提及这样一个问题，也即如果门登豪标准（Mendenhall Test）被满足——被告所接受的信息是他不能自由地行动——《第四修正案》意义上的扣押行为是否会出现。"⑥ 因此，在涉及警察追捕

---

① 486 U. S. 567 (1988). at 575 – 576（citations omitted）.
② 499 U. S. 621 (1991).
③ 486 U. S. 567 (1988) at 622.
④ 486 U. S. 567 (1988) at 623 – 624.
⑤ 486 U. S. 567 (1988) at 626 – 629.
⑥ Hodari D. , 499 U. S. at 628 [citing Michigan v. Chesternut, 486 U. S. 567, 577 (1988) (Kennedy, J. , concurring)].

的案件中，法院必须回答两个问题：①警察展示威慑力的程度以及实施强迫拦截的行为是否向一个理性人传递了他不能再自由行动的信息；②警察展示威慑力或者实施强迫拦截的行为是否在实质上导致被告停下不再逃跑。如果两个问题的回答都是肯定的，那么被告就可以主张《第四修正案》的保护。

在没有警察追捕的案件中，判断警察展示威慑力的行为在何时以及是否构成扣押行为的问题变得更加困难，因为嫌疑犯早已被拦截了而没有逃跑。低层法院在判定警察出现的行为构成"扣押"时，它们往往会看警察巡逻车是否打开了闪光灯、喊话扩音器以及其他的一些阻止被告逃跑的障碍物。在这些案件中，法院必须根据个案的具体事实情况进行判断，从而决定在哪一个时间点划分一条客观分界线，说明被告在那一时间点对自身享有客观合理的隐私期待。

这样一条分界线的起始点是，警察盘问行为本身不可能构成《第四修正案》意义上的扣押行为。[①] 相同地，警察行为传递给嫌疑犯的信息是他不能自由行动的事实也不使警察构成扣押行为。[②] 在那样的情形中，警察并未实施"扣押行为"，嫌疑犯可以无视警察的询问并迅速离开。然而，如果某个公民被警察限制离开或者受到警察的威胁而不能离开，那么警察就实施了扣押行为，该公民的《第四修正案》权利就因此被侵犯了。[③] 在 Florida v. Royer 一案[④]中，戴德县缉毒官员发现了一名符合毒品运输人身份的乘客，该乘客正在通过机场安检大门并准备搭乘飞机离开。美国联邦最高法院多数意见判决认为，该嫌疑犯并没有因为缉毒官员的盘查询问行为或者检查他的护照和机票的行为而被扣押。然而，如果缉毒官员向 Royer 表明他们的身份，并告诉 Royer 涉嫌运输毒品犯罪，要求他随他们到警察室走一趟，缉毒官员还扣押了他的机票和驾驶证，即便在整个过程中缉毒官员并没有告诉 Royer 他可以自由离开，但缉毒官员还是因此干预了

---

① Royer, 460 U. S. at 498（plurality）.
② State v. Darnell, 905 S. W. 2d 953, 958（Tenn. Crim. App. 1995）; see Delgado, 466 U. S. at 216 – 217.
③ Royer, 460 U. S. at 498（plurality）（citing United States v. Mendenhall, 446 U. S. 544, 556（1980））.
④ 460 U. S. 491（1983）（plurality）.

Royer 对自身安全的隐私期待。任何处于 Royer 处境当中的理性人都不会觉得他们能够自由地离开缉毒官员。因此，他正是在这一时刻受到《第四修正案》意义上的"扣押"。①

同样，在 Hughes v. State 一案②中，警察立即回应了在一家便利店中可能发生的潜在偷盗行为的报警。他们将嫌疑犯从便利店中抓出来，并命令他坐在警车后座。田纳西州最高法院判决认为，尽管警察声称他们并没有逮捕被告，但是，任何一个理性人在他们被要求离开便利店，并被要求坐进一辆不能从里面打开车门的警车时都不会觉得他们能够自由地离开。美国联邦最高法院在一些案件中认为，警察接近一辆停在停车位的汽车的行为以及要求被告摇下车窗的行为构成《第四修正案》意义上的扣押行为。③

判断某个公民是否被"扣押"完全取决于每个个案的不同情况。有时，人们是否能够自由行动的问题并不是一件轻而易举就能够判断的问题。比如，在以下一些情形中并不存在《第四修正案》意义上的扣押行为：穿着统一制服的缉毒警察登上一辆停在劳德尔堡市的汽车（该汽车是从迈阿密州开往亚特兰大州），要求一名乘客掏出他的汽车票和护照，希望征得他的同意去搜查他的行李箱。④ 全副武装的移民局官员站在一家工厂的出口，并在工厂附近游荡，询问这些工人的公民资格问题；⑤ 巡警发现一大群人聚集在一起，一旦警察发现了可疑的人，该警察就会征求嫌疑犯的同意，让他等待另一名调查警察的到来。⑥

五、何为搜查行为

与"何为扣押行为"问题一样，"何为搜查行为"的问题也取决于"合理隐私期待"的存在与否。然而，与扣押案件不同，对合理隐私期待问题的讨论却经常出现在搜查案件中。搜查行为比扣押行为

---

① 460 U. S. 491（1983）（plurality）. at 502 – 503.
② 588 S. W. 2d 296（Tenn. 1979）.
③ 588 S. W. 2d 296（Tenn. 1979）. at 300 – 301.
④ Florida v. Bostick, 501 U. S. 429, 431 – 441（1991）.
⑤ Florida v. Bostick, 501 U. S. 429, 431 – 441（1991）. at 219.
⑥ State v. Darnell, 905 S. W. 2d 953, 957 – 958（Tenn. Crim. App. 1995）.

更容易给人们的隐私期待造成损害。合理隐私期待未遭受侵犯的公民并没有受到《第四修正案》意义上的"搜查"或者"扣押"。

因此,为了判断《第四修正案》意义上的"搜查行为"是否出现,法院必须考虑被告的合理隐私期待是否被侵犯了。作为一项普遍规则,警察"搜查那些已经暴露在公众视野的东西"的行为并不构成"搜查行为"。① 因此,法院考虑一个物品是否能够被一览无遗地查看的问题是为了判断该案是否能够适用《第四修正案》。② 美国联邦最高法院认定,一旦警察能够合法地在第一时间查看某一物品,那么该物品所有者在其中的隐私利益就丧失了;该所有者可能会享有这一物品的所有利益和占有利益,但是他不再对其享有隐私利益。③ 然而,当警察的搜查行为是如此极端,以至于警察是否有权进行搜查也变成一个有争议性的问题,这一问题将变得更加复杂,尽管公众此时毫无疑问地有权查看这些物品。

(一)搜查的视野、位置

在 California v. Ciraolo 一案④中,警察虽然怀疑 Ciraolo 在其住宅后院种植大麻,但是警察不能看到这些植物,因为 Ciraolo 在院子周围搭建了一个高 6 米、长 10 米的篱墙。警察在 1000 米高空的直升机上空中监控了 Ciraolo 的这片园子。⑤ 从这样一个有利视野,警察仅凭肉眼就能看见这些大麻植物。美国联邦最高法院认为,既然直升机一般的飞行高度都在 1000 米左右,而任何驾驶直升机的其他人在那一高度都能观察到 Ciraolo 的后院,因此,Ciraolo 对其后院享有的主观隐私期待就是不合理的。⑥ Ciraolo 一案似乎告诉我们,公众具有与警察同样的观察视野的事实说明,公民个人对其住宅及其院落所享有的合理隐私期待并不被警察的观察行为所侵犯。而 Florida v. Riley 一

---

① Arizona v. Hicks, 480 U. S. 321, 328 (1987).
② See Horton, 496 U. S. at 133 n. 5.
③ Andreas, 463 U. S. at 771.
④ 476 U. S. 207 (1986).
⑤ 476 U. S. 207 (1986) at 213 – 215.
⑥ 476 U. S. 207 (1986) at 213 – 215.

案①则向我们展示,这还需要更多的分析。

警察当然有权到警察可能去的任何地方。如果一名警察能够在某一位置观察到某个公民住宅或者其院落内的物体,而在同样的位置,任何普通公众都能够观察到同样的内容,那么,我们就能说,这一物体是所有人都能够看见的,或者是已经暴露在公众的视野之内的。这是美国联邦最高法院在 Florida v. Riley 一案中作出被告不享有合理隐私期待的判决所援用的关键事实:"任何普通公众都能够合法地乘坐一辆飞行高度在 400 英尺的直升机飞过 Riley 的住宅,并且能够发现 Riley 的大麻园地。而警察没有飞得比这更低……如果警察的飞行高度违反制定法的规定的话,本案的处理将会大为不同。"②

然而,Riley 一案的判决意见仅仅是在被告缺少其他证据的情况下才依赖于这一关键事实的。Riley 一案的判决的确认使人意识到,警察从高空进行观察的行为可能侵犯被告的合理隐私期待,如果被告能够证明那样的飞行是如此之少,以至于人们不能预期这样的飞行会存在的话。O'Connor 法官发表了附合意见,她认为,被告未能证明他家院落上空很少出现直升机,尽管直升机可以合法地飞入该领域。③ O'Connor 法官之所以撰写一份独立的附合意见是为了强调,法庭应该关注人们是否能够合理预期到警察利用直升机进行观察,而不是关注警察在进行观察时其直升机飞行的高度是否合法。

Brennan 法官、Marshall 法官、Stevenson 法官三位法官不同意被告无合理隐私期待的判决。他们写道,是州政府而不是被告应该承担举证责任——那样的直升机飞行行为是如此普遍以至于 Riley 不能享有合理隐私期待。同样,Blackmun 法官认为,本案所需关注的问题是,被告对于飞行在 1000 米高空的直升机是否享有合理的隐私期待,而不是普通公众能否合法地飞行在那样一个高度。Blackmun 法官的判决意见是,那样的飞行行为并不常见,而州政府又未举出反证,所以,被告能够有一项合理隐私期待,也即没有人能够在他家院落上空

---

① 488 U. S. 445 (1989) (plurality).
② 488 U. S. 445 (1989) (plurality) at 451.
③ 488 U. S. 445 (1989) (plurality) at 454-455 (O'Connor, J., concurring).

去观察院落内的情况。①

根据 Riley 一案的观点，我们可以认为，所有法官都考虑到了普通公众也可以通过直升机进行那样一项观察的可能性，而非仅仅考虑到警察飞行在那一高度进行观察的行为是否合法。本案的争议问题是谁应该承担举证责任。审理 Riley 一案的大部分法官会认为被告应该承担举证责任——警察所利用的观察位置很少甚至没有被人们采用过，以至于被告可以合理期待，他的院落虽然暴露给了公众却仍不应该被警察观察。本案的问题不是一个理性人是否会预期到警察会观察其住宅院落，而是一个理性人能否预期到普通公众也会通过案中方式观察其住宅院落。

田纳西州上诉法院的刑事庭在审理 State v. Bowling 一案②时似乎就采用了上述分析方法。在 Bowling 一案中，警察正在搜查一辆破损的汽车，以证明其卷入了一场汽车撞人逃逸的刑事案件当中。警察在没有搜查证的情况下闯入了嫌疑犯的住宅。该嫌疑犯家中有一个两容量的停车库，其中一扇面向街道的车库门被紧紧关闭，另外一扇门却离地面有近 3 米的距离。③当警察敲了该停车库的前门和后门而没有人回应后，他们就准备在外面观察停车库里的情况。其中一名警察透过停车库上的一个玻璃窗往里面望去，却仍然不能看清该汽车的全貌；另外一名警察屈下双膝，手掌着地，并将脑袋紧紧贴在地面，并尽力往里面探望。④这名警察从这一位置能够看到汽车受损的部位。这一观察被警察用来作为申请搜查嫌疑犯停车库的搜查令的证据。当警察在实施这一收获颇丰的观察行为时，他们并没有处在一个违法的观察位置。

然而，田纳西州上诉法院并没有判定该汽车的损坏之处能够被公众轻而易举地观察到，相反，他们采用了 Ciraolo 一案所阐明的合理隐私期待的分析方法。田纳西州上诉法院认为，在大部分案件中，警察在一个合法的位置利用自己的感官能力进行观察的行为并没有侵犯

---

① 488 U. S. 445（1989）（plurality）at 467 – 468.
② 867 S. W. 2d 338（Tenn. Crim. App. 1993）.
③ 867 S. W. 2d 338（Tenn. Crim. App. 1993）at 340. The door was left open to allow a dog access to the inside of the garage.
④ 867 S. W. 2d 338（Tenn. Crim. App. 1993）at 342.

任何人的合理隐私期待。① 法院发现,本案的案件事实却表明嫌疑犯的合理隐私期待被侵犯了。嫌疑犯将他的汽车停在靠近停车库被紧闭的大门处,而将另外一边的大门留下一点空隙。② 法院总结道,警察所观察到的证据并没有暴露给公众,所以,嫌疑犯对该证据享有合理隐私期待。③

人们不能对公众视野能够直接观察到的物品享有合理隐私期待,相反的说法亦是正确的:如果某一物品并没有暴露给公众视野,那么该物品的所有者就对其享有合理的隐私期待。最后,如果警察为了搜查证据而移动了某一物品,而这一证据并没有进入普通公众的视野,那么该物品的所有者就享有合理隐私期待。在 Arizona v. Hicks 一案④中,警察在紧急情况下闯入一间公寓,寻找一名向公寓地板开枪的嫌疑犯。警察一进入这间公寓,他们就注意到了一个昂贵的音响设备。在他们看来,这个设备被错乱的摆放,不像是那种能摆放在廉价公寓内的音响设备。⑤ 警察怀疑这个设备是公寓主人偷来的,于是其中一名警察移动了一个部件,以便找到该音响设备的编号。当然,警察调查这个设备是否为偷盗物的行为并不属于《第四修正案》意义上的紧急情况。⑥ 当这一编号证明这个设备的确是偷盗物时,美国联邦最高法院不得不判断,警察移动该设备以便查看编号的行为是否属于《第四修正案》意义上的"搜查行为"。

美国联邦最高法院主要关注警察的搜查行为而非关注该搜查行为的结果,法院认为,公寓主人的合理隐私期待被警察的"搜查行为"侵犯了。通过接触该设备并移动它,警察"就查看到了公寓内原本属于隐私的物品"⑦。因此,对于美国联邦最高法院来说,警察只是查看该设备上一个非属于隐私的编号而并没有查看其他多余的东西的

---

① Bowling, 867 S. W. 2d at 342.
② See Bowling, 867 S. W. 2d at 341 – 342. C. f State v. Cannon, 634 S. W. 2d 648 (Tenn. Crim. App. 1982).
③ See Bowling, 867 S. W. 2d at 342.
④ 480 U. S. 321 (1987).
⑤ 480 U. S. 321 (1987) at 323.
⑥ 480 U. S. 321 (1987) at 325.
⑦ 480 U. S. 321 (1987) at 325.

事实无关紧要。法院所看重的是，警察移动设备的行为使得该设备的编号暴露给了警察，而这一编号原本不应该暴露给任何人。美国联邦最高法院解释道："警察行为并未揭露任何重要隐私的事实毫不影响其搜查行为的属性……无可争辩的是，搜查就是搜查，即使警察搜查到的仅是蛛丝马迹而没有其他更重磅的隐私。"[1]

（二）容器

与暴露于公众视野下的物品不同，容器里的物品经常伴随着其所有者的合理隐私期待。在涉及容器的案件中，合理隐私期待的分析方法经常聚焦于警察所搜查到的具体隐私信息以及警察搜查这些信息的方式。在一些案件中，美国联邦最高法院讨论了一些有可能被警察侵权行为所侵犯的具体隐私信息。在这些案件中，联邦最高法院依赖于这样一个事实：警察搜查行为可能发现的"隐私信息"是不被社会认可为合法的或者合理的。如果警察的侵权行为仅仅只能解决案中是否出现非法毒品的问题，联邦最高法院也许就能明白，将这一问题界定为隐私的做法并没有合理的社会目的。

因此，当一只被训练来搜查毒品的警犬嗅到一个密封行李袋的外层时，该行为并不是《第四修正案》意义上的搜查行为。[2] 在 United States v. Place 一案[3]中，联邦最高法院认为，对于侦查一个行李袋中是否装有毒品的问题，一只训练有素的缉毒警犬的"嗅闻行为"就可以搞定，而无需警察打开那个行李袋。警犬的"嗅闻行为"并不能暴露出行李袋中的非违禁品，这些非违禁品仍然可以保持隐秘状态而远离公众视野。然而，当警察翻箱倒柜式的搜查了整个行李袋时，警察的行为就发现了这些非违禁品。联邦最高法院的这一解释方法类似于其用来判断一项搜查行为或者扣押行为是否合理的方法。联邦最高法院不认为本案存在不合理的搜查行为，它发现警犬的嗅闻行为"比一种典型的搜查行为所具有的侵犯性要低很多"[4]，虽然警犬的嗅

---

[1] Arizona v. Hicks, 480 U.S. 321, 325 (1987).
[2] United States v. Place, 462 U.S. 696, 706-707 (1983).
[3] 462 U.S. 696 (1983).
[4] 462 U.S. 696 (1983) at 707.

闻行为告诉警察行李袋中所装物品的信息,但这一信息还是十分有限的。这一有限的信息披露行为保证了行李袋的所有者所遭受的侵犯要小于更具有侵犯性的典型搜查行为……我们不知道还有哪种搜查方式能比这种方式更恰当,此种搜查信息的方式以及该搜查方式所揭露的信息都是十分有限的。① 因此,联邦最高法院得出这样一个结论:因为警察运用了一个具有最少侵犯性的搜查方式,所以,该搜查方式符合《第四修正案》"合理性的"要求。② 联邦最高法院并不认为警察的行为具有侵犯性而因此构成"搜查行为"。《第四修正案》的分析方法是能够适用于本案的正确分析方法,因为联邦最高法院已经承认,在警犬嗅闻行李袋时,该行李袋就被警察"扣押"了。事实上,"涉案行为是否属于搜查行为"的问题完全没必要讨论,因为联邦最高法院最终认为,警察扣押该行李袋的行为本身就是不合理的。③

在 Place 一案作出判决一年之后,联邦最高法院又重新聚焦于那些可能被警察行为所侵犯的隐私信息,以便判断警察行为是否侵犯了公民的合理隐私期待。在 United States v. Jacobsen 一案④中,联邦快递公司的职员在一个纸箱被公司货物升降机损坏后打开了该纸箱。当发现纸箱里面装有白色粉末状物质后,他们立即通知了缉毒局。联邦最高法院认为,Jacobsen 对该纸箱享有的合理隐私期待被非政府的私人第三方的开箱行为所侵犯了。然而,联邦最高法院还需要判断本案是否还出现了其他的侵权行为,比如,缉毒局官员的搜查行为或者扣押行为。缉毒局官员从这些白色粉末状物质中取了样本并拿去检测以确定其成分。联邦最高法院将取样检测的侵犯行为比作 Place 一案中的警犬嗅闻的侵犯行为。⑤ 联邦最高法院关注了检测行为可能暴露的隐私信息,并分析了警察披露这一信息的行为是否为社会所承认和保护。与缉毒警犬的嗅闻结果相同,检测行为仅能证明一件事——白色

---

① 462 U. S. 696(1983)at 707.
② This would be the substantive Fourth Amendment analysis that would follow a determination that a reasonable expectation of privacy was infringed.
③ 462 U. S. 696(1983)at 709 - 710.
④ 466 U. S. 109(1984).
⑤ 466 U. S. 109(1984)at 123 - 124(discussing United States v. Place, 462 U. S. 696(1983)).

粉末状物质中是否含有毒品成分。联邦最高法院总结道："一种仅能反映某种具体物质是否为可卡因的化学检测并没有侵犯纸箱所有者的隐私利益"。① 与 Place 一案一样，讨论这一问题毫无必要，因为联邦最高法院已经判定，警察的取样行为构成《第四修正案》意义上的扣押。联邦最高法院继续总结到，警察的其他侵权行为，比如，在化学检测时损坏取样的物质，是合理的。因此，无论该检测行为是否属于搜查行为，对案件的判决结果都没有丝毫影响。

在 Place 一案和 Jacobsen 一案中，联邦最高法院主要关注警察行为所侵犯的隐私信息。在这些案件中，联邦最高法院认为，因为警察侵权行为唯一能够披露的信息是涉案物品是否含有毒品成分，所以，警察行为就不是一种"搜查行为"。然而，当警察采用电子监控设备来收集公民的隐私信息时，这一审查将会变得更加严格。两个州的最高法院作出的相关判决描述了一种十分谨慎且相互矛盾的分析方法，当案件涉及警察运用一个电子监控设备进行监查时。

在 United States v. Knotts 一案②中，警察将一种名叫寻呼机的电子跟踪设备安装在一罐化学药品上，并将它销售给一个有犯罪嫌疑的毒品制造商。警察利用电子监控设备以及寻呼机发出的信号跟踪了这名嫌疑犯的汽车，汽车上装有很多罐化学物品。可是，警察跟丢了这个电子信号一个小时左右的时间。后来，一架直升机捕捉到寻呼机的电子信号，这一信号指示寻呼机位于一个小屋的周围。联邦最高法院总结到，没有人能对他们开在公共道路或者开放领域的汽车享有合理隐私期待。③ 虽然人们对其住宅享有合理隐私期待，但是本案中的寻呼机并没有侵犯嫌疑犯的这一隐私期待。法庭庭审记录里没有记下任何能够表明寻呼机除了证明它位于小屋外，还侦查到其他什么信息的证据。因为这一信息并不比站在小屋的庭院里用肉眼进行观察的警察所发现的信息还要多，所以，警察利用寻呼机进行跟踪的行为就不构成"搜查行为"。④

---

① 466 U. S. 109（1984）at 123（even though the test itself destroyed the property tested）.
② 460 U. S. 276（1983）.
③ See 460 U. S. 276（1983）at 281 – 282.
④ See 460 U. S. 276（1983）at 285.

在接下来的一年里，联邦最高法院审理了一个更为复杂的案件，该案解决了在 Knotts 一案中所提出而未被回答的问题：警察监控到位于住宅内部的寻呼机信号的行为是否构成"搜查行为"。在 United States v. Karo 一案[①]中，警察将一台寻呼机放在一瓶乙醚药品中，并将它销售给一名有犯罪嫌疑的毒品制造商，警察随后发现 Karo 将这罐药品放到了他的住宅内。这罐药品最后又被转移到另外一个名叫 Horton 的嫌疑犯的家里。警察并没有观察到这一转移过程，但是通过寻呼机信号最终定位到这罐药品的位置所在。两天后，跟踪这一信号的警察又发现寻呼机被转移到 Horton 的父亲家里。接下来的一天，警察监控到寻呼机被转移到一个包含有多个存贮室的商业仓库内。警察通过乙醚的气味传感器侦查到它位于编号为 143 的存贮室内。大约一周过后，寻呼机被转移到另外一个仓库。警察再次利用乙醚的气味传感器定位了存放乙醚的确切存贮室。[②] 可视监控器以及传呼机的电子信号将警察又导向嫌疑犯所租用的另外一间住宅。警察通过监控器发现所有的嫌疑犯都离开了这一租用的住宅，而传呼机的电子信号表明传呼机还留在住宅内。

联邦最高法院对本案中的警察行为所采用的分析方法十分有趣，相较于它在警犬嗅闻案以及化学检测案中采用的分析方法——这两个案件与这个传呼机跟踪案都是在同一个时期作出判决的。在 Karo 一案中，联邦最高法院发现，"当传呼机位于租用的房间内时，警察还在跟踪这一信号的行为暴露了该房间的内部情况，政府十分热心于了解该房间的内部情况，而政府只有在获得搜查令的前提下才能搜查这一房间。"[③] 本案与 Knotts 一案不同，在 Knotts 一案中，位于住宅外面的传呼机并不能监控到住宅内部的情况。在 Karo 一案中，警察监控到传呼机信号位于房间内的事实"不仅证实了该罐化学物品被移到房间内，而且还证实了该物品还一直位于房间内"。因此，联邦最高法院判决认为，警察监控位于住宅内的传呼机的行为构成"搜查

[①] 468 U. S. 705 (1984).

[②] See 468 U. S. 705 (1984) at 709.

[③] Karo, 468 U. S. at 715. Of what significance is it that the Government was "extremely interested" in knowing if the ether was inside the house?

行为"。①

这一判决意见似乎与警犬嗅闻案②和化学检测案③的判决意见不同,因为这两案的判决均认为,警察仅仅侦查到某物品是否含有毒品成分的行为不构成"搜查行为"。在 Karo 一案中,传呼机的信号仅仅表明乙醚物品位于住宅内;它并没有提供更多的信息。而且,传呼机所提供的信息同样能够通过可视监控器获得——警察仅仅监控到装有乙醚物品的容器被转入住宅内而并没有看到它被转移出去。Place 一案和 Jacobsen 一案能够与 Karo 一案达成一致结论,如果它们采用 Karo 一案的分析方法的话。

一方面,Place 一案和 Jacobsen 一案中的信息均是关于涉案物品是否含有非法毒品成分的信息,而 Karo 一案中的信息则是关于本案是否存在一种能够被用来生产非法毒品的合法化学物质的信息。另一方面,Karo 一案中政府官员所获得的信息是警察通过破坏住宅的神圣性而获得的,而 Jacobsen 一案和 Place 一案中的政府官员却没有采用这种方法。审理 Karo 一案的法庭讨论了住宅内隐私利益的问题,并试图保护这些隐私利益免受政府的侵犯。

(三)汽车

由于《第四修正案》提供了双重保护,人们在采用隐私合理期待的分析方法分析涉及汽车的案件时会面临一个特殊的难题。《第四修正案》为搜查行为和扣押行为提供了合理根据要求以及令状原则要求。在汽车案中,联邦最高法院经常讨论到关于令状原则要求以及"汽车搜查例外"规则的隐私合理期待问题。④ 然而,我们不应该将这一问题与合理隐私期待分析方法原本是用于判断案件是否适用《第四修正案》的问题相混淆。

例如,联邦最高法院下面的一段陈述很值得人们思考:"公民对其汽车以及汽车内的物品所享有的隐私合理期待可能会荡然无存,如

---

① Karo, 468 U. S. at 714–715.
② Place, 462 U. S. 696.
③ Jacobson, 466 U. S. 109.
④ See Carroll v. United States, 267 U. S. 132 (1925).

果警察有合理根据相信他们是在用其汽车运输走私物品的话。"① 当然，公民是否具有合理隐私期待与警察的任何怀疑（suspicion）都无关。人们之所以在汽车案的背景下来讨论合理隐私期待问题，其目的在于表明这样一个事实：公民对于其汽车内物品的隐私期待将会减低，因为这些物品位于汽车内。认识到这一点非常重要，因为这使得"汽车搜查例外"规则作为《第四修正案》令状原则的例外具有了合理性。②

同样重要的是，我们应该认识到，公民个人在其汽车内的隐私期待将会减少的观点不能说成是公民在其汽车内不享有任何合理隐私期待的观点。如果公民对于汽车以及汽车内的物品不享有隐私合理期待，那么《第四修正案》（包括其令状原则以及该原则的汽车搜查例外）就不能被运用到案件中。相反，如果联邦最高法院是在讨论汽车搜查例外规则，那么，《第四修正案》就能被运用到案件中，因为案中被告享有隐私合理期待。Brennan 法官非常精准地总结出了这两个观点的区别："因为汽车是机动的，具有可移动的特性，它经常受到政府法规的规范，所以，公民在其汽车内享有的合理隐私期待要小于他们在其住宅内所享有的隐私合理期待，这也许就是为什么联邦最高法院会认为警察无证搜查汽车的行为有时并不违反《第四修正案》的原因了。但是，只有具有合理根据时，警察才能无证搜查汽车，开车自驾游的公民并不会丧失其对汽车所享有的所有隐私合理期待，因为这种汽车使用方法受到政府法规的特别保护。"③

因为汽车是一种运输工具，所以，不同类型的乘员具有不同的隐私利益。比如，被警察拦截的一辆汽车里可能坐有车主、客人、搭便车者或者乘客。汽车内是否具有一项隐私合理期待的问题并不取决于汽车乘员的分类。有时候，甚至车主都不能对自己的汽车享有隐私合理期待。相反，法院必须自行判断被告对于警察所搜查的汽车是否享

---

① United States v. Johns, 469 U. S. 478, 484（1985）[quoting United States v. Ross, 456 U. S. 798, 823（1982）].
② See Arkansas v. Sanders, 442 U. S. 753, 761（1979）.
③ New York v. Class, 475 U. S. 106, 124 – 125（Brennan, J., concurring in part, dissenting in part）（citations omitted）[quoting Delaware v. Prouse, 440 U. S. 648, 662（1979）（internal quotations omitted）].

有一项受社会承认的客观隐私合理期待。正如审理 Rakas 一案的法庭所指出的那样:"被告是否能够主张《第四修正案》的保护,并不取决于他是否对于警察所侵犯的地方享有财产权,而是取决于他对于警察所侵犯的地方是否享有隐私合理期待"。① 因此,联邦最高法院总结到,汽车乘客并不对其座位下面的区域或者汽车上锁住的杂物箱享有隐私合理期待②;租车人或者借车人也不对此享有隐私合理期待③。但是,一名拖拉机挂车车主却对挂车享有隐私合理期待,即使它被借用给另外一个人使用。④

除了以上一些规则外,为了使人们明白汽车案中的隐私合理期待分析方法,笔者有必要提出另外一项规则。虽然公民对于汽车内的物品享有合理隐私期待,但是,对于汽车内的密闭容器,我们有必要另外加以分析。无论公民是否对其汽车享有合理隐私期待,公民对其汽车内的密闭容器享有合理隐私期待的观点都不会受到该容器位于汽车内的事实所影响。相同地,无论该"容器"是一个小提箱、手提箱、钱包、盒子、纸袋子还是一个绿色环保的纸包裹,该容器的所有者都对其享有隐私合理期待。

然而,汽车中密闭容器的内部与其外部的隐私利益是不一样的。比如,一个行李箱的所有者不具有这样一种合理隐私期待——任何人都不可以接触放在公共汽车或者其他交通运输工具上的行李箱的外部。"虽然公共交通运输工具上的乘客享有一种隐私合理期待,也即,其他人非经他的同意或者具备一张搜查令而不能搜查他行李箱内的物品,……然而,这一隐私期待并不延伸到行李箱的外部或者周边的空间领域。"⑤

一旦人们理解了上文所讲的这些规则,他们就不会对汽车中的合理隐私期待分析方法感到迷雾重重了,但还是有一个例外,即联邦最

---

① Rakas v. Illinois, 439 U. S. 128, 143 (1978) (citing Katz, 389 U. S. at 353). The Court in Rakas found that the non-owner passengers did not prove a reasonable expectation of privacy in the areas of the automobile searched or in the property seized.
② Rakas v. Illinois, 439 U. S. 128, 143 (1978).
③ See United States v. Blanco, 844 F. 2d 344 (6th Cir. 1988).
④ See United States v. Jenkins, 92 F. 3d 430, 435 (6th Cir. 1996).
⑤ Guzman, 75 F. 3d at 1095.

高法院必须将一个案件的判决意见与其他采用隐私合理期待分析方法的汽车/容器案件区分开来。在 Arkansas v. Sanders 一案[1]中，联邦最高法院在脚注 13 处就没有处于公众视野下的容器内部物品的问题作了如下陈述："警察在实施搜查行为的过程中所发现的容器和包裹并非全都值得《第四修正案》的保护。一些容器由于它们本身的性质而不能使其所有者对其享有隐私合理期待，因为容器内的物品可以从容器外表推测出来。同样，在某些案件中，鉴于人们能够轻而易举地观察到容器内的物品，因此，警察搜查这一容器就不需具备搜查令了。"[2]

（四）丢弃物

人们可以通过丢弃某一物品而丧失对该物品所享有的隐私合理期待。这一观点并不是隐私合理期待分析方法的特别之处，因为，它仅是我们在进行合理隐私期待分析时所需考虑的其中一个事实因素。这种意义上的"丢弃物"并不是财产法中该词的法律含义。法院必须再次考察隐私期待的含义，从而判断"一个理性人对于其丢弃的物品是否享有合理隐私期待"。当然，该丢弃物品的性质将会影响这一判断的结果。比如，人们对于其在行李认领处的行李箱所享有合理隐私期待的时间要长于他们对于其在高速公路上因为着火而空出的汽车所享有合理隐私期待的时间。然而，因为某一公民是否具有隐私合理期待的问题取决于一个理性人处同样的处境时是否会抛弃隐私利益，所以，该公民不能通过主张丢弃物品是为了逃避逮捕而非实质抛弃来保留对该物品的隐私利益。[3]

联邦最高法院至少在一个案件中认为，某一公民对其保险箱所享有的合理隐私期待可能会因为私人第三方偷盗该保险箱并将它公开置于公众视野而丧失。[4]

---

[1] 442 U. S. 753, 764 n. 13 (1979).

[2] 442 U. S. 753, 764 n. 13 (1979) at 764 n. 13 (emphasis added) [citing Harris v. United States, 390 U. S. 234, 236 (1968) (plain view)].

[3] See Oswald, 783 F. 2d at 667.

[4] See United States v. Procopio, 88 F. 3d 21, 27 (1st Cir. 1996) [citing United States v. O'Bryant, 775 F. 2d 1528, 1534 (11th Cir. 1985)].

(五) 住宅

《第四修正案》所保护的最神圣的地方是公民的住宅。然而,《第四修正案》之所以保护公民的住宅,并不是因为它是人们选择生活在其中的一种物理性建筑。相反,是社会及其民众对神圣"住宅"的期待才使得它享有受人尊敬的地位,因为"《第四修正案》保护的是公民个人,而非地方"。

在住宅中,对于生活在其中的人是否享有隐私合理期待的问题不再成其为一个问题。事实上,房主对于其住宅享有不受限制的隐私期待。比如,人们很少对于他们不曾参与的谈话享有合理隐私期待,因此,如果警察记录了一段对话,而嫌疑犯并没有参与其中,那么,该嫌疑犯的《第四修正案》利益就没有遭到损失,然而,如果那段对话发生在嫌疑犯的家里——即使他当时并未在场,他的《第四修正案》权利也受到了侵犯。即使房主被警察"扣押"的事物不享有《第四修正案》利益,但他的确对其被警察"搜查"的住宅享有隐私合理期待。

在住宅案件中所需要认真讨论的问题是,拜访者对于房主的住宅是否享有隐私合理期待。虽然这条分割线并不如之前那么明确,但是,联邦最高法院还是努力地划分了一条线,超过了这条线,客人就对其主人的住宅不享有隐私合理期待了。[1] 在 Jones v. United States 一案[2]中,联邦最高法院就需要判断,被告是否有权利反对警察搜查他朋友公寓的行为,因为被告有该公寓的一把钥匙。法院认为,根据以下两种理论中的任何一种,被告的确有权利反对警察实施的搜查行为:①一个被控持有毒品罪的被告具有"理所当然的权利"去反对警察的搜查行为以及搜查之后的扣押行为;②"任何合法进入别人住宅的人都有权利通过提出证据排除的动议来挑战警察对该住宅进行搜查的合法性,如果警察将通过搜查所获得的证据用来对他提出控告

---

[1] See Minnesota v. Olson, 495 U.S. 91 (1990) (overnight guests have a reasonable expectation of privacy in their host's home).
[2] 362 U.S. 257 (1960).

的话。"①

"理所当然的权利"规则经常被用来消除被告在非法持有毒品案中所面临的困境：如果被告具有证据证明他有权利挑战警察的搜查行为，比如，他们持有毒品，或者对警察搜查的地方具有十分重要的隐私利益，也就意味着被告承认了自己犯有非法持有毒品罪。②"进入住宅的合法性"规则被用来保护被告的利益③；这一规则并不反对任何合法的警察执法行为，它保护了被告的宪法权利，这一宪法权利是从民法中的财产权利的法律规则发展而来的。

"进入住宅的合法性"标准是我们判断被告是否具有《第四修正案》权利所首先应该采取的做法。④ 在 Raksa v. Illinois 一案⑤中，警察拦截并搜查了一辆被告乘坐的汽车，被告是该汽车的乘客而非车主。同样，被告也不是警察在汽车上所扣押的武器或者弹药的所有者。联邦最高法院反对被告的主张，因为被告认为，根据 Jones 一案所宣布的规则，他们合法乘坐在汽车上的事实使得他们有权挑战警察搜查和扣押行为的合法性。⑥ 联邦最高法院认为这一规则的含义过于宽泛，它又重新提出了其在 Katz 一案⑦中的判决意见，即"被告是否能够主张《第四修正案》保护的问题，并不取决于其是否在警察所侵犯的地方享有财产权，而是取决于被告是否在该地方享有一项合理的隐私期待"。⑧

Jones 一案在非法持有毒品案件的背景下所建立的"理所当然的权利"规则在该案经过八年后就已经被消磨殆尽了。在 Simmons v. United States 一案⑨中，联邦最高法院认为，政府不能将被告在证

---

① See 362 U. S. 257（1960）at 259.
② See 362 U. S. 257（1960）at 259.
③ See 362 U. S. 257（1960）at 267.
④ The test was "anyone legitimately on premises where a search occurs may challenge its legality by way of a motion to suppress, when its fruits are proposed to be used against him." Jones, 362 U. S. at 267.
⑤ 439 U. S. 128（1978）.
⑥ See 439 U. S. 128（1978）at 142 – 143.
⑦ 389 U. S. 347（1967）.
⑧ Rakas, 439 U. S. at 143（citing Katz, 389 U. S. at 353）.
⑨ 390 U. S. 377（1968）.

据排除听证会上所作证词作为被告自认的证据在该案当中使用。在 Simmons 一案①否定了"理所当然的权利"规则后,联邦最高法院再次运用了它在 Katz 一案中所建立的合理隐私期待分析方法。因此,在 United States v. Salvucci 一案②中,联邦最高法院拒绝承认警察将扣押物归还原主作为这样一个事实的救济方法,即该扣押物的所有者对警察进行搜查的区域享有隐私合理期待。③

联邦最高法院放弃"理所当然的权利"规则和"进入住宅的合法性"规则而采用隐私合理期待的分析方法并没有明确回答这样一个问题,也即,一位客人何时对其拜访的主人的住宅享有隐私合理期待。拜访者的隐私合理期待的有无是否取决于该名拜访者在普通法法律分类中所处的身份地位,是否取决于他对住宅所享有的控制力或者所有利益的大小?或者是否取决于这栋物理性建筑本身的地位?

联邦最高法院已经划分出了一条明确的分界线。在 Minnesota v. Olson 一案④中,联邦最高法院判决认为,"拜访者作为一个过夜者的地位"足以建立起他对主人住宅的隐私合理期待。然而,联邦最高法院在 Olson 一案中的说理还是有些问题。法院在分析 Olson 一案时,首先正确地指出了,"公民主张的一项主观隐私期待是合理的,如果社会承认了这项隐私期待的话"。但是,法院在判决意见中提到的能够证明 Olson 具有主观隐私期待的唯一事实是,当他被逮捕时,他正待在这个女孩的公寓中。在法院的分析中,它首先解释道,由于社会礼仪允许客人居住在主人家里过夜,所以,社会承认一个过夜的客人对其主人的住宅享有隐私合理期待。就这位客人的隐私期待而言,法院解释道:"在这位过夜的客人看来,他之所以住在另外一个人家里过夜,只是因为这栋住宅为他提供了隐私,他以及他的东西不会被任何人打扰,除了他的主人和那些与他一样留在主人家里过夜的人之外。当我们进入睡眠状态时,我们是最为脆弱的,因为我们不能保证自身以及随行物的安全。正是由于这个原因,虽然我们可以一整

---

① See United Statesv. Salvucci, 448 U. S. 83, 96 - 97 (1980) (Marshall, J., dissenting).
② 448 U. S. 83 (1980).
③ 448 U. S. 83 (1980) at 92.
④ Olson, 495 U. S. at 95 - 96 (quoting Katz, 389 U. S. at 361 (Harlan, J., concurring)) (emphasis added).

天都待在公共场所，但是，当我们不能在自家睡觉时，我们会毫不犹豫地寻找另外一个隐秘的地方睡觉，无论是一小旅馆还是一个朋友的家里。社会会认为这一地方的隐私期待不会比在一个公共电话亭的隐私期待少——'一个短暂的隐私场所被社会认为是一个短暂的占有者可以享有合理隐私期待的地方'。主人对其住宅享有合法控制权的事实与客人享有合理隐私期待的事实并不冲突。客人被主人盛情邀请到家中作客，主人非常乐意与客人分享住宅以及住宅的隐私空间。很显然，客人不会被限制在该住宅中某一小片区域内活动。当主人离开或者睡觉休息时，客人就可以控制这栋住宅。主人可以自行决定允许或者禁止其他人进入他的家；但是，主人不会贸然邀请那些想要见他客人的人而又遭到客人反对的人进入他的家里。另外，一些客人可能在征询主人的意见之前就邀请了一些朋友来主人家中看他；主人虽然有权无视客人的意愿而将客人的朋友赶出住宅，但是，主人经常都会表现出大方通融的态度。这表明，主人极有可能尊重客人的隐私利益（他有权享有合理隐私期待），虽然客人不对主人的住宅享有合法利益，也没有决定谁可以进入主人住宅的法律权利。"①

在我们通篇阅读了联邦最高法院在上文中的说理后，我们会明显发现，联邦最高法院仅仅讲到了客人的客观隐私期待，而没有提及客人的主观隐私期待。这也许与联邦最高法院的这一说法相一致，也即，"过夜客人的地位"就足以建立一项合理隐私期待了。② 然而，法院的说理仍不清楚。比如，除非我们将法院的判决意见解读为过夜客人仅仅在他们睡觉时才享有隐私合理期待，而本案当然不存在这样一种限制，那么，法院在判决意见中所讨论的每一种类的隐私合理期待都可能存在，无论客人是否有意留在主人家过夜。如果将判决意见中的"过夜客人"换成"非过夜客人"，判决意见中所讨论的隐私利益同样不会改变。

人们可考虑下面一种场景：一个主人要求两个客人到他家作客。其中一个客人会留在主人家过夜，而另外一个客人则不会。根据联邦最高法院在 Olson 一案中的说理，这名过夜客人一跨入主人的住宅，

---

① Olson, 495 U. S. at 99 (citations omitted).
② See Olson, 495 U. S. at 96–97.

他就对整栋住宅享有隐私合理期待。那么，在其待在主人家中的期间，另外一个客人所享有的隐私合理期待就会比那个过夜客人的少吗？如果是这样的话，法院的这种说理方法在事实上就无异于"进入住宅的合法性"判断标准了。虽然 Olson 一案确认了一名过夜客人对其主人的住宅享有合理隐私期待，但联邦最高法院从来就没有承认，只有成为一名过夜客人，客人才可以享有那样一项隐私合理期待。

（六）纵火

除了上述住宅案之外，隐私合理期待的分析方法还能不能适用于另外一种住宅案：一个被控纵火烧掉自己住宅的公民是否对其燃烧着的住宅享有隐私合理期待？答案是：他可能享有。

《第四修正案》的禁止规定显然可以像适用于警察那样而适用于消防员。因此，在纵火案中可能出现的问题是，住宅的所有者对燃烧着的住宅享有隐私合理期待，那么，他是否可以据此挑战消防员的救火行为或者调查员的调查行为呢？与非被纵火的住宅搜查案不同，在这些案件中，住宅的所有者对住宅享有隐私合理期待是一个周知的前提，而在纵火案中，法院必须认真分析案情，从而决定住宅的所有者对燃烧后的住宅还享有哪些隐私合理期待。

作为一个在先问题，故意纵火烧掉自己住宅的房主因此就抛弃了他对该住宅所享有的任何隐私期待的观点并未被法院讨论到。更重要的是，这一观点也不具说服力，因为法律保护的是无罪公民的合理隐私期待。同样，这栋住宅被大火损坏的事实并不意味着该住宅的所有者对大火后的遗留物不享有任何隐私期待。这一观点才击中正题。

联邦最高法院对此问题发表的唯一意见是在 Michigan v. Clifford 一案[①]中。在该案中，联邦最高法院解释了在住宅燃烧情形中采用合理隐私期待分析方法所依赖的事实依据："隐私期待会随着住宅的类型、大火烧毁的程度、大火前和大火后住宅使用的情况以及在某些案件中住宅所有者阻挡入侵者的努力等因素的不同而不同。一些大火是

[①] Although a plurality opinion, all Justices apparently agreed in the analysis and decision regarding the owner's rasonable expectation of privacy. See Tyler, 436 U. S.

如此具有毁灭性，以至于住宅所有者在大火后的废墟上并不存在合理隐私利益，而不论他是否具有主观上的隐私期待。隐私合理期待分析方法本质上其实是一种客观判断标准：社会是否承认公民的某一主观隐私期待是否是客观'合理的'。"① 在 Clifford 一案中，被告的邻居打电话告诉被告，他的家被大火烧毁。被告立即委托其邻居联系他的保险代理人，并将房子用围栏围起来。除了被告本人对其住宅所享有的一般隐私期待之外，被告采取措施保护遗留在大火后房子里的个人物品的行为是联邦最高法院作出支持被告对其大火后的住宅仍享有合理隐私期待的判决意见的立足点。②

（七）后院以及开放领域

由于住宅在社会中所享有的尊贵地位，在住宅周围的一片区域也受到《第四修正案》的重视，并不同于它对其他未与住宅连接的开放领域的态度。早在 1924 年，联邦最高法院就在 Hester v. Uninted States 一案③中认定，"《第四修正案》为公民提供的'身体、住宅、文件以及财产'的保护并不能延伸到开放领域。开放领域与住宅的区别跟普通法一样古老。"④ 然而，接下来六十年的司法发展证明，《第四修正案》中住宅和开放领域的区别并非如 Hester 一案描述的那么简单——因为在住宅和开放领域中间还存在一块普通法概念中的"后院"。

后院是指"紧紧围绕在住宅周围的一片区域"⑤。它是"一片能够延伸公民在其神圣住宅中的隐私活动范围的区域"⑥。联邦最高法院为我们判断哪些区域属于后院提供了一些指导意见："我们相信，后院区域的判断与四个因素有关：能够被称为后院的区域与住宅的距离，这片区域是否位于环绕着住宅的围墙之内，这片区域的用处，以

---

① 464 U. S. 287 (1984) At 296 n. 7.
② See 464 U. S. 287 (1984) at 295. The disagreement among the Court was in deciding whether the intrusive acts were reasonable under the Fourth Amendment.
③ 265 U. S. 57 (1924).
④ 265 U. S. 57 (1924) at 59 (citation omitted).
⑤ Oliver v. United States, 466 U. S. 170, 180 (1984).
⑥ Oliver, 466 U. S. at 180 [quoting Boyd v. United States, 116 U. S. 616 (1886)].

及住宅主人为了防止路人观察到这片区域所采取的一些措施。"接下来,将这四个因素套用于案件中的事实就是法官的任务了。作为对比,"'开放领域'就可能包括位于后院外的任何未被占有或者开发的区域。"一片"开放领域"既不必要是"开放的",也不必要是"一片完整区域"。相应地,判断一片区域是否属于"开放领域"可以参照后院区域的判断方法。虽然联邦最高法院本应该采用隐私合理期待分析方法来判断一片区域是否属于《第四修正案》所保护的"后院"或者不为《第四修正案》所保护的"开放领域",但是联邦最高法院在该案中却没有这样做。

联邦最高法院并没有为了支持 Katz 一案所建立的隐私合理期待分析方法而放弃开放领域分析方法。在 Oliver v. United States 一案[①]中,联邦警察驱车前往一片农场,以便调查它里面是否种植了大麻。警察开车经过被告的住宅,并停在了一扇紧闭的大门之前,门上贴有禁止进入的警告语。警察在门前徘徊了一会儿,紧接着就继续往前开车行驶,直到他们发现一片大麻地。联邦最高法院认为,警察的行为并未违反《第四修正案》。联邦最高法院之所以得出这一结论,是因为他们采用了 Hester 一案[②]所建立的开放领域规则,而且他们发现这一规则与当前《第四修正案》的隐私合理期待分析方法具有一致性。因此,人们对"开放领域"不享有隐私合理期待。

虽然联邦最高法院在审理 Oliver 一案时采用了 Hester 一案所确立的开放领域规则,并认为开放领域规则与隐私合理期待分析方法并不冲突,但是,法院还是将两者区别开来。联邦最高法院得出该案判决结论并不是通过采用 Katz 一案所建立的合理隐私期待分析方法,而是通过解读《第四修正案》宪法条文的原本含义及其历史发展渊源。[③] 联邦最高法院提到,由詹姆斯·麦迪逊所起草的首份宪法文本的本意是为了"保护公民的人身、住宅、文件以及他们的其他财产

[①] 466 U. S. 170 (1984).

[②] 265 U. S. 57, 59 (1924). The Hester Court-reasoned that since an "open field" was not a Fourth Amendment "persons, houses, papers, and effects", it could not be protected by the Fourth Amendment.

[③] See Oliver, 466 U. S. at 176 – 177.

的安全",但是被制宪者所采纳的宪法文本却只是保护公民的"财产"①。联邦最高法院发现,"财产"(effects)一词比"其他财产"(other property)一词更具有限制性,因此,"财产"一词并不能表明《第四修正案》保护公民所有类型的财产,开放领域就不是《第四修正案》保护的范围。换句话说,不属于住宅或者后院的区域就不是"身体、住宅、文件以及财产",当然也就不能受到《第四修正案》的保护了。联邦最高法院然后解释,这份判决为什么与合理隐私期待分析方法相一致而不是由该方法所得出的。② 法院重新陈述了 Hester 一案的规则:"公民个人不能要求法律保护他们在户外开放领域从事活动的隐私,除非这片领域属于紧靠近住宅的后院。"③

如果联邦最高法院这样解释的话,它也就告诉我们,我们仅能在紧靠自家后院的一片户外领域内主张一项合理隐私期待。因此,人们在开放领域所采取的任何保护隐私的措施,比如搭建围栏或者张贴警告语,显然不能发挥任何作用,如果这片区域没有紧紧靠近住宅的话。相同地,如果政府的侵权行为发生在后院外的区域,该行为也不受到《第四修正案》的约束。④

Oliver 一案的异议意见考虑了联邦最高法院放弃采用其在其他案件中所运用的隐私合理期待分析方法而使用 Hester 一案中的"开放领域"分析方法的做法。异议意见发现,Katz 一案是一个里程碑式的案件,它将《第四修正案》的保护对象解释为公民及其隐私期待,而非某个具体的地方。⑤ 因此,异议意见讲道,Oliver 一案的多数意见忽略了隐私合理期待分析方法内在的支持了开放领域分析方法的事实。⑥

这是一个非常明智的观察。开放领域分析方法只考虑了一个问题:这片区域是否受到《第四修正案》的保护?如果 Katz 一案对我

---

① Oliver, 466 U. S. at 176.
② See Oliver, 466 U. S. at 177.
③ Oliver, 466 U. S. at 178.
④ See Oliver, 466 U. S. at 183 – 184 (the law of trespass would even apply to areas not protected by the Fourth Amendment).
⑤ See Oliver, 466 U. S. at 187 – 188 (Marshall, J., dissenting).
⑥ See Oliver, 466 U. S. at 188 (Marshall, J., dissenting).

们还有任何意义的话,那么它意味着,《第四修正案》保护的是公民的隐私合理期待而非地方。因此,这样看来,这两种分析方法是完全对立的,然而事实并不是这样。根据 Katz 一案,公民可以对任何地方都享有隐私期待,只要社会承认这一隐私期待是合理的。开放领域分析方法只是对此种规则增加了这样的内容,即公民在开放领域享有的任何主观隐私期待都不是客观合理的隐私期待。

然而,Oliver 一案的判决意见与 Katz 一案所确立的合理隐私期待分析方法相冲突。通过运用开放领域分析方法并将政府行为所侵犯的领域界定为后院而非开放领域,联邦最高法院作出的判决结论是什么?那样的一份判决结论也许将"后院"当作保护公民隐私的一个紧靠家门的地方。被用来判定涉案区域属于后院的四个因素"取决于被告能否合理预期到,涉案区域应该被当成住宅本身来对待"。一片能称为后院的区域是"紧紧环绕住宅并与它相联系的区域";"这片区域延伸了'神圣住宅内隐私活动的范围'"。① 联邦最高法院能否作出这样的判决:一方面,它认定公民的某一片区域属于其后院,因为它与住宅的联系是如此紧密,以至于可以把它当成是《第四修正案》中的"住宅";另一方面,它又发现这栋住宅的主人或者过夜客人并不对该后院享有一项《第四修正案》利益,因为他们缺少一项合理隐私期待?对于政府实施的物理性侵入行为而言,该问题的答案是否定的;对于政府的监视行为,该问题的答案是肯定的。

当然,这一说法是不符合逻辑的。比如,如果《第四修正案》是可适用于案件的,案中存在一项隐私合理期待,那么这项隐私合理期待就是绝对的,而不论政府实施的侵权行为的类型。除非被告具有一项隐私合理期待,否则,《第四修正案》的令状原则根本就不会运用于案中。然而,如果联邦最高法院认为,被告并不对其自家后院的、能被直升机飞行员肉眼观察到的非法毒品享有隐私合理期待,法院仍然可以运用《第四修正案》去解决案中的扣押问题。即使警察在被告后院观察到非法毒品的行为并没有侵犯被告的隐私合理期待,警察也必须首先获得一张搜查令,② 以便进入公民的后院并扣押

---

① Oliver, 466 U. S. at 180. [quoting Boyd v. United States, 116 U. S. 616, 630 (1886)].
② Note that the officer may fall within one of the exceptions to the warrant requirement.

证据。

在决定公民的住宅或者后院被侵犯后公民是否有权起诉的问题时，法院重新适用了"进入住宅的合法性"的判断标准。① 不过，联邦最高法院拒绝将这种判断方法运用于 Rakas 一案中；该法院认为："被告是否有权主张《第四修正案》保护不是取决于被告是否在政府所侵犯的地方享有一项财产权，而是取决于被告是否在该地方享有隐私合理期待。"② 然而，Rakas 一案解决的问题是，一名乘客是否对其乘坐的汽车享有隐私合理期待，而不是公民是否对其住宅享有合理的隐私期待。因此，联邦最高法院就拒绝将"进入住宅的合法性"判断方法运用于该案中了。

无论何时，只要一名客人进入主人的家，他就能够合理期待，他可以命令一个不受主人欢迎的侵入者立即离开，其中当然就包括警察。比如，在 Olson 一案③之后，即使无搜查令，警察也能够任意在夜晚破门闯入公民的住宅，随后搜查整个房子，并指控在公民住宅当中的非过夜客人持有非法毒品。在此种情况下，如果住宅所有人没有被检控，则警察违反《第四修正案》的行为就不会受到挑战。如果允许住宅中的非过夜客人对警察的行为提出挑战，其目的当然不是为了阻却警察的行为，而是为了认可一个人对另外一个人的住宅享有合理的隐私期待。

(八)《田纳西州宪法》的不同规定

在田纳西州，关于"开放领域"的法律规定与联邦法律的相关规定不同。在 State v. Lakin 一案④中，田纳西州最高法院承认，它从未运用过 Hester 一案所确立的开放领域分析方法。田纳西州最高法

---

① The "legitimately on the premises" test allows anyone on the premises to have "standing" to contest the search or seizure of the premises. See Jones v. United States, 362 U. S. 257, 267 (1960).
② Rakas, 439 U. S. at 143 (citing Katz, 389 U. S. at 353).
③ Olson establishes that overnight guests have a reasonable expectation of privacy in their host's home.
④ 588 S. W. 2d 544 (Tenn. 1979).

院经常保护的是"在住宅日常运作中所需使用到的地域（possession）",① 而不是"开放领域",比如,农场所经常使用到的一片围有篱墙的区域。与"开放领域"相比,田纳西州最高法院并不保护"荒山废地"。② 因此,只有当案件涉及"开放领域",而非"荒山废地"时,《第四修正案》与《田纳西州宪法》的第一条第七款才会产生不同效果。

比如,在 State v. Jennette 一案③中,警察利用一架直升机观察到了被告的大麻地。④ 基于直升机上的观察,在警察申请搜查令前,地面警察闯入了被告的这片土地。田纳西州最高法院认为,警察驾驶直升机观察的行为不是一种搜查行为;而且,涉案区域是一片"开放领域",因此它不能受到《第四修正案》的保护。⑤ 田纳西州最高法院得出这一结论是非常令人迷惑不解的。

田纳西州最高法院总结道,根据美国联邦宪法,即使涉案区域被认定为是一片"开放领域",法院也没有充分的证据能够判断涉案区域是否属于州宪法所规定的"荒山废地"。法院法官说:"如果法院能够哪怕是部分地支持被告申请排除非法证据的动议,那么,该案的判决结论就应该援用田纳西州州宪法而非联邦宪法而作出。"⑥ 相应地,法院在处理警察无证搜查行为的问题时,它不得不预设《田纳西州宪法》第一条第七款能够加以运用,比如,涉案区域不是一片"荒山废地"。因为这片开放领域不被认为是一块荒山废地,法院就不得不判断,被告是否能够援用《田纳西州宪法》第一条第七款而享有合理隐私期待。

田纳西州最高法院拒绝分析被告是否享有隐私合理期待的问题,它认为,通过类比于联邦最高法院所处理过的"开放领域"案件,

---

① TENN. CONST. art. I, § 7.
② Lakin, 588 S. W. 2d. at 548 (quoting Welch, 289 S W. at 511).
③ 706 S. W. 2d 614 (Tenn. 1986).
④ See 706 S. W. 2d 614 (Tenn. 1986) at 615. The appellant's home was located on this property as well.
⑤ See 706 S. W. 2d 614 (Tenn. 1986) at 620. This conclusion necessarily decides the area was not curtilage.
⑥ Jennette, 706 S. W. 2d at 620.

警察从直升机上进行观察后,被告并不享有合理隐私期待。① 田纳西州最高法院总结道,警察无需搜查令就可以进入不属于"后院"范围的开放领域,因为令状原则在此时此景并不实际也非现实,它也不能通过阻止警察非法行为的方式扩展非法证据排除规则的适用范围。② 值得注意的是,田纳西州最高法院并没有说搜查令是毫不必要的,因为该案并没有运用《田纳西州宪法》第一条第七款。

因此,田纳西州最高法院创造了一片居于后院和荒山废地之间的区域,在该区域中,当缺少一项隐私合理期待时,被告可以援用《田纳西州宪法》第一条第七款,而不能援用《第四修正案》。③ 总之,田纳西州最高法院创造了一项令状原则的例外,当警察在一个合法的位置观察到非法毒品时,警察可以无证扣押该非法毒品——普通视野观察例外(plain view exception)。

(九) 非居住建筑

当某一公民被指控犯罪,并被罚判监禁刑时,该公民就丧失了大部分的隐私利益。联邦最高法院法官说,"缩减罪犯的某些权利是必要的,因为从实际出发,这有利于监狱制度得到良好执行,从而保证监狱内部的安全。"④ 一个劳改犯不能对他所居住的狱室享有合理隐私期待。因此,他不能免受狱警的不合理搜查行为。

作为对比,学校就与监狱不同了。联邦最高法院认识到,虽然学校也得保持正常秩序和保证校园安全,但是,学校的纪律问题并非如此"严重",以至于社会必须将他们孩子的隐私利益交由学校监管。因此,生活在校园里的孩子受到《第四修正案》的保护,他们可以免受学校管理者的不合理搜查和扣押行为。⑤

《第四修正案》既保护那些用于居住的建筑,也保护那些用于商

---

① See Jennette, 706 S. W. 2d at 621.
② Jennette, 706 S. W. 2d at 621.
③ Article I, section 7 does apply to such areas, but a vyarrant is not needed. See Jennette, 706 S. W. 2d at 620 – 621.
④ Hudson v. Palmer, 468 U. S. 517, 524 (1984) [quoting Wolff v. McDonnell, 418 U. S. 539, 555 (1974)] [citing Pell v. Procunier, 417 U. S. 817, 823 (1974)].
⑤ See New Jersey v. T. L. O. , 469 U. S. at 338 – 339.

业用途的建筑。然而,商业建筑内的区域不同,公民享有的隐私期待也不同。当公民进入商业建筑内开放给公众的区域时,他们就不享有任何合理隐私期待。对这一理论的最好描述是在 Maryland v. Macon 一案①中。在 Macon 一案中,马里兰州政府官员在一个商场内开放给公众的成人区购买了两本色情杂志。卖家提出了排除杂志以及政府扣押的销售现金的证据的动议,理由是政府官员实施的这些行为违反了《第四修正案》。② 联邦最高法院拒绝了 Macon 的主张,因为该案不存在《第四修正案》所规定的行为:"警察进入商场里面的书架区域,并检查上面陈列的这些经常展览给公众的书籍,这并不构成《第四修正案》意义上的搜查……警察随后的扣押行为也不构成《第四修正案》意义上的扣押。扣押行为仅仅是当'警察干预了公民对某一财产的占有利益时才会出现'。在本案中,一接到买家的价金,被告就自愿地将其对书本享有的占有利益转让给购买者。"③ 这一"开放给公众视野"的判断标准仅仅界定了在商场里的卖家的隐私合理期待。除了商家,商家的雇员和消费者同样享有一项容易受到政府在商场实施的搜查行为和扣押行为影响的隐私合理期待。

一名雇员能否对其工作地方的"办公室、办公桌、文件柜"享有合理隐私期待?答案应视不同情况而定,正如其他涉及《第四修正案》的问题一样。这正是 O'Connor v. Ortega 一案④所需解决的问题。在该案当中,Ortega 医生是在一家州立医院主管职业教育的医生。在调查其他医院管理者实施的不恰当行为时,州政府卫生局的官员同样也搜查了 Ortega 医生的办公室。联邦最高法院的大部分法官都同意,Ortega 医生对其被搜查的办公室享有隐私合理期待。然而,法院却不认为这一意见可以适用于涉及不同"工作场所"的案件。

该案的判决意见以建立一个适当的范例作为其分析工作场所搜查案件的开端:"工作场所包括那些与工作有关的区域和物品,它们一

---

① 472 U. S. 463 (1985).
② See 472 U. S. 463 (1985). at 466. The argument was that the seizure of the magazines required a warrant issued by a judge.
③ 472 U. S. 463 (1985) at 469.
④ 480 U. S. 709 (1987).

般受雇主的控制。"① 因此，并非在商业建筑内的所有事物都必须是"工作场所"的一部分。而当"工作场所"中出现一名政府雇主时，问题就产生了。政府雇员也许享有较少的隐私期待，因为"政府"作为一名雇主已经控制了这个"工作场所"。然而，该案的多数意见认为："我们同意 Scalia 法官的看法，'宪法为公民提供的免受政府非法搜查行为侵犯的保护并不会因为政府作为雇主有权实施合理侵入行为而消失'。但是，鉴于一些政府办公室公开放给公民进入，政府雇员并不对该地方享有隐私合理期待。"②

值得注意的是，该案判决意见区分了政府雇员能够从政府雇主那里所享有的隐私合理期待与政府雇员能够从政府官员执法行为中所享有的合理隐私期待。因此，该案判决意见似乎建立了如下规则：只要政府雇员的办公室没有暴露于公众视野，政府雇员既可以对其政府雇主的办公室享有隐私合理期待，也可以从政府官员在该办公室的执法行为中享有合理隐私期待。因此，多数意见毫无困难地得出了这样的结论，即 Ortega 医生对其办公室的办公桌和文件柜享有一项免受政府雇主侵入的合理隐私期待："Ortega 医生并没有与其他人一起共享他的办公桌和文件柜。他已经占有这间办公室长达 17 年，他将所有的材料都放在办公室里面，包括个人通信信件、药方、与医院无关的其他私人病患的通信、个人存折、教学备课以及个人礼物和备忘录，而处于实习期医生的文件并不在 Ortega 医生的办公室内。"③ 另一方面，多数意见显然会根据不同的事实得出不同的结论，一名政府雇员可以从政府官员非法侵入行为中而非从政府雇主那里享有隐私合理期待，如果政府雇主能够直接控制涉案区域的话。④

Scalia 法官认为，Ortega 医生的确从政府雇主那里享有隐私合理期待，然而，他认为，政府雇员和私人雇员都能在他们的办公室享有合理隐私期待——除非他们的办公室被开放给公众。因此，对 Scalia 法官而言，他人的办公室就好比他人的家，在他人的办公室里，虽然

---

① 480 U. S. 709（1987）. at 715-716.
② See O'Connor at 717-718.
③ O'Connor, 480 U. S. at 718（plurality opinion）.
④ O'Connor, 480 U. S. at 718（plurality opinion）. at 464.

别人能够拜访他人,但是,他人的办公室仍然受到《第四修正案》的保护。假设公众并不能经常进入他人的办公室,Scalia 法官所需处理的问题就是,根据《第四修正案》,政府在该办公室进行的搜查行为和扣押行为是否合理。只有在认定他们的行为是合理行为时,政府官员是作为雇主还是作为法律执行者的身份才会有所影响。①

一家公司的职员是否对公司的文件享有隐私合理期待?答案是,可能享有。该职员对这份文件享有越多的排他性控制权,他就越可能享有隐私合理期待。在 United States v. Mohney 一案②中,联邦第六巡回法院认为,被告不对政府扣押的一份文件享有合理隐私期待,因为被告主张,他与这份文件无关,也很少进入文件室。③

六、结语

隐私合理期待的分析方法是运用《第四修正案》保护的关键方法。一名刑事被告无权主张《第四修正案》的保护,除非他能够证明,他对政府搜查的地方或者扣押的物品享有隐私合理期待。这一判断标准要求,被告的主观隐私期待和客观隐私期待都被政府官员所侵犯。

只有当被告的隐私合理期待被侵犯时,案件才会适用《第四修正案》。因为《第四修正案》只规定了"搜查行为"和"扣押行为",所以,警察唯一能够侵犯公民隐私合理期待的方式就是通过"搜查"和"扣押"。因此,这些术语都与隐私合理期待的分析方法相关。

虽然隐私合理期待的分析方法看起来非常容易理解,但是却极难予以运用。审查法院是如何在相同的事实案件中运用合理隐私期待分析方法也许有助于我们在待决案件中运用这一方法。然而,每个案件都需要独立判断:被告的一项被社会承认为合理的主观隐私期待是否被政府官员侵犯了。

---

① See O'Connor, 480 U. S. at 730-732 (Scalia, J., concurring).
② 949 F. 2d 1397 (6th Cir. 1991).
③ See 949 F. 2d 1397 (6th Cir. 1991). at 1404.

为了更好地保密而超越纯粹的保密利益

——拓展《美国联邦宪法第四修正案》所保护的隐私范围

詹姆斯·J. 汤姆克维兹[①]著 孙言[②]译

目 次

一、导论

二、理解《美国联邦宪法第四修正案》搜查规制的界限：利益驱使方法的诞生、成熟与改进

三、对宪法保护范围的恰当指引：《美国联邦宪法第四修正案》所保护的隐私利益的性质

四、对《美国联邦宪法第四修正案》所规定的范围规则的批判与修改建议

五、实现 Katz 一案的承诺：一种经过改良的范围界定的理论分析方法

六、结语

一、导论

《美国联邦宪法第四修正案》（以下简称《宪法第四修正案》）规定："他人享有免受不合理搜查与扣押的权利。"虽然这一规定在"宪法保护的公民自由中具有核心的作用"，但是这一法律保证的明

[①] 詹姆斯·J. 汤姆克维兹（James J. Tomkovicz），美国爱荷华州立大学法学院教授。
[②] 孙言，中山大学法学院助教。

示条款却将《宪法第四修正案》限定为宪法对政府搜查与扣押的规制。法院耗费了大量的精力用于定义"搜查"这一宪法概念的含义,法院为此进行了大量的分析,提出了许多复杂、麻烦的问题,并且确立了一套错综复杂的适用规则。由于《宪法第四修正案》只有在政府对他人实施搜查的情况下才会对政府行为进行规制,因此在对《宪法第四修正案》的适用范围进行界定时,我们非常有必要提出一套具体的分析框架。本文的目的就在于此。

在20世纪中,在判断警察行为是否属于《宪法第四修正案》规制的搜查行为时,美国联邦最高法院(以下简称联邦最高法院)采取的方法可谓五花八门、瞬息万变。最初,在Boyd v. United States一案①中,联邦最高法院判决,政府基于实施典型搜查活动的目的或目标而开展的任何活动都应当受到宪法的约束。而在四十年后的Olmstead v. United States一案②中,法院根据《宪法第四修正案》的文本与历史得出判决称:《宪法第四修正案》规制的政府行为的关键属性与本质特征应当是政府对受保护地点实施了"实际的物理性侵入"。上述对有形侵入的要求成为主流的判断规则并且被沿用了四十年,然而随着法院愈发确信《宪法第四修正案》的主要目标是保护他人的隐私权,这一规则也逐渐受到调整。

在Katz v. United States一案③中,Olmstead一案的判断标准遭遇了双重压力的挑战:一方面是隐私权保护理论,另一方面是法院为了忠于《宪法第四修正案》的精神而必须采取的目的解释的方法论,这两方面的压力使得法院摒弃了Olmstead一案的判断标准。法院的判决简单明了,法院认为,如果政府的行为"侵犯了他人合理享有的隐私权"④,那么政府的行为就应当受到《宪法第四修正案》的规制。Katz一案采取的是一种利益驱使的方法论,并且要求法院判断政府是否对他人实施了"隐私侵犯",法院将这种方法论与要求作为定义《宪法第四修正案》保护范围的方法,并且一直沿用至今。

---

① 116 U.S. 616 (1886).
② 227 U.S. 438 (1928).
③ 389 U.S. 347 (1967).
④ 389 U.S. 347, 353 (1967).

Katz 一案的判断方法反映了一个令人赞赏的观点:"如果宪法只能够应对那些 18 世纪常见的科学技术所带来的问题,那么对于当代政府而言,宪法就会沦为完全不切实际的工具。"① 尽管"宪法的制定者……关注的是当时发生的违法行为,但是他们所打造的《宪法第四修正案》旨在保护社会的基本价值,这些价值远比那些促使《宪法第四修正案》诞生的特定权力滥用行为更加久远"。② 然而,Katz 一案本身并没有具体地指导与说明这一新方法论的操作方法与内容。虽然这种新方法论带来了一种新的控制力,但是在缺少对其性质的具体理解的情况下,《宪法第四修正案》的未来充满着风险,要么法院可能过度扩张其保护隐私权的精神而过分限制政府的行为,要么法院可能过度限缩其保护范围而导致政府规制的不足。Katz 一案仅仅是变革的开始,它给我们带来了许多挑战,一方面我们需要对《宪法第四修正案》的隐私权保护作出正确的理解与定义,另一方面我们要为《宪法第四修正案》的适用建立切实可行的规则。

不久,法院就对上述挑战作出了回应,法院采用了"合理隐私期待"的规则从而更加准确地描绘《宪法第四修正案》所保护的利益。而后,法院认可了隐私期待合理性分析的两阶段判断标准,并且为了指引合理隐私期待标准的适用,法院还逐渐衍生出若干具体的判断标准。如今,法院对合理隐私期待标准作出了许多改进,从而对最初的基本方法论进行补充。不幸的是,上述这些发展既未遵守 Katz 一案的承诺,又不符合《宪法第四修正案》的核心。在合理隐私期待标准的适用中,法院采取了一种限制性的、事实上的隐私权理论,这种理论仅仅关注他人是否处于秘密状态,却没有认识到人们在与政府打交道的过程中如此需要保密性的原因。由此导致的结果是,《宪法第四修正案》无法按照联邦宪法的设想发挥自由社会基础的作用。尽管"《一九八四》的阴影还未笼罩着我们",但是当前《宪法第四修正案》规则适用与判断分析的失败让我们逐渐接近"一种 Orwell 式的社会,在这种社会中,如果公民想要获得一丁点儿的隐私权,那

---

① Lopez v. United States, 373 U. S. 427, 459 (1963) (Brennan, J., dissenting).
② United States v. Chadwick, 433 U. S. 1, 9 (1977).

么他们就必须把自己置于一个毫不透光、密不透气的盒子当中"。①

本文的第二部分将分析 Katz 一案以及后续的一系列案件，从而描述合理隐私期待标准的构成要素。本文的第三部分将对隐私权的特征进行考察，由此对当前法院适用规则所蕴含的隐私权理论进行批判，并且指出《宪法第四修正案》对他人的隐私权保护是工具性的，其目的在于保护并促进公民享有的其他重要的自由与利益。本文的第四部分将批判隐私合理期待（或称合理隐私期待）标准的措辞，这种措辞是不合理的、具有误导性的，依据隐私权的工具性理论，目前《宪法第四修正案》法律分析中的决定性因素是不恰当的、不相关的甚至是适得其反的。本文的第五部分将依据隐私权的工具性理论，就《宪法第四修正案》判断规则的发展提出建议。最后，为了说明目前法院适用规则与分析方法上存在的重大缺陷，并且就这些缺陷提出可能的补救方法，笔者将依据本文建议的分析方法，对五种"问题背景"下《宪法第四修正案》的界限问题进行分析。

二、理解《美国联邦宪法第四修正案》搜查规制的界限：利益驱使方法的诞生、成熟与改进

目前，法院就《宪法第四修正案》适用范围所采取的所有规则与分析都起源于 Katz v. United States 一案②。本部分的目标在于描述 Katz 一案的判决，分析 Katz 一案的重要性，回顾这一开创性判例之后界限规则的演变与改进，从而使读者领略到当前《宪法第四修正案》法律适用的全貌。

（一） Katz 一案的革新

在 Katz v. United States 一案中，联邦探员在电话亭外安装了一个电子装置，记录下 Katz 关于非法赌博的通话。下级法院依据物理性侵入规则，驳回了 Katz 依据《宪法第四修正案》提出的抗辩。联邦最高法院决定对该案进行审理，此举促成了《宪法第四修正案》领

---

① Lorenzana v. Superior Court, 9 Cal. 3d 626, 637, 511 P. 2d 33, 41, 108 Cal. Rptr. 585, 593 (1973).
② 389 U. S. 347 (1967).

域所有法律发展中最浓墨重彩的一笔。

大法官 Steward 为"物理性侵入"规则的消亡打下了基础,他强调,《宪法第四修正案》所保护的目标是他人的隐私权,而不是财产。一旦法院认识到《宪法第四修正案》保护他人免受"不合理搜查与扣押"的主要目的在于保护他人的隐私权,"法院就应当明白,《宪法第四修正案》的适用与否不能取决于行为人是否对他人的特定场所实施了物理性侵入"。[①] 简而言之,由于物理性侵入规则既不是为《宪法第四修正案》的核心利益而设定的,也无法保护其核心利益,因此法院应当直截了当地摒弃这一规则。

在推翻了此前采取的方法论之后,取而代之的是,法院多数意见得出了一个简明扼要的结论:当政府行为侵犯了他人合理享有的隐私权时,政府行为就应当受到《宪法第四修正案》的规制。通过评估政府行为对《宪法第四修正案》所规定的核心利益带来的威胁,法院第一次对《宪法第四修正案》的规制范围作出了界定。法院不会再以政府行为的目的或物理性质为根据将之分为搜查行为与非搜查行为,而是依据政府行为是否威胁了宪法制定者试图保护的、他人享有的免受政府侵犯的隐私权,判断政府行为是否应当受到规制。

Katz 一案带来的真正的、具有里程碑意义的理论成就是,它指出,《宪法第四修正案》的范围应当主要取决于这一宪法规定的深层价值,以此解放了《宪法第四修正案》。法院的多数意见不仅扮演了解放者与有效的拆除者的角色,与此同时,它也扮演着粗心的建设者的角色,它虽然赋予隐私权支配地位,却没有就如何判断特定案件中有关隐私利益是否受到威胁提供任何明确、全面的规则。Katz 一案对《宪法第四修正案》的适用范围提供了新的实质性限制,想要准确地洞察这些限制并且得到确定适用界限的合适标准,法院必须对《宪法第四修正案》所规定的核心隐私利益的特征具有非常清晰的认识。

(二)隐私合理期待理论的产生

法院在对 Katz 一案进行审理时,很快就有了头绪。大法官 Harlan 在其撰写的简要的、解释性的并存意见中对《宪法第四修正案》

[①] 389 U. S. 347, 353 (1967).

所规定的焦点利益进行了适当的描述,并且提出了一种双重判断标准,这种判断标准能够帮助法院对"搜查"是否成立的问题进行判断。大法官 Harlan 指出,《宪法第四修正案》的核心不是"隐私权",而是"合理的隐私期待"。根据他对"先例中产生的规则的理解",并且这些规则也为 Katz 一案多数意见所默认,他认为,能够获得《宪法第四修正案》保护的隐私利益必须满足以下两个要求:"第一,他人表明了实际的(主观的)隐私期待,第二,社会公众认可他人的隐私期待是'合理的'。"① Katz 一案之后不久,法院就采纳了大法官 Harlan 对《宪法第四修正案》所规定的核心利益的描述,即"合理的隐私期待"。然而,十二年之后,法院才将大法官 Stewart 与大法官 Harlan 就 Katz 一案撰写的意见结合起来,开始采用隐私期待的双重判断标准。

在 Smith v. Maryland 一案②中,法院多数意见重申了这一已经根深蒂固的观点:"《宪法第四修正案》的适用与否取决于寻求保护的他人是否能够主张政府侵犯了其具有的'可证实的'、'合理的'或'合法的隐私期待'。"③ 审理 Smith 一案的法院援引了 Katz 一案的多数意见,法院认为,根据大法官 Harlan 的观点,"这个问题……通常包括两个具体的问题"。法院对大法官 Harlan 的观点的理解促成了 Katz 一案规则的成熟,使之从最初的理论转变为一项可操作的规则。法院始终依靠 Katz 一案与 Smith 一案确立的规则(下称 Katz – Smith 规则)解决《宪法第四修正案》的适用范围问题,并且在完善该规则的过程中,法院也逐渐加深了对隐私合理期待的性质的认识。

(三) Katz – Smith 规则的发展——隐私合理期待的特征与性质

尽管法院依据隐私合理期待理论对他人基本主张作出的判决往往是结论性的、缺少证据的,但是法院却反复地谈到并且声称其适用了某种标准。接下来,笔者将指出隐私合理期待理论发展过程中出现的

---

① Katz, 389 U. S. at 361 (Harlan, J., concurring).
② 442 U. S. 735 (1979).
③ 442 U. S. 735, 740 (1979).

一些值得注意的特征。

1. 实际的主观期待的要件

表面上，实际的隐私期待是法院认定他人具有可识别的《宪法第四修正案》利益的必要但不充分条件。尽管如此，由于实际隐私期待的要求具有多变性，可以表现为两种不同的形态，因而其含义也容易产生混淆。在 Smith v. Maryland 一案中，法院对这一因素的依赖首先表现在，法院"怀疑一般人对其拨出的电话号码是否具有任何实际的隐私期待"，并且法院也提到了"一般电话用户"的心态。[1]然而，法院随后又把问题表达为，Smith 是否"不具有主观的隐私期待"。在 Rawlings v. Kentucky 一案[2]中，法院在谈及实际隐私期待的要求时又提出，申请人"坦白承认……他不具有个人隐私不受政府侵犯的主观隐私期待"。

因此，法院曾经分别从"一般人"的角度与"特定他人"的角度出发，分析他人是否具有实际的隐私期待，然而法院却没有深入考察其中的基本原理，或是洞察上述两种实际隐私期待组成部分的恰当作用。总而言之，虽然大法官 Harlan 后来也放弃"实际的（主观）隐私期待"的要件，但是法院的大多数法官仍然坚持采用这一要求。

2. 合理期待的要件

依据 Katz – Smith 规则判断，他人是否具有《宪法第四修正案》保护的利益，通常取决于该双重规则考察的第二个问题：社会公众是否认可他人的隐私期待是合理的。法院在对他人具有的实际的隐私期待的合理性进行分析时提出了许多判断标准。

法院从 Katz 一案的判决中寻找线索，判决中写道："如果他人故意向公众披露自己的隐私，那么即便他人处于自己的住宅或办公室中，他人也不受《宪法第四修正案》的保护。"因此，法院将公众能够获悉他人的事项或他人向公众披露其事项作为有关的判断标准，并且以他人行为或财产的"公开"为由，驳回他人有关合理隐私期待的主张。尽管如此，有时法院也会限制披露因素的影响。在 Reeznik

---

[1] 442 U.S. at 742 – 743（1979）（emphasis added）.

[2] 448 U.S. 98（1980）.

v. City of Lorain 一案①中，法院曾经否认"当私人住宅内聚集了许多人时，私人住宅就自动转变成一个向警察开放的公共场所"的观点，而在 Lo-Ji Sales, Inc. v. New York 一案②中，法院也否定了类似的观点，认为商人公开展览其商品并不会致使其隐私期待变得不合理。总而言之，虽然法院对这种一概而论的审判规则表示了担忧，但法院还是继续以上述故意披露规则为依据，在他人向其他人披露了自己的行为或财产时，判决他人不再具有《宪法第四修正案》保护的利益。

此外，还有一个有关的标准被法院作为判断他人隐私期待是否合理的一个恰当因素，即他人未能采取预防措施保护其个人隐私。虽然法院并不经常以这一因素为依据，但是法院曾经不顾大法官 Harlan 的告诫，即"在自由社会中，保护他人隐私权的重任不应落在公民身上"③，而是认定，如果他人没有设置障碍以抵抗政府的侵入，那么他人依据《宪法第四修正案》所享有的权利就会被剥夺。

还有一个因素是，他人自愿向担任政府特工、向政府传递信息的第三人披露其个人信息，这一因素在后 Katz 时代的许多著名案件当中均发挥了决定性的作用。根据法院的观点，如果他人想要保护其合理的隐私期待，他人就不得允许政府官员获取其信息，即使他人不知道对方为政府探员。一旦他人向政府官员披露了自己的信息，他人就不得主张其具有《宪法第四修正案》保护的合法利益。

"在《宪法第四修正案》的法律适用中，通过对合法隐私期待的关注，法院在判断他人是否具有修正案所保护的隐私利益时，并没有全盘放弃财产权理论的使用。"④ 事实上，法院在对他人的隐私利益进行分析时，特别倾向于通过所有权、占有权以及排除其他人获得他人财产的相关权利展开论述。尽管如此，法院既没有全面地列举相关的财产权问题，也没有指明特定财产利益的重要性。

最初，在 Katz 一案之后案件的判决中，法院如此频繁地提到侵入或侵犯的概念是十分令人惊讶的。尽管如此，这两个词的本义却往

---

① 393 U. S. 166 (1968).
② 442 U. S. 319 (1979).
③ United States v. White, 401 U. S. 745, 793 (1971) (Harlan, J., dissenting).
④ Rakas v. Illinois, 439 U. S. 128, 144 n. 12 (1978); see also id. at 153 (Powell, J., concurring).

往是模糊不清的。虽然这两个词意味着物理上的破坏或侵入，但是这绝不意味着法院在所有情况下使用这两个词所表达的都是这个含义。不论侵入或侵犯的含义为何，不可否认的是，它们都是隐私合理期待分析中的重要因素。

法院在越来越多的《宪法第四修正案》案件中指出，效率执法利益的理论作用日益强大。然而，在界限分析上，对效率执法利益的考量却没有产生多大的影响。直到最近，在后 Katz 时代的重大案件中，法院只在其中的一个案件中谈及了这一因素。[①] 但是，在 1983—1984 年间，法院在进行界限分析时表现出了扩大刑法效力因素的作用的倾向。因此，执法因素也是法院分析合理隐私期待原则时依据的一个恰当的要素。

Katz 一案与 Smith 一案确立的合理隐私期待规则如同《宪法第四修正案》的看门人，法院适用这一规则对宪法领域中意义最为重大的问题进行裁判。尽管这一规则如此重要，但是它的理论根源与规则改进都受到了最为肤浅的司法分析的制约。该规则的核心任务是判断《宪法第四修正案》的界限问题，它的影响扩张到了"起诉资格"（standing）的领域，不仅诉讼当事人常常援引该规则，法院也广泛地采用该规则，因此对该规则的全面了解与分析是至关重要的。这就要求我们辨别并且理解《宪法第四修正案》所保护的隐私权的真正特征。

三、对宪法保护范围的恰当指引：《美国联邦宪法第四修正案》所保护的隐私利益的性质

最著名的隐私权定义或许当属 Warren 与 Brandeis 提出的简单的、极其开放的隐私权概念——"独处权"。[②] 这一概念涵盖了大部分，甚至是所有能够被贴上"隐私权"标签的各种不同利益。尽管 Warren 与 Brandeis 对隐私权的描述明显指的是他人应当享有的和平、安静、休息以及免受物理干扰的权利，但是独处权还包括其他的"隐私权"，例如可能令他人尴尬的私人事实不被公开传播的利益、不得

[①] United States v. White, 401 U. S. 745, 753 (1971).
[②] Warren & Brandeis, *The Right to Privacy*, 4 HARv. L. REV. 193, 193 (1890).

从此类信息中获得其他利润的利益、自主决定私密私人事务的利益,以及控制其他人获取与其生活有关的秘密信息的利益,等等。鉴于隐私权有着如此繁多的种类,也难怪"独处权"被称为"最复杂也最为公民所珍视的权利"①。并且隐私权也在英美社会中发挥着显著而长远的作用。

隐私权具有无形性与多变性,可以包含许多不同的利益,这多少使之成为一个十分棘手的概念,我们很难对这一概念给出一个既全面又容易理解的定义。所幸的是,《宪法第四修正案》所规定的隐私权保护的恰当范围的确定并不要求我们对隐私权进行准确的定义。尽管如此,为了忠于宪法的目的,我们的确需要区分并且理解那些与《宪法第四修正案》保护的隐私权具有恰当关联的属性,忽略那些与之无关的属性。

(一)他人享有的免受政府搜查的隐私权的主要性质:"信息性"

宪法并没有赋予公民一般的、全面的隐私权。当然,"隐私权"一词甚至都没有出现在《权利法案》的文本当中。尽管如此,人们却不止一次地在宪法的明确保障中发现了隐私权的印记,并且在《宪法第四修正案》中,隐私权发挥了其最重要的宪法性作用。不幸的是,对于《宪法第四修正案》界限分析中的关键问题——各种各样的隐私利益中何者为宪法所保护?联邦最高法院给出的回应是粗略的、拐弯抹角的并且不具有启发意义的。

从字面意义上看,《宪法第四修正案》仅对"搜查"进行限制。"搜查"的本质是试图取得或获取他人的信息。那些毫无疑问属于政府搜查的活动都具有一个共同的特征,即它们的实施都是为了获得他人信息从而实现其"最终"的制度化目标。从过去警察进入他人住宅并且查找能够证明他人作出了煽动性诽谤的证据,到如今警察在电话亭上安装电子监听设备以揭露有组织的犯罪行为,政府设定的目标都是"取得他人信息从而加强国家强制力"②。因此,人们对"搜

---

① Olmstead, 277 U.S. at 478 (Brandeis, J., dissenting).
② Frank v. Maryland, 359 U.S. 360, 365 (1959).

查"的通常理解可能包括了政府故意获取甚至可能无意中获取他人的信息的行为。

通过对那些引发宪法对他人的隐私权提供保护的政府实践进行分析，着重强调其目的与效果而不仅仅是着眼于其有形性，我们也能够说明《宪法第四修正案》意义上的搜查具有"获取信息"的特征。政府对住宅实施的应当受到宪法控制的物理性破坏与翻查，原本就是以获取与他人事务有关的信息为目的的，并且这种行为也不可避免地具有令人屈服的效果。如果不考虑其他因素，那么政府实施的搜查行为本身就是信息收集的行为。

宪法意义上的搜查具有信息获取的基本属性，在逻辑上，我们可以从这一点推导出，《宪法第四修正案》的保护主要是一种信息性隐私权保护，即保持他人信息的保密性或秘密性，防止政府获得与他人生活有关的信息。显然，联邦最高法院也准确认识到，《宪法第四修正案》所规定的隐私权保护具有信息性的特征。尽管如此，法院对界限问题的分析与解决却往往不能实现或是忠实于宪法的目标。法院在这方面表现出的不足并不仅仅是选择了不恰当的用辞或是未能依照《宪法第四修正案》的含义充分论证判决的结果。法院的讨论暴露出，其对信息性隐私权的理解是狭隘的、缩减的，根本不符合《宪法第四修正案》的宏伟目标。

（二）纠正《宪法第四修正案》所规定的隐私权理论的不足：为了更好地保密而超越纯粹的保密利益

当前，《宪法第四修正案》所规定的隐私权理论对保密性与秘密性的强调并不会曲解或贬低这一宪法保证的核心。根据宪法的表达、历史与立法者的意图，我们可以说明法院对这方面隐私权的关注是恰当的。法院在理论与分析上的不足之处在于其目光的短浅，低估了信息性隐私权的重要性与目标，也就是说，法院仅仅是为了保密而重视他人信息的保密。虽然保密性与秘密性被视为《宪法第四修正案》分析的指路明灯，但是很少有人会认为，《宪法第四修正案》的基本原理或目标就是保护宪法授予他人的秘密性。人们所普遍接受的基本观点似乎是，宪法的最终价值目标在于保护他人个人事务免受披露的利益，但是这一观点本身却是一个未经检验的假定。

尽管如此，《宪法第四修正案》保护的信息性隐私权并非仅仅由于其自身的性质而显得如此重要且受到珍视。宪法的文本、结构与历史以及早期的《宪法第四修正案》判例都说明了，宪法之所以保护他人的信息性隐私权，是因为信息性隐私权能够发挥工具性的作用，以此为媒介，公民享有的其他权利与利益能够得到保护，甚至蓬勃发展。一般而言，当他人享有保密性隐私权时，他人就可以保持自我，按照自己的意愿生活与行事，否则，即便这种自由生活并非天方夜谭，但是想要实现这种生活也是困难的、不切实际的，宪法性的信息隐私权使得人们得以享受并且自由地行使自由社会赋予他们的权利。人们能否不受拘束地行使自己的基本权利、彻底地享受宪法保证的利益，往往取决于人们是否具有确保其私人事项免受政府知悉与发现的能力。因此，《宪法第四修正案》赋予他人保密的权利，与此同时，它也使他人有机会从其他的法律保证中受益。相反地，如果我们享有的私人事项保密的宪法权利受到限制，政府被允许监视我们的私人事务，那么我们能够从其他法律保证中受益的机会就会大大减少。本质上，《宪法第四修正案》所规定的隐私权保护如同一道壁垒，防止政府达到无所不知的状态并且避免由此导致的后果——政府可以不知不觉地、无根据地限缩公民的基本权利与自由。

1. 《宪法第四修正案》所规定的隐私权保护的地位

最初，法院之所以赋予《宪法第四修正案》所规定的隐私权以保护、促进其他公民自由的任务，是因为如果不这样做，那么《宪法第四修正案》所保护的目标就会变得较为脆弱。因为只有当人们能够处于私密领域时，人们才能获得舒适与满足，因此为了保密而保密是具有价值的。但是即便如此，如果其唯一的保护目标是他人信息的保密性，那么《宪法第四修正案》就不足以在《权利法案》至关重要的各项组成部分中占据如此显要的地位。鉴于立法者在宪法中作出了保护他人免受不合理搜查与扣押的表述，我们很难相信立法者会认为，只有保密性是值得宪法尊敬与承诺的。这种有限的目标也不值得法院给予长久以来的关注与崇敬。《宪法第四修正案》所保护的隐私权的重要性，必须与我们长久以来为了约束搜查与扣押权力而深入践行的基本原则相适应。

《宪法第四修正案》的崇高地位应当将我们引向一种适当广阔的

信息性隐私权理论,但这并不意味着我们应当采取更加宽泛的理论方向或理论形式。虽然我们需要一种更加有意义的隐私权理论,但这并不会不可避免地导致隐私权理论完全成为一种媒介,之所以如此,是因为其他理论也可以实质性地提高《宪法第四修正案》所规定的隐私权的价值。此外,即便从工具性的角度对信息性隐私权的重要性进行重新解释是最符合逻辑的路径,并且我们并不必然需要通过《宪法第四修正案》的地位对隐私权进行逻辑推理,但是我们仍然希望从中获得理论支持。

2. 信息性隐私权的特征

认为保密性隐私权是"不同人生活中可能具有或不具有的其他价值与活动"① 之间的媒介的观点并不新奇。虽然有些学者并不重视隐私权所具有的工具性作用,但是这并不妨碍其他学者将隐私权视为一种媒介,甚至因此而将隐私权视为最有价值的权利。多数学者认为:"作为一种价值,隐私权并不是孤立存在的,它是规制社会活动的价值系统的一部分……如果隐私权能够蓬勃发展,那么其他价值也能够茁壮成长。如果隐私权被消灭殆尽,那么我们关切的其他价值也会遭到扼杀。如果隐私权发生了改变,那么其他价值也会发生改变。"②

一般来说,保密性隐私权的内在工具性应当将我们引向一种类似于宪法性的信息隐私权理论,以此促成人们行使其享有的其他自由。信息性隐私权的宪法保障应当被视为"几乎所有基本政治权利都必不可少的保障"③。我们应当始终保持警惕,"隐私权的丧失是大部分其他基本权利与自由遭到侵犯的先决条件"④。

3.《宪法第四修正案》的文本与历史

从《宪法第四修正案》的字面上看,其目标是通过对政府搜查

---

① Gerety, *Redefining Privacy*, 12 HARV. C. R. – C. L. L. REV. 233, 245 (1977).
② Simmel, *Privacy is Not an Isolated Freedom*, in PRIVACY 71 (J. Pennock & J. Chapman eds. 1971).
③ Parker, *A Definition of Privacy*, 27 RUTGERS L. REV. 275, 281 (1974).
④ Parker, *A Definition of Privacy*, 27 RUTGERS L. REV. 275, 288 (1974).

与扣押的规制,促进人们"人身、住宅、文件以及财物"的安全。①但是,如果我们想要通过立法者选择的措辞来说明《宪法第四修正案》所规定的隐私权具有内在的工具性,则未免太过夸张了。尽管如此,《宪法第四修正案》对"安全权"的保证应当能够使我们得出以下推论或者至少是怀疑,即《宪法第四修正案》所保护的隐私权旨在服务于一个更加远大的目标,而不仅仅是为了保密而保密。总而言之,通过宪法的文本,我们可以认为,隐私权是具有工具性的,宪法文本与这一观点并不抵触。

Amsterdam 教授在对《宪法第四修正案》的含义与范围进行讨论时曾经指出,《宪法第四修正案》的历史就是一个"僵局",并且由于立法者没有机会面对现代政府活动,也无法考虑到当前完全不同的社会环境,因此我们无法知道立法者对现代政府活动的看法。② 我们唯一能够确定的是,立法者对于那些可能对他们造成直接影响的破坏、进入以及翻查行为做何看法。不可否认,历史对于《宪法第四修正案》问题的解决所带来的作用往往是不确定的,甚至是矛盾的。我们不能肯定将隐私权视为媒介的理论是否具有宪法上的有效性。尽管如此,我们可以从《宪法第四修正案》的历史中得到一些关于其隐私权性质的中肯且有益的暗示。

《宪法第四修正案》最早的司法先例是发生在英国的 Entick v. Carrington 一案③,在该案中,法院提出,在公民与政府的关系中,法院应当保护公民享有的保密权,以此为目的保护他人免受政府的搜查与扣押。大法官 Camden 对一般搜查令授权的法律实践进行了谴责,他不止一次地指出,保密是人们所迫切需要的权利。而在美国,为了支持《权利法案》,尤其是《宪法第四修正案》,Patrick Henry 提出的最令人难忘的观点是,我们应当警惕收税官给人们带来的危险,他们侵入"住宅以及最秘密的休息之处","闯入……地窖、房间,搜查、翻找与衡量所有东西",包括他人的食物、衣物等等。不

---

① Illinois v. Andreas, 103 S. Ct. 3319, 3326 (1983) (Brennan, J., dissenting); ICC v. Brimson, 154 U. S. 447, 479 (1894); Boyd v. United States, 116 U. S. 616, 630 (1886).
② Amsterdam, *Perspectiveson the FourthAmendment*, 58 MINN. L. REV. 349, 401 (1974).
③ 19 Howell's State Trials 1030 (1765).

可否认，信息保密所具有的极高价值是促使英国与美国对政府搜查进行规制的极具影响力的原因。

令人信服的是，保密之所以如此受到推崇，完全是由于其所具有的内在价值。由于秘密区域能够给人们带来慰藉与滋养，因此立法者可能正是基于保密所具有的内在价值才对此给予保护。虽然 Entick 一案的判决意见与 Patrick Henry 的观点都未排除这种可能性，但是其他史实却说明，受到威胁的不仅仅是他人信息的保密性。

首先，促使英国与美国对他人信息进行保护的搜查与扣押活动，原本就是为反对镇压政治与宗教自由而设立的。一般搜查令与协助令具有极度的任意性，政府以此阻碍公民的言论、出版与宗教自由，如果可能的话，政府希望通过搜查令的颁发使公民难以行使这些自由。政府凭借这些执法手段不受约束地行使权力，导致人们需要法律对政府的搜查与扣押进行规制。一旦立法者意识到，通过搜查令与扣押令的签发，政府可以以他人的自由为代价，不受规制地侵入他人的事务，那么立法者就不可能不明白，由于信息性隐私权使人们得以享受宗教、表达与政治自由，因此他人就其私人事务享有的信息性隐私权是十分宝贵的。

其次，最早提出应当对政府搜查与扣押权力进行控制的评论观点所关注的也不仅仅是他人信息的保密性。在 Entick v. Carrington 一案①中，大法官 Camden 指出，法律对一般搜查令的强制力的认可，"将会破坏整个社会的安宁"。爱国主义演说家 James Otis 对一般搜查令与协助令进行了抨击，他认为，这些强制手段"对自由造成了最严重的破坏"，据说他的批判演说引发了一系列最终促使美国建国的事件。② 他的表述强烈暗示了，政府搜查所破坏的不仅仅是他人信息的保密性，通过限制政府的权力，我们可以保护更多的个人利益。

总而言之，我们应当为《宪法第四修正案》所规定的信息性隐私权赋予更加广阔的含义，而不仅仅将其意义局限于为了保密而保密，这既不会歪曲《宪法第四修正案》的文本，也不会曲解《宪法

---

① 19 Howell's State Trials 1030 (1765).
② N. Lasson, The History and Development of the Fourth Amendment to the United States Constitution 59 (1937).

《第四修正案》的历史记录。宪法的文本与背景事件都为工具性隐私权理论的提出提供了基础与帮助。

4. 典型的搜查行为与住宅的神圣不可侵犯

《宪法第四修正案》的制定者通过对政府出于特定目的而实施的搜查行为进行约束，从而限制政府对物理性侵入手段的滥用，减少此类行为对他人造成的损害，其中最典型的侵入行为就是对他人住宅的侵入。从古至今，无论是在社会观念中还是宪法制度中，住宅都是一种特殊的、近乎神圣的场所。然而，人们对住宅永恒不变的崇敬却可能成为我们的阻碍，它可能导致人们认为，宪法保护的隐私权仅仅是人们基于住宅这片有形土地的相关法律规定而具有的隐私权，并且认为这种隐私权旨在保护他人的安宁、宁静与为了保密而保护的保密性等利益。诚然，这些利益毫无疑问是《宪法第四修正案》的保护目标，但是，如果仅仅把《宪法第四修正案》的保护目标局限于这些利益，那么《宪法第四修正案》所保护的隐私权就会被定义为一种过于狭窄的住宅隐私权。

住宅不仅为人们提供了一个可以享受安宁与保密性的区域，它还为人们提供了一个容易识别的、可以供人们无忧无虑地享受自由社会赋予他们的其他权利的场所。举例而言，住宅给人们提供了自由发表言论、开展宗教活动以及实现"个人自治"的机会。保护住宅免受政府人员的物理性侵入不仅可以为他人私人事务的保密提供一个界限清晰的、具有保密性的必要领域，还可以为人们提供一个行使其他个人自由的场所。就后者而言，住宅隐私权具有典型的工具性，它很好地例证了隐私权所具有的促进其他利益实现的媒介功能。搜查住宅的行为之所以会对自由开放社会造成威胁，不仅仅是因为这一行为扰乱了公民的宁静状态，剥夺了公民享有完全保密状态的权利，还因为这一行为将会削弱公民享受其他权利的机会。住宅确保人们的信息具有保密性，而保密性之所以如此重要，不仅仅是因为它在现实中将政府挡在房门之外，更是因为它给居住其中的他人打开了通往其他利益的象征性的大门。

因此，鉴于典型的政府搜查行为与神圣不可侵犯的住宅之间具有这种针锋相对的关系，我们应当就《宪法第四修正案》保护的隐私利益得出一种更加广阔的、工具性的理论，而不是一味地限制我们对宪法核心的理解。

5. 工具性隐私权的司法暗示

联邦最高法院告诉我们，隐私利益是《宪法第四修正案》的核心，但是法院却没有告诉我们这些隐私利益的真正性质。下级法院对于《宪法第四修正案》所规定的隐私权理论的发展也存在类似的不足。因此，我们无法从直接司法根据中得到任何有关《宪法第四修正案》所保护的核心利益的理论，更不用说是本文所提出的隐私权即媒介的理论。尽管如此，法院作出的早期判决仍然是值得我们注意的，法院在这些判决中采取的措辞是与工具性的隐私权理论相一致的，并且这些判决也给我们带来了启示。

Boyd v. United States 一案①是有关《宪法第四修正案》方面的第一个里程碑式的案件，在该案中，法院认为《宪法第四修正案》与《美国联邦宪法第五修正案》之间的关系太过密切，以至于二者"几乎撞在了一起"，他人享有的免受不合理搜查与扣押的宪法保证与他人享有的拒绝自证其罪的特权之间有着"相互阐明的关系"，这一观点在今天看来是非常令人不可置信的。这一观点的隐含之意是，我们不需要、也不应总是将《权利法案》的各个条款分开看待，立法者在创设一项宪法自由时往往会设置若干具体规定，通过将这些规定相结合从而保障该项宪法自由的落实。毫无疑问，每一项具体规定解决的问题在本质上是独立的，通过 Boyd 一案的判决，我们认识到可以依据一项条款的原则全面地理解另一项条款，并且理解其所欲实现的目标。对《宪法第四修正案》所规定的隐私权的工具性理解就符合并贯彻了上述观点。

此外，Boyd 一案的法院意见将《宪法第四修正案》的规制作为防止他人被迫自证其罪的第二道防线。在保护他人免受政府所采取的调查手段的侵扰时，《宪法第四修正案》被视为《美国联邦宪法第五修正案》的辅助规定。因此，大法官 Bradley 的判决意见暗示了一种明确的可能性，即《宪法第四修正案》可能关注的是《权利法案》保护的其他价值。虽然法院在后来对该案进行了重新解读，但是大法官 Bradley 的这一观点并未遭到否定，其观点进一步深化了《宪法第

---

① 116 U. S. 616 (1886).

四修正案》所规定的隐私权的工具性理论。

在 ICC v. Brimson 一案①中，法院认为："对于他人的平静与幸福而言，在公民享有的所有权利中，几乎没有什么权利比人身安全权更加重要、更加必不可少……如果人们无法享受这项权利，那么其他权利的价值都会大打折扣。"② 而后，在 Gouled v. United States 一案③中，法院多数意见将《宪法第四修正案》所规定的保护描述为："'他人得以充分享受人身安全权、人身自由权以及私人财产权等权利'所必不可少的法律保护。"同时，法院指出："《宪法第四修正案》应当被视为宪法自由的精髓……"④ 上述这些法院意见所表达的观点都与《宪法第四修正案》所规定的隐私权的工具性理论相一致。

总而言之，在 Boyd 一案以及其他早期的案件中，法院不同程度地明确指向一种隐私权理论，这种理论认识到隐私权对于构成自由社会组成部分的其他权利而言具有至关重要的意义，并且隐私权与其他权利之间有着非常紧密的关系。

四、对《美国联邦宪法第四修正案》所规定的范围规则的批判与修改建议

目前，在对《宪法第四修正案》的范围进行认定时，法院主要依据的是"合理隐私期待"规则，这一相对较新的规则在宪法中没有相应的明文规定。本部分旨在说明，当前的合理隐私期待规则遵循的正是笔者在上一部分内容中所描述的工具性的隐私权理论。笔者将考察法院在定义合理隐私期待规则时所采用的措辞的适当性及其影响，而后分析这一公认原则的操作细节，即进行"合理隐私期待"界限判断时着重考虑的因素。通过上述讨论，笔者将说明，当前法院采取的判断方法已经迷失了方向，并且沉浸于其漏洞百出的谎言之中。

---

① 154 U.S. 447 (1894).
② 154 U.S. 447, 479 (1894).
③ 255 U.S. 298 (1921).
④ 255 U.S. 298, 304 (1921).

(一) 当前判断规则使用的措辞

1. 先决条件——期待

审理 Katz 一案的法院认可了以下结论:"《宪法第四修正案》的主要目标是保护隐私权,而不是财产权。"① 自此之后,这一规则成为《宪法第四修正案》的核心原则。而后,法院进一步认定,对《宪法第四修正案》适用界限的判断应当受到这一"主要目标"的支配,因而法院迫切需要对《宪法第四修正案》所规定的隐私权的组成部分进行识别与完善。仅仅根据隐私权这一概念,并不能准确地判断《宪法第四修正案》的范围,法院便采取了"合理隐私期待"的提法对《宪法第四修正案》所规定的隐私权进行描述。然而,这一标准表面上看似简单,但其含义却令人迷惑不安,给宪法制度留下了许多关键的未解之谜。

这一规则带来的一个主要问题是,将"期待"这一概念作为《宪法第四修正案》核心问题的判断条件是否恰当。Katz 一案中的两阶段判断规则的其中一个分支是判断他人是否具有"实际的隐私期待",但"期待"与"实际期待"之间仍然有着当然的差异,尽管二者之间的差异较小。很显然,当他人对特定事项不具有隐私期待时,那么他人必然不可能对该事项具有合理的隐私期待,在他人不具有隐私期待的情况下考察他人的隐私期待是否具有合理性是不符合逻辑的,因此我们在进行判断时不可避免地需要引入"实际期待"的要件。

后来,大法官 Harlan 曾经就其在 Katz 一案中作出的协同意见的含义进行了否定,法院与学者也对实际(主观)隐私期待这一判断要件进行了批判。他们认为,将纯粹的主观隐私期待作为《宪法第四修正案》所保护的隐私权的判断条件是不恰当的。这些批判观点指出,他人既不可以扩张《宪法第四修正案》的保护范围,也不能缩小其保护范围。更重要的是,这一要件给我们带来了担忧,如果政府按照大众的期待设计一定的操纵手段,那么按照这一要件,政府就可以无根据地、令人难以容忍地控制《宪法第四修正案》的范围。

---

① Warden v. Hayden, 387 U.S. 294, 304 (1967).

一些法院显然认为,这一问题的恰当解决方法是,将 Harlan 提出的判断标准中的第一步判断客观化。那么法院需要考察的问题就不再是遭到政府搜查的特定受害人是否具有实际的隐私期待,而是如果一般人采取了与受害人一样的行为模式,一般人是否具有隐私期待。虽然采取这种方法可以避免因他人本身的反常或疏忽大意而导致的《宪法第四修正案》适用的特异性,但是这种方法并不能将政府胡乱摆弄公众期待的风险连根铲除。

更重要的是,将实际隐私期待的判断标准客观化并不能解决我们所面临的基本问题,即将任何期待作为《宪法第四修正案》所保护的核心利益的判断条件是否恰当。他人是否必须以一定方式明确表现出其对公众或政府的某种期待,才能获得《宪法第四修正案》的保护?其他基本权利的实现并不要求他人必须具有某种期待。鉴于采用这一标准可能带来的结果,这种表面新颖的限定条件必须经过理论的论证。不幸的是,法院并没有完成这项任务。

期待要件的产生起源于以下隐私权理论:隐私权本质上就是一种为了保密而保密的利益。可以说,当他人希望对其私人事项保密时,他人就必然会采取一种能够表明其希望保密的行为方式。根据这一推理,作为提出一个有价值的诉讼主张的前提条件,保密的固有性质要求具有利益的当事人没有实施泄密行为、放弃其具有的保密性。更确切地说,保密的特征要求他人小心翼翼地保护或"保持"其私人事项的保密性。因此,如果他人没有展现其具有保密的期待,如没有建造屏障、在其他人面前公开说话、在公共场合行走等,那么,他人就几乎不具有保护其私人事项保密性的利益,因此他人也就不具有《宪法第四修正案》所保护的隐私利益。总而言之,之所以《宪法第四修正案》的界限分析包含了期待的要件,是因为期待要件是《宪法第四修正案》所保护的核心利益的本质特征。

上述推理存在若干逻辑上的错误。上述观点中暗含着一个未明示的假定,即保密是一种要么全有要么全无的状态。然而,我们并没有充分的理由可以论证这种有关保密性的绝对主义观点。即便《宪法第四修正案》所保护的隐私利益纯粹就是一项保密的权利,但这也并不当然意味着,任何公开的行为或者可能打破完全秘密状态的行为,都应当当然导致他人丧失主张任何隐私利益的权利。有选择的保密与部分保密都是我们可以料想到的情形，这并不妨碍他人享有保密的利益，尽管从表面上看，他人不具有保密利益的观点似乎更加具有吸引力。除非他人放弃主张其享有的《宪法第四修正案》所保护的隐私权，否则，法律不允许他人牺牲部分保密利益，或是向特定个人而非其他所有人暂停保密的状态。以上这种观点是站不住脚的。

当然，对于某些行为而言，法院可以有理有据地认为这些行为表明他人不具有保密的利益，从而认定他人没有充分的理由依据《宪法第四修正案》提出一项有价值的主张。本文的论点是：并非所有的公开行为或打破保密性的行为都会因实际隐私期待标准的适用而导致他人丧失《宪法第四修正案》的保护。除非他人就保密性问题采取的是一种绝对主义的观点，否则，我们面临的关键问题就是，他人应当采取多大的保护力度，或者用当前规则的措辞来说，他人应当表现出何种形式或程度的期待才能确保其享有宪法保护的信息性隐私权的利益。换言之，除非他人只有放弃所有向外界开放的机会才可以保护其具有的保密利益，否则此处有关"期待"的问题就应当是一个程度问题，即何种形式或多大程度内的"非保密"行为是能够接受的，不会导致他人丧失其所有的隐私期待。

我们承认，为了保密而进行保密本质上可能要求他人实施一些预防行为以表现其具有实际的隐私期待，但是这种让步并不等同于承认，法院将之设定为《宪法第四修正案》所保护的权利的适用条件的做法是恰当的。如果我们认为将《宪法第四修正案》所保护的隐私权视为一种纯粹的保密利益是恰当的，那么随之而来的就是上述的宪法让步。然而，正如笔者在上文中对《宪法第四修正案》所保护的隐私权的特征的分析，这种解释严重地、无端地低估了宪法的保护与《宪法第四修正案》的作用。因此，这种认为《宪法第四修正案》所保护的核心利益是纯粹的保密利益的狭隘理论，无法合理地论证法院通过期待要件对《宪法第四修正案》所保护的隐私利益进行解释的做法。此外，《宪法第四修正案》所保护的隐私权的工具性理论不仅不能支持期待要件的成立，而且还反过来说明这一要件对《宪法第四修正案》保护范围的指引是不准确的，甚至是与其相背离的。要求他人实施能够体现其隐私期待的行为，并且以此作为其能够提出有效的隐私权主张的前提条件的做法，往往会减损工具性的信息隐私权所具有的促进公民自由的目标。

目前，法院适用规则中的期待要件并不总是与正确的《宪法第四修正案》分析相悖。在某些情况下，他人的披露行为可能属于不必要的、无端的并且可以轻易避免的类型或程度。尽管如此，在许多情况下，一定程度的公开对于他人宪法权利的行使与享受是必不可少的，二者之间具有内在的联系。例如，他人享有的表达自由、结社权利以及"个人自治"的利益往往只有通过实施一些多少具有披露性的行为才能得到充分的行使，这些行为使得他人的私人信息能够更轻易地为其他人，包括政府所获得。一个恰当的、足够广阔的《宪法第四修正案》的隐私权理论应当为这些自由权利的行使提供媒介。但是当前法院适用的规则却认为，他人在行使上述自由、公开个人信息时，缺少了对《宪法第四修正案》所保护的权利而言至关重要的隐私期待。实质上，《宪法第四修正案》本应促进他人开展某些自由行为与活动，然而他人却可能因为这些行为所具有的部分（披露性）特征而导致其无法提起有效的宪法诉讼。

当特定披露行为被证实能够对他人享有其他利益或自由具有重要作用时，如果法律规则以该行为具有任何程度的公开性为由否认其受到宪法的保护，那么这一法律规则就违背了《宪法第四修正案》的基本目的。在上述情况下，宪法保护范围的判断既不取决于特定他人对于避免政府获取其信息所具有的隐私期待，也不取决于一般普通公众的隐私期待。更确切地说，在判断他人是否享有《宪法第四修正案》所规定的权利时，我们应当将赋予他人信息性隐私权的原因考虑在内。为了将违背宪法精神的风险降到最低，我们应当依据上述原因对非保密行为的程度、类型与基本原理进行考察，从而确定"实际期待"要件的相关性。

如果我们能够理解当前界限规则中所使用的期待要件对《宪法第四修正案》的保护目标所带来的风险，那么我们仍然可以保留且使用这一规则，并且将其影响限制在适当的范围。然而，如果我们在继续采用期待要件的同时又不理解保留这一要件的实质原因，就会将《宪法第四修正案》置于危险之中，那么在这种情况下，我们就应当废除这一规则。期待要件可能会致使法院以他人的个人观点或行为为依据，作出具有特异性的判决，并且还存在政府不当控制他人隐私期待、限缩他人享有的宪法权利的风险。此外，即便我们可以避开上述陷阱，最重大的危机仍然存在，对于他人一旦实施任何披露或披露行为就无法享有《宪法第四修正案》所规定的权利的错误观点，法院始终无动于衷。法院倾向于认为，只要他人实施了披露行为，他人就必然不具有保密利益，这种倾向就是法院探寻他人是否具有隐私期待所带来的副产品，虽然我们可以理解这种倾向，但它的确是令人误入歧途的。考虑到"隐私期待"用词的含义，隐私期待与为了保密而保密的利益之间的联系以及其发挥的理论作用，如果法院继续使用这一标准，那么上述这种无理的倾向是无法被消除的。

总之，无论我们从何种角度看待隐私期待的要求，纠正《宪法第四修正案》适用效果所带来的风险说明，都应当废除这一规则，采取一种更符合《宪法第四修正案》所规定的隐私权保护的工具性目标的规则。

2. 规范过程与合理性规则用词上存在的问题

尽管实际期待要件在理论上是令人担忧的，但是法院较少以此为依据判定他人不具有受保护的利益，这一点将其对界限判断的有害影响降到最低。第二步判断才是问题的关键所在，法院在判断是否适用《宪法第四修正案》为他人提供保护时所作出的所有关键的决定几乎都涉及这一判断规则，因此它也可能产生许多更加严重的问题。

更准确地说，法院在进行"合理隐私期待"的第二步判断时履行的是一种"规范"的职责。① 大法官 Harlan 对第二步判断的原始表达并不仅仅是判断他人的隐私期待是否"合理"，而是判断"社会公众是否认可他人的隐私期待是合理的"。② 根据大法官 Harlan 此后对此作出的论述，毫无疑问，他认为法院的关键作用在于规定他人的权利，而不是反映当前的公众观点或社会状况。其他法官的表达中也流露出类似的观点或怀疑，即法院在审理此类案件时所起的作用是规定《宪法第四修正案》的范围，而不是认可个人或是公众对于《宪法第四修正案》范围的看法。鉴于法官似乎倾向于在判断他人是否具有实际的隐私期待的阶段反映当前的社会状况，因而一旦法官完成了第

---

① Smith, 442 U. S. at 750 (Marshall, J., dissenting).
② Katz, 389 U. S. at 361 (Harlan, J., concurring).

一阶段的判断之后，法官在第二阶段的任务就是识别与实施规范，并且判断何种隐私期待受到宪法的保护以及《宪法第四修正案》赋予他人何种权利。

认识到司法职责的真实性质之后，我们发现了当前规则表述上存在的其他问题。尽管笔者在讨论"合理隐私期待"规则时一直使用的是"合理"一词，但是"合法"与"正当"都是法院认可的用于形容具备受保护条件的隐私期待的词语。尽管如此，或许因为大法官Harlan最初选择的是"合理"一词，并且法院最初借用的、而后沿用至今的也是"合理"一词，因此"合理"一词在界限判断过程中具有实质上的影响。虽然其他人可能认为笔者的观点属于语义上的吹毛求疵，但是笔者仍然认为"合理"一词的使用可能会产生不恰当分析的危险，相比之下，"合法"一词显得更为恰当。

一方面，在法律用语中，"合理"一词虽然很实用，但也存在被过度使用的情况。由于"合理"一词出现在《宪法第四修正案》的条文中，并且此后又被作为判断政府搜查或扣押行为的合宪性的主要标准，因此它的身上承担了《宪法第四修正案》的重担。在《宪法第四修正案》的语境下，"合理"具体指的是以下宪法规定，即政府只有在证明其具有充分根据的情况下才能侵犯他人受到保护的利益。虽然没有人主张"合理"一词在界限判断中的意义与上述语境下的意义是一样的，但是其在上述语境下的意义可能会潜移默化地渗入界限判断的语境中，尽管它在两种语境下的意义几乎毫不相干。

在其他法律领域，对于特定行为或事项"合理"与否的判断，在更多情况下要求的是事实判断而非法律判断（有人可能会认为"合理"往往更具有"反映性"而非"规范性"），"合理"一词在其他法律领域中的广泛使用也给其在宪法领域中的使用带来了风险，这可能会将其他领域中的不恰当的标准引入宪法领域的界限分析当中。举例而言，侵权法中的"理性人"规则就可能对涉及《宪法第四修正案》的案件的法律适用形成上述威胁。"理性人"规则反映了有理性的普通人的想法或观点，因此可能会暗中导致法院无法恰当地完成宪法的规范性任务。由于我们要考虑的根本问题是宪法赋予他人何种永久的利益，而不是他人或一般公众相信、期待甚至于渴望宪法赋予其何种利益。因此，根据理性人的行为或观点判断他人是否享有

《宪法第四修正案》所规定的权利的做法是非常值得怀疑的。将焦点放在理性人观点上的做法还可能存在将法院的规范性职责分配给社会大众的风险,进而导致法院不当地将大众因素注入《宪法第四修正案》的界限分析当中。

另一方面,由于"合理"一词具有内在的灵活性与多变性,这一词语的使用无形中导致了法院判决的片面性与武断性。"合理"一词所具有的开放性,可能导致法院的分析缺少确定的标准,这或许就是法院在界限问题的判断上出现混乱不堪现象的原因。

因为"合理"一词存在上述这些严重问题,并且其不适于法院履行其司法职责,即依据《宪法第四修正案》的工具性目标对受到保护的信息性隐私权的范围作出规定,因此法院不应当再使用"合理"一词进行判断。被公认为"合理"一词的替代品的"合法"一词,应当在法院的规范性过程中发挥核心的作用。

总之,法院在《宪法第四修正案》的界限判断中对"期待"的探寻与对"合理性"的要求,可能导致法院对信息性隐私权的不当分析与错误认识等严重的危险。然而,比起上述概念上的错误,更加棘手且令人不安的是法院在判断他人隐私期待是否合理时通常使用的操作标准。

(二)规范性过程的不当操作:当前规则中相关因素的反复作用

尽管法院通常使用的界限判断标准存在语义上的错误,但是可想而知,法院进一步提出了一些符合《宪法第四修正案》工具性目标的可操作的判断标准。接下来要讨论的是,法院依据这些因素得出的结论是否符合关于《宪法第四修正案》关于隐私权的正确理论。

1. 暴露于众、预防措施与披露行为

法院在进行合理性分析的过程中常常考察以下三个相关要素:①他人事项暴露于公众场合或为公众所获悉,②他人采取预防措施的能力,③他人自愿向第三方披露的行为,这三个因素在逻辑上都植根于当前规则对于期待的错误认识。法院以这三个因素作为依据的逻辑似乎是一样的:真正期待隐私权的他人会以一种能够表现其期待的方式行事,即他人应承担起将其他人排除在外的义务,不向那些毫无疑

问可以自由披露其信息的其他人泄露自己的事务。上述三个涉及期待合理性的表面因素与实际隐私期待部分的判断规则具有非常紧密的联系。因此,法院也将这些规则因素中存在的分析上的不足潜移默化地引入到其规范性过程的操作中。

尽管在某些情况下,他人行为的公共性或他人未能保护其事项、将其事项暴露于众或披露给其他人的事实,的确可能导致其信息性隐私权之诉的有效性减弱,甚至于消灭,但是法院往往在案件中出现上述三个因素中的一个因素时就条件反射式地宣布他人不受宪法的保护。通常来说,法院往往忽视了,他人可能具有一定程度的信息性隐私权,它"不是一种成套销售的商品,要么全有,要么全无"。[1] 此外,他人信息暴露于"公众"或是暴露于"他人信任的熟人"等情形,往往都会导致法院得出他人对于政府缺少宪法认可的隐私利益的结论。法官很少能够认识到,他人对于不同对象所持的期待的"合理性"也有所不同。因此,可以说法院对上述三个要素赋予的相关性与影响力是不当的、无根据的。

即便我们承认《宪法第四修正案》所规定的隐私权仅仅保护他人信息的保密性,但是鉴于保密性本身并不是一种要么全有、要么全无的利益,并且在分析他人的隐私权主张时,他人对普通公众的期待与其对政府探员的期待之间也有着细致的差别,因此,暴露于众、缺少预防措施、自愿披露等因素对于界限分析的影响也会受到削弱。然而,正如我们上文所提到的,《宪法第四修正案》所规定的信息性隐私权具有工具性,这一点更加限制了上述三个因素所产生的影响力的恰当范围。依据预防措施、暴露情况或披露情况等因素作出的界限判断往往被证明是极其不恰当的,这种判断方法甚至与信息性隐私权的保护目标相悖,信息性隐私权不仅是为了保密而保护他人事项的保密性,更是为了确保其他权利的自由行使与完全实现而保护他人事项的保密性。

根据《宪法第四修正案》信息性隐私权的工具性理论,隐私利益的主要功能在于为公民充分享受其他宪法权利提供基础与手段。只有当法律能够限制政府探寻他人信息的行为时,他人才可能充分实现

---

[1] Smith v. Maryland, 442 U.S. 735, 749 (1979) (Marshall, J., dissenting).

其他法律规定赋予他们的利益。他人享有的各式各样的权利需要信息性隐私权为其提供必要的生长基础。此外，许多自由权利的充分行使，必然要求他人实施具有一定曝光度与公开性的行为。过于排他或防备的行为往往会扼杀或妨碍他人享受那些法律保护的自由。例如，如果他人没有机会向其他人公开一定数量的信息，那么言论自由就会变得毫无意义。因此，他人有能力充分享受自由社会赋予的自由权利，不仅取决于他人能够在无须采取最严密的预先保护措施的情况下实施具有一定公开度的行为，而且还取决于他人在面对政府时其私人事项的保密性能够获得保障。

当前的判断规则在未经检验的情况下，不假思索地依靠上述三个因素进行判断，导致他人充分、自由享受权利的行为无法完全满足"隐私合理期待"的先决条件，进而无法受到保护。一方面，如果他人在行使权利时暴露或"公开"了自己的行为，那么他人通常就无法受到《宪法第四修正案》所规定的隐私权保护。在缺少《宪法第四修正案》保护的情况下，他人得以行使与享受其他权利的自由就会大大受损。另一方面，如果他人为了确保自己能够具有主张《宪法第四修正案》所规定的隐私权保护的能力而小心翼翼地保护自己的私人事项免受暴露或公开并且采取判断规则要求的预防措施，那么结果就是，他人对自己的自由强加了限制。讽刺的是，《宪法第四修正案》应当促进的权利的内在属性却削弱了他人主张《宪法第四修正案》所规定的隐私权保护的能力，并且最终剥夺了他人享受上述权利的机会。

在对上述三个因素的重要性进行分析时，我们必须探明他人实施的披露行为或无防备行为所涉及的自由权利，其行为对于行使相关自由权利的必要性，以及依据其行为否定其享有相关信息性隐私权的做法对其相关自由所带来的影响。法院条件反射式地参照这些可疑的因素进行分析，往往会产生错误的关于《宪法第四修正案》的判决。根据适当扩张的信息性隐私权理论，上述三个因素与界限判断之间的相关性是极其有限的。

2. 财产权与侵入

尽管对财产权与"侵入"程度的考察似乎来源于前 Katz 一案时代的 Olmstead 规则，但是法院在后 Katz 一案时期仍然频繁地强调这两个因素与隐私权之间的关系。在分析《宪法第四修正案》所规定的隐私权主张时，财产权与"侵入"的确是有关的因素。然而，在Katz一案之后不假思索地全盘援引这些标准是非常成问题的，并且依据宪法性的信息隐私权的工具性理论，这种做法显得更加令人怀疑。

一方面，Katz一案直接否定了财产权理论与侵入理论具有支配作用的观点，并且将隐私权确定为《宪法第四修正案》的最终决定因素。尽管如此，在此后的案件中，法院仍然依赖于这些仅在从前具有决定性作用的因素，Olmstead一案中采用的物理性侵入的先决条件仍然对后Katz一案时期《宪法第四修正案》的保护范围的判断产生着过度的，甚至是决定性的影响。如果法院尊重Katz一案的精神，那么法院就应当避免依据"财产权"的因素进行判断。

另一方面，我们应当从工具性的角度分析这些因素在规范性过程中的相关性。由于确保他人充分、自由地享有财产权是工具性的信息隐私权公认的、正确的目标，因此，他人财产利益的范围以及政府行为对他人财产利益的侵入程度都是与《宪法第四修正案》有关的因素。然而，宪法之所以赋予他人此项隐私权，并不仅仅是为了让他人保留其财产权利。在案件涉及其他合法目标时，法院不能仅仅由于案件中缺少正当的财产利益或有形的政府侵入而判决他人不应得到保护。例如，政府完全可以通过不具有侵入性的行为侵害他人的言论自由与行动自由，他人对这些权利的自由行使不应当建立在财产权的基础之上。

总之，我们可以将财产权与政府侵入视为界限分析的众多因素的组成部分，只在案件不涉及《宪法第四修正案》所具有的工具性目的、仅涉及他人财产权的享有时才发挥其实质性作用。尽管我们不应当将它们视为完全不恰当的因素而彻底摒弃，但是它们在规范性过程中的作用应当被保持在恰当的范围之内，并且依据《宪法第四修正案》所规定的隐私权保护的目的对其进行论证。

3. 执法利益

最后，相对较少被提及，但是始终存在的一个标准是政府利益标准。老实说，在判断他人是否具有合法隐私需求的界限分析中，这一标准根本不具有相关性。他人受保护的利益是否遭到侵犯，不应当取决于政府是否具有损害他人利益的需求。换言之，《宪法第四修正案》对于他人可识别利益的保护程度或许在很大程度上取决于执法利益的重要性与紧迫性,但是他人的隐私权利是否存在不应当受到与之相对的"公共需求"的影响?法院在进行上述判断时,应当完全着眼于《宪法第四修正案》所保护的隐私权的特征以及他人在特定情况下需要此种隐私权的原因。宪法的制定者明白政府的需求,因而赋予政府"不合理"的执法手段与"合理根据"的授权规则,允许政府官员在具有合理根据的情况下对他人采取原本"不合理"的执法手段。将它们作为界限判断阶段的因素进行考察将会扰乱整个分析,也同样会造成重复考虑的不公平情况。

综上所述,本文在对隐私合理期待规则及其操作规则与组成因素进行分析时,主要围绕以下两条"线索"展开:第一,合理隐私期待规则的基本措辞具有严重的误导性与可怕的缺陷;第二,法院在履行规范性职责时考察的因素部分来源于"隐私合理期待"规则中存在争议的表述,法院选取的这些因素未经宪法的检验或不符合宪法规定的根本目标与特征。依据《宪法第四修正案》所规定的隐私权的工具性理论,这些因素要么是不相关的,要么是适得其反的。我们可以分析法院如何以及为何走上了偏离宪法的道路,但是提出一种辨别《宪法第四修正案》保护范围的替代方法却并非易事。

五、实现 Katz 一案的承诺:一种经过改良的范围界定的理论分析方法

在上文中,笔者叙述了联邦最高法院采取的《宪法第四修正案》范围界定规则的演变,描述了 Katz 一案这一重大转折后适用规则的发展,阐述了《宪法第四修正案》所规定的隐私权的工具性理论,分析了当前法院适用的规则与分析方法的措辞与功能。我们发现,法院在确定宪法保护范围时使用的工具是具有误导性的、不恰当的,根据当前规则所得出的结论并不符合《宪法第四修正案》所保护的隐私权的工具性目标。

在本部分中,笔者提出了一种判断《宪法第四修正案》范围的更加恰当的方法。笔者提出的方法既不是一个具有最终确定性、全面规则架构的彻底完善的理论,也不是一个精确的、易于操作的方法。本文提出的规则仅仅是描绘一个大致的方法架构,为我们在未来提出

一个符合《宪法第四修正案》所规定的隐私权精神与目的的理论分析方法提供基础。接下来，笔者将阐释如何将这一新方法论适用到具体的案件当中。

（一）解决《宪法第四修正案》界限问题的新方法论

笔者在上文中已经指出，"合理隐私期待"规则的措辞具有误导性，应当予以摒弃。当务之急是提出一种更加可取的规则表述。我们最好不要将核心问题表述为他人期待何种隐私权，或是他人有权期待政府给予其何种隐私权。更确切地说，核心问题应当是他人在享受宪法保护的权利与利益时需要何种信息性隐私权。因此，笔者的初步建议是，可以将"隐私期待"的表述替换为"隐私需要"。在他人面对政府的搜查行为时，法院应当根据他人享有宪法性的信息隐私权的根本原因来判断他人的"需要"；并且这些原因中应当包括但不限于他人享有的为了保密而保密的利益。

对"隐私需要"的关注意味着，宪法要求法院将目光放得更长远一些，而不是仅仅局限于纯粹的保密利益，从而避免当前规则含义中不符合《宪法第四修正案》所保护的隐私权本质的情形。在我们用"需要"代替"期待"之后，对他人隐私需要的评估也应当采取一种能够促进《宪法第四修正案》的方式，通过确定一种更加稳定的宪法权利，可以避免由于个别人的古怪想法而导致法院判决出现偏差，并且降低他人受到政府操控的危险。

在我们将"合理"一词排除在界限分析之外的同时，我们有必要就隐私需要提出一种符合宪法保护目的的描述。基于上文提出的原因，笔者将从笔者在上文中认可的、"合理"的替代词语——"合法"一词展开，从而完成这项任务。虽然"合法"一词也并非灵丹妙药，但是这个词语能够带来一定的改进，促使法院实现《宪法第四修正案》的目的。

首先，虽然我们在其他法律领域中也使用"合法"一词，但是"合法"并不像"合理"那样受到滥用。"合法"不像"合理"那样有着非常丰富的隐含意义，因此，"合法"相对而言不那么容易导致法院错误地套用现成的其他规则，例如"合理搜查"规则或"理性人"规则。一直以来存在的、将误导性概念引入《宪法第四修正案》

界限分析的风险也会有所降低。

其次,也是更重要的,"合法"一词更准确地反映了法院任务的规范性质。法院执着地追寻着他人的"合理"期待,过分地依赖那些表面上引人注目的行为因素,却忽略了该项宪法性隐私权的本质与根本目的。而对合法性的关注可以使我们意识到尊重信息性隐私权的工具性目标的必要,可以促使法院依据法律、习惯或惯例,选择恰当的规范性标准,而不是执着于当前法院关注的他人的行为模式。

最后,比起法院对"合理"与否作出的裁决或是当前社会公众是否认可他人隐私期待是合理的,《宪法第四修正案》需要一种更加具有确定性的隐私权内涵。与合理性完全不同的是,合法性意味着法院应当适用更加稳定的、更不易改变的标准,进而能够确定一种更加稳固的隐私权内涵。

总之,法院在处理涉及《宪法第四修正案》的案件时似乎更应该判断他人可以"合法"主张哪些受到保护的隐私利益,而不是他人可以"合理"主张哪些隐私利益。从措辞上看,比起"隐私合理期待","合法隐私需要"能够更好地反映法院承担的确定他人是否享有宪法性的信息隐私权的职责。法院应当判断的问题不是他人是否在事实上期待隐私权,而是请求受到法律保护的他人是否是出于合法目的而需要隐私权。换言之,能够受到保护的隐私需要必须以美国社会秩序中的法律、规则、惯例或习俗为基础,如果他人的隐私需要具有上述基础,那么我们就不能仅仅因为法院觉得他人的隐私需求"不合理"而忽视了对他人的保护。

笔者无意过分夸大本文提出的措辞修改建议的作用。尽管词语的选择是十分关键、重要的,但是仅凭措辞上的变化并不能消除《宪法第四修正案》在法律适用方面存在的缺陷。宪法原则中最关键的要素并不是它使用的词语,而是那些能够使规则表达充实起来的实质性标准。因此,我们有必要提出一系列判断他人隐私需要的合法性的适当标准。

Katz一案要求将隐私权作为判断《宪法第四修正案》范围的主要参照。笔者的提议是建立在将上述隐私权理解为信息性的与工具性的隐私权的基础之上的,也就是说,不仅仅将隐私权视为一种为了保密而保密的利益。因此,在判断哪些因素与宪法保护的隐私需求的合法性相关时，我们应当摒弃从前的狭隘假定，即认为保密是《宪法第四修正案》的根本目标与唯一目标的假定，采取一种信息性的隐私权理论，将宪法以隐私权为媒介试图促进的价值与利益作为界限判断的因素。

然而，在我们急于将《宪法第四修正案》从当前的限制中解放出来的同时，我们也不能忽略保密性本身的内在价值。我们之所以保护他人享有的信息性隐私权，其中一个重要原因就是他人对保密性的需求。当法律确认他人享有能够自由表达其想法、感受以及开展活动的、不受侵犯的领域时，法律就能够为他人的成长与发展提供喘息的空间，进而使我们过上更加令人满意的、充实的生活。当然，这种利益的价值也是宪法保护他人免受搜查的重要动机，也是如今隐私权通说所主张的保护目的。虽然这种利益与《宪法第四修正案》的整体目标相去甚远，但是我们也可以将对纯粹保密利益的保护视为《宪法第四修正案》意欲保护的可能目标之一，进而将其列为合法隐私需要的界限判断的因素。

仅仅根据这一目标评估他人主张的隐私需要的合法性是非常困难的。法院需要判断，在特定情况下，《宪法第四修正案》能够为他人提供多大程度的完全保密的权利。尽管在住宅的情况下法院能够相对轻松地作出判断，但是在其他相比之下不那么神圣不可侵犯的传统领域，法院会更加难以分析他人是否享有完全的保密权利。对于这种价值判断，法院目前还没有获得任何现成的指引。尽管如此，法院在进行合法性判断时必须认识并且重视对政府搜查行为进行宪法限制所具有的最基本的益处。

在搜查过程中，政府可能试图收集他人的信息。而他人则依据《宪法第四修正案》主张其享有的信息性隐私权，从而免受政府的侵扰。但是他人并非仅仅为了隐私权本身的内在价值而向法院主张这项权利。他人之所以提出这项主张，是因为隐私权能够促进他人行使其享有的其他权利。正是基于这种工具性目标，信息性隐私权才能够存在于自由社会中，并且为自由社会所需要，这种工具性目标能够为我们提供实质性的标准，并且能够作为法院判断他人隐私需要的合理性的主要指引。从根本上看，《宪法第四修正案》的范围应当取决于这些工具性目标，当政府的信息收集行为践踏了他人的合法隐私需要时，政府的行为就应当构成宪法意义上的搜查行为。

本文提议的实质是，法律给予他人对抗政府的保密性隐私权所具有的工具性目的，应当在《宪法第四修正案》适用界限的判断上发挥重要的作用。当然，这需要法院对各种各样的权利进行识别，从而辨别宪法性隐私权规定旨在保护何种权利。《权利法案》其他条款所保护的权利就显然属于上述宪法性隐私权旨在保护的权利；它们是宪法给予他人信息性隐私权保护的重要原因。《美国联邦宪法第一修正案》对他人的宗教自由、结社自由以及言论与出版自由的保障，就是非常恰当的信息性隐私权的保护目标。此外，其保护目标还应当包括《美国联邦宪法第九修正案》及《美国联邦宪法第十四修正案》保护的、《权利法案》默示保护的自治性隐私权，尤其是有关他人家庭与生育自由的利益。迁徙权、《宪法第四修正案》涉及的相关自由权利，以及《宪法第四修正案》与《美国联邦宪法第五修正案》保障的财产权进一步丰富了隐私需要的理论基础。如果他人的隐私权受到法律保护，那么这些自由就能够获得蓬勃发展，如果政府不受规制地监控他人对其权利的行使，那么这些自由就会逐渐凋亡。

以上仅仅是笔者的初步构想，试图在其中给隐私需要的合法性基础下定论是徒劳的。这是因为我们对其合法性基础的列举是无法穷尽的。在《宪法第四修正案》的界限判断的案件中，也包含了其他依赖信息性隐私权实现的宪法保护，它们似乎也是《宪法第四修正案》所规定的隐私权保护的恰当目标。此外，随着理论与规则的发展，在评估他人隐私需要的合法性时，我们或许也可以将制定法与普通法所保护的他人利益作为恰当的考虑因素。

总之，在判断《宪法第四修正案》的范围时，我们应当以《宪法第四修正案》所规定的隐私权的工具性特征为依据。在分析他人是否具有合法隐私需要并以此判断是否适用《宪法第四修正案》时，我们应当将那些因隐私权而得以发展、离开隐私权就无法存续的权利与自由考虑在内。如果保护他人免受政府的信息追查对于他人权利的自由行使具有重要意义，那么法院就应当赋予他人《宪法第四修正案》的保护。这就是我们遵循 Katz 一案的精神所得出的逻辑结论。

(二) 举例说明本文提出的方法论的适用

依据本文提出的判断《宪法第四修正案》范围的新方法论，笔者将通过以下一些棘手背景下的例子，说明该方法论的适用；其中将涉及《宪法第四修正案》的界限判断，即判断是否发生了政府搜查行为及他人是否具有请求法院确定搜查行为合宪性的"起诉资格"等问题。这些例子可以说明隐私权的工具性理论的具体意义，以及笔者提出的方法的适用。

1. 电子追踪设备

现代技术为执法人员提供了许多巧妙的设备，使他们能够追踪那些具有嫌疑或是他们感兴趣的他人的行踪。警察可以在包括可移动的车辆在内的物体上，附上或安装上跟踪信标或是"蜂鸣器"。这些装置持续地发出电子信号，调查者通过接收设备感知到电子信号，从而得以判断被追踪者所处的地点。这种设备的使用引发了许多涉及《宪法第四修正案》的案件，并且也引起了法官、学者关于《宪法第四修正案》所规定的保护存在与否、内容为何的讨论。

联邦最高法院近期审理了 United States v. Knotts 一案①与 United States v. Karo 一案②，这两个案件是联邦最高法院首次审理的有关蜂鸣器的案件，法院在审理过程中也解决了该领域存在的一些主要问题。在这两个案件中，法院判决，政府监控蜂鸣器从"公共"领域发出信号的行为不受《宪法第四修正案》的规制，③但是政府监控蜂鸣器从住宅或其他"私人"领域发出信号的行为则受到《宪法第四修正案》的规制。④ 法院并没有对安装蜂鸣器这一行为的性质作出判断，但是法院确实认定，将携有蜂鸣器的物品交给他人并不侵犯他人依据《宪法第四修正案》享有的利益。⑤

法院认为，由于他人在公共场所中行走时"自愿向任何希望了

---

① 460 U. S. 276 (1983).
② 104 S. Ct. 3296 (1984).
③ Knotts, 460 U. S. at 281 – 282.
④ Karo, 104 S. Ct. at 3304.
⑤ Karo, 104 S. Ct. at 3302.

解其行踪的人传达相关信息",① 所以政府通过雷达收发器监控他人在公共领域的位置与行踪的行为不受宪法的规制。因此，他人"对其从一处前往另一处的行踪不具有合理的隐私期待"。由于其他私人组织也能够"从外部通过裸眼"获得蜂鸣器所传递的信息，因此，如果政府通过他人私人财产上的雷达收发器记录他人在公共领域所处的地点，政府的行为并不会触发《宪法第四修正案》的规制。根据法院的观点，如果政府监控从他人住宅内以及其他私人场所内发出的蜂鸣器信号，从而获悉目标他人在上述领域内的地点与"活动"，那么政府的行为就构成搜查行为。这是因为，通过对受保护区域实施上述行为，"政府暗中采用电子设备获取了他人的信息，而政府原本是无法从外部观察到这些信息的"②。

法院认为，公共领域监控与私人场所追踪之间的关键区别在于，前者"获取的信息是他人自愿向任何希望了解其行踪的人传达的"，而后者则会表明那些无法通过视觉观察查证的事实。由于此时，他人的私人财产已经撤出了公共领域，而政府对其财产进行了随意监控，如果完全不对政府施加《宪法第四修正案》的监督，就会对他人住宅内的隐私利益形成极其严重的威胁。③ 因此，政府追踪他人在私人场所内的情形属于搜查行为。本质上，虽然蜂鸣器监控与全面搜查相比较不具有侵扰性，但是由于通过蜂鸣器监控受保护的私人领域内目标的行为与政府进入上述领域实施的其他搜查行为非常相似，并且二者在实质上并无区别，因此这种行为属于《宪法第四修正案》的规制范围。

法院的上述论证分析是令人担忧的，有着严重的缺陷。Knotts一案与Karo一案的多数意见体现出，法院未能领会《宪法第四修正案》所保护的隐私权的真正特征，完全忽视了保密之外，法律赋予他人宪法权利的实质原因。安装并且监控电子跟踪信标以追踪他人或物品的行为毫无疑问是政府追查他人信息的行为，因此这种行为具有《宪法第四修正案》意义上搜查行为的最原始的本质特征。其中，一个

---

① Knotts, 460 U.S. at 280.
② Karo, 104 S. Ct. at 3303.
③ Karo, 104 S. Ct. at 3303.

十分重要且为人们所忽略的问题是,这种行为是否会威胁他人的合法隐私需要。

在大多数有关雷达收发器的案件中,他人并没有以主张政府安装收发器时可能侵入他人密闭的储藏室为由,而是以安装与监控行为的结合能够为政府提供有关他人行动的全面信息为由,对政府的安装与监控行为提出质疑。就政府的这种信息获取行为而言,他人的隐私需要并不仅仅建立在一种为了保密而保密的利益之上。他人对其行动所享有的信息性隐私权是促进他人享有迁徙自由、行动自由与结社自由等宪法权利所必不可少的。如果法律无法保证我们的行动不被监控或记录,那么他人享有的上述自由就会受到打击、逐渐消减。相信我们的行动与结社不会被政府观察、记录是我们的行为得以解放的基础。鉴于隐私权能够为人们享有上述自由提供机会,因此他人可以合法地主张其具有受到宪法保护的、对抗政府使用蜂鸣器的行为的需求。

在有关蜂鸣器的案件中,从隐私权的工具性目标上看,法院提及的标准显然是存在缺陷的。人们的自由行动与迁徙在性质上属于公共活动。讨论他人在私人领域中享有行动自由或在私人场所中享有免受人身限制的自由是非常荒唐的。同样地,人们在与同住亲友以外的其他人交往结社时也需要实施一定的公共行为。想要真正自由地与其他人交往结社,人们就必须前往朋友的家中、前往会议室或为了业务开展、娱乐消遣而在各种不同的地点聚集,这些地点既包括极其"密闭"的私人住宅,也包括更加"具有开放性的"、可进入的其他场地。虽然这些公共行为可能削弱他人主张其处于完全保密状态的可信度,但是为了保障上述必不可少的公共权利的行使,法院不应以此为由抹杀他人提出的保密主张的可行性。《宪法第四修正案》为他人提供信息性隐私权的保护,使他人能够充分地享有上述宪法权利。如果法院因为这些宪法自由所具有的不可避免的属性而削弱他人主张隐私权保护的能力,那么法院的这种做法就是非常荒谬的、站不住脚的。因此,法院不应以他人信息遭到公开披露或能够为公众所获悉等因素为依据而剥夺他人享有的信息性隐私权,致使他人无法抵抗政府使用蜂鸣器的行为。

就信号收发器的使用是否属于《宪法第四修正案》的规制范围而言,最低限度的"侵犯"标准也同样是一个具有误导性的标准。

这一标准可以追溯到 Olmstead 一案，以及认为《宪法第四修正案》的范围取决于他人是否具有财产利益与政府是否实施物理"侵入"的这种备受质疑的观点。如果我们要使用"侵犯"一词，那么我们应当这样理解，"侵犯"一词关系到政府行为对《宪法第四修正案》保护的隐私利益造成威胁的严重性。就此而言，与法院当前的分析不同，在有关电子跟踪设备的案件中，由于政府的行为严重危害了他人的迁徙权与结社权，因而政府显然对他人造成了实质的"侵犯"。因此，对于政府借助蜂鸣器造成的信息性"侵犯"，他人具有重大的隐私需要。

认为蜂鸣器仅仅加强或提高了警察的视觉能力的可疑结论也是导致法院不给予他人隐私权保护的不当原因。首先，跟踪信标发射器能够提供持续、全面的有关他人行踪的记录，这使得"信息性侵犯"在程度上与类型上都与那些通过人类天然感官实施的行为有着天壤之别。其次，Katz 一案的判决也使我们对以下假定产生怀疑，即"纯粹"通过科学技术增强人类感官的行为永远是为宪法所允许的。最重要的是，其潜在的假定是，通过天然感官实施的全面监控可以免受《宪法第四修正案》的规制，这一假定显然是不堪一击的。宪法能够妥善地规制政府通过未经增强的天然感官获取他人信息的行为；既然如此，那么宪法也应当对那些"纯粹"技术增强设备的使用进行控制。无论是仅仅通过天然感官实现的或是凭借电子设备实现的，有效且全面的视觉监控与记录都侵犯了他人对信息性隐私权的需要，而信息性隐私权正是他人迁徙、物理移动以及结社时所必需的一项权利。

一方面，由于安装信标发射器能够实现对他人的跟踪，因此我们对此种行为提出了质疑，鉴于此种行为所具有的功能，此种行为也同样涉及那些监控行为所具有的问题与利益，我们可以将蜂鸣器使用涉及的以上两个阶段结合起来进行分析。另一方面，如果安装蜂鸣器的行为能够打开或进入密闭的容器或建筑结构，那么该行为还会触及额外的、传统上公认的《宪法第四修正案》所保护的利益——他人就密闭场所内相关情形的保密性所具有的"纯粹"利益。无论政府是否试图通过打开容器、安插蜂鸣器以获取信息，政府都很可能这么做。如果警察进入他人的车辆或打开他人的包裹放置信标发射器，警察的行为就威胁到了车内或包裹内相关内容的保密性。只要他人没有向政府表明其缺少对其私人事务保密性的实质关切,那么公认的《宪法第四修正案》所保护的利益,即为了保密而保密的利益,就应当成为阻止警察不受约束地打开他人容器的屏障,至少当他人对该容器享有所有权或占有权时,警察的行为应当受到规制。

总之,我们有合法的目的认为,法律应当赋予他人信息性隐私权从而抵抗政府通过电子设备跟踪他人的行为。法院依据合理隐私期待的分析方法作出的判决意见,不论其结论是反对还是赞成给予他人隐私权保护,法院都使用了不恰当的分析标准,并且几乎完全忽略了隐私权之所以被宪法化的原因。如果法院能够恰当地理解隐私权的重要性,那么法院就应当明确,当政府在他人的相关物品或场所中偷偷安装信号收发器并对其进行监控时,政府的行为应当受到《宪法第四修正案》的规制。

2. 开阔场地

在 Hester v. United States 一案①中,税务官员"侵入"了被告父亲所有的财产,观察到被告非法酿酒的活动,联邦最高法院判决税务官员的行为不构成《宪法第四修正案》意义上的"搜查与扣押",最终采纳了被告在意识到有执法人员在场后所丢弃的证据。为了驳回 Hester 的主张,大法官 Holmes 简明扼要地指出:"《宪法第四修正案》为他人的'人身、住宅、文件与财物'所提供的特殊保护不得被延伸适用于开阔场地之上。"

一直到1967年 Katz 一案修正了《宪法第四修正案》的适用范围之前,Hester 一案所开创的"开阔场地规则"都未产生任何争议。Katz 一案确立的"合理隐私期待"规则给法院带来了新的视角,法院开始思考 Hester 一案的含义、范围以及其是否仍具有持续有效性。在这个过程中,各个法院进行的分析、得出的结论与结果都各不相同。有些法院认为,根据 Hester 一案的判决,在 Katz 一案之后,他人在"开阔场地"中进行的任何活动仍然是完全不受保护的。而其他法院则认为,Katz 一案提出的合理隐私期待规则替代了原先法院对《宪法第四修正案》的范围采取的以财产权为基础的限制规则,削弱了 Hester 一案的宪法有效性。这些法院要求通过合理隐私期待规则

---

① 265 U. S. 57 (1924).

对涉及《宪法第四修正案》的所有情况进行审查，从而确定他人受保护的隐私期待是否受到威胁。

在 Oliver v. United States 一案①中，联邦最高法院终于理清了 Katz 一案与 Hester 一案之间的关系。法院指出，尽管存在合理隐私期待规则，但是大法官 Holmes 作出的拒绝将《宪法第四修正案》的保护延伸适用于开阔场地之上的决定仍然是有效的宪法判例。Oliver 一案的多数意见似乎采取了"两种独立的分析路径"②，重新确认了 Hester 一案的有效性。

最初，法院极其倚重《宪法第四修正案》的限制性表述，明确保护他人"人身、住宅、文件与财物"③的保密性，并且"相当精确地指明了受到宪法保护的场所或物品"④。由于"开阔场地"并非宪法条款中描述的受保护的场所，因此政府对开阔场地的侵入不属于宪法文本所描述的"不合理搜查"。基本上，由于"Hester 一案提出的开阔场地规则符合《宪法第四修正案》的明确规定与历史目的"，因此这一规则是有效的。Oliver 一案的多数意见指出，基于这种以宪法文本为基础所作出的推理，加之相关的普通法历史，法院有充分的理由保留 Hester 一案的有效性。尽管如此，大法官 Powell 并不满足于大法官 Holmes 采取的这种"典型的、简明扼要的风格"，他继续从法院在 Katz 一案中提出的"合理隐私期待"规则出发对开阔场地进行分析。

大法官 Powell 首先提出，多数意见"对《宪法第四修正案》的文本的解读，与此前法院在涉及《宪法第四修正案》的案件的法律适用中所表达的对隐私权的理解是一致的。"但是，大法官 Powell 认为，多数意见显著偏离了法院已经确立的规则路径，并指出："在判断警察对开阔场地的搜查是否应受到《宪法第四修正案》的规制时，那些在某些情况下与《宪法第四修正案》相关的因素并不具有决定性的作用。"这些此前法院确定的《宪法第四修正案》的决定性因素

---

① 104 S. Ct. 1735 (1984).
② Oliver, 104 S. Ct. at 1744 (Marshall, J. dissenting).
③ U. S. CONST. amend. IV.
④ Oliver, 104 S. Ct. at 1740.

包括:他人是否"为了保护其隐私权而采取一定的行动"以及他人是否具有"受到普通法保护的一般性的财产权利"等。大法官 Powell 指出,在多数意见中,这些以往为法院所认可的因素突然之间都不再具有相关性。法院不再依赖这些因素,而是依据"开阔场地并没有为《宪法第四修正案》旨在保护的私密活动提供条件",并且为他人在开阔场地中的活动,例如种植农作物等活动提供保护并不具有社会利益,从而判定,他人所声称的对开阔场地具有的隐私期待并不是"被社会公众认可为合理的"隐私期待。

鉴于审理 Oliver 一案的法院试图暗示,单凭《宪法第四修正案》的义文就足以判断开阔场地是否属于宪法的保护范围,因此法院的判决不仅不符合 Katz 一案等一系列案件的判决,也不符合我们对宪法裁决的性质的理解,而对宪法裁决的性质的理解是法院得以诞生所依赖的基础。至于法院的这种分析方法是否恰当,由于这种盲目遵循宪法文本的做法早已过时,因此我们在此不再赘述。但是,法院在该案中采用的"合理隐私期待"的替代路径却值得我们予以关注与批判。

由于那些对界限判断具有决定性作用的标准存在重复考虑的情形,给《宪法第四修正案》所规定的隐私权保护的适用带来了许多错误与误解,因此,审理 Oliver 一案的法院放弃严格遵循这些因素的做法似乎迈向了一个正确的方向。此外,法院对"《宪法第四修正案》旨在保护的活动"给予了关注,并且指出,正确的问题应当是政府侵入是否侵犯了《宪法第四修正案》所保护的个人价值与社会价值,这似乎将《宪法第四修正案》的法律适用引上了一条工具性的道路。然而,当我们对此进行详细分析时,我们发现,法院作出的规则选择并没有乍看之下那样具有进步意义。

首先,法院对预防措施、披露以及财产权等因素的回避显然构成了合理隐私期待规则适用的一种例外情形,而不是对范围分析方法的总体改革。其次,即便法院对"个人价值与社会价值"的考察确实反映出法院认识到信息性隐私权的工具性特征,但是这种认识也顶多是初始的,并且也不太可能获得持续的发展。法院并没有讨论这种考察的性质,并且从根本上看,法院在 Oliver 一案中进行的考察仅仅是表面的、结论性的。法院遵循 Hester 一案所作出的判决,直截了当地宣告了,户外活动不可能得到宪法的隐私权保护,这都明显反映出法院在分析上存在的缺陷。认可开阔场地具有一定程度的隐私权的观点具有潜在的合法基础，其合法基础比法院所能认识到的基础更加具有实质性，也更加具有说服力。

基于多种原因，我们对不动产享有的所有权与占有权是非常重要的，其中最重要的原因是，这些权利使我们有机会使用自己的土地、在自己的土地上生活，并且只要我们觉得合适，我们可以与伙伴、朋友、家人与亲友分享自己的土地或住宅。如果我们不能自由地使用、利用自己的不动产，那么我们对不动产所享有的利益就会形同虚设。我们可以在自己的土地上种植农作物，或是保持其原始的状态，从中获得利益或美的享受。我们可以利用户外的场地晒裸体日光浴、自言自语或是与其他人会面。上述这些可能的土地利用方式都不触及刑事犯罪。与Oliver一案的判决相反，他人基于财产权所实施的许多活动本身就是土地价值的组成部分，这使他人产生了合法的信息性隐私权需要。

他人是否能够自由地通过上述方式行使其财产权，取决于法律是否能够确保他人相对于政府享有隐私权。《宪法第四修正案》赋予我们的隐私权能够确保政府不得不受限制地获取与我们在开阔场地上的生活与行为有关的信息。这种保证能够解放我们的行为，使我们能够充分地行使自己的财产利益；反之，如果我们不享有信息性隐私权，并且我们认识到政府已经不受约束地获取了我们的信息，那么我们就会对自己的行为进行自我抑制与自我审查，并且会相应地降低我们享受所有权或占有权利益的能力。总之，开阔场地的隐私权应当受到宪法的保护，从而保护并且提高我们的财产价值。然而，Oliver一案的判决将开阔场地排除在《宪法第四修正案》的监管体系之外，它向我们预示了我们在开阔场地中的行为不具有保密性，因而限制了我们对财产的自由使用与享受。

即便Oliver一案具有上述有害影响，我们也不应回头向那些法院为求便利而回避的规则寻求帮助。法院不假思索地、不加批判地依据"排除公众"与"预防措施"等标准进行判断的做法同样会破坏《宪法第四修正案》所规定的隐私权理应推动的价值。在采取上述标准的情况下，如果他人希望在享有其财产所有权或占有权的同时，允许其他人进入其土地或是不将自己的房产变成一个堡垒，那么政府获取有关他人在其不动产内生活与行为的信息的行为就不会受到宪法的规制。正如笔者所指出的，当他人认识到政府可以不受限制地获取他人的信息时，这种认识只会冻结我们的自由，进而阻碍我们对财产权的行使。如果为了避免产生那些令人不寒而栗的认识、保护我们的隐私权，我们必须采取那些遏制我们自由行使权利的排他措施或预防措施，那么他人享有的财产权利益就会受到约束，这种约束是法律所无法容忍的，并且也没有什么替代方法能够改变这种局面。

目前法院采用的《宪法第四修正案》的界限问题的分析方法表明，伴随权利行使而产生的必然结果与限制政府获取他人信息的权力这种具有解放性的法律保证是无法共存的，我们不应当采取这种妨碍他人充分享受财产利益的分析方法。他人主张的《宪法第四修正案》所规定的利益是否具有合法性不应当取决于他人是否"排除公众"以及是否采取了"预防措施"，这些因素本身抹杀了宪法应当促进的利益。界限分析的方法论与规则应当能够确保，当开阔场地对于他人充分享受与自由行使宪法保护的财产权与结社权具有十分重要的意义时，他人对开阔场地享有的信息性隐私权能够受到宪法的保护。

3. 违禁品的犬类嗅探侦测

许多下级法院早已预见到了联邦最高法院后来在 United States v. Place 一案[①]判决中所得出的结论：利用经过训练的犬类动物侦测容器中是否存在违禁品的做法并不属于搜查行为。法院恰当地承认了"他人对于其私人行李中的物品享有《宪法第四修正案》所规定的隐私权"[②]，但是法院在判决中却认为，犬类动物对私人行李的嗅探并不会显著地侵害这种隐私权，其原因在于，政府执法人员"通过犬类动物的嗅探获得他人信息的做法"，不会像普通搜查方式那样开启行李并对行李进行彻底搜查，避免了公开暴露他人不属于违禁品的、合法的私人物品；"这种搜查方式的侵扰性要比典型的搜查行为的侵扰性低得多，并且通过这种方式获得的信息，仅能够被用于证明是否存在毒品等违禁品"。总之，由于犬类嗅探侦测"是一种受到限制的信息获取方式，并且通过该方式获得的信息内容也是十分有限的"，

---

① 103 S. Ct. 2637 (1983).
② Place, 103 S. Ct. at 2644.

因此，这种方式不会损害他人的合理隐私期待。

  Place 一案的多数意见表明，法院清楚地认识到，《宪法第四修正案》所规定的隐私权在根本上具有信息性的特征。法院在其判决中所做的粗略分析仅仅说明，能否适用《宪法第四修正案》保护他人的隐私权，取决于政府对他人保密利益的侵害程度，但是法院却没有发现他人之所以需要就其私人物品的信息进行保密所具有的工具性目的。尽管法院在界限判断中忽略上述问题通常会导致法院过于限缩《宪法第四修正案》的规制范围，但是在审理有关政府利用犬类嗅探侦测违禁品的案件时，法院只着眼于保密利益的做法，似乎也并未产生错误的判决结果。

  如上文所述，法院在界限判断中应当充分考虑保密的内在价值。在犬类嗅探侦测中，因为这种利用动物外部嗅觉对私人行李进行侦测的方式只会揭示行李中是否存在违禁品，而不会泄露其他物品的任何信息，因此政府对他人完全保密状态的威胁是十分有限的。在社会价值体系中，他人对违禁品享有的保密利益是微不足道的，因此他人对此不具有合法的隐私期待。但是有学者认为，犬类嗅探侦测还危及他人享有的其他利益。他人享有的不受政府约束的迁徙与行动自由会受到以下认识的影响，即政府调查人员可以随意检查我们携带的物品，并且不受控制地进行自由裁量。尽管如此，因为采用犬类嗅探这种可靠的识别方式侦测他人行李的行为，仅仅只会对那些运输违禁品的他人的人身自由产生威胁，因此上述观点的潜在价值是十分有限的。我们可以识别的《宪法第四修正案》的工具性目标之一——"自由"利益，在这种情况下也同样不具有充分的社会价值，不足以说明他人具有合法的隐私需要。

  上文的分析主要是基于不受宪法约束的政府行为的有限性特征而作出的。通过犬类嗅探侦测的方式获取的他人信息是非常有限的，并且通过这种方式能够最大限度地减少对他人完全保密利益与合法工具性目标的潜在威胁。但是，如果政府搜查设备的特性发生了改变，那么分析的结论也会随之改变。例如，某些犬类动物显然能够侦测到酒精以及非违禁品类的药品。由于这些犬类揭露了他人合法持有物品的信息，所以此类犬类侦测行为可能对他人完全保密利益产生的威胁也就变得更加显著。同样，上述行为对那些仅随身携带合法物品的他人的迁徙与行动自由所带来的威胁，也应当引起人们的重视。如果侦测犬类会泄露违禁品以外的其他物品的信息，并且我们也知道它们会泄露这种信息，那么，它们给我们的保密利益所带来的威胁、给依赖信息性隐私权保护而实现的其他利益所带来的威胁，就能为这种情况下他人隐私需求的存在提供充分的合法性基础。

仅就 Place 一案与有关犬类嗅探侦测的案件而言，联邦最高法院与下级法院的判决结论是站得住脚的。但是，如果政府改变了其搜查的方法或程序，那么我们就必须对新的搜查方法或程序进行检验，以查明这些新的方法或程序是否会对宪法保护的隐私权造成侵害。

4. 垃圾检查

长期以来，联邦法院与州法院在审理涉及《宪法第四修正案》的案件时，都需要面对许多有关执法人员检查他人垃圾的情形。[①] 警察总是会采用各种方法来获得垃圾桶中的物品。在某些案件中，警察会公开地对垃圾桶进行搜查，[②] 在其他案件中，警察会打扮成垃圾收集工对目标垃圾进行搜查，或者直接雇佣真正的垃圾收集工对目标垃圾进行分离与搜查。[③] 通常而言，警察会等他人将其垃圾从他们惯常放置垃圾的私人区域转移到公共场所之后再对垃圾进行检查。但是在某些情况下，警察会直接侵入他人的私人区域对其垃圾进行检查。

联邦最高法院到目前为止还未审理过有关垃圾检查问题涉及《宪法第四修正案》案件。但是，下级法院却时常面临这样的难题，并且下级法院在审理此类诉讼时往往十分消极。虽然加利福尼亚州法院已经在其判决中表明，无论被检查的垃圾位于何处，对其进行检查的行为均符合《宪法第四修正案》以及州宪法中的相同规定，并不会对隐私权构成侵害；[④] 但是，大多数州法院的观点与各联邦上诉法

---

① See, e. g., United States v. Vahalik, 606 F. 2d 99 (5th Cir. 1979), cert. denied, 444 U. S. 1081 (1980); United States v. Crowell, 586 F. 2d 1020 (4th Cir. 1978), cert. denied, 440 U. S. 959 (1979).

② See, e. g., Smith, 510 P. 2d at 794; Chapman, 250 A. 2d at 206; State v. Oquist, 327 N. W. 2d 587, 589 (Mian. 1982); Ball, 57 Wis. 2d at 656, 205 N. W. 2d at 354.

③ See, e. g., United States v. Biondich, 652 F. 2d 743, 744–745 (8th Cir.), cert. denied, 454 U. S. 975 (1981); Crowell, 586 F. 2d at 1024; Shelby, 573 F. 2d at 973; Krivda, 5 Cal. 3d at 360, 486 P. 2d at 1263, 96 Cal. Rptr. at 63.

④ See Krivda, 5 Cal. 3d at 366–367, 486 P. 2d at 1268–1269, 96 Cal. Rptr. at 68–69.

院的观点都是相同的——对从私人房屋或宅院以外的地方获得的垃圾进行检查的行为不构成搜查。① 法院在分析时往往围绕着"抛弃"展开,这一概念与财产权有关,指的是他人放弃对一项物品所享有的利益。从本质上来说,法院一般会认为,当他人丢弃了垃圾并且将其从他们的私人区域转移至任何人均有权进入的、用来收集垃圾的公共区域时,他人就不能再期待(或者合理地期待)自己对这些垃圾仍然享有隐私权。实际上,当他人将垃圾丢弃在任何人均有权进入的公共领域时,他人已经将其对垃圾的完全控制权让渡了出去,因而牺牲了与之相关的隐私权。②

大多数法院在垃圾检查是否侵害他人隐私权这一问题上得出的结论也许是正确的,但是它们的论证分析却都是不完整的。在垃圾检查的情形中,完全保密利益也许是我们能够找出的、唯一能够支持他人对垃圾也具有信息性隐私权需要的理由,除此之外,我们很难找出任何其他实质性的理由。我们很难从人们享有的自由地、匿名地处置个人垃圾的权利中得出任何其他具有重要意义的价值或权利。因此,法院在审理该类案件时面临的主要问题是,他人对于自己已经丢弃的、"分袋独立包装"的垃圾,是否或者在多大程度上,能够像他人对其私人住宅、汽车或其他上锁的储藏室那样,具有受到《宪法第四修正案》保护的完全保密的利益。

显然,宪法赋予我们享有保密领域的权利。这是因为,我们在日常生活中需要找到一些方法来处置各种各样的物品,并且我们希望其中的部分物品不会为其他人所知,不会为政府所知。基于这种需求,我们需要回答的关键问题是,如果我们不将日常生活中丢弃并交由其他人收集、处理的垃圾纳入隐私权保护的范围,那么宪法所赋予我们的完全保密的私人领域是否会受到本不应当出现的限制,我们私人生活中本应受到充分保障的保密空间是否会因此而被否定。如果政府检查垃圾的行为不会对他人事务的保密性构成侵害,那么我们或许没有

---

① See, eg., Terry, 702 F. 2d 299; Biondich, 652 F. 2d 743; Reicherter, 647 F. 2d 397; Vahalik, 606 F. 2d 99; Crowell, 586 F. 2d 1020; Shelby, 573 F. 2d 971; Magda, 536 F. 2d 111; Mustone, 469 F. 2d 970.

② See, e. g., Biondich, 652 F. 2d at 745; Reicherter, 647 F. 2d at 399; Vahalik, 606 F. 2d at 101; Crowell, 586 F. 2d at 1025; Mustone, 469 F. 2d at 972; Dzialak, 441 F. 2d at 215.

必要将垃圾等废物也纳入隐私权保护的范围。

不同的法院可能会对垃圾检查案件中的基本问题给出不同的答案。但是,法院不得在这一过程中过分依赖那些具有误导性的、无启发作用的标准,或者是过分依赖"抛弃"与期待的"合理性"等具有误导性的、无启发作用的"魔法"语言,从而回避法院具有的规范性职责。法院应当在正确理解隐私权特征,并且仔细探寻他人对其垃圾具有隐私需要的正当理由的基础上作出判决。

5. 利用假朋友对他人进行秘密监视

尽管科技的发展大大提升了执法设备的先进程度,但是对于政府部门而言,聘用人员或志愿者打入或者潜伏在目标他人内部从而获得信息仍然是一种十分有效的监视手段。从联邦最高法院第一次受理此类案件至今,审理了大量有关《宪法第四修正案》的案件,在这些案件中,执法人员利用假朋友对他人进行秘密监视。对于其中的大多数案件,法院都采取了一种充耳不闻的态度。由此导致的结果是,警察可以不受《宪法第四修正案》的约束,更加放心大胆地利用这些人员监听、报告、记录与传递发生在家人、朋友、熟人以及陌生人之间的对话。

法院往往认为,利用假朋友(秘密探员)对他人进行秘密监视的行为没有违反《宪法第四修正案》的规定,对于这一结论,目前最简单也最广为接受的一个理由是,他人在与假朋友对话的过程中已经"自愿承担了对话可能被泄露给第三人"的风险,所以我们可以"假定他人也愿意承担对话可能被泄露给政府"的风险。在该种秘密监视手段中根本不存在搜查行为,因为他人承担了自愿泄露信息的风险,因此在这种情况下,他人所主张的任何对于隐私权的期待都是"不合理的"。[①] 前述论断的逻辑根源在于,虽然保密性是《宪法第四修正案》的保护对象,但是当他人自愿将其个人信息透露给别人时,他人就不再对这些信息享有充分的保密利益。这样一来,他人就不能再合理地期待其自愿透露的信息仍然受到《宪法第四修正案》的保护。一旦他人自愿透露了自己的私人信息,他人便不再对其私人信息享有《宪法第四修正案》保护的隐私权。

---

① See United States v. White, 401 U.S. 745, 749 – 752 (1971).

以上论断清晰地说明,当前法院适用的合理隐私期待规则会对他人的受保护利益带来巨大的风险。从信息性隐私权的工具性视角出发,上述论断的逻辑无疑存在根本性的缺陷,并且会对他人的自由产生极大的威胁。政府通过在他人身边布置卧底人员监视他人的做法如幽灵一般存在于我们的生活之中,并且不受法律的约束,其中最受影响的个人价值当属公民享有的结社自由与言论自由。如果想要真正发挥结社自由与言论自由的价值,那么公民必须拥有与其他人自由交流思想的机会。而自由交流的实现,往往有赖于这样的保证——政府在不具有充分合理的理由的情况下,无权获得公民之间自由的信息交流。从本质上讲,表达权与结社权的行使不仅要求他人向其他人透露自己的信息,还要求通过一定的方式保证他人的信息不会为政府所知悉。那种认为他人对其向第三人透露的信息不享有隐私权的分析论证无疑是邪恶的,它一并排除了表达权与结社权所同时要求具备的上述两大本质需求。一方面,由于政府可以通过秘密人员掌握他人的秘密信息,这种不受约束的权力的存在使得他人的信息性隐私权根本无法得到保证,因而导致《美国联邦宪法第一修正案》赋予公民的自由权受到严重的限制。另一方面,为了在行使《美国联邦宪法第一修正案》所赋予的自由的同时维护自身的信息性隐私权,他人必须尽量避免向其他人透露自己的私人信息,这种自我限制的做法无疑会大大减损《美国联邦宪法第一修正案》赋予公民的自由。这样一来,如果他人想要享有隐私权,那么他人就必须放弃自由权,如果他人想要享受自由权,那么他人就必须放弃隐私权。在这里,宪法的自由精神显然陷入了一个对立的两难境地。

因此,更为可取的观点应当是,政府不受法律约束地采用"假朋友"等调查方法获取他人信息的行为会对他人的表达自由与结社自由造成严重的威胁。这种调查方式对自由的威胁充分、合理地论证了,在面对政府通过"假朋友"、"假雇员"等各种形式获取隐私信息的做法时,他人需要受到信息性隐私权的保护。关注他人是否具有合理隐私期待并且认为他人对其自愿透露的信息不再具有合理隐私期待的做法,无疑是与《宪法第四修正案》所规定的隐私权的工具性目的背道而驰的。在"假朋友的秘密监视"的情况下,为了忠于《宪法第四修正案》,我们必须对公民寻求宪法性隐私权保护的原因

第二编 隐私合理期待的分析方法 223

进行全面、深入的探寻。只有经过这样的探寻,我们才能揭示出,当政府对《宪法第四修正案》所保护的重要目标构成何种程度的侵害时,我们才应当通过宪法制度对其进行规制。

6. 提出《宪法第四修正案》的起诉资格问题

工具性视角所带来的另一个结果是,我们还可以通过工具性视角解决他人依据《宪法第四修正案》向政府提起诉讼的"起诉资格"问题。在本部分中,笔者不会对政府的某一项特定调查行为是否触犯了《宪法第四修正案》的规定进行讨论。笔者想要讨论的问题是,当政府的行为确实对他人依据《宪法第四修正案》所享有的部分利益造成威胁时,该项政府行为是否会威胁到试图提起《宪法第四修正案》之诉的特定他人的利益。虽然界限判断与起诉资格的判断是两个不同的问题,但是二者却都具有这样一个共同的功能——界定《宪法第四修正案》之诉的范围,并且在 Rakas v. Illinois 一案[①]之后,二者的结论都取决于合理隐私期待规则。

合理隐私期待规则是法院在判断"起诉资格"问题时最依赖的规则,发挥着最为关键的作用,法院在判断"起诉资格"问题时也同样依赖其在界限问题中所考察的因素。法院分析论证的重点包括:他人对受到政府搜查的场所或受到政府扣押的财物是否享有财产权、他人是否采取了预防措施以保护其隐私权以及公众是否能够获悉他人的信息或他人的信息是否遭到披露等因素。法院在起诉资格问题的判断上依赖上述标准所形成的结论,往往与法院在界限问题上条件反射式地参考相同标准所形成的结论相类似。换言之,法院在判断上述问题时的分析论证往往是非常肤浅的、单薄的,[②]并且时常会忽视甚至侵犯他人享有的应当受到保护的利益。产生这种现象的原因是,诉讼资格案件的呈现形式多种多样、富于变化,我们很难从每一个案件中都分离出某一种或某几种《宪法第四修正案》着力保护的价值或权利。但是,我们可以做到的是,从这些案件的大量案件事实中提炼出

[①] 439 U.S. 128 (1979).
[②] See, e.g., United States v. Arce, 633 F.2d 689, 694 (5th Cir. 1980), *cert. denied*, 451 U.S. 972 (1981); United States v. Buchanan, 633 F.2d 423, 426 (5th Cir. 1980), *cert. denied*, 451 U.S. 912 (1981).

一些法院在今后案件审理过程中需要给予充分关注的事项。

  他人在行使结社自由权利时不可避免地需要与其他人聚集于各式各样的场所。我们会在其他人的住所、车辆以及工作地点与其他人相聚，也会在会议厅、俱乐部以及大礼堂等场所同其他人碰面。如果我们被剥夺了出入上述场所的自由，那么宪法所赋予我们的结社自由将会受到极大的限制。在法院当前适用的规则之下，我们的隐私权取决于我们对上述场所是否享有财产利益、是否采取了维护与预防措施以及是否禁止公众进入上述场所。但是，鉴于我们聚集的部分场所所具有的特征，我们发现，当我们在这些场所开展结社活动时，我们很可能不能满足上述合理性标准中的一个或一个以上的标准。我们经常会在不属于自己所有或者不为自家所占有的场所进行社交活动，在这些场所，我们没有权利，也没有能力设置障碍阻止别人的进入，或者阻止或排除别人进入这些场所的做法是与召开此类集体活动的目的相违背的。所以，在当前法院适用的规则之下，人们在行使结社自由权的同时时常会丧失其享有的信息性隐私权，但是如果人们想要真正不受限制地行使结社自由权，他们绝对离不开法律对其信息隐私权的保护。尽管如此，我们所面临的现状却是，如果我们要保护我们的隐私权，我们就必须限制结社自由权的行使。正如上文所述，从实践效果上看，对《宪法第四修正案》所规定的隐私权采取的此种分析方法与《宪法第四修正案》隐私权的工具性目标是截然对立的，产生了严重的扭曲现象。

  另外，在他人依据《宪法第四修正案》所规定的个人权利提起诉讼的其他情形中，也包含了他人享有的其他重要价值。人身自由以及与此相关的迁徙自由通常是相对于我们拥有的私人领域以外的公共领域而言的，在这些场所，采取严密预防措施防止个人隐私暴露的做法即便不是完全没有可能的，也是很难实现的。我们在出行时并不总是乘坐自己的车辆。有时候，我们不可避免地会与朋友、熟人或家庭成员一起乘车出行，或者借他们的车辆一用，又或者乘坐公共交通工具出行。因为我们在出行或参与社会活动的过程中不可避免地会携带部分日常生活信息以及与之相关的隐私信息，因此认为在上述各种情形下，我们可以在将自己的"秘密"隐藏妥当之后再出行的想法无疑是荒唐的。如果我们的迁徙自由必须在我们不携带任何物品的情况下才可能实现，那么我们的迁徙自由必然会受到实质的损害。如果政府不受控制地获取他人乘车时携带的信息，而他人由于自己并非车辆的所有人因而无法限制政府对其信息的获取行为，那么这必然会削弱他人享有人身自由的机会。

家庭事项自主权的享有似乎要求其他家庭成员可以自由地涉足他人的区域或接触他人的物品，尽管其他家庭成员对他人的区域与物品不享有绝对的所有权，并且若干其他人可以获得我们的部分生活信息。居住在一处的家庭成员必然会共同使用特定的区域，并且还需要进入同住的其他家庭成员的私人领域。同样地，在这种情况下，预防措施以及进入限制将会是适得其反的，将会妨碍他人实现家庭自主中的生育目标。这样一来，家庭成员之间就无法自由地分享自主权试图促进的家庭私密、发展、成长以及满足，反而只剩下小心翼翼的防备。此外，如果只有在他人对其与家庭成员共享、交换与维持生活信息的区域享有所有权时，他人才能享有隐私权，那么这必然与人们的现实家庭生活格格不入。

总之，缺少所有权或占有权以及未能阻止其他人进入等因素，不应当被作为判断他人为了充分享有各项权利而具有的隐私需要的依据。不论是在界限问题中还是起诉资格的问题中，法院在判断是否应当适用《宪法第四修正案》时都需要总结各种情况中可能具有的工具性目标，评估实现上述目标通常或必然涉及的因素。他人具有合法的信息性隐私权需要的根据来源于宪法所具有的保护他人信息性隐私权的目标，我们不应当为了那些与他人自由行使与享受《宪法第四修正案》应当保护的自由权利无关的因素或部分属性，而忽视了他人的合法隐私需要。

六、结语

无论是法院当前使用的《宪法第四修正案》的范围界定的方法论还是本文提出的分析方法都是以利益为导向，因此它们都符合 Katz 一案的精神：该案宣告了政府"对他人隐私权的侵犯"是《宪法第四修正案》规制政府搜查行为的决定性因素。当前适用规则的基本缺陷在于，它对《宪法第四修正案》所规定的隐私权的定义太过狭窄，认为《宪法第四修正案》保护的隐私权仅仅是他人为了保密而保密的利益。本文提出的方法论围绕着一种对隐私权利益的扩展解读展开，这种解读将目光放得更加长远一些，它没有仅仅局限于纯粹的信息保密的利益，而是将目光集中于他人对政府保密的利益之所以如此重要并且值得宪法保护的原因。《宪法第四修正案》的文本、历史、在宪法架构中的地位以及保护他人免受政府搜查在自由社会法律传统与原则中发挥的作用，都能够为这种有关《宪法第四修正案》目的的工具性解读提供依据。

通过视角上的调整，采取本文提倡的工具性视角，将会给《宪法第四修正案》的法律适用带来巨大的转变。以往法院判决中明示或暗示的、错误的、狭隘的隐私权观念，对法院审理案件所使用的规则框架产生了巨大的影响。工具性理论能够将我们引向不同的规则，彻底改变许多界限问题的分析与解决方法。通过正确的扩张我们的隐私权观点，工具性理论暴露了当前规则制度中的不足，指出了一条符合《宪法第四修正案》目的的问题解决路径。

现将本文的提议总结如下：在解决《宪法第四修正案》的界限问题时，我们要考察的不是他人是否具有隐私合理期待，而是他人是否具有对信息性隐私权的需要，以便他人充分地享受各种宪法权利所带来的利益。法院在适用隐私合理期待规则时不假思索地依赖那些重复考虑的因素的做法应当被彻底抛弃。法院应当试着去判断，政府行为是否剥夺了他人的信息性隐私权，他人想要自由地行使与享受宪法权利是否要求其面向政府享有一定程度的信息性隐私权。一般来说，隐私合理期待规则至多只能保护他人为了保密而保密的利益。本文提出的方法论既符合《宪法第四修正案》的目的，又能够保护他人享有的隐私权，从而确保他人能够行使宪法保护的其他权利。

本文提出的方法论以及本文建议的判断标准绝不是一种死板的、公式化的制度。本文提出的方法论要求法院必须对他人主张的隐私需要的合法性进行艰难的判断。由于这种方法论既没有规定一种量化的方法，也没有规定何种程度的隐私需要是合法的，因此这种方法论涉及大量的司法自由裁量权。但是，Katz 一案规则所要求实现的任务本身在很大程度上也是模棱两可的，需要法官的自由裁量权。我们能抱有的最好希望就是，通过最恰当、最准确的语言与问询对这一方法论进行详细的阐述，并且指出相关适用标准的类型。

本文所构造的分析与规则架构并不一定比当前法院适用的规则制度更加易于操作或更加具有可行性。对当前法院判决具有支配作用的因素往往具有可量化的性质，这种性质是十分荒谬的。本文提出的方法论可以消除模棱两可的状态，尽可能地限制法官在就《宪法第四修正案》所规定的宪法性问题作出决定时所享有的自由裁量权。更重要的是，本文提出的方法论试图认清政府剥夺他人隐私权所引起的真实损害，并且恰当地表达法院在其中具有的规范性任务。因此，这种方法论可以大大提高法院对《宪法第四修正案》所规定的目标的忠实度。如果法院能够谨慎地运用本文提出的方法论，那么法院在处理涉及《宪法第四修正案》的疑难案件时就能够得出符合宪法的答案。解决《宪法第四修正案》的界限问题的工具性方法使我们能够充分发挥 Katz 一案的改革潜力，确保法院更加尽职地考察《宪法第四修正案》的界限，从而更好地保护美国社会秩序中那些核心的、不可或缺的自由。

隐私合理期待的两步分析法

——对 United States v. Knotts 一案的评析

林泰松[①]　王垚[②]

目　次

一、导论
二、隐私权的三种分析方法
三、对 United States v. Knotts 一案的判决
四、对 United States v. Knotts 一案的评析
五、结语

一、导论

一直以来，有关《美国联邦宪法第四修正案》（以下简称《宪法第四修正案》）的案例都成为美国联邦最高法院（以下简称联邦最高法院）的讨论焦点，这样的争论焦点主要表现为政府官员通过无证搜查措施所搜集的犯罪嫌疑人的证据是否为合法证据。被告一般会提起排除非法证据的动议，而法官就要针对被告的申请作出判断，这一判断攸关重大，被法官所肯定的证据往往可以作为被告的定罪证据，所以，法官的态度就决定了被告是否被判决有罪。

由于《宪法第四修正案》条文本身的解读方法有多种，法院在审理有关《宪法第四修正案》的案件时总是不能采用一种统一的、标准的判断方法，而且随着社会的发展，高科技监控措施越来越多，

[①] 林泰松，法学博士，国信信扬律师事务所律师、主任、高级合伙人。
[②] 王垚，中山大学法学院助教。

新兴的政府搜查措施层出不穷,这就加大了法院判断政府官员所实施的搜查措施是否合理的难度。关于联邦最高法院对《宪法第四修正案》的解读,我们可以做一个历史性的梳理。本文所介绍的案例就是采用了一种合理隐私期待的两步分析法,这一分析方法在 1967 年的 Katz v. United States 一案中确立,并一度在联邦最高法院占据主导地位。法院在采用隐私合理期待(或称合理隐私期待)的两步分析法之前,还采用过物理性侵入分析方法,该分析方法在 1925 年的 Olmstead v. United States 一案中确立,直至被 Katz 一案推翻,此外,联邦最高法院在有关《宪法第四修正案》的案件中还一直坚持采用"受宪法保护领域的判决标准"这一分析方法。

二、隐私权的三种分析方法

《宪法第四修正案》规定,"公民对其人身、住宅、文件和财产享有不受不合理搜查和扣押的权利,除非存在某种合理根据、以宣誓或代誓宣言保证并具体说明拟欲扣押的人或物,否则,法官不得签发搜查证或者扣押证。"从该条文我们可以看出两个规则:一是公民享有安全权,不受政府的不合理搜查和扣押;二是令状规则,原则上,政府实施搜查措施之前必须事先申请搜查令。对于越来越多的政府监控措施,我们必须判断它们是否属于《宪法第四修正案》意义上的搜查措施,如果是的话,该种搜查措施所获得的证据就必须被排除,而不能被法庭所采纳。因此,《宪法第四修正案》的关键问题在于如何判断政府实施的监控措施是否属于《宪法第四修正案》意义的搜查行为。

(一)物理性侵入分析方法(以 Olmstead v. United States 一案为例)

物理性侵入分析方法认为,只有政府官员实施的有形的或者对公民的财产造成"物理性损害"的行为才是《宪法第四修正案》所禁止的行为。该分析方法在 Olmstead v. United States 一案中得到确立,在该案中,法院考虑了政府官员长时间的监听 Roy Olmstead 和别人通话的行为是否属于一项违宪的搜查行为的问题。法院在描述了政府官员安装窃听器的物理性方式后解释道:"政府官员将窃听器安装在了被告住宅小区的电话线中,这使得政府官员可以在室外窃听到被告在室内的通话。"政府官员安装窃听器的方式以及窃听器安装的位置并没有侵犯被告的财产权。①

根据 Olmstead 一案的判决意见,我们可以看出法院对《宪法第四修正案》所做的传统解读。在 20 世纪早期之前,政府官员在其执法行为中很少采用如窃听器之类的高科技监控设备,而最为传统的政府侵扰方式无非就是直接的、物理性的对公民的财产造成损害。法院对《宪法第四修正案》的传统解读建立于财产权之上,因此,在传统的概念中就无法出现非物理性的侵扰方式这一观念。当一种新兴政府搜查措施出现之时,这种传统的思维方式还无法为之改变,当生锈的齿轮无法转动之时,才会出现新的发动力,从而使得历史的齿轮滚滚向前,不断推移、发展。20 世纪中后期,政府官员的执法行为越来越多地运用到窃听器、红外线探测仪、航拍器等高科技监控设备,政府官员可以以无形的甚至是对公民的财产造成非物理性损害的方式去对公民造成兹扰、搜集证据,传统的物理性侵入分析方法已经无法为公民提供保护,为了匹敌强大的政府,宪法必须为公民提供足够的保护,如果法院再作出明显有利于政府的判决,那么便违背了宪法的应有之意。物理性侵入分析方法的落幕是科技进步的直接后果,这种分析方法是对《宪法第四修正案》的狭窄解读。对于新兴出现的社会现象,如果说制定法由于其稳定性、机械性而不能及时作出回应的话,宪法就必须承担起解释并将其纳入宪法规制范围内的重任。在从宪法中找出隐私权这个权利之时,联邦最高法院的法官们就曾运用过这种解释方法,宪法所规定的是一种核心权利,在其周围还有"权利伴影",这些权利伴影虽然没有白纸黑字地规定在宪法条文当中,但它们仍然受到宪法的保护。就像联邦最高法院法官可以通过解释的技巧找出隐私权一样,他们也可以通过解释的技巧找到限制政府官员采用无形的方式实施搜查行为的方法。

---

① Renee McDonald Hutchins, Tied up in knots? gps technology and the fourthamendment, 55 UCLA L. Rev. 409 2007 – 2008.

（二）隐私合理期待的两步分析法（以 Katz v. United States 一案为例）

当历史的车轮转动到 20 世纪中后期，物理性侵入分析方法已经完全不能用来处理新兴的政府搜查行为，隐私合理期待的两步分析法便应运而生。隐私合理期待的两步分析法以 Katz v. United States 一案为产生标志。

在 Katz v. United States 一案中，Katz 是一名赌徒，他通过在他家附近的公共电话亭传播博彩信息，政府官员在公共电话亭外安装了窃听器，并通过这个窃听器窃听到了 Katz 的通话内容，政府官员便据此对 Katz 提起了控告。针对政府官员提供的证据，Katz 向法庭提出了排除非法证据的动议，该项动议被基层法院推翻，并对 Katz 作出了有罪判决。当 Katz 上诉到联邦最高法院时，联邦最高法院推翻了低层法院的判决，并支持了 Katz 排除非法证据的主张，虽然政府主张他们并没有从物理意义上侵入公共电话亭，而且公共电话亭又不属于公民的住宅，也非宪法所保护的领域，但是法院认为："《宪法第四修正案》保护的是人，而非地方。"这句话就宣告了物理性侵入分析方法最终退出了历史舞台。接着，Harlan 法官在其附合意见中提出了一种新兴的分析方法：如果公民享有"合理隐私期待"，就应该受到《宪法第四修正案》的保护；公民享有隐私合理期待应当符合两个要求：一是公民从主观上享有隐私期待，二是社会大众认为公民的这一隐私期待是合理的。[1]

联邦最高法院最终采取了 Harlan 法官的意见，并在后 Katz 时代广泛采用了隐私合理期待的两步分析法，这一分析方法是对物理性侵入分析方法的取代，对于大量出现的政府新兴搜查手段，起到了极大的规则作用。

隐私合理期待的两步分析法程序是：

1. 第一步：主观隐私期待

法院在运用隐私合理期待的两步分析法时，第一步就必须审查被

---

[1] A reconsideration of the katz expectation of privacy test, Michigan lareview, vol. 76, no. 1 (nov., 1977), pp. 154 – 183.

告是否从主观上享有一项隐私期待,换句话说就是,"被告是否从主观上将某个事物视为隐私的事物,或将某个地方视为隐私的地方"。公民主观上的想法可以从客观上的行为中作出判断,所以法官只需要审查被告的行为就可以发现他是否持有某种隐私期待。

　　但是第一步分析所面临的问题是:主观隐私期待的范围是可控制的。也就是说,政府官员为了实施某种搜查行为,他们完全可以通过法律或者公告事先宣布公民的某种主观隐私期待是不存在的,这样就使得他们的搜查行为具有了正当性和合法性。Amsterdam 教授曾经举过一个例子:假如国会通过一项法律,该法律要求机动车车主在经过收费高速公路的收费亭时,应当接受政府对其汽车、人身及行李等进行的大范围的搜查,这一法律广为人知;因此没人可以期待自己在收费高速公路上驾驶时,可以不受到政府执法人员实施的大范围搜查行为的滋扰。[①] 上述例子说明,政府可以改变公民的主观隐私期待,使得公民不再期待自己可以免受政府执法人员搜查行为的滋扰,从而政府自己就决定了搜查行为是否合理。所以,公民的主观隐私期待存在被压缩的隐患,这就使得《宪法第四修正案》的保护力度变小。针对这一问题,联邦最高法院认为,我们不能仅从主观隐私期待表面进行判断,对于政府操控主观隐私期待的行为也应该进行严格审查,如果政府的这一操控行为本身就违背了宪法所保护的隐私权的话,那么政府的操控行为就是不合法不合理的,从而政府实施的事先告知了的搜查行为也仍然是违背《宪法第四修正案》的。因此,我们在判断主观隐私期待时还需要结合宪法本身,如果政府官员所实施的搜查行为本身就违反了公民所享有的某项基本宪法权利,即使政府事先进行了告知,公民的这一主观隐私期待也不会削弱,同样要受到《宪法第四修正案》的保护。所以,在判断主观隐私期待时我们也可以细分为两步:首先对于未告知的搜查行为,我们直接从公民的行为中判断他是否将其视为隐私;其次对于告知了的搜查行为,我们就要看这一告知行为本身是否违背宪法的核心权利,如果答案是肯定,公民就仍然享有主观隐私期待,反之则不享有。

---

① A reconsideration of the katz expectation of privacy test, Michigan lareview, vol. 76, no. 1 (nov., 1977), pp. 154 – 183.

2. 第二步：客观隐私期待

如果说法院在进行第一步分析时可以轻车熟路、顺风顺水的话，那么他就会在第二步分析时遭遇挑战，而这也正是考验法院是否能够很好地运用两步分析法的关键之处。客观隐私期待就是公民主观隐私期待的客观化判断，客观化就是用社会公众的看法或者一般的社会观念去判断公民的某项隐私期待是否被他们所承认。因此，联邦最高法院在进行第二步分析时，就应该询问，公民的主观隐私期待是否被社会认为是客观合理的。

然而，由于社会公众的看法或者一般社会观念是如此的抽象，联邦最高法院在进行第二步分析时并不能找到一种唯一的判断方法，而总是参考了很多因素，比如被告是否采取了合理的预防措施、政府所采用的监控技术使用的广泛度大小、公民被观察的风险性大小等等。由于案件的复杂性，法院往往会考虑多个因素从而作出判断。

就被告是否采取了足够的预防措施而言，法院主要审查被告所采取的预防措施是否使得他所持有隐私期待的东西仍然处于秘密状态而不会轻易地被警察搜查或者侦查到，只有当被告采用了一般理性人都应该采取的预防措施，他的主观隐私期待才会被认为是合理的。

对于政府所采用的监控技术使用的广泛度大小这一因素，是法院根据高科技监控措施被广泛运用于日常生活的现象后才加以考虑的因素。如果某些监控技术，比如电梯中的摄像头，被广泛应用，那么公民在相应领域的主观隐私期待就不是合理的，因为社会公众或者一般社会观念并不认为这些领域有任何隐私可言。因为既然普通公众就能通过监控措施观察到别人的隐私，那么政府官员也可以采取同样的方法搜集到被告的隐私，那么这样的隐私就不属于《宪法第四修正案》保护的范围了。然而这一考量因素也有缺陷，如果监控公民在其住宅内的活动信息的方法或技术被广泛传播，那么，警察以后再去监控公民在其住宅内的活动就不需要提前申请一张搜查令了；如果警察监控公民在大街上行踪的设备得到广泛使用，那么警察也可以利用跟踪设备去监控公民的生活。① 因此，法院在考虑这一因素时也不应该采取绝对态度，而应该多参考其他因素，综合作出判断。

公民的隐私被窥探的危险性与上述高科技广泛使用的衡量具有相似的地方，都是法院用来确认公民隐私期待保护范围的因素。如果被告的隐私能够被普通大众轻而易举地观察到，也就是说，被告的隐私被窥探的危险性高，那么政府官员能够观察到的被告隐私信息就可以作为证据使用，如果被告的隐私不能被一般人所发现，也就是说，被告的隐私被窥探的危险性低，政府官员因而窥探到被告的隐私就不能作为合法证据使用。比如，在大马路上开车的人被过路行人所观察到的风险比较高，所以，开车人都应该合理预期到他们可能受到警察类似地观察，开车人因而就不能对其行车轨迹享有合理的隐私期待。

法院在对被告的主观隐私期待客观化判断时，会综合诸多因素进行考量，由于案件复杂多样，除了当前已有的一些考量因素，法院也许会随着新的情况的出现而增加新的考量因素或者改变已有的考量因素。

从物理性侵入分析方法发展到隐私合理期待的两步分析法，是一个历史的演变过程，在《宪法第四修正案》文本制定的年代还没有新兴的监控技术，政府官员只能实施物理性侵入行为去进行调查活动，根据物理性侵入标准，政府官员只要偷看了公民私人信件或者侵入了公民住宅，他们的行为就受到《宪法第四修正案》的限制，而20世纪初新兴科技的发展，使得政府执法人员的传统执法方式得到改变，新兴发展起来的电话通讯技术和窃听技术给《宪法第四修正案》带来了挑战。在1925年 Olmstead v. United States 一案发生时，大部分法官还未能及时适应这一改变，而只有 Louis Brandeis 法官在其异议意见中先见性地认识到了这一问题，他认为，联邦最高法院确定《宪法第四修正案》保护范围的判断标准过于陈旧，《宪法第四修正案》应该与时俱进，联邦最高法院应该采用更加灵活和进步的方法来确定《宪法第四修正案》的保护范围。直到在1967年发生的

---

① The fourth amendment in the twenty-first century: technology, privacy, and human emotions, law and contemporary problems, vol. 65, no. 2, enduring and empowering: the bill of rights in the third millennium (spring, 2002), pp. 125–187.

Katz v. United States 一案中，联邦最高法院才采纳了 Brandeis 法官的意见，开始采用一种以隐私为导向的判断标准，而不再是僵硬地适用物理性侵入标准。①

当然，合理隐私期待的判断标准取代了物理性侵入的判断标准也并不是说合理隐私期待判断标准就十全十美、毫无瑕疵。虽然合理隐私期待的判断标准很灵活，它能适应瞬息万变的社会，并与当前的价值观相适应，但是它最为诟病的问题又恰是它的灵活性。公民的哪些隐私期待属于"合理的"以及怎样被社会认为是"合理的"，这些问题并没有直接答案，只能由联邦最高法院来决定，Scalia 法官曾指出，"社会认为合理的隐私期待与法院认可的隐私期待惊人地相似。"因为法官并不知道公众的喜好和价值观，所以，法官只能根据自己的洗好和价值观来判断他人的隐私期待是否是合理的，而不会去探讨两者是否具有一致性。② 由于合理隐私期待判断标准的不确定性以及联邦最高法院的可操控性，有些学者也开始持有怀疑态度，希望能够寻找新的综合性更强的判断标准。我们可以肯定的是，那些企图找到以一敌十或者唯一的、稳定的判断标准的想法是十分荒谬的，至少在它出现之前，隐私合理期待的判断标准仍然具有生命力。

（三）受宪法保护区域的判断标准

受宪法保护区域的判断标准是对《宪法第四修正案》最小保护范围的限制，这一判断标准可独立于隐私合理期待的判断标准，两者只是从不同角度对《宪法第四修正案》进行解释，受宪法保护区域的判断标准是从财产权的角度出发，着重对公民财产利益的保护；而合理隐私期待判断标准是从隐私权的角度出发，着重对公民隐私利益的保护。受宪法保护区域的判断标准指的是，如果公民所处于的某个区域属于《宪法第四修正案》所明确保护的地方，那么，公民在该区域内就享有免受政府行为兹扰的权利，公民在该区域内就享有隐私，并不受政府侵犯。

---

① Daniel . J. solove, fourth amendment pragmatism, 51 B. C. L. Rev. 1511 2010.
② Daniel . J. solove, fourth amendment pragmatism, 51 B. C. L. Rev. 1511 2010.

1. 公民的住宅

《宪法第四修正案》规定,"公民享有安全权,其人身、住宅、文件以及财产不受政府不合理的搜查和扣押"。可见,住宅是《宪法第四修正案》保护的核心,公民在住宅中享有隐私期待是不容争议的。① 住宅的神圣不可侵犯性是对公民最基本财产利益的保护,如果宪法不能保护公民最基本的利益,也就意味着政府可以肆意违反《宪法第四修正案》的规定。公民住宅神圣性的规则可以从 Boyd v. United States 一案②中找到依据,也可以从 Silverman v. United States 一案③中一窥端倪。

2. 开放领域与私人庭院

开放领域和私人庭院(open fields and cartilage)是财产法上的概念,如果我们以三个圆圈表示的话,住宅是最中心的圆,私人庭院是紧紧靠近住宅的第二层圆,开放领域就是最外层的圆,从下图可以清楚看出它们之间的关系。

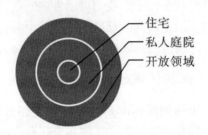

开放领域与私人庭院关系图示

开放领域和私人庭院的划分是联邦最高法院在 Hester v. United States 一案④中认定的,在该案中,法院认为,即使被告对某一开放领域享有财产权,而政府执法人员通过技术手段侵入被告的开放领域内从而获得被告的犯罪证据,被告仍然无法对发生在该开放领域内的

---

① Renee McDonald Hutchins, Tied up in knots? gps technology and the fourthamendment, 55 UCLA L. Rev. 409 2007–2008.
② 116 U.S. 616 (1886).
③ 365 U.S. 505 (1961).
④ 265 U.S. 57 (1924).

行为享有《宪法第四修正案》的保护，联邦最高法院认为，私人庭院属于住宅的延伸区域，而住宅是受到《宪法第四修正案》的保护的，所以私人庭院也受到宪法保护；而开放领域不属于住宅的延伸区域，因此就无法受到宪法保护。① 根据受宪法保护区域的标准，私人庭院受《宪法第四修正案》保护，政府不可对该领域进行兹扰，而开放领域则不受《宪法第四修正案》的保护，政府可以进入开放领域实施搜查行为。

由于受宪法保护区域的判断标准还是基于传统的财产概念，而合理隐私期待判断标准已经摒弃了财产概念，而从隐私概念上解读《宪法第四修正案》，联邦最高法院在 Katz 一案中提出的"《宪法第四修正案》保护的是人，而非地方"这句口号式的宣言似乎表明《宪法第四修正案》彻底地与财产利益的决裂，但是，从实际运用出发，我们还是可以对两种判断标准加以运用。在处理有关《宪法第四修正案》的案件时，法院可以首先审查案件是否涉及公民的住宅、私人庭院等领域，如果是的话，就运用受宪法保护区域的判断标准去审理案件，如果不是，就进而援用隐私合理期待判断标准进行审理。

从以上对《宪法第四修正案》解读方法的历史梳理，我们可以明确隐私合理期待两步分析法所处的历史地位，上文只是从理论上对隐私合理期待两步分析法的介绍，接下来我们可以通过实际案例观察联邦最高法院是如何运用两步分析法的。

三、对 United States v. Knotts 一案的判决

（一）案情简介

由于明尼苏达州政府官员有合理根据相信一个叫 Armstrong 的人购买了用于生产非法毒品的化学物质（三氯甲烷），他们就要求卖家将一个"蜂鸣器"（一种无线电发射器）秘密地放在销售给 Armstrong 的盛有化学物质的容器里。然后，政府官员就跟踪了 Armstrong 的车，通过运用可视监控器和一个能够接受蜂鸣器信号的监控设备，

---

① A reconsideration of the katz expectation of privacy test, Michigan lareview, vol. 76, no. 1 (nov., 1977), pp. 154 – 183.

他们一直跟踪着被告的车，最终，他们发现这些盛有化学物质的容器被运送到被告在威斯康星州的一个隐秘的小屋内。政府官员在接下来的三天时间里持续地观察了这个小屋，据此，他们申请了一张搜查令，从而在小木屋里发现了化学物质以及一个生产毒品的实验室，其中包含了生产苯丙胺的药品和配方。在被告提出的排除非法证据的动议（理由是政府官员使用蜂鸣器没有申请搜查令）被否决之后，联邦地区法院判决认定被告生产了 U.S.C. § 846 第 21 条所禁止的物质，构成犯罪。联邦上诉法院推翻了原判，认为政府官员使用蜂鸣器的行为违反了《宪法第四修正案》。政府官员监控蜂鸣器信号的行为并没有侵犯被告所持有的任何合理隐私期待，因此，本案中既不存在《宪法第四修正案》意义上的搜查行为，也无《宪法第四修正案》意义上的扣押行为。接受蜂鸣器信号的监控设备只是跟踪了高速公路上的汽车。一个驾车开在高速公路上的人对于他们的移动轨迹不享有任何的合理隐私期待。虽然被告对于他的小木屋享有一项传统意义上的合理隐私期待，但是被告对于其开往小木屋的行车轨迹以及在小木屋外的化学物质容器并不享有合理隐私期待。政府官员同时依赖于可视监控器以及蜂鸣器的事实并不能改变本案的判断。《宪法第四修正案》并不禁止政府官员使用超感官的监控设备。我们并不能推断说，政府官员使用蜂鸣器就是为了揭露小木屋内化学物质容器的移动信息，我们也不能说，我们用肉眼是不可能看到小木屋内的情况的。

（二）Rehnquitst 大法官所撰写的法院意见

蜂鸣器是一种无线电发射器，它需要靠电池才能维持，它所发射出的电子信号能够被一种接收器所接收。在本案中，蜂鸣器被放置在一个五加仑化学物质的容器内，被告购买了这桶装有化学物质的容器。通过监控汽车运送含有化学物质的行踪，明尼苏达州政府官员可以观察到这些盛有化学物质的容器从被告购买的地方转移到了被告的小木屋。本案所面临的问题是：政府官员使用蜂鸣器的行为是否违反了被告所享有的《宪法第四修正案》权利。

被告与两个共同被告在美国联邦明尼苏达地区法院受审，他们被控非法生产毒品，包括但不限于甲基苯丙胺（methamphetamine），因而就违反了 U.S.C § 846 第 21 条的规定。Darryl Petschen 是同被告一起受审的；另外一个被告 Tristan Armstrong 认罪，并在法庭上为政府作证。

当3M公司（是一家在圣路易斯生产化学物质的公司）告诉明尼苏达州缉毒局调查员，Armstrong 是 3M 公司的前职员，他偷盗了公司里配置非法毒品的配方。政府官员对 Armstrong 的监控录像表明，Armstrong 在离开 3M 公司后，他从 Hawkins 化学公司处购买了相同的化学物质。明尼苏达州缉毒局官员发现，在 Armstrong 购买了这批化学物质后将它们运给了共犯 Petschen。

在获得了 Hawkins 化学公司的同意之后，政府官员将一个蜂鸣器安装在了一个装有五加仑化学物质的容器内，这些化学物质就是我们所说的可以用来生产非法毒品的物质。Hawkins 化学公司同意，当 Armstrong 购买了三氯甲烷物质后，他们会将三氯甲烷物质放在一个固定的容器内。当 Armstrong 购买完之后，政府官员就跟踪了他的汽车，并运用从蜂鸣器里发出来的信号保持着与车的联系。

Armstrong 将车开到了 Petschen 的家里，接着，这批化学物质就被转移到了 Petschen 的汽车上。政府官员跟踪这辆车到了州边界线上，接着跨过了克罗伊河，然后就到了威斯康星州。在车程的后半段，Petschen 似乎发现了有人跟踪他，政府官员就关掉了他们的可视监控设备。与此同时，政府官员也接收不到蜂鸣器所发射出的信号了，但是在其他监控设备的帮助下，政府官员在一个小时之后又接收到了蜂鸣器的信号。蜂鸣器的信号现在是稳定的了，停留在了被告在威斯康星州的一个小木屋内。政府官员的可视监控器并没有反映出汽车停留在小木屋后蜂鸣器还发挥了任何作用。

根据蜂鸣器发射出来的信号所确定的三氯甲烷的位置，并对被告的小木屋进行了持续三天的监控，政府官员申请了一张搜查令。在执行搜查令时，政府官员在小木屋内发现了一个隐秘的生产毒品的实验室。在实验室内，政府官员发现了用于生产苯丙胺和甲基苯丙胺的配方、价值1万美元的实验室设备，以及足以生产14磅纯甲基苯丙胺的大量化学物质。在小木屋外面的一个木桶下面，政府官员发现了装有五加仑三氯甲烷的容器。

在被告提出的排除政府官员根据蜂蜜器所搜集的非法证据的动议被拒绝后，被告被判定合谋生产 U.S.C § 846 第 21 款所禁止的物品。最后，被告被判处五年有期徒刑。在上诉到联邦第八上诉法院时，该案判决被推翻了。法院认为，政府官员接收蜂鸣器信号的行为是联邦《宪法第四修正案》所禁止的行为，本庭将推翻联邦上诉法院的判决。

(三) 法院的判决意见

在 Olmstead v. United States 一案[①]中，联邦最高法院认为，政府官员窃听被告通话的行为并没有违反《宪法第四修正案》的规定，因为政府官员实施的窃听行为并不构成物理性的侵扰行为。Brandeis 法官和 Stone 法官不赞成这一意见，他们认为，该案中政府官员的行为"构成了对被告隐私的不合理侵扰"，因此，就违反了《宪法第四修正案》。大约四十年后，在 Katz v. United States 一案[②]中，联邦最高法院推翻了 Olmstead 一案的判决意见，认为案件是否适用《宪法第四修正案》不能"根据是否出现物理性侵扰行为而定"。法院指出："政府官员窃听被告通话的行为违反了被告在通话时所享有的合理隐私期待，因此就构成了《宪法第四修正案》意义上的'搜查和扣押行为'了。本案中窃听器并没有穿透墙壁的事实并不具有任何宪法影响力。"在 Smith v. Maryland 一案[③]中，联邦最高法院详细分析了 Katz 一案所确立的规则："与 Katz 一案相似，本庭也一致认为，《宪法第四修正案》是否运用取决于被告的合理隐私期待是否被政府行为所侵犯了。正如 Harlan 法官在 Katz 一案中的附合意见所指出的那样，这一提问往往包括两个分开的问题，第一个问题是，从其行为来看，公民个人是否展示其享有一项主观隐私期待——按照 Katz 一案的多数意见的说法，也就是公民个人是否'试图将某些事物当作隐私'。第二个问题是，公民个人的主观隐私期待是否是'社会公认为是合理的'——按照 Katz 一案的说法，也就是公民个人的主观隐私期待是否是客观合理的。"政府官员通过接收蜂鸣器信号而实施的监控行为类似于监控在高速路上行驶的汽车的行为。联邦最高法院已经

---

① 277 U.S. 438 (1928).
② 389 U.S. 347 (1967).
③ 442 U.S. 735 (1979).

不止一次地讨论了公民在汽车中所享有的隐私期待较少的问题："公民在汽车中享有的隐私期待较少，因为汽车的功能是运输，而并不是居住。汽车很少能够逃避公共监控。汽车行驶在马路上时，它内部的物品可以轻而易举地被路人看到。"

驾车行驶在高速公路上的公民对于汽车的移动轨迹并不享有合理隐私期待。当 Petschen 行驶在公共道路上时，他就自愿地向路人展示了他的行车轨迹——他驾车行驶的道路、他驾车的方向，以及他最后停车的地方。

Knotts 是小木屋及其周边地产的所有者，毫无疑问，他对小木屋享有一项传统的主观隐私期待："即使是在公民自己住宅内实施的犯罪行为当然也是对社会有严重危害的，法律允许政府官员对这样的行为进行监控。当然，政府官员所享有的进入公民住宅的权利对该公民和社会来说都是十分危险的，因为社会将公民的住宅看成是可以避免遭受政府监控的安全场所。当隐私权让位于搜查权时，这一判断应该由治安法官而非警察或者政府官员来作出。"但是，当 Petschen 的汽车离开高速公路而来到小木屋后，这一隐私期待就不存在了，同时，被告对装有三氯甲烷的容器在小木屋外的行动轨迹也不享有隐私期待了。①

公共场所的监控设备也可以披露 Petschen 在马路上的行车轨迹以及 Knotts 住宅外的信息。事实上，本案的政府官员不仅依靠这些公共的可视监控设备获取信息，他们还利用蜂鸣器发出的信号定位 Petschen 汽车的行驶位置。《宪法第四修正案》并不禁止政府官员使用那些高科技技术去进行搜查行为。在 United States v. Lee 一案②中，联邦最高法院指出："政府官员并没有对公海进行搜查，水手的证言表明他使用了探照灯。政府官员并没有去搜查甲板下的事物。装有酒精的容器被放置在甲板上，当摩托艇靠岸时，它们就与被告一样同时被发现了。水手使用探照器就相当于他长了一双可以观察海洋的眼睛。宪法并不禁止这样的行为。"

联邦最高法院最近有机会处理了另外一个案子，该案在某种程度

---

① Hester v. United States, 265 U. S. 57 (1924).
② 274U. S. 559 (1927).

上是对被告在本案的主张的一个回应。在 Smith v. Maryland 一案中，联邦最高法院认为："本案分析认为，Smith 并不能在本案中主张合理的隐私期待。当 Smith 使用他自己的手机打电话，他就自愿地将电话号码传送给了电话公司，这是电话公司日常工作需要知道的信息的一部分。通过这样做，Smith 就可以预期到电话公司将电话号码披露给警察的危险。电话号码转化器事实上完成了早期电话操作员需要完成的工作，因为以前需要他们自己手动的为用户拨打电话。Smith 承认，如果他是将电话号码传送给了操作员的话，他就不享有隐私合理期待了。我们并不倾向于持有一种不同的宪法结果，因为电话公司是自己选择进行自动化操作的。"

　　事实上，被告并没有抱怨这种分析方法，即使他认为法院的判决意见可能使得政府"在未经治安法官同意或者监督的情况下实施 24 小时不间断监督公民"的行为成为可能。但是，事实是，"法院的判决并不一定就会导致政府滥用权力"。① 如果政府果真如被告所预见的那样滥用权力，我们将有充足的时间来判断案件是否适用不同的宪法规则。到目前为止，被告只是抱怨了政府官员使用如蜂鸣器一类的高科技监控技术去提高侦查效率的行为，被告的抱怨并没有宪法依据。联邦最高法院从未将政府官员执法的高效性与违宪性相结合起来，我们现在也拒绝这样做。

　　被告特别地斥责了政府官员使用蜂鸣器的行为，因为蜂鸣器被用来判断装有化学物质的容器是否抵达了被告的小木屋。被告多次指责了"政府官员使用蜂鸣器去判断容器是否达到被告小木屋的行为"，他讲道："政府官员忽略了本案涉及被告住宅这一事实，住宅的神圣性是《宪法第四修正案》最主要的保护对象。"联邦上诉法院似乎将其的判决意见建立在这一基础之上："正如上文所指出的那样，允许政府官员无证使用蜂鸣器的最主要依据是，蜂鸣器仅仅是一种更高效地观察那些已经公之于众事物的工具。但是，公民每天都从公共领域进入私人领域。当警察在没有首先申请一张搜查令时就去跟踪装有监控设备的个人物品时，他们就面临着冒着侵入公民受《宪法第四修正案》所保护的私人领域的危险去进行跟踪。"

---

① Zurcher v. Stanford Daily, 436 U. S. 547, 566 (1978).

我们认为，被告的这些主张以及上述联邦上诉法院的这段引文，在某种程度上都忽略了这样一个事实，即政府官员从蜂鸣器所接收的信号只用于一些有限的用途。正如我们在前文所指出的那样，本案并未表明，蜂鸣器的信号是在其预测到装有化学物质的容器到达被告的小木屋后才发射出来的。毫无疑问，由于可视监控器被损坏了，政府官员可以使用蜂鸣器信号定位三氯甲烷容器最终的位置，他们本可以不用这么做，如果可视监控设备还是好着的话。但是，政府官员使用蜂鸣器进行定位的行为并不会引发宪法问题，就像政府官员使用可视监控设备也不会引发宪法问题一样。跟踪 Petschen 的警察可以观察到 Petschen 离开高速公路到达被告小木屋的行为。这一事实以及其他的一些事实被警察用来申请搜查令，警察在执行这张搜查令时就发现了被告用于生产毒品的实验室。但是，我们并不能找到蜂鸣器被用来披露三氯甲烷容器在小木屋内活动轨迹的证据。正如财产法中的物理性侵入理论在 Katz v. United States 一案中未起决定性作用一样，这一概念也未在 Hester v. United States 一案起决定性作用。

因此，我们又重新回到了 Katz 一案的两步分析法的提问：政府官员监控蜂鸣器信号的行为是否侵犯了被告的合理隐私期待？由于前述我们所陈列的原因，我们认为没有侵犯。既然政府官员没有侵犯被告的隐私合理期待，那么本案就不存在《宪法第四修正案》意义上的"搜查"或者"扣押"。因此，联邦上诉法院的判决就被本庭推翻了。

四、对 United States v. Knotts 一案的评析

（一）Brennan 法官的附合意见

Brennan 法官同意 Blackmun 法官和 Steven 法官的附合意见。然而，Brennan 法官另外还讲道，本案将不会是一个复杂难解的案件，如果被告不仅挑战了政府官员监控蜂鸣器信号的行为，而且还挑战了政府官员将蜂鸣器安装到三氯甲烷容器里的行为的话。在 Katz v. United States 一案中，联邦最高法院明确表明，《宪法第四修正案》保护公民免受政府对其隐私合理期待的侵犯，即使当政府的侵犯行为不属于物理性侵扰行为。然而，Silverman v. United States 一案的判决

意见却告诉我们,当政府官员为了获得某些证据而采用物理性侵扰行为侵入公民受宪法保护的领域时,政府的这一侵扰行为就构成了对《宪法第四修正案》的违反,即使政府可以通过其他方式获得这些证据。我并不认为 Katz 一案以及 Katz 一案后的其他相似案例推翻了这一规则。

我不同意联邦上诉法院在处理本案中的蜂鸣器安装问题上的态度:本庭认为,政府官员安装蜂鸣器前取得的卖家的同意满足了《宪法第四修正案》的要求,即使卖家打算将安装有蜂鸣器的物品卖给无辜的买者。政府官员并不是为自己未取得搜查令而造成的破坏性行为的辩护,他们试图证明的是他们在进行刑事调查时所进行的搜查行为的正当性。我并不十分肯定,对于《宪法第四修正案》的目的而言,政府官员将蜂鸣器安装在犯罪嫌疑人的物品上的行为与政府官员将蜂鸣器安装在即将销售给犯罪嫌疑人的物品上的行为之间是否有不同之处。

被告在法庭辩论阶段讲道,根据联邦最高法院以往的案例,他没有理由去挑战政府官员将蜂鸣器安装在三氯甲烷容器中的行为,因为三氯甲烷容器并非是销售给他的而是销售给他的同伙的。如果被告的说法是正确的,那么这将使我确信,联邦最高法院最近在试图重新解释《宪法第四修正案》时所具有的形式主义态度。①

(二) Blackmun 法官的附合意见

联邦最高法院的判决意见提到了"开放领域"规则,并两次引用了 Hester v. United States 一案的判决意见,对于我来说,本案并未涉及开放领域规则,而且联邦最高法院所做的援引也是毫无必要的。更重要的是,联邦最高法院充分考虑了涉及开放领域规则的案例。②无论是赞成还是支持这些案例,都是不恰当的做法,因此我在本案中将不予讨论这些案例。虽然联邦最高法院并没有表明他将如何对这些

---

① Rawlings v. Kentucky, 448 U. S. 98, 114 (1980).
② *State v. Brady*, 406 So. 2d 1093 (Fla.), cert. granted, 456 U. S. 988 (1982); *United States v. Oliver*, 686 F. 2d 356 (CA6 1982), cert. granted, 459 U. S. 1168 (1983). See also *United States v. Dunn*, 674 F. 2d 1093 (CA5 1982), cert. pending, No. 82 – 508.

案例作出判决，但是，我将在之后的一个案例中来评论开放领域规则。

因此，我并不同意联邦最高法院的判决理由，我只是同意最后的判决结果。

（三）Steven 法官的附合意见

既然本案的被告从来没有质疑过政府官员将蜂鸣器安装在三氯甲烷容器中的行为，因此，我认为政府官员尽可以使用他们从蜂鸣器发出来的信号中所获得的信息来确定三氯甲烷容器的最终位置。然而，我并不赞同多数意见的判决理由，因为多数意见提到了两个不恰当的理由：这两个理由都有可能使得联邦最高法院在援用本案判例时出现混乱。

第一，联邦最高法院指出，三氯甲烷容器被放置在了小木屋外的"公共领域"中，类似于处于高速公路上时。然而，蜂鸣器信号并未指示出三氯甲烷容器处于小木屋外。正如 Blackmun 法官所指出的那样，本案并未展示出涉及了"开放领域"的问题。

第二，联邦最高法院指出，《宪法第四修正案》并不禁止"政府官员使用高科技监控设备"。但是，联邦最高法院在 Katz v. United States 一案中却持有相反意见。虽然政府官员在本案中所采取的监控设备未受诟病，但这并不意味着政府官员使用高科技监控设备将不会引发宪法性问题。因此，我同意本案的判决意见。

五、结语

United States v. Knotts 一案是运用两步分析法进行分析的一个典型案件，虽然法院根据该分析方法所作出的判决认定政府官员使用蜂鸣器的行为不属于《宪法第四修正案》意义上的搜查措施，我们也从中看到了法院在运用两步分析法时所进行的详尽分析。

隐私合理期待的两步分析法包括两个步骤：第一步，判断被告在主观上是否对其行为或物品享有一种隐私期待（可称为主观隐私期待）；第二步，判断被告的这一主观隐私期待是否被社会认为是合理的（可称为客观隐私期待）。如果我们从两步询问中得到的答案都是肯定，那么政府官员所实施的无证搜查行为就违反了被告的合理隐私期待，从而侵犯了被告的《宪法第四修正案》权利。对于第一步分析法，我们可以轻而易举地从被告的行为中作出判断，主要通过观察"被告是否将某物视为隐私"来判断其是否持有一项主观隐私期待。两步分析法最为关键的一步在于对第二步分析法的判断上，也即被告的主观隐私期待是否具有客观合理性。被告主观隐私期待的客观评价往往成为法院的讨论焦点，联邦最高法院在此问题上也未能达成共识，只能提供一些可参考的因素，比如政府官员无证搜查的对象是住宅还是非住宅的公共领域、政府官员所采用的监控设备是感官的监控设备还是超感官的监控设备，等等。通过本文所介绍的案例，我们可以观察联邦最高法院是如何运用两步分析法的，从中也可以或多或少地学到联邦最高法院法官的推理及逻辑思路。法院将本案案情划分为了两个部分：第一个部分是政府官员将蜂鸣器安装到三氯甲烷容器中，并跟踪被告的车到了被告的小木屋外；第二个部分是被告将三氯甲烷容器卸载下来，政府官员停止接收蜂鸣器信号，并申请了搜查令。在进行分析前，我们首先需要达成这样一个共识，即"《宪法第四修正案》中所规定的一个核心权利就是，公民享有逃避到自己住宅内的权利，联邦最高法院认为，虽然公民在其他场所中是否享有合理隐私期待的问题是不甚明确的，但是，公民在住宅中享有隐私期待却是不容争议的，这是法院都不可以逾越的保护底线"。[①] 因此，政府官员在公共场所所搜集到的信息是合法的，而在公民的隐私场所所搜集到的信息就是非法的。对于第一部分案情，法院认为，被告的行为处于公共场所，是一般公民都可以观察到的信息，因此，政府官员采用蜂鸣器进行跟踪的行为是合法的，被告对其在高速公路上的行车轨迹所持有的隐私期待并非被社会认为是合理的。对于第二部分案情，蜂鸣器的信号指示了三氯甲烷容器达到了被告的小木屋处，政府官员并没有利用蜂鸣器信号窥视到小木屋内的情况，而且三氯甲烷容器被被告卸载在了小木屋外面，而未放置在小木屋里面，所以政府官员就没有获取到被告住宅内的任何信息。正是由于蜂鸣器并未揭露出

[①] Andrew E. Taslitz, the fourth amendment in the twenty-first century: technology, privacy, and human emotions. law and contemporary problems, Vol. 65, No. 2, Enduing and Empowering: the bill of rights in the third millennium (spring, 2002), pp. 125 - 187.

被告小木屋内的情况,才使得法院认定政府官员使用蜂鸣器的行为是合法的,并不构成《宪法第四修正案》意义上的搜查行为。法院对这两部分案情的分析主要是用来回答第二步分析法的提问,以及政府官员的无证搜查行为是否具有客观合理性,法院承认,就第一步分析法而言,被告对于其汽车的移动轨迹、小木屋享有一项主观隐私期待,但是这一主观隐私期待在对第二步分析法的分析中被认为是不合理的。由此可知,第二步分析法在两步分析法中所占有的重要地位。

从法院的上述逻辑思维中,我们可以发现两个至为关键的词语:住宅和高科技监控措施。对于住宅的隐私保护,这是联邦最高法院的法官们在《宪法第四修正案》问题上达成的唯一一致意见。而对于新兴出现的高科技监控措施则是联邦最高法院目前所面临的棘手问题。正如 Steven 法官所说:"虽然政府官员在本案中所采取的监控设备未受诟病,但这并不意味着政府官员使用高科技监控设备将不会引发宪法性问题。"在今后,政府官员采用高科技监控措施所实施的无证搜查行为将成为联邦最高法院最主要关心的问题。高科技监控措施的出现,给两步分析法提出了新的挑战,对于如何判断公民隐私期待的客观合理性的问题,还有待联邦最高法院给出更多的指引。

科技的进步给我们的生活带来了十分重大的影响,有关《宪法第四修正案》的案件不仅与我们当前所面临的科技有关,而且也与未来出现的新兴科技有关,我们必须充分解释和运用《宪法第四修正案》,我们要在保障安全权的同时保障我们所享有的受宪法保护的隐私权。

第三编　隐私合理期待的保护模式

《美国联邦宪法第四修正案》所贯彻的平衡调整理论

奥林·S. 科尔[①]著　陈圆欣[②]译

目　次

一、导论
二、《美国联邦宪法第四修正案》中的平衡调整理论
三、与平衡调整理论相关的例子
四、支持平衡调整理论的案件
五、结语

一、导论

《美国联邦宪法第四修正案》对执法调查行为作出了规范。尽管规则简单明确，但是，某些法院却因为其对《美国联邦宪法第四修正案》作出拜占庭式的解读而变得声名狼藉。警察的各种实践、判例法和几百个看起来不相干的规则似乎都在回答，公民是否享有《美国联邦宪法第四修正案》的保护以及他们在多大程度上受到保护

[①]　奥林·S. 科尔（Orin S. Kerr），美国乔治·华盛顿大学法学院教授。
[②]　陈圆欣，中山大学法学院助教。

的问题。学者抱怨,这个法律就是"一团糟"①、"一件尴尬的事情"② 以及"自相矛盾的集合体"③。

让我们来思考一下这些情况。虽然只有在获得搜查令的情况下,警察才能搜查公民的住宅,但是他们可以在没有获得搜查令的情况下搜查公民的汽车。④ 虽然只有在获得搜查令的情况下,警察才能窃听公民之间的电话谈话内容,但是他们可以在不受《美国联邦宪法第四修正案》监管的情况下记录由公民的电话拨出去的电话号码。⑤ 虽然警察需要在获得搜查令的情况下,才能在公民的住宅内安装热成像仪并且监测屋内的热能情况,但是他们可以在不受《美国联邦宪法第四修正案》约束的情况下,利用飞机在空中对公民的房屋拍照。⑥ 或者,调查人员可以在嫌疑人的汽车内安装追踪装置,以便知悉他的行踪,但是当汽车连同追踪器进入公民的住宅时,调查人员就必须在获得搜查令的情况下,才能继续使用追踪装置。⑦ 或者,警察需要在获得搜查令的情况下,才可以在公用电话亭里安装窃听器,但是当他们利用佩戴窃听器的卧底探员进入目标人物家里,并且窃听卧底探员与目标人物之间的对话时,他们就不需要受到《美国联邦宪法第四修正案》的监管。

在审理案件的过程中,法官似乎随机地选择适用这些《美国联邦宪法第四修正案》的规则⑧。对于学者和法官而言,这种拼凑的结

---

① Ronald J. Allen & Ross M. Rosenberg, The Fourth Amendment and the Limits of Theory: Local Versus General Theoretical Knowledge, 72 ST. JOHN'S L. REV. 1149, 1149 (1998).
② Akhil Reed Amar, The Constitution and Criminal Procedure: First Principles I (1997).
③ Craig M. Bradley, Two Models of the Fourht Amendment, 83 MICH. L. REV. 1468, 1468 (1985).
④ Compare Welsh v. Wisconsin, 466 U.S. 740, 748 (1984) with Wyoming v. Houghton, 526 U.S. 295, 300, 307 (1999).
⑤ Compare Katz v United States, 389 U.S. 347, 353 (1967) with Smith v. Maryland, 442 U.S. 735, 742 (1979).
⑥ Compare Kyllo v. United States, 533 U.S. 27, 34–35 (2001) with California v. Ciraolo, 476 U.S. 207, 215 (1986).
⑦ Compare United States v. Karo, 468 U.S. 705, 714 (1984) with United States v. White, 401 U.S. 745, 753 (1971).
⑧ See e.g, Samuel C. Rickless, The Coherence of Orthodox Fourth Amendment Jurisprudence, 15 GEO. MASON U. C. R. L. J. 261, 261 (2005).

果导致有关搜查和扣押行为的法律是尴尬的存在。根据学者的观点，这些法律缺乏理论基础。它们只是由"美国联邦最高法院作出的，尚未有证据证实的、不连贯而且奇异的结论"组合而成。在最近一次访问中，作为代表众多《美国联邦宪法第四修正案》学者的权威，Scalia 大法官从他的角度表达了相似的蔑视并说："我只是讨厌有关《美国联邦宪法第四修正案》的案件。"①根据 Scalia 大法官的观点，每个案件都有不同的事实，所以，法官针对每个案件作出的判决都会不同。然而，本文将会提出一个进一步发展《美国联邦宪法第四修正案》的理论，并且通过它的形式和内容框架来解释和证明将《美国联邦宪法第四修正案》的规则拼凑起来的正当性。这个理论叫作"平衡调整理论"，它是司法制度对于不断变化的技术和社会实践作出的回应。当新技术或者新的社会实践对于缩小或者扩大警察权力造成重要的威胁时，法院就会调整《美国联邦宪法第四修正案》为公民提供保护的程度，以恢复政府权力与公民权利之间事前的平衡状态。

　　这个理论是一个纠错的机制。一方面，当不断变化的技术或者社会实践实质性地增加了政府执法人员搜集证据的难度时，美国联邦最高法院就会降低《美国联邦宪法第四修正案》为公民提供保护的程度，以恢复政府权力的事前状态。另一方面，当不断变化的技术或者社会实践实质性地降低政府执法人员搜集证据的难度时，美国联邦最高法院就会提高《美国联邦宪法第四修正案》为公民提供保护的程度，以便恢复公民隐私权的事前状态。法官对于《美国联邦宪法第四修正案》为公民提供保护的程度的调整，就像是驾驶员试图保持以相同的速度通过连贯的山脉一样，当遇到上坡的时候，法官会加重油门，而当遇到下坡的时候，法官就会松开油门。

　　本文认为，《美国联邦宪法第四修正案》的判例法反映了平衡调整理论的发展过程。当新的社会实践出现，并且开始对《美国联邦宪法第四修正案》的平衡造成威胁的时候，司法判决就会使这个必

---

① Interview by Susan Swain with Antonin Scalia, Associate Justice of the United States Supreme Court, in Washington, D. C. (June 19, 2009), available at http://supremecourt.c-span.org/assets/pdf/AScalia.pdf.

然出现的事物适应《美国联邦宪法第四修正案》的平衡,从而解决这个问题。当新技术和新的社会实践不断挑战着有关政府执法人员的搜查和扣押行为的法律时,法官对此的认识揭示了,平衡调整理论在《美国联邦宪法第四修正案》的发展过程中的核心地位。虽然现存的规则是复杂的而且是根据个案调整的,但是并不完全是"一团糟"。相反,它们是由长期以来根据平衡调整理论得出的结论集合体。通常,法官凭借直觉就可以作出这些平衡调整理论的产物,但是在少数情况下,法官也会出于理性的认知而作出这些改变,以保证在面对不断变化的社会实践或者技术的时候,相关的法律能够保持政府权力与公民权利之间的平衡。

本文有以下三个主要的目标。

第一个目标是,展示平衡调整理论如何解释大量《美国联邦宪法第四修正案》规则的形式和内容。平衡调整理论能够解释以下情况:①当政府执法人员截停并且搜查公民的汽车时,《美国联邦宪法第四修正案》为公民提供保护的程度较低的原因;②当政府执法人员给公民送达传票时,公民受到《美国联邦宪法第四修正案》的保护程度也较低的原因;③对于政府执法人员对公民采取电话监控的措施,美国联邦最高法院所持的态度;④宪法对公民住宅实施特殊保护的原因;⑤规范政府执法人员安装定位装置的监控规则;⑥当政府执法人员利用卧底探员搜集证据的时候,公民不能享有法律保护的原因;⑦规范政府执法人员安装传感器的规则;⑧单纯粹证据规则的衰落;⑨开放领域规则;⑩政府执法人员对公民实施空中监控规则。平衡调整理论揭示了这些不同规则的共同核心。此外,它确定了一个反复出现的动态,这个动态解释了先前没有被联系在一起的大量的法律,并且调和了这些法律之间的冲突。

第二个目标是,将平衡调整理论作为解释《美国联邦宪法第四修正案》的方法。有关搜查和扣押行为的法律的主要挑战是,技术和社会实践的变化发展。警察需要不断地想出新方法来抓捕罪犯。罪犯则需要不断地想出新方法来逃避警察的抓捕。在需要解释《美国联邦宪法第四修正案》的时候,这些不断变化的因素使法官面临着巨大的困难。同时,这些不断变化的因素对维持公民权利与政府权力之间的平衡造成了持续的威胁。然而,面对不断变化的技术和社会实践要求，法官需要调整《美国联邦宪法第四修正案》的相关规定，以维持公民权利与政府权力之间的平衡时，平衡调整理论有利于保持《美国联邦宪法第四修正案》的真实意思。在众多的解释方法中，这个理论广泛地吸引法官采取由群体决策决定的、具有一致性的法律解释方法，它鼓励法官抛弃凭借经验推测的、不准确的判断，而进行准确性较高的实地调查，以及采取稳定的规范政府执法人员搜查和扣押行为的法律。

第三个目标是，确定平衡调整理论的有效条件。有效条件主张，法官要么推迟制定《美国联邦宪法第四修正案》规则，要么积极制定有时限的《美国联邦宪法第四修正案》规则。通常，当新的社会实践或者技术达到一个相对稳定的状态后，法院才能知道如何恢复事前的平衡状态，而且制定出来的新规则才能更加持久有效。总体而言，当需要制定规则时，法院应该倾向于采取推迟制定的措施，因为提早制定规则的行为会提高犯错误的风险。对于美国联邦最高法院的司法实践而言，这些教训产生规范性的影响：当新技术及其社会影响稳定之前，美国联邦最高法院应该拒绝评论，《美国联邦宪法第四修正案》如何适用到新技术领域中的问题。

本文分为三个部分：第一部分，笔者将介绍《美国联邦宪法第四修正案》中的平衡调整理论；第二部分，笔者将提出一系列关于《美国联邦宪法第四修正案》的平衡调整理论的案件；第三部分，笔者将证明平衡调整理论的正当性，并且探索出平衡调整理论的有效条件。

二、《美国联邦宪法第四修正案》中的平衡调整理论

这部分内容将介绍平衡调整理论。首先，笔者将从《美国联邦宪法第四修正案》的起源开始介绍，也就是说，假设它未被用来确定犯罪的实施和抓捕罪犯的法律手段开始。其次，笔者将展示，当传统的《美国联邦宪法第四修正案》致力于维持公民权利与政府权力之间的平衡的时候，不断变化的技术与社会实践如何破坏这种平衡。最后，笔者建议，为了应对这些新事物，法院应该通过调整法律规则来恢复政府权力与公民权利之间事前的平衡状态——本文称之为"平衡调整理论"。当不断变化的技术或者社会实践在扩大警察权力

的同时威胁着公民的自由时，法院可以提高《美国联邦宪法第四修正案》约束警察权力的能力，并且恢复到事前的平衡状态。反之亦然，当不断变化的技术或者社会实践缩小了警察权力时，法院可以降低《美国联邦宪法第四修正案》约束警察权力的能力，以达到相同的效果。这部分内容还包括，在《美国联邦宪法第四修正案》以及关于宪法的普通法推理中，如何确定平衡调整理论的地位。

（一）《美国联邦宪法第四修正案》的"元年"

假设：自己身处一个没有工具用于犯罪或者调查犯罪的世界，在这个世界里，没有汽车，没有手枪；没有邮政服务，所以人们不能使用邮件；没有电话也没有互联网；警察不能从指纹中识别个人身份，不能拍照或者收集DNA；罪犯不能利用汽车运输赃款或者逃跑。在这个虚拟的世界里，无论是警察还是盗贼，他们都需要在没有技术支援的情况下开展自己的活动。如果想要实施一项犯罪活动，你就必须亲自完成这项活动。如果你是一名警官，你也必须亲自调查犯罪。因为没有工具可供你使用。

笔者将这个虚拟的时间称为"元年"。在这个时间里，犯罪调查开始萌芽。当然，这个时间是笔者想象出来的。因为在刑事法律产生之前，人们已经开始使用工具，所以不存在人们不能利用工具实施犯罪的时间。然而，"元年"这个概念有助于我们思考，不断变化的技术如何挑战政府执法人员的调查规则。通过假设自己身处在一个没有工具的虚拟世界里，我们可以看到，新技术如何对规范警察调查活动的法律制度提出相似的挑战。因此，让我们来进行一场思维实验，想象在"元年"里，在没有工具帮助人们实施或者调查犯罪的世界里，《美国联邦宪法第四修正案》是如何运作的。然后，笔者将介绍，工具为有关政府执法人员的搜查和扣押行为的法律带来了什么基本问题。

在一个没有工具的世界里，嫌疑人只能通过几个方式来实施犯罪，警察也只能通过有限的渠道逮捕嫌疑人。罪犯需要亲自实施犯罪，需要运用他们的双手，需要走向受害人或者引诱受害人走向他们。为了调查犯罪，警察可以在公共场所中监视嫌疑人。他们还可以询问目击者，可以到嫌疑人的住宅并且要求与其谈话，可以强制性地搜查嫌疑人的"住宅、文件和财物",并且扣押用于庭审的证据。最后,他们可以逮捕嫌疑人,限制他的人身自由,[①] 并且起诉他。在"元年"这个简单的世界里,在犯罪调查的过程中,警察只需要通过几个基本的步骤便可以找到证据,扣押他们,并且在庭审中用于排除合理怀疑。

面对新技术带来的挑战,有关搜查和扣押的法律要求确定法律体系的原始状态,即"元年"。虽然乍眼看上去,作为一个虚拟的时代,"元年"是难以被定义的,但巧合的是,在《美国联邦宪法第四修正案》中,规范政府执法人员调查实践的规则基本保持不变。这些关于"元年"的规则可以追溯到制宪时期,而且事实证明,长期以来,这些规则都保持着惊人的一致性。因此,我们可以利用这些超越时间的《美国联邦宪法第四修正案》规则作为法律体系的原始状态,即"元年"。

那么,这些规则是什么呢?首先,在公共场所中,警察可以随意监控嫌疑人。警察可以接近嫌疑人并且近距离地监视他们,还可以询问他们。然而,如果警察希望逮捕嫌疑人,那么他们就需要有合理依据,证明嫌疑人实施了犯罪活动。如果警察希望搜查嫌疑人的住宅,那么在通常情况下,他们需要在有合理依据并且获得搜查令之后,才能实施搜查行为。从制宪者制定宪法的时代开始,上述规则已经存在,并且基本没有发生变化。

然而,备受争议的是,这些简单的规则为警察执法提供了一定的自由裁量权。一方面,在大多数案件中,这些规则为警察提供了足够的权力,让他们能够顺利地调查犯罪。政府执法人员可以在公共场所里实施监控活动,可以与嫌疑人、受害人或者目击者谈话。他们可以在公共场所里巡查,并且观察他们所能看到的事物。如果具备合理依据,警察还可以获得搜查令并且逮捕嫌疑人。在"元年"里,因为缺乏工具,所以这些规则为警察提供了足够的权力,让他们能够顺利地展开调查活动。另一方面,在"元年"里,这些规则试图限制警察滥用权力。为了拘留某个公民,警察必须具备合理依据。为了搜查某间住宅,警察必须获得搜查令,而且该搜查令只允许警察为了某个

---

① See United States v Watson, 423 U. S. 411, 428 (1976) (Powelling, J., concurring).

特定的证据搜查特定的地方：不允许"一般"搜查令的签发。这些规则试图限制警察权力的范围，以减少政府执法人员滥用权力的情况发生。只有在少数情况下，政府执法人员才能侵犯公民的权利，即当调查人员有明确的理由相信，某个公民或者某个地方与犯罪息息相关的时候，政府执法人员的侵权行为才是合理的。

结果是，在"元年"里，《美国联邦宪法第四修正案》使警察的权力达到平衡的状态。这些规则为政府执法人员提供了某些执法的权力，但是，它们也限制了政府执法人员滥用职权。虽然在"元年"里，《美国联邦宪法第四修正案》平衡了社会安全与公民隐私之间的利益，但是这不意味着它的规定完全符合逻辑。也许，在"元年"里，《美国联邦宪法第四修正案》赋予了警察过大的权利；或者，在"元年"里，《美国联邦宪法第四修正案》为公民的隐私提供了过多的保护。但是，关键的问题不是，在"元年"里，《美国联邦宪法第四修正案》作出的平衡是否丝毫不差，而是这种平衡能否使警察稳定地行使执法权力。总之，在没有工具的"元年"世界里，有相当明确的调查规则，使政府权力与公民权利达到某个平衡的状态。

（二）新事物为平衡带来的威胁

在"元年"里，警察权力与公民权利之间是稳定的平衡状态。然而，在现实生活中，这种稳定的平衡状态面临着持续不断的干扰。因为犯罪调查的事实时常发生变化：通过改变旧规则适用的结果，新事物威胁着政府权力与公民权利之间的平衡状态。我们很容易忽视《美国联邦宪法第四修正案》的新事物，因为法官不断地调整社会规范，以适应新的变化。在今天看来，二十年前的技术只能用于怀旧，而非令人惊叹的事情。因此，认识变化就像是描述水的味道，它无处不在。然而，很重要的一点是，我们需要认识到：犯罪调查的事实，以及《美国联邦宪法第四修正案》所规范的事实，都与技术和社会的变化息息相关。

主要的原因是人们使用了工具。在现代技术时代，我们的日常生活充斥着工具。我们每天起床后第一件事就是，带上眼镜，启动咖啡机，打开电脑查收邮件，然后开车上班。在一天的生活中，我们利用工具完成了自己想做的事情。同时，工具处于不断更新的状态中。新工具取代旧工具。每一年都会有新的 iphone 手机或者其替代品面世，不断地改变我们对技术的认知。工具的更新换代与发展已经成为现代社会重要的一部分。

在"元年"里，警察权力与公民权利之间的平衡达到了稳定的状态，但是工具的更新换代打破了这种稳定的状态。工具的更新换代改变了人们实施犯罪的模式，也改变了警察逮捕罪犯的模式。新技术威胁着公民的隐私权利与社会安全之间的平衡，因为它们能够使警察和罪犯完成他们之前不能完成的任务，或者使他们能够更简单、更便利地完成以前的任务。如果法律与警察的执法实践保持不变，那么新的犯罪工具的出现将会激励罪犯实施更多的犯罪活动，并且妨碍警察的执法活动。然而，警察也可以使用新的工具。新的工具为警察提供新的方法解决犯罪问题。如果警察使用了新的工具，并且法律允许警察使用新的工具，那么警察就可以更加容易地收集信息，他们也就拥有了更大的权力。

下面举例说明新工具如何改变我们的生活。

例如，在"元年"里，警察难以在夜里实施搜查或者扣押的行为，因为在夜里，他们的视力下降，看不清楚事物。然而，手电筒改变了这种情况。在夜里，手电筒为警察照亮了黑暗的地方，提供了重要的便利条件。这使得警察能够看到先前不能看到的地方，或者至少让他们更快地发现可疑的事物。因此，对于警察解决犯罪问题而言，手电筒提供了不可替代的便利条件：在 1927 年，美国联邦最高法院首次遇到需要解释的问题，即警察使用手电筒是否违反《美国联邦宪法第四修正案》。在该案中，美国联邦最高法院认定，警察使用手电筒不构成搜查行为，因此，《美国联邦宪法第四修正案》没有禁止警察使用手电筒。在 1983 年，美国联邦最高法院再次遇到同样的问题。即便是今天，手电筒也是警察的标准配置之一。如果在夜里，警察能够利用手电筒实施执法活动，那么手电筒的净效益相当于扩大了政府执法人员的权力。

又例如，在"元年"里，如果罪犯想要与同伙共谋犯罪活动，那么他们必须亲自见面。该名罪犯需要到达同伙的所在地，或者同伙需要到达该名罪犯的所在地，又或者双方共同到达约定的地方。然而，在他们到达某个地方的过程中，他们需要经过公共场所，在公共场所里,警察可以很容易地跟踪到他们及其同伙:警察会亲自监视嫌疑人,观察他们去了哪些地方,与哪些人会面以及会谈持续了多长时间。然而,电话的出现改变了这种状况。伴随着电话的普及,罪犯与他的同伙可以通过电话交流,而不用面对面会谈。因为罪犯及其同伙可以通过电话进行虚拟的会谈,所以他们不必再像以前那样,被迫在公共场所里进行会谈,这样一来,警察就无法在公共场所里监视到他们的行动。因此,警察再也无法通过巡街来知悉罪犯的会谈是否发生,更不用说,知悉哪些人参加了犯罪活动的会谈,或者会谈持续了多长时间。电话已经成为罪犯与其同伙交流的最普遍的工具:无论是在禁酒令时期,美国联邦最高法院遇到的第一件有关窃听的案件里罪犯实施的违禁卖酒行为,还是在电视剧 The Wire 里罪犯实施的贩毒活动,电话都为罪犯及其同伙提供了极大的便利。

这些只是新工具为我们的生活带来变化的冰山一角。然而,它们都表明了,根据《美国联邦宪法第四修正案》建立的警察权力与公民权利之间的平衡状态是不稳定的。新工具和新的社会实践不断地冲击着这种平衡状态。因此,最重要的问题是,当这些新变化产生的时候,《美国联邦宪法第四修正案》的规则应该如何应对。

(三) 平衡调整理论与六种相关场景

本文的核心主张是,当新事物产生的时候,法官应该运用一种特别的方法来应对:通过调整《美国联邦宪法第四修正案》为公民提供保护的程度,法官让警察权力恢复先前的平衡状态。笔者将这种方法称为"平衡调整理论"。此外,在一些由于新事物的出现,法官难以作出裁决的案子中,笔者将会通过平衡调整理论,找出让警察权力恢复先前的平衡状态的最佳规定。

平衡调整理论是一种纠错的机制。一方面,当法官认为,不断变化的技术或者社会实践实质性地削弱了政府执法人员的执法权力时,法院就会降低《美国联邦宪法第四修正案》为公民提供保护的程度,以恢复政府权力的事前状态。另一方面,当法官认为,不断变化的技术或者社会实践实质性地增强了政府执法人员的执法权力时,法院就会提高《美国联邦宪法第四修正案》为公民提供保护的程度,以应付扩大后的政府执法人员的执法权力。法官对于《美国联邦宪法第四修正案》为公民提供保护程度的调整,就像是驾驶员试图保持以相同的速度通过连贯的山脉一样:当遇到上坡的时候,法官会加重油门,而当遇到下坡的时候,法官就会松开油门。

本文主张,在有关《美国联邦宪法第四修正案》的判决中,这种动态的调整方法是一种核心的但未被明确的方法。在有关搜查和扣押的案件中,法官会循环地运用平衡调整理论。在不同年代、不同情况中,都会出现这种情况。因此,法官对宪法作出了不同的解释。无论是实用主义者还是原旨主义者,抑或是现实宪政主义者,他们都会运用平衡调整理论。然而,对于何时何地、如何使用平衡调整理论,不同的法官会有不同的见解。在大多数情况下,大部分法官都会遵循平衡调整理论的基本原则。

在不同程度上,法官会意识到自己在运用平衡调整理论。在某些情况中,法官会明确地表达,他需要运用平衡调整理论。而在另外一些情况中,法官只会在主观上采用这种理论。不管意识水平如何,法官都会避免两种危险情况的发生。一方面,当不断变化的技术和社会实践增强了政府的权力时,法官会担心反乌托邦的情况。权力的扩张容易导致警察滥用职权,或者恶意地运用权力。略微调高宪法为公民的隐私权提供保护的程度,可以避免这种情况的发生。另一方面,当不断变化的技术和社会实践限缩政府的权力时,法官会采取措施,避免无政府主义的情况出现。如果不能拥有足够的权力,那么警察将不能够有效地执法;放宽法律对警察的限制,有利于警察更好地执行法律。在上述两种情况中,当新事物产生的时候,法官适当地调整宪法为公民权利提供保护的程度,有利于警察权力与公民权利保持稳定的平衡状态。然而,这不意味着,当社会发生细微的变化,或者新事物仅仅对个别案件产生影响的时候,法官都要对此作出调整。只有当新事物对警察权力产生变革性的影响时,法官才需要对此作出回应。当这种重大的变化发生的时候,对规则稍作调整的做法显得尤为重要。

笔者并非主张,法官成功地维持了政府权力与公民权利之间的平衡状态,而是主张,他们对此作出的尝试。我们难以评估,司法干预警察权力之后,会产生什么变化;我们也难以发掘,过去的实践以及过去的法律规则的细节。虽然犯罪率的变化、警察薪金的等级、犯罪活动的进化以及对于其他法律规则的依赖都会影响警察的权力,但是，法官难以评估或者识别出这些情况。因此，对于法官而言，准确地判断出何时何地以及如何调整警察权力，变成了一项极为艰巨的任务。本文的关注点不是法官何时或者是否成功地让警察权力恢复先前的平衡状态，而是当新事物产生的时候，法官如何调整《美国联邦宪法第四修正案》的规则，以维持警察权力与公民权利之间的平衡状态。

平衡调整理论不仅仅出现在涉及新技术的案件中，它不仅是一项理论还是一种新手段。当犯罪调查的事实发生重要的变化的时候，法官便可以运用这种手段来解决问题。在大多数情况中，新技术会导致犯罪调查的事实发生重要的变化。然而，其他因素也可能导致这种变化产生，比如社会实践的变化、新的社会安排的出现、新的刑事法律的颁布或者其他复合的原因。

为了便于分析，笔者在下面提出六种相关的场景来阐述平衡调整理论的产生。

（1）政府执法人员使用新工具来搜集证据的情况。在这种场景中，政府执法人员使用一种监视装置来获取先前不可能获取，或者不容易获取的信息。这种工具扩展了政府执法人员的权力，并且只有政府执法人员能够使用这种装置，而犯罪分子不可以使用。

（2）犯罪分子使用新工具来逃避逮捕的情况。在这种场景中，犯罪分子使用一种新工具来逃避政府执法人员的监视或者逮捕。通过增加政府执法人员监视犯罪活动的难度，或者增加政府执法人员抓捕犯罪分子的难度，这种新工具限缩了政府执法人员的权力。

（3）新的犯罪类型和新的实践。在这种场景中，社会或者政治的发展都将导致新的犯罪类型，或者实施犯罪的新方法，或者调查犯罪的新方式的出现。因为刑事法律制度或者社会实践发生了变化，所以这种情况不一定涉及新技术或者新工具。

（4）犯罪分子和警察都使用新工具的情况。在这种场景中，犯罪分子和警察都使用了新技术。犯罪分子利用新技术实施犯罪活动，而警察利用新的监视技术来侦测犯罪分子。

（5）现状不变的情况。在这种场景中，当下事物仍然保持着它们在"元年"里的状态，平衡调整理论不会产生，而且在未来的时间里，这种理论也似乎不会产生。因为技术和社会实践都保持稳定的状态,所以相关的法律也会保持不变。

(6)双方采取了反侦查措施的情况。在这种场景中,警察和犯罪分子都会不断地改变自己的策略,以便击败对手。犯罪分子会采取干扰警察监视的技术措施,警察则会利用反措施来对抗这种干扰。无论是警察还是犯罪分子,他们都会尝试运用新的方法来使自己占有优势,改变公民隐私受到保护的程度。

在上述六个场景中,法官都需要运用平衡调整理论解决问题,不管这些场景有没有涉及技术。因此,平衡调整理论不仅仅是一种关于《美国联邦宪法第四修正案》如何适应不断变化的技术的理论,相反,它是关于《美国联邦宪法第四修正案》如何普遍发展的理论。它解释了在"元年"之后,《美国联邦宪法第四修正案》如何处理新事物的问题。

(四)平衡调整理论与《美国联邦宪法第四修正案》的理论层面和实践层面

读者可能会好奇,平衡调整理论如何融入《美国联邦宪法第四修正案》。为了回答这个重要的问题,我们需要认识到《美国联邦宪法第四修正案》的两个层面。第一个层面,笔者把它称为规则的"理论层面",而第二个层面,笔者把它称为规则的"实践层面"。

所谓规则的理论层面,是指《美国联邦宪法第四修正案》的关键规则的文义解释。《美国联邦宪法第四修正案》禁止政府执法人员实施不合理的搜查和扣押行为:规则的理论层面解释何为"搜查"、何为"扣押"以及何为"不合理的搜查和扣押行为"。其中,当政府执法人员侵犯公民"合理的隐私期待"的时候,政府执法人员的行为就构成搜查行为。[1] 如果政府执法人员实质地"侵犯了一名公民财产上的占有利益",那么他们的行为就是扣押行为。[2] 进一步而言,在某些情况下,政府执法人员的搜查或者扣押行为是符合宪法规定的。

在理论层面,《美国联邦宪法第四修正案》的规则是开放的。

---

[1] Katz v. United States, 389 u. s. 347, 360 (1967) (Harlan, J., concurring).
[2] United States v. Jacobsen, 466 U. S. 109, 113 (1984).

"合理的隐私期待"判断标准是《美国联邦宪法第四修正案》最广为人知的判断标准。然而,美国联邦最高法院故意对什么是"合理的隐私期待"避而不谈。① 此外,关于"合理的隐私期待"的案件也是五花八门的。即便是判断该判断标准是规范性标准还是记叙性标准,或者该标准应该实现什么样的规范性目标或者描述性现实这一点,大法官都无法达成共识。② 怀疑论者声称,判断公民的隐私期待是"合理的"唯一方法就是,五位大法官都认为它是合理的:当美国联邦最高法院寻求社会大众对于某位公民的隐私期待的看法的时候,怀疑论者声称,事实上,大法官是"在照镜子",③ 他们得到的是自身对该问题的看法。笔者认为,重要的是,《美国联邦宪法第四修正案》的基本原则并非自动生效的。在理论层面,《美国联邦宪法第四修正案》的规则已经足够开放,它能够容纳相当广泛的结果。

规则的实践层面与理论层面截然不同。实践层面不仅适应了理论层面的开放性,而且宣布了管制一系列特定事项的规则。下面举几个例子进行说明。例如,警察通过缉毒犬来辨别汽车内是否藏有尼古丁,这一行为没有侵犯公民合理的隐私期待,因此,这一行为不构成"搜查行为"。④ 又例如,在有合理依据相信公民的汽车里藏有证据的情况下,警察让该名公民把车停在路边⑤,并且对该汽车进行搜查,这是宪法规定的"合理的"行为⑥。这些实践层面的规则都是法院对于某些特定的情况所作出的规则,并且在这些特定的情况中,回应了何为"搜查"、何为"扣押"以及何为"合理的搜查和扣押行为"的开放性问题。

平衡调整理论扮演着以下两种角色:

第一种角色是,引导规则从理论层面转换至实践层面。平衡调整

---

① See I Wayne R. lafave, Search and Seizure: A Treatise on The Fourth Amendment § 2. I (a), at 430 (4th ed. 2004); see also O'Connor v. Ortega, 480 U. S. 709, 715 (1987) (O'Connor, J.) (plurality opinion); Oliver v. United States, 466 U. S. 170, 177 (1984).
② See Orin S. Kerr, Four Models of Fourth Amendment Protection, 60 STAN. L. REV. 503, 507 - 522 (2007).
③ Phillip E. johnson, Cases and Materials on Criminal Procedure 19 (3d ed. 2000).
④ See Illinois v. Caballes, 543 U. S. 405, 408 - 409 (2005).
⑤ See Brendlin v. California, 551 U. S. 249, 251 (2007).
⑥ See Wyoming v. Houghton, 526 U. S. 295, 299 - 301 (1999).

理论引导法院从《美国联邦宪法第四修正案》的开放性规则中作出抉择。从某种意义上说,平衡调整理论是关于理论层面的规则如何适用的原则:它引导《美国联邦宪法第四修正案》的一般规则过渡到更加具体明确的规则,并且使得《美国联邦宪法第四修正案》的规则更具有普遍性。因此,平衡调整理论不仅是有关《美国联邦宪法第四修正案》的外部学说,还是《美国联邦宪法第四修正案》的内在动力。

第二个角色影响了美国联邦最高法院对于《美国联邦宪法第四修正案》理论层面的表述。正如本文第二部分第五点提出的那样,平衡调整理论引导美国联邦最高法院采取"合理的隐私期待"判断标准。在规则的实践层面,"合理的隐私期待"判断标准的开放性本质,激励了所需的平衡调整理论产生。然而,平衡调整理论的第一个角色不应该被第二个角色掩盖,因为前者引导着规则的理论层面过渡到规则的实践层面。

(五)平衡调整理论与普通法的推理

与其他推动宪法发展的普通法的推理相比,平衡调整理论有什么不一样呢?大部分宪法性法律反映的是,我们称之为"普通法"的方法。通常,只有当美国联邦最高法院觉得有必要的时候,它才会通过个案的方式,推动宪法性规则的发展。那么,平衡调整理论的特别之处是什么呢?

一方面,平衡调整理论与普通法的推理共享某些相同的宪法渊源。对于不同的人而言,"普通法的推理"可能意味着不同的事情。然而,在大多数情况下,人们理解的普通法的推理就是,"法官运用衡平法使现存的规则适应逐渐改变的社会环境"。[①] 平衡调整理论是:与普通法的推理一样具有普遍性,它注重于根据当下的现实状况,通过个案的方式调整现存的法律。平衡调整理论与普通法的推理有共通点是再正常不过的事了。因为多数的美国联邦最高法院大法官都是多面型人才,所以大法官作出的判决通常都是跨越不同宪法领域的。

---

① Thomas C. Grey, Holmes on the Logic of the Law, in The Path of The Law and Its Influence 133, 137 (Steven, J. Burton ed., 2000).

另一方面，平衡调整理论与普通法的推理有着重要的区别。平衡调整理论重视维持法律规则的稳定性，使失去稳定性的法律规则恢复原状，而非改变规则。相反，普通法的推理重视法律能够反映"时代的需求，普遍的道德和政治理论以及有意识或者无意识的公用政策直觉"①。因此，普通法的推理得以适应新的社会价值观，社会价值观的变化就导致了法律规则的变化。平衡调整理论恰恰反其道而行之，它试图维持法律规则原有的状态，而非改变法律规则。从这个意义上说，平衡调整理论是一种"命令理论"，一种从先前的历史时刻寻求指引的解释理论，而非推动法律进化的理论。这一点有别于宪法性法律中的所有普通法的推理。

在宪法性法律的普通法推理中，有两个例子能够说明平衡调整理论与普通法的推理的不同，这两个例子分别是，隐私权和涉及《商业条款》的判例法。② 首先，涉及隐私权的美国联邦最高法院的案件，其中包括避孕途径、堕胎以及性活动的规制。虽然《美国联邦宪法第四修正案》与隐私权案件都涉及公民的隐私权与政府的执法权力的对抗，但是两者的演变过程并非同一轨迹。③ 在隐私权案件中，对于美国联邦最高法院的造法是否正当，大法官有着鲜明的分歧。④ 美国联邦最高法院的主流意见试图揭示大法官对于一般原则的理解。其次，他们在各自的案件中阐释这种理解，根据当前的社会价值观和美国联邦最高法院在社会中所起的作用，他们试着更加广泛地采用这种理解。⑤ 无论人们对这些案件抱有什么样的想法，他们绝对不会赞成，法律为公民提供一成不变的保护。总之，在《美国联邦宪法第四修正案》中，隐私权案件的普通法推理与平衡调整理论有着重要的差别。

---

① Oliver Wendell Holmes, The Common Law I (1881).
② See e. g., Harry H. Wellington, Interpreting the Constitution chs. 5 – 6 (1990); John T. Valauri, Confused Notions and Constitutional Theory, 12 N KY. L. REV. 567, 582 (1985).
③ Cf. Thomas P. Crocker, From Privacy to Liberty: The Fourth Amendment After Lawrence, 57 UCLA L. REV. 1, 3 – 5 (2009).
④ Stenberg v. Carhart, 530 U. S. 914 (2000).
⑤ See e. g., Planned Parenthood of Se. Pa. v. Casey, 505 U. S 833, 845 – 877 (1992) (Plurality opinion).

《商业条款》的演变是另一个例子。① 随着时间的推移，美国联邦政府的《商业条款》的权威得到急剧的扩张。一开始，《商业条款》只是对少数"商业形式"作出规范，而现在，《商业条款》已经把触角伸到资本市场的每一个角落。② 导致这种演变的原因之一就是技术的变化。由于货车、汽车、飞机、电话和互联网的出现，相比18世纪末的市民，今天的我们生活在一个联系更加密切的世界里。③ 因此，我们可以理解，技术的变化会改变由先前的法律规则确定下来的政府权力的平衡状态。同时，当世界发生变化的时候，《商业条款》作出了与《美国联邦宪法第四修正案》不同的回应。在《商业条款》中，技术的变化必然改变政府权力的平衡状态。然而，在美国联邦最高法院里，即便不是最坚定的原旨主义者，他们都建议，《商业条款》不应该被解释为，使政府权力重新回到"元年"的平衡状态的法律。因此，《商业条款》的规则的演变与《美国联邦宪法第四修正案》规则的演变具有重要的区别。前者遵循着普通法的趋势来发展，而后者则受平衡调整理论的恢复原则指引。

三、与平衡调整理论相关的例子

这部分内容将展示平衡调整理论如何诠释《美国联邦宪法第四修正案》。在每一个例子中，笔者都会从在"元年"里政府权力的平衡状态开始分析。笔者将会介绍，新事物如何威胁先前的平衡状态，法院如何采取措施消除这些威胁并且使政府权力恢复先前的平衡状态。在某些案件中，案件的意见本身已经揭示了这种动态的过程；而在其他案件中，我们需要从案件的发展过程中，包括地方法院的判决、案情简介以及法官的私人信件，发掘这种动态的过程。最后，通过规则的实际形态与平衡调整理论预计的规则形态的对比，笔者将举几个关于这种动态过程的例子。本文的目的是阐明在《美国联邦宪法第四修正案》的发展历程中，平衡调整理论所起的主要作用。

---

① U. S. CONST. Art. I. §8, cl. 3.
② See Gonazales v. Raich, 545 U. S. 1, 58 (2005).
③ See e. g., Johnson v. Alternatives, Inc., No. 01 C6437, 2002 WL 1949738, at 6 (N. D. Il1. Aug. 22, 2002).

在本文的第一部分第三点中，笔者已经提及，可能产生平衡调整理论的六种场景。一是介绍了当政府使用热成像仪，无线电信号机以及全球定位系统的时候，平衡调整理论是如何运作的。二是介绍了当政府执法人员对公民的汽车实施搜查和扣押行为的时候，《美国联邦宪法第四修正案》是如何运作的，也就是说，当犯罪分子运用新工具掩藏犯罪活动的时候，平衡调整理论是如何运作的。三是介绍新型犯罪以及新的社会实践，尤其是经济犯罪的盛行改变了传票的权力，以及终结了纯粹证据规则。四是介绍了当犯罪分子和政府执法人员都使用新工具时，《美国联邦宪法第四修正案》是如何运作的。五是在介绍政府使用卧底探员、颁布逮捕法以及《美国联邦宪法第四修正案》为公民住宅提供的特殊保护的案件之后，笔者也举了一些例子说明，当社会没有发生变化的时候，平衡调整理论就不会出现，而普通法规则便得以延续。六是介绍了在开放领域和空中监视中，平衡调整理论如何处理反侦查措施。

然而，本文不是主张，平衡调整理论能够解释《美国联邦宪法第四修正案》的所有问题。事实上，某些规则并没有受到平衡调整理论的影响。例如，《美国联邦宪法第四修正案》为权利受到侵犯的公民所提供的救济历经了多次变动，但是平衡调整理论与此毫无关联。[1] 又例如，源自20世纪80年代的特殊需要与行政搜查条款也与平衡调整理论毫不相关。[2] 在这些例子中，"合理性"的判断标准引导着美国联邦最高法院作出判决，但是这个判断标准更多地反映了当时的政策导向，而不是把失衡的政府权力恢复到先前的平衡状态。[3] 虽然存在不受平衡调整理论影响的情况，但是事实证明，平衡调整理论有着惊人的解释力量。一旦被认可，它就会在涉及《美国联邦宪法第四修正案》的法律中重复出现，并且协助法官解释大量的《美国联邦宪法第四修正案》的规则。

---

[1] See e. g., Davis v. United States, 131 S. Ct. 2419, 2423 – 23（2011）；United States v. Leon, 468 U. S. 897, 913（1984）.

[2] See e. g., Wayne R. LaFave, The "Routine Traffica Stop" from Start to Finish：Too Much "Routine," Not Enough Fourth Amendment, 102 MICH. L. REV. 1843, 1853 – 1854, 1858, 1860N. 94（2004）.

[3] See e. g., United States v. Knight, 543 U. S. 112, 118 – 121（2001）.

(一) 政府执法人员使用的新工具：热成像仪、传呼机及全球定位系统装置

政府执法人员利用新的监视工具，如热成像仪、无线电传呼机以及全球定位系统装置，增强他们的感官的能力。当政府执法人员使用增强感官能力的工具的时候，这种工具就扩大了他们的权力：政府执法人员能够在不受《美国联邦宪法第四修正案》约束的地方，观察或者了解受到《美国联邦宪法第四修正案》保护的地方的情况。问题是，当新工具帮助政府执法人员搜集到更多信息的时候，法官应当如何解读《美国联邦宪法第四修正案》的相关规定？事实上，美国联邦最高法院已经通过平衡调整理论回应这个问题。

1. 热成像仪

在 Kyllo v. United States 一案[①]中，Scalia 大法官代表多数意见作出的判决体现了平衡调整理论。这是一个关于政府执法人员通过红外线热成像仪监视公民的案件。通过测量物体散发的辐射，热成像仪能够测量该物体的表面温度。[②] 这种装置还能够测量密闭空间内部的温度。在"元年"里，如果想要知道某件物品的表面温度，政府执法人员就必须触摸这件物品；如果想知道某间住宅内部的温度，政府执法人员就必须进入该住宅。然而，通过热成像仪，政府执法人员在公共场所里便可以知道住宅表面的温度以及内部的温度。那么，对于公民而言，政府执法人员使用热成像仪的行为是否对其构成"搜查"呢？

在 Kyllo 一案中，政府执法人员怀疑，Kyllo 在他的家里种植大麻，用于维持室内温度的电灯产生了大量的热量。通过热成像仪，政府执法人员在 Kyllo 住宅外面的街道上，探测到 Kyllo 的车库常年保持着一定的温度。基于政府执法人员探测到的高温，法官认为，政府执法人员具备了合理依据，并且签发了搜查 Kyllo 住宅的搜查令。搜查的结果证实了政府执法人员的怀疑。因此，政府执法人员对 Kyllo 提起了刑事诉讼。然而，在没有获得搜查令的情况下，政府执法人员

---

① 533 U.S 27 (2001).
② See generally J. M. Lloyd, Thermal Imaging Systems 2 (1975).

使用热成像仪的行为是否符合宪法的规定,引发了争议。

Scalia 大法官认为,《美国联邦宪法第四修正案》受到了技术变化的冲击。根据他的观点,"认为技术进步没有影响到《美国联邦宪法第四修正案》为公民的隐私提供的保护力度的想法是愚蠢的"。美国联邦最高法院能够决定,技术进步可以对《美国联邦宪法第四修正案》为公民提供的保护力度造成多大程度的伤害:"因为宪法是依照当时的技术情况,决定为公民的隐私提供何种程度的保障,所以当技术进步的时候,我们就面临了一些问题"。为了回应这些问题,Scalia 大法官关注到了"长远的发展"。"因为当前我们是根据比较粗糙的技术来作出相关的规定,如法律仅仅允许政府执法人员在没有搜查令的情况下,测量车库的外墙温度,所以我们应当在考虑到更复杂的技术发展的情况下作出相关规定,或者采用相关规定,如允许政府执法人员在没有搜查令的情况下,利用工具测量车库的内部温度。"

Scalia 大法官总结道,政府执法人员使用热成像仪的行为是对公民实施"搜查"的行为,这个行为侵犯了公民的合理隐私期待,因为我们需要保护公民在其住宅内的隐私权。

在隐私权领域的诉讼中,最典型和最普遍的是涉及住宅内部搜查的案件。在普通法中,公民享有的最低限度的隐私期待的判断标准是所谓的"合理性"判断标准。如果允许政府执法人员利用工具侵犯《美国联邦宪法第四修正案》为公民的隐私提供的保护,那么公民享有的最低限度的隐私期待也会被侵犯。因此,我们认为,通过提高感官功能的工具,政府执法人员获得"不经过物理性入侵受到宪法保护的地方,就无法获得的信息",那么政府执法人员的行为就构成"搜查"——至少他们使用了一般人不会使用的技术。我们需要确保,当适用《美国联邦宪法第四修正案》的时候,公民的隐私受到保护的程度保持不变。根据这个判断标准,政府执法人员通过热成像仪搜集信息的行为,就是对公民实施搜查行为。

当一项新技术对"受到《美国联邦宪法第四修正案》保护的隐私"造成威胁的时候,Scalia 大法官把《美国联邦宪法第四修正案》解释为"保持公民的隐私受保护程度不变的手段"。通过否认警察单方使用新工具获得公民住宅内信息的方法,Scalia 大法官制定的规则使得失衡的警察权力恢复到原来的平衡状态。它们维持了警察权力与公民权利在"元年"里达到的平衡状态。

Steven 大法官的异议也反映了类似的问题。Stevens 大法官赞扬道,法院的多数意见是"适当地考虑到,在政府执法人员执法的过程中,技术进步对公民的隐私权造成的威胁"。然而,根据 Stevens 大法官的观点,"按照有待发展的技术判决案件的做法是不合适的"。他认为,司法克制原则鼓励法官仅仅关注由当前的案件提出的、有限而且现实的问题。政府执法人员使用热成像仪探测公民住宅内部温度的行为,应该与使用其他监视工具的行为无异,都不应该被视为搜查行为。因为使用者不能通过这些工具,身临其境地进行搜查,所以使用者的行为不是搜查行为。

在 Kyllo 一案中,多数意见和少数意见都注意到了"技术进步为公民隐私带来的威胁,以及抵制这种威胁的需要"。他们意见的差距不大,主要是对热成像仪是否导致警察权力发生本质变化而产生争议。Scalia 大法官把目光放得更加长远些,认为热成像仪是导致警察权力失衡的始作俑者,并且主张,应当恢复警察权力与公民权利之间的平衡状态。相反,Stevens 大法官认为,在警察行使权力的过程中,热成像仪所起的作用微不足道,法官不需要调整《美国联邦宪法第四修正案》为公民提供保护的程度。

2. 传呼机及全球定位系统装置

对于政府执法人员使用传呼机与全球定位系统装置的行为,《美国联邦宪法第四修正案》作出了相关的限制,这些限制也影响了平衡调整理论。警察利用传呼机与全球定位系统装置进行追踪:这些装置可以被安装在汽车内,或者藏在其他容器里,通过这些追踪装置,警察可以很容易就知悉目标人物的行踪。传呼机与全球定位系统装置主要通过两种方式扩大警察的权力:其一,传呼机与全球定位系统装置使政府执法人员能够以更低的成本而且更加容易地对目标人物实施定位监控。如果没有这些装置,警察就需要派出一支小分队,实时监控目标人物的位置,这种做法既耗时,成本也高。然而,如果警察利用全球定位系统装置实施监控,那么他们就可以节省时间与开支。其二,这些新技术能够让政府执法人员知悉物品所在地,即便是受到《美国联邦宪法第四修正案》保护的私人领域,比如公民的住宅里。无论身处何方,传呼机和全球定位系统装置都能发出或者记录相同的信号，这样一来，警察就可以知道公民住宅内或者其他私人领域内的物品的位置。如果没有这些工具，警察就需要在获得搜查令的情况下才能得到这些信息。

涉及传呼机与全球定位系统技术的判例法反映了平衡调整理论的原则。在 United States v. Knotts 一案①中，美国联邦最高法院认定，在高速公路上，警察利用传呼机追踪嫌疑人的汽车的行为不是搜查行为。警察利用肉眼也可以监视嫌疑人，传呼机只是为监视提供一种更便利的途径：在嫌疑人途经公共场所的时候，警察可以对他实施监控行为。虽然被告提出，通过传呼机，警察能够大范围地对公民实施24小时的监控，但是美国联邦最高法院认为，这只是尚未发生的假想情况，现在不用过多讨论诸如假如这种撒网式的执法行为真的发生，到时候我们应该知道要不要适用不同的宪法原则，等等。

一年后，在 United States v. Karo 一案②中，美国联邦最高法院作出了与 Knotts 一案不同的认定。在 Karo 一案中，政府执法人员利用传呼机知道了藏在嫌疑人家里的物品的位置。美国联邦最高法院认定，政府执法人员利用传呼机监视嫌疑人屋内的情况的行为，是搜查行为，因此他们需要获得搜查令。美国联邦最高法院指出，警察可以利用传呼机实施执法行为，但是他们不能利用传呼机实施脱离传呼机后就不能实施的执法行为：在本案中，如果政府执法人员在没有获得搜查令的情况下，偷偷地进入嫌疑人的住宅内，查看目标物品是否在里面，那么他的行为绝对是不合理的搜查行为，是被《美国联邦宪法第四修正案》禁止的行为。同样地，根据《美国联邦宪法第四修正案》的精神，政府执法人员偷偷地在嫌疑人住宅内安装电子装置，以获得他们无法从屋外知道的信息，这个行为也构成不合理的搜查行为。

总体来看，Knotts 一案与 Karo 一案阐释了平衡调整理论的原则。虽然警察可以利用传呼机实施执法行为，但是美国联邦最高法院作出的两个判决都维持了在没有传呼机的时候，警察权力的平衡状态。警察可以对公共场所里的人实施定位监视，但是不能对住宅内的人进行

---

① 460 U.S. 276 (1983).
② 468 U.S. 705 (1984).

定位监视。然而，对于警察而言，这个规定显得相当别扭：如果警察在嫌疑人的汽车内安装了传呼机，那么当嫌疑人的汽车出现在公共场所的时候，他们就可以实施监控，但是，当嫌疑人的汽车进入私人领域的时候，警察就必须关闭监控装置。这个规定维护了，在没有传呼机时，《美国联邦宪法第四修正案》为平衡政府权力与公民权利所作出的规定。它意识到，通过赋予警察监控嫌疑人住宅内部情况的权力，传呼机会破坏《美国联邦宪法第四修正案》的平衡状态，因此，美国联邦最高法院的判决试图维护《美国联邦宪法第四修正案》在"元年"里的平衡状态。

在有关全球定位系统装置的判决中，地方法院继续进行调整的工作。相比传呼机，全球定位系统装置赋予了警察更大的监控能力：在更低的成本和受到更少监管的情况下，它们能够获得更多的细节信息，以及工作更长的时间。对于有关全球定位系统装置的案件是否采取有别于 Knotts 一案与 Karo 一案的规则，① 地方法院发生了分歧，而美国联邦最高法院最近采取了一些措施来解决分歧。在涉及全球定位系统装置的案件中，我们暂时没有看到美国联邦最高法院的意见有何优点，而且对于平衡调整理论应该如何影响美国联邦最高法院的案件分析，不在本文的探讨范围内。当下重要的是，现存的有关全球定位系统装置的案件深受平衡调整理论的影响。

例如，Posner 大法官认定，当警察有了嫌疑人之后，如果他在嫌疑人的汽车内安装全球定位系统装置，那么他的行为同样受到传呼机规则的调整。② 同时，当政府执法人员利用全球定位系统装置实施大范围的监控时，Posner 大法官认为，可以用不同的规则来规范政府执法人员的行为；因为此时传呼机为警察提供的便利已经不能与全球定位系统装置相提并论，所以应当适用不同的规则来规范警察的行为。最近，Douglas Ginsburg 大法官在哥伦比亚特区巡回法院作出的判决走得更远：如果政府执法人员利用全球定位系统装置对某一辆汽车实

---

① Compare United States v. Garcia, 474 F. 3d 994, 998 (7th Cir. 2007) (Posner, J.), with United States v. Maynard, 615 F. 3d 544, 556 – 557 (D. C. Cir, 2010). United States v. Jones, 79 U. S. L. W. 3727 (U. S. June 27, 2011) (No. 10 – 1259).
② United States v. Garcia, 474 F. 3d 998 (7th Cir. 2007) (Posner, J.)

施超过一个月的监控行为,那么这种监控行为就是 Knotts 一案提及的"撒网式"监控行为,因此要适用不同的规则。也就是说,即便政府执法人员利用全球定位系统装置对公共场所实施超过一个月的监控行为,这种监控行为也是一种"搜查行为"。① 在最近的美国联邦第九巡回法院的一个案件中,首席大法官 Kozinski 提出了一个激动人心的异议:"在本案中,警察所使用的追踪装置(全球定位系统装置)与 Knotts 一案大有不同。"他认为:"如果认定政府执法人员的监控行为没有侵犯公民的合理的隐私期待,那么陪审员就赋予了政府对每位公民实施实时监控的权力。实际上,Kozinski 大法官的主张源于平衡调整理论:随着技术变得越来越具有侵略性,《美国联邦宪法第四修正案》应该更加严格地限制政府权力。"

3. 提高感官功能的装置和平衡调整理论

上述案件告诉我们一个重要的结论,法院高度关注政府执法人员利用某一项技术协助执法的行为是否会导致其权力失衡。当新技术出现的时候,通过调整《美国联邦宪法第四修正案》为公民提供保护的力度,法院小心翼翼地维护着先前政府权力与公民权利之间的平衡状态。因为根据原本的规则,新技术会扩大政府的执法能力,所以法官会介入并且重新解释《美国联邦宪法第四修正案》,以限制政府执法人员的权力,使政府权力与公民权利之间的平衡状态恢复原状。通过平衡调整理论,法官决定了《美国联邦宪法第四修正案》的适用:他们调整了《美国联邦宪法第四修正案》为公民提供保护的力度,以免新技术严重地破坏政府权力与公民权利在"元年"里的平衡状态。

在涉及提高感官功能的装置的案件中,有关全球定位系统装置和热成像仪的案件属于简单的体现平衡调整理论的案件。在这些案件中,法官调整警察权力的过程是僵硬的,而且争论点明确地集中在技术如何扩大政府权力以及消除这些影响的需要;更复杂的是那些争论点更加不明确,而且法官调整警察权力的过程更加不明显的案件。接下来,笔者将介绍一种既复杂又在《美国联邦宪法第四修正案》占有重要地位的情况,即关于汽车搜查和扣押的规则。

---

① United States v. Maynard, 615 F. 3d 544, 556-557 (D. C. Cir, 2010).

(二) 犯罪新工具：汽车的例外规则

关于汽车的搜查和扣押的规则，涉及《美国联邦宪法第四修正案》最令人困惑和最受人诟病的领域。在《美国联邦宪法第四修正案》中，截停一辆汽车的行为构成扣押行为，打开车门或者汽车尾箱并且查看里面情况的行为构成搜查行为。① 然而，《美国联邦宪法第四修正案》为公民提供保护的力度不强。如果警察有合理依据相信，某位公民违反了交通规则，那么他就可以截停该公民的汽车。② 警察不需要在怀疑公民实施犯罪的情况下就可以截停他的车：只要该公民违反了交通规则，警察就有足够的理由让他停车，即便他仅仅超速了一公里。③ 当截停公民的汽车后，警察可以在没有搜查令的情况下搜查该汽车，只要警察有合理依据相信，该汽车内部藏有证据或者违禁品。警察可以剖开汽车坐垫④，打开上锁的汽车尾箱⑤，打开汽车内任何密闭的容器⑥，甚至可以夺走非嫌疑人的乘客的私人物品⑦。

至于为什么《美国联邦宪法第四修正案》为汽车提供较低程度的保护，美国联邦最高法院未能给出一个有说服力的解释。美国联邦最高法院曾经提出，汽车之所以享有"较低程度的保护"，其原因是警察经常在没有搜查令的情况下截停并搜查公民的汽车。⑧ 这种主张明显是循环定义的，因为它根据汽车的例外情况来解释汽车的例外情况。此外，美国联邦最高法院还曾经提出，因为汽车可以随时移动，所以根据紧急情况的例外规则，警察可以在没有搜查令的情况下搜查公民的汽车，以确保他们能够有效执法。这种主张也是毫无意义的。如果当时的情况是紧急情况，那么警察可以直接根据紧急情况的例外

---

① See Brendlin v. California, 551 U.S. 249, 256 – 259 (2007); Delaware v. Prouse, 440 U.S. 648, 653 (1979).
② See Whren v. United States, 517 U.S. 806, 810 (1996).
③ See e.g., United States v. Guijon-Oritz, No. 2: 09 – 00131, 2009 WL 4545104, at 1 (S.D.W. Va. Nov. 25, 2009).
④ See Carroll v. United States, 267 U.S. 132, 136 (1925).
⑤ See Cady v. Dombrowski, 413 U.S. 433, 442 –443 (1973).
⑥ See United States v. Ross, 456 U.S. 798, 812 (1983).
⑦ See Houghton, 526 U.S. at 302.
⑧ California v. Carney, 471 U.S. 386, 392 (1985).

规则对公民的汽车进行搜查,而没有必要另外提出汽车的例外情况。总之,上述两种解释的说服力都是极其微弱的。

平衡调整理论填补了这一漏洞。接下来,我们将从"元年"开始考虑,当汽车未面世的时候,《美国联邦宪法第四修正案》如何对待"会移动的"违禁品。然后,我们需要考虑,当汽车首次面世之后,法官如何看待汽车对于警察执法造成的威胁。这揭示了在《美国联邦宪法第四修正案》中,有关汽车的规则是如何使警察权力恢复到汽车产生之前的状态。总之,只有出于对抗汽车为犯罪分子提供掩藏证据的便利的考虑,《美国联邦宪法第四修正案》才为汽车提供较低程度的保护。

1. 汽车的出现如何挑战政府权力与公民权利在"元年"里的平衡状态

在汽车面世之前,犯罪分子通常需要公开地运输违禁品。如果某位公民有违禁品,并且想在不引起警察注意的情况下,把它从 A 点运输到 B 点,那么他就需要把违禁品好好地包装起来,并且亲自或者利用马车,又或者雇用别人把物品送出去。公民无法依靠邮政服务运输货物,因为在 1912 年之前,邮政局不会运输超过 4 磅的货物。[①] 这个规定限制了犯罪分子利用邮政服务实施犯罪。虽然在公民的住宅内,违禁品享有隐私权,但是运输违禁品意味着,公民要离开住宅并且经过公共场所,而在公共场所里,公民容易被捕:公民需要用麻袋或者马车装载违禁品,而这两种运输方式都是缓慢而且容易引起警察的注意。

然而,汽车的出现改变了这种情况。在 20 世纪初时,汽车开始出现,[②] 到了 20 世纪 20 年代的时候,汽车已经遍布美国社会。到了 20 世纪末,大约 80% 的美国家庭拥有一辆以上的汽车,而且美国超过 10% 的职业与汽车产业有关。[③] 相比于四轮马车和轻型马车,汽车能够较迅捷而且较安全地运输物品,并且不引人注意。尤其是在福特

---

① See Lloyd-La Follette Act, Pub. L. No. 62 – 336, 37 Stat. 539, 557 (1912).
② See generally Beverly Rae Kimes, Pioneers, Engineers, and Ssoundrels: The Dawn of the Automobile in America (2005).
③ Kim Kenney, Cars in the 1920s: The Early Automobile Industry, SUITE101 (Jan. 15, 2009), http://www.Suite101.com/content/cars-in-the 1920s – a90169.

T型汽车风行的年代,大部分汽车看起来都是一个模样。① 当驾驶员进入汽车,锁上门并且关上车窗之后,警察就难以观察其汽车内部的情况。他们可以把违禁品放在汽车尾箱里,然后再锁上尾箱。犯罪分子可以开着车到任何他们想去的地方。汽车为犯罪分子提供了极大的便利。在汽车面世之前,犯罪分子难以秘密而且迅捷地运输违禁品,但是当汽车在社会普及之后,犯罪分子就可以利用汽车轻松地运输违禁品了。

同时,汽车也在改变着美国人的生活,一场政治运动把《美国联邦宪法第四修正案》推上了风头浪尖:在《美国联邦宪法第十八修正案》之后通过了 Volstead Act,又称"禁酒令"。② 在禁酒令颁布之前,联邦政府只拥有微弱的执法权力。因为《美国联邦宪法第四修正案》只约束联邦政府的行为,所以在1791年到1920年之间,只有少数有关《美国联邦宪法第四修正案》的决定得以实行。禁酒令赋予了联邦政府前所未有的权力以打击贩卖私酒者。在联邦禁酒办公室建立之后,联邦探员开始深入调查违反 Volstead Act 的行为。汽车成为联邦探员开展调查活动的主要障碍:贩卖私酒的人可以利用汽车迅捷而且不引人注意地实施走私活动。

在20世纪20年代期间,汽车威胁到警察权力与罪犯权利之间传统的平衡状态,许多法官致力于消除这种威胁。《美国联邦宪法第四修正案》的搜查令要件为公民的住宅和密封的包裹提供了保护,而汽车则是类似于住宅或者有轮子的密封的包裹的存在。在20世纪20年代,法官意识到,如果《美国联邦宪法第四修正案》为汽车提供与住宅同等的保护,那么警察的权力将会被大大地削减,许多法律也无法得到真正的施行。1922年,密歇根最高法院提出了极具代表性的可怕警告:在最近的发展中,汽车成为代表速度和力量的工具,经过批量生产后,它们迅速地占领了我们的公路,相反,速度缓慢而且容易引人注意的、由动物牵引的车辆成为历史。拥有相似的外表和堪比特快列车的速度,并且能够量产,汽车为犯罪分子提供了前所未有

---

① W. Chan Kim & Renée Mauborgne. Blue Ocean Strategy 194 (2005).
② See U. S. CONST. Amend. XVIII (replaced 1933); National Prohibition Act, Pub. L. No. 66 -66, 41 Stat. 305 (1919).

的便利。那么，重要的问题是，在公路或者其他公共领域里，警察能够对它们实施何种程度的控制或者搜查。众所周知，汽车为各种程度的犯罪活动提供了极大的便利，无论是违背道德的抢劫行为，还是违背贞操的强奸行为，抑或是有失体面的盗窃行为，甚至是谋杀行为。面对这种现实的状况，我们的刑事法律应当对何为合理的执法行为作出相关的规定。①

面对汽车对警察权力的原始状态造成的威胁，通过调整《美国联邦宪法第四修正案》为公民提供的保护力度，法院确保警察能够继续实施执法活动，维护了他们合理的执法行为。② 1924 年，在 Milam v. United States 一案③中，美国联邦第四巡回法院的判决是一个典型的例子。该案中，在怀疑嫌疑人违法藏有私酒的情况下，联邦探员截停并且搜查了嫌疑人的车。美国联邦第四巡回法院认定，根据《美国联邦宪法第四修正案》的规定，只要有"确切的信息"指出，公民的汽车内藏有私酒，那么联邦探员就可以截停并且搜查该公民的汽车。鉴于实施《美国联邦宪法第十八修正案》的困难，法院解释道：我们不能只想到，只有专业罪犯才会利用汽车偷运烈酒。因为汽车为犯罪分子提供了极大的便利；不能全盘否认警察在没有搜查令的情况下实施的截停或者搜查汽车的行为，因为我们的刑事司法实践还没到这种程度。"

1925 年，在 Carroll v. United States 一案中，美国联邦最高法院支持了上述观点。首席大法官 Taft 从原旨主义的角度写下了判决，逐渐地，人们把这个判决当作原旨主义者的判决。④ Taft 大法官主张，历史上，政府执法人员可以在没有搜查令的情况下搜查轮船；汽车相当于现代的轮船，它也是用于运载货物的，因此，政府执法人员也可以在没有搜查令的情况下对公民的汽车进行搜查。更重要的是，如果回顾 Carroll 一案的摘要和首席大法官 Taft 的私人信件，我们会发现，在 Carroll 一案中，法官实际上是在缓解汽车对警察权力的平衡状态

---

① People v. Cae, 190 N. W. 289, 292 (Mich. 1922).
② See United States v. Bateman, 178 F. 231, 234 (S. D. Cal. 1922).
③ 296 F. 629 (4th Cir. 1924).
④ See e. g., Wilson v. Arkansas, 514 U. S. 927, 931 (1995) (Thomas, J.).

造成的影响。表面上看，Carroll 一案是有关原旨主义的案件。实际上，它是有关平衡调整理论的案件。

在 Carroll 一案的摘要中，美国联邦政府明确且强有力地提出平衡调整理论。美国联邦最高法院需要重新解释《美国联邦宪法第四修正案》，以阻止由汽车造成的"空前绝后的犯罪浪潮"。美国联邦政府主张：在汽车出现之前，普通法规则以及由几个州法院确立的判例明确地确定了政府权力与公民权利之间合适的平衡状态。然而，汽车的出现打破了这种平衡。

当一项新技术打破了政府权力与公民权利之间的平衡状态时，法官应当调整先前的规则，使政府权力恢复到原来的平衡状态，这就是典型的平衡调整理论。首席大法官 Taft 在私人信件中也支持了这个理论。Robert Post 公开了首席大法官 Taft 在 1923 年写过的一封信件，首席大法官 Taft 指出："自人类进入文明社会以来，汽车是我见过的，为犯罪分子提供最大便利的工具。"[1] 几个月后，在 Taft 大法官给其弟弟 Horace 的信件中进一步阐述了这个观点：我认为，最令人沮丧的犯罪数据是由汽车的出现而导致的，就盗窃和抢劫而言，犯罪率仍处于不断上升状态中。汽车为犯罪分子提供了逃避惩罚的最大可能，而且我们还没有消除它的影响的方法。能否消除汽车对政府权力的平衡状态造成的威胁，是犯罪侦查需要解决的问题。"

在 20 世纪 20 年代，无论是在私人场合还是在公共场合，首席大法官 Taft 都重复地主张，汽车是"罪恶的工具"，它为犯罪分子提供了更多的便利。

2. 平衡调整理论与汽车的例外规则

今天，人们已经忘记了《美国联邦宪法第四修正案》为汽车提供较低程度的保护的原因，忘记了汽车为犯罪活动带来便利的恐惧。对于今天的学者而言，《美国联邦宪法第四修正案》为汽车提供较低程度的保护的原因仍然是不明确的[2]：八十五年前采用的标准已经被

---

[1] Robert Post, Federalism, Positive Law, and the Emergence of the American Administrative State: Prohibition in the Taft Court.

[2] See, e. g., Catherine A. Shepard, Note, Search and Seizure: From Carroll to Ross, the Odyssey of the Automobile Exception, 32 CATH. U. L. REV. 221 (1982).

淹没在法律之中，因为在 Carroll 一案的原旨主义外观之下，它已经失去了历史含义。然而，当这段历史被重新唤醒之后，我们可以看到，在禁酒令时期，当汽车首次被用于犯罪的时候，实际上是平衡调整理论要求汽车受到较低程度的保护。

在调查违禁品运输的犯罪活动中，平衡调整理论使得现存的规则能够保持汽车出现之前，警察权力与公民权利之间的平衡状态。在汽车面世之前，为了调查犯罪，警察能够毫无顾忌地截停公民的四轮马车或者轻型马车。这些原始的运输工具不仅速度缓慢而且经常要停下来，警察能够不费吹灰之力地调查它们承载的物品。当警察截停一辆马车的时候，通常他们都看到了车上运载的违禁品，因为四轮马车和轻型马车都是开放式的运输工具。这些运输工具所承载的物品缺乏保护：如果利用这些运输工具运输违禁品，那么犯罪分子就要承担违禁品受到外部监视的风险。

现在，当警察有合理依据相信，某位公民违反了交通规则的时候，他们就可以截停该公民的汽车，这个规定貌似想要重现汽车出现以前，警察拥有的执法权力。考虑到交通规则容易被人们理解，而且大部分司机都会偶尔违反交通规则，因此，警察拥有了广泛的自由裁量权来截停公民的汽车。虽然今天的警察享有截停违反交通规则的汽车的权力与 19 世纪的警察享有截停马车的权力不完全相同，但是在这两种情况中，警察都享有广泛的自由裁量权来调查可疑的车辆。为了搜集犯罪证据，现代的规则赋予了警察搜查公民汽车的权力：当警察有合理依据相信公民的汽车内藏有证据的时候，他们就可以搜查该汽车。这与 19 世纪时，警察可以对马车进行善意搜查的情况是一样的。

笔者并没有夸大其词。我们难以比较警察截停并且搜查汽车的情况与执法人员截停并且搜查马车的情况，因为有关后者的规则没有流传下来。在 20 世纪 20 年代，汽车的普及为犯罪分子提供了极大的便利，引发了人们的担忧。如今的《美国联邦宪法第四修正案》只是当时的平衡调整理论的产物。平衡调整理论仍然适用于当今的社会，而且当犯罪分子利用汽车运输违禁品的时候，平衡调整理论指引《美国联邦宪法第四修正案》为犯罪分子的汽车提供较低程度的保护，以维持政府权力与公民权利之间的平衡状态。

(三) 新的社会实践和新的犯罪类型：传票的力量和纯粹证据规则的终结

在美国联邦最高法院第一个涉及《美国联邦宪法第四修正案》的案件，即 Boyed v. United States 一案①中，美国联邦最高法院认定，《美国联邦宪法第四修正案》禁止政府执法人员强迫公民交出商业交易的记录，并且提出了两个原则：其一，只有在获得搜查令的情况下，政府执法人员才能通过强制手段获得相关的证据；其二，美国联邦最高法院认定，《美国联邦宪法第四修正案》禁止法院签发允许政府执法人员搜集纯粹证据，比如商业记录的搜查令，所以政府执法人员不得强迫公民交出商业记录。根据纯粹证据规则，当且仅当政府执法人员扣押的是违禁品、违法所得或者犯罪工具的时候，法院才会签发相关的搜查令。②

随着时间的推移，美国联邦最高法院已经推翻了由 Boyed 一案确立的规则。1906 年，在 Hale v. Henkel 一案③中，美国联邦最高法院否认，警察以强制命令强迫公民交出证据的行为等同于直接获取证据的行为。在前一种情况中，公民受到较低的合理性标准的保护，当且仅当遵守传票内容的行为给其造成过重的负担的时候，警察的行为才是不合理的。而在后一种情况中，警察需要在获得搜查令的情况下才能实施该行为。因此，在犯罪调查的过程中，警察能够广泛地利用传票强迫公民披露相关的信息。然后，到了 1967 年，在 Warden v. Hayden 一案中，美国联邦最高法院认定，纯粹证据规则不适用于该案。根据 Hayden 一案的判决，政府执法人员可以获得搜查和扣押纯粹证据，比如商业记录的搜查令，正如他们能够获得搜查和扣押如尼古丁等违禁品的搜查令那样。

为什么美国联邦最高法院推翻了由 Boyed 一案确立的规则呢？为什么美国联邦最高法院否认纯粹证据规则，否认直接获取行为与通过像传票那样的强迫命令获取行为之间的存在等价性呢？平衡调整理论

---

① 116 U. S. 616 (1886).
② Gouled v. United States, 255 U. S. 298, 310–311 (1921).
③ 201 U. S 43 (1906).

给出了答案。金融欺诈和经济犯罪的盛行改变了证据存在的形态，不仅改变了案件证明需要的证据，还改变了证据储藏的方式。为了确保这些犯罪能够被起诉，《美国联邦宪法第四修正案》需要作出改变。在有关搜查令的法律中，纯粹证据规则和规制强迫命令的规则都是平衡调整理论对于经济犯罪作出的回应。

1. 否认通过强制命令获取行为与直接获取行为之间存在等价性

已故的 Bill Stuntz 教授在其重要的论著中解释了，为什么美国联邦最高法院推翻了由 Boyed 一案确立的规则。① 他注意到，答案就在 Henkel 一案中。Henkel 一案是根据谢尔曼法（Sherman Act）提起的反垄断诉讼，出于实质需要的考虑，美国联邦最高法院认为，本案适用较低程度的合理性标准。美国联邦最高法院写道："事实上，这种特权违反了谢尔曼法，如果司法力量阻止人们从各种途径获得公司的信息，那么立法机构就会宣布公司的合并是不合法的。"正如 Stuntz 教授指出的那样："美国联邦最高法院没有否认，传票侵犯了公民的隐私权，它也没有轻视公民的隐私权受到侵犯的程度。相反，美国联邦最高法院认为，无论传票给公民的隐私权带来多么严重的损害，我们需要容忍这种侵权行为：因为我们需要反垄断法规，也需要支持反垄断法规的强大的传票力量。"

Stuntz 教授解释，如果想一直保持规则的有效性，那么在传统犯罪与经济犯罪的变化过程中，《美国联邦宪法第四修正案》就需要对传票作出新的规定：在经济犯罪的调查过程中，为了获得合理依据，政府执法人员必须查阅相关的文件和询问证人。这是经济犯罪调查和街头犯罪调查最大的不同点。在反垄断或者邮件欺诈或者逃税的案件中，不存在犯罪现场证据，只有相关的文件资料，而且证人通常都是犯罪活动的一份子。为了确定嫌疑人，政府执法人员必须搜集足够的证据。然而，除非政府执法人员询问了证人和查阅了相关的文件，否则他们提出的证据和怀疑都是毫无说服力的。因此，在经济犯罪调查中，不应该要求警察必须在具备合理依据的情况下，才能获得搜查令。

---

① See William J. Stuntz, Commentary, O. J. Simpson, Bill Clinton, and the Transsubstantive Fourth Amendment, 114 HARV. L. REV. 842, 858 – 859 (2001).

  Stuntz 教授对此作出的结论是:"如果想要规范商业和政治事务——经济犯罪法律的平常事务,那么在知道哪些证人了解犯罪或者哪些文件包含犯罪证据之前,政府执法人员应该拥有以传票的方式传唤证人和获取文件的权力。"

  Stuntz 教授有说服力的解释仅仅是平衡调整理论的例子之一。新的经济时代孕育了新的经济行为,新的政治环境滋养了新的规范这些经济行为的刑事犯罪。为了使新的刑事法律更加具有可操作性,《美国联邦宪法第四修正案》需要作出改变:当社会出现新的犯罪的时候,由 Boyed 一案确立的规则便不再适用,因为该规则产生于没有此类犯罪的社会中。美国联邦最高法院抛弃了旧的《美国联邦宪法第四修正案》规则,并且利用新的规则来重新调整政府权力与公民权利之间的平衡状态,增强新法律的可操作性。

2. 纯粹证据规则的终结

  美国联邦最高法院有着类似的推翻纯粹证据规则的过程。纯粹证据规则能够追溯乔治三世时期有关政府执法人员滥用调查权力的普通法案件:通过扣押和搜查政敌的文件,乔治三世证明他们缺乏忠诚。[①] 当时,通过查阅这些文件,政府执法人员可能会发现一些犯罪活动。如果一名盗窃闯入了一名公民的家里,偷了珠宝,并且把珠宝藏在自己的家中,那么,除了"纯粹"证据以外,政府执法人员可以扣押所有相关的证据:盗贼的工具是犯罪工具,被盗的珠宝是违法所得。虽然,在搜查令授权的范围内排除了警察扣押纯粹证据的权力,但是这种排除仅仅增加了政府执法人员镇压政敌的难度,没有证明犯罪调查的正当性。

  到了 20 世纪,纯粹证据规则开始扮演另外一个角色。经济犯罪的盛行,意味着某些重要的犯罪调查活动是以文件为核心的。文件能够披露犯罪活动的细节,因此能够提供犯罪的证据。在 Gouled v. United States 一案[②]中,美国联邦最高法院认识到了这点。在本案中,一名卧底探员趁着嫌疑人没注意的时候,从他的办公室里拿走了一份文件。随后,在庭审中,政府执法人员利用该文件证明嫌疑人存

[①] See e. g. , Entick v. Carrington, (1765) 95Eng. Rep. 807 (K. B.) 807 – 808.
[②] 255 U. S. 298, 310 – 311 (1921).

在欺诈政府的行为。然而,美国联邦最高法院推翻了该案的部分判决,因为根据纯粹证据规则,《美国联邦宪法第四修正案》不允许政府执法人员获得此类信息。虽然该文件证明了嫌疑人欺诈的事实,但是它属于纯粹证据,因此法院不能采纳。

Gouled 一案的意见指出,根据纯粹证据规则,书面证据不同于其他证据形式。然而,美国联邦最高法院也指出,"文件不具备有别于其他财产形式的神圣性,它也有可能被搜查或者扣押。"从某种意义上说,文件就是明细列表。美国联邦最高法院认为:"如果法律禁止公民以出卖为目的拥有某些文件,那么,他们盗窃或者伪造的文件就可能被政府执法人员扣押,彩票亦如此。"美国联邦最高法院进一步指出,如果公民利用合同欺诈政府,那么他们就会被视为实施了票据欺诈的行为,因此,政府执法人员可以获得一份用于扣押这些合同的有效的搜查令。然而,因为文件通常被视为纯粹证据,所以在犯罪调查的过程中,政府执法人员不能扣押它们。

经济犯罪的盛行使纯粹证据规则失去了意义。在这些复杂的犯罪出现之前,纯粹证据规则并没有实质地妨碍传统犯罪的调查活动;因为在传统犯罪中,被视为"纯粹证据"的文件记录通常不起重要作用。然而,当这种情况发生改变之后,纯粹证据规则的作用也发生了变化:以新的调查方式调查新的犯罪活动,意味着纯粹证据规则成为阻碍。① 通过否认纯粹证据规则,美国联邦最高法院采用了平衡调整理论。犯罪实施的变化为按照旧规则进行的调查活动增加了难度;因此,美国联邦最高法院改变了相关的规则,使政府执法人员获得足够的权力来调查犯罪,使政府权力恢复到原来的状态。②

(四)警察和犯罪分子都能使用的新工具:电话网络监控

在某些情况下,警察和犯罪分子都使用了同一种新技术来协助自己实施活动。犯罪分子会利用新技术实施原本需要亲自实施的犯罪活

---

① See e. g., Pamela H. Bucy, The Poor Fit of Traditional Evidentiary Doctrine and Sophisticated Crime: An Empirical Analysis of Health Care Fraud Prosecutions, 63 FORDHAM L. REV. 383, 451 (1994).

② See Warden v. Hayden, 387 U. S. 294, 310 (1967).

动,而警察会利用新技术实施本需要亲自实施的监视活动。电话网络就是一个典型的例子。在"元年"里,如果罪犯与其同伙想要实施他们的犯罪计划,那么他们就需要亲自聚集在一起。在到达他们约定的私人地点之前,他们需要经过公共场所。然而,由于电话的出现,罪犯与其同伙能够秘密地实施他们的犯罪计划。正如旧的黄页广告所说的那样,人们用"手指代替了走路"。① 但是,电话网络是一把双刃剑。一方面,它为罪犯与同伙提供了秘密交流的机会,另一方面,它也提供了一种新的监视方法,比如电话窃听。

问题是,法律应当如何规范政府执法人员利用电话网络实施的监控行为呢?在传统的电话系统中,政府执法人员的监控行为分成了两类。其一,警察能够在电话线路上安装窃听器,并且窃听嫌疑人的通话内容;其二,警察可以向电话公司索取目标人物在特定时间内联系的电话号码。在第一种情况中,政府执法人员能够获得实际的通话内容。而在第二种情况中,政府执法人员仅仅获得与通话相关的信息,比如双方从何时何地开始通话,以及双方的电话号码。

在这种情况下,《美国联邦宪法第四修正案》应当如何适用呢?美国联邦最高法院的回答反映了平衡调整理论。特别是,当判断政府执法人员利用电话网络实施监控的行为是否构成"搜查行为"的时候,美国联邦最高法院的回答反映了平衡调整理论对电话网络监控的限制。这样一来,当政府执法人员利用电话网络监控嫌疑人与其同伙的时候,他们就拥有了与"元年"一样的权力,以及受到与"元年"一样的限制。

1. 政府执法人员能够获得实际通话内容的情况

从 Olmstead 一案到 Katz 一案。1928 年,在 Olmstea v. United States 一案②中,美国联邦最高法院首次提出,在电话窃听的情况下如何适用《美国联邦宪法第四修正案》。在该案中,Roy Olmstead 是一个大型走私集团的负责人,该走私集团的主要业务是把威士忌从加拿大走私到西雅图,而这个行为违反了禁酒令。Olmstead 主要通过家

---

① See e. g. , BellSouth Corp. v. Internet Classifieds of Ohio, No. 1: 96 – CV –0769 – CC, 1997 WL33107251, at 3 (N. D. Ga. Nov. 12, 1997).
② 277 U. S. 438 (1928).

里和办公室里的电话与同伙进行交流。因此,政府执法人员在 Olmstead 的住宅与办公室外面的电话线上安装了窃听器,企图偷听他与同伙的通话内容。

在 Olmstea 所处的年代,无论是利用电话实施犯罪活动,还是政府执法人员通过电话窃听监控嫌疑人,都是新鲜的想法。在涉及联邦探员通过电话窃听搜集证据的案件中,Olmstead 一案是第一个公开的刑事案件。直到 20 世纪 20 年代,电话才被当作商业交流或者紧急通讯的工具,当时仍然普遍认为,电话不宜用作社交通讯。[①] 在 1920 年,只有三分之一的家庭拥有家庭电话,而且大部分都是合用线。

在 Olmstead 一案中,美国联邦最高法院的裁决是 5 票对 4 票,首席大法官 Taft 认定,根据《美国联邦宪法第四修正案》的规定,政府执法人员在电话线上安装窃听器的行为不构成"搜查"或者"扣押"行为。他把电话线比作高速公路,并且得出这样的结论:公民通过电话与另一名距离遥远的公民谈话的时候,就像是该名公民走到外面与另一名公民大声说话那样:"电话的发明就是为了提高人们交流的能力,使相距甚远的两个人都可以进行实时谈话。"因此,承载电话通信的电话线"不是公民住宅或者办公室的一部分,更多的是像连接通过双方的高速公路"。

Brandeis 大法官提出了一个著名的异议,恰到好处地展示了平衡调整理论的基本途径。Brandeis 大法官解释,当适用《美国联邦宪法第四修正案》的时候,"通过物理性闯入,政府执法人员能够扣押公民的文件和其他与私人生活有关的书面记录"。他还指出,政府执法人员开始对公民的隐私采取更加敏感、更具有侵犯性的措施。在 Brandeis 大法官看来,《美国联邦宪法第四修正案》应该保护公民的引起免受政府执法人员的新措施的侵犯,确保"科学进步"没有扼杀《美国联邦宪法第四修正案》为公民提供的保护。此外,他认为:"无论政府执法人员采取什么样的措施,只要这种措施不合理地侵犯公民的隐私,那么政府执法人员就违反了《美国联邦宪法第四修正案》的规定。"

[①] See Claude S. Fischeer, America Calling: A ocial History of the Telephone to 1940, at 66 – 84 (1994).

大约四十年后即 1967 年，在 Katz v. United States 一案①中，美国联邦最高法院推翻了 Olmstead 一案的认定。当知道 Katz 经常在某个公用电话亭里非法下注后，联邦探员在没有搜查令的情况下，在该公用电话亭里放置了窃听器，并且用该窃听器记录下 Katz 的通话内容。Katz 辩称，该电话亭应该像住宅一样受到宪法的保护，因此，政府执法人员监视他通话的行为已经构成搜查行为。美国联邦最高法院同意 Katz 的结论，但是采用了不同的推理。该法院认为，政府执法人员监控电话亭的行为构成"搜查行为"不是因为电话亭有着特殊的地位，而是因为，Katz 通过该电话亭进行的通话内容受到宪法保护，即"当某位公民占用了电话亭，关上门，并且投下让他进行通话的费用后，他当然有理由相信其通话内容不会被别人知道。"

正如 Brandeis 大法官在 Olmstead 一案中提出的异议那样，Katz 一案的多数意见也是清晰地表现平衡调整理论的例子之一。到了 20 世纪 60 年代，电话已经取代了会面与信件，成为最重要的交流手段，人们越来越多地使用电话亭来打电话。因此，当公民在电话亭里打电话的时候，如果政府执法人员在该电话亭安装了窃听器，那么他们的行为无异于闯入公民的家中，并且窃听公民进行的对话内容。美国联邦最高法院需要推翻 Olmstead 一案的认定，因为电话已经取代了会面，成为最重要的交流手段，所以它要求受到法律的保护。电话内容之所以受保护的原因是，在"元年"里，法律保护私人会面的谈话内容，而在现代社会中，电话起到了私人会面进行谈话的作用。

只有 Harlan 大法官建立一个法律判断标准来支持 Katz 一案的结果，他在个人的并存意见中对当时存在的案件都作了总结。随后，美国联邦最高法院采纳了这个总结，作为判断政府执法人员的行为是否构成"搜查行为"的规则层面的判断标准。② 根据 Harlan 大法官的判断标准，当公民主观上对其隐私受到保护享有期待权，并且这种隐私期待被"社会公认为合理的"时候，那么政府执法人员的行为就是搜查。然而，Harlan 大法官从未解释，何为合理的隐私期待，也没有解释，美国联邦最高法院的法官如何判断"社会大众"的想法。

---

① 389 U. S. 347 (1967).
② See Smith v. Maryland, 442 U. S. 735, 740 (1979).

Harlan 大法官的判断标准的留白成为它的优势。美国联邦最高法院很快就采纳了 Harlan 大法官的判断标准，并且把这个标准适用到平衡调整理论中。

2. 电话号码的监控

十几年后，在 Smith v. Maryland 一案中，美国联邦最高法院认定，电话号码不受《美国联邦宪法第四修正案》的保护。因为巴尔的摩的警察怀疑 Smith 向一名抢劫受害者打恐吓电话，所以他们要求电话公司在 Smith 的电话线上安装监控装置，并且记录下由他的电话拨打的电话号码。这种监控装置就是"描笔式电子记录器"，它被用于显示由 Smith 家中拨出的电话号码。随后，通过记录器记录下的信息，警察获得了搜查 Smith 的住宅的搜查令，并且找出证明他实施了抢劫的证据。Smith 以其在家中拨打的电话号码受到《美国联邦宪法第四修正案》的保护为由，试图让法院排除该证据。

美国联邦最高法院指出，《美国联邦宪法第四修正案》不保护公民在家中拨出的电话号码。它解释，当拨出这些号码的时候，Smith 已经向电话公司披露这些信息。Smith 是自愿地把电话号码交给电话公司，让电话公司连接他想通话的对象。美国联邦最高法院注意到，在更早的时期，连接通话双方的工作是由人手亲自完成的。事实上，Smith 承认，如果他通过电话操作员打电话，那么政府执法人员的行为就不是搜查：如果电话操作员记录下他拨出的号码，即便他知道，他也不享有"合理的隐私期待"。然而，根据美国联邦最高法院的观点，在《美国联邦宪法第四修正案》中，无论是人手还是机器连接通话对象都不存在差别。美国联邦最高法院的意见指出："我们并不主张，电话公司采用自动化的形式运作会导致不一样的宪法性结果。"

一开始，Smith 一案的判决可能会令人感到困惑。如果认为"合理的隐私期待判断标准"依赖于大部分用户的期待，那么这个判决似乎是错误的。[①] 在大部分情况下，用户不认为他们拨打的号码与他们的通话内容有任何差异。然而，从平衡调整理论的角度而言，

---

① See e. g., David Rudovsky, The Impact of the War on Drugs on Procedural Fairness and Racial Equality, 1994, U. CHI. LEGAL F. 237, 253 – 254.

Smith 一案的判决是正确的。电话公司采用自动化的形式运作，不应该影响隐私权受保护的程度，因为在电话网络搭建的虚拟世界中，政府权力与公民权利之间的平衡状态应该与现实生活中，两者的平衡状态保持一致。电话公司是否采用自动化的形式运作与本案无关，因为保持政府权力与公民权利之间的平衡状态需要它与本案无关。平衡调整理论关注的是，维持政府权力与公民权利之间的平衡状态，而非某名典型用户对于其特定的电话信息是否受到宪法保护。

总之，通过现实监视与电话监视之间的转换，Katz 一案与 Smith 一案都维持了政府权力与公民权利之间的平衡状态。虽然电话网络为犯罪分子提供了秘密共谋的机会，让他们省去了暴露在公共场所中的麻烦，但是 Katz 一案以及 Smith 一案的规则使他们的隐私受保护的程度恢复到需要亲自会面时的程度。[1] 根据 Katz 一案的规则，如果警察需要进入发生最多私人通话的地方，比如电话线——替代住宅的虚拟空间——那么他们需要获得搜查令。根据 Smith 一案的规则，警察可以监视相当于公共场所的电话网络世界，了解嫌疑人在特定时间里与谁进行通话。这样一来，政府权力与公民权利之间的平衡状态就得以维持。

（五）维持现状：强行闯入住宅、使用卧底探员及逮捕法

虽然平衡调整理论的需要能够解释《美国联邦宪法第四修正案》的大部分规则，但是缺乏这种需要解释了更多。当执法实践或者社会事实不受变化影响的时候，法院就维持了在"元年"里为公民的隐私提供保护的程度。在这种情况下，执法实践和社会事实的稳定状态解释了《美国联邦宪法第四修正案》的形态。法律之所以看起来是这样的，其原因是它在"元年"里就是这样的。这部分内容将举出三方面例子：首先是关于法律对公民住宅的特殊保护；其次是关于当政府使用卧底探员的时候，《美国联邦宪法第四修正案》未能为公民提供适当的保护的情况；最后是以逮捕法为例进行总结。

---

[1] Orin S. Kerr, Applying the Fourth Amendment to the Internet: A General Approach, 62 STAN. L. REV. 1005 (2010).

1. 法律对公民住宅的特殊保护

《美国联邦宪法第四修正案》扩大了对住宅的特殊保护。正如某位学者所说的那样:"在现代的《美国联邦宪法第四修正案》中,公民的住宅获得超级地位,法官把公民住宅受到的保护提升到最高层次。"[1] 美国联邦最高法院主张:"政府执法人员强行闯入公民住宅的行为是《美国联邦宪法第四修正案》首要的打击对象。"[2] 因此,"《美国联邦宪法第四修正案》在公民的家里与大门之间划了一条明确的界线。"[3]

为什么《美国联邦宪法第四修正案》为住宅提供特殊的保护呢?确切来说,这是由缺乏平衡调整理论的需要而导致的结果。从"元年"到现在,住宅的功能和布局都没有发生改变:四堵墙、一个屋顶、几扇窗、一张用于休息的床和一些存放物品的位置。在"元年"里,这些就是一间房屋的基本建筑区域,现在亦如此。进一步而言,没有迹象表明这些基本元素将来会发生改变。相比"元年",也许现在的房屋面积更大,水管设施更加完善,以及租金会上涨。然而,就实施犯罪和调查犯罪的目的而言,房屋的功能从未改变。

无论技术如何发展、社会实践如何变化以及法律如何修改,房屋受到《美国联邦宪法第四修正案》的保护这一点不会改变,法官能够确切地认定《美国联邦宪法第四修正案》保护公民的住宅免受侵犯。因为在"元年"里,《美国联邦宪法第四修正案》已经明确地为住宅提供保护,也是因为缺乏平衡调整理论的需要,所以如今《美国联邦宪法第四修正案》仍然明确地保护公民的住宅。

2. 卧底探员

设想一下这个场景:警察派出了一名卧底探员来进入你的家里。不幸的是,你认为该名卧底探员是朋友,所以你让他进入你的家里。卧底探员开始向你发问,而抱着朋友会维护自己的隐私的想法,你把所有的私人信息都告诉了他。然后,该名卧底探员向上头汇报了你所

---

[1] Stephanie M. Stern, The Inviolate Home: Housing Exceptionalism in the Fourth Amendment, 95 CORNELL L. REV. 905, 912 (2010).
[2] United States v. U. S. Dist. Court, 407 U. S. 297, 313 (1972).
[3] Kirk v. Louisiana, 536 U. S. 635, 638 (2002).

说过的话。根据美国联邦最高法院的观点，在这种情况中，警察的做法完全符合《美国联邦宪法第四修正案》的规定。诚然，根据《美国联邦宪法第四修正案》的规定，当警察以违背合理的隐私期待的方式进入你的家中的时候，他们需要获得搜查令。然而，美国联邦最高法院认为，警察利用卧底探员的做法没有侵犯公民的合理的隐私期待。根据第三方当事人规则："《美国联邦宪法第四修正案》不禁止第三方当事人公布他人向其披露的信息，也不禁止第三方当事人把相关信息交给政府，即便他人认为，该信息只用于特定目的和隐蔽的地方，而且第三方当事人不会背叛他。"①

然而，为什么《美国联邦宪法第四修正案》要求政府执法人员需要在获得搜查令的情况下，才能秘密地进入公民的住宅，却允许政府执法人员在没有获得搜查令的情况，派出卧底探员潜入公民的住宅呢？在"元年"里，我们可以找到最佳答案。虽然卧底探员与警察一样拥有同样久远的历史，但是这种调查方法不受有关搜查和扣押的普通法规则的约束。在18世纪的英国，普通公民可以被授权调查犯罪活动，并且获得相应的报酬；如果囚犯愿意担任警察的线人，那么他们就可以被赦免。② 19世纪中期，无论在英国还是在美国，警察经常与线人和罪犯共事。1928年，美国联邦最高法院回顾了犯罪调查的历史后宣称："刑事审判的历史显示，在许多因共谋谋杀、抢劫和其他犯罪而被起诉的案件中，为了保全证据，政府执法人员都派出了卧底探员潜入犯罪组织，宣誓并且成为推动犯罪实施的积极分子。"③ 事实上，美国联邦最高法院接触到的早期的刑事诉讼案件都是涉及卧底探员的。然而，无论是当时法官的争议还是当时法官的意见，都不认为警察使用卧底探员的行为构成搜查行为。④

1952年，On Lee v. United States 一案⑤是美国联邦最高法院首次面临卧底探员问题的案件。在该案中，警察派出了卧底探员调查嫌疑人是否存在贩卖鸦片的行为。被告辩称，警察使用卧底探员的行为违

---

① United States v. Miller, 425 U. S. 435, 443 (1976).
② Gary T. Marx, Undercover: Police Surveillance in America 19 (1988).
③ Olmstead v. United States, 277U. S. 438, 468 (1928).
④ Gouled v. United States, 255U. S. 298 (1921).
⑤ 343 U. S. 747 (1952).

反了《美国联邦宪法第四修正案》的规定，因为这个做法无异于警察秘密地潜入他的商店并且记录店内发生的情况。在多数意见中，Jackson 大法官嘲讽了被告的主张。Jackson 大法官指出："被告只是轻率地与其信任的人进行一场秘密的谈话，认为这样违反了《美国联邦宪法第四修正案》的规定的想法是可笑的，虚假的自由与受到《美国联邦宪法第四修正案》保护的真正的自由是不可同日而语的。"

On Lee 的主张的新颖性导致了 Jackson 大法官的嘲讽。从"元年"开始，卧底探员就已经出现，然而，没有人想过用《美国联邦宪法第四修正案》规范卧底探员的行为。从"元年"开始，警察使用卧底探员的行为也没有发生改变。在每个案件中，与嫌疑人交流以及作出相关记录的卧底探员要么是警察要么是线人。也许唯一的技术差异是，现代的卧底探员能够使用录音笔。警察使用卧底探员的行为几乎不受技术或者社会实践的影响。在涉及保护公民的住宅隐私的案件中，警察使用卧底探员的行为也几乎没有变化。因为在这些情况中，不需要平衡调整理论，所以"元年"的规则得以延续。

在 Katz 一案之后，美国联邦最高法院遇到了一个类似于 On Lee v. United States 一案的案件——United States v. White 一案。理论上，自 On Lee 一案作出判决之后，很多规则发生了改变。例如，美国联邦最高法院采用"合理的隐私期待"判断标准来判断政府执法人员的行为是否构成搜查行为。然而，美国联邦最高法院只是简单地指出，"在 Katz 一案中，没有迹象表明，美国联邦最高法院要推翻《美国联邦宪法第四修正案》的理解或者推翻 On Lee 一案的判决。如今，我们也没有推翻这种观点的倾向。"因为不需要平衡调整理论，所以美国联邦最高法院多数意见将合理的隐私期待的判断标准纳入传统的规则中。

3. 逮捕法

现在让我们来考虑，在警察实施逮捕的过程中，如何适用《美国联邦宪法第四修正案》。1976 年，在 United States v. Watson 一案[①]中，美国联邦最高法院想在警察逮捕重罪犯的过程中，确立《美国联邦宪法第四修正案》的标准。代表多数意见的 White 大法官在普通

---

① 423，U. S. 411（1976）.

法中找到出了答案:"传统的普通法规则规定,如果具备逮捕的合理理由,那么善意的警察可以在没有搜查令的情况下逮捕一名重罪犯。"White 大法官援引了一系列普通法渊源来支持他的观点,包括 Black Stone 的《法律评论》、Hale 的《国王的诉讼》以及从 1780 年到 1827 年的普通法案件。随后,White 大法官注意到,美国在 19 世纪采用的普通法规则,主要出自马萨诸塞州最高法院在 1850 年作出的一个判决。

如今,White 大法官解释道:"在具备合理依据的情况下,普通法授权善意的警察可以在没有搜查令的情况下逮捕一名重罪犯。这个规定维护了政府权力与公民权利之间的平衡状态,而且这种平衡状态从未发生实质性的变化。"不仅联邦成文法广泛地采用普通法规则,而且大部分州的逮捕法也采用了这些规则。White 大法官承认,即便法律没有严格要求警察需要获得逮捕令,但是出于某些原因,警察仍然想要一份逮捕令;最后他总结道:"然而,当国会长期要求,在具备合理依据但是没有搜查令的情况下,授权警察逮捕重罪犯的时候,我们拒绝将这种司法偏好转化成宪法性规则。"因此,美国联邦最高法院认定,如今,《美国联邦宪法第四修正案》已经采纳了警察可以在没有搜查令的情况下逮捕重罪犯的普通法规则。

表面上看,Watson 一案的判决令人感到困惑。在 1976 年,这应该是一个严重的原旨主义的判决,它根本不用考虑,在宪法意义上,逮捕是否合理这个规则层面的问题。然而,令人惊讶的是 Watson 一案的方法论。平衡调整理论能够解释该案的判决。政府执法人员逮捕重罪犯的基本事实与普通法规则规定的情况一致:警察捉住了嫌疑人,并且拘留了他。如今,虽然重罪的含义有了变化,逮捕后的程序也有所不同,但是在拘留嫌疑人之后,公民自由与公共安全利益之间的平衡状态没有发生改变,仍然保持着其在普通法规则中的状态。因此,逮捕法也没有变化。总之,因为技术和社会实践都没有发生变化,所以美国联邦最高法院将普通法规则作为现代的《美国联邦宪法第四修正案》的标准。

(六)反侦查措施:开放领域和空中监视

有时候,警察和犯罪分子会利用《美国联邦宪法第四修正案》

的规定进行猫鼠游戏。犯罪分子会利用反侦查措施躲避警察的监视，然后警察会利用新的措施来打击犯罪分子，两边都想通过计谋打败对方。那么，在这种情况中，应该如何适用《美国联邦宪法第四修正案》呢？《美国联邦宪法第四修正案》应不应该让双方平等地使用制胜措施呢？还是说，《美国联邦宪法第四修正案》应该让一方占据优势地位？

这个问题首次出现在涉及"开放领域"监视的诉讼中。在不受《美国联邦宪法第四修正案》保护的开放领域与受到其完整保护的住宅之间，开放领域规则作出了明显的区分。① 为了使住宅受到的保护更有意义，法律规定，围绕住宅的区域是庭院，它是外界与住宅之间的缓冲带，也是住宅的一部分。在不违反《美国联邦宪法第四修正案》的情况下，警察可以随意进入住宅外面的开放领域，但是他们必须在获得搜查令之后，才能进入庭院，除非存在搜查令要件的例外情况。②

开放领域规则引发了反侦察措施的问题，因为通过修建栅栏和围墙，犯罪分子能够阻止警察进入特定区域。首先，犯罪分子可以修建栅栏，迫使警察打破或者跨越它们。其次，他们可以修建围墙，这样一来，警察就无法打破或者跨越阻碍了。当发生这种情况的时候，警察可能会采取空中监视的措施，从直升机或者飞机上监视犯罪分子的活动。问题是，什么时候，警察的行为才是"搜查行为"呢？

在涉及开放领域和空中监视的案件中，展示了美国联邦最高法院如何适用《美国联邦宪法第四修正案》。一般而言，警察跨越栅栏的行为不算是搜查行为，而且只要警察没有进入私人空域，那么他们实施的空中监视行为也不是搜查行为。表面上看，这些结果令人感到困惑。因为"合理的隐私期待"关注的是一个理性人应该期待何种隐私，所以你会觉得，理性人对于在栅栏之内的事物享有合理的隐私期待。然而，从平衡调整理论的角度来看，美国联邦最高法院的规则就是正确的。这些规则确保了犯罪分子修建的栅栏不会改变先前《美国联邦宪法第四修正案》为公民提供保护的程度。

---

① See e. g. , United States v. Dunn, 480 U. S. 294, 300 (1987).
② See California v. Ciraolo, 476 U. S. 207, 212 - 212 (1986).

1. 跨越栅栏

United States v. Dunn 一案①是有关《美国联邦宪法第四修正案》的保护功能的分水岭。Dunn 在一个偏远的大牧场的两个谷仓内制造毒品。Dunn 锁住了通向该牧场的唯一一条路,并且在牧场周围修建了栅栏。在栅栏内部还有几个用铁丝网围成的小栅栏。而谷仓周围也修建了木栅栏,并且有一扇锁住的、齐腰高的门。联邦探员怀疑这两个谷仓是制毒场地,所以他们跨越了外部的栅栏、内部的栅栏还有几个用铁丝网做的栅栏,近距离地观察谷仓,但是他们没有真正进入谷仓。随后,根据所看到的情况,联邦探员获得了搜查该牧场的搜查令。

Dunn 向美国联邦最高法院主张,在本案中应该适用开放领域规则。美国联邦最高法院总结道:警察跨越栅栏并且近距离观察谷仓的行为没有违反开放领域规则是基于下面四个理由:第一个理由是谷仓距离被告的住宅有 60 码远,而不是紧挨着住宅;第二个理由是虽然跨越经过几道栅栏后,联邦探员才能近距离观察谷仓,但是围绕在住宅的最后一道栅栏并没有同时围绕着谷仓;第三个理由是谷仓没有承担住宅的功能;第四个理由是栅栏没有完全阻挡别人对谷仓进行观察,因为从栅栏的缝隙里,别人可以看到被隔绝的区域的另一端。综上所述,美国联邦最高法院认定,警察的行为不是搜查行为。

2. 空中监视

在 California v. Ciraolo 一案中,美国联邦最高法院确立了空中监视的规则。在本案中,警察收到一封匿名信,举报 Ciraolo 在他的后院里种植大麻。然而,当警察前去调查的时候,他们发现他们无法看到后院的情况。因为在后院外面,Ciraolo 修建了六英尺高的外墙和十米高的内墙,这些围墙完全阻挡了警察的视线。因此,警察借了一架飞机,飞到 Ciraolo 的后院上空来观察内部的情况。从大约 1000 米的公共领空往下看,警察可以清楚地看到,Ciraolo 在他的后院里秘密地种植大麻。随后,警察利用他们所监视的结果获得了搜查令,并且扣押了 Ciraolo 的大麻。

美国联邦最高法院认定,空中监视行为是符合宪法规定的,即便

---

① 480 U. S. 294, 300 (1987).

这些种在后院的植物在受到法律保护的"庭院"之内。美国联邦最高法院指出："当经过公民住宅外面的公共道路的时候，《美国联邦宪法第四修正案》没有要求警察闭上他们的眼睛。"事实上，在本案中，"公共道路"变成了1000英尺高的公共领空，但是这个与案情无关，在空中，这些植物就处于公共区域。然而，Powell大法官在异议中抱怨，美国联邦最高法院的认定忽略了人们利用栅栏阻止别人进入私人领域的事实："在日常的生活经验中，许多人在他们居住的区域周边修建栅栏，没有修建阻挡空中监视的屏障，不意味人们把自己居住的区域'故意地'展示给公众。"但是，多数意见不同意Powell大法官的看法。多数意见认为，空中监视行为不是搜查，因为警察是在公共领域，利用肉眼实施监视的行为。

3. 反侦查措施与平衡调整理论

尽管从普通人的角度来看，Dunn一案与Ciraolo一案的判决已经足够匪夷所思，因为普通人不会认为别人会跨越栅栏或者从空中监视他们的行为，但是从平衡调整理论的角度来看，这两个判决都是合情合理的。在"元年"里，政府执法人员能够在开放领域中充分自由地行走。然而，栅栏和围墙对这种权力造成了威胁。根据Dunn一案的"四步走"判断标准，对于栅栏内部的事物，公民不是绝对享有合理的隐私期待。但是，这不是说有和没有栅栏是一回事：栅栏的类型与"四步走"判断标准的第四步息息相关，栅栏的位置与"四步走"判断标准的第二步息息相关。然而，即便是修建栅栏，犯罪分子也不能轻松地改变受到法律保护的"庭院"与不受法律保护的"开放领域"之间的界线。

同样，Ciraolo一案确保了犯罪分子不能简单地利用围墙阻止警察对其实施监视行为。如果犯罪分子修建了围墙，那么警察可以利用飞机对其进行空中监视。当然，这种做法的成本太高，可能成为警察执法的障碍。但是，法律阻止了犯罪分子利用围墙改变《美国联邦宪法第四修正案》为公民提供保护的程度的做法。为了禁止公民利用栅栏或者围墙改变《美国联邦宪法第四修正案》为公民提供保护的程度，美国联邦最高法院的先例紧紧地守护着警察权力的原始状态，不管犯罪分子运用了什么反侦查措施。正如汽车搜查的例外规则一样，在涉及栅栏或者围墙的案件中，法律作出的调整是不完全明确的，因为我们不知道它的历史基线是什么：就像是在汽车搜查案件中，我们不知道当时的法律对于汽车的前身——马车作出了什么样的规定；在涉及栅栏的案件中，我们也不知道最开始的法律是怎么样的。然而，最重要的是，对于嫌疑人利用栅栏实施犯罪活动的案件，美国联邦最高法院作出的认定，与嫌疑人利用其他工具实施犯罪活动的案件保持一致。为了维持警察权力的现状，美国联邦最高法院调整了《美国联邦宪法第四修正案》为公民提供保护的程度。

四、支持平衡调整理论的案件

这部分内容将展示，支持《美国联邦宪法第四修正案》的平衡调整理论的典型案件。虽然平衡调整理论并不是总能提供答案，但是它总能够提供讨论的框架。这个讨论确保了《美国联邦宪法第四修正案》保持自己的作用，而不管警察的调查事实发生多么频繁的改变。不断变化的技术和社会实践持续冲击着《美国联邦宪法第四修正案》的规则，无论公民采用何种规范理论解释宪法，随着时间的流逝，这种规范理论应该根据平衡调整理论作出相应的变化，确保《美国联邦宪法第四修正案》继续保持它的作用。这种动态的过程使平衡调整理论成为解释《美国联邦宪法第四修正案》的基本工具。美国联邦最高法院应该明确地承认和采纳平衡调整理论作为解释《美国联邦宪法第四修正案》的重要工具。

此外，平衡调整理论的动态有着额外的优势。首先，它恢复了《美国联邦宪法第四修正案》的判决的忠诚概念。其次，通过为新事物提供普遍的规则，它使《美国联邦宪法第四修正案》的判决保持了一致性。再次，根据自"元年"以来的经验成果，人们制定了《美国联邦宪法第四修正案》的规则，但是，在这个过程中，难免出现经验证据的缺失，平衡调整理论改善了这种缺失造成的后果。最后，通过确保当且仅当环境改变的时候，法律规则才会改变这种可预测的方式，平衡调整理论最大限度地保证了法律规则的稳定性。

这部分内容将会讨论成功的平衡调整理论的条件。平衡调整理论要求司法延迟，当新实践或者技术达到相对稳定的状态时，法院才知道如何恢复政府权力与公民权利之间的平衡状态。如果过早地干涉，那么法院会增加犯错误的风险。当新问题出现的时候，法院无法得知应该朝着哪个方向调整规则、应该在多大程度上作出调整以及在哪个范畴内作出调整。这部分内容所提到的条件将会为美国联邦最高法院的实践提供规范的指引。因此,美国联邦最高法院不应该等到新技术达到稳定状态的时候,才来思考《美国联邦宪法第四修正案》如何适用于这种新技术。

(一) 平衡调整理论在《美国联邦宪法第四修正案》中的重要作用

《美国联邦宪法第四修正案》的大部分规则都建立在政府权力与公民权利之间合适的平衡状态之上。对于功利主义者而言,之所以《美国联邦宪法第四修正案》要维持政府权力的平衡,其原因是要将社会福利最大化。一方面,警察必须拥有充分的执法权力,以实现刑事法律功利主义的和惩罚性的价值;[1] 另一方面,警察不能拥有过分的执法权力,以免在调查涉嫌犯罪的未成年人或者无辜公民的过程中,严重侵犯了公民的自由。[2] 如果警察权力保持平衡状态,那么警察就可以有效地执行法律,同时也降低滥用权力的成本。文本主义者会得出同样的结论,因为合理的搜查和扣押行为,意味着成本和收益要平衡。[3] 一般来说,原旨主义者也会得出同样的结论,但是理由会不同。对于大多数原旨主义者而言,因为采用《美国联邦宪法第四修正案》之时,警察权力已经达到特定的平衡状态,所以《美国联邦宪法第四修正案》要求保持这种平衡状态。[4] 上述理论以及其他未提及的理论[5],都要求《美国联邦宪法第四修正案》保持警察权力的平衡状态。这些理论可以对平衡状态的准确定义以及达到这种平衡状态的方式产生异议,但是它们都同意,《美国联邦宪法第四修正案》应该一直保持警察权力的平衡状态。

平衡调整理论为《美国联邦宪法第四修正案》提供维持平衡的

---

[1] See generally, Herbert L. Packer, The Limits of The Criminal Sanction (1968).
[2] See e. g., Arnold H. Loewy, The Fourth Amendment as a Device for Protecting the Innocent, 81 MICH. L. REV. 1229, 1257 – 63 (1983).
[3] See e. g., Wyoming v. Houghton, 526 U. S. 295, 299 – 300 (1999) (Scalia, J.).
[4] See e. g., Kyllo v. United States, 533 U. S. 27, 34 (2001) (Scalia, J.).
[5] See e. g., Christopher Slobogin, Privacy at Risk 21 – 47 (2007).

机制。在犯罪调查中，新技术和新实践是《美国联邦宪法第四修正案》永恒的规范对象。当警察不断地研究新的犯罪调查方法的时候，犯罪分子也在不断地研究新方法来逃避逮捕，双方都想击败对方。进一步而言，刑事法律不断地被修改，起诉特权亦如此。社会实践从未停止发展的步伐。改变是一个永恒的话题：相比于其他领域的宪法性法律，受到《美国联邦宪法第四修正案》规制的犯罪调查的事实是变化最频繁的。

犯罪调查的事实不断变化的状态导致了《美国联邦宪法第四修正案》的不稳定。如果规则不变，那么不断变化的技术会经常扩大警察的权力：如果一项新技术授权政府执法人员在没有搜查令的情况下，获得原本不能得到的信息，而且这项新技术不受现存的规则约束，那么，随着时间的推移，《美国联邦宪法第四修正案》的影响力会变得越来越小。然而，《美国联邦宪法第四修正案》的影响力可以朝着另一个方向发展。不断变化的技术和社会实践可以让《美国联邦宪法第四修正案》从扩大政府权力的工具转变成约束工具，从而严重地限制政府权力，并且超过其在"元年"里受限的程度。如果规则不变，那么不断变化的技术也会经常限制警察的权力：如果一项新技术能够掩藏政府执法人员原本能够找到的证据，那么《美国联邦宪法第四修正案》就会变成过度阻碍政府执法的工具。

通过确保《美国联邦宪法第四修正案》为公民权利提供保护的程度不变，平衡调整理论阻止了上述情况的发生。虽然它不总能回答应该如何适用《美国联邦宪法第四修正案》，但是它提供了讨论的框架。面对不断变化的技术和社会实践给《美国联邦宪法第四修正案》的稳定带来的挑战，通过个案调整的方式，平衡调整理论很好地调整了政府权力，使其恢复原状。许多领域的宪法性法律都面临着这个问题。[①] 例如，当有线通信发展成无线通信，再发展成互联网通信的时候，美国联邦最高法院必须运用《美国联邦宪法第一修正案》解决通信技术发展带来的问题；当庭审采用了新的证据形式，如血液检测、测谎仪试验或者脑成像技术的时候，美国联邦最高法院必须运用

---

① See generally, Lawrence Lessing, Fidelity in Translation, 71 TEX. L. REV. 1163 (1993).

《美国联邦宪法第五修正案》保护公民不得自证其罪的权利。[①] 显而易见,新技术带来的问题不局限于《美国联邦宪法第四修正案》的领域。当新技术改变法律事实,以致旧规则需要以新方式采用或者根本无法采用的时候,问题就会出现,只是在《美国联邦宪法第四修正案》中,由新技术和社会实践带来的问题比较突出罢了。在许多领域中,技术发展带来的问题时常发生,而在《美国联邦宪法第四修正案》中,它是无处不在的。

令人感到惊讶的是,长期以来,大部分人都没有注意到平衡调整理论对《美国联邦宪法第四修正案》的发展所产生的影响。Bill Stuntz 的著作体现了这一点。Stuntz 的著作解释了美国联邦最高法院在传票案件中拒绝适用由 Boyd 一案确立的规则的原因,这个解释体现了平衡调整理论的作用。在个别案件中,比如 Kyllo 一案,法官明确地表示,当新技术产生的时候,应当保持《美国联邦宪法第四修正案》为公民权利提供保护的程度,保持政府权力与公民权利之间的平衡状态。然而,我们仍然未能了解平衡调整理论更加广泛的动态过程。人们对平衡调整理论的理解仅仅停留在个案中,这些零散的理解未能聚集在一起,所以未能揭示涉及热成像仪、汽车、空中监视、电话、描笔式电子记录器、开放领域、住宅保护、卧底、纯粹证据规则或者逮捕法的案件之间的联系。从总体来看,这些案件表明平衡调整理论经常出现在《美国联邦宪法第四修正案》的案件中,并且起着重要的作用。

为什么平衡调整理论一直被隐藏呢?笔者怀疑,这是因为在过去的年代里,人们难以发现技术变化带来的影响。虽然也有相当数量的研究针对《美国联邦宪法第四修正案》与新技术,但是这些研究的重点在于新技术。[②] 此外,在过去的年代里,人们也不会发现有关新技术的案件之间的联系。例如,我们会把涉及汽车搜查的案件看作一类独立的案件,而不会把它归入新技术案件这个更大的分类中。因

---

① See generally, Sean Kevin Thompson, A Brave New World of Interrogation Jurisprudence?. 33 AM. J. L. & MED. 341 (2007).

② See e. g., Elizabeth E. Joh, Reclaiming "Abandoned" DNA: The Fourth Amendment and Genetic Privacy, 100 NW. U. L. REV. 857 (2006); Orin S. Kerr, Searches and Seizures in a Digitial World, 119 HARV. L. REV. 531 (2005).

此，学者未能看到这些规则中的联系。然而，一旦明白了这种联系，人们就会清楚地看到平衡调整理论经常出现在《美国联邦宪法第四修正案》的案件中，并且起着重要的作用。

（二）对平衡调整理论和《美国联邦宪法第四修正案》的研究

对于《美国联邦宪法第四修正案》的研究而言，平衡调整理论起着重要的影响作用。《美国联邦宪法第四修正案》的研究主要面临着两种基本的批判：

其一，许多学者都从理论层面抨击《美国联邦宪法第四修正案》的规则。[1] 学者主张，《美国联邦宪法第四修正案》是一团乱麻，开放式的理论层面导致它失去了准确性。许多文章提出，美国联邦最高法院应该抛弃"合理的隐私期待"的判断标准，采用更能把握《美国联邦宪法第四修正案》核心价值的新的判断标准。根据学者的观点，如果美国联邦最高法院在理论层面采用了更好的原则，那么《美国联邦宪法第四修正案》混乱的局面将得到改善。

其二，许多学者指责美国联邦最高法院把《美国联邦宪法第四修正案》的规则从理论层面适用到实践层面的方法。这些学者主张，即便按照现存的规则，美国联邦最高法院也没有如实、准确地适用这些规则。[2] 因此，许多文章指责，美国联邦最高法院错误地适用"合理的隐私期待"判断标准[3]，或者错误地平衡政府权力与公民权利之间的利益。从这个角度来看，《美国联邦宪法第四修正案》的问题在于美国联邦最高法院没有很好地适用自己确立的规则：如果在理论层面，它能够准确地适用《美国联邦宪法第四修正案》的规则，那么《美国联邦宪法第四修正案》的规则在实践层面的结果就会不一样。

---

[1] See e. g., Jed Rubenfeld, The End of Privacy, 61 STAN. L. REV. 101, 104 (2008); Daniel J. Solove, Fourth Amendment Pragmatism, 51 B. C. L. REV. 1511, 1514 – 1515 (2010).

[2] See e. g., Chritopher Slobogin & Joseph E. Schumacher, Reasonable Expectations of Privacy and Autonomy in Fourth Amendment Cases: An Empirical Look at "Understandings Recognized and Permitted by Society," 42 DUKE L. J. 727, 732 (1993).

[3] See e. g., Brian J. Serr, Great Expectation of Privacy: A New Model for Fourth Amendment Protection, 73 MINN. L. REV. 583, 642 (1989).

这些指责大都忽视了《美国联邦宪法第四修正案》也是宪法的一部分。学者没有把《美国联邦宪法第四修正案》看作宪法的一部分，也没有把《美国联邦宪法第四修正案》的解释看作宪法性解释的一部分。根据在这些学者之间广为流传的观点，这个由连贯的、忠于宪法本义的原则所决定的《美国联邦宪法第四修正案》不能准确地反映"我们的社会现实"[1]。

平衡调整理论提供了一种新方法，使《美国联邦宪法第四修正案》既能够揭示现存的研究的局限性，又能够重新把握其忠于宪法本义的价值观念。通过展示在理论层面上，平衡调整理论如何调控《美国联邦宪法第四修正案》的规则，平衡调整理论揭示了现存的研究的局限性。当学者频繁地指责《美国联邦宪法第四修正案》的理论层面以及规则的适用的时候，我们应该关注平衡调整理论的作用。平衡调整理论为《美国联邦宪法第四修正案》理论层面的开放性判断标准提供了可调整的规则。尽管学者对于什么是准确的调整方法存在争议，但是，他们对于调整目标达成了共识，这个目标就是，为《美国联邦宪法第四修正案》的规则的发展提供普遍适用的标准。

此外，平衡调整理论提供了一种新方法，使《美国联邦宪法第四修正案》能够重新把握其忠于宪法本义的价值观念。一方面，平衡调整理论体现了《美国联邦宪法第四修正案》的原始含义，阻止了新的技术或者社会实践改变先前规则的影响力。在这种情况中，它遵循了"元年"的规则——制宪时期的《美国联邦宪法第四修正案》的原始含义。另一方面，平衡调整理论试图解决由技术变化重复带来的问题，即如何维持《美国联邦宪法第四修正案》为公民提供保护的原始程度。当技术发生变化的时候，平衡调整理论被 Lawrence Lessing 教授称为"合时宜的宪法调整方法"。诚然，平衡调整理论是一种特殊的调整方法：通过调整警察的权力，它维护了在"元年"里，《美国联邦宪法第四修正案》为平衡政府权力与公民权利之间的利益所作出的规定。因此，当社会发生变化的时候，平衡调整理论也能忠于《美国联邦宪法第四修正案》的原始含义。

---

[1] E. g. Carol S. Steiker, Second Thoughts About First Principles, 107 HARV. L. REV. 820, 856 (1994).

然而，平衡调整理论的魅力并不局限于 Lessing 教授的调整方法论，它还能被各种释义理论采用。几乎每位学者都能在他的主张中找到平衡调整理论的影子。正如 Kyllo 一案阐释的那样，原旨主义者，比如 Scalia 大法官，能够把平衡调整理论视为一种原旨主义的方法，确保《美国联邦宪法第四修正案》为公民权利提供的保护维持在制宪时期的程度，不受技术变化的影响。平衡调整理论忠于《美国联邦宪法第四修正案》的原始含义，因为它保持了《美国联邦宪法第四修正案》在"元年"里为公民权利提供保护的程度[1]。对于实用主义者而言，平衡调整理论能够根据社会的变化，完善《美国联邦宪法第四修正案》的规则。

对于其他释义理论而言，平衡调整理论也能够为他们所用。例如，对于现实宪政主义者而言，平衡调整理论能够合时宜地修正宪法的含义。这种方法使《美国联邦宪法第四修正案》能够适应时代的变迁。[2] 对于文本主义者而言，平衡调整理论如实地解释了《美国联邦宪法第四修正案》要求政府执法人员必须合理地实施"搜查和扣押"行为的原因。随着现存规则的影响力发生变化，由规则确定的"合理性"的要求也发生变化。通过这种灵活的变化，平衡调整理论能够准确地把握《美国联邦宪法第四修正案》的文本要求。

简单来说，大部分释义理论都能接受平衡调整理论。在个案中，美国联邦最高法院提及并且认可了这种被广泛流传的理论。然而，Black 大法官是一个例外。在 Katz 一案中，根据文本解释的方法，Black 大法官反对由多数意见确立的规则。Black 大法官在异议中指出，在涉及窃听的案件中，根本不应该适用《美国联邦宪法第四修正案》，因为从文本内容上看，通话内容并非受到《美国联邦宪法第四修正案》保护的"人身、住宅、文件或者财产"。根据他的观点，如果把《美国联邦宪法第四修正案》的保护范围延伸至电话通话内容，那么我们需要重写修正案，使修正案的内容能够"与时俱进"。但是，他也指出，这种做法是不符合法律规定的。然而，除了 Black

---

[1] Minnesota v. Dickson, 508 U. S. 366, 380 (1993) (Scalia, J., concurring).

[2] Cf. Coodwin Liu, Pamela S. Karlan & Christopher H. Schroeder, Keeping Faithe with the Constitution 29 (2010).

大法官,其他大法官都接受了平衡调整理论的基本框架。

大部分法官虽然都接受平衡调整理论,但是并非所有法官(或者学者)都对《美国联邦宪法第四修正案》的历史作用达成共识。在案件和法律评论中,学者经常争论《美国联邦宪法第四修正案》的历史作用。① 例如,Scalia 大法官认为,普通法规则已经确定了《美国联邦宪法第四修正案》的适用规则。但是,其他大法官认为,普通法规则只是起到了指引的作用。② 根据平衡调整理论,这些争议都是形式上的而非实质上的。不管他们如何看待普通法规则,支持各种释义理论的大法官都是出于同样的目的来解释《美国联邦宪法第四修正案》,即一直保持《美国联邦宪法第四修正案》的作用。对于实现这个目的的手段,不同的法官可以有不同的见解。但是,实际上,不同的法官的见解只有微弱的区别。

(三) 群体决策的一致性

平衡调整理论有利于保持群体决策的一致性。美国联邦最高法院的决策都是由委员会作出的;在委员会里,一共有九名大法官进行表决,需要达到五票以上的多数决后,委员会才能作出最终的决策。正如 Lewis Kornhauser 教授和 Lawrence Sager 教授解释的那样,群体决策主要取决于大法官们在基本原则上达成的共识。③ 所谓一致的规则,是指在不同的案件中,决策者构建出一个连贯的、前后一致的规则,这通常需要决策者拥有相似的决策观念。随着时间的推移,如果在一个法院内,多数法官都采用相同的方法论,那么他们很有可能形成一致的判例法。

因此,如果法官都采用平衡调整理论,那么法庭就越有可能作出一致的判决。虽然对于何时或者如何适用平衡调整理论,大法官不是总能够达成共识,但是对于平衡调整理论的需要这一点,他们能够达

---

① See e.g., David A. Sklansky, The Fourth Amendment and Common Law, 100 COLUM. L. REV. 1739, 1741–1743 (2000). See generally Thomas K. Clancy, The Role of History, 7 OHIO ST. J. CRIM. L. 811 (2010).
② See e.g., United States v. Watson, 423 U.S. 411, 442 (1976).
③ See Lewis Kornhauser & Lawrence G. Sager, Unpacking the Court, 96 YALE L. J. 82, 111–115 (1986).

成共识。如果他们都认识到平衡调整理论的需要，那么在作出判决的时候，就能减少分歧，从而提高作出一致判决的可能性。通过取代各种迥然不同的释义理论，平衡调整理论为《美国联邦宪法第四修正案》的案件，提供了创建一个合理的、一致的规范性框架的机会。

Kyllo 一案是一个典型的例子。本案的争议是，警察使用热成像仪检测住宅内部情况的行为是否违反了公民"合理的隐私期待"。然而，"合理的隐私期待"一直被视为《美国联邦宪法第四修正案》的最大谜题：对于何为"合理的隐私期待"，大法官一直未作出解释，甚至连这个问题是记叙性的问题还是规范性的问题，大法官也有不同的意见。更糟糕的是，并非所有大法官都接受"合理的隐私期待"的判断标准。Scalia 大法官强烈地批判了这个规则，他认为，这个判断标准是循环定义并且赋予了法官为所欲为的权力。① 如果不从平衡调整理论的角度看待 Kyllo 一案的判决，那么我们会难以想象大法官是如何形成多数意见的。虽然大法官没有直接采用平衡调整理论作为 Kyllo 一案的判决理由，但是这种理论把判决理由缩小为两种可能。五名大法官采取了"长远的目光"并且看到了新技术带来的影响，所以考虑到了平衡调整理论的需要；相反，四名大法官把目光锁定在当前的案件中，而没有考虑平衡调整理论的需要。当法官需要解决一件难度极大的案件时，平衡调整理论能够减少法官之间的分歧，从而提高作出一致判决的可能性。

平衡调整理论推动法律体系朝着更加一致的方向发展。设想一下，大法官没有采用平衡调整理论，对于《美国联邦宪法第四修正案》如何适用于新事物，大法官支持不同的方法。当面对《美国联邦宪法第四修正案》的新型案件时，三名大法官总是采用遵循先例的原则；两名大法官总是主张，新事物受到《美国联邦宪法第四修正案》最高层次的保护，但是不会遵循先例；而另外两名大法官总是主张，新事物应该受到《美国联邦宪法第四修正案》最低层次的保护，但是也不会遵循先例；剩下的两名大法官忽视先例，不管发生什么情况，采用在个案中平衡政府权力与公民权利之间的利益的方式。

---

① See Minnesota v. Carter, 525 U. S. 83, 91 (1998) (Scalia, J., concurring).

按照上述的假设，在涉及《美国联邦宪法第四修正案》为公民提供保护的案件中，法律制度似乎是无章可循，而且是相互矛盾的。如果美国联邦最高法院首次遇到这些案件，那么在涉及汽车搜查的案件中，通过五∶四的表决，它可能会否认汽车的例外规则，它可能会根据住宅搜查的规则，要求在获得搜查令的情况下，政府执法人员才能搜查公民的汽车。一方面，在涉及纯粹证据规则的案件中，通过七∶二的表决，它可能会保留纯粹证据规则，因为现存的法律中规定了这个规则。另一方面，在涉及警察在公共场所中使用全球定位系统装置或者热成像仪的案件中，通过七∶二的表决，美国联邦最高法院可能否认这些行为受到《美国联邦宪法第四修正案》的约束。这样一来，这些案件的规则根本无章可循，也无法反映，究竟《美国联邦宪法第四修正案》保护的是什么。每一个案件都有自己独立的推理过程，时而赋予政府执法人员强大的权力，时而剥夺他们这种权力。

平衡调整理论能够改变这种矛盾的局面。当然，《美国联邦宪法第四修正案》的判例法仍然建立在个案总结之上。因此，如果要建立一个统一的理论框架，那么，我们就需要回顾每个规则的起源，并且了解这些规则发展的历程。

（四）克服缺乏经验知识的困境

在《美国联邦宪法第四修正案》的规则制定的过程中，平衡调整理论提供了克服缺乏经验知识的困境的方法。在警察的调查活动以及法官拥有的经验知识之间，存在着严重的错配问题。根据经验知识，法官知道了如何运用已有的规则以及新规则可能产生的影响。与普通人一样，法官会看电视、读报纸。当复审案件的时候，他们还可能了解到法律发展的历程。然而，法官被迫在一个信息匮乏的环境中制定《美国联邦宪法第四修正案》的规则，他们甚至无法判断，对于新规则所产生的影响的评估是否正确。

平衡调整理论提供了一种有限的机制来改善这个问题。整个调整过程是简单而且直观的。有关《美国联邦宪法第四修正案》原始规则的经验知识是出发点，社会环境的新旧变化为规则的新旧变化提供参照物。这个参照物告知法院，在新的社会环境中，新规则可能产生的影响。这样一来，通过分享旧规则的经验，平衡调整理论就能帮助法官确认，新的《美国联邦宪法第四修正案》规则的影响。

　　在日常生活中，我们经常用到这种推理手段。例如，在秋天里，你穿着一件舒服的轻薄夹克衫走在街上；然后，当你走进了室内并且待了数个小时，当你得知夜晚室外的温度会下降 15 摄氏度的时候，你会如何选择合适的夹克衫穿出去呢？你会运用热力学第一原理来作出选择吗？你会通过热传递方程式来计算应该穿多厚的夹克衫吗？当然不。你会根据你的生活经验作出判断，根据白天里你穿的夹克衫的厚薄程度判断晚上应该穿什么样的夹克衫。根据这个经验，你会知道，如果不穿夹克衫，你会感到寒冷，如果继续穿白天穿过的轻薄夹克衫，你会感到不够温暖。那件轻薄夹克衫就是参照物，根据这个参照物，你可以知道在新的低温下应该穿什么衣服。这个判断的过程直观地反映了平衡调整理论。① 在白天里，你已经建立一个令自己感到舒服的温度标准。当温度下降的时候，为了维持这个舒服的温度标准，你会适当增加夹克衫的厚度。

　　这个原则同样适用于判断用什么样的规则来规范警察权力。如果没有参照物，我们就会难以想象应该用什么样的规则来规范各种执法技术。在脱离经验知识的情况下，我们是无法确立规范警察权力的规则的，因为我们会遇到一系列无法回答的经验问题，比如，执法渊源、犯罪调查的类型、不同的执法技术的成功率以及警察滥用职权的可能性，等等。因此，我们需要把先前存在的情况作为参照物，以现存的规则作为经验知识。它提供了一条基线，帮助我们评估新规则对新事物产生的影响。诚然，这种调整方法并不是完全精确的。认知的偏差导致难以产生完全精确的调整方法，正如它导致难以产生完全精确的普通法判决一样。然而，至少平衡调整理论为法官提供一个理论框架，帮助法官确认什么时候需要平衡调整理论，以及现存的规则应该朝着哪个方向进行调整，即便它不能帮助法官判断应该在多大程度上调整现存的规则，才能恢复原状。

---

① Daniel Kahneman & Amos Tversky, Prospect Theory: An Analysis of Decision Under Risk, 47 Econometrick 263, 277 (1979).

（五）平衡调整理论和法律的稳定性

平衡调整理论的第三个优点是，它使法律在最大限度内保持自身的稳定性。《美国联邦宪法第四修正案》需要保持稳定，因为稳定性能够提高法律的透明度，使警察在法院授权的范围内提高执法效率。① 当《美国联邦宪法第四修正案》受到平衡调整理论约束的时候，它能够保持惊人的稳定性：当且仅当环境发生变化的时候，法律才会改变。诚然，在《美国联邦宪法第四修正案》中，有关逮捕、卧底以及住宅搜查的规则展示了这个法律的稳定性。当社会环境没有发生变化的时候，《美国联邦宪法第四修正案》的规则可以保持几百年不变，更不用说几十年。进一步而言，当美国联邦最高法院采用平衡调整理论来调整《美国联邦宪法第四修正案》时，只要事实不变，《美国联邦宪法第四修正案》的规则就不会发生改变。

这个结果解释了发生在当前《美国联邦宪法第四修正案》中的一个有趣的司法困惑。在《美国联邦宪法第四修正案》的实践层面，美国联邦最高法院采用的"合理的隐私期待"判断标准仅仅产生了微弱的影响。当美国联邦最高法院采用"合理的隐私期待"判断标准的时候，它期待着这种新的判断标准会对《美国联邦宪法第四修正案》的实践产生重大的影响。② 然而，根据新的判断标准，美国联邦最高法院重申了许多在 Katz 一案发生前已经确立的规则：事实上，法院是根据先前的法律对新的判断标准作出解释的。

例如，White 大法官重申了由 On Lee 一案③确定的规则，在该案中，美国联邦最高法院认定，在没有搜查令的情况下，警察可以派出卧底探员接近嫌疑人，并且用窃听器记录下卧底探员与嫌疑人之间的谈话内容。在 Rakas v. Illinois 一案④中，美国联邦最高法院重申了 Wong Sun v. United States 一案⑤的规则：公民享有的《美国联邦宪法第四修正案》的权利是专属性的、不能转让的。在 Oliver v. United

---

① See New York v. Beltono, 453 U. S. 454, 458 (1981).
② See Desist v. United States, 394 U. S. 244, 248 (1969).
③ On Lee v. United States, 343 U. S. 747, 751–755 (1952).
④ 439 U. S. 128 (1978).
⑤ 371 U. S. 471 (1963).

States 一案①中，美国联邦最高法院重申了 Hester v. United States 一案②的规则：维持"开放领域"规则。在 California v. Hodari D. 一案③中，美国联邦最高法院重申了普通法的相关规则：根据《美国联邦宪法第四修正案》的规定，"搜查"行为的要件是什么。如果把"合理的隐私期待"判断标准看作强大而有意义的调查方法，那么我们将无法解释上述案件的结果。然而，如果把它看作《美国联邦宪法第四修正案》的理论层面的规则，是一个开放的判断标准，并且这个判断标准允许法官采用平衡调整理论，那么上述案件的结果就合情合理了。只要社会没有发生变化，法官就不需要运用平衡调整理论，而且从实践层面上看，相关的规则也会保持不变。

当然，如果遵循先例的原则能够维持《美国联邦宪法第四修正案》的稳定性，那么法官就不需要采用平衡调整理论了。根据遵循先例的原则，美国联邦最高法院只需要关注先例，虽然会发生先例被推翻的情况，但是这种情况极少发生。然而，在不适用遵循先例的原则的情况中，通过确保只要社会不发生重大变化，规则就会保持不变，平衡调整理论就提高了法律保持稳定性的可能。由先前的法律确定的利益和"没有变化，没有调整"的规则，导致法律能够一直保持自身的稳定性。

（六）司法迟延——平衡调整理论的限制

前文已经阐明了平衡调整理论的许多优点，接下来，我们将转向这个重大的问题——在什么时候，法院应该对一个案件进行复审，以决定要不要作出调整。这个挑战是不可避免的。如果想要准确地作出调整，那么法庭必须知道，技术或者实践的一个变化可以造成多么不同的结果。这体现了，对于法院的干涉而言，时机很重要。如果过早地干涉，法院就要承担犯错误的风险：法院可能错误地估计调整的必要性，这或许是因为技术还没发展到一个相当的稳定的程度，或许是因为与科技相关的社会实践还处于发展的过程中。

---

① 466 U. S. 170 (1984).
② 265 U. S. 57 (1924).
③ 499 U. S. 621 (1991).

关于这种动态的现成例子就是，在 Katz 一案中，美国联邦最高法院推翻了 Olmstead 一案的判决。Olmstead 一案是第一个由联邦法院审理的、涉及联邦探员窃听的案件。1928 年，当法院对该案件作出判决的时候，电话还是相当新颖的设备，法官无法得知电话的使用将会如何发展。事实上，从 20 世纪 30—50 年代，在通信领域，电话的地位不断地发生改变。到了 1967 年，当美国联邦最高法院对 Katz 一案作出判决的时候，与 1928 年相比，在通信领域，电话的地位已经有了显著的变化——这导致了在 Katz 一案中，法院推翻了 Olmstead 一案的判决。Olmstead 一案就是美国联邦最高法院犯错误的例子，即在一项技术或者它的社会意义成熟之前，法院就采取了行动。

美国联邦最高法院通过两种基本方法，可以应对这种风险：其一，当新技术出现的时候，美国联邦最高法院可以采取迟延判决的方法，直到这项技术和它的运用达到稳定状态的时候，才决定《美国联邦宪法第四修正案》如何适用于这种新技术。Olmstead 一案是《美国联邦宪法第四修正案》向窃听行为发起的第一次挑战，本来，在电话发展的过程中，通过"消极的美德"，美国联邦最高法院可以避免过早地确定相关的规则。其二，法院也可以选择采取早期干涉的方法。但是，法院必须认识到，当新技术和它的社会意义仍不稳定的时候，法院的判决只是暂时性的。例如，在 Olmstead 一案中，美国联邦最高法院本来可以承认，当电话的地位发生变化的时候，它的认定也需要修改。

最近发生的 City of Ontario v. Quon 一案①体现了上述两种方法的优点。在该案中，美国联邦最高法院复查了美国联邦第九巡回上诉法院的判决。在该案中，作为一名 SWAT（特殊武器与战术小队）队员，Quon 利用警察局分发的传呼机传输私人信息。因为传呼的信息通过市政府提供的传呼机系统进行传输，所以在一次工作检查中，Quon 的上司看到了他的信息。美国联邦第九巡回上诉法院认定，Quon 利用传呼机传输的信息受到《美国联邦宪法第四修正案》的保护，即便上司曾经警告 Quon 不要利用警察局分发的传呼机传输私人

---

① 130 S. Ct. 2619（2010）.

信息。① 美国联邦最高法院对该案进行了复审,但是没有回答 Quon 利用警察局分发的传呼机传输的私人信息是否受到《美国联邦宪法第四修正案》的保护。Kennedy 大法官在其多数意见中明确地表现了,美国联邦最高法院倾向于避免回答《美国联邦宪法第四修正案》应该如何适用于不断变化的技术,这也体现了平衡调整理论遇到的挑战:当政府雇员利用工作的电子设备与别人通信的时候,美国联邦最高法院必须谨慎地考虑,政府雇员是否享有隐私期待。当技术处于发展的状态而且其社会意义还没有明确的时候,如果过于细致地制定相关的《美国联邦宪法第四修正案》的规则,那么美国联邦最高法院就要承担由此产生的司法风险。

Kenndy 大法官继续指出:"无论是技术本身,还是把它看作合理行为的社会观念,都见证着,沟通和信息传播的动态发生了迅速的变化;鉴于这种不确定性,如果要构建一个影响深远的规则,那么法官就需要谨慎地对待面前的案件。"

在并存意见中,Scalia 大法官嘲讽了谨慎对待这个想法:有时候,我们难以将《美国联邦宪法第四修正案》适用于涉及新技术的案件中,但是,当我们必须利用它来判决一个案件的时候,我们别无选择。美国联邦最高法院暗示,当需要对涉及电子通信隐私的案件作出判决的时候,我们应该作出留有余地的判决(也就是说,不需要确定解决案件或者引导类似的私诉的规则),或者我们应该建立具体案件具体分析的标准,或者发表不透明的意见,以避免不良的后果。但是,在我看来,这些都是不可行的。"时代在改变"只是推卸责任的借口罢了。

这是 Scalia 大法官犀利的意见。然而,值得注意的是,Scalia 大法官在 Kyllo 一案中提出的多数意见,可能恰好就是他在 Quon 一案中认为"不可行"的意见。在 Kyllo 一案中,他认定,只有在获得搜查令的情况下,政府执法人员才能直接对公民的住宅使用热成像仪。Kyllo 一案还提出了一个重要的提醒:"之所以政府执法人员的行为构成搜查行为的原因是这种装置没有得到大规模使用。"那么,根据 Kyllo 一案的判决,当政府执法人员使用一项技术监控嫌疑人的时候,

---

① Quon v Arch Wireless Operating Co., 529 F. 892, 904 (9th Cir. 2008).

该项技术的普及度对于判断政府执法人员的行为是否构成搜查行为产生了影响。然而，Scalia 大法官拒绝精确地回答，这项技术的普及度达到何种程度时，政府执法人员的行为就不再是搜查行为。相反，他只是简单地指出："在 Kyllo 一案中，我们可以十分自信地说，热成像仪并非常规的手段。"Kyllo 一案发生近十年来，作为只售 50 美元的非接触式温度计，热成像技术得到了人们的广泛运用。因此，在今天看来，由 Kyllo 一案确立的规则不一定仍然有效。

　　Quon 一案和 Kyllo 一案的判决显示，当技术处于不稳定的状态时，法院可以采取两种不同的基本方法。他们可以试着避免对案件的实体部分确立规则，正如 Quon 一案的判决那样；或者，他们可以确立相关的规则，但是暗示或者明示该规则是暂时性的，正如 Kyllo 一案的判决那样。在笔者看来，迟延确定规则是更好的选择。一方面，司法迟延更有可能让立法机构为此期间的公民隐私提供立法保护。当技术处于不稳定的状态时，立法保护比司法保护更具优势。① 面对技术和社会实践的快速变化，成文法的保护比司法保护更加敏感和更加灵活。相反，即便是暂时性的司法规则，都有可能把国会拒之门外。如果国会认为法院已经对某个问题作出规定，那么国会不大可能再对该问题进行立法。另一方面，在技术发展的早期，如果司法已经对有关《美国联邦宪法第四修正案》的问题作出处理，那么该问题反而会更晚才得到解决。例如，Olmstead 一案发生在 1928 年，而 Katz 一案发生在 1967 年，从 Olmstead 一案到 Katz 一案，美国联邦最高法院整整花了三十九年才纠正了自己的错误。如果在 1928 年，美国联邦最高法院没有对 Olmstead 一案作出不正确的判决，那么它可能会比 Katz 一案更早地得出正确的结果。虽然错误得以纠正，但是它几乎花了我们将近四十年的时间。

　　进一步而言，在最近的 Davis v. United States 一案②中，美国联邦最高法院的判决可能增加纠正一个错误的、涉及《美国联邦宪法第四修正案》的案件的难度。根据 Davis 一案的判决，当被告成功地说

---

① Orin S. Kerr, The Fourth Amendment and New Technologies: Constitutional Myths and the Case for Caution, 102MICH. L. REV. 801, 857 - 882 (2004).
② 131 S. Ct. 2419 (2011).

服法院推翻扩大公民享有的《美国联邦宪法第四修正案》权利的先例时，法院将采用非法证据排除规则的善意例外规则。被告不可能通过挑战先例来赢得案件，因此，很少人会尝试这种做法。虽然美国联邦最高法院表示，如果将来有人成功地挑战了这个认定，它会作出例外的规定，但是 Davis 一案的判决表明，在技术不断发展的时代里，美国联邦最高法院难以纠正它所犯的错误：如果美国联邦最高法院已经认定一项新技术不受《美国联邦宪法第四修正案》的保护，那么，鉴于推翻先例的低成功率甚至是零成功率，被告不大可能挑战先例。

因此，司法迟延会是一个更加明智的选择。它会更加迅速地解决问题，而且更有可能让公民的隐私权获得立法保护，相反，如果在技术发展的早期，法院已经对有关《美国联邦宪法第四修正案》的问题作出处理，那么它犯错误的风险会更高。

五、结语

对于如何发展《美国联邦宪法第四修正案》的问题，本文提供了一种新的思考方法。通过把技术和社会变化作为推动《美国联邦宪法第四修正案》发展的引擎，这种新的思考方法把现存的法律看作一棵拥有很多吊环的树。正如每个吊环都被挂到树上，每次只挂一个吊环那样，《美国联邦宪法第四修正案》是通过个案累积的方式发展的，每个个案对应着某些新技术或者社会实践的变化。通过观察《美国联邦宪法第四修正案》的发展历程，本文揭示了一个一直致力于维持自身作用的法律体系。

现存的法律反映了平衡调整理论在这数十年来累积的成果。这种动态过程很容易被人们忽视。正如一名观察者看着一棵成年树，但是只看到树被修剪成高耸的建筑物那样，当学者观察现存的法律的时候，他们也只看到一个被整理过的庞大集合体。学者一直关注着《美国联邦宪法第四修正案》的理论层面：他们试图把《美国联邦宪法第四修正案》的含义从已有的判断标准中抽离，这些判断标准包括"合理的隐私期待"的判断标准以及"合理性"的平衡。当出现改变警察权力的新事物的时候，如果学者注意到法律发展的过程，即"每次只挂一个吊环"，那么他们将看到不一样的法律动态过程。从这一点来看，其实法律一直保持着惊人的一致性，只是学者没有注意到而已。

对于维持《美国联邦宪法第四修正案》的平衡，司法机关作出了持续的努力，这种努力部分证明了《美国联邦宪法第四修正案》禁止政府执法人员实施不合理的搜查和扣押行为的永恒法则。与其他领域的宪法性法律不同，《美国联邦宪法第四修正案》的基本发展过程像是一场零和博弈。有关搜查和扣押行为的法律必须维持刑事法律的执法利益与公民的自由权利之间的平衡。当警察权力发生变化的时候，法院必须维持《美国联邦宪法第四修正案》为公民权利提供的保护程度，这条界线不应该发生改变。由历史标准引导的调整方法为维持《美国联邦宪法第四修正案》的平衡提供了大致的基准线。面对不断变化的世界，美国联邦最高法院一直维持着《美国联邦宪法第四修正案》的平衡，而平衡调整理论为实现这个目标提供了重要的工具。

隐私合理期待保护的一种新模式

布莱恩·J. 赛尔[①]著　孙言[②]译

目　次

一、导论
二、Katz 一案：现代《美国联邦宪法第四修正案》的诞生
三、联邦最高法院对 Katz 一案标准的解读
四、《美国联邦宪法第四修正案》保护的一种新模式：考察他人披露的程度
五、结语

一、导论

　　George Orwell 的小说《一九八四》的以下一段文字描述了主人公 Winson Smith 的生活："党员从出生到死亡，没有一天能够逃过思想警察的眼睛。即便在他独处之时，他也无法肯定自己是否真的独自一人。无论他身处何地，睡着或是醒着、工作或是休息、在浴室或是在床上，他都在毫无预警、全然无知的情况下受到监控。他的任何言行举止都不会被放过。他的情感关系、休闲活动、对待妻儿的方式、独处时的面部表情、睡觉时说的梦话，甚至于身体的动作特点都受到密切的审视。不仅实际犯下的轻罪会被侦查，即便是很不起眼的古怪举动、习惯上的任何变化以及任何可能被视为内心挣扎征兆的紧张不安的怪癖，都必然会遭到思想警察的监查。在生活的任何方面，他都

[①] 布莱恩·J. 赛尔（Brian J. Serr），美国贝勒大学法学院教授。
[②] 孙言，中山大学法学院助教。

没有自由选择的权利。"① 这部"二战"后问世的震惊世人的小说描绘了一个令人毛骨悚然的未来世界。政府首脑"老大哥"（Big Brother）有着一张难以名状的脸，为了确保公民的正统思想与其政权的长存不朽，他对公民进行着侵扰性的、全天候的监控，在"老大哥"幽灵般的统治下，个人的隐私与自由荡然无存。所幸的是，如果将Orwell选择的题目视为其对未来的预测，那么他的预测是非常不成熟的。尽管如此，这部引人深思的小说还是让我们领略了一番在没有宪法限制的情况下，政府肆意侵入他人私人领域的景象。简而言之，Orwell 设想了一个没有《美国联邦宪法第四修正案》（以下简称《宪法第四修正案》）的社会，当他人遭受政府的不合理搜查与扣押时，他人无法获得法律的保护。

《宪法第四修正案》禁止政府对他人实施不合理的搜查与扣押，在这一禁止性规定的背后隐藏着政府权力与个人权利之间始终存在的紧张关系。在《宪法第四修正案》的语境下，政府具有的侦查与惩罚违法行为的权力与他人享有的私生活免受政府侵扰的个人利益展开了较量。在 Orwell 设想的未来社会中，政府在这场较量中大获全胜，而他人的个人利益则在这场较量当中溃不成军。这种生活图景实在令人不寒而栗。但是，倘若个人自由完全不受限制以至于政府无力控制犯罪，那么这种社会也同样是令人不安的。美国联邦最高法院（以下简称联邦最高法院）在对《宪法第四修正案》进行解读时承担了一项艰巨的任务：法院必须以一种既能维系政府权力又能保障个人权利的方式，对这两种相互冲突的利益进行平衡。然而，在过去的十年间，法院更加倾向于保护执法部门利益的做法打破了这种平衡，个人自由越来越不受到重视，个人隐私权的范围受到了严重的限缩。

在近期发生的一起政府突袭他人垃圾的案件中，联邦最高法院也延续了其倾向于保护执法部门利益的趋势。执法部门在近期打响了打击毒品犯罪的战争，其对他人垃圾的兴趣也与日俱增。通过辨认出特定他人的垃圾并且对垃圾内容进行搜查与清点，执法人员可以发现许多与他人有关的信息，例如他人的生活方式、个人习惯以及人际往来。

---

① G. Orwell, Nineteen Eighty-Four 211-12 (1949).

正如垃圾可以揭示许多关于倒垃圾者的信息，联邦最高法院近期对 California v. Greenwood 一案[1]作出的判决也表明了未来宪法禁止政府实施不合理搜查与扣押的范围，该案涉及政府对垃圾的系统化搜查是否违反《宪法第四修正案》的问题。在 Greenwood 一案中，警察打开并且搜查了一个密封的、不透明的垃圾袋，这个垃圾袋是垃圾清理员应警察要求上交给警察的。警察在垃圾袋中发现了 Greenwood 的犯罪证据，然后以此为线索对其进行了搜查，并且在搜查中发现了额外的证据。对此，加利福尼亚州法院判决，警察取得的所有证据都侵犯了 Greenwood 依据《宪法第四修正案》而享有的权利，进而驳回了检察部门的起诉。联邦最高法院撤销了加利福尼亚州法院的判决，判定政府搜查垃圾的行为并非《宪法第四修正案》意义上的"搜查"行为，因而判决不应当对该项搜查适用《宪法第四修正案》的保护。联邦最高法院认为，他人对其丢弃的物品不具有隐私合理期待（或称合理的隐私期待），无论其丢弃的物品是否具有私密性。

虽然大法官 Brennan 在其撰写的异议意见中强调，法院如此判决可能会引起大部分美国公民的震惊，但是对于那些密切关注联邦最高法院法律适用的、研究《宪法第四修正案》的学者而言，法院的判决并没有大大超出他们的预料。事实上，法院对 Greenwood 一案的判决与其近期对《宪法第四修正案》保护范围的解释是完全一致的。

随着联邦最高法院近期对执法部门搜查与扣押行为的放任，政府调查技术越来越威胁到他人日常生活中的隐私权。在缺少宪法保护的情况下，政府的调查行为不受限制，我们前往何处、见到何人、联系何人、在自己家后院做了什么、阅读了什么、被我们丢弃的私密信件的内容都愈发成为政府监管的目标。由于联邦最高法院曾经判决，跟踪机动车[2]、搜查垃圾袋[3]、空中监视私人财产[4]或追踪电话呼叫[5]等多种政府调查技术的使用，不受《宪法第四修正案》的规制，因此，政府官员可以任意地、频繁地、长久地、随时随地地窥视我们的

---

[1] 108 S. Ct. 1625 (1988).
[2] United States v. Knotts, 460 U. S. 276, 285 (1983).
[3] Greenwood, 108 S. Ct. at 1628 – 1629.
[4] California v. Ciraolo, 476 U. S. 207, 213 – 215 (1986).
[5] Smith v. Maryland, 442 U. S. 735, 745 – 746 (1979).

生活。

一旦联邦最高法院判定特定形式的政府监控不受《宪法第四修正案》的规制，那么政府就可以在任何时候、依照其需求使用这种形式的监控手段，从而收集、记录任何人的私密信息。法院作出的这些判决引发了一个问题，即社会公众是否可以信任警察与其他政府官员不会滥用法院允许他们使用的这些新的权力。

本文将详细说明，联邦最高法院近期作出的有关《宪法第四修正案》的判决与《宪法第四修正案》的精神相违背，这些判决严重限缩了受到宪法保护的个人活动的范围。尽管如此，我们还是应当首先明确问题的本质。

我们对《宪法第四修正案》的分析包括以下三个基本的步骤：第一步，确定涉案的政府活动是否构成《美国联邦宪法》意义上的"搜查"行为；第二步，对政府行为的性质与个人的隐私利益进行考察，法院必须判断为了确保政府的搜查行为是"合理的"，应当给予他人多大程度的保护；第三步，如果政府行为未达到第二步判断得出的保护程度，那么政府的搜查行为就是不合理的、违法的，法院就必须决定是否使用非法证据排除规则排除通过上述搜查得来的证据，从而对他人进行救济。

本文提出了一项《宪法第四修正案》的判断标准，这一标准可以在进行《宪法第四修正案》的第一步分析时扩大受到保护的公民活动的范围。尽管如此，由于法院可以在第二步分析中改变特定搜查行为相对应的保护程度，因此笔者提出的判断标准并不必然导致法院判决向执法官员倾斜。《宪法第四修正案》从未完全排除政府官员对他人隐私利益的干涉。[1] 相反，法院在判决他人的住宅、后院、行踪以及丢弃的私人物品受到《宪法第四修正案》的保护时，仅仅是在要求政府的调查行为必须是"合理的"，并且这并不是一个苛刻的要求。实际上，法律中充满了要求人们作出合理行为的规定。举例而言，不合理的行为可能导致民事侵权责任，不合理的医学治疗将会招致失职之诉，不合理的法律会被认定为违宪而被废除。

在《宪法第四修正案》的语境下，合理性要求通常意味着，警

---

[1] See, e.g., Katz v. UnitedStates, 389 U.S. 347 (1967).

察在实施搜查行为前必须以合理根据为基础获得搜查证。尽管如此，联邦最高法院作出的判例却三番五次地认定，警察在缺少搜查证或合理根据的情况下实施的调查行为是"合理的"。因此，《宪法第四修正案》保护他人的特定活动并不当然要求警察在实施调查之前以合理根据为基础获得搜查证。合理性要求十分灵活，与目前联邦最高法院解读下的《宪法第四修正案》的保护范围相比，合理性要求可以提供一种更广阔的解读。

为了说明联邦最高法院在其近期作出的有关《宪法第四修正案》的判决中偏离了政府权力与个人隐私权的平衡，本文的第二部分将分析现代《宪法第四修正案》的历史根源。笔者将对 Katz v. United States 一案进行分析，该案开创了《宪法第四修正案》的主流适用规则，然后笔者将就 Katz 一案的判决提出一种符合《宪法第四修正案》精神的分析结构。本文的第三部分将对过去十年间联邦最高法院适用《宪法第四修正案》审理的若干案件进行批判，以此说明法院一直以来对 Katz 一案建立的规则的错误解读与适用，在这些案件中，法院否认《宪法第四修正案》保护他人生活的多个方面，从而削弱了《宪法第四修正案》的精神。笔者将就法院对 Katz 一案的解读进行批判，并且解释为何个人隐私权领域的缩小根本不能实现法院所具有的推动效率执法的目标。本文的第四部分将提出一种《宪法第四修正案》的判断模式，这种判断模式不仅能够使法院对 Katz 一案规则的解读更加准确、符合逻辑，还可以在不损害侦查与预防犯罪的合法执法行为的情况下，扩展他人依据《宪法第四修正案》享有的隐私权的范围。

二、Katz 一案：现代《美国联邦宪法第四修正案》的诞生

（一）联邦最高法院对"搜查"作出的狭义解释

在 Katz v. United States 一案[①]之前，联邦最高法院对于政府行为是否涉及《宪法第四修正案》的判断是非常简单的。由于有关的宪法文本明确禁止"不合理的搜查行为"，因此只有在警察对他人实施

[①] 389 U. S. 347 (1967).

了符合字典中"搜查"一词的字面原意的行为时,法院才会适用《宪法第四修正案》为他人提供的保护。这种分析方法导致了许多荒谬可笑的结果。在禁酒时期审理的 Olmstead v. United States 一案[①]中,联邦警察通过窃听装置对他人的电话进行了长达数月的搭线窃听与记录。警察在一个办公楼的地下室内,通过嫌疑人住宅旁街道上的电话线对其进行搭线窃听。政府利用通过上述手段收集而来的证据证明嫌疑人违反了《国家禁酒法》。审理 Olmstead 一案的法院对《宪法第四修正案》作出了狭隘的、字面上的解读,因而法院认为,只有当执法人员在物理上对他人的场所或物品,例如对他人的住宅、办公室、个人财物或者他人的身体等进行了实际的搜查时,执法人员的行为才构成《宪法第四修正案》意义上的搜查。由于政府提出的证据并非是通过"搜查"得来的,而是通过警察的听觉收集而来的,因此法院判决,Olmstead 一案中的监听行为不受《宪法第四修正案》的限制。[②]

(二) 隐私期待的判断标准

在 Katz 一案中,联邦最高法院不再只关注《宪法第四修正案》的字面解释,首次尝试通过《宪法第四修正案》的精神对其进行解释。在该案中,联邦调查局的特工怀疑 Katz 通过公用电话非法传递赌博信息。[③] 在未取得搜查证的情况下(在 Olmstead 一案中,执法人员未被要求取得搜查证),特工在电话亭的外部安装了监听录音装置,对 Katz 的通话进行监控。原审法院的法官认可了控方提供的证据,以此为依据判定 Katz 实施了违法行为。联邦最高法院撤销了这一判决,法院判定,特工使用录音设备的行为侵犯了《宪法第四修正案》所保护的他人利益。因此,由于联邦调查局特工在未事先取得搜查证的情况下对他人实施了"搜查"行为,所以其搜查行为是违法的,其搜查得来的证据应当被依法排除。

在判断特工行为是否构成《宪法第四修正案》意义上的搜查行

[①] 277 U.S. 438 (1928).
[②] *Olmstead*, 277 U.S. at 464 – 465.
[③] Katz v. United States, 389 U.S. 347, 354 (1967).

为时，联邦最高法院放弃了其在 Olmstead 一案中采取的死板的字面解释方法。Katz 一案的判决意见指出，政府监控电话通话的行为是《宪法第四修正案》意义上的"搜查"行为。法院还否定了其在 Olmstead 一案中采用的规则，即只有当政府侵入了他人的个人财产时，他人才享有《宪法第四修正案》的保护。虽然在 Katz 一案的审理中，双方当事人都将论辩的重点放在公共电话亭是否如住宅一般属于"宪法保护的领域"的问题上，但是联邦最高法院却认为，对这个问题的讨论容易将我们引入歧途。大法官 Steward 在其撰写的多数意见中指出："《宪法第四修正案》保护的是人，而不是场所。如果他人故意向公众披露自己的隐私，那么即便他人处于自己的住宅或办公室中，他人也不受《宪法第四修正案》的保护。然而，如果他人试图维持自己的私密状态，那么即便他人处于公众可及的区域，他人仍然可以受到《宪法第四修正案》的保护。"①

适用上述标准对 Katz 一案的案件事实进行分析，法院很容易就得出了以下结论：Katz 的通话内容受到《宪法第四修正案》的保护，Katz 享有免受政府不合理的窃听的权利。

Katz 一案的判决改变了《宪法第四修正案》法律适用的焦点，法院关注的不再是警察是否对宪法保护的领域实施了物理上的、字面意义上的"搜查"行为，而是警察是否侵犯了他人的隐私期待。尽管如此，法院并没有判决政府监听私人电话通话的行为本身违宪，而仅仅是适用《宪法第四修正案》的合理性规则，判定政府使用此类监控技术的行为违宪。如果联邦调查局向中立无偏的治安法官说明了 Katz 通过电话实施违法行为的合理根据，从而获得了搜查证，那么此后联邦调查局实施的"搜查"行为就是完全合宪的行为。

大法官 Harlan 在其撰写的并存意见中对多数意见提出的新的"隐私权"标准进行了完善。他认为，多数意见提出的判断标准主要是从主观上判断的，即判断他人是故意将其私人事项披露给公众，还是试图保护其私人事项处于私密状态，对此，大法官 Harlan 提出了隐私期待的双重要求："第一，他人必须表现出实际的（且主观的）

---

① Katz, 389 U. S. at 351.

隐私期待；第二，社会公众认可他人的隐私期待是'合理的。'"① 只有当他人满足上述双重标准时，法院才能为他人的行为提供《宪法第四修正案》的保护。

为了对其观点进行阐释，大法官 Harlan 对两种不受《宪法第四修正案》保护的情形进行了比较，其中的第一种情形未能满足他提出的主观标准，第二种情形则未能满足他提出的客观标准。第一种情形是，人们通常都对其住宅具有隐私期待，"但是当他人将其物品、活动或言论暴露在外人能够'一目了然'的境况下时"，他人就没有表现出其主观的隐私期待，他人的物品、活动或言论就不能受到保护。第二种情形是，当他人在公共场合公开进行对话时，由于社会公众会认为他人对其公开的对话不具有任何隐私期待，因此，即便他人具有主观隐私期待，他人的对话也不受法律的保护。大法官 Harlan 将其提出的双重要求适用到 Katz 一案当中，他写道："本案的关键不在于电话亭在其他时间段'能够为公众所进入'，而在于当他人使用电话亭时，电话亭就成为一个临时的私人场所，临时使用电话亭的他人享有免受侵扰的自由，并且这种隐私期待是为公众所认可的隐私合理期待。"②

大法官 Harlan 对 Katz 一案标准的完善解读迅速成为主流观点，并且如今法院在审理案件时仍然适用其提出的规则。尽管如此，Harlan 提出的规则也给我们留下了一个难题，即如何确定社会公众是否认可他人对其特定活动具有"隐私合理期待"。由于 Harlan 提出的判断标准要求对个案进行分析以判断他人的隐私期待是否合理，因此，虽然 Katz 一案的判决认定《宪法第四修正案》保护电话亭内的通话，但是仅凭这一判决并不能解决法院面临的其他形形色色的问题。此外，大法官 Harlan 的论证是缺乏证据的。Katz 的隐私期待之所以是社会公众认可的隐私合理期待，是因为大法官 Harlan 认为其隐私期待是合理的。法院在此后作出的判决中不断地运用大法官 Harlan 提出的判断标准，然而法院却始终没有阐明他人的隐私期待受到《宪法第四修正案》保护的原因。因此，在判断此后联邦最高法院是否

---

① Katz, 389 U. S. at 361.
② Katz, 389 U. S. at 361.

遵循了 Katz 一案的判决之前，我们必须首先对受到保护的隐私利益的组成部分进行假设。

（三）依据 Katz 一案对受到保护的隐私利益进行定义

由于《宪法第四修正案》明确规定其适用于政府侵犯民众个人隐私与自由的行为，因此，在识别《宪法第四修正案》的适当范围时，我们必须确定，政府侵入他人个人生活的行为达到何种程度时，政府的行为才应当受到规制。而这势必涉及对他人接受程度的价值判断。如果他人对其个人自由的定义较为宽泛，那么他人就会倾向于受到更大范围的宪法保护。反之，如果他人愿意以些许个人自由为代价支持更宽泛的警察权力，那么他人就会倾向于缩小《宪法第四修正案》的保护范围。法官将会依据他人观念的自由或保守程度，对他人的隐私期待进行价值判断。

为了解决这一棘手的问题，我们必须寻求一种更具预见性的判断标准，并且我们希望这一标准能够促进《宪法第四修正案》的发展，使其保护范围不因联邦最高法院政治风气的改变而扩张或缩小。LaFave 教授是著名的《宪法第四修正案》领域的权威学者，他曾经指出："Katz 一案中的根本问题是，允许警察免受《宪法第四修正案》的规制而使用涉案的监控技术是否会导致他人隐私与自由的减损，并且这种减损是否达到与我们构建自由社会与开放社会的目标相矛盾的程度。"[1]

LaFave 教授不仅抓住了《宪法第四修正案》的本质，而且他还认识到，一旦联邦最高法院在判决中确认特定形式的政府监控不受《宪法第四修正案》的规制，那么法院的判决无异于为该监控行为亮起了绿灯，政府可以不合理地、不受限制地使用这种手段侵入他人的生活。因此，法院在判断他人是否具有隐私合理期待时，既要考察个人隐私利益的性质，还要考察政府监控行为对他人的侵扰程度，而不是仅仅判断一个有理性的人在特定情况下是否具有隐私期待。举例而言，午夜时分，两个毒贩在僻静黑暗的街角进行非法交易，他们当然期待警察不会发现他们的行为。然而，这并不是 Katz 一案所指的

---

[1] W. Lafave & J. Israel, Criminal Procedure § 3.2, at 99 (1985).

"合理的隐私期待",如果警察用灯照着他们,发现了他们的非法交易,那么,即便警察为了搜寻毒贩而在街道的各个角落进行字面意义上的"搜查",警察的行为也同样不构成《宪法第四修正案》意义上的"搜查"。在上述例子中,政府进行了侵扰程度最低的监控,即照亮黑暗的街角,个人利益的性质为在街角进行交易,通过对上述两个因素进行考察,我们可以认定,允许警察的此种行为不受《宪法第四修正案》的规制对他人隐私与自由的损害并不会达到与自由社会目标相矛盾的程度。那么警察可以随时随地、不受限制地四处走动、照亮黑暗的街角的行为存在问题吗?社会公众希望将《宪法第四修正案》的保护延伸至街角进行的交易吗?上述问题是以反问的形式提出的,将《宪法第四修正案》适用在上述笔者假设的情形之上将会使《宪法第四修正案》的适用变得过于简单化。

让我们将上述情形与以下情形进行对比,假设警察爬到城市公园内的树上,用手电筒照进他人卧室的窗户。那么警察是否可以不受宪法的约束自由地透过窗户窥探他人卧室内的活动?社会公众是否认为他人在卧室内的活动应当受到《宪法第四修正案》的保护?根据LaFave教授提出的问题,在此种情形下,警察实施的行为具有侵扰性,个人利益的性质是极其私密的,如果允许警察的此类行为不受限制,就必然会减损他人的个人自由与隐私,并且这种减损达到了与公众对美国社会性质的共同观念相矛盾的程度。同样地,上述分析并不意味着警察绝对不能从卧室窗户向内窥探,只要这种行为是"合理的",警察就可以实施此种窥探行为。如果警察有合理根据认为他人的卧室中隐藏了一个制毒实验室,并且说服了中立无偏的治安法官认同了这一事实,那么警察就可以获得搜查证进而彻底地搜查他人的卧室。如果警察听到住宅内传出枪击声,那么由于在这种紧急情况下,警察对他人住宅的侵入是"合理的",因此即使警察没有搜查证,警察也可以进入他人的住宅与卧室。[1]

本文第三部分采用了 LaFave 教授对大法官 Harlan 的判断标准的解读,判断是否应当依据《宪法第四修正案》对涉案的政府调查技术进行规制。可惜的是,联邦最高法院极少采取 LaFave 教授提出的

---

[1] *See* Arizona v. Hicks, 480 U.S. 321, 324-325 (1987).

对《宪法第四修正案》的保护利益进行定义的分析方法。虽然联邦最高法院明确采纳了大法官 Harlan 提出的两步分析法，但是法院却没有对这一分析方法作出改进；相反，法院主要将目光集中于 Katz 一案多数意见中提到的"向公众故意披露"的因素。遗憾的是，法院对这一因素的理解与运用仅仅停留在其字面意义上，法院以此为"法宝"，判决他人向公众披露的任何物品、言论或活动都不在《宪法第四修正案》的保护范围内，即便他人的披露仅限于非常有限的程度。虽然这种分析方法简单明了，但是它不仅回避了关键的宪法问题，还削弱了 Katz 一案与《宪法第四修正案》所蕴含的精神。过去十年来法院采取上述方法对《宪法第四修正案》的保护范围产生的效果就是最好的例证。

三、联邦最高法院对 Katz 一案标准的解读

（一）"老大哥"：接听电话的人是谁

1967 年，联邦最高法院对 Katz 一案作出了判决，而在此后的十年间，法院作出了许多限制《宪法第四修正案》保护范围的判决。尽管如此，对《宪法第四修正案》的法律保护造成最严重损害的案件却是自 1979 年 Smith v. Maryland 一案[①]以来法院审理的一系列案件。在 Smith 一案中，警察使用"笔式记录器"对他人进行监控。笔式记录器会记录下特定电话拨出的号码，主要被电话公司用于记录电话账单。而在 Smith 一案中，警察怀疑 Smith 参与了抢劫犯罪并且后续向抢劫受害人拨打威胁、淫秽骚扰电话，因而需要获得其拨打电话号码的清单。警察在没有事先获得搜查证的情况下，要求电话公司使用笔式记录器记录下 Smith 从其住宅电话拨出的电话号码。笔式记录器记录下的信息显示，Smith 在其被"监控"的第一天就向抢劫受害人拨打了电话。根据这一信息，警察获得了搜查 Smith 住宅的搜查证，并且在其住宅中发现了显示其犯罪的进一步证据。

联邦最高法院判决，政府使用笔式记录器的行为并不构成《宪法第四修正案》意义上的"搜查"行为。法院明确采用了大法官

---

① 442 U. S. 735 (1979).

第三编　隐私合理期待的保护模式　　323

Harlan 在 Katz 一案并存意见中提出的两步分析法,然而,在适用该方法对警察使用笔式记录器的行为进行分析时,法院对 Katz 一案多数意见中提出的"故意向公众披露"的因素作出了错误的解读。法院认为,通过每个月寄来的电话账单,人们理应意识到电话公司正在用特定设备记录他们拨出的电话号码。因此,一旦人们使用其电话,那么他们就可以被视为自愿将其拨打的电话号码披露给电话公司,因而他们也应当承担电话公司向警察披露这些信息的风险。基于上述分析,法院判决,他人对其通过电话拨打的电话号码不具有合理的隐私期待。

联邦最高法院在 Smith 一案中的论证严重限缩了《宪法第四修正案》的保护范围,并且在近期法院判决的 California v. Greenwood 一案中,Smith 一案的判决也未受到挑战。Smith 一案的理论分析认为,如果他人向任何其他公众披露了其活动、言论或物品,那么即便这些事项是私密的,他人在一定程度上也需要承担第三人可能将其披露的信息透露给政府的风险。因此,虽然警察对他人事项的观察比有限的"公开披露"所允许的观察更加深入、仔细,但是只要他人的私人事项已经被他人所"披露",那么即便这些事项是私密的,警察侦查这些事项的行为也不受《宪法第四修正案》的规制。

Smith 一案采取的理论基础实际上是一种谬论。虽然他人可以合理地预见到电话公司将会在其拨打电话时保存其拨出的数字信息并将其用于电话账单的统计,但是他人也同样期待政府不会利用这些信息汇编成一份记录了他们何时与何人进行了多长时间通话的清单。政府实施的这种窥视行为颇具 Orwell 笔下"老大哥"的恐怖色彩,保护他人免受此类行为的侵扰正是《宪法第四修正案》的实质所在。此外,如果政府不仅将这些通过笔式记录器记录下来的电话号码作为数字信息进行使用,还将之作为挖掘他人生活私密细节的手段,例如通过这些信息识别他人的熟人以及他人与熟人联系的频率,那么政府对他人的侵扰就远远超出了他人自愿向公众披露私人细节的有限程度。故意向电话公司披露数字信息用于计算电话账单并不等同于直接向政府披露那些政府希望通过笔式记录器获取的、极其私密的信息。联邦最高法院在审理 Smith 一案时应当考察的恰当问题是,政府使用笔式记录器的行为是否涉及《宪法第四修正案》的规制,政府不受规制地使用笔式记录器的行为是否会对减损他人的个人自由与隐私,并且达到令人难以容忍的程度。警察或其他政府部门是否可以在没有宪法限制的情况下自由地使用笔式记录器记录他人拨打的号码、拨打的频率以及通话的时间?司法部门是否应当将《宪法第四修正案》理解为宪法对政府合理实施监控的要求?确保行为合理是执法机关实施合法行为所应承担的最低程度的义务。

"合理性"并不必然要求警察只能在以合理根据为基础获得搜查证的情况下才能对他人实施监控。"合理性"或许只意味着,政府官员应当受到限制,要么限制其对他人实施监控的时间长度,要么限制其对发现信息的使用。"合理性"可能只要求警察作出宣誓,宣告其监控的目标是一个正在实施刑事犯罪行为的嫌疑人。尽管如此,审理Smith一案的法院直接忽视了上述可能性。因此,在Smith v. Maryland一案的判决作出之后,他人对其电话通话的对象、通话的频率以及通话的时长所具有的主观隐私期待都不属于《宪法第四修正案》的保护范围。

(二)"老大哥":你一整天去哪儿了

在United States v. Knotts一案[1]中,明尼苏达州缉毒官员在没有事先取得搜查证的情况下,将蜂鸣器——一种被作为跟踪设备的无线电发射器——放置在一个装有氯仿的圆桶中,这种化学物质通常被用于毒品的非法制造。Knotts的一个同伙购买了这桶氯仿,将它装上车运走。在蜂鸣器与警用直升机的指引下,缉毒官员沿着其驾车行驶的路线来到了一个僻静的小木屋。根据此番观察以及进一步监控木屋获得的信息,缉毒官员取得搜查证对小木屋进行了搜查,并且在其中发现了一套全面运转的制毒实验室。Knotts向法院提出动议,要求排除关于制毒实验室的证据,他主张,缉毒官员在未取得搜查证的情况下安放蜂鸣器的行为是非法搜查行为。法院驳回了他的动议,并且宣告他有罪。

联邦最高法院认定,缉毒官员在未取得搜查证的情况下安放蜂鸣器的行为是合法的,进而判定政府使用跟踪设备跟踪他人的行为不受

---

[1] 460 U.S. 276 (1983).

《宪法第四修正案》的规制。法院再次重申了大法官 Harlan 的两步分析法，法院指出，他人对其在公共道路上的行迹不具有合理的隐私期待，之所以如此，是因为他人在行进过程中自愿地向所有可能看到他的人传递他的方向、逗留地及其最后的目的地。

换言之，法院判决，他人对其在公共场所的出行不具有合理的隐私期待。尽管这一判决在表面上引人入胜，但实际上，法院错误地解读了 Katz 一案中提出的"故意向公众披露"的因素。正如在 Smith v. Maryland 一案中一样，法院显然认为，不论他人向公众披露其行为的程度有多么微不足道，只要他人对公众进行了披露，他人就完全放弃了《宪法第四修正案》的保护。

将自己暴露在其他人的随机观察之下与完全放弃自己的隐私期待有着非常显著的差别。当他人在公共道路上行进时，他人当然知道其他社会成员可以观察到他的行踪，即使其他人只会在有限的时间内对他进行观察。但是，沿路的其他人对于某个特定的驾驶者、他们将往何处、所见何人顶多只会产生短暂的、转瞬即逝的兴趣。而且认为对行进过程中的特定驾驶者进行观察的其他人无论如何都侵犯了驾驶者的隐私权是十分荒谬的。虽然如此，如果镇上的所有人都将他们对特定他人行踪的集体知识联系起来，将他人每天去过的地方、见过的人、在特定地点停留的时间都一一记录下来，尽管这种情形不太可能发生，但是这种情形一旦发生了，如果我们还要坚持认为其他人的行为不具有侵扰性，那么我们的观点就是违背常识的。事实上，如果他人预见到其他人会有此类"多管闲事"的行为，那么他人在驾驶时躲避别人的观察就会成为一种社会规范。然而，上述"多管闲事"的行为恰恰与 Knotts 一案允许政府免受《宪法第四修正案》的规制实施的行为具有相同的特点，它们都属于同一类型的监控行为。

简而言之，政府对他人实施的监控是连续的，政府会记录他人个人生活的私密细节，例如他人前往何处、所见何人，前往的时间、频率与时长等，而其他社会公众观察到的可能只是他人的有限的、零碎的行踪，并且社会公众往往不会对特定他人产生浓厚的兴趣。相比之下，政府对他人的观察比社会公众对他人的观察要更加密切、仔细。由于他人向公众披露的行为仅仅是有限的，因此法院不应当认为，他人完全放弃了《宪法第四修正案》的保护。法院对 Katz 一案的如此解读完全忽视了其精神所在。

法院应当考察的问题是，允许政府免受规制地跟踪他人的出行的做法对他人隐私权的减损是否达到了令人难以容忍的程度。政府是否能够记录他人的行踪、停留的地点以及会见的人员，并且不受时长的限制，仅仅依靠政府的自制？或者，政府实施的此类监控行为的侵扰性是否足以使法院对其施加"合理性"的要求？要求政府实施"合理的"监控并不会影响合法执法行为的效果。举例而言，在 Knotts 一案中，缉毒官员在实施追踪之前已经具有怀疑其犯罪的合理根据。缉毒官员只需要依据合理根据迅速向治安法官申请搜查令，就可以在充分地保护相关隐私利益的情况下开展搜查。此外，在合理根据不足时，对他人在公共场所出行进行"搜查"也是合理的；或者只要对观察的时间进行限制，即便执法人员没有说明怀疑的理由，其对他人的观察也是合理的。这样一来，在对《宪法第四修正案》的保护范围进行宽泛解释的同时，改变对特定隐私利益的合理保护程度，法院就可以实现其目标，在不削弱《宪法第四修正案》对政府的规制并且防止政府对他人个人生活大肆侵犯的同时，推动执法效果。

（三）"老大哥"：你在你的后院里做了些什么

在 1986 年的 California v. Ciraolo 一案①中，联邦最高法院适用了 Katz 一案提出的"故意向公众披露"规则，这或许是联邦最高法院就《宪法第四修正案》这一例外规则作出的最错误的法律适用，在该案中，警察对一个带栅栏的后院进行了空中监控。尽管如此，为了全面了解 Ciraolo 一案的来龙去脉，我们需要首先对 1984 年的 Oliver v. United States 一案②进行分析，在该案中，法院在《宪法第四修正案》的语境下，对他人的后院与他人的"开阔地带"（open fields）进行了区分。

在 Oliver 一案中，缉毒探员收到线报称，Oliver 的农场里种植了大麻。在未取得搜查证、不具有合理根据的情况下，探员开车经过 Oliver 的住宅，来到一个标有"禁止进入"标志且上锁的大门前。探

---

① 476 U. S. 207 (1986).
② 466 U. S. 170 (1984).

员绕过大门，对 Oliver 的私人财产进行了搜查，最终在距离其住宅一英里的地方发现了一片种植有大麻的土地。原审法院排除了探员发现大麻田这一证据，然而第六巡回法院经过全院庭审，撤销了原审法院的判决。最终，联邦最高法院判定这一证据是可采纳的，进而判决他人对开阔地带不具有合理的隐私期待。

在论证他人对标有"禁止进入"标志的公认的私人财产不具有合法隐私期待时，法院一定程度上重蹈了 Katz 一案前法律适用的覆辙，采取了一种字面解释的方法。法院认为，《宪法第四修正案》保护的是他人的"人身、住宅、文件以及财物"，但是并没有明文规定保护他人所有的开阔地带。毫无疑问，法院在 Katz 一案中已经否定了这种字面解释方法。《宪法第四修正案》并没有明文规定他人的电话通话受到保护，但是法院在 Katz 一案中已经明确将《宪法第四修正案》的保护扩张适用于他人的私人通话。

在 Oliver 一案中，法院在依据 Katz 一案的判决进行分析时，试图通过贬低他人对开阔地带具有的隐私期待以论证其结论。大法官 Powell 在其撰写的多数意见中提出了一个观点，即场地不同于住宅。从这一观点出发，他主张，开阔地带不值得《宪法第四修正案》的保护。法院的分析未能对不同程度的隐私利益作出区分。比起他人所处的其他场所，他人期待其在住宅中能够享有更充分的隐私权，但这并不意味着他人在其他场所中不能受到《宪法第四修正案》的保护。

法院曾经将《宪法第四修正案》的保护扩张适用于一些他人隐私期待低于住宅的场所，例如他人的机动车。为了说明住宅以及其他场所在隐私期待上的不同，或许我们可以采取一种更为明确但较为缓和的方法，将《宪法第四修正案》的合理性要求理解为：对那些极其私密的利益给予高程度的保护，而对那些较不私密的利益给予更低程度的保护。法院在机动车搜查案件中就采取了上述方法；机动车的搜查需要警察具有合理的根据，但是警察也可以在未获得搜查令的情况下合法地搜查他人的机动车。换言之，只要警察具有合理的根据，那么即便其未取得搜查证，警察搜查他人机动车的行为也是合理的。正是由于他人对其机动车具有的隐私期待较低，因此他人机动车受到的《宪法第四修正案》所规定的隐私权保护的程度也相对较低。因此，虽然开阔地带与他人私密活动之间的关系不如他人与住宅之间的关系那样紧密,但是这并不意味着,同样作为他人私人财产的一部分的开阔地带不值得受到《宪法第四修正案》的保护。尽管如此,在Oliver一案之后,警察或其他政府官员可以免受《宪法第四修正案》的规制,在任何时候都可以无理由地侵入他人的大多数土地。法院在拒绝给予他人《宪法第四修正案》的保护的同时也意味着,法院不要求政府确保其行为的合理。

在Oliver一案中,"开阔地带"和"庭院"之间产生了重要的区别,庭院指的是围绕着、紧挨着住宅的土地。法院认为,住宅的庭院与住宅的亲密活动之间有着充分密切的联系,因此可以受到《宪法第四修正案》的保护。事实上,法院认为,庭院是"《宪法第四修正案》所保护的住宅的一部分"[1]。尽管如此,这一"住宅外的住宅"所受到的保护却是十分短暂的,在California v. Ciraolo一案[2]中,联邦最高法院指出,他人对其庭院也不具有合理的隐私期待。

在Ciraolo一案中,加利福尼亚州圣克拉拉县的警察接到匿名线报称,Ciraolo的后院种植有大麻,而其后院是由10英尺高的栅栏围起来的。在没有取得搜查证的情况下(当然也缺乏合理的根据),警察乘飞机在Ciraolo的住宅与庭院的上空对其进行观察,发现了大麻的植株,并且对其拍摄了照片。警察依据这些材料取得了搜查证,对Ciraolo的后院进行了搜查,扣押了大量的大麻植株。在初审法官驳回其要求排除证据的动议后,Ciraolo作出了认罪答辩。联邦最高法院认为初审法官驳回其动议的做法是正确的,进而判决空中监控并未侵犯《宪法第四修正案》所保护的他人的任何利益。因此,在Ciraolo一案后,政府从空中观察他人围着栅栏的后院,查看他人后院内的情形的行为不构成"搜查"行为。讽刺的是,尽管Oliver一案的判决认定政府探员穿过他人后院的行为构成《宪法第四修正案》意义上的搜查(由于庭院这一区域紧挨着住宅,包含了他人的私密活动),但是,Ciraolo一案的判决却允许警察从庭院的上空不受限制地观察他人在庭院中的私密活动。

在庭院是否受到宪法保护的问题上,法院的判决是自相矛盾的,

---

[1] *Oliver*, 466 U. S. at 180.

[2] 476 U. S. 207 (1986).

之所以如此,是因为法院对 Katz 一案的理解是表面的、肤浅的。审理 Ciraolo 一案的法院重申了 Katz 一案判决中的判词:"如果他人故意向公众披露自己的隐私,那么即便他人处于自己的住宅或办公室中,他人也不受《宪法第四修正案》的保护。"① 然后,法院指出,任何乘坐飞机飞过该区域上空的社会公众都可能不经意地瞥到整个后院的景象。因此,法院判决,Ciraolo 的后院虽然围着栅栏,但是他仍然向公众披露了后院的情况,因此,他对他的后院不具有合理的隐私期待。

法院对 Ciraolo 一案的分析完全没有领会 Katz 一案的关键所在,并且误解了《宪法第四修正案》的精神。Katz 一案判决中所指的"公共披露"是针对他人的主观隐私期待提出的,而不是针对他人为社会公众所接受的或客观的隐私期待提出的。Katz 一案的判词被法院作为"法宝"而被百般强调,然而实际上,它仅仅适用于认定他人对其故意披露给公众的事项不具有主观隐私期待,无论他人是在住宅中、办公室中还是在庭院中进行的披露。《宪法第四修正案》往往保护他人在住宅或办公室中的活动,这是因为,根据大法官 Harlan 的判断标准,社会公众认可他人对这些场所的隐私期待是"合理的"或"合法的",但是当他人故意向公众披露其私密活动时,由于他人没有表明其主观隐私期待,因而可以认定他人放弃了宪法的保护。

讽刺的是,虽然法院在 Ciraolo 一案中判决 Ciraolo 故意向公众披露了他的庭院,但是法院却明确指出,Ciraolo 用栅栏围住庭院的做法表明了他的主观隐私期待。判决中的自相矛盾说明,Katz 一案的判决使法院陷入了彻底的混乱状态:法院错误地将"故意向公众披露"的因素当成了大法官 Harlan 提出的客观标准的必要条件。但是,审理 Katz 一案的法官从未暗示,只要他人的活动有可能被其他人看见,他人的言论有可能被其他人听见,或是他人的财物有可能被其他人瞥见,他人的主观隐私期待就是不合法或不合理的。如果按照法院采取的这种方法,那么对"合理的隐私期待"的考察就会变成对"完全隐蔽的可能性"的考察。如果法院如此限制《宪法第四修正案》的保护范围,那么其做法只会让人联想到"老大哥"统治下的国家,

---

① Ciraolo, 476 U. S. at 213 [citing Katz v. United States, 389 U. S. 347, 351 (1967)].

而不是美国这一建立在个人自由基础之上的国度。

从法院在 Ciraolo 一案中所举的例子，我们可以明显地看出法院在《宪法第四修正案》适用上的混乱。法院指出："《宪法第四修正案》对他人住宅的保护从未扩及要求执法人员在公共道路上经过他人住宅时必须遮住眼睛的地步。"[①] 这一观点是正确的，但是法院并没有解释其正确的原因。笔者认为，这一观点之所以是正确的，是因为在公共道路这种众目睽睽的场所中，他人对其行为不具有主观的隐私期待；即便他人具有主观的隐私期待，社会公众也不会认可这种期待是合理的。这个例子恰恰与审理 Katz 一案的法院在主张《宪法第四修正案》不保护他人故意向公众披露的事项时所举的例子相类似。事实上，要求警察移开目光是十分可笑的。因此，法院始终认为，当警察看到的仅仅是那些能够被"一目了然"的事项时，警察的行为不受《宪法第四修正案》的限制。这样一来，当警察驱车挨家挨户地查看他人的院子时，即便警察实施的是字面意义上的"搜查"行为，其行为仍然不构成《宪法第四修正案》意义上的搜查行为。

尽管如此，当他人像 Ciraolo 那样采取措施阻挡公众的目光以保护其庭院时，法院就会面临更加复杂困难的处境。在这种情况下，他人已经表明了自己的主观隐私期待。正如法院在 Ciraolo 一案中所指出的，他人并没有将他的后院活动暴露在公众的目光下。警察在驱车经过时应当遮住眼睛；基于他人的活动并非发生于公众一目了然之处，因此警察绝对不能观察他人在后院中的私密活动。

当然，仅仅认定他人表明了其对庭院的主观隐私期待并不足以得出最终的答案。法院还应当判断他人的主观隐私期待是否是社会公众认可的合理的隐私期待，社会公众是否认为《宪法第四修正案》应当保护他人主张的隐私利益免受政府的侵入。在对这一问题进行判断时，法院根本不需要假设可能存在消极的公众侵入，不论是物理上的还是视觉上的侵入。法院应当对他人的利益以及政府的侵扰程度进行分析，考察政府不受规制地、武断地使用涉案的监控技术对他人的隐私与自由的减损是否会达到令人难以容忍的程度。无论在 Ciraolo 一案中还是 Oliver 一案中，住宅庭院所涉及的隐私利益都是十分重要

---

① Ciraolo, 476 U. S. at 213.

的。Oliver 一案与 Ciraolo 一案之间唯一的差别就在于警察使用的监控技术的不同，在 Oliver 一案中，警察实施的是实际的、物理上的侵入，而在 Ciraolo 一案中，警察实施的是视觉上的侵入。我们很难得出结论认为，物理上的侵入比视觉监控对他人在住宅与庭院中的私密活动造成的冲击更大。在小说《一九八四》中，主人公 Winston Smith 卧室里的电屏摧毁了他的隐私权，如同"老大哥"就住在他的卧室中一般。

在《宪法第四修正案》的分析中，真实存在政府行为的情形与推定存在政府行为的情形之间并没有任何差别。举例而言，假设他人常常在后院游泳或者晒裸体日光浴，为了保护自己的隐私，他人会在偏远的乡村购置房产，或是在庭院周围建起高于视线的栅栏。只要他们的住宅旁边没有高楼大厦，或者种满了树的公园（众所周知孩子们往往喜欢爬树），那么法院就不应当引用 Katz 一案的说法，认定他人故意将其庭院暴露在公众视线下。正如审理 Ciraolo 一案的法院所言，他人已经表明了其主观的隐私期待。

依据《宪法第四修正案》，他人的上述期待也同样是"合法的"。鉴于他人在其庭院中的活动的隐私利益在客观上具有重要性，政府对庭院实施的空中监控具有一定的侵扰性，因此，政府的行为应当受制于《宪法第四修正案》的合理性要求。正如联邦最高法院将《宪法第四修正案》的保护扩张适用于政府对他人庭院实施的不合理的物理性侵入一样，法院也应当将这种保护扩张适用于政府实施的视觉侵入。当他人在晒裸体日光浴时，警察乘飞机在上空盘旋、拍摄照片与警察爬上栅栏、向里张望或者不请自来、直接走进他人游泳与晒日光浴的区域相比，前者给他人带来的尴尬并不比后者少。

此外，即便物理性侵入与视觉监控之间或多或少存在些许差异，但是由于这两种非常具有侵扰性的政府监控之间的差异非常之小，因此彻底否定《宪法第四修正案》对视觉监控的规制是不符合逻辑的。如果在政府实施的极具侵扰性的监控行为中确实存在各种侵扰程度不同的类型，那么在《宪法第四修正案》的语境下分辨不同监控类型之间的差别时，武断地在受保护活动与不受保护活动之间划一条界线并不是法院可以采取的最准确的方式。《宪法第四修正案》对"合理搜查"的要求足够灵活，足以分辨不同程度的政府侵扰。正如《宪法第四修正案》对警察搜查他人住宅的合理性要求高于其对警察搜查他人机动车的合理性要求一样,当他人的庭院受到警察的搜查时,法院可以根据政府实施的是物理性侵入或是视觉侵入来确定他人应当获得保护的程度。

尽管如此,联邦最高法院还是选择了上述武断划定界线的方法,以商用飞机上的其他人也可以看到庭院内的情形为由,将庭院划为不受保护的区域。即便如法院所言,"披露"是判断大法官 Harlan 提出的客观隐私期待标准的必要条件,但是仅仅以他人事项可能为公众所见的有限风险就推断出他人的主观隐私期待不合法、完全不受法律保护的做法是近乎荒谬的。即便晒裸体日光浴的人意识到商用飞机可能会从其上空飞过,他们也不可能在后院的上空建造起屋顶。飞机上事不关己的其他人并不知道其看到的下方数以百计的后院分别属于何人,并不会对他人的隐私权造成显著的威胁。从高空向下快速一瞥并不会揭露他人试图通过建造栅栏以保护的私密事项。然而,当政府探员确认某一个后院属于特定他人并在其庭院的上空不停地滑翔、盘旋以监控后院中的情形时,探员对他人隐私期待的侵扰程度远远高于他人在晒日光浴时"故意"披露的对象。

总之,Ciraolo 一案的判决意味着,警察可以不受任何宪法约束,从后院栅栏的上方窥视他人后院内的情形。只要政府探员处于公开航行的领空中,其行为就无须受到合理性要求的限制。无论他人是否有犯罪嫌疑,警察都可以肆意地、尽情地对任何人实施空中监控,而不用担心其违反了宪法的要求。

(四)"老大哥":你在家中做些什么

Oliver 一案与 Ciraolo 一案的判决使得不受规制的政府监控行为得以僭越他人的私人财产,跃过他人后院的栅栏,站在他人后院的门口敲门。而在 California v. Greenwood 一案[①]中,联邦最高法院判决一项纯粹为揭露他人在家中活动的政府监控技术不受《宪法第四修正案》的规制,法院此举无异于直接替他人应门,将政府官员请进门。当然,Greenwood 一案所涉及的监控技术是对他人垃圾进行系统的搜

---

① 108 S. Ct. 1625 (1988).

查。虽然政府官员经常搜查的是"被他人抛弃的垃圾",但是这并不能混淆《宪法第四修正案》的核心问题,即《宪法第四修正案》关注的是他人的隐私权,而不是他人的财产权。

在 Greenwood 一案中,根据犯罪线报以及邻居的抱怨,警察怀疑 Billy Greenwood 正在实施毒品犯罪。Greenwood 通常会将垃圾装入不透明的密封的塑料袋并放在家门口的路边,一名警察要求这一街区的垃圾清理员分拣出 Greenwood 的垃圾,并将之上交给他。两个月以来,通过这种方式,警察每两周就对 Greenwood 的垃圾进行搜查,并且屡次在垃圾中发现其使用毒品的证据。警察部分地依据其在垃圾中发现的证据向法院取得了搜查证,警察对 Greenwood 的住宅进行搜查并且发现其贩卖毒品的证据。联邦最高法院判决,由于《宪法第四修正案》不保护他人丢弃在公共街道路边交由别人清理的垃圾。因此政府在未取得搜查证的情况下搜查 Greenwood 的垃圾的行为是合宪的。

表面上,法院判决被他人丢弃的垃圾不受《宪法第四修正案》的保护是非常具有感染力的。毕竟,垃圾是他人选择丢弃的物品。然而,从 Katz 一案开始,法院就拒绝将财产利益与隐私利益相等同。尽管使用公共电话亭的他人对电话亭并不享有合法的财产利益,但是法院在 Katz 一案中仍然将电话亭视为一个暂时的私人场所,他人在其中进行的对话值得宪法对其进行保护。此外,法院在 Oliver 一案中决定不对开阔地带适用《宪法第四修正案》的保护,之所以如此,原因只有一个,即法院没有将财产利益与隐私利益等同起来。虽然他人对开阔地带可能享有合法的财产利益,但是法院认为他人对庭院以外的土地不具有隐私利益,因而政府对开阔地带的搜查是不受《宪法第四修正案》限制的。换言之,从 Katz 一案与 Oliver 一案可知,他人对被搜查事项具有财产利益并不是其获得《宪法第四修正案》的保护的充分必要条件。因此,尽管许多下级法院曾经基于他人已经丢弃了垃圾、放弃了其对垃圾的财产权,判决政府搜查他人垃圾的行为不受《宪法第四修正案》的规制,但是联邦最高法院在 Greenwood 一案中拒绝采取这种分析方法,并且这一选择是恰当的。法院认为,恰当的做法是采取大法官 Harlan 提出的隐私合理期待的两步分析法。

正如法院在 Ciraolo 一案中的分析一样,在 Greenwood 一案中,鉴于 Greenwood 确实将垃圾置于不透明的、密封的塑料袋中，法院承认其表现出了对垃圾具有的主观隐私期待。法院认为，焦点问题在于社会公众是否愿意接受这种隐私期待，是否认为这种隐私期待是客观合理的。在 Ciraolo 一案中，法院曾经判决，由于其他人可能从空中看到其后院的景象，因而 Ciraolo 对其围着栅栏的后院不具有合理的隐私期待，同样地，在 Greenwood 一案中，由于拾荒者可能会翻找他人的垃圾，垃圾清理员也可能会将他人的垃圾上交警察，因此他人对其垃圾同样不具有合理的隐私期待。事实上，这恰恰就是法院在 Greenwood 一案判决中所采取的推理逻辑。法院认为："鉴于被告将其垃圾放在公共场所，这一事实就足以使法院驳回其要求受到《宪法第四修正案》保护的主张。众所周知，被丢弃在公共街道上或街道旁的塑料垃圾袋随时可能被动物、儿童、拾荒者、私家侦探以及其他社会成员取得。此外，被告将垃圾放在路边很显然是为了将垃圾交予第三者，即垃圾清理员，垃圾清理员很可能自己对垃圾进行分拣、翻查，或是允许其他人（如警察）对垃圾进行翻查。因此，被告对其丢弃的这些能够使其负罪的物品不具有合理的隐私期待。"[1]

法院再次遵守且误解了 Katz 一案判决中提出的规则，即"如果他人故意向公众披露自己的隐私，那么即便他人处于自己的住宅或办公室中，他人也不受《宪法第四修正案》的保护"。[2] 笔者需要再次重申的是，这一措辞本是为了简单举例说明他人不具有主观隐私期待的情形，但是法院却将其视为判断主观期待"不合法"或"不合理"的要件，只要法院能够想象到社会公众可能观察到他人试图隐藏的事项，他人的主观隐私期待就是不合法的或不合理的。这种推测性的分析使法院回避了真正的宪法问题，即社会公众是否认为他人表现出的主观隐私期待应当受到《宪法第四修正案》的保护，应当免受政府的不合理侵扰。实际上，法院的分析是没有终点的。如果仅仅凭借他人事项可能为公众所观察或侵入的可能性就可以认定他人的主观隐私期待不合法，那么除非房屋的居住者采取了特定措施，能够确保任何其他社会成员都不会进入其住宅，否则按照上述逻辑，连住宅都不应

---

[1] Greenwood, 108 S. Ct. at 1628–1629.
[2] Greenwood, 108 S. Ct. at 1629 (citing *Katz*, 389 U. S. at 351).

受到《宪法第四修正案》的保护。他人的住宅可能会遭到盗窃者的入室盗窃，当他人邀请客人来访时，客人可能会瞥见其家庭生活的私密细节，就"故意向公众披露"这一因素而言，上述情形中可能发生的风险并不比 Ciraolo 一案中园丁所带来的风险以及 Greenwood 一案中爱整洁的屋主所带来的风险低。

此外，法院采取的推测性分析也显得过于吃力。即便在 Katz 一案中，他人拨打电话的接听人也可能将电话的内容向其他社会公众或警察披露。但是这一风险并没有使 Katz 所表现出的主观隐私期待——走进电话亭，并关上门——变得不合理。实际上，法院只是将焦点集中于 Katz 一案判决中的一个句子，然后歪曲其原本的含义、创建出一项不同的规则，这一规则不仅忽视了《宪法第四修正案》的精神，而且如果反过来将这一规则适用于 Katz 一案，这一规则将会有力地推翻 Katz 一案的判决。如果我们始终按照 Ciraolo 一案与 Greenwood 一案解读《宪法第四修正案》的法律保护，那么他人要么必须选择与外界完全隔离，要么只能开门迎接 Orwell 式的政府监控。并且以上两种选择之间是不存在中间地带的。

法院应当做的不是推测社会公众是否可能观察到他人的物品、活动或言论，法院应当明确的是，只有在政府不受规制地、对特定地点或活动进行监控的行为与自由社会中的客观隐私利益一致时，他人才不受《宪法第四修正案》的保护。那么就 Greenwood 一案而言，法院需要考察的问题就是，他人丢弃的物品是否具有足够的私密性，使得《宪法第四修正案》应当保护其免受政府的不合理侵入。当然，当我们抛开垃圾表面上具有的特点（这里的特点指的是垃圾的所有权已经为他人所放弃，而不是指其蕴含的隐私利益），很显然垃圾袋中包含了住宅内他人私人生活的大量细节。通过对垃圾的分析，政府官员可以收集与他人有关的信息，包括他人的阅读偏好、消耗的食物与饮料、个人开支与消费、性生活甚至他人的私人通信，等等。没有任何一位法官会认为，政府可以在我们收到邮件之前直接打开并且审阅我们的信件；如果我们丢弃了自己的信件，那么 Greenwood 一案的判决就可以允许政府在不受限制的情况下实施这种类似的侵扰行为。显然，在 Greenwood 一案后，他人就必须将信件保存在鞋盒里并且藏在床底，或者买一台碎纸机将其信件粉碎，以确保其主观隐私期待是

"合法"的,能够受到《宪法第四修正案》的保护。

　　法院对 Greenwood 一案的分析从未否认 Greenwood 具有主观的隐私期待,他期待他的垃圾将会保持私密的状态,至少在它们与其他人的垃圾混合从而失去个性之前能够处于私密的状态。依据 Katz 一案的判断标准,法院唯一需要解决的问题就是,社会公众是否认可其隐私期待是"合理的",应当受到适度的保护使其远离政府不受限制的侵扰。这一问题与他人将垃圾装入袋中、系紧袋口后其他人是否有机会窥探垃圾袋中的垃圾毫无关系。法院指出:"如果其他社会成员能够观察到他人实施犯罪行为的证据,那么他人就不能合理地期待警察对这些证据避而不见。"[1] 尽管这一观点是正确的,但是 Greenwood 一案中警察对他人实施的搜查行为不仅仅是观察为公众所一目了然的他人物品那么简单。如果 Greenwood 将他的垃圾直接丢在人行道上、暴露在公众的视野中,那么我们就可以适用法院的分析进行判断。在这种情况下,Greenwood 就会如 Katz 一案判决中所说的那样,"故意向公众披露"他的垃圾,因而他对他的垃圾也就不具有主观的隐私期待。同样地,如果某一个人撕开了 Greenwood 的垃圾袋,并且将其私人物品暴露于路人目光所及之处,那么《宪法第四修正案》也不会要求警察移开目光,不去观察暴露在路上的垃圾。拾荒者并不是政府官员;因此《宪法第四修正案》不会就其对他人隐私的侵犯进行规制。此外,警察对这些已经事先曝光的物品进行的后续观察并不会对他人具有太强的侵扰性,不足以招致《宪法第四修正案》的监督。但是,上述这些假设的情形并没有发生在 Greenwood 一案中。法院对警察应当移开目光的要求的关注根本是不恰当的。Greenwood 一案真正涉及的问题,同时也是法院在以往判决中通常会确认的结论是,警察从他人垃圾中识别出他人的私人细节、对他人隐私实施了积极的侵入。

　　即便我们接受法院的理论,承认他人将垃圾袋放在路边等别人来收取的行为确实属于故意向公众披露其垃圾的行为,但是 Greenwood 一案判决所允许的政府侵入行为的侵扰性远远超出了我们可以想象出来的拾荒者、儿童以及动物可能对他人造成的侵扰。举例而言,拾荒

---

[1] Greenwood, 108 S. Ct. at 1629 (Brennan, J., dissenting).

者通常会从公寓大楼的垃圾箱里捡出那些能够循环利用的铝罐、废弃但仍能使用的鞋子或是残羹剩饭。公寓大楼里的居民也不会认为拾荒者的行为严重侵犯了他们的隐私权。而且拾荒者无法将某一件垃圾与特定的他人联系起来，并且拾荒者对此也不感兴趣。但是，政府专门为搜寻每一样被丢弃的物品以侦查与特定他人居家生活有关的私人细节而实施的系统性侵入行为就得另当别论了。政府实施的此类调查行为对他人的侵扰程度，远远大于其他社会成员——他人故意披露垃圾的对象——可能对他人造成的侵扰。因此，从社会的角度考虑，我们有必要要求政府在对他人实施目的性的侵扰行为时确保其行为的合理性。政府对他人物品实施的具有侵扰性的搜查行为正是《宪法第四修正案》所明确规制的对象。

合理性要求并不意味着政府在进行垃圾搜查前必须取得搜查证。尽管本文认为，他人对其丢弃的私人物品的隐私期待应当获得一定程度的《宪法第四修正案》的保护，但是这并不要求我们应当把政府对垃圾的搜查与政府对他人住宅的侵入相提并论。《宪法第四修正案》是十分灵活的，它可以为不同类型的隐私利益提供不同程度的保护。正如机动车受到的保护弱于住宅受到的保护一样，他人的垃圾可以受到的保护也是如此。合理的垃圾搜查应当受到一定的时间限制，应当禁止警察无限期地监控他人的垃圾。或许，法院可以通过限制政府对其发现的他人私人细节的使用与传播，从而使政府实施的所有垃圾搜查行为都归于合理。尽管如此，如果他人丢弃的私人物品具有独特的私密性质，那么他人就这些物品也能获得《宪法第四修正案》的保护。

总之，如果法院在认定《宪法第四修正案》的保护范围时可以始终遵循 Katz 一案判决的精神，根据涉案隐私利益的相对重要性调整给予他人保护的程度，那么法院就能够在不削弱宪法保护、导致宪法无力控制政府对他人私人生活的过度侵犯的同时，实现其有力执法的明确目标。然而，正如法院在过去十年间所做的那样，在 Greenwood 一案中，法院在完全受到《宪法第四修正案》保护的区域与完全不受《宪法第四修正案》保护的区域之间不必要地划出了一条绝对的界线。由此导致的后果是，他人要么必须采取措施保证自己的完全隐私，要么就必须接受没有隐私可言的生活。因此，基于 Greenwood一案的判决，政府可以无理由地、随时地、不受时长限制地搜查任何人的垃圾。在这种情况下，只有依靠政府自身的自制意识，才可能促使政府在搜查他人垃圾的同时确保其行为的合理。然而，仅仅依靠政府的自制监管政府对他人隐私权的侵犯的做法，不仅公然违背了《宪法第四修正案》的明文规定，更是全然罔顾了宪法制定者对政府过度侵扰他人的担忧。

四、《美国联邦宪法第四修正案》保护的一种新模式：考察他人披露的程度

建立一种分析《宪法第四修正案》保护范围的新模式需要经历以下两个步骤：第一步，认识并纠正目前法院对Katz一案中大法官Harlan提出的两步分析法的误解，此前法院一直将这一标准视为判断特定调查技术是否受到《宪法第四修正案》规制的恰当分析框架；第二步，以他人享有隐私权的程度为基础建立一套判断标准，并且这一判断标准既要符合《宪法第四修正案》的精神，又要足够灵活从而避免阻碍联邦最高法院实现其促进有力执法、有效执法的明确目标。就法院目前采用的法律适用框架来看，如果新确立的标准不能符合上述两个步骤中的任意一步，那么这一标准都只会沦为一个不切实际、遥遥无期的白日梦。

（一）回归Katz一案的判断标准

想要建立一种分析《宪法第四修正案》的保护范围的更准确的方法，法院首先需要意识到，Katz一案判决中所指的"故意向公众披露"仅仅是法官对他人是否具有主观隐私期待作出的举例说明，并不是判断是否给予他人《宪法第四修正案》保护的必要条件。Katz一案判决中提出的这一要素仅仅意味着，在某些情况下，当他人向公众披露了自己的言论、财物或活动，并且其披露的程度足够高，法院就可以以此得出他人不具有主观的隐私期待的推断。尽管如此，正如大法官Harlan在其撰写的并存意见中所指出的那样，当他人确实表明了自己的主观隐私期待时，只要社会公众认可其隐私期待为合理的，那么他人就应当获得《宪法第四修正案》的保护。

大法官Harlan提出的客观判断标准——社会公众对他人隐私期

待的认可必然是一种价值判断。合理的或合法的隐私期待也就是社会公众认为值得保护的隐私期待。这一判断涉及他人隐私利益的性质以及政府监控的侵扰程度这两大因素。当这两大因素高度一致时,如政府采取了极具侵扰性的监控技术并且对他人的隐私权造成了严重的侵扰,那么在客观上,社会公众就会认为他人的隐私期待是合法的、值得保护的。实际上,在这种情况下,如果法院认定他人不受《宪法第四修正案》的保护,那么《宪法第四修正案》就会变得毫无意义。这样一来,政府就可以免受宪法的限制、肆意侵犯他人的隐私权。

尽管如此,联邦最高法院却忽视了上述两大要素,直接省去了大法官 Harlan 提出的判断标准中的第二步、同时也是其标准中最核心的步骤。实际上,法院错误地将"故意向公众披露"视为客观判断标准的相关因素,不仅如此,法院还一错再错,将"披露"作为客观判断标准的决定性因素。因此,即便法院在 Ciraolo 一案与 Greenwood 一案中承认,他人用栅栏将后院围起、将垃圾装进密封的不透明胶袋的举动能够表明他人具有主观的隐私期待,但是法院却根据其从 Katz 一案中获得的"法宝"——"故意向公众披露"的因素,判决他人的隐私期待不受社会公众的认可,并非合法的隐私期待。在上述案件中,法院认为,他人的隐私期待之所以是不合法的,是因为商用飞机上的乘客可以从空中看到他人的露天后院,拾荒者可能会打开并且翻查他人的垃圾袋。法院不仅削弱了 Katz 一案判决的字面含义与精神内涵,还忽视了判断他人主观期待是否值得受到《宪法第四修正案》保护的两大相关要素——他人隐私利益的性质与政府监控行为的侵扰性。例如,在 Ciraolo 一案中,上述两大要素都表现出较高的程度。依据 Oliver 一案的判决,庭院作为"住宅本身的一部分",附着较高的隐私利益,警察飞越庭院上空观察庭院属于极具侵扰性的政府行为。在他人具有如此明显的主观隐私期待,并且政府对他人类似住宅的私人领域实施了严重侵扰的情况下,法院判决他人的庭院不受《宪法第四修正案》的保护的做法完全忽视了《宪法第四修正案》的本质。

通过将法院在 Ciraolo 一案与 Greenwood 一案中使用的法律理论适用到 Katz 一案的案件事实之上,我们可以证明,法院目前对《宪法第四修正案》保护范围的解读是站不住脚的。当他人与其他人通过电话进行沟通时，他人就将其言论置于社会审查之下，并且需要承担接听人可能记录其通话内容并将之披露给政府或其他人的风险。因此，根据 Ciraolo 一案与 Greenwood 一案的推理逻辑，政府就可以不受《宪法第四修正案》的规制，自由地监听他人的电话通话。但是，Katz 一案的判决指出，《宪法第四修正案》保护此种通话，这足以证明，法院在近期案件中对 Katz 一案的解读是错误的。依据法院近期适用的法律理论，Katz 一案本身将会被推翻。

（二）《宪法第四修正案》的复兴：以公开披露程度为基础的新模式

确定联邦最高法院一直以来误解了 Katz 一案的判决仅仅完成了新模式构建的一半。Katz 一案判决中提出的"故意向公众披露"的因素并不是毫无意义的。接下来我们应当考察的问题是，法院应当如何对这一因素进行解读，才能由此建立一个符合大法官 Harlan 提出的判断标准的可行的指导方法。首先，法院必须认识到，判决中的这段文字仅仅是为了对主观隐私期待的判断进行说明。但是，Katz 一案判决中的这一段文字与客观隐私期待的判断也并非毫无关系。当他人以特定形式公开披露其生活的私人方面，或是当其披露达到特定程度时，法院就能够认定他人不具有主观隐私期待，此时，他人当然也不具有为社会公众所认可的、应当受到保护的客观隐私期待。政府对此类已经披露的活动进行的任何观察，都不属于《宪法第四修正案》旨在规制的、具有侵扰性的监控行为。例如，如果居住者在住宅旁路人可见的庭院内种植大麻，那么虽然其种植大麻的地点是紧挨着住宅的庭院，他人对其庭院也不具有主观隐私期待。此外，即便他人极不寻常地具有主观的隐私期待，社会公众也不会认可其隐私期待是合理的。因为他人的庭院对警察而言是一目了然的，警察可以以不具侵扰性的方式观察到其庭院内的活动，因此居住者具有的任何隐私期待都不应受到《宪法第四修正案》的保护。不论是从 Katz 一案的字面含义出发，还是从其精神内涵出发，我们都可以认定居住者故意向公众披露了他的私人活动。

总之，大法官 Harlan 提出的主观标准与客观标准之间是有所重合的。如果他人不具有主观的隐私期待，那么他人一定不具有为社会公众认为应当受到保护的客观隐私期待。尽管如此，在依据他人的公开披露行为认定其主观隐私期待或客观隐私期待不受保护之前，法院应当对他人公开披露的程度进行考察，而不是简单地依据公开披露的事实或是仅仅依据公开披露的可能性就妄下定论。

1. 私人主体的搜查规则

公开披露程度这一概念在与涉及《宪法第四修正案》案件相类似的案件中发挥着实质性的作用。Burdeau v. McDowell 一案[①]就是一个具有指导意义的案例，该案比 Katz 一案早了四十多年。在 Burdeau 一案中，一群人非法闯进了 McCowell 的办公室，并且打开其上锁的办公桌与保险箱。这些私人主体发现了可以将 McDowell 入罪的证据，并将这些证据上交给检察官助理，检察官助理打算利用这些证据对 McDowell 提起控告、将其定罪。McDowell 辩称，《宪法第四修正案》禁止政府使用第三方私人主体非法取得的他人财产。法院驳回了他的抗辩，法院指出，《宪法第四修正案》只对受到政府行为侵犯的人提供保护。由于联邦政府官员并未参与该案中的扣押行为，因此《宪法第四修正案》在该案中毫无用武之地。

这一原则就是著名的"私人主体搜查规则"。依据这一规则，《宪法第四修正案》仅仅适用于政府官员或代表政府行事的人实施的搜查与扣押。因此，即便一个小偷闯入了他人的住宅，盗窃了能够证明屋主犯罪的物品，除非小偷的盗窃行为是按照政府官员的命令与指示而实施的，否则《宪法第四修正案》不适用于小偷实施的非法搜查与扣押行为。同样地，如果客人在他人家中看到了能够证明他人犯罪的物品，客人可以向政府官员举报他人可能存在犯罪行径，并且其行为也不会引发《宪法第四修正案》所规制的问题。《宪法第四修正案》不适用上述情形，既不是因为屋主对其住宅缺少合理的隐私期待，也不是因为屋主在一定程度上向公众披露了自己的住宅。屋主之所以无法获得保护，仅仅是因为《宪法第四修正案》只适用于政府采取或指示别人采取的行为。

联邦最高法院在 United States v. Jacobsen 一案[②]中详尽阐述了私

---

① 256 U.S. 465 (1921).

② 466 U.S. 109 (1984).

人主体搜查规则。在Jacobsen一案中，私人货运公司的雇员在一个被铲车损坏的多层包裹中发现了白色、粉末状的物质。雇员通知了缉毒局（DEA）并且将粉末包摆放回多层包裹中，因此在不重新打开包裹的情况下其他人无法看到里面的粉末。缉毒局探员抵达后重新打开包裹，发现了毒品；而后，包裹的接受人受到了刑事控告，被告人辩称，依据《宪法第四修正案》，该项搜查是非法的。联邦最高法院认定，虽然他人对其信件、包裹与密封包裹具有合理的隐私期待，但是由于探员的搜查范围并未超过此前私人主体的搜查范围，因此探员重新打开包裹的行为不属于需要取得搜查证才能实施的《宪法第四修正案》意义上的搜查行为。换言之，当私人主体发现了他人的犯罪证据并且将之上交给警察时，如果此后政府侵入行为的侵扰程度并未超过私人主体搜查的侵扰程度，那么他人的隐私利益就不受《宪法第四修正案》的保护。

法院对Jacobsen一案作出的判决与大法官Harlan提出的两步分析法是完全一致的。法院并没有因包裹意外暴露于公众视野下而判决包裹所有人不具有主观的隐私期待。法院也没有因包裹意外开裂时社会成员可能打开或看见包裹内的物品而判决他人对其信件与包裹的隐私期待不具有客观的合理性。如果政府探员在私人主体实施侵入行为之前积极地打开包裹、查找毒品，那么毫无疑问，其调查行为就应当受到《宪法第四修正案》的合理性要求的规制，这就要求政府在搜查前基于合理根据取得搜查证。但是在Jacobsen一案中，鉴于私人主体实施了搜查，因而政府随后实施的搜查行为的侵扰性并不会达到应当受到《宪法第四修正案》规制的程度。此外，在政府实施搜查之前，非政府因素已经事先摧毁了他人最初对其包裹具有的合法隐私期待。

涉及私人主体搜查的案件以及本文对Katz一案的解读表明，当他人向公众披露了自己的私人物品时，他人的公开披露行为可以通过以下两种方式剥夺其本应享有的《宪法第四修正案》所规定的保护。第一种方式是，他人故意向公众披露其私人事项，并且其披露的方式体现出其主观隐私期待的缺失，因而他人无法获得《宪法第四修正案》的保护；第二种方式是，如果非政府主体意外或以其他方式发现了他人的私人信息，并且将这些信息披露给政府官员，那么这些从前处于私密状态的信息也不受《宪法第四修正案》保护。在第二种"披露"方式中,只有当政府实施的后续搜查行为的侵扰性不高于私人主体搜查行为的侵扰性时,他人才无法获得《宪法第四修正案》的保护。在上述两种情形中的任意一种情形发生之后,政府后续实施的搜查行为就不再具有侵扰性,如果要扩大《宪法第四修正案》的保护范围,对这些不具侵扰性的行为进行规制,那么无疑会使《宪法第四修正案》变得无足轻重。尽管如此,上述两种情形是有所不同的:在第一种情形中,政府的行为之所以不构成搜查,是因为他人不具有 Katz 一案判决所要求的可保护的隐私利益;而在第二种情形中,政府的行为之所以不构成搜查,是因为非政府主体对他人进行搜查之后,破坏了他人此前具有的、值得受到《宪法第四修正案》保护的、免受政府不合理侵扰的隐私利益。然而,联邦最高法院对这两种不同的情形产生了混淆,张冠李戴,将后一种情形的分析逻辑套用到前一种情形之上。

对此,Greenwood 一案就是最好的例证,在该案中,法院主张,垃圾清理员本身可能会对垃圾进行分拣并且上交给警察。如果在没有受到警察指使的情况下,Greenwood 的垃圾清理员在垃圾中发现了他的犯罪证据并将证据上交给警察,那么依据 Burdeau 一案与 Jacobsen 一案适用的私人主体搜查规则,只要警察后续的搜查范围并未超过垃圾清洁员的搜查范围,警察的搜查行为就无须受到《宪法第四修正案》的规制。然而,不论是依据私人主体搜查规则,还是前文中进行了大量讨论的 Katz 一案的判断标准,私人主体可能搜查并且向政府报告他人的私人事项,都不应当成为排除《宪法第四修正案》的保护的原因。私人主体搜查规则与 Katz 一案的判断标准都不涉及对这种可能性的猜测。

出于同样的原因,飞机飞越带栅栏的后院上空时,机上的非政府乘客看到后院内种植的大麻并且将情况告诉警察的情形,与政府对同一个后院进行的空中监控的情形有着本质的差别。依据 Burdeau 一案,前者并非《宪法第四修正案》意义上的搜查;而无论是依据 Burdeau 一案或是 Katz 一案,后者,即政府实施的搜查行为,都不能免受《宪法第四修正案》的规制。政府实施的搜查行为并无私人主体参与,由于庭院活动具有极高的私密性,并且政府对庭院的空中监控具有严重的侵扰性，因此庭院所有人的主观隐私期待应当受到《宪法第四修正案》的保护。

总之，如果社会成员确实看到并且向政府报告了他人的犯罪行为或活动，那么只要警察随后实施搜查的侵扰程度不超过非政府主体窥探他人的侵扰程度，那么警察的行为就不受《宪法第四修正案》的规制。然而，社会成员可能看到或向警察报告他人私人信息的可能性并不是 Burdeau 一案规则所要考虑的相关因素。此外，除非公开披露的风险与程度足够大，以至于警察对这些被披露活动实施的任何监控都不具有侵扰性、无须受到规制，并且他人的隐私利益也显得太过无关紧要因而无须受到保护，否则，依据 Katz 一案的判断标准，他人不应被排除在《宪法第四修正案》的保护之外。

2. 提出一种确定隐私期待合法性的新标准

尽管 Burdeau 一案与 Jacobsen 一案中的私人主体搜查规则与 Katz 一案的判断标准所针对的是不同的法律问题，但是 Jacobsen 一案却为我们提供了一个具有建设性的判断标准，能够帮助我们判断，依据 Katz 一案的两步分析法，他人故意向公众披露私人事项的行为在什么情况下会导致其私人事项被排除在《宪法第四修正案》的保护之外。其中，我们需要考察的核心问题是，在他人故意向社会公众披露其私人信息的情况下，警察对他人生活中那些极其私人领域的侵犯程度是否高于上述社会公众对他人的侵犯程度。如果前者高于后者，那么政府的侵入行为就应当受到《宪法第四修正案》合理性要求的规制。这个问题中包含了 Katz 一案规则中的所有因素。有限的公开披露并不会导致他人主观隐私期待的灭亡，当他人对社会公众的"披露"程度较低时，他仍然可以期待其特定隐私事项不受政府实施的、更加全面的侵入。此外，当政府的侵扰程度远远超过他人向社会公众披露其私人事项与活动的程度时，政府的监控行为就具有高度的侵扰性，将会毁灭他人的隐私利益，而他人的隐私利益并不会被有限的公开"披露"所消灭。换言之，即便他人向社会公众披露其私人活动，他人也完全可以具有客观上为社会公众所认可的、受到《宪法第四修正案》保护的主观隐私期待。隐私期待的合法性取决于以下三个与"披露"有关的因素：①公开披露的风险有多大；②公开披露的范围有多大；③他人向哪些社会成员披露其私人活动或物品，他人可以预见到的、这些社会成员对其私人活动进行观察的仔细程度有多高。

（1）披露的风险。公开披露的风险尤其关系到他人是否具有主观的隐私期待。就在后院晒裸体日光浴的人而言，为后院围起栅栏的人公开披露的风险比不采取任何措施的人公开披露的风险更小。在以上两种情形中，只有未建栅栏的他人故意向公众披露了他的私人生活，并且其披露的程度表明其不具有主观的隐私期待；即便未建栅栏的他人确实具有隐私期待，社会公众也不会认可其隐私期待是合理的、应当受到《宪法第四修正案》保护的。尽管庭院活动有着较强的隐私利益，但是由于庭院是完全露天的，因而政府对庭院进行观察的侵扰程度并不会达到需要受到《宪法第四修正案》规制的地步。

Katz 一案中提出的用语——"故意向公众披露"，这意味着对风险的评估，并且也表明在披露风险较小的情况下，如粗心、过失或意外的披露并不必然导致他人私人事项被排除在《宪法第四修正案》的保护之外。因此，虽然垃圾已经被他人所丢弃，垃圾拾荒者可能翻查他人的垃圾，但这并不能说明他人没有试图充分保护自己的个人隐私。只要他人利益的性质与政府侵扰的程度能够共同说明他人的主观隐私期待具有客观的合理性，是值得受到宪法保护的，那么披露风险这一因素也不能发挥多大的作用。正如笔者在上文中提到的，虽然有些物品已经为他人所丢弃，但是它们往往具有私密的性质，例如信件、账单、杂志以及避孕用品等，政府对这些物品的监控具有较强的侵扰性，综合以上两点我们可以得出结论：他人对其丢弃的个人物品具有合理的主观隐私期待，应当受到《宪法第四修正案》的保护。

（2）披露的范围。披露范围这一因素意味着，他人可以在向有限的社会成员披露其私人事项的同时受到《宪法第四修正案》的保护。例如，宾馆房间与住宅具有十分类似的性质，至少在办理退房手续之前，他人可以合理地期待其在房间里享有隐私权。卧室所附着的隐私利益是十分重大的，即便是临时的卧室也是如此，因而警察进入他人卧室的行为是具有高度侵扰性的。换言之，卧室具有值得《宪法第四修正案》保护的利益，政府在侵入他人卧室之前必须事先以合理根据获得搜查证。尽管如此，大部分人都明白，在长期住在宾馆的过程中，宾馆的服务人员将会每天进入他人的房间更换床上用品、清理房间。那么依据联邦最高法院近期就《宪法第四修正案》作出的法律适用，在上述情形中，虽然他人"故意"向社会成员披露的范围是非常有限的，法院仍然会判决他人对宾馆房间不具有任何隐私期待，不受法律的保护。

当然，如果客房服务人员确实看到房间入住者的犯罪证据，那么他可以自由地向警察报告其发现的信息。由于这种观察属于 Burdeau 一案中的私人主体搜查，因此《宪法第四修正案》并不会对服务人员观察他人私人物品的行为进行规制。此外，如果私人主体对他人房间进行搜查之后，警察紧接着对他人房间进行了搜查，并且其搜查范围未超出此前私人主体搜查的范围，那么根据 Jacobsen 一案，警察的调查行为也不触及《宪法第四修正案》。

尽管如此，仅仅凭借存在私人主体侦破犯罪行为的可能性就认为政府对他人极其私人领域的侵犯可以免受《宪法第四修正案》的规制是十分荒谬的。这一结论将会大大削弱他人在宾馆房间中享有的隐私权。由于所有的宾馆住客都会故意将他们的房间披露给客房服务人员，因此，警察就可以在不受任何宪法规制的情况下侵入他人的宾馆房间。这是对 Katz 一案精神与《宪法第四修正案》本质的公然违背。然而，按照联邦最高法院在近期判决中采取的分析方法，如果他人想要获得哪怕一丁点儿的《宪法第四修正案》的保护，那么他人就必须保持其私人场所与外界的完全隔离。这种只对案件表面进行分析的方法甚至会威胁到他人对其住宅享有的隐私权。

他人向有限的社会成员披露其私人领域与活动，与他人具有社会公众认为值得保护的主观隐私期待并不是相互矛盾的。联邦最高法院提出的完全隔离的要求对他人自由造成的侵犯，与不受限制的、武断的政府侵扰对他人隐私权造成的侵犯可以说是不相上下的。往好的方面说，法院采取的这种方法具有重形式、轻实质的特点；往差的方面说，法院此举威胁并且限缩了他人的自由，并且达到了令人难以容忍的地步。

如果政府行为对他人的侵扰程度高于他人选定的、有限的社会成员对他人的侵扰程度，那么即便他人向这些社会成员披露了自己的隐私事项，他人仍然可以受到《宪法第四修正案》的保护。当他人向有限的社会成员披露自己的物品或活动时，如果政府随后对他人实施了侵入，那么政府的侵入行为在质量上与数量上都可能超过此前有限社会成员对他人的"侵入"。以宾馆房间为例，他人故意将房间披露给客房服务人员的行为，并不能作为否认他人具有 Katz 一案中所指的隐私期待的依据。由于警察随后对他人房间的侵入，将会导致更多人看到他人的私人领域，因此警察对他人的侵扰显然比客房服务人员对他人的侵扰具有更大的规模。同样地，他人邀请客人到其家中，并不会导致他人隐私期待的消灭，不会导致其在受到政府随后实施的武断侵入时不能受到保护，之所以如此，是因为政府的侵扰程度在规模上超过了他人对其居家生活的披露程度。

尽管如此，更重要的是在质量上，政府随后对他人住宅或宾馆房间的侵扰程度超出了此前他人公开披露的有限程度。一方面，我们很难将受邀客人或宾馆雇员视为"侵入者"。当他人可以控制与他分享隐私信息的人员时，除非隐私权确实意味着"完全隔离"，否则我们没有理由认为他人在进行上述人员控制时放弃了自己的隐私期待。美国人在使用隐私权一词时显然不认为其具有"完全隔离"的意义。在"私人主体"、"私下对话"、"秘密会议"以及"私人俱乐部"等场景设定中，都有多个人同时在场。在这些场景中，隐私权的关键构成要件并不是完全隔离，而是他人可以选择与哪些人分享自己的商业秘密或个人隐私。因此，自愿向选定的社会成员披露私人秘密并不会使他人的隐私权消灭；消灭他人隐私权的是那些不请自来的政府侵扰，它们破坏了他人享有的选择自由。另一方面，从时间意义上看，政府在他人作出有限程度的故意披露之后对他人实施的侵扰在质量上也更加可观。在客房服务人员清洁房间时，住客不会在房间里更换衣物或是进行其他亲密的行为；而在房间清洁完毕后，这些情形都有可能发生。那么，他人在此后时间里具有的隐私期待应当受到《宪法第四修正案》的保护，免受政府的不合理侵扰。换言之，他人在午后时分故意向服务人员披露自己的房间并不会使他人在晚间时分的隐私期待成为不合法的隐私期待。在他人邀请客人到家中的情况下也是如此。即便有人认为主人在邀请朋友到家中时已经放弃了一定程度的隐私权，但是在客人到达之前与客人离开之后，他人的住宅内始终充斥着他人对其亲密关系的隐私期待。

因此，法院不应当认为，有限的公开披露将会剥夺他人享有的

《宪法第四修正案》的保护。更恰当的做法是，法院应当分析政府监控是否具有侵扰性，政府监控的侵扰性在多大程度上超出了有限社会成员——他人故意披露其私人活动或领域的对象——对他人进行观察所具有的侵扰性。当然，在某些情况下，他人公开披露其隐私的范围太过广泛，以至于社会公众不再认为其隐私期待具有合理性，那么此后政府实施的任何搜查行为就不再具有侵扰性。最根本的问题是，鉴于公开披露的性质、程度以及范围，社会是否会认为他人的隐私期待仍然值得《宪法第四修正案》予以保护，使其免受武断的、不受限制的政府侵扰。

（3）披露对象及其观察的仔细程度。根据联邦最高法院近期作出的有关《宪法第四修正案》的判决，法院在进行"披露程度"的分析时，最经常忽略的就是他人披露的对象及其观察的仔细程度。在确定他人故意向公众披露的行为是否导致其隐私期待不受保护时，法院往往会重形式轻实质，从而忽视了他人故意披露的对象的身份以及他人可以预见到的、这些对象查探其隐私的仔细程度。某些人对他人生活隐私的观察是完全不具侵扰性的，因此他人也不需要受到保护。他们对他人的观察是对象模糊的、不具有针对性的。他们根本不会关注他人的隐私，不会破坏一般人期待的隐私权的性质。在这种情况下，他人的披露是非常有限的，因而政府随后实施的监控就会显得极具侵扰性，会对他人的隐私利益造成严重的威胁。Smith 一案、Knotts 一案以及 Greenwood 一案就是很好的例子。

在 Smith 一案中，他人仅仅向电话公司故意披露了自己拨打的电话号码，而电话公司的目的只是通过他人的拨号记录计算他人的电话账单，我们很难认为他人在这一过程中放弃了任何重大的隐私利益。在向电话公司故意披露这些枯燥号码的同时，Smith 对其拨打电话寻找的人的姓名与样貌仍然具有隐私期待。这种有限的披露能够符合大法官 Harlan 提出的两方面判断标准，因而不会致使他人不得不放弃《宪法第四修正案》的保护。Smith 仅仅向电话公司披露电话号码的程度是有限的，但是随后政府对其实施的侵扰的程度却远远超过了其披露的程度，并且将会侵犯 Smith 唯一在意的隐私——其拨打电话的时间，这关系到其拨打对象的身份及其拨打的频率。在该案中，他人具有重要的隐私利益——被呼叫人的姓名而不是电话号码，政府监控具有侵扰性，综合这两点我们可以得出结论：Smith 一案中的隐私利益是社会公众认为值得《宪法第四修正案》予以保护的、免受政府不合理侵扰的隐私利益。

在 Knotts 一案中，一方面，他人仅仅向社会公众故意披露了其行踪的一小部分，而其披露的对象既不认识他，也不关注他的去向。这种公共观察并不会消灭他人对其目的地、会见情况或相识之人（他人出行时关注的隐私权）所具有的隐私期待。因此，只有当政府利用蜂鸣器对他人进行监控时，这些相关的隐私利益才会被披露，他人具有的相关隐私利益才会遭到侵犯与毁损。他人在行进过程中仅仅向社会成员披露了其行程的一小部分，相比之下，政府对他人的侵扰程度远远高于其他社会成员对他人的侵扰程度。在 Knotts 一案中，公众对他人出行的观察与政府对他人出行的观察之间的差别，就相当于单个电影画面与整部电影之间的差别。Knotts 一案中他人隐私利益的性质以及政府行为所具有的高度侵扰性表明，该案应适用《宪法第四修正案》，要求政府确保其行为的合理性。

在 Greenwood 一案中，他人仅仅向那些挑拣铝罐、寻找衣物或残羹剩菜的社会成员故意披露了自己的垃圾。这种有限的公众观察并不会侵犯一般人的隐私期待，这种期待远远超出了他人对于免受任意翻查的期待。由于拾荒者在观察他人物品时不会对他人的隐私利益造成损害，因此他们的观察行为并不具有足以使他人奋起抵抗的侵扰性。另一方面，政府之所以对他人抛弃的垃圾进行系统性的勘察，是为了搜寻与他人居家生活有关的私密细节，而不是为了获取可回收的铝罐或衣服，其侵扰性远远高于拾荒者观察他人垃圾的侵扰性。因此，受到拾荒者有限的、不具针对性的公共观察的风险并不是消灭他人隐私期待的"真凶"，"真凶"是政府实施的极具侵扰性的搜查行为。推测而来的"披露"——他人的垃圾可能为拾荒者所发现——并不是 Katz 一案分析标准所需要考虑的因素。事实上，鉴于他人所期待的隐私权的类型——其垃圾中反映出的私密细节不会被别人发现，别人不会将这些私密细节与他人个人联系起来，故意向拾荒者披露的行为既不会消灭他人的主观隐私期待，也不会致使他人的隐私期待不受保护，不能免受不合理的政府搜查。由于政府对他人丢弃的垃圾实施了极具侵扰性的搜查，并且他人对其在住宅中的活动具有重要的隐私利益，因此垃圾搜查属于《宪法第四修正案》旨在规制的不合理搜查行为。

的确，拾荒者在找到他人犯罪证据后可以自由地将证据上交给警察。依据 Burdeau 一案，拾荒者观察垃圾的行为属于私人主体的搜查行为，不受《宪法第四修正案》的规制。[①] 尽管如此，存在拾荒者搜查他人垃圾的可能性并非 Burdeau 一案规则所要考虑的因素，并且我们在依据 Katz 一案的判断标准确定他人隐私期待是否值得《宪法第四修正案》保护时，也不需要考虑是否存在这种可能性。

在 Smith 一案、Knotts 一案以及 Greenwood 一案中，他人的隐私利益都具有十分重要的性质，并且在这些案件中，虽然他人向公众有限地披露了自己的私人事项，但是他人所期待的隐私权仍然是完好无损的。在上述各个案件中，政府的侵扰程度都远远超过了他人故意向公众披露其隐私事项的程度。鉴于他人所期待的隐私权的类型，他人故意向公众有限地披露自己的私密事项并不妨碍他人具有社会公众认为客观上值得保护的主观隐私期待。这些案件说明，只有对他人所期待的隐私权类型进行确认，法院才能够判断，他人故意向公众披露其私人事项的行为是否消灭了他人的隐私利益，使其不受《宪法第四修正案》的保护。正如 Smith 一案、Knotts 一案以及 Greenwood 一案中那样，如果他人并没有披露其个人事项，那么随后政府实施的、侵犯他人所具有的重要且完整的隐私期待的监控行为就应当受到《宪法第四修正案》的规制，否则他人享有的免受不合理搜查与扣押的宪法权利就是毫无意义的。

五、结语

在 Katz v. United States 一案[②]中，联邦最高法院改变了《宪法第四修正案》的进程。法院不再将注意力集中于他人的财产利益，而是将焦点放在他人的隐私利益上，法院将《宪法第四修正案》所规定的保护理解为对他人隐私权的保护，防止政府在刑事调查中利用现代技术侵扰他人的隐私权。然而，过去十年间法院作出的有关《宪

---

① *See* Burdeau v. McDowell, 256 U. S. 465 (1921).
② 389 U. S. 347 (1967).

法第四修正案》的法律适用却说明，联邦最高法院在法律上与哲学上都与 Katz 一案的精神渐行渐远。随着科学技术的进步，政府侵扰他人私人生活的能力也逐渐提高，但是法院却没有对《宪法第四修正案》作出相应的调整，以便有效地规制政府对他人实施的侵扰行为。相反地，法院限缩了《宪法第四修正案》的保护范围，美国公民享有的私人领域也随之缩小。在 California v. Greenwood 一案[①]中，法院认定《宪法第四修正案》不保护他人丢弃的、能够大量揭示他人住宅内私人生活的物品，随着这一判决的作出，法院终于将政府请进了公民的住宅。

  法院近期作出的有关《宪法第四修正案》的判决带领我们走向一个没有隐私权的新世界，而这一过程中最令人不安的是，法院对 Katz 一案判决的不当适用将使我们离隐私权越来越远。法院从 Katz 一案判决的整个文本中截取出一小段文字，并且在不考虑其原本含义的情况下对其进行简单的字面解释，通过上述做法，法院改写了《宪法第四修正案》，这种改写甚至使我们不得不怀疑那些典型案件是否仍然具有合法性。法院严格地从字面意义上对 Katz 一案进行解读，其结果却与 Katz 一案的精神完全相悖。自 Greenwood 一案之后，目前的法律实践中的《宪法第四修正案》不保护他人曾经"披露"的、社会公众"可能"看到的任何物品或领域。当然，这种判断方法完全忽略了法院必须考虑政府监控涉及的他人利益的性质以及政府行为的侵扰性的两大要素，而这两大要素是《宪法第四修正案》行之有效所必不可少的要素。如果这两个要素都充分具备，如政府对他人的重要隐私利益实施了极具侵扰性的监控，那么依据《宪法第四修正案》的合理性要求，政府的行为就应当受到法律的规制。如果法院反其道而行之，那么就会导致《宪法第四修正案》变得毫无意义，通过现代科学技术的使用，政府就能够直接摧毁他人的隐私权。

  现代《宪法第四修正案》法律适用的关键问题应该是，他人是否将其私人物品与活动披露给公众，以及其披露行为是否导致其隐私利益不值得法律予以保护。法院目前的法律适用方法重形式而轻实质，仅仅依据表面上存在他人披露私人事项的事实，或者更甚，仅仅

[①] 108 S. Ct. 1625 (1988).

依据他人具有披露的可能性就作出他人的隐私权不受保护的判断。法院应当摒弃这种做法，采取一种更加精确的分析方法，对他人公开披露的性质与程度进行衡量。这种分析方法要求法院关注本文所讨论的以下几个要素：①他人私密事项为社会公众所见的风险程度；②公开披露的范围；③观察他人私密事项的公共成员的身份。法院目前对 Katz 一案规则的机械的、字面上的解读忽略了上述要素，导致其对 Katz 一案判决的适用削弱了《宪法第四修正案》的精神。

采取本文提出的新模式，能够确保《宪法第四修正案》对过分滥用的政府权力进行规制。法院的解读方式反倒使法院无法依据《宪法第四修正案》规制警察实施的、具有侵扰性的监控行为，例如跟踪他人出行、追踪他人拨出的电话、飞越他人后院上空拍摄照片甚至于翻查他人丢弃的账单、信件、文字材料与避孕用品等行为。法院声称，一旦武断的、明目张胆的政府侵扰可能成为未来的日常规范，那么法院就将扩大《宪法第四修正案》的保护范围。这种司法回应不仅回避了关键的宪法问题，还完全颠覆了促使宪法制定者增订《权利法案》的立法设定。宪法的制定者之所以为宪法增订《权利法案》，是因为他们不信任政府权力。如果法院对宪法保护的解读导致宪法只能在政府不能监督其自身的明确迹象出现之后才能发挥作用，那么这一解读无疑改写了法律的历史，推翻了宪法制定者的立法设定。

个人自由是美国社会的基础，法院的任务在于巩固这一基础，并且对其进行修复、改造，以避免他人目前享有的自由受到侵蚀，甚至在必要的时候扩大他人享有的自由以适应未来的需求。一旦法院忽视了这一任务，那么法院就会打破政府执法权力与他人对其私人领域享有的、免受政府侵扰的隐私利益之间的平衡。如果只有当"老大哥"的时代真的到来时，法院才开始将宪法解读为保护他人免受"老大哥"侵犯的法律，那么就会存在牺牲他人一直以来享有的隐私利益的风险，而这些隐私利益恰恰是美国与众不同的原因所在。

最后，通过本文提出的新模式，法院可以在不阻碍合法执法活动的情况下，扩大他人依据《宪法第四修正案》所享有的权利，他人可能会以不同的程度向社会公众披露其私人生活，法院也可以依据《宪法第四修正案》的合理性要求，向他人提供不同程度的保护。政府实施合理的空中监控、合理的电话追踪以及合理的垃圾搜查所必须接受的限制，并不一定非要与政府实施合理的住宅搜查所必须受到的限制完全相同。因此，当法院认为他人所具有的特定隐私利益的重要性低于他人对其住宅具有的隐私利益时，法院作出的最准确的宪法回应应当是赋予他人较弱的《宪法第四修正案》所规定的保护，而不是根本不给予他人保护。

总之，法院目前适用的《宪法第四修正案》的分析方法是简单化的、逻辑错误的。法院是时候采取一种更加理智的分析方法了，从而描绘出他人可以享有的、免受政府不合理搜查的保护范围。个人隐私权对于我们的自由社会架构而言是至关重要的。本义提出的新模式仅仅只是一个开始，通过这种新模式对 Katz 一案进行解读与适用，既能够符合这一历史性判例的精神，又能够符合《宪法第四修正案》的本质。

《美国联邦宪法第四修正案》
对隐私合理期待所提供的四种保护模式

奥林·S. 科尔[①]著 罗小艺[②]译

目　次

一、导论
二、隐私合理期待的四种保护模式
三、适用多种保护模式的论证
四、结语

一、导论

在有关《美国联邦宪法第四修正案》（以下简称《宪法第四修正案》）的问题当中，最重要的一个难解之谜莫过于隐私的合理期待标准。美国联邦最高法院（以下简称为联邦最高法院）认为，《宪法第四修正案》保护他人的合理隐私期待，使其免受政府行为侵害。[③] 但似乎没有人能够阐明，究竟需要哪些因素才能使得他人的隐私期待成为宪法上"合理的"隐私期待。对此，联邦最高法院也未能提出一个明确的检验标准[④]；它曾经在其判决中指出，这一问题不仅关乎"不动产法或个人财产法中的概念"，而且与"社会所认可和赞同的

[①] 奥林·S. 科尔（Orin S. Kerr），美国乔治·华盛顿大学法学院教授。
[②] 罗小艺，中山大学法学院助教。
[③] See Smith v. Maryland, 442 U. S. 735, 740 (1979) (discussing Katz v. United States, 389 U. S. 347, 361 (1967) (Harlan, J., concurring).
[④] See, e. g., O'Connor v. Ortega, 480 U. S. 709, 715 (1987) (O'Connor, J., plurality opinion); warrant.); see also 1 Wayne R. LaFave, Search and Seizure: A Treatise on the Fourth Amendment § 2.1 (a), at 380 (3d ed. 1996).

那些理念"有关①。但是，联邦最高法院又在其他案件的判决中否定了财产法的指引作用②，而且没有人知道社会何时会"认可"或"赞同"某一事物。况且，"社会"所指称的是哪些人？联邦最高法院的法官们又从何得知"社会"的想法？自 Harlan 大法官在 Katz v. United States③一案中提出隐私的合理期待标准以来，至今已有四十余年，但"隐私的合理期待"一词的具体含义依然令人费解。

学者对此种混乱不堪的状况感到十分苦恼，甚至将联邦最高法院的相关判决斥为"极度难以令人理解"④、"不稳定"⑤而且"前后矛盾、无法协调的一堆杂乱结果"⑥。学者们撰写了大量论文和案例汇编，竭力去阐释隐私的合理期待标准。但大多数文章只是重复了联邦最高法院的判决结果，⑦有一些文章则提出，要判断他人的隐私期待是否合理，唯一的方法是同时取得至少五位大法官的一致认可。⑧学者们取得的唯一共识是，联邦最高法院就"隐私合理期待"所作出的判决是一个败笔。⑨

这些混乱的争议几乎都指向同一个不言而喻的问题，即为什么联邦最高法院在判断他人的隐私期待是否合理时不能采用一个明确的标准？在许多法律领域，法院确实不得不采取一些模糊的判断标准，例如在判断某个公司的行为是否具有"过失"时⑩，或者在根据理性人标准（the standard of a reasonable person）判断被告是否预见到风险

---

① Rakas v. Illinois, 439 U. S. 128, 143 n. 12 (1978).
② See, e. g. , Warden v. Hayden, 387 U. S. 294 (1967).
③ 389 U. S. at 360 (Harlan, J. , concurring).
④ Richard G. Wilkins, Defining the "Reasonable Expectation of Privacy": An Emerging Tripartite Analysis, 40 Vand. L. Rev. 1077, 1107 (1987).
⑤ Sherry F. Colb, What Is a Search? Two Conceptual Flaws in Fourth Amendment Doctrine and Some Hints of a Remedy, 55 Stan. L. Rev. 1 19, 122 (2002).
⑥ Silas J. Wasserstrom & Louis Michael Seidman, The Fourth Amendment as Constitutional Theory, 11 Geo. LJ. 19, 29 (1988).
⑦ See, e. g. , Charles H. Whitebread & Chistopher Slobogin, Criminal Procedure: An Analysis of Cases and Concepts (3d ed. 1993).
⑧ See, e. g. , Robert M. Bloom, Searches, Seizures, and Warrants 46 (2003).
⑨ See, e. g. , Donald R. C. Pongrace, Stereotypiflcation of the Fourth Amendment's Public/Private Distinction: An Opportunity for Clarity, 34 Am. U. L. Rev. 1 191, 1208 (1985).
⑩ See, e. g. , United States v. Carroll Towing Co. , 159 F. 2d 169 (2d Cir. 1947).

的存在时①。但是，围绕隐私合理期待标准所展开的争论更加繁杂。联邦最高法院甚至无法阐明这究竟是一个什么样的标准——它是一个描述性标准吗？或者是一个规范性标准？它衡量的对象是什么？相关的案件比比皆是，但联邦最高法院不肯厘清此种混乱局面。

本文将解释为什么联邦最高法院尚未确立一个明确的隐私合理期待标准，并阐明联邦最高法院无法适用一个明确标准的原因：如果认定他人的某项隐私期待是"合理"的，这通常意味着相关的政府行为必须遵循搜查令条款的要求，那么法院就需要明确区分警察作出的哪些行为属于无需搜查令也可进行的轻度干扰行为，哪些行为属于必须具备搜查令、紧急情况或他人同意才能进行的严重侵扰行为。而联邦最高法院之所以至今未能提出一个明确的标准来判断他人的隐私期待是否"合理"，是因为不存在一个固定、有效的标准能够将上述严重侵扰行为（受《宪法第四修正案》规制）和轻度干扰行为（不受《宪法第四修正案》规制）进行明确区分。

理论上，法院可以通过两种基本方式来确立一个区分上述行为的标准，但这两种方式在实践中都无法实行。第一种方式是，法院可以确定一个限度作为固定的参照标准，以此为基准来判断警察的行为是否需要受到规制。但实际上警察的调查行为多种多样，没有一个标准能够准确地衡量所有案件中的调查行为，故此种方式并不可行。第二种方式是，法院可以直接衡量每个案件中的特定调查行为，以此来判断该行为是否给他人造成严重侵扰，是否需要受到《宪法第四修正案》的规制。但由于此种方式无法提供一个明确的标准供分散的下级法院统一实施，故也不可行。有关《宪法第四修正案》的那些案件，其案件事实通常分散而多样，法院审理时必须先将案件进行一定分类，进而判断警察的此类调查行为是否给他人造成严重侵扰，以至于警察需要持有搜查证才能进行该行为。然而，如何对案件进行分类完全由法院任意决定，这就意味着下级法院很难针对《宪法第四修正案》的特定规则达成共识。

正是因为法院无法确立一个标准来统一区分严重侵扰行为（受《宪法第四修正案》规制）和轻度干扰行为（不受《宪法第四修正

---

① See, e.g., Model Penal Code § 2.02 (c) (1985).

案》规制），所以导致了如今这种混乱的局面。尽管法院提出的都是单一的"隐私合理期待"标准，但其实此种名称之下并存着若干相互区别的方式；其中主要有四种方式，它们分别体现出《宪法第四修正案》的四种不同保护模式。前三种保护模式为间接方式，通过某些间接依据来进行认定，即：①可能性模式（probabilistic model）着眼于他人信息被警察或公众知晓的可能性，被知晓的可能性越低，他人的隐私期待越容易被认定为合理；②私人事实模式（private facts model）主要考察政府行为所披露的事实，考虑这些事实是否属于值得受保护的高度私密信息，此种模式关注的是政府所搜集的信息本身，而不是政府搜集信息的方式；③实在法模式（positive law model）主要考虑政府行为是否侵害他人的财产权，或是否违反《宪法第四修正案》之外的其他法律规范。在实在法模式之下，只有当他人的隐私期待具有某项实在法（如侵权法）依据时，他人的隐私期待才会被法院认定为合理。最后一种保护模式即法律目的模式（policy model），它体现为一种直接保护方式。采用法律目的模式时，法院会直接考量警察的某个行为是否应当受《宪法第四修正案》规制。

　　研究《宪法第四修正案》的学者们指出，目前法院采用的方法之所以不尽如人意，是因为法院通常都混淆了上述四种保护模式。联邦最高法院的大多数判决意见或多或少都体现出多种保护模式的特点，而且毫不经意地就在不同模式之间来回转换。为什么目前法院所采取的方法会广受指责，这一点其实很容易理解：在联邦最高法院的层面上，大法官们似乎总是从结果出发，然后挑选不同的论据来支持其观点，挑选一个最适合其观点的保护模式，这种做法使得任何结论几乎都能得到合理解释。但四种理论之间并不存在一个公认的"元理论"（meta-theory），至于何种情况下应当适用何种模式，这一问题也不存在统一的阐释。由此在法律上造成了大量杂乱、无序的情况，亟须对其进行梳理。

　　但事情的表象往往具有迷惑性。乍一看来，问题似乎出于概念上的混乱，但实则表明法院本来就需要适用多种保护模式。相较于只适用单一模式，适用多种模式尤为有利：在判断不同的警察行为是否应当受到宪法规制时，根据不同类型的案件情况选择最适合的保护模式，这将有助于发展《宪法第四修正案》原本较为分散的规则。下级法院则能够类推适用联邦最高法院对不同保护模式的选择,由此形成在某些特定类型的案件中适用特定保护模式的习惯做法。实际上,联邦最高法院的判例已经或多或少地发挥出此种作用。在判断某种警察行为是否需要受到宪法规制时,联邦最高法院对特定保护模式的选择似乎能够将此类案件情况和相应的保护模式合理联系起来。

对这四种保护模式的深入理解非常有助于实现这一目标。联邦最高法院的判例所造成的混乱情况多少能够表明,在判断他人之隐私期待是否合理时应当采用一个统一标准的观点并不正确。正视法院对多种保护模式的需求,这也有助于法院根据不同的案件情况选择相应的保护模式,更好地实现隐私合理期待标准所要达成的目的。在联邦最高法院的层面上,大法官应当考虑在此类案件情况下,何种模式最有利于识别出那些需要受到规制的警察行为,然后再适用相应的保护模式。下级法院的法官则应当遵循联邦最高法院的先例,践行联邦最高法院在判例中对不同保护模式所作出的选择。

本文将通过两个部分展开论述。在第一个部分,笔者将对隐私合理期待的四种保护模式进行介绍,具体阐明它们的保护方式以及联邦最高法院适用此种模式所作出的判例;在第二个部分,笔者将分析为什么联邦最高法院对四种保护模式全部加以适用而不是仅仅选择其中一种模式,并分析在识别警察的何种行为属于应受《宪法第四修正案》规制的"搜查行为"时,对这些模式的深入理解是如何有助于法院作出准确、一致的判断。

二、隐私合理期待的四种保护模式

隐私合理期待标准旨在对警察的调查行为进行分类,区分出哪些需要受《宪法第四修正案》规制的调查行为和哪些无须受此规制的调查行为。一方面,如果某个政府行为侵害了他人的隐私合理期待,那么该行为就应当被认定为"搜查行为"(search),只有在持有搜查证或具备搜查条款的例外情况(如紧急状况或取得被搜查人同意)时,政府才能合法地进行该行为。[①] 另一方面,如果某个政府行为并未侵害他人的隐私合理期待,那么该行为就不受《宪法第四修正案》

[①] See Illinois v. Rodriguez, 497 U. S. 177, 185 (1990).

规制，政府随时可以作出该行为而不必受任何宪法上的限制。① 因此，隐私合理期待标准的作用相当于一条分界线，将政府调查行为分成是否需要受《宪法第四修正案》规制的两个部分，即对于那些不受规制的调查手段，政府随时可以进行；对于那些受规制的调查手段，政府只能在特定情况下谨慎地使用。

但是，需要具备何种条件才能构成宪法上"合理"的隐私期待呢？对于这一问题，联邦最高法院做出的判例中就包含了四种可行的答案，笔者将对此进行探讨。实际上，《宪法第四修正案》所提供的保护存在四种模式，在判断他人的隐私期待是否"合理"时，四种模式的论证过程相对有所区别。② 其中两种为规范性模式（normative model），另外两种为描述性模式（descriptive model）；其中两种模式着眼于宏观角度，另外两种模式着眼于微观角度。目前大多数的法院判决意见都混淆了四种保护模式，在同一个判决意见中混合使用多种模式。由此导致的结果是，学者们无法对他人不同类型的主张进行区分。笔者将在这一部分对现有的四种保护模式进行梳理，并且证明联邦最高法院对四种保护模式的取舍变化不定，时而采用这些模式来实现《宪法第四修正案》对隐私合理期待所提供的保护，时而对这些模式加以拒绝。

（一）可能性模式

笔者将《宪法第四修正案》的第一种保护模式（probabilistic model）称为可能性模式。根据可能性模式，他人的隐私期待合理与否主要取决于概率大小，即一个理性人所能预见的、其隐私遭受披露的可能性大小。此种模式并非规范性审查，而是描述性审查：可能性模式以普遍的社会习惯为依据，旨在衡量他人受到监视或某一场所遭到搜查的可能性大小。③ 根据此种模式，如果他人的隐私被别人窥探的可能性很低，那么他人对该隐私就享有合理的隐私期待。他人隐私

---

① See Soldal v. Cook County, 506 U. S. 56 (1992).
② Cf. Philip Bobbitt, Constitutional Fate: Theory of the Constitution (1982). See, for example, United States v. White, 401 U. S. 745, 750 (1971), reaffirmed by On Lee v. United States, 343 U. S. 747 (1952).
③ Rakas v. Illinois, 439 U. S. 128, 143 n. 12 (1978).

被别人窥探到的可能性越高,他人的隐私期待就越不容易被认定为合理。① 正是通过此种方式,《宪法第四修正案》保护他人的隐私免受不必要的侵扰。当政府搜集证据的方式有违社会习惯和公众预期,披露出一个理性的人通常会希望保密的信息时,政府的行为就违反了隐私的合理期待标准。

Bond v. United States 一案②就是适用可能性模式所作出的判决。在该案中,一位边境巡逻队员在得克萨斯州和墨西哥边界登上一辆公共汽车进行临时检查。为了检查车上是否藏有毒品,巡逻员在车上来回查看,并挤压、触摸放置在行李架上的包袋。在触摸到该案被告的帆布包时,巡逻员发现包内装有"砖状"物体,于是巡逻员打开被告的帆布包并发现了包内的毒品。③ 对于该案,Rehnquist 首席大法官撰写的法院意见认为,巡逻员对被告的帆布包进行"探究触摸式检查",此种方式侵害了被告的合理隐私期待。该案件④的关键在于,巡逻员的检查方式超过了公共汽车乘客所能接受的一般做法:"当一名公共汽车乘客将行李放在头顶的架子上时,他能够预见到其他乘客或工作人员可能出于某些理由而移动其行李。因此,公共汽车乘客能够清楚地预见到自己的行李可能被会被其他人触碰。但是乘客们当然无法预见到,其他乘客或工作人员会以一种探查的方式触摸自己的行李。"⑤ 因此,巡逻员的行为侵害了乘客的隐私合理期待,构成一项搜查行为。

Minnesota v. Olson 是另一个颇有意义的判例⑥。在该案中,Olson 参与抢劫了一个加油站,然后回到一个朋友的双人公寓中过夜。警察并未获得搜查证,但依然对该双人公寓进行搜查,并发现了藏在壁橱中的 Olson。在 White 大法官撰写的判决意见中,法院认为,Olson 就该公寓享有合理的隐私期待。White 大法官指出:该案判决"只是认

---

① See, e.g., Lior Jacob Strahilevitz, A Social Networks Theory of Privacy, 72 U. Chi. L. Rev. 919 (2005).
② 529 U.S. 334 (2000).
③ 529 U.S. 334 (2000) at 336.
④ 529 U.S. 334 (2000) at 337.
⑤ 529 U.S. 334 (2000) at 338-339.
⑥ 495 U.S. 91 (1990).

可了一个常见的、人人享有的隐私期待"①。在别人家中借宿过夜是一个长期存在的社会习俗,②而且习惯上主人应当尊重客人的隐私利益,主人当然可以自由决定是否让人进入自己的房屋,但是当借宿的客人不同意时,主人通常不会允许其他人进入房屋会见借宿的客人。③案件中的 Olson 对该公寓享有合理的隐私期待,是社会习俗和社会惯例使其隐私期待变得合理,使得 Olson 有理由认为其他人不会擅自进入公寓当中。

California v. Ciraolo 一案④判决的多数赞成意见和反对意见提供了另一种阐释。在该案中,Ciraolo 于自家后院种植大麻,并在房屋周围修建了 10 英尺高的围墙,防止别人看见后院的大麻。于是警察借用一架飞机,在 1000 米的高空中俯瞰 Ciraolo 的房屋,拍摄了后院中种植大麻的照片。Burger 首席大法官撰写的多数意见认为,警察的观测行为并没有违反 Ciraolo 的合理隐私期待,因为来自空中的观测十分常见:"在我们生活的时代,各种私人和商业航班每天都在公共航线上穿梭来往,而被告人却期望宪法保护其种植大麻的行为免受来自 1000 米高空的肉眼观察,此种隐私期待是不合理的。"⑤ 而在该案的反对意见中,Powell 大法官对被告房屋遭到观测的可能性提出了不同意见:Powell 大法官认为,房屋遭到空中观测的可能性极低,故被告 Ciraolo 的隐私期待是合理的。⑥ 尽管这两种意见在结果上截然不同,但两种意见都着眼于被告之房屋遭到观测的可能性,它们审查的焦点是一致的。

联邦最高法院根据可能性模式作出过大量案件判决,Bond 一案、Ciraolo 一案和 Olson 一案只是其中三个。⑦ 这些判例表明,合理的隐私期待是描述性的,它以普遍的社会规范和社会习惯为基准。根据社

---

① 495 U. S. 91 (1990) at 98.
② 495 U. S. 91 (1990) at 98.
③ 495 U. S. 91 (1990) at 99.
④ 476 U. S. 207 (1986).
⑤ 476 U. S. 207 (1986) at 215.
⑥ 476 U. S. 207 (1986) at 223 (Powell, J., dissenting).
⑦ For other examples, see O'Connor v. Ortega, 480 U. S. 709 (1987) (O'Connor, J., plurality opinion) (addressing government workplace privacy); California v. Carney, 471 U. S. 386 (1985); United States v. Dionisio, 410 U. S. 1 (1973) (addressing grand jury subpoena).

会规范和社会习惯来看，如果他人视为隐私的事物不会轻易被别人观察到，那么他人就享有合理的隐私期待。他人的某种隐私期待是否合理，这取决于一个正常的理性人会如何期待。正如 Learned Hand 法官在 Carroll Towing 一案中提出"过失公式"（negligence formula）来衡量发生某种损害的可能性，① 一个理性的人也会衡量其特定信息被公之于众的可能性。②

到目前为止，可能性模式看起来都很好，但有一点美中不足的是：在联邦最高法院适用可能性模式作出的每一个判决中，都有若干位大法官表示坚决反对。而且在许多案件中，联邦最高法院认为可能性模式无法成为《宪法第四修正案》的基本规则，故排除了可能性模式的适用。试看最近联邦最高法院就 Illinois v. Caballes 一案③所作出的判决：Caballes 因超速行驶而被警察拦截，而警察当时恰好带着一只毒品嗅探犬（drug-sniffing dog）。由于嗅探犬对车辆的后备厢作出警示反应，故警察搜查了车辆后备厢并发现其中藏有毒品。联邦最高法院认为，警察利用警犬发现被告藏匿的毒品并不构成搜查行为。根据 Steven 大法官撰写的多数赞成意见，警察发现后备厢中藏有毒品的概率与《宪法第四修正案》的审查完全无关，因为"他人希望'某些事实不会被政府发现'的期待不能等同于'社会普遍愿意视为合理'的隐私利益"。④ 正如二十年前联邦最高法院在 United States v. Jacobsen 一案中所强调的那样："就其性质而言，社会普遍愿意视为合理的隐私利益不同于他人不希望某些事实被政府发现的期待（无论此种期待如何正当），二者的性质截然不同。"⑤

在有关错误信任（misplaced confidences）的案件判决中，联邦最高法院也排除了可能性模式的适用。在此类判例中，案件情况通常是被告将其私密信息透露给朋友或商业伙伴，以为他们会帮助自己保

---

① United States v. Carroll Towing Co. , 159 F. 2d 169, 173 (2d Cir. 1947).
② See, e. g. , Jeffrey Rosen, The Unwanted Gaze: The Destruction of Privacy in America 60 (2000).
③ 543 U. S. 405 (2005).
④ 543 U. S. 405 (2005). at 408 – 409 [quoting United States v. Jacobsen, 466 U. S. 109, 122 (1984)].
⑤ Jacobsen, 466 U. S. at 122.

密。但实际上,这位朋友或商业伙伴随即将有关信息提供给警察,因为他们要么是政府的秘密线人①,要么代政府进行窃听②,又或者警察会申请传召他们出庭③。在所有此类案件中,联邦最高法院均认为,一旦他人将私密信息透露给第三人,无论第三人背叛他人信任的可能性有多小,他人都不可能对该信息享有合理的隐私期待。联邦最高法院在 United States v. Miller 一案中总结道:"对于他人自己透露给第三人的信息,《宪法第四修正案》不禁止政府从第三人处获得该信息,哪怕透露信息时他人以为该信息只会被用于特定场合,并且坚信第三人不会背叛其信任。"④ 无论该信息被警方获知的可能性有多小,他人都应当承担这一风险。⑤

此外,在 United States v. Ross 一案中,警察搜查了其在嫌疑人车上发现的一只纸袋。⑥ 联邦最高法院在该案判决意见中强调,纸袋是否封口并不会影响法院对隐私期待合理与否的判断。联邦最高法院认为,根据"《宪法第四修正案》的主要目的"来看,不存在所谓"值得"保护的容器和"不值得"保护的容器之分,因为"在我们的国家里,无论他人居住在破败不堪的小屋,还是富丽堂皇的大厦,他们的隐私都应当得到同等的保护;无论是用纸袋或打结的包袱装着牙刷和几件衣服的旅人,还是久经世故、背着上锁公文包的主管经理,他们都有权要求自己的财物保持私密从而免受政府搜查"。⑦ 在此,无须考虑一个理性的人是否对其包内的物品抱有隐私期待。正如他人的每一栋住宅均受到保护,而无须考虑其住宅是位于山林中的隐逸之处,还是位于盗贼频繁光顾的城市街区。

总之,在判断他人的隐私期待是否合理时,可能性模式只能提供一种偶然的指引。在某些情况下,联邦最高法院会适用可能性模式作

---

① Hoffa v. United States, 385 U.S. 293 (1966).
② United States v. White, 401 U.S. 745 (1971).
③ United States v. Miller, 425 U.S. 435 (1976).
④ United States v. Miller, 425 U.S. 435 (1976). at 443.
⑤ See, e.g., Smith v. Maryland, 442 U.S. 735, 745 (1979). see also Anderson v. Pollard, 2005 U.S. Dist. LEXIS 81960, at 11-12 (E.D. Wis. Nov. 7, 2006).
⑥ 456 U.S. 798 (1982).
⑦ 456 U.S. 798 (1982). at 822 (footnote omitted).

出判决，但在其他许多情况下，联邦最高法院断然排除可能性模式的适用，并求诸其他保护模式。

（二）私人事实模式

《宪法第四修正案》的第二种保护模式称为私人事实模式（private facts model）。此种模式主要关注政府所搜集的信息是否属于他人的私密信息，是否值得由宪法进行保护。如果政府所搜集的信息属于他人的高度私密信息，那么政府搜集该信息的行为就构成搜查行为；如果政府所搜集的信息不属于他人的私密信息，或者该信息并不值得受到保护，那么政府的行为就不构成搜查行为。此种模式的关键问题在于，政府所搜集的信息本身是何种性质，而不在于政府搜集信息的手段如何，或者政府的行为是否超出他人预料。

United States v. Jacobsen 一案[1]是适用私人事实模式的经典案例。在 Jacobsen 一案中，经由联邦快递运送的一个纸箱在运输过程中发生破损。一些白色粉末从纸箱中漏出，美国联邦调查局的一名特工对这些白色粉末进行了现场测试，以分析这些粉末是否为可卡因。测试结果表明这些粉末确实为可卡因，该份包裹的收货人遂遭到刑事指控。Steven 大法官撰写的法院意见认为，为了查找毒品而进行的现场分析并未侵害他人的合理隐私期待。因为现场测试"只能揭露出一个事实"[2]，即该案中的白色粉末是否为可卡因，而这一事实并不属于他人的"私密"事实。[3] 如果分析结果是否定的，那么"此种分析结果没有触及任何特定利益"。[4] 而如果分析结果是肯定的，那么此种结果只能揭露出一个犯罪事实，因为持有可卡因构成犯罪。[5] 因此，因为现场测试唯一能够揭露的只是一个犯罪事实，"不涉及其他可称为'私密'的事实"，故现场测试并未侵害他人受宪法保护的任何合理隐私期待。[6]

---

[1] 466 U. S. 109 (1984).
[2] 466 U. S. 109 (1984) at 122.
[3] 466 U. S. 109 (1984) at 123.
[4] 466 U. S. 109 (1984) at 123.
[5] 466 U. S. 109 (1984) at 123.
[6] 466 U. S. 109 (1984) at 123.

Dow Chemical Co. v. United States 一案①也体现出类似的保护模式。在该案中，环境保护局（Environmental Protection Agency）雇用一名商业摄影师对一家化工厂进行航拍，以此收集该化工厂违反环境保护法的证据。该化工厂属于 Dow Chemical 公司所有，该公司遂提起一项民事诉讼，声称上述拍摄行为违反了《宪法第四修正案》。Burger 首席大法官撰写了该案的法院意见，驳回 Dow Chemical 公司基于《宪法第四修正案》所提出的主张。其中一项判决理由为："本案中的照片并未揭露任何私密细节，故不涉及宪法层面上的问题。虽然比起用肉眼观察，这些照片确实给环境保护局提供了更多详细信息，但也只限于化工厂的厂房、设备等大致轮廓。"② 涉案照片确实披露了一些信息，但并未涉及任何重大或私密信息，故案件中的拍摄行为不构成搜查行为。

当然，和其他模式一样，私人事实模式同样是一柄双刃剑：它既可以作为法院拒绝为他人提供《宪法第四修正案》之保护的理由，也可以作为法院为他人提供该保护的正当理由。例如，在 United States v. Karo 一案③中，毒品管制所（Drug Enforcement Agency）在进口到美国的一罐化学物质（该物质可从其他原料中提取出可卡因）中放置了一个跟踪器。跟踪器可以显示该化学物质所处的位置，而根据记录显示，该化学物质曾经进入一个私人住宅当中。White 大法官撰写的法院意见书认为："毒品管制所使用跟踪器获取涉案信息的行为侵害了他人的合理隐私期待，因为私人房屋内部的细节属于他人的私人事实。寻呼机一类的电子监控设备对他人所造成的侵扰当然小于全景扫描设备所造成的侵扰，但它确实揭露出房屋内部的一项重大事实。政府亟欲获知该项重大事实，但除了通过取得搜查证来获得该信息外，政府别无他法。"④ 该案中毒品管制所的行为披露了他人的重大事实，因此其行为构成一项搜查行为。

联邦最高法院在许多案件判决中都适用了私人事实模式，Jacobs-

---

① 476 U. S. 227（1986）.
② 476 U. S. 227（1986）at 238.
③ 468 U. S. 705（1984）.
④ 468 U. S. 705（1984）at 15.

en 一案、Dow Chemical Co. 一案和 Karo 只是其中一部分。这些案例的共同之处在于，如果政府搜集的信息属于他人高度私密的个人信息，并且该信息值得受到隐私权的保护，那么政府的行为就构成《宪法第四修正案》所规制的搜查行为，侵害了他人的合理隐私期待。私人事实模式似乎源自这样一种认识，即披露那些高度私密的他人信息会侵害他人的隐私权，而披露那些较不私密的信息则不会侵害他人的隐私权。① 如果说《宪法第四修正案》确实反映出这一人们广为接受的理念，那么或许在权衡他人的隐私期待是否合理时，法院应当对政府所披露之他人信息的价值作规范性评判。有另一种观点认为，法院在考虑适用《宪法第四修正案》时应当寻求"合法的"隐私期待，而非"合理的"的隐私期待，此种观点使得上述阐释看起来更加合理。② 他人的某种隐私期待是否"合法"，这显然取决于合法性的规范判断，即私人事实模式中所反映的直观认识。

然而，这些案例再次只反映了事物的一面。实际上，联邦最高法院往往忽略了私人事实模式的适用——它在不涉及他人私密信息时将政府行为认定为搜查行为，而在政府搜集他人私密信息时竟认定其行为不构成搜查行为。③ 例如，在 Arizona v. Hicks 一案④中，警察进入一间公寓搜寻一名持枪歹徒，该名持枪者刚刚在这个公寓开出数枪。一名警察在破败的公寓里发现一套昂贵的音响设备，于是他打开唱机的转盘查看音响设备的序列号码，而该序列号码与失窃音响设备的序列号码完全一致。对此，Scalia 大法官撰写的法院意见认为，警察移动音响设备查看序列号码的行为侵害了被告的合理隐私期待。实际上，警察移动转盘后能揭露的唯一信息只是一个序列号码，但联邦最高法院却忽视了这一点。法院反而认为："问题不在于警察的搜查行为没有发现任何涉及被告之私密信息的事实。确实，警察发现的只是一串序列号码（通常隐藏在设备的后面或底部），而不是被告的书信

---

① See Daniel J. Solove, A Taxonomy of Privacy, 154 U. Pa. L. Rev. 477 (2006).
② See, e. g., Rakas v. Illinois, 439 U. S. 128, 143 n. 12 (1978).
③ Christopher Slobogin & Joseph E. Schumacher, Reasonable Expectations of Privacy and Autonomy in Fourth Amendment Cases: An Empirical Look at "Understandings Recognized and Permitted by Society," 42 Duke L. J. 727 (1993).
④ 480 U. S. 321 (1987).

和照片。但搜查行为就是搜查行为，哪怕警察打开转盘后只看到空荡荡的转盘底部而一无所获。"①

在涉及未封口包裹的案件中，联邦最高法院也拒绝适用私人事实模式。对此，联邦最高法院的思路十分简单：如果政府人员打开了嫌疑对象的密封包裹或其他容器，不管容器里装的是什么，政府人员打开容器的行为都构成一项"搜查行为"。② 值得注意的是，此种思路可能和Caballes一案（警犬嗅探案）存在冲突：只利用毒品嗅探犬发现毒品但不打开包裹，此种行为不构成搜查行为，因为持有毒品的事实并不属于他人的私人事实；但如果警察打开包裹去搜寻毒品，哪怕警察除了毒品以外没有发现其他任何私密信息，该行为都构成一个搜查行为。前一种情况可以适用私人事实模式，后一种情况则无法适用。③

此外，在有关错误信任（misplaced confidences）的案件中，联邦最高法院同样排除了私人事实模式的适用。前文已经述及，在此类案件中，案件情况通常是他人将其私密信息透露给朋友或商业伙伴，并以为他们会帮助自己保密。但实际上，这位朋友或商业伙伴随即将有关信息提供给警察。联邦最高法院认为，一旦他人将其私密信息透露给第三人，他人就不再享有隐私权的保护：因为，是他人自己将其私密信息的控制权交予第三人，这就导致他人对该信息不再保有任何隐私权利。其实，此类案件中他人私密信息的性质并没有改变，但联邦最高法院却忽视了这一点。联邦最高法院认为，他人在披露信息时应当预见到第三人可能转眼就向警方告密。因此，他人自行披露其私密信息这一点就足以排除隐私权的保护，哪怕遭到披露的信息仍属于他人的高度私密信息。

因此，和可能性模式相同，在判断他人的隐私期待是否合理时，私人事实模式也只能提供一种偶然的指引。在某些情况下，警察披露他人私密信息时是否采取一种惯常手段，这对其行为是否构成"搜查行为"具有重大影响。在其他模式中，这一点则并不相关。

---

① 480 U.S. 321 (1987). at 325.
② See United States v. Jacobsen, 466 U.S. 109, 120 n. 17 (1984).
③ See United States v. Jacobsen, 466 U.S. 109, 120 n. 17 (1984).

(三) 实在法模式

《宪法第四修正案》的第三种保护模式称为实在法模式（positive law model）。在适用此种模式时，法院会考虑除了《宪法第四修正案》之外，是否还有其他法律限制或禁止涉案的政府行为。如果政府获取他人信息的行为违反其他法律，那么政府的行为就侵害了他人的合理隐私期待。此种模式关注的要点在于，被搜集的他人信息是否属于公众能够合法获取的信息。如果社会公众能够合法地获取他人的某项信息，那么政府获取该信息的行为就不会侵害他人的合理隐私期待。实在法模式重在描述性审查，而非规范性审查：此种模式以现行的法律规范为基准，重在考察政府获取他人信息的行为是否合法。

实在法模式深深地植根于《宪法第四修正案》的历史。起初，《宪法第四修正案》就是作为保护他人财产权的一种机制而出现的，[①]即以他人财产为中心进行保护。这一点影响深远，在很大程度上，如今《宪法第四修正案》的保护仍未摆脱此种影响。[②] 因此，在 Katz 一案后期，"通过《宪法第四修正案》保护他人财产"[③] 依然是一个主旋律：如果他人为财产所有人，或者同财产所有人具有某种亲密关系，那么他人对该财产通常享有合理的隐私期待；反之，如果他人并非财产所有人，同财产所有人之间也不具备某种亲密关系，那么他人对该财产通常不享有合理的隐私期待。总而言之，在衡量《宪法第四修正案》的保护范围时，他人的财产权是否遭到侵害成为一个重要指引。[④]

Rakas v Illinois 一案[⑤]的判决就适用了实在法模式。在该案中，被告 Illionois 帮助别人抢劫一家服装店后搭车逃亡，但后来车子被追捕的警察截下。警察对车辆进行搜查，在前排座位下发现一支手枪，

---

① See Entick v. Carrington, 19 Howell's State Trials 1029, 1030 (C. P. 1765).
② See Orin S. Kerr, The Fourth Amendment and New Technologies: Constitutional Myths and the Case for Caution, 102 Mich. L. Rev. 801, 809 – 815 (2004).
③ Soldal v. Cook County, 506 U. S. 56, 64 (1992).
④ See Orin S. Kerr, The Fourth Amendment and New Technologies: Constitutional Myths and the Case for Caution, 102 Mich. L. Rev. 801, 809 – 815 (2004).
⑤ 439 U. S. 128 (1978).

并在仪表盘下上锁的小柜里找到一盒子弹。Rehnquist 大法官撰写的法院意见认为,警察搜查汽车并未侵害搭车乘客依据《宪法第四修正案》所享有的权利。联邦最高法院认为:"财产权的一项重要权能即排除别人的侵扰,根据此种权利,财产所有人、合法持有或控制财产的人对该财产均享有合法的隐私期待。"① 然而,该案被告 Illionois 只是一名乘客,对汽车或遭到搜寻的物品不享有财产权,也缺乏相应的占有权。因为 Illionois "对汽车或其他遭到搜查的物品既不享有财产权,也不享有占有利益或其他任何财产利益",故 Illionois 并不享有合理的隐私期待。②

不过,实在法模式所保护的对象不止于财产。在 Florida v Riley 一案③中,White 大法官所撰写的多数赞成意见就能够体现出这一点。Riley 一案的案情和 Ciraolo 一案十分相似:在该案中,调查员驾驶直升机到达被告房屋上空 400 米的地方,从这一高度发现被告在其温室中种植大麻。对此,佛罗里达州政府提出该案应当适用实在法模式,虽然联邦航空管理局(Federal Aviation Administration)制定的规章规定,固定机翼航空器的飞行高度不得低于 500 米,但这一规定并不适用于直升机。因为联邦航空管理局的规章允许直升机飞行在 Riley 的房屋上空 400 米处,所以政府的行为并未侵害 Riley 的合理隐私期待。White 大法官撰写的多数赞成意见对佛罗里达州政府的观点表示赞同,并在判决意见中指出:"假如直升机在空中 400 米处飞行会违反其他法律或规章,那么该案的情况将会截然不同。但是,约束其他航空器的适航空间规定并不能适用于直升机。任何人都可以合法地驾驶直升机到达 Riley 房屋上空 400 米的地方,然后观看 Riley 的温室。本案中警察的行为并无逾越法律之处,其驾驶直升机观看的行为并未违反法律。"④

和其他保护模式相同,实在法模式同样具有两方面的作用:法院既可以根据此种模式拒绝为他人提供保护,也可以根据此种模式为他

---

① 439 U. S. 128 (1978). at 143 n. 12 (internal citations omitted).
② 439 U. S. 128 (1978). at 129.
③ 488 U. S. 445 (1989).
④ 488 U. S. 445 (1989). at 451 (White, J. , plurality opinion, joined by Rehnquist, C. J. , Scalia, J. , and Kennedy, J.).

人提供正当保护。例如，在 Dow Chemical Co. 一案中，Powell 大法官在其反对意见中就利用实在法模式来阐述保护他人隐私的正当理由。① 在该案中，为了证明 Dow Chemical 公司是否遵守了相关的环境法规，环境保护局雇用一名摄影师在空中拍摄 Dow Chemical 公司所有的一家化工厂。Dow Chemical 公司认为，环保局的拍摄行为泄露了它们的商业秘密，因而侵害了 Dow Chemical 公司的合理隐私期待。Powell 大法官对此表示赞同，Brennan 大法官、Marshall 大法官和 Blackmun 大法官也都表示赞同。Powell 大法官认为："商业组织对其特定形式的财产拥有合法的隐私利益，商业秘密法中已经明确体现了此种社会意志；因为 Dow Chemical 公司努力使其化工厂远离公众视线的行为受商业秘密法保护，所以 Dow Chemical 公司对其商业设施所享有的合理隐私期待同样受《宪法第四修正案》保护。"②

联邦最高法院在许多案件中都适用过实在法模式，Rakas 一案、Riley 一案和 Dow Chemical Co. 一案的反对意见只是其中三个③。此类案件的共同要点在于，合理的隐私期待源自于法律所明示和确认的价值，因此，如果政府的行为违反实在法的标准，那么该政府行为就会引发《宪法第四修正案》的保护。不过，这些案例也只反映了事物的一个方面。在适用实在法模式所作出的所有判决中，均存在着一个与之相对的反对意见。

例如，Oliver v. United States 一案④的判决就表明，在 Katz 一案建立起"隐私合理期待"理论之后，源起于 20 世纪 20 年代的敞地搜查原则（"open fields" doctrine）依然存活下来。⑤ 根据敞地搜查原则，警察可以在犯罪嫌疑人住宅以外的敞地巡查、调查犯罪，只要警察没有过于接近犯罪嫌疑人的住宅即可。⑥ 在 Powell 大法官撰写的法

---

① Dow Chemical Co. v. United States, 476 U. S. 227 (1986).
② Dow Chemical Co. v. United States, 476 U. S. 227 (1986). at 249 (Powell, J., concurring in part, dissenting in part).
③ Perhaps the most remarkable example of this is the discussion of Bahamian bank secrecy law in United States v. Payner, 447 U. S. 727 (1980).
④ 466 U. S. 170 (1984).
⑤ This doctrine was first established in Hester v. United States, 265 U. S. 57, 59 (1924) (citing William Blackstone, 4 Commentaries *223, *225-226.
⑥ See United States v. Dunn, 480 U. S. 294 (1987).

院意见中,联邦最高法院拒绝适用实在法模式,反而支持这一古怪的原则。联邦最高法院认为,该案中警察的行为虽然违反了侵权法,但这并不当然意味着 Oliver 的隐私期待是合理的。法院认为:"侵权法虽然包括他人使其财产免受侵扰的权利,但这一权利并不等同于合法的隐私利益。因此,在涉及敞地搜查原则的案件中是否适用《宪法第四修正案》,普通法上的侵权法所保护的一般财产权利几乎不或者完全不产生影响。"①

在 California v. Greenwood 一案②中,联邦最高法院也排除了实在法模式的适用。在该案中,Greenwood 将垃圾装袋并丢在房屋边上,好让清洁工把垃圾带走。于是,一名警察指使清洁工将垃圾带走然后交给政府,随后进行的分析表明垃圾中含有大量可卡因和大麻制剂。被告 Greenwood 在其答辩意见中援引了实在法模式。她认为,加利福尼亚州最高法院曾经认定警察的此类行为违反加州宪法,由此可以推知,加州宪法的保护使得其隐私期待具有宪法上的合理性。但联邦最高法院并不赞同她的观点。在其撰写的多数赞成意见中,White 大法官怒斥道:"《宪法第四修正案》的保护不受各州法律掌控,联邦最高法院也从未对此妥协。"③ 长久以来,联邦最高法院一直坚持认为,《宪法第四修正案》的分析应当取决于社会的共同理念,以此判断某些特定领域是否值得受到最为严格全面的保护,从而免受政府侵扰。④

和可能性模式、私人事实模式相同,在判断他人的隐私期待是否合理时,实在法模式也只能提供一种偶然的指引。在某些情况下,联邦最高法院会适用实在法模式作出判决,在其他情况下,联邦最高法院则排除实在法模式的适用。

(四)法律目的模式

《宪法第四修正案》的第四种保护模式称为法律目的模式(poli-

---

① Oliver, 466 U. S. at 183 – 184.
② 486 U. S. 35 (1988).
③ 486 U. S. 35 (1988) at 43.
④ 486 U. S. 35 (1988) at 43 (quoting Oliver, 466 U. S. at 178 (emphasis added in Greenwood.

cy model)。根据此种模式,在判断他人的隐私期待是否合理时,法院应当权衡这样一个问题:某一类特定的警察行为是否应当符合搜查证条款的要求,或者此类警察行为可以免受《宪法第四修正案》的规制?一方面,如果对此类警察行为不加规制会给公民自由造成严重侵扰,那么法院应当认定此类行为侵害他人的合理隐私期待;另一方面,如果限制此类警察行为会对那些原本有利于公民自由的政府调查造成不当限制,那么他人的隐私期待就无法成为宪法上合理的隐私期待。因此,他人的隐私期待是否合理取决于规范性的价值判断。法官们应当考虑,对某一类特定政府行为进行规制会造成何种结果,衡量他人隐私与公共安全孰轻孰重,进而作出一个相对更好的选择。①

对此,现实主义法学派的学者们会质疑,法律目的模式往往只是不断重复联邦最高法院的判决结果。但事实上,正是类似于法律目的模式的一些价值构成了《宪法第四修正案》和隐私合理期待标准的基础,这一点已被学界广泛接受,笔者也将在后文进行阐述。因此,即使是在那些通过可能性模式、私人事实模式和(或)实在法模式得出结论的判决中,法律目的模式也大致能起到一种指引作用。实际上,在涉及《宪法第四修正案》的案件中,联邦最高法院通常十分依赖于法律目的模式。其实,这一点早在 Katz v. United States 一案②中就已经彰显出来。政府在公共电话亭安装窃听器的行为为什么会违反《宪法第四修正案》? Katz 一案判决的多数赞成意见对这一问题的论证主要是工具意义上的,即"公共电话在他人的私密交流中起着至关重要的作用,过于狭隘地理解宪法就等同于忽视此种作用"③。而 Katz 一案之后,在涉及《宪法第四修正案》的案件中,大法官们往往通过规范性论证来支持其观点。

Kyllo v. United States 一案④的判决适用了法律目的模式。在该案

---

① See Anthony G. Amsterdam, Perspectives on the Fourth Amendment, 58 Minn. L. Rev. 349, 385 (1974), at 403; see also Sherry F. Colb, What Is a Search? Two Conceptual Flaws in Fourth Amendment Doctrine and Some Hints of a Remedy, 55 Stan. L. Rev. 1 19, 122 (2002), at 124.
② 389 U. S. 347 (1967).
③ 389 U. S. 347 (1967) at 352.
④ 533 U. S. 27 (2001).

中，联邦调查员怀疑 Kyllo 在其家中种植大麻，于是用一台热成像仪扫描 Kyllo 的房屋，通过该仪器分析其房屋中是否使用保温灯。热成像仪可以分析房屋的屋顶和墙壁所散发的红外线，而物体表面所散发的红外线总量取决于物体的温度，故利用热成像仪能够得到房屋的温度剖面图。联邦调查员就将车停在 Kyllo 房屋所在的街角，然后使用热成像仪扫描其房屋，发现 Kyllo 家的车库顶部和其中一面墙壁温度过高。Scalia 大法官在其撰写的法院意见中认为，联邦调查员使用热成像仪监测 Kyllo 的房屋，此种行为构成一种搜查行为。因为从"长远的角度来看"①，感应增强设备的使用将对他人在其住宅内的隐私构成严重威胁。因此，"如果不对其加以防范……无异于允许警察利用科技手段侵害他人受《宪法第四修正案》所保护的隐私权"②。"警察通过感应增强设备获取他人房屋内部信息的行为应当构成一项搜查行为，因为如果不使用这些设备，警察只有通过物理性'侵入'③ 才能获取他人房屋内部的信息"。如此认定"能够确保他人享有《宪法第四修正案》所保护的隐私权，并保证此种对抗政府的隐私权能够维持其效用"。④

在 Smith v. Maryland 一案⑤中，Marshall 大法官在其撰写的反对意见中也适用了法律目的模式。在该案中，警察要求电讯公司在 Smith 的家里安装电话记录器，借此来证明 Smith 骚扰一名女子的犯罪行为。电话记录器可以记录从 Smith 家中拨打出去的电话号码，这样就能证明 Smith 确实是拨打骚扰电话的人。⑥ 在其撰写的反对意见中（Brennan 大法官也加入该反对意见），Marshall 大法官认为，警察的此种行为侵害了 Smith 的合理隐私期待。Marshall 大法官主要考虑，警察的此种监测行为是否与"一个自由、开放的社会"以及"《宪法

---

① 533 U.S. 27 (2001) at 40.
② 533 U.S. 27 (2001) at 34.
③ 533 U.S. 27 (2001). [quoting Silverman v. United States, 365 U.S. 505 (1961)].
④ 533 U.S. 27 (2001). The Court invoked a similar normative judgment in United States v. Karo, 468 U.S. 705 (1984).
⑤ 442 U.S. 735 (1979).
⑥ 442 U.S. 735 (1979). at 736 & n.1737.

《第四修正案》的内在价值"相符合,① 此种论证过程显然是规范性的。Marshall 大法官指出,允许警察使用电话记录器太过危险,因为"那会阻碍特定政治意见的表达以及新闻出版业的发展,而它们正是一个真正自由开放的社会所具有的标志。"②

正如其他三种模式,法律目的模式也具有两个方面的作用。法院既可以根据此种模式为他人提供保护,也可以根据此种模式拒绝为他人提供保护。在 Hudson v. Palmer 一案③中,Hudson 是一名狱警,他搜查了一个名叫 Palmer 的囚犯所居住的牢房。于是 Palmer 提起诉讼,控告 Hudson 的行为侵害其根据《宪法第四修正案》所享有的权利。Burger 首席大法官撰写的法院意见认为,监狱囚犯对其所在的牢房不享有合理的隐私期待,因为允许囚犯对牢房享有隐私期待将违背监狱的矫正政策。Burger 大法官指出,隐私期待的分析"必须对不同的利益进行平衡",在该案中,需要进行平衡的利益为"政府保持惩罚机构安全稳定的社会利益,以及囚犯对其所在牢房所享有的隐私利益"④。不过法院意见中并未对此详加论述,而是简单地宣称,联邦最高法院"进行利益平衡的结果是更倾向于维护监狱安全"⑤。因此,Palmer 对其所居住的牢房之所以不享有合理的隐私期待,是因为"如果承认监狱囚犯对其牢房享有隐私权,那么此种做法显然无法同监禁的概念以及惩罚机构的管理需求、目的相互协调"⑥。

联邦最高法院曾经根据法律目的模式作出过许多判决,Kyllo 一案、Hudson 一案和 Smith v. Maryland 一案(判决中的反对意见)只是其中三个。⑦ 这些案例的共同要点在于,根据法律目的模式判断是否应当对政府的某种行为进行规制时,"隐私的合理期待标准"往往反映出一种法律目的上的规范性选择。不同的法院判决意见是从不同

---

① 442 U. S. 735 (1979) at 750-751.
② 442 U. S. 735 (1979) at 751.
③ 468 U. S. 517 (1984).
④ 468 U. S. 517 (1984) at 527.
⑤ 468 U. S. 517 (1984) at 527.
⑥ 468 U. S. 517 (1984) at 526.
⑦ See, e. g., Delaware v. Prouse, 440 U. S. 648, 662-663 (1979). United States v. White, 401 U. S. 745, 778 (1971).

的角度触及法律目的问题,但它们的基本思想是一致的——即某种隐私期待是否合理主要取决于,它是否合乎旨在保护该种隐私期待的法律规则所体现的法律目的。① 和其他三种模式不同的是,联邦最高法院从未拒绝适用法律目的模式。② 但与此同时也应当看到,在许多案件中,联邦最高法院并未明确适用法律目的模式,③ 而大多数明确探讨法律目的模式的情况则是法院在适用其他模式时一并提及。④ 总的来说,联邦最高法院在少数案件中主要适用法律目的模式作出判决,在某些案件中适度加以利用,而在其他案件中则完全不加以考虑。也许我们会认为,虽然法律目的无法被明确实行,可它显然具有十分重大的意义。但从联邦最高法院的判决来看,其对待法律目的模式的态度与对待其他三种模式的态度相比并无太大区别。无论如何,在大法官界定隐私合理期待的范围时,法律目的模式提供了一种可能的阐释途径。

(五) 不同保护模式之间的关系

笔者已在上文对四种保护模式进行了基本介绍,那么对不同保护模式进一步加以比较将有利于更好地理解它们。从最广义的层面上来看,在判断他人的某种隐私期待是否合理时,四种模式分别提供了四种不同的认定方式:可能性模式着眼于通行的社会惯例;私人事实模式主要关注遭受披露的信息本身;实在法模式寻求于某种实在法依据;法律目的模式旨在获得一个合理的结果。这些不同之处体现出两种重要的二分法划分,即规范性-描述性之分和微观角度-宏观角度之分。规范性-描述性之分很容易理解,描述性方法将法律标准建立在实在法或社会习惯的基础之上,而规范性方法则取决于司法衡量过程中法院对某些价值或习惯的优先选择。微观角度-宏观角度之分也具有同等的重要性。微观角度的审查主要集中于具体案件当中的特定事实,例如,某个案件中警察所作出的行为或警察所获取的信息。相

---

① Boyd v. United States, 116 U. S. 616 (1886).
② competence, see Kyllo v. United States, 533 U. S. 27, 51 (2001) (Stevens, J. dissenting), and the administrability of rules, see Smith v. Maryland, 442 U. S. 735, 744 - 745 (1979).
③ See, e. g. , California v. Ciraolo, 476 U. S. 207 (1986).
④ Justice Scalia's opinion for the Court in Kyllo, 533 U. S. at 29, is a good example.

反,宏观角度的审查主要考察某一类政府行为所具有的特征,法院审理的具体案件只是其中一个范例。当然,此种方法对案件进行分类时难免带有一定的任意性,因为对案件事实之重要性的不同认识将导致不同的案件分类。但宏观审查的基本思想在于,每个具体案件都只是某个案件类别当中的一个范例。

利用上述两种两分法对四种保护模式进行分类后能够揭示出,在判断政府的某种调查行为是否应当受《宪法第四修正案》规制时,四种保护模式是如何为法院提供四种不同的分析途径。首先,私人事实模式是规范性的,并且着眼于微观角度。此种模式关注的是特定案件中政府所获取的信息,并要求对该信息的"私密性"(privateness)进行规范性审查;相对而言,法律目的模式也是规范性的,但着眼于宏观角度。此种模式要求法院对遭受侵害的他人隐私和相对的法律实施需求进行规范性考察,并且此种考察是基于一个相对广阔的案件类型之上,例如监狱搜查类案件[1]、使用感应增强设施类案件[2]、使用电子窃听设备类案件[3]。法院处理的是何种具体案件并不重要,重要的是某一特定案件对其所属类别所能产生的影响。其次,实在法模式是描述性的,并且着眼于微观角度,此种模式主要考察特定案件所涉及的政府行为是否违背某项先在的禁止性法律规定。最后,可能性模式是描述性的,但着眼于宏观角度。此种模式主要考虑,就案件中遭到披露的特定信息来说,一个对社会习惯具有明确认识的人是否会对该信息抱有隐私期待。也就是说,在衡量政府披露特定信息的可能性大小时,可能性模式依据的是广泛的社会实践或惯例,而非某一具体案件的特定情况。

《宪法第四修正案》对隐私合理期待的四种保护模式分类如下表所示:

---

[1] Hudson v. Palmer, 468 U. S. 517 (1984).
[2] Kyllo, 533 U. S. 27.
[3] Katz v. United States, 389 U. S. 347 (1967).

《宪法第四修正案》对隐私合理期待的四种保护模式分类表

分 类	微观角度	宏观角度
描述性	实在法模式	可能性模式
规范性	私人事实模式	法律目的模式

根据不同模式所得出的结论经常是相同的，这也解释了为什么大多数法院意见都将不同模式混淆在一起。例如，实在法模式通常会依循社会标准。如果某项行为是违法的，那么我们可以预见到，很少有人会实施该行为。如果大多数人遵守法律，那么两种描述性模式会得出相同的结论。同样地，对他人私人事实的披露在公民自由层面具有重大意义；如果政府监视行为披露的是他人的高度私密信息，那么允许政府不受法律限制即可获取该信息将对他人隐私造成重大损害。因此在这种情况下，两种规范性模式也会得出相同的结论。从更广义的角度来看，对于案情简单的案件来说，四种保护模式可能会指向相同的结论。例如，警察闯入他人家中的行为在四种模式之下都会被认定为搜查行为，而无论根据哪一种模式，警察在人潮拥挤的大街上行走都不会构成搜查行为。四种模式在结果上的重合除了能够解释为什么法院会在一份判决中同时使用多种模式，还能说明为什么研究《宪法第四修正案》的学者们未能将不同的模式加以区分。大多数法院判决意见之所以不经意地来回转换不同模式，或许是因为这些模式通常被视为普通的工具，而不是特定、明确的原则性标准。根据不同模式的适用情况来看，其实许多案件还具有相当大的回旋余地。但是，就如何判断他人的隐私期待是否合理这一问题来说，四种模式确实构建出各自不同的阐释途径。在某些案件中，四种模式可能存在重合之处，但是在其他案件中，四种模式则分别指向不同的方向。对法官来说，最困难的案件当属适用不同模式会得出不同结果的案件。在审理这些案件时，法院必须选择出最适合该案的保护模式。

三、适用多种保护模式的论证

在适用四种保护模式保护他人所享有的权利时，联邦最高法院的做法引发了一个显而易见的问题，即在判断他人的隐私期待是否合理时，为什么联邦最高法院至今尚未确立一个适用于所有案件的统一标准？目前的做法并不尽如人意，因为大法官们在不同的模式之间来回挑选，几乎能够合理地阐释所有案件中的任意一种结果。如果占多数的大法官都不赞同适用某种模式所得出的结果，那么他们只需更换另一种模式，就可以轻松得到其偏好的结果。

为什么联邦最高法院至今未能确立一个统一的保护模式？笔者认为，联邦最高法院之所以未能确立一个统一标准，是因为不存在一个标准能够准确、一致地区分出那些本身即为合理的政府行为，以及那些必须具备特定利益（如具备合理的理由）才能实施的政府行为。《宪法第四修正案》对政府的调查行为施加了合理性限制，而证据排除规则（exclusionary rule）要求法院区分出那些不受《宪法第四修正案》规制的合理的警察行为，以及那些只有具备特定情况才会被认定为合理的警察行为。因此，"隐私合理期待"标准的功能就在于划定上述行为的界限，而证据排除规则要求法院为每个特定的警察行为确立明确的具体规则。

联邦最高法院无法确定一个统一的保护模式，因为没有一种模式能够精确地划出一条所有案件皆可适用的界限。在四种模式中，其中三种模式试图通过间接方式（proxies）来划定界限区分那些应受规制的警察行为；但这三种模式无法适用于所有案件，因为作为介质的间接依据本身就存在缺陷。可能性模式以社会习惯和日常经验为间接依据；私人事实模式以遭受披露的信息为间接依据；实在法模式以《宪法第四修正案》之外的法律为间接依据。只有在特定某些案件中，这三种模式才能准确地认定需要受到规制的警察行为。但关键之处在于，这三种模式都无法适用于所有案件：实践中，案件类型出奇地多种多样，由此导致每种代表都只能适用于部分案件，不存在放诸各案而皆准的统一模式。

法律目的模式采用的是直接论述方式，但此种模式也不能单独为所有案件提供指引，因为它无法供分散的下级法院统一实施。即使联邦最高法院明确了适用某种模式的纲领，判断他人隐私期待是否合理的具体规则依然有待各个分散的下级法院加以完善。因为警察通常必须遵循其辖区之外的法院所判决的先例，因此不同下级法院之间判决的一致性就显得十分重要。而法律目的模式恰好不具备此种确定性，因为它完全取决于法院对涉案警察行为的任意分类。有关《宪法第四修正案》的案件通常会涉及一系列特定事实，法律目的模式要求法院假设这些特定事实属于更为广阔的案件类型的一部分。但判断某一特定事实属于何种案件类型则完全是任意的：某一案件类型的范围大小完全由法院决定，也没有哪一种案件类型的选择明显比其他选择更加合理。因此，就下级法院的层面来说，单独适用法律目的模式只会导致理论上的混乱和无序。

尽管《宪法第四修正案》的四种保护模式都不能单独为所有案件提供指引，但从另一个角度来说，比起某种模式"垄断"适用于所有案件，多种模式的并存或许更加具有优势。因为在各自的适用范围内，每种模式都能更加准确地认定那些应受规制的警察行为。在审理有关《宪法第四修正案》的案件时，法院通常需要采用类推手段来作出判决，这就意味着法院在某种案件事实背景中所采取的法律推理方法将被应用于其他事实背景相似的案件中。在多种保护模式并存的情况下，联邦最高法院可以选择最适用于某种特定案件背景的保护模式，准确地认定涉案的警察行为是否需要受到宪法规制。而下级法院在面临新案件时可以类推适用联邦最高法院先前的判例，通过此种类比推理的方式，下级法院将逐渐接受联邦最高法院在类似案件中所选择的模式。长此以往，每种模式"各司其职"的格局将逐渐形成：根据哪一种模式最适用于哪一种特定案件类型来划分，不同模式将各自支配不同类型的案件。

其实，四种模式并存的局面已经出现，只是下级法院的法官们和联邦最高法院的大法官们尚未完全意识到而已。回顾法院作出的判决后我们可以发现，法院对保护模式的选择并非任意。一个正当的判决结果需要合理的论证来支撑，这自然而然促使大法官们将目光投向能够为相关案件提供最合理阐释的保护模式。对下级法院来说，遵循先例的一般做法则促使法官们在事实相似的案件中选用相同的保护模式。更重要的是，对四种模式的深入理解将有助于法院更有效地实现《宪法第四修正案》的目的。认识了四种保护模式及其功能，如何适用这些模式的方法也随之呈现：首先，联邦最高法院应当采取最适用于某类案件的保护模式，努力得出合理的判决结果。其次，对于联邦最高法院所判案件的事实情况，下级法院在审理案件时应当加以对照，选择最有利于认定某一警察行为是否应受宪法规制的保护模式，由此形成特定类型的案件适用特定保护模式的惯例。

笔者将通过以下三个问题来阐述：第一，在判断他人的隐私期待是否符合标准时，法院为什么需要针对特定案件背景使用各种不同的规则？第二，为什么没有一种保护模式能够提供全部规则？第三，为什么适用多种模式有助于法院认定那些应受宪法规制的警察行为，由此形成特定案件适用特定模式的体系？

（一）隐私合理期待标准的目的

为了理解为什么联邦最高法院至今尚未就《宪法第四修正案》的保护确立一个统一模式，必须先对隐私合理期待标准的功能及其产生发展的过程有所了解。《宪法第四修正案》旨在禁止警察作出不合理的搜查和扣押行为，在 Katz 一案规则的发展时期，《宪法第四修正案》被视为一个必要的工具，以此要求警察的调查取证行为必须合理。[1] 对此，联邦最高法院一直坚持的基本标准在于"合理性"（reasonableness）。[2] 从抽象的角度来说，合理性通常就意味着利益之间的平衡：法院需要设计出一系列法律规则，这些规则一方面要限制警察权力防止其滥用职权，另一方面也要赋予警察调查犯罪活动时所必需的权力。[3] 然而，此种平衡与证据排除规则（exclusionary rule）十分接近，证据排除规则为《宪法第四修正案》的实行提供了基本规则。根据证据排除规则，违反《宪法第四修正案》所引发的救济十分严格：如果警察在调查阶段违反了《宪法第四修正案》，调查所得的证据将被视为"毒树之果"而无法作为呈堂证供。[4] 法院只在案件终了时采用此种救济：政府通常会依据其获得的证据来指控被告的违法行为，被告则向法院提出排除非法证据的申请，如果法院同意被告的申请，那么非法的证据将被排除，而且政府的指控还可能因此被全部撤销。

---

[1] See Katz, 389 U. S. at 373 – 374（Black, J., dissenting）.
[2] Brigham City v. Stuart, 126 S. Ct. 1943, 1947（2006）.
[3] See Knights, 534 U. S. at 118 – 119.
[4] See Wong Sun v. United States, 371 U. S. 471, 485（1963）.

《宪法第四修正案》的排除救济方式对其理论发展具有深刻影响,尤其是它要求法院在实施《宪法第四修正案》时必须采用明确的事前规则而非模糊的事后标准,①这一点给法院造成巨大压力。和其他救济方式不同,排除救济方式类似于一种"钝器"(blunt instrument)。它的作用方式是"全有或全无",某个证据要么被排除,要么就得到使用。②排除非法证据以及错放有罪之人的可能性均会造成社会成本,如果警察的取证行为存在违法之处,那么法院应当将这些高昂的社会成本交由警察承担。为了使这些成本降到最小,在确保《宪法第四修正案》的要求得以实施时,法院逐步确立一些明确的规则以便警察能够直接遵循。③这些明确的规则能够提供事前的指引,使警察知晓何者可为、何者不可为;只要遵守这些明确的规则,警察便知道其搜集的证据不会遭到排除。联邦最高法院明确认可了这一点,它在 New York v. Belton 一案中引用了 Wayne LaFave(研究《宪法第四修正案》的学者)的话指出:"《宪法第四修正案》深受证据排出规则的影响和作用,它的基本目的在于规制警察的日常调查取证活动。"④"只有当警察能够根据一系列规则作出正确的判断,依此明确某种侵害他人隐私的调查行为是否具有正当性时",《宪法第四修正案》的保护才能够真正得以实现。⑤对上述明确规则的需求能够解释隐私合理期待标准的存在与范围。一方面,这能够说明为什么联邦最高法院要将《宪法第四修正案》划分成两个独立的部分。《宪法第四修正案》包括两方面的问题:一是什么是"搜查行为",即什么样的行为会侵害他人的合理隐私期待;二是在什么情况下,警察的搜查行为也可以被认定为合理行为。⑥这一点从《宪法第四修正案》的表述中就可以看出来,因为《宪法第四修正案》禁止的是"不合理的

---

① Cf. Gerald G. Ashdown, Good Faith, the Exclusionary Remedy, and Rule-Oriented Adjudication in the Criminal Process, 24 Wm. & MaryL. Rev. 335, 336 – 337 (1983).
② See generally Gideon v. Wainwright, 372 U. S. 335 (1963).
③ See generally Wayne R. LaFave, "Case-By-Case Adjudication" Versus "Standardized Procedures": The Robinson Dilemma, 1974 Sup. Ct. Rev. 127.
④ 453 U. S. 454, 458 (1981) (quoting LaFave, supra note 1 17, at 141).
⑤ 453 U. S. 454, 458 (1981) (quoting LaFave, supra note 1 17, at 141).
⑥ See, e. g., Flippo v. West Virginia, 528 U. S. 11, 13 – 14 (1999) (per curiam).

搜查和扣押行为"。① 对《宪法第四修正案》的排除救济方式来说，此种划分也具有重大作用。如果《宪法第四修正案》只考虑警察的行为是否"合理"而不考虑第二个问题，那么警察事前就无从得知其搜集的证据最终会不会遭到排除。② 将《宪法第四修正案》划分为两个层面能够区分出那些不会遭到排除的警察行为，从而保证了一定的确定性。因此，如果警察的行为完全不侵害他人的合理隐私期待，那么，《宪法第四修正案》就没有适用的空间，其排除救济方式也无从适用。相应地，如果警察的行为确实侵害他人的合理隐私期待，那么其搜集的证据最终可能遭到排除。警察采取这些行为时必须格外慎重，除非持有搜查证或具备搜查证条款所规定的例外情况；否则，其证据最终可能遭到排除。

现在我们可以看出隐私合理期待标准所必须解决的关键问题。无论如何，隐私合理期待标准必须能够预先划分出那些合理的警察行为（任何情况皆可实施即为合理），并将这些行为同那些必须具备搜查证或例外情况才称得上合理的警察行为区分开来。有些警察行为不会对他人造成太大侵扰或者不太可能被滥用，这些行为事前即可被认定为合理，从而免受《宪法第四修正案》的规制。例如，警察在公共街道上行走，此种行为事前即可被认定为合理，因为赋予警察在街道上行走的能力并不太可能危及公民自由。有些警察行为则会对他人造成重大侵扰，或者不加规制时很可能被滥用。所以，在特定案件中，只有在政府能够证明存在相应的政府利益（如存在合理依据或紧急情况）时，该案所涉的警察行为才会被认定为合理。例如，警察闯入他人家中的行为显然是不合理的，除非他们具备一定的正当理由，比如持有搜查证、存在紧急情况或取得他人的同意。无论"隐私合理期待"这一概念具有何种抽象意义，它都必须能够对上述警察行为进行相对一致且易于实行的区分。

对事前明确规则的需求还促使法院通过一系列规则来判断政府行

---

① U. S. Const, amend. IV.
② Anthony G. Amsterdam, Perspectives on the Fourth Amendment, 58 Minn. L. Rev. 349, 385 (1974), at 414-415.

为是否侵害他人的合理隐私期待,而不是通过标准来判断。[1] 法院通过不同模式来论证其判决结果,但是在判断警察行为是否侵害他人的合理隐私期待时,这些判决结果本身又可以成为能够为法律实施提供事前指引的规则。例如,在适用法律目的模式时,联邦最高法院通常努力在隐私和安全之间取得平衡,然后宣布一个明确的规则。在 Hudson v. Palmer 这一监狱搜查案件[2]中,联邦最高法院对监狱背景下的隐私和安全进行平衡,然后宣布监狱囚犯不享有《宪法第四修正案》所保护的权利。同样,在适用私人事实模式时,法院的典型做法是首先界定哪些行为揭露了或没有揭露他人私人信息,然后通过此种方式创造出一个规则。例如,在 Jacobsen 一案[3]判决中,联邦最高法院认为该案中的现场化学分析并未揭露任何私人信息,此种结论进而产生一个新的规则,即现场测试并不会引发《宪法第四修正案》的保护。或许可能性模式是最有助于产生标准的保护模式,但它同样经常被用于证明某个规则的正当性。例如,在 California v. Ciraolo 一案[4]中,空中监视的发生频率就被用来证明这样一个规则,即空中监视并未侵害他人的合理隐私期待。即使联邦最高法院最初提出的是一个标准,如用于区分"敞地"和"庭院"的敞地搜查原则之四要素标准,[5] 即下级法院在适用该标准的过程中也会逐渐创造出一个类似规则的理论。[6]

因此,几乎所有常见的调查取证方式都基于《宪法第四修正案》形成了相应的特定规则。Wayne LaFave 所编撰的《论行政搜查与扣押》(*Magisterial Search and Seizure Treatise*) 更肯定了这一点,因为该

---

[1] See generally Frederick Schauer, Playing By The Rules: A Philosophical Examination of Rule-Based Decision-Making in Law and in Life (1991); Louis Kaplow, Rules Versus Standards: An Economic Analysis, 42 DUKE L. J. 557 (1992); Cass R. Sunstein, Problems with Rules, 83 Cal. L. Rev. 953 (1995).
[2] 468 U. S. 517 (1984).
[3] 476 U. S. 207 (1986).
[4] 476 U. S. 207 (1986).
[5] See United States v. Dunn, 480 U. S. 294 (1987).
[6] See, e. g., United States v. Seckman, 175 F. App'x 193, 196 (10th Cir. 2006).

书以约 370 页的篇幅来对这些规则进行总结。[1] 然而,"隐私合理期待"这一复杂或模糊的标准并没有在理论上消失,法院在无数特定事实背景的案件中对其加以适用,使其呈现出稳固的理论形态。例如,在搜寻赃物[2]、打开网格门[3]、趁他人结账离开后搜查旅馆房间[4]、搜查他人租来的汽车[5]、打开电脑文件[6]、进入露营者或违章搭建者的临时住处[7]、从打开的窗户窥视房屋内部[8]等情况下(无论是寻常的调查手段还是少见的调查手段),早有各种详尽的案件判决告诉警察,隐私合理期待标准是如何适用于这些案件的。

可问题在于,对于那些本身合理的警察行为和那些必须具备搜查证或例外情况才称得上合理的警察行为,什么样的原则才最有利于将它们区分开来呢?法院必须认定涉案警察行为是否侵害他人的合理隐私期待,那么什么样的原则才能够帮助法院针对特定案件事实作出判断呢?

(二) 为何三种间接保护模式均无法单独适用于《宪法第四修正案》的分析

《宪法第四修正案》的四种保护模式中有三种是间接方式,即通过某种间接依据来划定界限,从而区分出那些本身即为合理的警察行为以及那些必须具备搜查证或特定情况才称得上合理的警察行为。可能性模式以他人信息遭到披露的可能性为间接依据;私人事实模式以被披露之信息的性质为间接依据;实在法模式以那些规制政府获取他

---

[1] See 1 Wayne R. LaFave, Search and Seizure: A Treatise on the Fourth Amendment 321–780 (4th ed. 2004).
[2] See United States v. Caymen, 404 F. 3d 1196 (9th Cir. 2005) (finding no reasonable expectation of privacy in the contents of a stolen computer.
[3] United States v. Arellano-Ochoa, 461 F. 3d 1142 (9th Cir. 2006).
[4] See, e. g., United States v. Dorais, 241 F. 3d 1124, 1128 (9th Cir. 2001); room."); United States v. Nerber, 222 F. 3d 597, 600 n. 2 (9th Cir. 2000).
[5] United States v. Thomas, 447 F. 3d 1191, 1196–1199 (9th Cir. 2006).
[6] See, e. g., United States v. David, 756 F. Supp. 1385 (D. Nev. 1991).
[7] See Amezquita v. Hernandez-Colon, 518 F. 2d 8 (1st Cir. 1975) (finding no reasonable expectation of privacy for squatters).
[8] United States v. Barajas-Avalos, 377 F. 3d 1040 (9th Cir. 2004) (holding that approaching a window of a home and peering inside is a search).

人信息和进入他人场所的法律为间接依据。在这一部分，笔者将解释为什么这三种模式均无法单独适用于有关《宪法第四修正案》的所有案件。个中原因其实简单明了，因为这三种模式所采用的间接依据都只适用于某些情形，在其他重要的案件类型中则无法准确适用。因此，这三种间接保护模式均无法成为《宪法第四修正案》的唯一保护模式。

1. 可能性模式

根据此种模式，如果政府以一种不同寻常或出人意料的方式去获取他人信息，那么政府的行为就侵害了他人的合理隐私期待。在许多案件中，可能性模式都能成功地区分出只给他人造成轻度干扰的警察行为和给他人造成严重侵扰的警察行为。主要原因在于，他人通常能够控制其自身隐私，他们可以自行决定是否采取一定的保护措施，使其隐私不容易遭受侵扰。对于那些最为私密的信息，他人通常会小心翼翼地隐藏起来，而对于那些不太私密的信息，他人通常不会刻意隐藏。因此，一个非常出人意料的侵扰行为通常意味着对他人隐私造成了极度严重的侵扰，只有在持有搜查证或具备紧急情况时，此种政府行为才是合理而必要的。

有几个简单的例子可以进一步确认这一点。例如，如果他人拥有一本不想被别人窥见的个人日记，那么他人可能会把日记装进上锁的箱子，然后藏在卧室壁橱的最深处。他人正是通过此种措施使得别人难以发现其隐私，从而保护自己的个人隐私。相对而言，如果他人不担心其隐私被别人窥见的后果，他人就不会采取一些有力的措施来保护其个人隐私。例如，他人可能把某本书放在汽车后座上，别人很容易就能看到——旁观者透过车窗就能看见他人阅读的是什么书，但他人对此并不在意（如果介意的话，他人会将书放进车上的小柜里）。在此类案件中，可能性模式不失为一个有效的分析方式，因为在此类案件中，他人隐私被发现的可能性与揭露该隐私所造成的侵扰程度之间具有紧密联系。如果某个场所经常会被人进入，那么政府进入该场所的行为本身也是合理的；如果某个场所很少会被人进入，则政府进入该场所的行为通常是不合理的，除非具备诸如搜查证等特定情况。

然而在其他情况下，上述联系很可能无效。因为在许多案件中，那些本身合理的轻微干扰行为可能也同样是非常出人意料的，而那些普通的侵扰也可能引发十分严重的政府行为，这些行为只有在持有搜查证或具备紧急情况时才会被认定为合理。况且他人对其隐私通常缺乏控制，由此造成的结果是，他们无法采取一定的措施来改变其隐私遭受侵扰的可能性。例如，假设政府向民众宣布，为了寻找犯罪活动的证据，美国联邦调查局将监听国内的每一次电话通话。此种行为对他人隐私造成的侵扰显然格外严重，但是在获知这一事实后，具有正常理性的人也不会再对其电话通话抱有任何隐私期待。① 可能性模式在此就不再适用，因为无处不在的监视将使他人根据《宪法第四修正案》所享有的权利全部落空。同样地，假设有一个盗贼经常将其赃物藏在一座无主的空房里，而且这座房子远离任何监控摄像或其他人的观察。② 在此种情况下，这个盗贼似乎当然地抱有一定的隐私期待，而根据可能性模式，盗贼将对这座空房享有合理的隐私期待。由于这座空房被人观察的可能性极低，警察在监视这个盗贼之前必须取得搜查证，哪怕警察只是从一条公共街道上进行观察。然而这样的结果毫无意义，因为从公共街道进行观察似乎又是一个本身合理的警察行为。

正如上述例子所示，在区分那些本身合理的警察行为和那些必须具备搜查证或例外情况才称得上合理的警察行为时，可能性模式并非随时都能提供有效的指引。在侵扰行为比较罕见或轻微干扰行为频发的情况下，可能性模式能够发挥作用。但除此之外的其他情况同样不胜枚举。因此，可能性模式无法成为《宪法第四修正案》的唯一保护模式。

2. 实在法模式

和可能性模式一样，在许多案件中，实在法模式能够针对警察行为的合理性作出准确认定。限制政府获取他人信息或进入他人场所的法律通常反映出一些共同理念，它们能够表明政府的哪些行为会给他人造成重大损害，哪些行为则不会给他人造成重大损害。③ 如果对政

---

① Cf. Anthony G. Amsterdam, Perspectives on the Fourth Amendment, 58 Minn. L. Rev. 349, 385 (1974), at 384.
② Cf. Rakas v. Illinois, 439 U. S. 128, 143 n. 12 (1978).
③ Cf. Henry M. Hart, Jr. & Albert M. Sacks, The Legal Process 148 (1994).

府获取他人私人信息的行为放任不管会对他人造成损害，则法院、立法机关和行政机关会颁布法律来限制此种政府行为，而相应的法律继而又成为判断某种政府行为是否合理（本身合理抑或只在特定情况下合理）的主要依据。这就意味着，违反某项实在法的政府行为通常必须具备特定情况才会被认定为合理，而不违反实在法的政府行为通常本身就是合理的。

警察对他人房屋的物理性侵入就是一个明显的例子。警察闯入他人房屋就意味着侵害他人的财产权，并且对他人的隐私和安全造成严重侵扰和冒犯。相反，警察从公共街道观察他人房屋的行为不会违反某项实在法，虽然此种行为令人不安，但它并不足以对他人隐私造成严重侵害。在此种情况下，对于何种警察行为无需搜查证即可实施这一问题，实在法与人们的直觉巧妙地达成了一致。在判断某种政府行为是否侵害他人的合理隐私期待时，实在法模式确实能够提供一些有益的指引。

和可能性模式一样，实在法模式无法适用于所有案件。在许多情况下，适用实在法模式并不能准确地认定某种警察行为是否合理，有两个基本的原因可以证明这一点：第一，实在法的制定原因多种多样，很可能与犯罪侦查中警察获取他人信息的行为是否合理这一问题完全无关。例如，在 Florida v. Riley 这个利用直升机进行空中监测的案件[1]中，涉案的美国联邦航空管理局所指定的规章就是如此。第二，美国联邦航空管理局制定相关规章的初衷在于减少噪音和防止事故，而不是为了限制警察的行为。因此，警察驾驶直升机飞行的高度是否符合美国联邦航空管理局的适航高度规定，以及警察驾驶直升机进行空中观测的行为是否必须取得搜查证才称得上合理，这两个问题之间并不存在什么重大联系。同样地，假设有一个人拥有 100 英亩的农场，并且居住在农场中央的一座小屋里。那么，侵入农场几英尺就意味着侵害他的财产权，但这并不会侵害他的个人隐私。[2] 在这种情况下，实在法模式无法准确认定政府调查行为的合理性。

在科学技术或社会习惯迅速改变的情况下，实在法模式也可能无

---

[1] 488 U.S. 445 (1989).

[2] See Richard A. Posner, The Economics of Justice 314 n.8 (1981).

法发挥作用。这一点并不令人陌生,从 Olmstead 一案到 Katz 一案,其标准阐释的变化就体现了这一点。科学技术的发展改变了隐私权在不同法律实施阶段所具有的含义。① 新技术能够将隐私和社会标准从财产法及其他法律法规中抽离出来。新的技术监视手段使警察得以在不违反财产法或其他法律的情况下侵害他人隐私,相应地,他人的隐私权无须财产法的庇护也应当能够确立。② 因此,技术的发展会使实在法的功能发生转变,与技术发展停滞不前的情况相比,实在法的功能早已改变。如果某项标准完全以实在法(如财产法)为基准,对技术监视手段来说它可能显得保护不周,但对涉及其他技术的情况来说,它又可能显得保护过度。

和可能性模式一样,实在法模式无法适用于所有类型的案件。因此,实在法模式无法成为《宪法第四修正案》的唯一保护模式。

3. 私人事实模式

私人事实模式的情况类似于前两种模式。和可能性模式、实在法模式一样,私人事实模式也只能在部分案件中准确区分出那些本身合理的警察行为和那些具备特定情况才合理的警察行为。根据私人事实模式,政府所获取的他人信息是何种性质,这一点显然对政府行为的侵扰性和应否对其加以规制具有决定性意义。如果警察获取的信息为他人的 HIV 分析呈阳性,则其行为具有严重侵扰性;如果警察获取的信息是他人剪了一个糟糕的发型,则其行为不具有侵扰性。

同样,私人事实模式也无法适用于所有案件。因为,某个政府行为是否合理经常取决于政府获取他人信息的手段如何,而不是政府所获取之信息的性质如何。例如,假设警察为了取出一份日报而闯入他人家中。在此,警察所获取的信息只是一份公共报纸,但这并不能使其闯入他人家中的行为变得合理。很显然,哪怕警察想要获取的信息并非他人的私人信息,他人也不希望警察在不持有搜查证的情况下就

---

① Orin S. Kerr, The Fourth Amendment and New Technologies: Constitutional Myths and the Case for Caution, 102 Mich. L. Rev. 801, 809 – 815 (2004), at 864 – 867.
② Cf. Olmstead v. United States, 277 U. S. 438, 479 (1928) (Brandeis, J., dissenting).

闯入家中。① 从另一方面来看，假设警察打开电视看新闻时得知某个篮球明星是 HIV 携带者。看电视节目这一行为本身就是合理的，很显然，也没有人会认为警察看电视之前应当获得搜查证。在这两个例子当中，重要的是警察获取他人信息的方式，而非警察所获取的信息性质如何。正如这些例子所表明的，在判断某种警察行为是否合理时，警察所获取的信息属于何种性质通常不是唯一的考虑因素。

而且，只考虑警察获取的信息性质如何，这将使得某些情况下的警察行为缺乏指引、无所适从。私人事实模式要求法院对警察的行为进行事后审查，从而确定其行为所披露的信息是否为他人的私人信息。此种审查会产生一些明确的规则，尤其是当警察明知其行为将会获得何种信息的时候。在某些案件中，适用私人事实模式确实能够产生明确的规则。例如，在 Illinois v. Caballes 一案②中，联邦最高法院就适用了私人事实模式来认定警察利用毒品嗅探犬发现毒品的行为。在该案中，因为警察所披露的唯一事实为 Caballes 的车上是否存在毒品，联邦最高法院认为这不属于私人事实，故判决认为警察的行为并未侵害 Caballes 的合理隐私期待。那么，一些事前规则便得以明确，因为毒品嗅探犬永远不会披露出他人的私人事实：如果嗅探犬不发出警示信号，则没有任何信息会被揭露；如果嗅探犬发出存在毒品的警示信号，则根据 Caballes 一案，所揭露的唯一信息并不值得受到隐私权保护。因此，Caballes 形成了一个简单的规则：《宪法第四修正案》并不规制警察利用毒品嗅探犬的行为。

但是，在警察对他人包裹或汽车后备箱进行物理性搜查的情况下，适用私人事实模式就无法产生明确的规则。因为在打开包裹之前，警察并不知道自己将会看见什么，这意味着在打开包裹看见个中物品之前，警察无从得知其行为是不是一项遭到禁止的搜查行为。如果警察打开他人的密封包裹，并且看见的唯一私人物品只是毒品，那么警察的行为并未违反宪法；但如果警察打开包裹看见了私人信件或

---

① In Kyllo, Justice Scalia tried to reconcile this by saying that any information about the inside of the home is automatically private. 533 U. S. 27, 34 (2001). But this is surely overbroad, as cases like Smith v. Maryland, 442 U. S. 735 (1979).
② 543 U. S. 405 (2005).

其他私人物品,则其行为侵害了他人的合理隐私期待。那么,警察调查行为的合法性似乎取决于一个偶然事件,即嫌疑人包装毒品的方式。这样的话,聪明的犯罪嫌疑人完全可以任意控制《宪法第四修正案》的保护。此外,如果将同样的规则适用于警察搜查公共场所的行为,就会产生这样的结果:只要毒贩子用几页私人日记把毒品包起来,那么即使警察的搜查行为发生在公共场合,毒贩子也能受到《宪法第四修正案》的保护。因为如果不打开日记,警察就无法发现毒品,但打开日记就意味着披露毒贩的私人信息。如果将私人事实模式适用到每一个案件中,那么警察永远无法事先明确下一步应该采取何种措施,而罪犯则会利用《宪法第四修正案》的保护恣意妄为,甚至公然在公共场所实施犯罪行为。

(三) 为什么法律目的模式无法单独适用于《宪法第四修正案》的分析

如果上述三种间接保护模式均无法单独适用于《宪法第四修正案》的分析,那么余下的选择只有法律目的模式这一直接保护模式。乍看之下,法律目的模式似乎大有可为,有望成为《宪法第四修正案》的唯一保护模式——法律目的模式重申了隐私合理期待标准的基本目的,即认定那些本身合理的警察行为,并将此类行为同那些必须具备特定情况才称得上合理的、更具侵扰性的警察行为区分开来。那么,如果法律目的模式能够准确实现隐私合理期待标准的基本目的,法律目的模式不就能成为《宪法第四修正案》的唯一保护模式吗?法院不就应该在所有案件中都适用法律目的模式吗?

对此,本文的观点是否定的。笔者认为,法律目的模式无法提供全部指引,因为此种模式不能被下级法院统一适用。实际上,大多数涉及《宪法第四修正案》的案件都无法上升到联邦最高法院的层级,相反地,它们在联邦下级法院和州法院就已经取得确定的判决。[①] 为了使此种分散的法院体系顺利运作,阐释隐私合理期待标准的方式必

---

① For the distinction between a "top down" and "bottom up" regulatory system, see generally Richard A. Posner, Legal Reasoning from the Top Down and from the Bottom Up: The Question of Unenumerated Constitutional Rights, 59 U. Chi. L. Rev. 433 (1992).

须能够使分散的各个法院得出相对一致的结果。如果法律要在缺乏统一指引的情况下得以发展,则隐私合理期待标准必须具有充分的可预见性,只有这样,不同法院就类似案件所作出的判决结果才能趋向一致。而法律目的模式无法实现判决的一致性,因为在法院判断某种警察行为是否合理时,此种模式完全无法提供客观的判断标准。涉及《宪法第四修正案》的案件类型多种多样,在这些案件中,不同的警察通过不同的方式作出特定的不同行为。但法律目的模式要求法院在一系列任意的假定事实之上进行利益平衡。在适用法律目的模式时,法院的目的是判断某一特定类型的警察行为是否应当受到规制。然而,没有什么方法能够确定应受规制之警察行为的合理范围,这就意味着,各个法院对该范围的界定很可能有所不同。可见,法律目的模式会产生相当不一致的结果:因为不同行为范围内存在不同的规则,不同的行为类型又涉及不同的利益平衡。因此,法律目的模式无法成为《宪法第四修正案》的唯一保护模式。

1. 下级法院与隐私合理期待标准

正如 Anthony Amsterdam 所言:警察的行为"是永远的灾祸之源"。[1]《宪法第四修正案》的规定旨在约束全国 800 万政府人员的行为[2],其中包括 80 余万有权进行刑事逮捕的执法人员[3]。每年,这些执法人员都要进行数不清的刑事侦查活动,其中包括 140 万次逮捕行为。[4] 大多数刑事侦查活动包括各种调查行为,需要受到《宪法第四修正案》的规制。而警察在侦查活动中所采取的行为种类极其多样,

---

[1] See Anthony G. Amsterdam, Perspectives on the Fourth Amendment, 58 Minn. L. Rev. 349, 385 (1974), at 386 – 387.

[2] According to the U. S. Census Bureau, in 2006 there were 5. 1 million state government employees, see State Government Employment Data: March 2006, http://ftp2.census.gov/govs/apes/06stus.txt, and 2. 7 million federal government employees, see Federal Government Civilian Employment by Function: December 2006, http://ftp2.census.gov/govs/apes/06fedfun.pdf.

[3] Bureau of Justice Stats. , U. S. Dep't of Justice, Law Enforcement Statistics, http://www.ojp.usdoj.gov/bjs/lawenf.htm.

[4] According to FBI figures, there were about fourteen million arrests m the United States in 2006. Fed. Bureau of Investigation, Crime in the United States tbl. 29 (2006), available at http://www.fbi.gov/ucr/cius2006/data/table_29.html.

可能引发各种各样的案件事实。

假设在城区里,有一名警察"正在巡逻区域里巡视"。这名警察可能只是在街道上巡视,也可能敲开居民的家门,或者进入商店查看,或者透过商店的橱窗向里观望,既可能到小巷里检查,或者掰动某个门把手,也可能在垃圾堆里搜寻,既可能盯住一辆停着的汽车,或者同目击证人交谈、寻找见证人,也可能把某个嫌疑人铐起来。同样地,假设有一名警察为了寻找犯罪证据而监视某个嫌疑人的住所。这名警察既可能坐在停着的巡逻车里监视街道上的情况,也可能打着手电筒透过窗户向里张望,既可能使用长筒传声器窃听屋里的动静,也可能获取屋里播出的电话记录,还可能扮成卧底去敲嫌疑人的家门,或者调查屋子里往来的是什么信件。而FBI特工在调查涉嫌内幕交易的公司总裁时,既可能窃听该总裁的电话,也可能取得他的银行交易记录,既可能设法打开他的电脑文件,也可能搜查他的书桌抽屉。在上述所有情况下,政府的调查行为主要受到一个宪法上的规制,即《宪法第四修正案》关于禁止不合理搜查和扣押的规定。《宪法第四修正案》必须包含足够的规则,以便规制上述各种调查行为。

判断上述各种警察行为是否侵害他人的合理隐私期待,这一任务通常始于下级法院,而且大多数案件也止于下级法院。当警察在刑事侦查活动中采用一种新的调查手段时,分散的下级法院可能类推适用一些案情相似的判例,进而确立能够规制此种新调查手段的规则。因此,如果已经存在特定规则能够规制某种政府行为,则法院会直接适用该规则;但如果不存在任何规则能够规制某种政府行为,则下级法院会类推适用现有的判例,借此确立规则来说明该种政府行为是否以及何时会侵害他人的合理隐私期待。俄亥俄州的一个联邦地区法院可能最先作出一个判决,亚拉巴马州的州上诉法院紧随其后;如此往复,下级法院的判决就是这样一点一点"描绘"出相应的规则。如果各个法院所确立的规则能够协调一致,全国的警察就可以依据这些规则行事。论文、警察手册和其他理论学说都会将这些规则视为既定规范,即使某位警察所在的地区并没有关于这些规则的正式法律指引。①

联邦最高法院的判决能够产生的规则少之又少。虽然联邦最高法院的判决具有很高的效力，但判决数量极其有限。② 近几年来，针对各类联邦法律递交至联邦最高法院的上诉请求高达每年 8000 个左右，但联邦最高法院同意进行司法审查的案件每年大约只有 80 个。③ 有一年比较典型，80 个案件中有数个案件涉及《宪法第四修正案》。而在一般情况下，每年只有 1 个案件涉及隐私合理期待标准。④ 而且，联邦最高法院所作出的指引通常十分狭窄。比如，它在 Illinois v. Caballes 一案⑤中确立了一个规则，即警察可以利用经过训练的嗅探犬进行调查活动，但这仅限于受过良好训练的警犬。在 Kyllo v. United States 一案⑥中，联邦最高法院也确立了一项规则，即警察不得任意对他人住所使用感应增强设备。但这一规则既不包括警察任意对他人或其汽车使用感应增强设备的情况，也不包括警察任意对公共场所使用感应增强设备的情况。因为联邦最高法院所作出的判决数量太少，而且判决所确立的规则过于狭窄，因此其判决所触及的只是各类警察行为中的冰山一角。只要下级法院的判决之间不出现实质冲突，联邦最高法院通常会选择沉默，让下级法院自行作出判断。⑦ 除了非常特殊的情况之外，隐私合理期待标准的含义正是由下级法院通过一个又一个案件不断加以完善，此种过程通常与联邦最高法院无关。

联邦最高法院的较少干预可以促使下级法院的判决趋向一致。如

---

① Further, heavy reliance on treatises such as Wayne R. LaFave, Search and Seizure: A Treatise on the Fourth Amendment 321 – 780 (4th ed. 2004).
② Cf. Paul M. Bator, What Is Wrong with the Supreme Court?, 51 U. Pitt. L. Rev. 673, 678 (1990).
③ See generally Philip Allen Lacovara, The Incredible Shrinking Court, Am. Law., Dec. 2003, at 53, 54.
④ A Westlaw search for the phrase "reasonable expectation of privacy" in the SCT database yields 81 hits as of March 1, 2007.
⑤ 543 U. S. 405 (2005).
⑥ 533 U. S. 27 (2001).
⑦ See H. W. Perry, Jr., Deciding to Decide: Agenda Setting in the United States Supreme Court 246, 251 (1991).

果各个下级法院的判决意见能够取得一致，其判决就能够为警察的各类调查行为确立规则，包括执法中的信任问题，以及联邦最高法院尚未解决的一些问题；相反，如果下级法院的判决之间互相矛盾，则各地区的警察都无法明确自己能否使用某种特定的调查手段。假如新泽西州的一个地区法院所作出的判决认为，某种调查手段侵害了他人的合理隐私期待，但新罕布什尔州的一个上诉法院却对此持相反观点，那么对加利福尼亚州、德克萨斯州或纽约州里亟须明确相关规则的警察来说，这些判决就无法提供任何指引，因为一堆相互矛盾的规则等同于完全没有规则。因此，隐私合理期待标准必须能够提供充分的指引，即每个地区的警察也能够正常地期待，对于涉及联邦最高法院的一个开放性问题，其所在地法院的处理方式将会与其他地区法院的先例相同。

2. 法律目的模式无法实现下级法院判决的一致性

法律目的模式之所以无法使下级法院的判决达成一致，是因为法律目的模式要求法院对警察行为进行界定，但此种界定的范围或狭窄或宽泛，并无定论。有关《宪法第四修正案》的案件通常涉及一系列特定事实，但法律目的模式却忽略了这一点：在判断某一类特定警察行为是否应当受到规制时，此种模式要求法院对涉案警察行为进行归类，然后在此类行为所涉的事实范围内进行利益平衡。而法院在界定涉案警察行为时既可以选择一个非常狭窄的事实范围，例如只严格选取以往类似案件中出现过的那些事实，也可以选择一个非常宽泛的事实范围或一个相对折中的任意事实范围。因为各种警察行为本身并无确切的定义，所以不存在所谓"正确的"选择。因此，就涉案警察行为的范围大小来说，适用法律目的模式的每一个法院实际上都作出了一个任意的选择。

这使得法律目的模式带有相当大的不稳定性。法官只需改变案件的范围大小使利益平衡的结果得以适用，然后就能得出其偏好的结果：如果某位法官倾向于维护政府利益，那么当某个案件事实的界定恰好不甚明确时，这位法官就会选择一个政府利益优于他人隐私利益的事实类别来进行利益平衡；相反，如果某位法官更倾向于维护他人利益，那么对同一个案件来说，这位法官则会选择一个他人隐私利益优于政府利益的事实类别来进行利益平衡。因此，尽管这两位法官采用了相同的保护模式并对他人隐私和公共安全进行利益平衡,但完全可能出现两种截然不同的界定范围和案件结果。

例如,假设在某个案件中,某个下级法院需要判断某个嫌疑人对其工作使用的邮箱账户是否具有合理隐私期待,而这一问题无法通过现有的《宪法第四修正案》的理论得出一个定论。① 假设这个嫌疑人在曼哈顿区的一家加拿大公司工作,该公司的计算机服务器位于多伦多,而且公司规定,员工对其工作邮件不得享有任何隐私期待。让我们再进一步假设,虽然规定是如此,但员工们都会出于私人原因使用工作邮箱,并且视工作邮件为个人隐私。而警察认为该嫌疑人涉嫌重大犯罪并在其工作邮箱中留有证据,于是警察在没有取得搜查证的情况下就从加拿大的计算机服务器上复制了该嫌疑人的工作邮件。因此在这个假设的案件中,下级法院所面临的问题是,该嫌疑人对其工作邮件是否享有合理的隐私期待。

假如法律目的模式是可供法院选择的唯一模式,那么上述案件的结果完全取决于法院所选取的案件类别。如果法院认为该案等同于其他所有涉及电子邮件的案件,那么法院很可能得出结论认为,该嫌疑人对其工作邮件享有合理的隐私期待。因为大多数人都认为其电子邮件具有高度私密性,应当受到隐私权的坚实保护,故利益平衡产生的结果往往是,他人对其电子邮件所享有的隐私期待是合理的,应受宪法保护。但是,如果改变案件的所属类别,利益平衡的结果也会随之改变。例如,法院可能将案件中的邮件纳入一个相对狭窄的类别,比如界定为储存在美国境外的电子邮件,或界定为公司明文规定员工不享有隐私权的工作邮件,或者界定为既存储于国外又受公司管理规定约束的电子邮件。这样的话,利益平衡的结果会随之而改变:对案件事实的界定愈加狭窄,他人所享有的隐私利益就相应削减,而且在那些狭窄的界定中,法院有充足的理由认为政府利益优于他人之隐私利益。在此种情况下,嫌疑人对其工作邮件不享有合理的隐私期待,因为其案件事实所属的类别不具备足够的隐私利益。而且,案件的类别本身几乎具有无限延伸的可能性。如上所述,狭窄的事实认定不容易获得保护。但基于相同的案件假设,我们还可以发现,一个宽泛的事

---

① See generally Orin S. Kerr, Computer Crime Law 394 – 445 (2006).

实类别比一个狭窄的事实类别更不容易获得保护。例如，法院可以将涉案电子邮件认定为最广义上的网络交流，但此种认定并不能得出嫌疑人享有合理隐私期待的结果。或者，法院可以将涉案电子邮件界定为使用者认为具有私密性的电子邮件，根据此种略微狭窄的界定，则嫌疑人对其电子邮件享有合理的隐私期待。可见，利益平衡的结果几乎完全取决于法院纳入平衡的事实范围。

如果只由联邦最高法院来对涉及《宪法第四修正案》的案件作出判决，那么法律目的模式的可延展性就会成为一种优势，而不是一种缺陷。那样的话，就可以由大法官们来界定某一特定法律规则或法律标准所约束的案件范围。[1] 大法官们或许会确立规则认为，监狱囚犯不享有《宪法第四修正案》所保护的权利[2]，或者在除了物理性侵入以外别无他法的情况下，警察利用感应增强设备获取他人房屋内部信息的行为侵害了他人的合理隐私期待[3]。且不论这些规则正确与否，至少它们能够为特定的案件类别提供固定的规则或标准。在联邦最高法院的层面上，法律目的模式使联邦最高法院得以自由界定案件的事实范围，进而确立调整此类案件事实的规则。

但是对分散的下级法院来说，在所有案件中均采用法律目的模式只会导致理论上的混乱。因为没有哪两个法院对案件类别的选择会是完全相同的，这将带来无数相互矛盾的规则，而且在尚未存在明确规则的领域，下级法院的判决将毫无可预测性。不同法院的不同合议庭将选择不同的案件类别，由此导致各地区并存着截然不同的规则。那么，在缺乏正式法律约束的地区，警察就无法预见到法院将如何作出判决，各地所确立的规则基本上毫无指引作用。而且，因为某一地区的法院在作出判决时将以该地区的其他案件判决为基础，那么不同地区的法律将从此各自独立发展。即使假设法官们具有共同的价值和信仰，每个法院还是可能选择不同的案件类别，由此导致州和州之间、地区和地区之间巨大的不确定性。

---

[1] Consider the precision of Justice Scalia's rule in the thermal imaging case, Kyllo v. United States, 533 U. S. 27（2001）.
[2] 468 U. S. 517（1984）.
[3] 533 U. S. 27.

（四）适用多种保护模式的案件

相对于单一的保护模式，多种模式并用的方式具有决定性的优势。鉴于每个保护模式都无法单独适用于所有案件，适用多种保护模式使得联邦最高法院能够通过判决形成一种有序的指引，将特定的保护模式与特定的案件类型联系起来。不同保护模式可以在不同情形下对警察行为进行区分，准确地界定那些本身合理的警察行为和那些必须具备特定情况才算合理的警察行为。使用多种保护模式能够让法官在判决说理时依据特定的案件事实选择最适合的保护模式。进而，下级法院在类比推理时会很自然地适用联邦最高法院所选择的模式，下级法院的判决就能获得确定性。在分析类似案件时，类比推理的一般方法使得下级法院能够反映出联邦最高法院所选择的模式，那么分散的下级法院所作出的判决就会趋近于确立相似的规则和指引，准确地区分那些本身合理的警察行为和那些必须具备特定情况才算合理的警察行为。

这样就会形成一个不同保护模式"各司其职"的局面，即不同案件类型分别选用最适合于分析此类案件事实的保护模式，不同保护模式在不同类型的案件中主导其结果。因为没有哪种模式可以单独适用于所有案件，故多种保护模式的使用允许法官根据不同情况选择最适合的保护模式。此种局面已经初见端倪，虽然司法上尚未正式承认这四种保护模式。而且，如果大法官和下级法院的法官们能够认可这四种保护模式，并且有意识地根据《宪法第四修正案》的目的来甄选不同的模式，则适用多种保护模式的方式将更加行之有效。

1. 联邦最高法院在四种模式之间的选择

不同保护模式在不同的情形中能够提供准确的分析依据，这表明了适用多种保护模式的重要意义。当面临一个新的案件时，为了区分警察的轻度干扰行为和严重侵扰行为，联邦最高法院应当依据特定的案件情况来挑选最佳的保护模式：如果现行法模式能够提供一个准确、一致的分析依据，那么联邦最高法院就可以适用现行法模式；如果私人事实模式能够提供一个准确、一致的分析依据，那么联邦最高法院就可以适用私人事实模式。多种模式的并存使得联邦最高法院可以根据特定的案件情况选择最适合的保护模式。事实上，这一点已经可以从联邦最高法院就《宪法第四修正案》所作出的判决中看出来。尽管这些数据支持太少，无法形成一个有力的经验式推断，但值得注意的是，那些保护模式的选择并非随意散乱。回顾联邦最高法院的判决，不难发现这些判决所选择的保护模式与案件事实具有十分合理的关联性。在这些案件中，法院所选择的保护模式均能够准确区分那些本身合理的警察行为和那些必须具备特定情况（如持有搜查证）才算合理的警察行为。

例如，私人事实模式似乎经常被适用于涉及新技术的案件当中：在 United States v. Jacobsen 一案中，私人事实模式被用来规制毒品的化学测试；在 Dow Chemical Co. v. United States 一案中，私人事实模式被用来限制空中监视时的拍摄行为；在 United States v. Karo 一案和 United States v. Knotts 一案中，私人事实模式被用来约束跟踪装置的使用。在这些案件当中，政府都使用了一定的工具，以便获得那些仅通过肉眼观察所无法获取的信息。为什么在涉及技术监视的案件中，大法官们通常倾向于选择私人事实模式呢？要说大法官们有意识地依照不同保护模式进行思考权衡，这似乎不太可能。但毫无疑问的是，他们一定读过许多判决理由前后矛盾的判例，最终才根据案件情况选择了最为合理的判决理由，在涉及技术监视的案件中，适用可能性模式或实在法模式会存在一个明显的缺陷，即技术的不断变革会使得适用可能性模式的结果难以预测，而且技术的发展也会模糊隐私权和实在法之间的界限。相反，私人事实模式的适用却不受技术变革的影响，进而在技术变化的同时能够提供一个稳定不变的规则。考虑到这点我们就能够理解，为什么联邦最高法院在处理涉及技术监视的案件时倾向于选择私人事实模式。

在涉及多数人的案件中，可能性模式得到了广泛适用。在 Bond v. United States 一案中，联邦最高法院就采用了可能性模式。在该案中，警察巡视了整台公交车并检查了所有旅客的行李。在 Minnesota v. Olson 一案中，联邦最高法院也采用了可能性模式。此案涉及留宿的客人依据《宪法第四修正案》所享有的权利。在该案中，联邦最高法院考虑了社会习惯以及房屋主人、借宿客人的隐私期待，然后依据可能性模式作出判决。为什么在涉及多数人的案件中大法官们倾向于适用可能性模式呢？这或许是因为，在涉及多数人的情况下，案件所依据的社会规范不容易被政府左右。在涉及多数人的情况下,社会习惯能够相对直接地反映出某种特定侦查技术的侵扰性:如果警察在搜集证据时使用的是某种不同寻常的方式,此种调查方式可能就具有高度的侵扰性;虽然社会习惯和实际的隐私期待会发生变化,但可能性模式下的规则也会随之改变。在此种情况下,可能性模式依然能够提供一个明确、稳定的依据来区分那些应受规制的警察行为和那些可以不受规制的警察行为。

在涉及警察对他人住宅、包裹、信件和手机进行物理性侵扰的案件时,实在法模式经常得到适用。如果警察擅自拆开他人所有的包裹、信件或者打开他人的汽车,这些物理性侵扰行为就会侵害他人的合理隐私期待;如果警察仅仅是从外部查看这些物品而非作出物理性侵扰行为,则警察的行为不会侵害他人的合理隐私期待。在涉及物理性侵扰的案件中,选择适用实在法模式具有一定的意义:它能够为警察提供明确、一致的事前指引,而且对于警察哪些行为仅造成轻度干扰、警察哪些行为已构成严重侵扰,适用实在法模式所作出的判断通常与人们的直觉相一致。即因为人们经常将一些私人信息藏在自己的财产物品当中,所以警察侵入、打开他人财产物品的行为构成严重侵扰;反之,警察仅从外部查看他人财产物品的行为只造成轻度干扰。在涉及物理性侵入的案件中,财产法似乎是判断政府行为之侵扰性的准确依据。

如果上述三种保护模式均无法合理地区分那些应受规制的警察行为和那些可以不受规制的警察行为,联邦最高法院就会适用法律目的模式以便直接达到预期的结果。例如,在 Hudson v. Palmer 一案中,联邦最高法院所确立的规则指出:"在任何情况下,在押囚犯均不享有《宪法第四修正案》所保护的权利。"为了得出此种结论,联邦最高法院主要依据法律目的模式作出解释,即监狱秩序中所体现的社会利益大于监狱囚犯的隐私利益。其他三种保护模式就很难推导出这一结论,因为它们都需要对案件事实进行更加深入细致的探究,而此种探究容易导致不确定性和频繁的起诉:尽管搜查行为在很多监狱中普遍存在,但是在一些监狱中可能并不存在,因此适用可能性模式容易面临此种不确定性;囚犯可能在其牢房中藏有私人财产,那么适用实在法模式就会导致不确定性;而且搜查牢房可能会公开囚犯的私人信息（比如日记），则适用私人事实模式也可能导致事前的不确定性。为了避免陷入这些困境，联邦最高法院干脆越过这些保护模式，直接依据法律目的模式来确立一个符合人们期望的明确规则。

需要明确的是，笔者并不认为上述适用分类已经完全明确或固定下来。大法官们似乎也只是隐约意识到四种保护模式的存在，如果其判决已经能够熟练地根据不同案件类别选择相应的保护模式，这反而会令人感到惊讶。笔者的观点更加温和：虽然大法官们对四种保护模式尚未具备清晰的认识，不过联邦最高法院的判决已经反映出，每种保护模式均能够很好地适用于某些特定类型的案件，但对其他类型的案件则未必适用。

2. 下级法院对四种模式的适用

虽然联邦最高法院可以根据不同案件情况选择最适合的保护模式，但这并不能体现适用多种模式这一方法的优势所在；但是，如果配合下级法院对隐私合理期待标准的适用，此种方法的优势就能够体现出来。实际上，联邦最高法院的判决很少决定隐私合理期待标准的适用，大多数规则都是由下级法院的判决发展而来的。不过，联邦最高法院对不同保护模式的选择可以为下级法院提供指引，使下级法院的判决发展出具备一致性和准确性的规则。当下级法院面临新的问题时，它们会自然而然地根据联邦最高法院所判决的先例进行类推处理。

类比推理要求下级法院关注联邦最高法院对类似案件的推理方式，因此在类似的案件中，下级法院便会适用联邦最高法院选择过的保护模式。由此，这些保护模式的适用就会在类似的案件中形成惯例。经过一定时期的反复适用之后，在判断他人的隐私期待是否合理时，《宪法第四修正案》的保护模式就会形成特定模式支配特定案件类型的局面，即每种保护模式均支配若干类型案件的局部性体系（案件分类意义上的局部性而非地理意义上的局部性）。根据联邦最高法院在不同案件类型中对保护模式的选择，不同的保护模式将会适用到不同的案件类型当中，这将使得隐私合理期待标准朝着准确、一致的方向发展下去。而下级法院的判决通常会依据类比推理方法选择相同的保护模式，这就使得下级法院的判决获得更强的可预测性和一致性。

重要的是，在法院尚未明确认识理解四种保护模式的情况下，此种过程依然能够进行。当某种警察行为违反《宪法第四修正案》而既存的规则又无法对其进行规制时，当事人和法官自然而然就会寻求那些与本案事实最为相似的判例，以便从联邦最高法院的论证说理过程中获得指引。如果联邦最高法院在类似案件中适用了私人事实模式，那么下级法院就会考虑此种选择并适用私人事实模式进行分析。即，如果联邦最高法院适用了某种特定的保护模式，那么下级法院就会依照相同的保护模式来处理类似案件。通过类比推理的过程，联邦最高法院对保护模式的选择就能够指导下级法院如何在不同类型的案件中使用不同的分析方法。进而，联邦最高法院对不同保护模式的选择就能够确保所有下级法院都确立相同或类似的规则。虽然这并不能保证不同法院就类似案件作出完全相同的判决结果，但这限缩了法院的自由裁量权，并极大地促进不同地区的司法裁判形成一致结果的可能性。

联邦最高法院的复审权能够使之形成一个完整的反馈循环（feedback loop）。如果下级法院在处理新的案件时能够依相同的方式选择保护模式，则联邦最高法院不会对其进行干涉；但如果下级法院在选择保护模式或如何适用某种保护模式的问题上不能达成一致，由此产生各自截然不同的规则时，则联邦最高法院通常会复审这个案件。它需要弥补这个循环的分歧之处，解决如何在该案中适用四种保护模式的问题。因此，联邦最高法院能够依据复审权监督下级法院对不同保护模式的选择，一旦某种保护模式的选择或适用出现不确定之处，联邦最高法院就会对案件进行重新审理。

例如，在有关热成像设备的案件中，Kyllo v. United States 一案的判决就可以体现这一过程。警察利用热成像设备探测外墙温度的行为始于20世纪90年代初，一直到90年代末，有关热成像设备的案件不时见诸下级法院审理的案件当中。大多数案件的事实和 Kyllo 一案相同，即调查人员使用设备探测他人房屋外墙的温度，然后利用这些信息来取得搜查证。被告人随即被政府控制，但他们主张，调查人员使用热成像设备的行为侵害其合理隐私期待。这些案件令下级法院面临很大的难题，但它们又无法直接从先前的判例中得到答案，故法院主要依据两种类似的案件来寻求解决之道：第一种方式是类比警察使用热成像设备探测街道上垃圾的案件,如California v. Greenwood一案。法院在这些案件中适用了实在法模式,认为警察使用热成像设备的行为并未侵害他人的合理隐私期待。因为Greenwood把垃圾丢在公共场合,所以任何人都能获取这些垃圾,相应地,房屋的主人也等于在向公众透露其房屋的温度信息。第二种方式是将热成像设备案件类比于其他的技术监视案件,如Dow Chemical Co. v. United States一案中警察利用相机进行空中监视的行为,以及United States v. Knotts一案和United States v. Karo一案中警察使用电子追踪设备的行为。在这些案件中,联邦最高法院适用私人事实模式作出判决,故下级法院在热成像案件中也类推适用私人事实模式。联邦上诉法院在处理这一问题时总结道,热成像设备并不能有效地披露被告家中的私密信息,故警察的行为并未侵害其合理隐私期待。

可见,至少在联邦法院,两种不同保护模式的分析路径最终都推导出相同的结论。如果下级法院没有采取其他别的路径,那么联邦最高法院就不会加以干涉,有关警察使用热成像设备的规则就会在下级法院中建立起来。然而,有些州法院适用私人事实模式后得出结论认为,热成像设备实际上揭露了足够私密的事实,故警察的行为侵害他人的合理隐私期待。联邦法院判决与州法院判决之间的冲突促使美国最高联邦法院进行了复审。最终,美国最高联邦法院在United States v. Kyllo一案中确立了解决这一问题的规则,为下级法院处理类似案件提供指引。

3. 明确认识四种保护模式的意义

对《宪法第四修正案》的保护来说,适用多种保护模式明显优于只适用单一模式。它使得联邦最高法院能够根据不同案件情况选择最适合的保护模式,准确地区分出那些应受宪法规制的警察行为。一直以来,大法官们和下级法院的法官们对这四种保护模式并没有清晰的认识,但不知不觉中他们已经践行着多种保护模式并用的方式。在撰写法院意见的过程中,联邦最高法院的大法官们自然而然地选择了曾经在类似案件中得出合理结论的保护模式。而下级法院也类推适用联邦最高法院的判例,据此选择相应的保护模式并适用在类似的新案件中。因此,尽管法院和当事人都尚未完全认识这四种保护模式及其作用方式,但这四种保护模式确实帮助法院划定了解决案件所需要的界线（界定警察行为）。

如果法院对四种保护模式能有一个清晰认识，这将有利于各个保护模式更好地发挥作用。有时候，联邦最高法院就《宪法第四修正案》作出的判例体现出一种"猎枪性质"（shotgun quality）：大法官为了证明其预设的结论而任意选用这些保护模式。联邦最高法院应当认识到，在适用隐私合理期待标准时，选用哪种或哪些保护模式是一个至关重要的问题。对其他法院来说，联邦最高法院在某个案件中的模式选择并不是一种绝对的约束。但无论如何，在某个特定案件中，联邦最高法院必须始终根据具体案情，选择一个可以解释其结论的保护模式。即，在界定哪些警察行为属于无需受规制的轻度干扰行为、哪些警察行为属于应受规制的严重侵扰行为（只有在持有搜查证或其他特定情况下才算合理）时，联邦最高法院应当根据具体案情选择一个最适合的保护模式。而且，联邦最高法院对不同保护模式的选择应当尽量清晰明确。通过选择一种或多种保护模式，联邦最高法院的做法将会指引下级法院在审理类似案件时选择最适合的保护模式。为了使下级法院在选择保护模式时更加便利，联邦最高法院选择各个保护模式的理由应当明确清晰。

在遇到涉及《宪法第四修正案》的新问题时，下级法院应当类推适用联邦最高法院在类似案件中对不同保护模式的选择。下级法院的法官应当学习联邦最高法院在类似案件中的做法，记住他们选择的保护模式，并在那些特定的案件中践行联邦最高法院对不同保护模式的选择，法律目的模式可能是个例外，因为它在联邦最高法院的意见中运用最为广泛，却相对鲜见于下级法院的判决当中。那么，对那些曾经试图将"隐私合理期待"的审查压缩成一种多因素标准（multi-factor test）的法院来说，这意味着一种改良的途径：例如，美国联邦第五巡回法庭就将 Katz 一案的规则简化成一种由多个检验因素构成的标准，这些"检验因素"则来自于判例法的解释。美国联邦第五巡回法庭指出，不同的检验因素在不同案件情况中所体现的重要程度不同，这确实是一个进步，有助于理解"《宪法第四修正案》的保护包括各自支配特定案件类型的四种保护模式"的观点。但是，第五巡回法庭和其他法院应当抛弃多因素标准（multifactor test）。隐私合理期待标准并不是一种单一的检验——基于联邦最高法院在类似案件中的判决，它在不同的情形下呈现出不同的意义。因此，为了适用隐私合理期待标准面对层出不穷的新案件，法院应当适用与之最为相似的先例所采取的分析方法和选择的模式，而不是求诸多于判例法中作为一个整体使用的多种"因素"。

四、结语

隐私合理期待是《宪法第四修正案》中最易被人误解的一个理论。很多人将"隐私合理期待"（reasonable expectation of privacy）这个短语本身视为一种检验标准，然后他们分别仔细考察"合理的"（reasonable）、"期待"（expectation）和"隐私"（privacy）这三个词语，似乎只要理解了这三个词语的含义，就明白这个标准应该如何适用了。此种观点的错误之处在于，他们将隐私合理期待标准假设为一个单一的检验方法，即一个从局部到整体均可适用、在不同的案件事实中都能得出正确结论的标准。然而，隐私合理期待标准应当是发散的，它可以根据不同情形呈现出不同的含义。单一标准和调查行为多样化之间的矛盾使得法院无法在所有案件中适用一个统一的标准。虽然隐私合理期待标准有着唯一的目标，即区分本身合理的警察行为与必须具备特定情况才算合理的警察行为，但如果要使分散的各个法院一起贯彻这个目标，那么单一的标准就完全不可行。

从表面上看，同时适用多种保护模式的方法似乎毫无道理——它像是为目前混乱不堪的局面而临时开出的一剂处方。但是，纵观全局地来看，适用多种保护模式具有深远的意义。随着案件层出不穷地出现，各个分散的下级法院在既有规则的基础上又不断确立新的规则，法律就是这样逐渐发展变革的。理论的困惑不等于实务的困惑，就像规则的解释与规则本身之间的区别。一旦某个规则被确立下来，对规则之正当性的解释就不再重要了。重要的是，当出现没有既存规则能够加以调整的新案件时，联邦最高法院对不同保护模式的选择将如何影响其他法院的选择。在区分本身合理的警察行为与必须具备特定情况才算合理的警察行为时，适用多种保护模式有助于下级法院在特定案件情况中确立新的规则，这有助于对《宪法第四修正案》的分散规则作出适当调整，以满足不同情况的需要。

隐私合理期待标准的可发散性对于《宪法第四修正案》的发展

产生重要的影响。首先，它意味着现存的原则一旦确立，就很难改变。当联邦最高法院应用某种模式宣告一项新的判决时，这个判决的重要性很可能局限在很小的范围内。它也许会影响与之相近的案件判决，但不太可能对其他领域的规则造成影响。这大概能够解释为什么隐私合理期待标准的确立对《宪法第四修正案》的保护范围没有产生什么影响。如前所述，Katz一案变革产生的对理论界的影响明显大于对实务界的影响。这也同样解释了为什么那些具有标志意义的案件，如Katz一案和Kyllo一案，对美国联邦宪法修正案整体的影响微乎其微：现实的争议大于新的案件类型，既有的规则又无法解决这些新型的案件，而且抛开联邦最高法院的最近判例，区分本身合理与相对合理的警察行为之需要依然存在。不能否认的是，联邦最高法院在个案中的说理确实重要，但是它远没有大多数学者们设想的那样重要。

因此，不满足于现存规则的学者们强烈要求联邦最高法院为Katz一案所确立的标准明确一个具体含义：首先，只要该含义建立在他们认为行之有效的规范性原则之上即可。其次，隐私合理期待标准的可发散性为学术界指出了可能的新方向。在过去，大多数学者假定Katz一案所确立的标准是单一的。然而，鉴于《宪法第四修正案》的可发散性，这些要求注定会石沉大海。很简单，法官不会为了接受一个单一的整体方法而不顾此种方法的实效究竟如何。学者应当认识到：那些明确何种警察行为构成"搜查行为"的规则必定是可发散的，而不是一个单一、完整的方法。学术界应当关注下级法院针对各类警察行为所作出的判决，而不是执着于联邦最高法院提出的宏大理论，并且应当研究不同保护模式对不同案件类型的作用。

《宪法第四修正案》对隐私合理期待所提供的四种保护模式，对法院适用和解释隐私合理期待具有重要的意义。近来有法院混淆了这些保护模式，而且几乎完全没有意识到他们在不同保护模式之间来回转换。法官们应当能够清楚地识别和判断这些模式，并且应当直接考察何种模式能够最利于区分本身合理的警察行为和只有具备特定情况（持有搜查证或其他特殊情况）才算合理的警察行为。对不同保护模式的准确适用将有助于法官们准确划定警察行为之间的界线，同时有助于明确警察行为的事前规则以及下级法院在何种情形下应适用何种模式。下级法院将更加适应具有示范意义的联邦最高法院的模式选择，警察也将更加清楚法院是如何适用《宪法第四修正案》解决现存法律没有规定的涉及新技术的案件。识别这四种模式将使得法官更好地作出判决，这既利于实现《宪法第四修正案》的目标，又能够为警察和公众提供更好的指引。

第四编　隐私合理期待理论的争议

《美国联邦宪法第四修正案》所保护的对象：财产、隐私和安全

托马斯·K. 克兰西[①]著　李倩[②]译

目　　次

一、导论
二、财产所有权理论的产生、发展及终结
三、隐私权理论的产生、发展及缺陷
四、安全权理论的确立
五、结语

一、导论

《美国联邦宪法第四修正案》（以下简称《宪法第四修正案》）保护公民对其人身、房屋、文件和财产享有的安全权，本文旨在寻求一种合适的分析方法，并运用这个合适的分析方法去探求安全权所包含的内容。只有理解了《宪法第四修正案》中"安全"这个词的含义，我们才有可能清楚地界定《宪法第四修正案》的保护范围及《宪法第四修正案》所授予的政府权限，就如一位著名学者所言：

[①]　托马斯·K. 克兰西（Thomas K. Clancy），美国佛蒙特大学法学院法学博士（1995），美国密西西比大学法学院荣誉教授。
[②]　李倩，中山大学法学院助教。

"弄清楚《宪法第四修正案》真正要保护的利益才是问题的关键所在。"①

就如本文标题所指出的,《宪法第四修正案》所要保护的利益可能有这三种:财产、隐私或安全。在后文中,本文将会阐述以财产或隐私作为《宪法第四修正案》保护的核心利益的缺陷。最初,美国联邦最高法院(以下简称联邦最高法院)认为,《宪法第四修正案》要保护的是公民所享有的普通法上的财产所有权,本文的第一部分将追溯这一观点的产生、发展及终结。在20世纪70年代,联邦最高法院开始采用合理的隐私期待理论来界定《宪法第四修正案》的保护范围,直至今天,在解释《宪法第四修正案》时,联邦最高法院主要依据的还是合理的隐私期待理论,本文第二部分将阐述合理的隐私期待理论。

《宪法第四修正案》规定公民对其人身、住宅、文件和财产享有安全权(the right to be secure),本文第三部分将重点分析安全权,并从该权利的角度来界定《宪法第四修正案》给公民提供的保护范围。需要注意的是,《宪法第四修正案》将安全权的适用对象限于公民的人身、住宅、文件和财产,并且《宪法第四修正案》只保护这些特定物品"免受不合理的搜查和扣押",所以,《宪法第四修正案》对这些特定的物品所提供的保护不是绝对的。公民所享有的安全权实质上是公民所具有的排除政府不合理侵犯其人身、住宅、文件和财产的能力。这种排除政府干预的能力对于实现《宪法第四修正案》所保护的安全权是如此重要,以至于我们可以认为,安全权等同于排除政府干预的能力。也就是说,公民享有的安全权就是其享有的排除政府干预的权利,至此,可以得出这样一个结论:《宪法第四修正案》给公民提供的保护是一种被动的保护:公民能够排除政府不合理搜查或扣押其人身、住宅、文件和财产的行为。如果公民不享有排除政府干预的能力,那么公民就不能保护其人身、住宅、文件及财产的安全,当公民拥有排除政府干预的能力时,就如《宪法第四修正案》所规定的,公民能保护其人身、住宅、文件和财产免受政府不合理的

---

① Anthony G. Amsterdam, Perspectives on the Fourth Amendment, 58 MINN. L. REV. 349, 385 (1974).

侵扰。公民的隐私、尊严受到政府的侵犯或公民对政府行为的反感，又或者是其他的情感因素，也可促使公民主张排除政府干预的权利，但这些都不能涵盖公民享有的排除政府干预的权利。本文将深入分析排除政府干预的权利及探求安全权的积极属性（如保护隐私）来限制并最终否决隐私权理论。

二、财产所有权理论的产生、发展及终结

（一）引言

《宪法第四修正案》是18世纪的产物，该修正案的目的在于保护公民的不动产和私人财产免受政府任意的、普遍的搜查和扣押，历史背景决定了《宪法第四修正案》当时存在的意义。在殖民地时期，英国政府滥用搜查和扣押的权力，对殖民地公民的财产和人身进行任意的搜查和扣押，英国政府的这种行为一直招到公民的诸多批评，这种批评直到《宪法第四修正案》通过后才彻底结束。大多数批评者都认为，应该规范政府实施搜查和扣押时所采取的程序。尽管当时公民的批评聚焦于政府的搜查和扣押行为在程序上的任意性，但在实践中，公民的反感情绪表现得更为激烈，因为政府的搜查和扣押行为侵犯了公民所珍视的私人物品，比如他们的人身、住宅及私人文件，《宪法第四修正案》的诞生就是为了防止政府专断地、任意地侵犯公民的私人物品的行为（制宪者的意图）。① 所以，《宪法第四修正案》所要保护的权利就自然而然地归结为财产所有权，而"一个人的住宅就是他自己的城堡"这个原则也成为"解释禁止政府不合理地搜查和扣押条款的一部分"。

在英国发生的 Entick v. Carrington 一案②中，法官详细地阐述了财产所有权对于公民的重要性，并认为有必要限制政府搜查和扣押公民私人物品的权力。联邦最高法院反复引用了这个案件，并将其视为"英国自由的一个里程碑"，当《美国联邦宪法》通过时，美利坚合众国每个州的公民都已熟知这个案件，他们认为该案的判决是"真

---

① Weeks, 232 U. S. at 390.
② 19 Howell's State Trials 1029, 95 Eng. Rep. 807（C. P. 1765）.

正地从根本上表述了宪法"。① 在 Entick v. Carrington 一案中，政府指控 Entick 写了一些煽动性的文章或者是负责出版了一些煽动性的书籍，据此指控获得搜查令后，政府线人（goverment messengers）搜查了 Entick 的住宅并扣押了他的私人文件。虽然搜查令写明搜查对象为 Entick，但它并没有详细列明所要搜查的地点及要扣押的文件。Entick 控诉政府线人非法入侵其住宅，陪审团支持了他的诉求。

Camden 法官赞同陪审团的意见，他强调保护个人的财产所有权对于整个社会发展的重要作用，并对财产所有权进行了分类。Camden 法官认为财产所有权是神圣的，只有依据维护公共利益的法律，政府才能侵犯公民的财产所有权。在引证英国普通法对财产所有权给予的强大保护后，Camden 法官陈述道："对私人财产的任何侵犯，哪怕只是轻微地侵犯都是非法侵入。"同样，在没有经过所有权人许可的情况下入侵其私人财产，即便所有权人没有任何财产损失，入侵者都需对其行为承担法律责任。

Camden 法官指出，政府没有权力去扣押或侦查公民的文件，文件是其所有人"最宝贵的财产"。如果宣告政府扣押公民文件的行为合法，那么这将会破坏社会所有的安宁。同时，Camden 法官认为，若所有人的财物被偷，公民基于其享有的财产所有权，有权利自行夺回被偷的财物，在这类案件中，法律允许所有人的这种行为，但是，Entick 一案牵涉政府对私人财物的夺取，这两种情形是有区别的。此外，Camden 法官认为，在刑事案件或民事案件中，政府不得用搜查私人文件的方式获取证据。他引用了公民所享有的不被自证其罪的权利来佐证他的观点，他认为"法律不强迫任何人控诉自己"，基于同样的原则，政府通过搜查和扣押当事人私人文件的方式来获取其犯罪证据也是不被允许的。

Camden 法官的观点深深地影响了联邦最高法院早期对《宪法第

---

① Brower v. County of Inyo, 489 U. S. 593, 596 (1989) [quoting Boyd v. United States, 116 U. S. 616, 626 (1886)]; accord Berger v. New York, 388 U. S. 41, 49 (1967); see also United States v. Lefkowitz, 285 U. S. 452, 466 (1932) (referring to*Entick*and stating that the "teachings of that great case were cherished by our statesmen when the Constitution was adopted"); Telford Taylor, Two Studies in Constitutional Interpretation 32 (1969) (describing Entick as "the last and most important" of the warrants cases).

四修正案》所作的解释。从 Boyd v. United States 一案①开始一直到 20 世纪 70 年代，联邦最高法院主要以财产所有权理论来界定《宪法第四修正案》所保护的利益。② 但在运用财产所有权理论时出现了两种思路。第一种思路始于 Boyd 一案，在该案中，联邦最高法院将公民享有的财产所有权作了分类，以政府对于其所搜查和扣押的对象是否有优先利益来判断政府搜查和扣押行为是否具有合理性。对于公民的某些重要的财产，不管政府进行搜查和扣押时采用什么程序，联邦最高法院都不允许政府对公民的这些财产实施搜查和扣押。第二种思路始于联邦最高法院对 Olmstead v. United States 一案③的判决，在该案中，联邦最高法院从财产法（property law）的角度来界定宪法保护的区域，并认为《宪法第四修正案》仅保护公民的有形物免受政府物理性的侵入。基于这个狭隘的观点，政府可以自由使用新的科技手段对公民实施调查行为，且此种行为不违反《宪法第四修正案》。

Olmstead 一案侧重于从字面含义理解《宪法第四修正案》，而 Boyd 一案则趋向从自由主义立场解释《宪法第四修正案》。虽然两者对《宪法第四修正案》的理解有冲突之处，但是，Olmstead 一案主要关注的是政府可以侵入公民的哪些私人领域，Boyd 一案则主要关注政府扣押物品的对象，两者并无直接矛盾，所以，联邦最高法院对《宪法第四修正案》的这两种解释一直并立存在。直到 1967 年，联邦最高法院放弃了财产所有权的理论，并由此转向以隐私权理论来解释《宪法第四修正案》。在下面的内容当中，我们重点阐述的内容包括：其一，Boyd 一案，其中涉及联邦最高法院对《宪法第四修正案》所作的自由主义解释及对公民财产所有权分类的发展；其二，Olmstead 一案，其中涉及的是该案判决中所讲到的《宪法第四修正案》仅保护公民免受政府对其有形物的物理性侵入；其三，财产所有权理

---

① 116 U. S. 616 (1886).
② See Morgan Cloud, The Fourth Amendment During the Lochner Era: Privacy, Property and Liberty in Constitutional Theory, 48 STAN. L. REV. 555, 567 (1996) (attributing the Fourth Amendment interpretation during the Lochner period, which was grounded in natural rights, to eighteenth-century notions of property rights).
③ 277 U. S. 438 (1928), overruled in part by Katz v. United States, 389 U. S. 347 (1967); see also Berger v. New York, 388 U. S. 41 (1967).

论的终结。

(二) Boyd v. United States 一案

Boyd v. United States 一案[1]是联邦最高法院第一起深入探讨《宪法第四修正案》含义的判例,在之后处理涉及《宪法第四修正案》的案件时,联邦最高法院的大法官们不断地从该案中寻找灵感。在 Boyd 一案中,联邦最高法院认为,如果严格地解释《宪法第四修正案》,就是姑息"政府轻微地偏离法定程序的行为",这将成为"政府不合法的、违宪行为的开端",基于这种考虑,联邦最高法院对《宪法第四修正案》进行了扩张解释。

在 Boyd 一案中,大法官们争论的焦点在于,政府所制定的强制公民提交其私人文件的法规是否违宪,最终,联邦最高法院的判决认定,政府强制公民提交其私人文件的行为属于搜查和扣押行为。这条法规对美利坚合众国和英格兰来说都属首创,因为该条法规要求刑事诉讼中的被告或财产没收程序中的当事人提交不利于自身的证据,该法规甚至还规定,如果被告没有提交传票中所列举的文件,那么将据此推定政府对被告的指控成立。

联邦最高法院回顾了那些引发美国独立战争的历史事件,并着重关注了 Entick v. Carrington 一案。[2] 在对那些最有创造性和最具争议性的意见进行斟酌后,联邦最高法院采取了与 Entick 一案同样的立场,即政府强制公民提交其私人文件的行为侵犯了公民享有的免受不合理搜查和扣押的权利及其享有的不被强迫自证其罪的权利。

法院认为,《美国联邦宪法第五修正案》(以下简称《宪法第五修正案》)所规定的不被强迫自证其罪的特权也有助于解释《宪法第四修正案》所规定的不合理的搜查与扣押,因为《宪法第四修正案》所禁止的不合理的搜查与扣押通常都是为了强迫嫌疑人交出不利于自身的证据。

与 Entick 一案的立场一致,联邦最高法院对公民享有的财产所有权进行了形式上的分类,并允许政府对公民的某些物品实施搜查与

---

[1] 116 U.S. 616 (1886).
[2] 19 Howell's State Trials 1029, 95 Eng. Rep. 807 (C.P. 1765).

扣押。其中可予以扣押的物品包括被盗物品、被没收的物品、为逃税而隐匿起来的物品、违禁品、依司法令状授权予以扣押的物品（如法院的扣押令或为执行法院的判决而予以扣押）。联邦最高法院将这些物品与私人文件进行了区分并总结道："政府是否有权占有公民的财产得视不同案件的情形而定。"

法院通过衡量个人财产利益与政府财产利益的大小来处理案件。比如，对于公民需要交纳货物税的商品，政府享有更大的财产利益。为了保护被盗商品所有者的财产利益，政府可以没收被盗的商品。但是，在 Boyd 一案中，公民对其私人文件所享有的财产利益高于政府的财产利益。

在之后一系列案件的判决中，联邦最高法院进一步发展了它在 Boyd 一案中所确立的原则：是否允许政府对公民的财产实施搜查或扣押，取决于哪一方享有更大的财产权利。在 Boyd 一案中，联邦最高法院"以财产所有权为标准对《宪法第四修正案》所保护的个人自治区域进行了界定"。在 Boyd 一案后，联邦最高法院实质性地限制了政府实施搜查和扣押的权力，一方面，无论政府实施搜查和扣押采用的是什么程序，联邦最高法院都禁止政府搜查和扣押公民的私人文件。另一方面，如果政府或其他人对于想要搜查和扣押的物品享有更高的利益，那么，联邦最高法院则倾向于准许这种侵犯公民私人财产的行为。例如，当政府调查员在搜查的过程中发现公民非法持有征兵证时，法院准许政府扣押公民的征兵证，因为征兵证是美利坚合众国的财产，政府有权占有。

联邦最高法院采纳的"纯粹证据规则"则是另一种对政府实施搜查和扣押的权力的限制。根据这一规则，在刑事案件中，如果政府实施搜查行为仅仅是为了获取不利于嫌疑人的证据，法院不会签发搜查令，只有为了搜查和扣押"犯罪所得和犯罪工具"，政府才可以进行搜查和扣押——这是因为对犯罪所得和犯罪工具，政府具有高于嫌疑人的财产利益。基于这一规则，公民的私人文件和公民的其他财产一样没有受到特殊保护，只要公民的私人文件属于犯罪所得或犯罪工具，公民的私人文件也免不了政府的搜查和扣押，当公民的私人文件是犯罪工具时，那么，即便是依法需要保密的档案也可被政府扣押。随着时间的推移，法院准许政府扣押的物品和私人文件的种类越来越多，可予以扣押的私人文件和禁止扣押的私人文件之间的界限也越来越模糊。

（三）Olmstead v. United States 一案

Olmstead v. United States 一案[①]的判决从两个重要的方面限制了公民根据《宪法第四修正案》所享有的权利，一方面，法院认为，《宪法第四修正案》的保护对象仅限于公民的有形财产，比如公民的住宅、文件或公民其他的实体占有物。另一方面，法院认为，《宪法第四修正案》仅禁止政府物理性地侵入公民的财产。与 Boyd 一案一样，Olmstead 一案也是基于普通法上高度保护公民所享有的财产所有权的理念而判决的，但不同于 Boyd 一案的是，Olmstead 一案的判决依据的是对《宪法第四修正案》所作的文本主义解释。

在 Olmstead 一案中，政府在犯罪嫌疑人住宅、办公室外的电话线上安装了窃听设备，法院需要判断政府实施的这种行为是否构成搜查行为。在该案中，首席大法官 Taft 撰写了以微弱优势取胜的多数意见，虽然他承认了 Boyd 一案所依据的对《宪法第四修正案》所作的自由解释，但是，他认为，"Boyd 一案对《宪法第四修正案》的文本所做的扩张解释并没有超出该修正案中住宅、人身、文件及财产这些词语的实际含义，纯粹的'听'或'看'不属于《宪法第四修正案》所规定的搜查和扣押行为。"根据《宪法第四修正案》的字面含义，法院认为，《宪法第四修正案》保护的对象仅限于公民的有形财产，"《宪法第四修正案》本身就将其保护的对象规定为公民的人身、住宅、文件及公民的财产，这些都是有形物"，而公民的通话内容并不属于《宪法第四修正案》所规定的有形物，因此不受该修正案的保护。

在 Olmstead 一案中，法院之所以得出这样的判决结果，还因为法院认为政府没有进入被告住宅或办公室中，该案所涉及的窃听器安放在建筑物外的电话线上，此处的电话线是"沿着高速公路延伸出来的，不属于 Olmstead 住宅或其办公室的一部分"。因此，法院判定

[①] 277 U. S. 438 (1928), overruled in part by Katz v. United States, 389 U. S. 347 (1967); and Berger v. New York, 388 U. S. 41 (1967).

该案中的窃听行为没有侵入 Olmstead 受《宪法第四修正案》所保护的区域,并进而认为《宪法第四修正案》所禁止的是政府物理性地侵入公民受《宪法第四修正案》保护的区域。当政府在建筑物外的电话线上安装窃听器时,政府并没有物理性地侵入公民的住宅或办公室,因此,这种行为也就不构成《宪法第四修正案》规定的搜查或扣押行为。同时,法院认为,政府对公民的通话进行录音同其窃听公民通话一样,没有实施物理性侵入的行为,因此,电话录音也不构成搜查或扣押行为。

根据联邦最高法院对 Olmstead 一案的判决,《宪法第四修正案》只规制政府物理性侵入公民受宪法保护的区域的行为及搜查、扣押公民的人身、有形财产的行为,Olmstead 一案确立了"以财产所有权为基础的文本主义"理论,该理论虽然放弃了 Boyd 一案对《宪法第四修正案》所作的自由主义解释,但是保留了财产所有权与《宪法第四修正案》之间的紧密联系。在普通法上,当政府运用新的技术手段侵入公民的私人领域时,政府的行为不构成非法侵入,而以财产所有权为基础的文本主义理论也没有将政府的这种行为纳入《宪法第四修正案》的调整范围中。

随着时间的推移,Olmstead 一案所强调的《宪法第四修正案》仅保护有形物的原则渐渐失去了影响力,最终,联邦最高法院承认了公民的通话内容也属于《宪法第四修正案》的保护对象。在 1967 年的 Katz v. United States 一案[①]之前,Olmstead 一案所强调的物理性侵入理论一直是解释《宪法第四修正案》的基本原则。依据以财产所有权为基础的分析方法,联邦最高法院将公民的私人领域区分为受宪法保护的区域与不受宪法保护的区域两个部分,并列举了一些受宪法保护的具体场所,"在公民受宪法保护的生活区域中,公民的住宅是宪法保护的核心,公民对其住宅享有免受政府非法侵扰的权利",为了进一步论证保护公民住宅的重要性,法官解释道:"在公民所处的所有空间中,公民尚能控制的是他的住宅;当公民回到自己的住宅时,他可以确信,除非得到了自己的允许,否则,外人若要靠近他,

---

① 389 U. S. at 353(holding that the reach of the Fourth Amendment can-not solely tun on the presence or absence of a physical intrusion into an enclo-sure).

必然要承担宪法上的责任,公民的住宅仍是一个值得保护的自由区域。在一个健全的、体面的、文明的社会里,公民必然有一个不受公众监视的庇护所、一片绿洲、一个隔离区或一座不受外界侵扰的个人城堡。"该法官进一步解释道:"《宪法第四修正案》保护的是公民仰赖的安全,当公民置身于或将财产存放于受宪法保护的场所时,这个场所可能是他的住所、他的办公室、他的旅馆房间,或者是他的汽车内,公民对其人身及财产享有免受政府不合理侵扰的权利。当公民将其私人资料存放于他的文件柜、书桌抽屉或他的口袋里时,公民对其私人资料享有免受政府不合理搜查和扣押的权利。"

在 Olmstead 一案后,联邦最高法院在处理类似的案件时首要考虑的因素是政府是否物理性侵入公民受宪法保护的区域。在 Desist v. United States 一案①中,犯罪嫌疑人所在的旅馆房间与联邦探员所在的房间被两扇门隔离开来,两个房间之间的空间距离比较小,联邦探员在其所在房间的房门上安装了传声器。在 Goldman v. United States 一案②中,联邦探员在其所在房间与犯罪嫌疑人所在房间的隔间墙上放置了一个灵敏的接收器。在这两个案件中,联邦最高法院均认为,联邦探员的行为没有侵犯犯罪嫌疑人受《宪法第四修正案》保护的权利,因为联邦探员没有物理性的侵入犯罪嫌疑人的房间。在另一个案件中,联邦探员将"针式窃听器"扎进犯罪嫌疑人住所的墙壁,直到触到了犯罪嫌疑人住所的暖气管道,这样犯罪嫌疑人住所的整个取暖系统都成为声音传导体,在此案中,法院认为,联邦探员的行为物理性地(轻微地)侵入了犯罪嫌疑人的住所,所以该行为属于《宪法第四修正案》调整的范围。

(四)财产所有权理论的终结

1967 年,联邦最高法院在 Boyd 一案和 Olmstead 一案中所依据的

---

① See Desist v. United States, 394 U. S. 244, 246 n. 2 (1969). The Court refused to apply Katz v. United States retroactively, stating that "to the extent Katz departed from previous holdings of this Court, it should be given wholly prospective application." Id. at 246.
② See Goldman v. United States, 316 U. S. 129, 131 (1942), overruled in part by Katz v. United States, 389 U. S. 347 (1967).

以财产所有权为基础的分析理论被取缔，在 Warden v. Hayden 一案①中，联邦最高法院废除了纯粹证据规则，不再将公民享有的财产所有权作形式上的分类，也不对政府搜查公民私人财产的权力作实质性地限制。在更为著名的 Katz v. United States 一案②中，虽然大法官的判决理由不那么充分，但是大法官否决了 Olmstead 一案中将公民的私人领域区分为两部分的观点，即受宪法保护的区域和不受宪法保护的区域。在 Hayden 一案和 Katz 一案中，法院认为《宪法第四修正案》关注的焦点是公民的隐私权，而不是公民的财产所有权。

在 Hayden 一案后，《宪法第四修正案》仅仅被视为在判断政府实施搜查和扣押行为是否合理时所遵循的一个程序上的标准。在 Hayden 一案中，联邦最高法院的多数意见主要阐述了这两个方面：一方面，多数意见废弃了纯粹证据规则的理论基础，该规则在对财产所有权作形式上的分类的基础上，实质性地限制了政府搜查和扣押的权力；另一方面，多数意见主张《宪法第四修正案》保护的是公民享有的隐私权。在 Hayden 一案中，警察在搜查 Hayden 的住宅时发现并扣押了抢劫者犯罪时所穿的衣物，而 Hayden 正是这些衣物的所有者。大法官 Brennan 代表联邦最高法院撰写了多数意见，他首先就否决了纯粹证据规则，他认为《宪法第四修正案》的用语并未区分"纯粹的证据"和犯罪工具、赃物或违禁品。大法官 Brennan 写道："从表面看，《宪法第四修正案》所规定的公民享有的保障其'人身、住宅、文件、财产免受侵犯的权利'与这些东西用于何种目的没有关系。公民享有的这种权利当然与'纯粹证据'的限制无关。警察对纯粹证据的搜查并不比其指向犯罪工具、赃物或违禁品的搜查侵犯了公民更多的隐私。这两种情形地方法官都能够介入，合理理由和特定化要求也都能完整维系。此外，纯粹作为证据而被扣押的财产，并不具有任何性质使得它比其他财产，比如犯罪工具更具隐私性：事实可能正相反。实际上，这样的区分完全是不合理的，因为在不同的情形下，同样的'文件和财产'在一个案件中是纯粹证据，而在另一

---

① 387 U. S. 294（1967）.

② 389 U. S. at 353（holding that the reach of the Fourth Amendment can-not solely tun on the presence or absence of a physical intrusion into an enclo-sure）.

案中，可能是犯罪'工具'。"①

法院认为，纯粹证据规则是基于两个相关的前提：其一，从历史上看，政府搜查和扣押的权力依赖于政府对更高利益的有效主张；其二，搜查和扣押仅以获得逮捕犯罪嫌疑人的证据和对犯罪嫌疑人定罪为目的，这是远远不够的，而这两个前提已经过时。法院指出："以政府是否能有效主张对搜查和扣押的对象有更高的财产利益来决定其搜查和扣押的权限，这个前提已受到了质疑，即使政府主张了普通法中更高的财产利益，搜查和扣押仍可能成为《宪法第四修正案》所述的'不合理'的搜查和扣押。我们已经意识到，《宪法第四修正案》主要保护的是公民的隐私权，而非公民的财产所有权，并日趋抛弃建立在财产概念基础上虚设的程序障碍。"

同时，法院论证了为什么《宪法第四修正案》关注的权利从财产所有权转向了隐私权。法院强调从财产到隐私的转移，是通过实体和程序改革的微妙的相互影响实现的，针对政府的非法侵入行为和要求返还原物的主张，普通法给财产所有人提供的救济要求财产所有人宣称对被扣押的财产享有更高的财产利益，因此，在刑事诉讼中，基于主张普通法中更高的财产利益，被告能在审判前请求返还被非法扣押的财产，而依据对《宪法第四修正案》新的解读，被告不需要证明其对被非法扣押的财产享有更高的利益，就可以在刑事审判中要求排除证据。

法院认为，以下因素也证明了《宪法第四修正案》保护的是公民的隐私：其一，无形证据被列入了证据排除的范围；其二，一个可获救济的违反《宪法第四修正案》的行为，不再需要满足当地财产法规定的实际侵入行为的构成要件；其三，在普通法中可以不受惩罚地实施扣押的物品，如被盗物品、犯罪工具及违禁品，也成为证据排除的对象。法院还认为，政府对其要扣押的物品需宣称某种财产利益，这一要求不过是虚幻的想象，"它模糊了一个现实，即政府对追究犯罪享有利益"。如果仅将《宪法第四修正案》视为一个对政府实施搜查和扣押的程序要求，那么无论政府要搜查的是纯粹的证据还是赃物、犯罪工具或违禁品，《宪法第四修正案》所规定的合理理由、

---

① Hayden, 387 U. S. at 300–310.

搜查令的特定化要求及治安法官的介入,这些都能同等的保护公民的隐私免受政府的侵犯。

在 Hayden 一案判决后不久,Katz v. United States 一案①的判决否决了物理性侵入理论及该理论在财产法上的基础。在 Katz 一案中,为了获取证据,联邦探员将电子窃听器和录音设备置于 Katz 打电话的公共电话亭外面。在该案的判决中,法院认为,《宪法第四修正案》保护的是人,而不是地方,据此,该案否决了物理性侵入理论。法院判决意见写道:"的确,曾经有一段时间,在这类案件中,如果政府没有实施物理性侵入行为,那么就被认为不再需要进一步审查政府的行为是否违反《宪法第四修正案》。因为《宪法第四修正案》被认为仅限于对有形财产的搜查和扣押。但以政府是否能有效主张对搜查和扣押的对象有更高的财产利益来决定其搜查和扣押的权限,这个前提已受到了质疑。在 Olmstead 一案中,法官的正反意见相差无几,但最终的判决意见认为,由于没有非法侵入的行为、没有对任何物件的扣押,因此 Olmstead 一案中涉及的监听行为不属于宪法调整的范围。此后,我们已放弃了该判决所依据的狭义观点,事实上,我们明确主张,《宪法第四修正案》规制的不仅是对有形物品的扣押,也包括对未使用任何'当地财产法所规定的技术性非法侵入手段'而窃听到的有关口头陈述的录音,一旦此点得到肯定,一旦《宪法第四修正案》保护的是人而不是'地方'免受不合理搜查和扣押的观点被承认,那么有一点便可以清楚,即是否适用《宪法第四修正案》不能视有无对某个封闭空间实施物理性侵入而定。"

在 Katz 一案中,法院的分析并不全面,在其分析中,法院并没有承认在 Olmstead 一案之后判决的案件的内在价值,Olmstead 一案的判决所依据的是两个前提,即宪法只对公民的某些私人领域提供保护和《宪法第四修正案》所针对的是政府物理性侵入公民受宪法保护的区域,法院没有对这两个前提加以严厉的反对。在否定物理性侵入理论时,法院没有对《宪法第四修正案》进行扩张解释,或者采纳 Boyd 一案中对《宪法第四修正案》所作的自由解释。事实上,该案的判决意见都没有引用 Boyd 一案。Katz 一案的主要判决理由是《宪

---

① 389 U. S. 347, 353 (1967).

法第四修正案》的保护对象包括公民的无形利益，这也是 Olmstead 一案的判决遭人诟病的重要方面。大法官 Stewart 代表联邦最高法院撰写了以下意见："在本案中，政府强调，申请人打电话的电话亭有一部分是玻璃结构，他在进入电话亭后，与在电话亭外一样，都是可以被人看见的。但是，他进入电话亭时要排斥在外的，不是别人视线的侵入，而是不受欢迎的耳朵，他不会仅仅因为在能被人看见的地方打电话，而丧失了此项权利。一个在电话亭里的人，对于《宪法第四修正案》所提供的保护的依赖，并不少于一个在商务办公室、朋友家里和出租车里的人。"

在 Olmstead 一案中持异议意见的大法官 Brandeis 提出，应根据 Boyd 一案判决的精神和用语来对《宪法第四修正案》作一个宽泛的哲学解释，他的观点迅速得到其他对 Olmstead 一案持批评态度的人的认同。Brandeis 认为，在制定美国联邦宪法时，开国先贤们无法预想到当今社会的发展现状，而联邦最高法院要解释的就是这样一部不是为现代社会度身打造的宪法，因此，联邦最高法院需要根据现代社会的需求来解释美国联邦宪法，尤其对于限制政府滥用权力侵害公民权利的宪法条款的解释，应及时适应社会的发展变化。大法官 Brandeis 强调，随着科技的发展，政府可以美国联邦宪法制定者意想不到的手段侵犯了公民的隐私："当《宪法第四修正案》和《宪法第五修正案》被批准时，政府侵犯公民的隐私的形式是简单的。政府有效地强迫公民自证其罪的唯一手段是对公民使用暴力。如果有必要的话，政府可以通过严刑拷问的方式有效地强迫公民作证。政府可以扣押公民的私人文件或其他的私人生活资料，如果有必要的话，政府可以破门而入的方式扣押公民的私人文件。《宪法第四修正案》和《宪法第四修正案》明确禁止政府非法侵犯公民住宅的神圣性与生活的私密性；但是'时间带来变化，时间酝酿了新的形势和新的需求'，政府已能运用微妙的、影响更为深远的侵犯公民隐私的手段，科学发明和发现使得政府可以获得密室里低声交谈的内容，这比动用拷问架来获取证据更富有成效。"

同时，Brandeis 反对根据字面含义来解释《宪法第四修正案》。他认为，应宽泛地解释《宪法第四修正案》，无论采取什么样的手段，只要政府在无正当根据的情况下实施侵犯公民隐私的行为，都须被视为违反《宪法第四修正案》。在刑事诉讼中，若政府以此类侵犯隐私的方式获得的事实用作证据，则这种行为须被视为违反《宪法第四修正案》。"

在 Katz 一案中，大法官 Stewart 所撰写的意见因其中未言明的事项而引发争议。Stewart 撰写的意见没有借鉴 Boyd 一案的判决及 Brandeis 在 Olmstead 一案中的异议意见，没有宽泛地解释《宪法第四修正案》，其中的分析也不够深入。它只是将《宪法第四修正案》的保护对象由地方转向人，由财产转向隐私。但是，如果说 Katz 一案用隐私权理论取代了财产所有权理论，将《宪法第四修正案》的重心转移到给予公民的隐私以广泛地保护，这也不完全准确，就如大法官 Stewart 在多数意见中所言，Katz 一案只是将《宪法第四修正案》扩张适用于公民的无形利益，如公民的通话内容。因此，对于后续的其他案件而言，Katz 一案的指导意义甚少。

三、隐私权理论的产生、发展及缺陷

Katz 一案没有探究受宪法保护的范围这一问题，只是判定《宪法第四修正案》关注的焦点是公民的隐私。大法官 Stewart 在其撰写的多数意见中认为，之前的判例只审查政府是否物理性侵入公民受宪法保护的区域，并反对依据这种狭义的观点来分析案情。虽然，大法官 Stewart 也试图解释《宪法第四修正案》真正保护的是什么，并提到《宪法第四修正案》与隐私保护之间的关系，但是其判决意见是保守的，他没有解释"隐私"一词的含义。

在解释《宪法第四修正案》所保护的利益时，虽然大法官 Stewart 提到了"隐私"一词，但是，他明确地讲道，《宪法第四修正案》不能被解读为一个宽泛的宪法性隐私权，并明确反对将《宪法第四修正案》的保护限于隐私权。Katz 一案的多数意见的主旨可以被简单地归纳为："《宪法第四修正案》保护的是人，而不是地方"，它适用的对象不限于有形物，财产利益不是判断是否发生搜查和扣押行为的唯一标准。"除了这些法律概念外，Katz 一案的多数意见并没有产生更为深远的影响。

在 Katz 一案中，大法官 Harlan 的协同意见令人印象深刻。在其协同意见中，Harlan 第一次提出了合理的隐私期待标准，该标准后来

成为界定《宪法第四修正案》保护范围的标准。Harlan 认为，合理的隐私期待标准有两点要求：其一，公民表现出对其隐私的真实的主观期待；其二，公众承认该种期待是合理的①，如果不满足其中任一要求，那么公民的隐私利益就不能获得《宪法第四修正案》的保护。

Katz 一案的多数意见没有探究隐私期待的主观性和合理性，不同于多数意见对"隐私"一词的轻描淡写，大法官 Harlan 从两个方面限制了公民对其隐私享有的利益。一方面，公民对其隐私必须存在真实的期待；另一方面，公民对其隐私的期待必须是合理的。此外，不同于多数意见的是，大法官 Harlan 没有反对宪法保护的区域理论，相反他认为，电话亭属于受宪法保护的范围，但是法院忽略了 Harlan 在其协同意见中提到的这一点。Harlan 还认为，"尽管《宪法第四修正案》保护的是人，而不是地方；但是，《宪法第四修正案》能给公民提供什么样的保护，对于该问题的解答通常涉及对'地方'的理解。"

在采纳隐私权理论后，联邦最高法院必须重新解释之前的判例法，使之与这一隐私权理论相一致。当把隐私权理论与已确立的原则联系起来时，那些意思明确的原则也变得让人难以理解。事实上，大法官在运用隐私权理论时有时并不自如，甚至有些牵强附会。

在 Katz 一案之前，联邦最高法院分析《宪法第四修正案》的基本着眼点与安全有关：公民有权保护其人身、住宅、文件及财产的安全。当然，这是完全遵循《宪法第四修正案》用语的结果。例如，在 Hester v. United States 一案②中，联邦最高法院认为，《宪法第四修正案》不适用于开放区域。在该案中，法院没有基于"安全"一词的含义来判决，而是认为公民的开放区域不属于《宪法第四修正案》的保护范围，因为开放区域不被包含在人身、住宅、文件和财产这些概念之中。Katz 一案似乎切断了《宪法第四修正案》与"安全"的联系，并以含义更为广泛的"隐私"一词取而代之：《宪法第四修正

---

① See Katz, 389 U. S. at 361 (Harlan, J., concurring). The Court in subsequent cases has sometimes used other words, such as "legitimate" and "Justifiable" as substitutes for "reasonable," but those terms do not have a different meaning. See, e. g., *Ciraolo*, 476 U. S. at 219 –220 n. 4 (Powell, J., dissenting); Smith, 442 U. S. at 740.

② 265 U. S. 57 (1924).

案》保护的不是地方,而是人,无论人处在什么地方都受到保护。在后续的案件中,联邦最高法院面临的问题是,《宪法第四修正案》对公民隐私的保护是否限于公民的"人身、住宅、文件和财产"。在 Air Pollution Variance Board v. Western Alfalfa Corp. 一案①中,一位调查员在工厂的院子中检测从工厂烟囱中飘出来的烟雾,工厂的院子是对外开放的,在该案中,法院认为《宪法第四修正案》不保护此种开放区域,同时又陈述道:对公民隐私的任何侵犯都仅是从"抽象和理论"的意义上来讲的,这个陈述使隐私权理论变得复杂化。十年后,在 Oliver v. United States 一案②中,联邦最高法院又面临了同样的问题,在该案中,法院指出,Hester 一案的判决是"建立在遵循《宪法第四修正案》的明确用语的基础上",而开放区域不在《宪法第四修正案》所保护的对象之列。此外,法院从保护隐私的角度解释了为什么公民对其开放领域不享有免受政府侵扰的合法利益。大法官 White 对此表示反对并认为"没有必要再去进一步谈论隐私期待的问题",因为 Hester 一案的判决已经很清楚地解释了为什么开放区域不受《宪法第四修正案》的保护。在之后的几年,尽管有时还会出现像《宪法第四修正案》对公民利益的保护只限于公民的人身、住宅、文件和财产这样的言论,但在论及公民的隐私保护时,则没有形成《宪法第四修正案》提供的保护仅限于公民的人身、住宅、文件和财产这样的明确规则。

在 Katz 一案后,保护公民的隐私成为维护公民利益的重要切入点。比如,当公民乘坐汽车旅行时,最初,联邦最高法院反对缩小公民在汽车内的隐私期待程度。法院认为,乘坐汽车是公民旅行时采用的一种基本的、普遍的、必要的交通方式,毫无疑问,比起将自己暴露在外的徒步旅行或其他旅行方式,公民在汽车内更具有安全感及享有更多的隐私。同样,政府为了调查纵火案而进入公民的住宅,这也缩减了公民对其被火灾损毁的住宅享有的隐私期待,法院认为,政府的此种行为是与"日常经验相违背的,因为在发生火灾后,公民可能继续在其住宅内生活或在其办公室工作。即便火灾使得公民的住宅

---

① 416 U.S. 861 (1974).
② 466 U.S. 170 (1984).

无法居住，公民的私人财产通常依然存在于其被火宅损毁的住宅内"。此外，如果公民用枪在其住所内射杀了一名警员，法院认为，公民对其住所仍享有隐私期待。

随着联邦最高法院内人事的更替，联邦最高法院对合理的隐私期待标准的运用，不但没有扩大《宪法第四修正案》对公民利益的保护，反而限制了《宪法第四修正案》的保护范围。基于过去财产法上对公民财产所有权分类的方法——公民的某些财产不得被搜查，政府需要基于更高的财产利益才能搜查公民的物品——法院对公民的隐私利益进行了分类：在理论上，被"社会公众认为合理"的隐私期待受到最大的保护；被缩减的隐私期待更容易受到侵犯；若公民的主观隐私期待被公众认为不合理，那么，公民的隐私期待将得不到任何保护。

在联邦最高法院所判决的案件中，其所认定的公民不享有合理的隐私期待的情形多种多样。就公民的人身而言，由于公民外在的人身特征已暴露于公众视线之下，因此，公民对其声音、面貌或者其笔迹不享有合理的隐私期待。就场所而言，在开放区域，公民对其财产和活动都不享有合理的隐私期待。例如，当公民乘坐行驶在公路上的汽车时，公民对其行踪不享有任何合理的隐私期待。当公民站立在其住所的门口时，由于公民已处于公众视野下，所以公民不享有合理的隐私期待。甚至于警察乘坐飞机在公民住宅上空飞行，并观察公民住宅的庭院时，公民对其庭院也不享有合理的隐私期待。至于商业场所，经营者对那些普通公众可以进入、进行商业交易的商店区域不享有合理的隐私。囚犯在监狱内最多享有缩小范围的隐私期待。汽车上的乘客对于其座位下的区域及车内未上锁的贮物箱区域不享有合理的隐私期待。就公民的财物而言，公民对其银行记录、摆在路边等人收集的垃圾、收入支出记录（会计人员看过后用于计算公民的个人所得税）及其汽车的车辆识别号码等都不享有合理的隐私期待。同样，在政府官员依法扣押公民的私人箱包并清查了箱包内的物品后，公民对于放于箱包内的违禁品不享有任何隐私利益。在 United States v. Jacobsen 一案①中，联邦调查员在联邦快递职员打开的包裹里取出了一些粉

---

① *See* United States v. Jacobsen, 466 U. S. 109, 123 (1984).

末，并现场分析了这些粉末是否为可卡因，法院认为，联邦调查员取出粉末的行为并未超出先前私人搜查的范围，且仅仅用于揭示特定物质是或者不是可卡因的化学分析没有损害公民享有的任何合法的隐私利益，如果该项分析是否定性的，该结果不会暴露任何具体的利益，因此联邦调查员的行为没有侵犯嫌疑人对其隐私的合理期待。在电子跟踪装置案件①中，警察在嫌疑人购买的商品的容器内，放置了一个传呼机以便跟踪商品的位置，法院认为，只要容器处于公民住宅外，警察就没有侵犯公民对其隐私的合理期待。在 Smith v. Maryland 一案②中，法院认为，被告在使用电话机时，就自愿地向电话公司传送了号码信息，因此，被告对于其在电话机上拨出的号码不享有合法的隐私期待。

联邦最高法院通过一连串相似的判例，宣布公民的隐私期待受到限制的情形。比如，法院多次提到公民对于其汽车甚至是房车只享有有限的隐私期待。商业经营者对其商业财产享有较低的隐私期待，尤其对于那些政府严格规制的行业，比如枪支、煤矿、酒类及废旧汽车处理场（automobile junkyards）。除了经营者外，雇员对其办公桌、文件柜及办公室等工作区域也只享有缩小范围的隐私期待。某些行业的雇员，比如铁路工作者、海关职员，由于行业的特殊性，他们需要接受政府的毒品分析。此外，在校的学生只享有被削弱的隐私期待，尤其是学生运动员。基于国家自我防卫的考虑，政府可以合理地要求任何进入该国的人证明他本人有权入境、他所携带的物品可以合法入境，此时，试图入境者享有的隐私期待遭到削弱。

联邦最高法院采用了几种不同的理论来对公民的隐私利益进行分类。在实务中，联邦最高法院遵循的是实用主义及具体案情具体判断的原则，大法官的判决理由也如变色龙般变化，因此，没必要，也不可能采取一个统一的标准来界定公民的合理隐私期待。对于某些情形，大法官们的意见趋向一致，虽然科技的进步给现代人的生活带来了便利，但也让公众更容易窥探个人隐私，发达的科技削弱和扼杀了

---

① See United States v. Karo, 468 U.S. 705, 712 – 713 (1984); United States v. Knotts, 460 U.S. 276, 285 (1983).
② See Smith v. Maryland, 442 U.S. 735, 743 – 744 (1979).

公民对某些隐私的合理期待。比如，警察乘坐飞机对嫌疑人用栅栏围起来的庭院进行空中观察，法院认为"私人飞行或商业航班也经常在这样的公共航道上经过"，嫌疑人的庭院实际上暴露在公众的眼中，因此，嫌疑人对其庭院不享有合理的隐私期待。同样，法院认为，警察对工业中心内的烟囱进行空中拍照，也没有侵犯公民的隐私利益，因为拥有飞机及航空照相机的任何人都可以轻易地获得此种照片，摄影技术在这个世纪已经发生了变化，它加速了工业化进程，丰富了政府执法的手段①。法院整体上趋向于认为，由于现代科技的进步及政府对高科技的运用，公民的隐私利益遭到削弱。

在判断公民是否享有合法的隐私期待时，联邦最高法院还运用了经验主义的分析方法。该种方法首先判断公民的活动是否能从外部观察到，然后再判断是否有受到保护的隐私利益。例如，法院认为，当警察乘坐飞机在嫌疑人的后院上空飞行时，警察能够看见嫌疑人在后院种植的大麻，此时，嫌疑人不享有合理的隐私期待，因为警察实施的"仅仅是在公共区域的一个观察行为"。

此外，联邦最高法院认为，由于政府管制的需要，公民的某些隐私利益不受保护。因此，政府管制的需求与《宪法第四修正案》的保护范围是一个此长彼消的关系。例如，对于受到政府严格监督和管制的行业，法院允许政府在没有合理怀疑的情况下，对其进行无证搜查。法院认为，基于政府对某些行业进行普遍性、常规性检查的需要，经营者的隐私期待程度降低，政府不需要事前通知、获取搜查令及存在具体的怀疑。例如，在 New York v. Burger 一案②中，州法规规定废旧汽车处理场的经营者须取得当局的许可证及保存汽车和汽车组件的交易记录，法规授权警察在没有搜查令和合理怀疑的情况下对废旧汽车处理场及其交易记录进行检查，如果经营者不配合检查，将会被处以刑罚。在搜查了 Burger 的废旧汽车处理场后，警察发现被盗的车辆及车辆组件，据此，警察以非法持有盗窃物及无证经营汽车拆装厂的罪名逮捕了 Burger。法院认为根据法规，废旧汽车处理厂是受政府严格管制的行业，经营者对其商业财产的隐私期待遭到削弱，因

---

① Dow Chem. Co. v. United States, 476 U. S. 227, 231 (1986).
② 482 U. S. at 694 – 696 nn. 1, 3.

此，法院允许警察实施无证搜查行为。

政府管制给公民生活带来的影响，已经不限于商业领域，它已经延伸到传统上公民最为保护的涉及其身体的活动。例如，法院一再允许政府在无任何犯罪嫌疑的情况下，对公民实施毒品分析。[①] 在 Skinner v. Railway Labor Executives' Ass'n 一案[②]中，法院承认两项联邦规章的合法性，其中一项规章规定，在没有任何吸食毒品嫌疑的情况下，对涉嫌火车事故的铁路雇员进行强制性的血检和尿检，以查明铁路雇员是否饮酒或者非法吸食毒品。另一项规章规定，在没有任何嫌疑的情况下，对那些违反铁路安全规则的铁路员工进行呼气测试和尿检。法院认为，血检是一种再平常不过的事情，事实上，它没有任何风险，不会造成外伤或疼痛，对于公民的身体完整性来说，这不是一个过分的附加负担。相比于血检，呼气测试对公民身体的侵犯性更小，因为呼气测试不一定要在医院才能完成，它只会造成轻微地尴尬和不便。尽管尿检要求雇员进行"传统上作为重大隐私予以保护的排尿行为"。但是，法院认为规章规定的尿检只要求雇员提供在医疗环境下采集的尿样，而不涉及直接可视性的观察排尿行为，从而减少了尿检对雇员隐私的侵犯性。最重要的是，法院认为，由于铁路雇员从事的是事关公共安全的行业，所以铁路雇员对其隐私的合理期待受到限制。因此，法院总结道，毒品分析对雇员的合理隐私期待只构成了有限的威胁。

关于法院采取的此种分析方法，我们还可以举一个例子。在 National Treasury Employees Union v. Von Raab 一案[③]中，在没有任何犯罪嫌疑的情况下，美国海关总署要求，申请调任或升迁至直接涉及截获违禁毒品或在履行职责时要求携带枪支的职位的雇员，必须接受尿样检验。在 Skinner 一案中，法院是以联邦法规有效为前提的[④]，在 Von Raab 一案中，法院认为，某些种类公共职业的雇员可能会被削

---

① See generally Stephen J. Schulhofer, On the Fourth Amendment Rights of the Law-Abiding Public, 1989 SUP. CT. REV. 87 (discussing the Supreme Court's drug testing cases).
② 489 U. S. 602 (1989).
③ 489 U. S. 656 (1989).
④ 489 U. S. at 627 (recognizing the long history of governmental regulation of the railroad industry).

弱隐私期待，甚至涉及对雇员的此类人身搜查。因此，法院认为，从事截获毒品的海关总署雇员应预期到政府会调查他们身体的适格性及他们的正直性，那些因工作需要而携带武器的雇员应该预期到政府会检查他们身体的适格性。

在 Vernonia School District 47J v. Acton 一案[①]中，法院允许学校对那些参加学校运动比赛的中学生进行药品分析。在该案中，虽然学校对学生进行药品分析的行为并不是出于政府管制或公共职位的特殊需要，但是，法院附加了其他的正当性理由："个人对其某些隐私的合理期待取决于个人与州政府之间的法律关系。"在仅考虑学生享有的隐私利益时，法院第一次宣称，学校管理者对受托给学校管理的学生有明显的保护和监管的权力，只有那些适合在校学生行为的事项才能视为学生的权利。相较于其他地方，公立学校的学生所享有的《宪法第四修正案》的权利也会有所不同。因为孩子们在学校接受身体检查及注射各种疾病疫苗是常规事项，所以，法院总结道，学生在学校只享有被削弱的隐私期待。考虑到对体育运动规制的必要性、学生参与这些体育运动的自愿性及更衣室的构造使得学生只会有限地暴露其隐私，法院认为，自愿参加学校体育竞赛的学生理应预期到他们享有的正常权利和优惠，包括隐私会遭到侵犯。

法院所运用的合理隐私期待标准有以下缺陷。

首先，合理的隐私期待标准无法从《宪法第四修正案》的用语中找到文本根据。由于没有明确的法律规定，所以隐私的概念随着大法官们的奇思妙想而处于游离不定的状态，法院可以随意扩大或缩小隐私包含的内容，隐私的含义也确实让人难以准确地把握（如果可能界定的话）。为了扩大《宪法第四修正案》保护的利益，法院在自由主义立场之下，将《宪法第四修正案》保护的利益从财产转向了隐私，但是，保守的联邦最高法院却运用隐私权理论限制了《宪法第四修正案》的保护范围。

其次，联邦最高法院太过依赖科技的发展、经验主义、政府管制需要来判断公民隐私期待的合理性。在保护公民利益时，过于强调从隐私的角度出发。由于社会形势日益复杂，政府对公民生活的侵扰形

---

① 515 U.S. 646 (1995).

式及频率迅速增长,法院缩减公民对其隐私的期待程度的做法,导致法院经常判定政府没有侵犯公民任何受保护的利益。法院对合理的隐私期待理论中的"合理性"所包含的经验主义判断,再加上发达的科技缩小了公民合理的隐私期待范围,这都不可避免地导致《宪法第四修正案》的保护范围越来越小。任何人都可以乘坐飞机从高空观察房主在其房屋内的活动,所以,乘坐飞机观察公民住宅的行为是公众性行为。但是,这并不表明房主放弃了他享有的安全权——正是这种规范性价值激活了安全的概念。

再次,法院采纳得较少的隐私期待理论遭到批评,即使在对待个人生活最私密的部分时,法院也适用了该理论。例如,要求学生运动员和那些从事某些特定职业的雇员必须提供血液和尿液样本,这种侵犯人身的行为违背了长期以来个人保护其身体和排尿行为不受政府侵扰的传统。如果仅以参加体育竞赛或从事特定职业为由,法院就能轻易地缩减公民对其人身的隐私期待,那么似乎公民所有的隐私利益都可以轻易地被缩减到最低程度;因为按照较少隐私期待理论这种"独特的逻辑"。我们可以推断出,当政府监管的需求增大时,《宪法第四修正案》的保护范围就得缩小,然而,"随着政府具有侵扰性的监管权力的扩张,《宪法第四修正案》的规定应受到更多的重视,而不是降低它的标准"。在面对政府对公民日常生活日益增多的侵扰时,仅仅依赖或主要依赖隐私权理论只会令公民丧失其合法利益。

最后,法院在衡量公民的隐私利益时选错了角度。合理的隐私期待理论的两要件之一就是要求公民有主观的隐私期待,这个前提也受到了这样的批判:"一个人的主观愿望既不能引发《宪法第四修正案》的保护,也不能使《宪法第四修正案》提供的保护失效。偏执狂和盲目乐观的人才可能恰好获得《宪法第四修正案》提供的保障,对《宪法第四修正案》保护范围的主观期待有别于其实际提供的保护,主观上的期待既不能扩大也不会缩小《宪法第四修正案》的适用范围。因此,只有当主观的隐私期待与《宪法第四修正案》规范意义上的(technical judgement)的保护范围相符合时,主观的隐私期待才会被考虑,其实,这等同于说主观期待与《宪法第四修正案》的保护范围没有任何关系。"

事实上,由于主观隐私期待标准的无关性和不可操作性,在涉及

《宪法第四修正案》的其他案件中,联邦最高法院并没有考虑主观的隐私期待。法院在衡量公民受保护的利益时考虑的唯一因素是客观情形,如个人行动自由的限制、搜查和扣押的性质及其他环境条件。

联邦最高法院在运用隐私权理论审查政府行为的合法性时,它所犯的最重要和最基本的错误在于无视《宪法第四修正案》的规则,混淆了公民行使安全权的动机与安全权本身。我们将在下文阐述,隐私权理论不能涵盖安全权所要保护的利益。

四、安全权理论的确立

在财产所有权理论和隐私权理论主导期间,诸如《宪法第四修正案》保护比财产或隐私更为广泛的利益的言论有时也出现在大法官的个人意见或法院的多数意见当中。在财产所有权理论主导期间,法院虽然经常用"隐私"一词来界定《宪法第四修正案》所保护的利益范围,但通常都没有详细阐述。在 Katz 一案后的时期,隐私、安全、自由有时会被共同纳入《宪法第四修正案》的保护范围内。事实上,在 Katz 一案后,"《宪法第四修正案》保护的基础的言论也偶尔出现,甚至是出现在法院的多数意见中。虽然法院强调《宪法第四修正案》保护的实体是人,而不是地方,保护的利益是隐私,而不是财产,但房屋始终是保护的核心区域,即便房主不在房屋内也是如此,私人住宅一直被认为是公民的庇护所,并受到特殊保护。"①《宪法第四修正案》中的语言所指向的"首要罪恶"就是政府物理性侵入公民的私人住宅。至于人格利益的保护,法院有时认为《宪法第四修正案》保护公民的独处权、个人自由、人格尊严、身体完整性、人格的神圣不可侵犯性及迁徙自由。至于财产的保护,由于搜查和扣押涉及不同的法律利益:搜查引发公民对其隐私的关切,扣押则损害公民对其财产的占有利益,因此,除了保护公民对其财产享有的隐私利益之外,联邦最高法院也明确地区分了另一种受保护的利益

---

① E. g., Maryland v. Garrison, 480 U. S. 79, 90 (1987) (Blackmun, J., dissenting); Welsh, 466 U. S. at 754 (1984).

——公民对其财产的占有利益。① 虽然法院对隐私权理论的短暂偏离暴露了隐私权理论的局限性，但整体上来说，《宪法第四修正案》所明确保护的利益是隐私。此外，虽然扣押公民财物的行为触犯了公民对其财物的占有利益，扣押公民的人身触犯了公民的自由，但是对于这些利益的保护，法院没有在《宪法第四修正案》更广泛的框架下做进一步的探讨。相反，自 Katz 一案后，法院多次强调《宪法第四修正案》所保护的唯一利益是隐私，或至少，隐私是《宪法第四修正案》首要保护的利益。

随着隐私权理论局限性的暴露，《宪法第四修正案》保护的利益不限于隐私的断言开始此起彼伏。讽刺的是，在 Warden v. Hayden 一案②中，代表联邦最高法院撰写判决意见的大法官 Brennan 在其任期快结束时，开始寻求隐私以外的利益作为《宪法第四修正案》的保护利益。有一次，大法官 Marshall 宣称："历史证明，《宪法第四修正案》是为了保护公民的财产利益和隐私利益。"③ Brennan 对 Marshall 的这一宣称表示附和，Brennan 曾经写道："尽管隐私权包括他人对其某些私人信息享有的免受政府官员审查的权利，但《宪法第四修正案》不仅保护公民的私人信息不受政府审查，而且还保护公民对其人身、住宅、文件及财产享有的安全权，这个权利就体现在有时被人们遗忘的《宪法第四修正案》的语言中。"④ 此外，他还认为，联邦最高法院之所以会将隐私权缩减至信息权（the right to secrecy），一部分原因是 Katz 一案无意导致的结果，在 Katz 一案之前，法院可能主要关注隐私权的安全方面，而给予其信息方面（secrecy）较少的思考。在承认信息权的重要性后，Katz 一案并没有否决安全权的相关性。之后，Brennan 陈述道："《宪法第四修正案》既保护公民的安全权也保护其信息权。"

---

① See Horton v. California, 496 U. S. 128, 134 (1990) (holding that a seizure of an article in plain view does not involve an invasion of privacy but does invade the owner's possessory interest).
② 387 U. S. 294 (1967).
③ Rawlings v. Kentucky, 448 U. S. 98, 118 – 119 (1980) (Marshall, J., dissenting).
④ Illinois v. Andreas, 463 U. S. 765, 775 (1983) (Brennan, J., dissenting) (quoting U. S. CoNsT. amend IV).

在其他一些不多见的情形中,法院似乎也有意地提到"安全"的概念。例如,在 Terry v. Ohio 一案①中,警察在街头对公民实施截停与拍身搜查,法院承认其在最近的判决中认为,《宪法第四修正案》保护的是公民的隐私权(Katz 一案),但是在该案中,法院强调宪法制定者所用的词语,它宣称"人身安全这一不可估价的权利,既属于那些关起门来在书房里处理自己私密事务的房主,也同样属于那些走在城市街道上的公民"。法院认为:"在普通法中,没有什么权利比公民拥有和控制其人身的权利更为神圣,并受到更谨慎的保护,除非获得明确的、不容置疑的法律授权,否则,公民享有的该项权利免受其他人的限制和侵扰。"法院宣称该案的问题在于,在这样的街头相遇中,公民享有的人身安全的权利是否受到了侵犯。在权衡各种意见后,法院将目光聚焦在了"安全"一词上,并以此来界定《宪法第四修正案》所保护的利益。

在目前最新的判例中,Soldal v. Cook County 一案②很有力地证明了除隐私之外,美国联邦宪法还保护公民的其他利益。在该案中,停车场的管理人员在未获得法院驱逐令的情况下,切断了 Soldal 所有的拖车屋的排水管道,并将拖车屋拖出了停车场。法院认为,扣押公民个人财产的行为侵害了公民对其财产的占有利益,以此来反驳该案不适用《宪法第四修正案》的观点。上诉法院认为,从技术意义上讲,该案仅存在扣押房屋的行为,且该行为没有侵犯公民的隐私和自由,因而《宪法第四修正案》不适用于该案。大法官 White 撰写了联邦最高法院的一致意见,在意见中,他写道:"《宪法第四修正案》保护公民免受政府不合理地搜查和扣押其人身、住宅、文件和财产。"《宪法第四修正案》的用词就"否定"(cuts against)上诉法院的裁定,我们所判决的大量案件就明确地表示,《宪法第四修正案》保护公民的财产及隐私。White 认为,《宪法第四修正案》保护公民对其财产的两方面期待:一方面是关于搜查,另一方面是关于扣押,搜查行为侵犯公民的合理隐私期待,而扣押行为则损害公民对其财产的占

---

① 392 U. S. 1 (1968).
② 506 U. S. 56 (1992). See generally William C. Heffernan, Property, Privacy, and the Fourth Amendment, 60 BROoK. L. REv. 633, 636 – 654 (1994) (analyzing the Soldal case).

有利益。① 在 Soldal 一案中，法院还提出，公民享有的免受政府阻碍的旅行自由也受到《宪法第四修正案》的保护。

White 进一步指出，《宪法第四修正案》首要保护的是公民的隐私。虽然法院在 Katz 一案和 Hayden 一案中强调对隐私的保护，但这并未完全抹杀此前已被人们承认的《宪法第四修正案》对财产的保护。White 重述了 Katz 一案的判决："《宪法第四修正案》没有授予公民一个'宽泛的宪法性隐私权'，尽管该修正案保护个人的隐私不受某些政府行为的侵犯，但它赋予的保护不限于此，在很多情形下，《宪法第四修正案》的保护与隐私权毫无关系。"随后，White 总结道："《宪法第四修正案》所要保护的关键是公民享有的免受政府干预的安全权。"

一方面，Soldal 一案开启了一个对《宪法第四修正案》所保护的利益做广泛性解读的全新时代。另一方面，大法官 White 在法庭上发表了大量关于《宪法第四修正案》的意见，在其任期结束之时，大法官 White 为 Soldal 一案撰写的判决意见可能是其绝笔。至少，Soldal 一案明确地指出了《宪法第四修正案》所保护的三种利益：财产、隐私、自由，政府对公民这三种利益的侵害都可视为政府侵扰了公民享有的不受政府干预的安全权。

纵观历史，security 这一概念有着通用的含义和价值。在《宪法第四修正案》语境之外的"secure"一词，通常与远离危险或安全的（being safe）联系在一起。在过去的两百年间，字典中对"secure"的主要释义没有发生什么变化，在 Samuel Johnson 编著的《英语大辞典》里，"secure"一词有几种含义，其中包括：远离恐惧、确定的、没有质疑的、远离危险、安全的。② 另外，Samuel Johnson 将"to secure"解释为：使……确信、消除恐惧、保护、使……安全、保障。在《牛津英语词典》中，"secure"一词源自拉丁文，在拉丁语的后期演化中，"secure"意为"安全的，远离危险的"。③ 在解释"secure"一词的含义时，《牛津英语词典》引用了大量可追溯至殖民地时期的文

---

① Soldal, 506 U. S. at 63（quoting *Jacobsen*, 466 U. S. at 113）.
② Johnson's Dictionary of The English Language（1st Am. ed. 1819）.
③ Xiv Oxford English Dictionary 851（2d ed. 1989）.

学作品和其他的文字作品,尤其是在将"secure"解释为"无忧无虑的"时,涉及了具体的时间、地点及行为。"Secure"还意味着有把握的、可靠的(having or affording ground for confidence and being safe)。做动词使用时,"secure"的意思为"使安全,保卫,保护"。在《牛津英语词典》第1754页中有说明"secure"一词的用法的例子:"这是一条坚实的道路,再大的风它也能抵挡住。"在第1756页则写道:"门口的看守人员加倍了吗?是否能确保抵御突然袭击?"在第1784页则写道:"在面对攻击时,刺猬只要把自己的头和身体都隐藏在身体里,它浑身就竖起硬刺,这样就能很好地保护自己的安全。"事实上,Blackstone将财产所有权定义为"个人专属的支配权,个人能对其他一切人主张和行使这一支配权,个人可以完全排除任何其他人的权利的干预"。

《宪法第四修正案》中的"secure"一词也包括了上述的通用含义。但是,对美国联邦宪法的制定者而言,《宪法第四修正案》语境中的"secure",还包含了通用含义之外的语境含义:其一,公民享有免受政府不合理侵扰的安全权;其二,这种权利只适用于公民的特定物品——人身、住宅、文件及财产。

《宪法第四修正案》中的"secure"的第一种语境含义:公民享有免受政府不合理侵扰的安全权,指的就是公民所具有的排除政府干预的能力。在Entick一案中,法院就将安全权与排除政府干预的能力紧密地联系起来,在做了人们缔结社会的主要目的是为了保护他们的财产的陈述后,Camden法官宣称:"没有我的许可,没人能脚踩我的土地。"

1766年,William Pitt在议会的一次演讲中同样强调了排除政府干预的权利:"即使是最贫穷的人,他在其简陋的小屋里也可以藐视国王所有的力量。房子也许是破旧的,屋顶也许是摇摇欲坠的,风可以进,雨可以进,但是英王不能进,英王的军队不敢跨过他破旧的小屋的门槛。"[①]

---

① Nelson B. lasson, The History and Development of The Fourth Amendment To The United States Constitution 49 – 50 (1937) (citation omitted). Pitt's speech has been repeatedly cited by the Court. See, e.g., Payton v. New York, 445 U. S. 573, 601 n. 54 (1980).

在大西洋的另一边,北美殖民地居民用"安全"一词来表达他们对英国政府滥用权力搜查与扣押其财产的不满;对他们来说,安全权正是他们所需要的阻止英国政府侵犯其财产的能力。1762年,James Otis 在批判协助收缴走私物品令(允许马萨诸塞殖民地的海关官员搜查任何其想搜查的地方)的言论中指出,该令状"违反了根本的法律原则和侵害了人们对其住宅享有的权利。一个平凡的人在其住宅内,就应如国王在其城堡内一样安全……"① 与此同时,一篇刊登在报纸上的论文详细列举了协助收缴走私物品令的种种罪行,并宣称如果协助收缴走私物品令被准许颁发,那么"相比于颁发令状前,这个地区的每一个房主都必然更没有安全感",因为该令状允许官员强制性地侵入居民的私人住宅,允许官员翻查私人住宅的每一处。1768年,由 John Dickinson 所写的"农夫的公开信"(Farmer's Letters)中的其中一封信刊登在《费城报》上,信的内容很快被广为传播,在这封信中,John Dickinson 指责协助收缴走私物品令"是对自由的威胁,明显地违反了普通法,因为根据普通法,一个人的住宅就是他的城堡和最为安全的地方"。1772年11月2日,波士顿市民举行了一次会议,为了"声明殖民地居民的权利",② 会议选任了一个委员会,会议委员会以波士顿市的名义发表了一个声明。声明指责协助收缴走私物品令授予了海关官员"绝对的和专横的"权力,这种权力使得他们可以随意搜查他们想要搜查的地方,报告作出以下结论:"我们的住宅,甚至是我们的卧室,都被置于彻底翻查的范围之下,我们的盒子、柜子和衣箱被卑鄙的小人砸开、惨遭劫掠,这样的小人,任何谨慎的人甚至都不敢将其聘用为家仆;只要这些小人高兴,只要他们怀疑我们的住宅内存在没有缴纳税款的物品,无论何时,他们都可搜查我们的住宅。这种恶名昭著的滥用权力的行为频繁地发生在这个地方及其他的海港城市。为此,我们没有了家的安全感,我们因此过着很不幸福的生活。这些官员以法律为名,将一般令状作为通行证,侵害我们拥有的对住宅的神圣权利,肆意搜查我们的人身、住宅,摧毁我们的安全感,掠夺我们的财产,在他们犯下如此

---

① See, e. g., LANDYNSKI, *supra* note 9, at 33–36 (discussing the use of writs of assistance).
② QUINY, *supra* note 316, at 466.

滔天罪行时,他们却没有得到任何惩罚。"

因此,历史上早已有明确使用"安全"一词的先例。这一词语不是《美国联邦宪法》的制定者的首创,《美国联邦宪法》制定者对这一词语的运用也不是出于偶然。他们珍视安全权,并在安全权与排除政府干预的能力之间建立了紧密的联系。

在了解了联邦最高法院采用的财产所有权理论和隐私权理论的局限性后,《宪法第四修正案》保护公民享有的排除政府干预的权利这一潜在的、普遍的观点,经常出现在法院的判决意见中。虽然 Olmstead 一案所依据的物理性侵入理论及其判决结果过于狭隘(物理性侵入理论仅保护公民免受政府物理性的侵扰),但是,这种保护也是公民拥有的排除政府不合理侵扰的能力,就如法院指出的那样:"在公民所处的所有空间中,公民尚能控制的是他的住宅;当公民回到自己的住宅时,他可以确信,除非得到了自己的允许,否则,外人若要靠近他,必然要承担宪法上的责任,公民的住宅仍是一个值得保护的自由区域。在一个健全的、体面的、文明的社会里,公民必然有一个不受公众监视的庇护所、一片绿洲、一个隔离区或一座不受侵扰的个人城堡。"①

在 Katz 一案后,联邦最高法院混淆了公民主张安全权的动机与安全权本身。公民可能是为了保护其隐私免受政府侵扰而行使安全权,但是,行使权利的动机不等同于权利本身,不管是什么原因促使公民主张安全权,只要公民愿意,他就能排除政府的干涉。《宪法第四修正案》是一个工具——一个将政府阻挡在外的守门人,守门人不会去询问为什么公民要排除政府的干预,它只服从命令。作为一个守门人,《宪法第四修正案》允许公民享有的其他权利的存在和发展,公民行使《宪法第四修正案》所赋予的权利,既不是为了扩大,也不是为了缩小《宪法第四修正案》的保护范围。

隐私权理论的价值在于其保护公民的无形利益免受政府非物理性的侵害,但正是这种扩大《宪法第四修正案》保护范围的做法扭曲

---

① Silverman v. United States, 365 U. S. 505, 511 n. 4 (1961) [quoting United States v. On Lee, 193 F. 2d 306, 315-316 (2d Cir. 1951) (Frank, J., dissenting), affd, 343 U. S. 747 (1952)].

了《宪法第四修正案》的意旨。虽然法院意识到《宪法第四修正案》保护公民的无形物免受政府非物理性的侵犯,但是,法院无视《宪法第四修正案》的规则,并将隐私权理论置于该修正案之上,这无疑是一种深入歧途的做法。虽然 Olmstead 一案所依据的物理性侵入理论违背了制宪者的意图,但是,法院也没有要求修改整个《宪法第四修正案》来推翻 Olmstead 一案。

至少在一定程度上,联邦最高法院承认了隐私权理论的局限性。例如,在 Soldal 一案中,法院认为,《宪法第四修正案》保护公民的三种利益:隐私、对财产的占有利益、行动自由。公民享有了安全权,公民就具有了排除政府侵害这三种利益的能力。当政府实施搜查行为时,公民可以主张安全权阻止政府的搜查。当政府要扣押公民的财产时,公民可以行使安全权继续占有其财产。当政府要对公民实施拘禁时,公民能行使安全权维护其人身自由。在每一种情形中,公民都需要排除政府侵扰其人身、住宅、文件和财产的能力。这种排除政府干预的能力对于安全权是如此重要:我们可以说排除政府干预的能力就等于安全权,安全权就是排除政府干预的权利。如果公民不拥有排除政府干预的能力,公民就不能维护自身安全。如果公民具有了排除政府干预的能力,《宪法第四修正案》所禁止的政府无正当根据的侵害公民利益的行为就不会发生。换言之,《宪法第四修正案》赋予了公民对政府意欲实施的搜查和扣押行为说"不"的权利。隐私、人格尊严、对政府行为的反感及其他的情感因素,可能成为公民行使排除政府干预的权利的动因,但是这些动因不能等同于这种权利。排除政府干预的权利是《宪法第四修正案》所要保护的权利的集合与本质。当然,公民享有的排除政府干预的权利不是绝对的,它只保护公民免受政府不合理的搜查和扣押。

《宪法第四修正案》中的"secure"的第二种语境含义:安全权只适用于公民的特定物品——人身、住宅、文件及财产,是指安全权不能与《宪法第四修正案》规定的特定物品脱离开来。安全权指向的对象不同,其含义就不同。但是,排除政府干预的权利始终是核心。在 Katz 一案中,法院宣称,《宪法第四修正案》保护的是人,不是地方,据此,隐私权理论废弃了宪法保护的区域的理论。法院的这一宣称忽视了《宪法第四修正案》的用语与规则:公民只对其人身、住宅、文件和财产享有安全权。

关于对人身的扣押，在 Katz 一案中，法院承认除了隐私利益外，《宪法第四修正案》也保护其他利益，即："如果自己的财产被公开地扣押而非私下、秘密地的扣押，普通人很可能并不会觉得前者比后者更好接受……比起在办公室或住宅这样的隐私环境中被扣押，警察随意的公开逮捕，如果不是让人更为恼怒、厌烦、受伤害，至少也会给人以同样的感受。"①

公开行走在街道上的公民在遭遇不合理的扣押时，他的财产利益和隐私利益并没有受到损害。在这种情况下，《宪法第四修正案》规定的安全权必然保护了公民的其他利益，这就是为什么法院在 Terry v. Ohio 一案②中强调"人身安全这一不可估价的权利"的原因。法院认为，这种权利"既属于那些关起门来在书房里处理自己秘密事物的房主，也同样属于那些走在城市街道上的公民"。事实上，法院说过"没有什么权利比一个人拥有和控制其人身的权利更为神圣，并受到更谨慎的保护"。此外，法院还关注了人格利益，如尊严、行动自由、独处权。尽管出于对这些人格利益的关切，公民可行使安全权阻却政府的侵害，但是安全权仅仅禁止政府在没有充分的正当性理由的情况下侵害公民的利益，所以，排除政府干预的权利，公民拥有的拒绝政府侵害其合法利益的能力依然是核心概念。

至于对人身的搜查，排除政府干预的权利是公民享有的阻止政府人员侵犯其人身的重要权利，如果以尊严或其他利益为着眼点将会掩盖问题的本质。例如，在 Skinner v. Railway Executives' Ass'n 一案③中，大法官 Marshall 认为："强迫雇员根据要求提供尿样的做法极大地侵犯了雇员的隐私和身体的完整性。排尿行为是人类最私密的活动之一，这种行为通常被禁止发生在公共场合，在人们的谈话中也会回避，人们都在保护个人私密的封闭空间进行排尿行为。" Marshall 还认为，强迫雇员提供尿样的做法是对雇员隐私的侵犯，这对雇员来说

---

① Katz, 389 U. S. at 350 n. 4 [quoting Griswold v. Connecticut, 381 U. S. 479, 509 (1965) (Black, J., dissenting)].
② 392 U. S. 1 (1968).
③ 489 U. S. 602 (1989).

是"十分痛苦的,这种行为冒犯了雇员的尊严和自我价值感"。对自身利益的关切是公民主张权利的一个动机,但是,动机不能与权利本身相混淆。基于政府管制的需要或其他原因,公民可以减弱自己的尊严感或者改变看待问题的方式。如果以公民是否有受保护的隐私利益的标准来取代排除政府干预的权利,那么结果就会如 Vernonia SchoolDistrict 47J v. Acton 一案的判决一样。在 Vernonia 一案中,法院认为,由于更衣室的构造使得学生的隐私不会过多的暴露及学生运动员享有较低的隐私期待,因此允许学校在无合理怀疑的情况下,对学生运动员进行尿检,孩子们的隐私利益就这样轻易地被剥夺了。隐私需求是因人而异的。这些主观的、相对的需求既无助于界定安全权,也不能够否定安全权存在的合理性。在 Winston v. Lee 一案[①]中,法院面临的问题是,政府是否能够迫使公民通过外科手术取出其身体里的子弹,此时,法院不得不反复强调,在这种情形下,公民的隐私利益包括公民的尊严和身体完整性。法院认为,公民享有排除政府侵犯其身体的权利。公民出于对身体完整性、隐私利益、尊严的关切,或仅仅是希望阻止政府证明其有罪,公民都可以主张排除政府干预的权利,但是,这些促使公民主张权利的动机不能限制或界定公民根据《宪法第四修正案》所享有的安全权。

《宪法第四修正案》保护三类财物——住宅、文件和财产。就目前而言,这三类财物受到法律的同等保护。排除政府干预的权利一直被认为是财产所有权的基本特征之一。在政府物理性侵入公民的私人住宅的案件中,法院始终承认公民对其住宅享有排除政府干预的权利,在这类案件中,安全权被视为公民享有的"关上家门,将政府官员阻挡在其门外的权利,除非政府官员获得了正当的法律授权",而这就是 Olmstead 一案所依据的非法侵入理论的实质和目的。Katz 一案将安全权的适用范围延伸至保护公民的无形物免受政府物理性的侵扰。Katz 一案以隐私广泛取代财产的观点,否定了公民的私人住宅免受政府侵入这一观点的理论基础。尽管根据 Katz 一案,我们无法得到公民的住宅免受政府物理性侵入这一理论的正当性,但是,无论房主在不在房屋内,房屋始终是法律保护的核心场所。对此,大法官

[①] 470 U.S. 753 (1985).

Steven 陈述了理由:"在大量的案件中,法院认为,公民对其住宅享有的占有利益(posssessory interest)受到法律保护。在政府没有获得搜查令的情况下,即便公民已被拘留,政府也不能侵犯其住宅内的财物……虽然政府可以基于合理根据对公民实施逮捕,但是,即便公民处于被羁押的状态,毫无疑问,住宅依然为公民所有,公民享有的排除其他人——包括联邦缉毒机构,侵入其住宅的权利依然不可侵犯。"①

举这样一个例子:如果一个人生活在一个完全由玻璃制成的房子里,这样,警察从房子外面就能够观察到房子里的一切细节,房主对房子内的物品及其在房子内的活动不享有合理的隐私期待,那么,这是否意味着只要警察愿意,警察就可以随时走进这间房子?房主是否还有某些未能言明的、残存的隐私利益来阻止警察因一时兴起而进入其房子的行为?似乎没有人能够明确地回答这些问题。如果警察进入房子,房主一定会感觉受到了冒犯。如果把《宪法第四修正案》保护的利益界定为排除政府干预的权力,那么就不会出现此种困惑;房主没有试图排除肉眼对他的观察,这说明房主已经放弃,至少部分放弃了排除政府干预的权利,但是,房主并没有放弃排除政府物理性侵入其房子的权利。因为房主享有排除政府干预的权利,所以警察不能进入其房子;房主不必援引其他利益来证明其主张排除政府干预的权利的正当性,这就是他的权利,当警察试图跨过他的房门时,他就可以行使这项权利。

同样,在关于私人财产的问题上,大法官 Stevens 再一次发表了他的真知灼见。政府在取得销售者的同意后,事先在顾客需要购买的化工产品的容器内放置了电子跟踪装置,大法官 Stevens 认为,当销售者将容器交付给顾客时,顾客的权利就受到了侵犯:"政府放置传呼机的行为构成搜查行为。所有人对其财产享有排除整个社会干预的权利,包括政府的干预,并且,所有人享有按照自己的意图排他性地使用其财产的附随权利。当政府将电子跟踪装置放置在嫌疑人的财产上时,政府就侵犯了嫌疑人对其财产享有的排他性权利;从根本意义上讲,政府的行为已经使得嫌疑人的财产为政府所用,更确切地说,政府的此种侵扰行为损害了嫌疑人对其财产的占有利益(possessory

---

① Segura v. United States, 468 U. S. 796, 827 (1984) (Stevens, J., dissenting).

rights);当容器交付给嫌疑人时,嫌疑人对容器就享有了排除干预的权利,且其享有的此种权利已经被侵犯。政府对嫌疑人的财产实施的这种干预'很有意义',因为在政府放置电子跟踪装置的前后,财产的性质已经发生了很大的变化。"①

安全权必须有个规范性基础,否则,无论如何定义安全权,安全权都要让步于政府利益。在规范性视角下,对《宪法第四修正案》作的解释将会倾向于个人权利——Boyd 一案的自由主义立场。然而,就如目前所见,法院在解释《宪法第四修正案》所保护的个人利益时,通常是从个人的财产、隐私或安全出发,这是一种损害个人权利的解释思路。只有正确理解了制宪者使用"secure"一词的意图,才能全面保护公民的利益。将安全权界定为排除政府干预的权利有其历史根源和意义;在制宪者生活的时代,安全权等同于排除政府干预的能力。在那个时代,有一套简单易行的判断和适用规则用于保护公民主张对其人身、住宅、文件和财物享有的安全权。公民在寻求这种保护时,无须证明行使权利的动机,而认为由政府承担证明其干预行为的合理性的责任是恰当的。

当政府物理性侵入公民的财产时,法院无须运用解释技巧就可判定政府行为的违法性。即使遵循 Olmstead 一案的文本解释,也能保护公民的财产免受政府物理性侵入。同样,当政府扣押公民的人身和财产时,法院也无需做深入的分析,因为在这些情形中,安全权都明显地被侵犯了。问题存在于政府采用非物理性调查的方式获取公民的私人信息的情形,事实上,在整个 20 世纪,对法院而言,这都是一个棘手的问题。在这种情形下,我们必须理解和适用本文序言中所引用的 Boyd 一案的判决:"政府违反《宪法第四修正案》的实质,不在于破门而入,也不在于翻箱倒柜,而在于侵犯了个人对于其人身安全、人身自由及私人财产所享有的不可剥夺的权利。"② 这段话就强调了(call)对《宪法第四修正案》作规范性的、自由主义的解释。

在分析这段话的含义时,Morgan Cloud 表达了他的深刻见解:

---

① United States v. Karo, 468 U. S. 705, 729 (1984) (Stevens, J., concurring in part and dissenting in part) (footnotes omitted).
② Boyd v. United States, 116 U. S. 616, 630 (1886).

"要理解这段话的含义,得从法院对相关权利的定义开始。首先,公民享有的这些权利是不可剥夺的权利,这里的用语强调这是基本的权利——高于社会政策的权利……事实上,这些权利是如此重要,以至于美国联邦宪法禁止最低限度和最严重地侵犯公民享有的这些权利。其次,这些权利之所以是不可剥夺的权利,不仅因为美国联邦宪法文本规定了这些权利,还因为这是公民享有的、规定在《权利法案》当中的自然权利。最后,这些权利并不冲突,它们互为补充、互为界定。公民对其人身安全、自由和私人财产所享有的利益不是独立的,它们共同构成民主社会中个人自由的基本特征。"①

Cloud 证明了 Boyd 一案中规范的、自由主义的解释方法的正当性:因为《宪法第四修正案》规定的是公民基本的宪法性权利,所以宽泛地解释《宪法第四修正案》的保护范围意义重大。之所以要对《宪法第四修正案》作规范性解释,前提不一定是因为它赋予公民的权利是自然权利,而是因为规范性解释符合制宪者的意图——制宪者认为公民享有的安全权是基本权利。在探索制宪者珍视安全权的原因的过程中,安全权逐渐显现其活力。当 Cloud 宣称公民对其人身安全、自由和私人财产所享有的利益不是独立的时,他的理解已经接近这些权利的本质。但是,个人自由的基本特征并不由这些利益共同构成。这些利益有一个共同来源:制宪者意图授予公民排除政府干预其享有的这些利益的权利。《宪法第四修正案》最基本的功能是为了保护公民免受政府的干涉,所以必须从促进个人自由的立场来解释《宪法第四修正案》。

在当今世界,科技的发展使得政府可以探查到公民所有的生活细节,此时,从规范性的、自由主义的立场来解释《宪法第四修正案》显得尤其必要。现代监控设备是如此严重地威胁了公民的生活:"电子监控设备具有隐秘性、分布广泛、无选择性监控的特点,最重要的是,它的存在阻碍了人们的自由交谈,而人们可以自由自在地进行谈话是开放社会的标志之一,监控设备就如破门而入(the kick-in door)的方式一般几乎摧毁了个人自由。"在允许政府使用能增强感官能力的设备的情况下,为了对抗公民拥有的排除政府干预的能力,

---

① Cloud, supra note 30, at 576.

政府将会付出更多的努力进行技术革新。在什么情况下,我们才能认为公民是自愿暴露其隐私的:政府官员通过双眼就能发现,还是透过公民庭院的栅栏即可看到,又或是乘坐飞机在高空上可观察到?与其在区分公民保护其私密所做的努力程度或各类科技设施的效果上作一个武断的结论,不如探究《宪法第四修正案》保护的安全权这个实质,即公民享有的排除政府窥探其私人生活的能力。在当今的社会,技术的发展进步让公民的隐私毫无藏身之地。为了充分保护和认识排除政府干涉的能力,我们必须诉诸安全权的规范性价值。公民为保护其隐私利益而采取的预防措施是否能从客观上证明公民有排除别人窥探其隐私的主观意图?公民享有的排除政府干预的权利是否无法应对政府采用特定的监控设备探查公民隐私的行为?曾经,政府对公民的公开压迫导致《宪法第四修正案》的诞生,《宪法第四修正案》所体现的精神也鼓舞了制宪的先贤们;如今,政府采用新的科技设备探查公民的隐私是否就如政府公开地压迫公民般令人憎恨?可能有时回答这些问题需要一种经验主义的判断;但是,这里永远存在着价值判断。

五、结语

对于一个社会而言,几乎没有比社会授予警察不受有效控制的权力更为重要的事情。只有理解了《宪法第四修正案》保护的利益,我们才能知道警察的哪些行为没有违反《宪法第四修正案》。在 Katz 一案后不久,一位学者如是写道:"《宪法第四修正案》的适用体现了它的排他性功能:它被动地将不受欢迎的政府机构阻挡在外。但是从逻辑上,我们应从积极的意义上去认识《宪法第四修正案》保护的范围及其禁止的行为,也正是基于此,《宪法第四修正案》应被视为保护公民享有的主动性的隐私权。"[①]

[①] Note, From Private Places to Personal Privacy: A Post-Katz Study of Fourth Amendment Protection, 43 N. Y. U. L. REV. 968, 968 (1968) (footnoteomitted). Others have employed similar reasoning. See, e. g., Steven C. Douse, Note, The Concept of Privacy and the Fourth Amendment, 6 U. MICH. J. L. REFOR 154, 156 – 157 (1972) (explaining that there are two elements of the amendment: the substantive right to be protected and the act that will negate the affirmative right).

这个推断中的悖论使大法官们和学者们陷入思索。《宪法第四修正案》是被动适用的，即排除政府对公民私人生活的干预，但这也正是安全权的本质。我们深入分析政府干预的权利及探求安全权的积极属性是为了限制并最终否决隐私权理论。是否安全权的积极属性就可以称之为保护隐私或其他，也是我们面临的一个问题。事实上，安全权的属性仅仅是公民主张安全权的动因，它们不能界定安全权。《宪法第四修正案》的排他性功能与安全权的联系是如此紧密，以至于安全权可以等同这种功能：如果公民不能排除政府的干预，公民的安全就无从谈起。

因此，排除政府机构干预的权利和能力就是《宪法第四修正案》所要保护的安全的实质。毕竟，《宪法第四修正案》的规定是"具体的，不是抽象的"。公民对其住宅享有的安全权就是公民享有的"关起大门将政府官员阻挡在外的权利，除非政府官员获得正当的法律授权"，这是 Olmstead 一案依据的物理性侵入理论的精髓，不过，Olmstead 一案对安全权的理解过于字面化。无论政府侵入的是公民的有形物还是无形物，公民都拥有排除政府干预的能力，这是 Katz 一案的要旨。但是，Katz 一案及其所确立的隐私权理论没有反映《宪法第四修正案》保护的本质利益。Katz 期待他的谈话不被别人听见，这种期待就是 Katz 享有的排除别人窃听的权利。可能公民主张排除政府干预的权利并不一定是为了保护隐私，但正是公民享有的排除政府干预的权利保障了公民的安全。

大法官 Frankfurter 很好地解释了安全的含义，他解释道："每个人都有一个庇护所，除非在特定情形下，否则，这个庇护所神圣不可侵犯。在这几年间，我们不仅在《宪法第四修正案》找到了这一原则的根据……而且，每个州的基本法也表述了这一原则。"[①]大法官 Frankfurter 进一步指出："破门而入（the kick-in door）象征着一种暴力的、令人恐惧的统治方式，这种方式对于建立在尊重人的完整性上的制度是致命的，普通法和美国联邦宪法所保护的自由的实质是公民所享有的'对抗政府未经法律授权进入其私人领域的权利'。"这就是"防止公民的自由受到政府强制性权力侵犯"的依据。

---

① Monroe, 365 U. S. at 208-209 (Frankfurter, J., dissenting in part).

如果我们把 Frankfurter 的观点扩展适用于《宪法第四修正案》所规定的特定物品，并将《宪法第四修正案》理解为对这些物品提供全面的保护，包括有形方面的保护和无形方面的保护，也包括禁止政府的物理性侵害和非物理性侵害，那么，《宪法第四修正案》的保护范围就一目了然了。法院所要关注的问题就变成公民是否为文件、私人财产、房屋的所有人，公民是否为这个身体的所有人？如果答案是肯定的，那么，公民就享有排除政府搜查和扣押这些物品的权利。当然，排除政府干预的权利不是绝对的；如果政府实施的行为是有合理根据的，那么，公民享有的排除政府干预的权利需要让步于政府。但是，政府需要承担证明其行为具有正当性的责任，这又回到了根据《美国联邦宪法》制定者的意图来分析《宪法第四修正案》的问题：公民对其人身、住宅、文件和财产享有免受政府不合理的搜查和扣押的安全权。《宪法第四修正案》赋予了公民排除政府干预的能力，正是这种能力使公民的安全得到了保障。所以，安全权的含义是清晰的和纯粹的，即公民享有的排除政府干预的权利。

人格尊严理论与《美国联邦宪法第四修正案》

约翰·D. 卡斯堤略内[①]著 陈圆欣[②]译

目　次

一、导论
二、过分依赖隐私权理论会削弱《美国联邦宪法第四修正案》为公民提供保护的力度
三、人格尊严理论比隐私权理论更能把握《美国联邦宪法第四修正案》的核心价值观念
四、将人格尊严理论纳入合理性的判断标准
五、结语

一、导论

现代政府机构的任务之一是不断地缓和不同价值观念之间的冲突；警察负责打压犯罪，惩教人员负责维持监狱的秩序。然而，没有人被训练或者被鼓励关注其他人的人格尊严；因为我们普遍地认为，关注其他人的人格尊严不是自己的工作，或者只是自己工作的次要考虑。[③]

虽然《美国联邦宪法第四修正案》的"合理性"标准是美国刑事诉讼程序和政府执法的基本标准，但是这个标准可以说是最没有意义的指引。抛开合理性标准是否符合《美国联邦宪法第四修正案》

[①] 约翰·D. 卡斯堤略内（John D. Castiglione），美国瑞生律师事务所律师。
[②] 陈圆欣，中山大学法学院助教。
[③] Seth F. Kreimer, Rejecting "Uncontrolled Authority Over the Body": The Decencies of Civilized Conduct, the Past and the Future of Unenumerated Rights, 9U. PA. J. CONST L. 423, 451 (2007).

的原始含义这个问题①不说,当政府执法人员对公民实施搜查或者扣押行为的时候,合理性标准就是检验他们的行为是否符合宪法要求的最低标准②。然而,正如任何一个一年级法学学生所上的侵权法课程所说的那样,合理性是一个令人抓狂的概念,它仅仅能为政府执法人员提供"在某种情况下应该做什么"的简单指引。当我们想为政府执法人员提供一个更加可行的行为标准时,这种软绵绵的指引就显得尤其苍白无力,因为无论是在工作中还是在日常生活中,政府执法人员都必须依靠他们被授予的权力,在瞬间作出决定,他们受益于与法院判决一致的清晰的明线规则。

不幸的是,除非有一些团体勇敢地提出《美国联邦宪法第四修正案》的修改意见,否则我们只有合理性这个判断标准。自过去的半个世纪以来,联邦最高法院面临着解释《美国联邦宪法第四修正案》的挑战。无论是 Warren 法院有关"刑事诉讼程序的革命"③,还是 Burger 法院和 Rehnquist 法院有关"刑事诉讼程序的反革命",他们都试图通过平衡公民自由与社会秩序之间的利益来满足合理性的判断标准,并且从不同程度上保证司法审判与逻辑的一致性。然而,如果单纯依靠目前由美国联邦最高法院确定的合理性标准,那么即便是界定法律适用的范围,对于法官而言,也是一项无比艰巨的任务;简单来说,无论是国际禁毒,还是高校的运动,或者是互联网,宪法对这些领域的信息隐私提供的保护范围,都深受这个判断标准的影响。

我们可以清楚地看到,在受到"整体环境"判断标准影响的情况下,合理性的判断标准不仅不能帮助法官作出前后一致的判决,也不能帮助法官作出反映《美国联邦宪法第四修正案》和美国宪法的基本哲学观或者道德准则的判决。然而,越来越多的法院把平衡政府的执法利益与公民隐私利益的实践当作合理性的标准。乍眼一看,公民的隐私利益与政府的执法利益的两分法十分合理;数十年来,《美

---

① Thomas Y. Davies, Recovering the Original Fourth Amendment, 98 MICH. L. REV. 547, 553, (1999).
② See e. g. United States v. Knights, 534 U. S. 112, 118 – 119 (2001).
③ See e. g. Corinna Barrett Latin, Countermajoritarian Hero or Zero? Rethinking the Warren Court's Role in the Criminal Procedure Revolution, 152 U. PA. L. REV. 1361, 1363 – 1364 (2004).

国联邦宪法第四修正案》都被理解为捍卫公民隐私的堡垒，并且在执法过程中，避免了政府执法人员对公民的隐私造成不合理的侵犯。因此，无论怎么定义，我们都会自然而然地将公民的隐私利益与政府关于执法和社会控制方面的利益对立起来。无可否认，当我们需要探讨政府执法人员的搜查或者扣押行为是否符合宪法规定的时候，隐私利益与执法利益的两分法是一种合适的探讨方法。

然而，这个以隐私权理论为核心的分析方法是不完整的。虽然在很大程度上，隐私权理论是一个多面的理论，但是它还没有完全包括《美国联邦宪法第四修正案》基础性的宪法价值观念[1]。而在这些价值观念中，最重要的是人格尊严。然而，法院的判决已经把公民的隐私利益和政府的执法利益对立起来[2]，政府的执法利益正在扩张，而公民的隐私利益却在缩减[3]。简单来说，我们越来越清晰地看到，以隐私权理论为核心的分析并不足以充分地解释《美国联邦宪法第四修正案》的内容，即便是作最粗略的解释。仅仅依靠隐私权理论，并不足以为《美国联邦宪法第四修正案》的保护范围提供一个理论框架。

如果我们想要司法审判变得更加可靠，那么我们必须发掘不同于隐私的价值观念，并把这种价值观念融入合理性的分析之中。在本文中笔者提议，人格尊严应当与隐私一并作为《美国联邦宪法第四修正案》的基本原则。因为公民的隐私是合理性要件的主要价值观念，而人格尊严不仅是《美国联邦宪法第四修正案》的基本价值观念，还是整个宪法框架的基本价值观念[4]，所以，笔者试图把隐私权理论和人格尊严理论结合起来。虽然在涉及政府执法人员的搜查和扣押行为的案件中，人格尊严的问题经常会出现，并且即便美国联邦最高法

---

[1] Boyd v. United States, 115 U. S. 616 (1886).
[2] See Morgan Cloud, A Liberal House Divided: How the Warren Court Dismantled the Fourth Amendment, 3 OHIO ST. J. CRIM. L. 33, 33 (2005).
[3] John D. Castinglone, Hudson and Samson: The Robert Court Confronts Privacy, Dignity, and the Fourth Amendment, 68 LA. L. REV. 63, 114 (2007).
[4] See e. g Maxine D. Goodman, Human Dignity in Supreme Court Constitutional Jurisprudence, 84 NEB. L. REV. 740 (2006); Erin Daly, Constitutional Dignity: Lessons from Home And Abroad (Widener Law Sch. Legal Studies Res., Paper No. 08 – 07, June 2007).

院偶尔也会把它纳入合理性分析的考量因素当中，但是，无论是在判例法还是在学术论著中，法官和学者都很少对人格尊严问题作出说明。因此，笔者试图重点阐述，人格尊严是有意义的宪法价值观念，以及在解释《美国联邦宪法第四修正案》的过程中，人格尊严理论的作用。

在本文的第一部分，笔者将提出，如果把隐私权理论作为判断政府执法人员的执法行为是否符合《美国联邦宪法第四修正案》的合理性的唯一原则，那么这种做法将会削弱《美国联邦宪法第四修正案》有效地限制政府权力的能力。学者对合理性标准的外在和内在的错误理解，导致了《美国联邦宪法第四修正案》的合理性判断标准逐渐演变为公民的隐私利益与政府的执法利益之间的抗衡。事实证明，无论是理论上还是实践上，在涉及政府执法人员的搜查或者扣押行为的案件中，隐私权理论都不能帮助法官作出合理的司法判决，因为如果单纯依赖隐私权理论进行司法审判，法院就会把政府的执法利益看得比公民的隐私利益更加重要，这样一来，公民将无法反抗政府执法人员的强制行为。在 Roberts 法院最初有关《美国联邦宪法第四修正案》的判决中，这种力量失衡展露无遗。在该案中，警察侵犯了一名受到《美国联邦宪法第四修正案》保护的长期租户的隐私利益，该案的判决对"敲门并告知规则"及其例外规则的理解引起了学者的广泛争论，并且突出地表现了，在适用合理性判断标准的过程中，法官不公平地对待公民的隐私利益与政府的执法利益。

在本文的第二部分，笔者将阐述，与隐私权理论相比，人格尊严理论更能把握《美国联邦宪法第四修正案》的核心价值，因此，我们必须明确地将人格尊严理论纳入合理性的分析中。一方面，笔者将从哲学和法学的角度出发，对人格尊严作出一个可行的定义；另一方面，笔者会关注隐私和人格尊严之间的相互作用，并且提出，虽然在刑事诉讼程序中，隐私权理论和人格尊严理论存在交叉的地方，但是两者是完全不一样的概念，也是完全不一样的价值观念。假如在某种程度上，公民接受人格尊严或者相关的理论是宪法制度的核心，这表明，当法院根据《美国联邦宪法第四修正案》的合理性判断标准作出判决的时候，法院应当明确地考虑嫌疑人的人格尊严是否受到政府执法人员的侵犯。

在本文的第三部分，笔者会建立一个可行的标准，将人格尊严理论纳入《美国联邦宪法第四修正案》的合理性分析中。简而言之，笔者将提出，法院应该仔细调查政府执法人员的执法行为是否不合理地侵犯公民的人格尊严，以及法院应该如何进行这种调查的建议。虽然并非每一个案件的法官都需要考虑政府执法人员的执法行为是否不合理地侵犯公民的人格尊严，但是，法院应当郑重地考虑公民的人格尊严问题，以及它对于《美国联邦宪法第四修正案》的司法审判所产生的实质影响。此外，笔者注意到学者对人格尊严理论提出了批判，他们认为，如果把人格尊严这样一个抽象的概念纳入《美国联邦宪法第四修正案》的合理性分析中，那么我们将会面临一个充满危险的局面，因为人格尊严理论极其容易受到工具主义者的操纵。笔者将通过两个方面回应这个批判。其一，《美国联邦宪法第四修正案》现存的分析规则，即隐私权理论，主要是评估公民的隐私利益与政府的执法利益之间的轻重缓急，而人格尊严理论至少比它更加可行。其二，笔者主张，法院有义务将人格尊严理论纳入《美国联邦宪法第四修正案》的分析中，避免法官作出的判决与《美国联邦宪法第四修正案》的道德准则之间的距离越来越远。

二、过分依赖隐私权理论会削弱《美国联邦宪法第四修正案》为公民提供保护的力度

我们快速地进入了一个没有隐私的时代，公民的隐私随时处于政府的监控之中，政府执法人员可以知悉所有公民的隐私。同时，政府执法人员主动侵犯公民隐私的行为呈等比式增长。政府执法人员对公民实施窃听的行为已经泛滥成灾，司法或者立法机关都无法有效地控制他们的行为。政府执法人员某些细微的行为都有可能侵犯到公民的隐私和人格尊严。单独来看，每个行为导致的结果可能微不足道。但是整体来看，这些行为可能会导致一个我们从未见过的社会产生——一个政府执法人员可以随意侵犯公民私人领域的社会。[1]

虽然 William Douglas 大法官在 1966 年发表的观点有点超前，但是他的看法仍然是正确的。我们日益清晰地看到，隐私权理论是一个

---

[1] Osborn v. United States, 385 U. S. 323, 341, 343 (1966) (Douglas J. dissenting).

混乱的理论①，它不足以承担分析《美国联邦宪法第四修正案》的任务。然而，有些学者可能会提出，当法院长期把公民享有的《美国联邦宪法第四修正案》的权利当作财产权保护的时候，Warren法院开创性地把关于政府执法人员搜查和扣押方面的法律的关注点从财产权保护转移到隐私权保护。尽管人们普遍地认为Warren法院是刑事被告的福音，但是Morgan Cloud教授和其他学者最近都主张，Warren法院对《美国联邦宪法第四修正案》的分析实际上大大削弱了它为公民提供保护的力度。他注意到，作为一个抽象的理论，隐私权理论缺乏强有力的内容对抗政府强大而具体的执法利益，正如Douglas大法官提出的那样，这种强大而具体的执法利益就像"压缩机"一样，它在不断压缩公民的隐私和自由的同时，也在不断扩大政府的执法利益。

简单来说，单纯依赖隐私权理论不足以为《美国联邦宪法第四修正案》提供一个适当而且有说服力的解释。② 长期以来，法院过分依赖隐私权理论作为《美国联邦宪法第四修正案》的判断标准，导致了公民的隐私安全容易遭受由政府的善意决定造成的侵犯，更广泛地说，这导致了公民的隐私安全容易遭受政府权力的侵犯。近年来，关于搜查和扣押行为的法律的发展历程表明，就目前人们所理解的隐私权理论而言，在涉及《美国联邦宪法第四修正案》的案件中，单纯依赖隐私权理论不足以提供一个适当而且强有力的理论基础来帮助法官作出公正的司法审判。从这个意义上说，Douglas大法官的观点就不是完全正确的。我们没有允许政府执法人员侵犯我们的隐私；相反，是法院过度依赖隐私权理论来分析《美国联邦宪法第四修正案》为公民提供的保护范围，而这个理论不足以阻止政府执法人员通过不合理的搜查或者扣押的行为侵犯公民的权利。

（一）以隐私权理论为核心的《美国联邦宪法第四修正案》

Daniel Solove教授与其他学者都提到："当前，美国联邦最高法

---

① See e. g Daniel J. Solove, A Taxonomy of Privacy, 154 U. PENN. L REV. 477, 477（2006）.
② See Scott E. Sundby, "Everyman"'s Fourth Amendment: Privacy or Mutual Trust Between Government and Cititzen?, 94 COLUM. L. REV. 1751, 1758（1994）

院把《美国联邦宪法第四修正案》理解成保护公民隐私的宪法规定,而判断公民是否享有宪法保护的标准就是其是否享有合理的隐私期待。"① 然而,以隐私权理论为核心来分析《美国联邦宪法第四修正案》的做法受到学者的广泛批评,因为它不能阻止政府执法人员在搜查或者扣押的过程中恶意地侵犯公民的权利②。这大部分可归结于,隐私权理论是抽象而且模糊的,法院不能或者不愿意对这个理论作出令人满意的解释。

  然而,法院并非完全不能通过隐私权理论来分析公民是否享有《美国联邦宪法第四修正案》的保护,即便是政府执法人员在有争议的搜查或者扣押行为中提出迫切的执法需要的时候。当法院通过"整体环境"的判断标准评估政府执法人员的搜查行为的合理性时③,这个判断标准会加重公民的隐私利益与政府的执法利益之间的失衡,因为"整体环境"的判断标准允许法院作出有利于它认为更重要的利益的判决。至少从目前来看,这个判断标准没有为法院提供任何有效地权衡公民与政府之间的利益的指引、理论或者其他方法。整体环境的判断标准是关于权衡难以明确的公民隐私利益与具体明确的政府执法与控制犯罪的利益的判断标准,然而,正如一开始天平的两边是平衡的那样,法官把拇指放在了哪一边,天平就会偏向那边。当公民模糊的隐私利益(很多时候是公民想要掩饰犯罪证据或者其他社会不能容忍的行为)④ 与维持社会安全、预防暴力以及惩治犯罪的利益对立的时候,结果几乎已成定局——后者比前者更重要。这种对比导致法院不能判决政府执法人员的行为违反《美国联邦宪法第四修正案》

---

① Daniel J. Solove, The First Amendment as Criminal Procedure, 82 N. Y. U. L. REV. 112, 131 (2007); Robert C. Power, Changing Expectation of Privacy and Fourth Amendment, 16 WIDERNER L. J. 43, 48 (2006).
② See Jack I. Lerner & Deirdre K. Mulligan, Taking the "Long View" on the Fourth Amendment: Stored Record and the Sancity of the Home, 2008 STAN. TECH. L. REV. 3, 8 (2007). Timothy P. O'Neil, Beyond Privacy, Beyond Probable Cause, Beyond the Fourth Amendment: New Strategies for Fighting Pretext Arrests, 69 COLO. L. REV 693, 700 (1998).
③ Untied States v Knights, 534 U. S. 112, 118 (2001).
④ See Daniel J. Solove, "I've Got Nothing to Hide" and Other Misunderstanding of Privacy, 44 SAN DIEGO L. REV. 745, 746 (2007).

的规定，即便政府执法人员的行为是过分的或者至少是高度可疑的。

（二）早期 Robert 法院判决——让隐私权理论成为常规的判断标准

2006年，伴随着美国联邦最高法院的人事变动，William Rehnquist 首席大法官和 Sandra Day 大法官被 John Robert 首席大法官和 Samuel Alito 大法官取代，单纯依赖隐私权理论作为审判依据的弊端日益清晰。当 Robert 法院面临第一波涉及政府执法人员搜查或扣押行为的刑事程序案件时，我们清晰地看到，只有公民的隐私利益是不足以对抗政府的执法利益的，正如美国联邦最高法院一再强调的那样。在早期三个重要的案件中，Samson v. California 一案[①]、Hudson v. Michigan 一案[②]以及 Los Angeles County v. Rettele 一案[③]，美国联邦最高法院都是通过权衡公民的隐私利益和政府的有效执法利益，判断政府执法人员的搜查行为是否符合《美国联邦宪法第四修正案》的合理性判断标准。在上述每一个案件中，美国联邦最高法院都认定，公民的隐私利益不足以对抗政府的执法特权。然而，案件的结果未必是令人苦恼的；法官在案件中作出政府执法人员的执法利益比公民的隐私利益更加重要的判决，也未必是司法审判存在问题。相反，令人苦恼的是，新一届的美国联邦最高法院几乎是理所当然地作出这样的判决。在 Samson 一案、Hudson 一案以及 Rettele 一案中，法官意见清晰地表明，政府的执法利益优先于被其搜查目标特定化的公民的隐私利益。

1. SAMSON V. CALIFORNIA 一案

在 Samson v. California 一案[④]中，美国联邦最高法院支持加利福尼亚州法律的规定，即每一个符合假释条件的囚犯"应当书写一份同意假释官或者其他治安官随时对其实施搜查或者扣押行为的协议……"[⑤] 根据这个规定，政府执法人员不需要在对假释犯作出违法

---

① 547 U.S. 843 (2006).
② 547 U.S. 586 (2006).
③ 127 S. Ct. 1989 (2007).
④ 547 U.S. 847 (2006).
⑤ Quoting CAL. PENAL CODE § 3067 (a) (West 2000).

行为产生怀疑之后,才能采取搜查行为。美国联邦最高法院的六名法官认定,根据《美国联邦宪法第四修正案》,这个规定是合理的。在采取整体环境的判断标准的情况下,Clarence Thomas 大法官代表多数意见写道:"我们需要通过两个方面来判断政府执法人员的某个搜查行为是否合理,一方面,要评估它在多大程度上对公民的隐私利益造成损害,另一方面,要评估它在多大程度上满足政府提升其正当的执法利益的需要。"一方面,Thomas 大法官认定,相比于普通公民而言,假释犯当然享有更少的隐私期待,这种隐私期待应该等同于囚犯的隐私期待——也就是说,基本没有隐私期待。另一方面,Thomas 大法官发现,当政府执法人员能够在没有获得搜查令或者没有合理怀疑的情况下对假释犯进行搜查的时候,政府执法人员能够有效地预防累犯,而这种利益比假释犯的隐私利益更加紧迫。[1] 因为政府的执法利益很强大,而假释犯基本没有隐私利益,所以美国联邦最高法院认定,在假释期内,政府执法人员可以基于任何理由或者根本没有理由,随时对假释犯实施搜查行为。

这个案件最有力地表明,美国联邦最高法院的判决避开了《美国联邦宪法第四修正案》的合理性分析中的特殊需要分析。本来,美国联邦最高法院可以遵循先例地认定,假释监督是一种特殊的情况,它可以授权政府执法人员对公民实施搜查行为,而不必遵守《美国联邦宪法第四修正案》的规定。然而,美国联邦最高法院认定,《美国联邦宪法第四修正案》"常规的"合理性分析足以解释政府执法人员的搜查或者扣押行为的正当性,而没有根据特殊需要分析进行解释。事实上,当政府执法人员的执法行为貌似侵犯了受到宪法保护的公民财产时,美国联邦最高法院经常运用特殊需要分析证明这种行为的正当性。据此,笔者对于美国联邦最高法院的做法提出了两种可能的、非排他性的解释。第一种解释,美国联邦最高法院知道它不可能有说服力地证明,政府执法人员可以在没有任何怀疑的情况下对假释犯实施搜查,而这种搜查行为与假释的刑罚和恢复原状的目标是紧密结合的(这要求美国联邦最高法院放弃采取特殊需要分析的方法,以免凸显它对政府执法人员的搜查行为与假释机制的目标之间

---

[1] 547 U.S. 853 (2006).

的关系作出的设想是有缺陷的)。第二种解释,美国联邦最高法院多数意见之所以避开特殊需要分析的原因是,他们有目的地缩窄《美国联邦第四修正案》为公民提供保护的范围。

2. Hudson v. Michigan 一案

同样,在 Hudson v. Michigan 一案[①]中,美国联邦最高法院认定,证据排除规则与政府执法人员违反敲门并告知规则的行为之间没有因果关系。这个认定使多数法律人感到震惊。在 Hudson 一案中,因为警察怀疑嫌疑人持有少量的霹雳可卡因,所以他们在获得搜查令后对其实施了搜查行为。但是在实施搜查的过程中,警察在告知嫌疑人他们的到来后,仅仅过了几秒钟的时间,就强行进入了嫌疑人的住宅,警察的行为毫无疑问地违反了敲门并告知规则。Antonin Scalia 大法官代表多数意见认定,原告未能提供强有力的证据证明,政府执法人员违反敲门并告知规则的行为与由此收集到的可归罪的证据之间存在因果关系。因为敲门并告知规则主要保护"公民的生命与身体"免受政府执法人员的侵害,而不保护公民的住宅以及住宅内的事物神圣不可侵犯,所以相比于政府紧迫的执法利益而言,政府执法人员违反敲门并告知规则的行为与发现犯罪证据之间的联系过于微弱。虽然 Scalia 大法官注意到,"在某些情况下,上述的认定可能会侵犯敲门并告知规则为公民的隐私和人格尊严提供的保护,使公民不能为警察进入其住宅做好准备",但他指出,应该通过民事诉讼的方式对公民遭受的侵犯作出补偿,而非排除政府执法人员由此搜集到的证据。本案的多数意见也认定,因为存在为公民提供事后民事救济的可能性,所以没有必要因为政府执法人员违反敲门并告知规则,而排除他们由此搜集到的证据。

虽然 Samson 一案和 Hudson 一案的结果并不如意,但是,真正令人苦恼的是,美国联邦最高法院在分析这些案件的合理性问题时所使用的方法。在 Samson 一案中,法官认定,政府执法人员可以在没有怀疑的情况下对假释犯实施搜查,这一观点有其合理性,因为五年前,在 United States v. Knights 一案中,美国联邦最高法院就认定,缓刑犯不能享有《美国联邦宪法第四修正案》完整的保护。美国联邦

[①] 547 U.S. 586 (2006).

最高法院对 Samson 一案的认定只是遵循先例而已。令人惊讶的是，美国联邦最高法院的合理性分析认为，政府执法人员可以在没有产生任何怀疑的情况下，对假释犯实施搜查行为。但是，合理的怀疑是限制政府执法特权的要求。然而，最令人困惑的不是，政府执法人员不需要在有合理依据的情况下对假释犯实施搜查行为，而是美国联邦最高法院轻易地将假释犯可能享有的某些被法律承认的隐私权利置之不理，即便学者对搜查机制的刑罚目的和恢复原状的价值产生了高度的怀疑。

同样，在 Hudson 一案中，美国联邦最高法院相当傲慢地认定，敲门并告知规则表明，政府执法人员可以在没有任何现实救济的情况下，侵犯公民在其住宅内享有的基本的隐私权利。① 笔者认为，美国联邦最高法院对于政府执法人员在违反敲门并告知规则之后，能够通过民事赔偿使受影响的公民恢复原状，或者阻止公民受到进一步的侵犯的假设是毫无说服力的，因为它忽视了，对多数原告而言，根本不存在及时、有意义的民事救济。美国联邦最高法院的推理存在明显的缺点，尽管 Anthony Kennedy 大法官在并存意见中说了令人心安的话，但是，这个推理仍然产生了法律问题：我们先辈创立的并且经过长期实践的证据排除规则是否真的不存在任何问题②，以及这是否是 Hudson 一案的多数意见所预想的结果。鉴于美国联邦最高法院对于敲门并告知规则的态度暧昧，它对于可能消失的、长期存在的公民隐私权利的漠视是显然易见的：相比于民事诉讼，什么样的措施更能有效地阻止政府执法人员，通过妨碍已经供认罪行的嫌疑人获得律师的帮助，侵犯他享有的《美国联邦宪法第六修正案》的权利呢？毋庸置疑，许多公民会把这些被侵犯的权利视为比自己的切身物品更重要。

在 Hudson 一案的判决中，美国联邦最高法院表明，虽然敲门并告知规则有着深厚的历史渊源，而且是源自公民隐私的众多明确的权利之一，但是，当政府执法人员需要快速、强制和不经告知地进入某位公民的住宅时，公民是否享有这些权利就变得不重要了。

---

① See Samson v. California, 547 U. S. 843, 857 – 858 (2006) (Steven, J., dissenting).
② Hudson, 547 U. S. at 603 (Kennedy, J., concurring).

3. Los Angeles County v. Rettele 一案

在第二个任期中，Robert 法院对 Los Angeles County v. Rettele 一案①作出的判决延续了前两个案件的观点。在 Rettele 一案中，在调查一个涉嫌欺诈和身份盗窃犯罪团伙的时候，警察拿到了搜查其中一名非裔美国嫌疑人的住宅的搜查令，根据注册记录，该名嫌疑人持有一把9毫米手枪。当警察一大早来到嫌疑人的住宅外面的时候，他们拘留了一名应声开门的白人青年。然后，他们进入了卧室，并且掏出手枪。而此时，一名白人男性和一名白人女性正在卧室里睡觉。警察命令两人起床并把双手举起。正如美国联邦最高法院描述的那样：Rettele 站了起来，试着把运动裤穿上，但是被警察告知不许动。Sadler（另一名在床上的公民）也站了起来，并试图用被单包裹自己，但是她没有成功。Rettele 和 Sadler 就这样被警察用枪指着，过了一两分钟后，警察才允许 Rettele 把睡袍递给 Sadler。然后，Rettele 才被允许穿上衣服……直到这时候，警察才意识到他们犯了错误，他们向 Rettele 和 Sadler 道歉后离开……

美国联邦最高法院在法庭的共同决议中认定，Rettele 和 Sadler 根据《美国联邦宪法第四修正案》所享有的权利没有被警察侵犯。考虑到警察在对公民的住宅实施搜查的过程中会面临危险，美国联邦最高法院认定："如果政府执法人员常规地对公民的住宅实施搜查，那么由此对政府执法人员和居住者造成损害的风险就会降低。"美国联邦最高法院用一个相当简易的方式认定，虽然警察在本案中犯了错误，但是 Rettele 和 Sadler 根据《美国联邦宪法第四修正案》享有的权利没有被侵犯，因为不幸的是，像 Rettele 和 Sadler 这一类的公民承受了维护社会秩序的代价。有时候，为了实行搜查令，警察会在公民正在进行私人活动的时候破门而入，并会因此发生令人沮丧的，或者尴尬、羞辱的事情。虽然这些事情是真实存在的，但是当警察在执行一份有效的搜查令或者采取合理的方式保护他们的安全的时候，他们就没有侵犯公民根据《美国联邦宪法第四修正案》所享有的权利。

虽然在 Rettele 一案中，美国联邦最高法院的意见很简短，也几乎没有评估公民的隐私利益和政府的执法利益之间孰轻孰重，但是，

---

① 127 S. Ct. 1989 (2007).

美国联邦最高法院的判决基本表明，即便公民在自己卧室被政府执法人员叫醒，并且被迫赤裸地面对警察的枪口，公民享有的隐私利益也比不上政府执法人员执行命令的重要性，即便政府执法人员明显错误地拘留了无辜的公民。鉴于美国联邦最高法院缺乏连贯地描述隐私定义的方法，更不用说在涉及《美国联邦宪法第四修正案》的案件中连贯地适用隐私权理论的方法，在 Rettele 一案中，笔者对于美国联邦最高法院作出如此简短的判决并不感到惊讶。因为本质上，美国联邦最高法院的司法审判存在局限性，所以它只能够草率地宣称，政府的执法利益比公民的隐私利益更加重要。

在第一波关于刑事程序方面的案件的判决中，Robert 法院表明，美国联邦最高法院的司法审判发生了本质上的偏离，它远离了为公民的隐私提供保护的轨道，并且在大多数情况下，袒护政府执法人员不受限制的执法行为。正如这些案件表明的一样，单纯依赖隐私权理论是不能对抗政府的执法利益的。在这场博弈中，两者的地位根本不平等，法院理所当然地只关注政府的执法利益而忽视公民的隐私利益。考虑到目前合理性的判断标准，以及它在平衡公民隐私和政府执法之间的利益所起的作用，美国联邦最高法院的判决是预料之中的。我们还可以预见，由于美国联邦最高法院的每一位法官都明显地支持这种判断标准，他们仍然会作出类似的判决。

三、人格尊严理论比隐私权理论更能把握《美国联邦宪法第四修正案》的核心价值观念

那些试图通过公式明确地表达司法审判的实质原则的学者，应当着重考虑人格尊严的问题。因为如果忽视了人格尊严理论，那么他们将会忽视司法审判中与众不同的道德准则；而他们所主张的司法审判公式，最好的情况是教条主义的，最差的情况就是专断的。[①]

问题是，为什么要重点关注人格尊严？为什么人格尊严理论是引导涉及政府执法人员的搜查和扣押行为的案件重回正轨的关键，而不是其他同样可能被视为《美国联邦宪法第四修正案》的基本原则的理论呢？可能还有学者主张，应当坚持以隐私权理论作为分析《美

---

① Michael S. Pritchard, Human Dignity and Justice, 82 ETHICS 299, 300–301 (1972).

国联邦宪法第四修正案》的基本方法,因为从理论上说,我们有必要平衡公民的隐私利益与政府执法人员的执法利益之间的冲突。作为一个分析理论,隐私权理论具有可塑性,它似乎倡导,如果想在《美国联邦宪法第四修正案》的司法审判中为公民的隐私利益提供更多保护,那么法官应当试着为隐私作出一个范围更广(更具有连贯性)的定义,使公民的隐私利益能够与政府的执法利益平等竞争。然而,这些尝试最终都是作用有限的,因为当《美国联邦宪法第四修正案》的核心利益超出隐私权理论的最广范围时,隐私权理论就不能调整这些超出其范围的核心利益。然而,笔者关注的人格尊严也是超出范围的核心利益之一。

虽然美国联邦最高法院已经把人格尊严视为《美国联邦宪法第四修正案》的价值观念之一,但是,它会偶尔地将人格尊严利益与隐私利益合并,或者直接忽视了人格尊严利益。虽然人格尊严利益和隐私利益会发生重叠的情况(有时候是并存的情况),但是,它们是两个完全不同的价值观念,应该区别对待。作为一个直觉的问题,公民可以完全没有隐私——无论是主观上还是客观上,但是他还是能够对自己的人格尊严享有合理的期待。即便有时候,公民不享有隐私、自由、财产的权利或者对这些权利的合理期待,但是对于其人格尊严或者固有的人性不受政府执法人员无理或者不必要的侵害这一点,他仍然享有核心的权利。换句话来说,在某些情况下,政府执法人员对公民实施的搜查或者扣押行为会被客观地定义为不合理地侵犯公民的人格尊严,因而违反了《美国联邦宪法第四修正案》的规定。目前,法院单纯依赖公民的隐私利益来对抗政府的执法利益的做法是不充分的[1],因为这个方法没有保护(无论是在理论层面还是在实践层面)公民的人格尊严,所以法院应当正式地把人格尊严理论纳入合理性的判断标准中。

在这部分内容中,笔者将试图为人格尊严作出一个可行的定义,至少在宪法意义上,我们能够理解它是什么和不是什么,并突破法官在案件中对它保守适用的观点。此外,如果要将人格尊严理论纳入《美国联邦宪法第四修正案》的判断标准中,那么就必须区分人格尊

---

[1] See United States v. Knights, 534 U.S. 112, 118-119 (2001).

严理论和隐私权理论,笔者将会在这部分内容中正式地对两者作出区分。最后,在第三部分,笔者将提议,把人格尊严理论纳入当前合理性分析之中,为法院评估政府执法人员是否违反宪法规定,以及是否侵犯嫌疑人的人格尊严提供一个简单的判断标准。

(一) 人格尊严的定义

1. 基本概念

在所有的原则中,人格尊严是一个未被充分开发的话题[1]。最有说服力的解释是,"人格尊严可以意味着很多东西"[2],因此,它至今仍然没有一个统一的定义。当然,人格尊严意味着某些东西。问题是,目前有关人格尊严的定义是否满足宪法性分析的目的。

回顾历史,现代的人格尊严理论可以追溯到古罗马时代。在那个时代,Cicero 提出了"dignitas"这个概念,认为人类有自身的价值,以及享有被别人尊重的期待。重要的是,公民享有的作为人的价值以及被别人尊重的权利与他的社会地位无关。Cicero 主张,这种作为人的价值或者被别人尊重的权利来源于人类的"高级思维",至少比野兽的思维更高级。[3] 此外,他主张,无论是在实践上还是在道德上,公民天生就享有人格尊严,这是公民拥有理性思维的结果。因为拥有理性思维,所以公民能够自由地选择他的命运和行为。基于理性思维的人格尊严理论被描述成"现代社会的核心主张——人类的自治权,人类是自己命运的主宰者,是未来的塑造者"[4]。此种人格尊严理论一直延续到中世纪。在中世纪,一种以神学世界观为基础的人格尊严理论产生了。基于神学世界观的人格尊严理论强调,公民享有人格尊

---

[1] See George W. Harris, Dignity and Vulnerability 1 (1997); Denise G. Réaume, Indignities: Making a Place for Dignity in Modern Legal Thought, 28 QUEENS L. J. 61, 62 (2002).

[2] R. George Wright, Dignity and Conflicts of Constitutional Values: The Case of Free Speech and Equal Protection, 43 San Diego L. Rev. 528, 528 (2006); see also Christopher McCrudden, Human Dignity and Judicial Interpretation of Human Rights, European J. of Int'll. (forthcoming 2008) (manuscript at 2).

[3] Mette Lebech, What is Human Dignity?. 1 Maynooth Phil. Papers 3 (2004).

[4] Yehshua Arieli, On the Necessary and Sufficient Condidtions for the Emergence of the Doctrine of the Dignity of Man and His Rights, in The Concept of Human Dignity in Human Rights Discourse 1, 12 (David Kretzmer & Eckart Klein eds., 2002).

严（他们拥有作为人的价值以及享有被别人尊重的权利，与 Cicero 的主张一致）①，但是公民享有人格尊严的原因不仅仅因为他拥有理性思维，而是因为他是由上帝创造的。Thomas Aquinas 特别明确地阐述了这个基于神学世界观的人格尊严理论，他假定，在创造人类的时候，上帝已经把人格尊严的权利深深地植入人类的本质中。②

18 世纪晚期，人格尊严理论又有了新发展，Immanuel Kant 对现代社会的人格尊严理论提出了一个更令人信服的解释，并且提出了判断公民的人格尊严是否被侵犯的标准。跟 Cicero 一样，Kant 主张公民享有人格尊严，因为他们拥有理性思维，但是他把这种理性思维解释成，人类能够理解他们的行为所表示的含义或者行为的共性。③ 在最初的构想中，Kant 提出了著名的绝对命令，并主张公民"只能够按照普遍法则来作出行为的选择"。在这个基础上，Kant 提出了第二个构想，即实践原则，"在任何时候，公民的行动都要把自己人格中的人性和其他人人格中的人性，同样地看作目的，永远不能只看作手段"。因此，如果行为人违反了这个原则，他就侵犯了他人的人格尊严，因为他人所享有的被别人尊重的权利是绝对的，而不是相对的。因此，根据绝对命令，人格尊严是他人固有的、被别人尊重的权利。④ 当公民未能享有被别人尊重的权利的时候，他的人格尊严就受到了侵犯。

时至今日，上述有关人格尊严的理论都得以保存下来，并被人们所接受。这些理论提醒着我们人格尊严的内涵。如果打开《牛津大词典》，我们可以看到，所谓人格尊严，是指"他人所享有被别人尊重的权利；这种权利是值得尊重的、高贵的，以及卓越的"⑤。在很大程度上，《牛津大词典》的定义与上述有关人格尊严的理论保持一致，但是它还是没有将人格尊严的个性化权利表达出来。

---

① See John Finnis, Aquinas: Moral, Political and Legal Theory 176 n. 206 (1998).
② See e. g. Thomas G. Weinandy Et Al. , Aquinas on Doctrine 233 (2004).
③ Immanuel Kant, Foundations of the Metaphysics of Morals 54 (Lewis White Beck trans. , 1983).
④ See Roger J. Sullivan, Introduction to Immanuel Kant, the Metaphysics of Morals, at xviii (Mary Gregor ed. Cambridge Univ. Press 1996).
⑤ Oxford English Dictionary 656 (J. A. Simpson & E. S. C. Weiner eds. , 2d ed. 1989).

一些法律学者试图更加明确人格尊严的定义。在最近的一部作品里，R. George Wright 教授从哲学和宪法性判例法的角度来探索"人格尊严"的基本概念，并且通过指出人格尊严不是什么的方式，从相反的角度对其作出定义。因为，在某种意义上说，人格尊严就是一个抽象的概念。Wright 教授指出，反向地思考人格尊严的概念，有利于我们判断人格尊严到底是什么。正如 Wright 教授所看到的那样，人格尊严与"暴力、酷刑、侮辱、不文明或者野蛮的行为、残酷的对待行为等等"对立。其他学者也类似地从反面对人格尊严作出定义，他们指出，"有辱人格"的概念对于人格尊严的定义起着重要的作用。他们认为，当他人主观上感觉他被要求作出有辱人格的事情时，他的人格尊严就受到了侵犯。

2. 涉及搜查与扣押行为的司法审判中的人格尊严理论

鉴于人格尊严在西方社会的道德、宗教和政治思想中的核心地位，美国法院将其视为宪法的基本价值，并且认为宪法被制定（或者至少被解释）为保护公民人格尊严的法律。此外，在某些情况下，美国法院偶尔会在涉及权衡政府权力和公民权利的案件中优先考虑公民的人格尊严。在解释《美国联邦宪法第八修正案》、《美国联邦宪法第五修正案》、公民自愿发生性行为的情况、堕胎权的范围以及《美国联邦宪法第一修正案》关于言论自由方面的内容（在有限的范围内）的时候，美国联邦最高法院都考虑到了公民的人格尊严，并且在一定程度上降低了政府执法人员在执行命令时对公民的人格尊严造成的影响。

然而，与其他在过去半个世纪中备受争议的宪法原则不同，美国联邦最高法院只是间接地、不充分地提议，人格尊严理论应当成为《美国联邦宪法第四修正案》常规的判断标准。当然，它几乎没有提出关于这个提议的解释性或者定义性的指引。从刑事诉讼程序改革的时代开始，在涉及《美国联邦宪法第四修正案》的案件中，美国联邦最高法院偶尔会适用人格尊严理论，尤其当政府执法人员实施具有高度侵犯性的实体搜查行为的时候。然而，还没有明确的判决表明，当政府执法人员仅仅过分侵犯公民的人格尊严的时候，美国联邦最高法院会作出不利于政府执法人员的判决。的确，美国联邦最高法院从来没有分析过，什么样的搜查或者扣押行为会侵犯公民的人格尊严。

因此，最好的情况是，美国联邦最高法院的先例会为人格尊严的定义，或者在《美国联邦宪法第四修正案》的语境中应有的定义，提供有用的指引。

在某些涉及政府执法人员搜查与扣押行为的案件中，虽然美国联邦最高法院似乎将人格尊严理论纳入了《美国联邦宪法第四修正案》的分析中，但是实际上，它既未能对人格尊严作出定义，也未明确地将其纳入合理性的分析中，反而采纳了更加便利的、以隐私权理论为核心的分析模式。Schmerber v. California 一案①是涉及《美国联邦宪法第五修正案》的司法审判的源泉，很有可能是第一个案件。在 Schmerber 一案中，一名驾驶员在发生车祸后进了医院。警察从该名驾驶员的气息中闻到了酒精的味道，并且留意到驾驶员具备其他醉酒的症状。因此，当驾驶员还在医院的时候，警察拘捕了他。根据警察的指令，一名医师不顾嫌疑人的反对，从他的身上抽取了血样。这份血样表明，嫌疑人醉酒驾驶。随后，在庭审中，它被政府执法人员用作证明嫌疑人有罪的证据。在上诉庭审中，被告主张，根据《美国联邦宪法第四修正案》的规定，政府执法人员对他实施的搜查行为是不合理的。William Brennan 大法官代表法庭在意见中写道，《美国联邦宪法第四修正案》最重要的功能就是保护公民的隐私和人格尊严，政府执法人员不得在没有搜查令的情况下侵犯这两种权利。Brennan 大法官认为，传统宪法对于政府执法人员的搜查行为所作出的限制，与本案案情之间几乎没有任何关系，所以他判决，基于以下三个理由，政府执法人员的搜查行为符合《美国联邦宪法第四修正案》的合理性的要件：其一，出于证据保全的需要（在本案中特指嫌疑人血液中酒精浓度的准确数据）；其二，警察准确地判断嫌疑人酒驾的可能性极大；其三，血液测试实际上对公民的权利造成的损害微乎其微。

Schmerber 一案的主要问题不在于案件的结果，而在于当判断政府执法人员的执法行为是否符合合理性要件时，美国联邦最高法院仅仅片面地分析人格尊严所起的作用。虽然 Brennan 大法官明确地认定"《美国联邦宪法第四修正案》最重要的功能是保护公民的隐私和人

---

① 384 U. S. 757 (1966).

格尊严，政府执法人员不得在没有搜查令的情况下侵犯公民这两种权利"，但是他未能考虑，当公民被不自愿地抽取静脉血后，公民的人格尊严就可能受到政府执法人员不合理地侵犯。相反，Brennan 大法官似乎简单地假设，证据保全的需要比公民免受非自愿的医学调查的利益更加重要。

虽然当我们把人格尊严理论纳入《美国联邦宪法第四修正案》的合理性的分析之后，Schmerber 一案的结果不一定会改变，但是，"《美国联邦宪法第四修正案》的最重要的功能"是保护公民的隐私和人格尊严，这个提议已经使读者感到震惊，因为在先前的案件中，美国联邦最高法院没有引入人格尊严理论。然而，随着时间的推移，以隐私权理论为核心的分析方法论仍未得到改变。在 Skinner v. Railway Labor Executives Ass'n 一案[1]中，美国联邦最高法院指出，"《美国联邦宪法第四修正案》为公民的隐私、人格尊严和安全提供保护，政府执法人员不得任意侵犯公民这些权利，其他人也不得根据政府指令任意侵犯公民这些权利。"然而，美国联邦最高法院没有再次提到人格尊严，它只是注意到："总的来说，根据联邦铁路局（FRA）的规定，在对铁路工人进行药物测试的过程中，政府执法人员不得任意侵犯铁路工人的隐私。"此外，在 Wyoming v. Houghton 一案[2]中，美国联邦最高法院认定，政府执法人员查获走私货物的执法需要比公民对自己的汽车车厢内的包裹享有的隐私权更加重要。在该案中，美国联邦最高法院也是丝毫没有提到人格尊严理论，而是采取了其熟悉的判断标准——以隐私权理论为核心的判断标准。美国联邦最高法院指出："我们需要从以下两个方面来衡量政府执法人员的搜查或者扣押行为是否符合合理性的传统标准，一方面，政府执法人员的行为在多大程度上对公民的隐私利益造成损害，另一方面，他们的行为在多大程度上满足政府提升其正当的执法利益的需要。"令人吃惊的是，虽然美国联邦最高法院明确地提出公民享有人格尊严的权利，但是它却对这个问题避而不谈。

笔者认为，美国联邦最高法院对人格尊严理论避而不谈有两种

---

[1] 489 U.S. 602 (1989).
[2] 526 U.S. 295 (1999).

可能。

第一种可能是,美国联邦最高法院相信,在《美国联邦宪法第四修正案》的语境中,隐私权与人格尊严是完全相连的概念,两者不需要区分;如果隐私权和人格尊严是一样的概念,那么就不需要单独分析人格尊严的概念了。① 也许美国联邦最高法院相信人格尊严和隐私权本质是上相同的概念,它也就没有必要分开评析这两个概念;如果政府执法人员的搜查行为没有不合理地侵犯嫌疑人的隐私权,那么他们也不会不合理地侵犯嫌疑人的人格尊严。这也许可以解释,在 Schmerber 一案、Skinner 一案以及 Houghton 一案中,美国联邦最高法院仅仅提到了公民享有人格尊严的权利,但是没有作进一步的解释,而是分析了政府执法人员有没有不合理地侵犯公民的隐私权。当然,如果是这样,美国联邦最高法院就没有理由对两个概念都进行分析。然而,某些案件的意见确实表明,在宪法意义上,美国联邦最高法院承认公民的隐私权和人格尊严是两个不同的概念。例如,在 Schmerber 一案中,美国联邦最高法院指出:"《美国联邦宪法第四修正案》最重要的功能是保护公民的隐私权和人格尊严,政府执法人员不得在没有搜查令的情况下侵犯这两种权利。"② Brennan 大法官似乎清楚地认识到隐私权和人格尊严这两种利益之间的区别,即便他没有在意见中清楚地提及或者解释两者之间的区别。

第二种可能是,美国联邦最高法院已经认识到,隐私权和人格尊严不是完全相同的概念,但是,它不能够或者不愿意详述人格尊严的内涵,或者提出将人格尊严理论纳入合理性分析的方法。然而,如果在《美国联邦宪法第四修正案》的分析中,美国联邦最高法院不能清晰地指出人格尊严所起的作用,那么,当府执法人员不合理地侵犯公民的人格尊严的时候,地方法院就不能作出正确的判决,也就不能保护公民的人格尊严,这个后果是极其严重的。

最近的一个例子是,2007 年,美国联邦第八巡回上诉法院在 United States v. Williams 一案③中的意见。在 Williams 一案中,为了查

---

① See Winston v. Lee, 470 U. S. 753 (1985).
② Schmerber v. California, 384 U. S. 757, 769-770 (1996).
③ 477 F. 3d 974.

获毒品和枪支，警察取得了对被告 Williams 的住宅和人身进行搜查的搜查令。当 Williams 白天驾车从家里离开的时候，警察截停了他的车，对他进行搜身检查，并且发现有些"东西"藏在 Williams 的裤子里。出于所谓保护 Williams 的隐私的考虑，警察没有在大街上对 Williams 实施进一步的搜查，而是拘留了他，并且把他带回警察局。随后，在警察局的停车场上，警察把 Williams 从警车内拽出来。一名警察把手伸进 Williams 的内裤里，并在他的生殖器附近搜出了"大量"的霹雳可卡因和可卡因粉末。

通过衡量"政府执法人员特定的搜查需要与被侵犯的公民权利之间的轻重缓急"之后，联邦第八巡回上诉法院支持了警察的搜查行为。当 Williams 提出，警察突然之间把手伸到他的内裤里的做法是不合理的时，法院回应，相比于要求 Williams 脱掉裤子，让警察检查他的私处而言，在本案中，出于搜查的需要，警察把手伸到 Williams 的内裤里进行检查的行为对 Williams 的隐私造成的侵害更低，因此警察的行为是合理的。同时，法院主张，在实施搜查行为之前，警察已经充分重视对 Williams 隐私的保护。此外，法院认定，不能因为警察在警察局停车场而不是警察局内对 Williams 实施搜查的行为，就认为警察不合理地侵犯 Williams 的隐私。

最后，法院主张，在 Williams 一案中，警察的搜查行为是正确的。然而，法院的依据显然是不充分的。尽管在判决中，联邦第八巡回上诉法院提到"要衡量政府执法人员特定的搜查需要与被侵犯的公民权利之间的轻重缓急"，这一点似乎体现了法院对人格尊严的考虑，但是人格尊严这个概念始终未出现在判决之中。法院几乎没有考虑过，警察白天在停车场对 Williams 实施搜查的行为会侵犯他的人格尊严。事实上，法院在判决中关注的是 Williams 的隐私有没有被侵犯，以及该案中 Williams 只是间接地享有隐私利益。然而，本案真正需要考虑的是，当警察局距离停车场只有几米的时候，警察光天化日之下在停车场上搜查 Williams 私处的行为有没有不合理地侵犯他的人格尊严。虽然当法院考虑到了 Williams 的人格尊严利益后，法院也未必会改变本案的判决，因为联邦第八巡回上诉法院可能最终会认定，在当时的环境下，为了搜查嫌疑人的执法利益，警察对嫌疑人的人格尊严造成的侵害是可以容忍的。但是，就目前法院的意见来看，它的解释是不完整的，缺少了对嫌疑人的人格尊严利益的分析。

也许 Los Angeles v. Rettele 一案[①]最能反映出，在《美国联邦宪法第四修正案》语境下，美国联邦最高法院曾经探索公民的人格尊严问题，但是正如前面讨论的那样，人格尊严理论从未出现在案件的事实或者判决中。在 Rettele 一案中，在获得搜查令后，警察闯入了嫌疑人的住宅，强迫两名赤裸的公民从床上站起来，并且用枪指着他们，大约几分钟后，警察才意识到屋主并非他们要找的嫌疑人（尽管警察要找的嫌疑人是黑人男性，而这两名公民是白人男性和白人女性）。当屋主主张警察侵犯其享有的《美国联邦宪法第四修正案》的权利时，美国联邦最高法院驳回了他们的主张，并宣称：有时候，为了实行搜查令，警察会在公民正在进行私人活动的时候破门而入，并会因此发生令人沮丧的、尴尬的或者羞辱的事情。虽然这些事情是真实存在的，但是当警察执行一份有效的搜查令或者采取合理的方式保护他们的安全的时候，他们就没有侵犯公民根据《美国联邦宪法第四修正案》享有的权利。

从 Rettele 一案的解释中可以看到，事实上，美国联邦最高法院不知不觉地指出，警察侵犯了公民的人格尊严。通过前文提到的"消极三角分析法"，美国联邦最高法院指出，所谓《美国联邦宪法第四修正案》保护的利益就是，禁止政府执法人员不合理地作出有辱公民人格的行为，或者非人道地侵犯公民权利的行为。在本案中，虽然美国联邦最高法院最终没有根据人格尊严理论作出判决，但是它简略地提到了，当政府执法人员不正当地侮辱公民、打击公民或者使公民处于尴尬的境地的时候，他们就侵犯了公民的人格尊严。虽然这并不是深度的分析，但是，它为判断政府执法人员侵犯公民人格尊严的行为提供了分析框架，并且这个分析框架与现代学者对人格尊严理论的理解保持一致。[②]

（二）人格尊严理论与隐私权理论之间的区别

即便是对案件中或者法学领域中的人格尊严理论和隐私权理论没

[①] 127 S. Ct. 1989 (2007).

[②] Andrew E. Talitz, Respect and the Fourth Amendment, 94 J. CRIM. L. & CRIMINOLOGY 15, 98–99 (2003).

有深厚的认识，我们也很容易明白，在有关《美国联邦宪法第四修正案》的许多重要领域，人格尊严理论和隐私权理论是两个完全不同的理论。然而，正如前文所述的那样，对于在以隐私权理论为核心的合理性分析中纳入人格尊严理论的问题，美国联邦最高法院内部存在着争议。因此，人格尊严理论和隐私权理论是完全不同的，这个命题并非不证自明。美国联邦最高法院的争议导致法院拒绝承认公民享有不同于隐私利益的人格尊严利益，当且仅当政府执法人员的执法行为侵犯公民的隐私利益时，法院才会判决政府执法人员的行为无效。因此，当公民主张其享有不同于隐私利益的人格尊严利益的时候，当他主张政府执法人员的搜查或者扣押行为仅仅侵犯了其人格尊严的时候，法院通常会支持政府执法人员的搜查或者扣押行为。这带来一个问题：在宪法意义上，公民的隐私利益和人格尊严利益之间是否存在重要的区别？

毫无疑问，这个问题的答案是肯定的。Solove 教授对此作出的结论是，隐私权理论是不能被简单定义或者被简单分类的。当充分考虑 Solove 教授的结论以及认识到人格尊严理论也适用这个结论的时候，我们可以看到，隐私权理论和人格尊严理论包含着不同的利益，侵犯其中一个利益不意味着侵犯另一个利益。正如法官和学者构想的那样，只有在涉及行为人侵犯他人个人信息、秘密、想法、亲密关系或者身体的案件中，他人才能主张其享有隐私利益。相反，人格尊严利益只关注行为人与他人之间交流的方式。因此，如果要保护他人的人格尊严，就要禁止行为人贬低他人的地位、侮辱他人或者使他人受到非人的对待，令他人能够享有合理的尊重。

在监狱的设置上，我们可以清晰地看到这种区别。无论在什么情况下，囚犯都不享有隐私权。[①] 这个观点不仅从常识上看是正确的，从法律意义上看也是正确的；在 Hudson v. Palmer 一案[②]中，美国联邦最高法院宣布，根据《美国联邦宪法第四修正案》的规定，被监

---

① See Richard G. Singer, Privacy, Autonomy, and Dignity in the Prison: A Preliminary Inquiry Concerning Constitutional Aspects of the Degradation Process in Our Prison, 21 BUFF. L. REV. 669 (1972).

② 468 U. S. 517, 527-528 (1984).

禁的犯人不享有任何隐私期待，政府执法人员可以在没有任何怀疑的情况下，随时对他们实施搜查。根据美国联邦最高法院的观点，剥夺囚犯的隐私权利不仅有利于保持监狱内的秩序，还有利于实现监狱震慑和惩罚罪犯的目标。如果硬要挑出毛病，这种做法还是有点违反关于隐私权的一般规定？

然而，大多数惩教人员明白，尊重囚犯的人格尊严有利于维持监狱秩序，保障监狱安全和提高囚犯的行为素质；相反，不合理地或者任意地侵犯囚犯的人格尊严，则会刺激他们作出违反秩序或者暴力的行为。[1]"惩教人员信条"指出，在赖克斯岛上的囚犯的最终归宿是绞刑，这要求惩教人员少说话多干事，不要跟囚犯争论，而是要通过自身表现来树立权威。既不能对危难反应迟钝，也不能因错过了某些风景而感到心烦意乱，虽然我不承认被我看管的人享有自由，但是我把自由视为最高价值……通过拒绝承认被我看管的人享有人格尊严，他们也就没有理由主张他们失去了人格尊严。[2]

同样地，美国惩教人员协会的道德规范要求成员展现经久不衰的诚信，尊重人类的人格尊严和个性，以及承诺提供专业和富有同情心的服务。[3] 这个精神也在囚犯中传播开来；一些被关押在最臭名昭著的监狱里的囚犯明确地写道，对他们而言，惩教人员的尊重是十分重要的，当感受到惩教人员侵犯他们的人格尊严的时候，囚犯就会跟惩教人员发生冲突。

在 Hudson 一案中，美国联邦最高法院承认，无论是在宪法哲学上还是出于实践的需要，囚犯至少保持某些基本的权利："我们不止一次地认定，囚犯仍然受到宪法的约束，享有某些宪法权利。人与人之间不存在'铁幕'；事实上，囚犯享有这些基本的权利并不违背监

---

[1] See e. g. United States v. Sutton, No. 07 – 426 (KSH) (D. N. J. Oct. 25, 2007); Eidtorial, Barbaric Jail Conditions, N. J. L. J., Nov. 12, 2007, at 22; cf. Eva S. Nilsen, Decency, Dignity and Desert: Restoring Ideals of Human Punishment to Constitutional Discourse, 41 U. C. DAVIS L. REV. 111, 125 (2007).

[2] Correctionhistory. org, Correctional Officers' Creed, http://www.correctionhistory.org/html/chronic/murals/jatcwallcreed.html (last visited Sept. 20, 2008).

[3] ACA. org, Preamble to American Correctional Association Code of Ethics, http://www.aca.org/pastpersentfuture/ethics.aspl (last visited Sept. 20, 2008).

狱制度或者监禁的目的。"

就这一点来看，美国联邦最高法院承认囚犯享有某些有限的权利，例如：平等保护①，获得法院救济②，做礼拜③，言论自由④，正当程序⑤以及免受酷刑和不寻常的惩罚。囚犯享有的这些基本权利都有一个共同点，也是我们所处的宪法世界相当熟悉的权利：基本的人格尊严。甚至某些学者主张，在 Hudson 一案中，美国联邦最高法院已经承认，隐私利益和人格尊严是两个不同的概念，政府执法人员实施不合理的搜查的行为是对囚犯的人格尊严的侵犯，而不是侵犯囚犯可能错误地产生的某种隐私期待。

四、将人格尊严理论纳入合理性的判断标准

虽然《美国联邦宪法》的判断标准明显缺乏人格尊严理论，而且无论是判例法还是学术评论都没有对它进行详细的阐述，但是人格尊严理论确实遍布美国制度的每一个角落，人们已经把它视为《权利法案》和《美国联邦宪法第十四修正案》的核心宪法权利。即便在虚拟的世界里，人们也难以相信，虽然公民享有人格尊严，但是通过不合理地运用执法权力，政府执法人员能够搜查和扣押公民的人身或者财产，而且宪法不能保护公民的权利免受政府执法行为的侵犯。虽然在《美国联邦宪法第四修正案》的司法审判中，隐私权理论拥有崇高的地位，但是当判断公民是否享有《美国联邦宪法第四修正案》保护的时候，作为与隐私权理论完全不同的理论，人格尊严理论起到了一定的作用。因此，我们难以想象，在合理性的判断标准中，法院竟然忽视了人格尊严理论，而是单纯依赖隐私权理论来对抗强大的执法利益。显然，如果保护公民的人格尊严是《美国联邦宪法第四修正案》的目的之一，那么，法院应该评估，政府执法人员的搜查和扣押行为有没有不合理地侵犯了嫌疑人的人格尊严。

因此，在《美国联邦宪法第四修正案》的合理性分析中，人格

---

① See Lee v. Washington, 390 U.S. 333 (1968) (per curiam).
② Johnson v. Avery, 393 U.S. 483, 485 (1969). (per curiam).
③ Cruz v. Beto, 405 U.S. 319, 322 (1972) (per curiam).
④ Pell v. Procunier, 417 U.S. 817, 822 (1974).
⑤ Haines v. Kerner, 404 U.S. 519, 520 – 521 (1972) (per curiam).

尊严理论应当被视为未被明确阐释的基本原则,以及公认的、综合的判断标准。简而言之,如果政府执法人员民实施的搜查或者扣押行为侵犯了公民对其人格尊严享有的合理期待,但是,没有侵犯该公民其他受到法律保护的权利,那么,政府执法人员的行为也是不合理的,而且是违反《美国联邦宪法第四修正案》的。当然,将人格尊严理论纳入《美国联邦宪法第四修正案》的司法审判中,最困难的一点是建立一个规范其适用范围的可行的框架。如果对人格尊严理论的理解过于狭隘,那么在为公民的权利提供保护的过程中,我们就会限制人格尊严理论对隐私权理论所起的弥补作用,以及限制其对政府的执法利益所起的抗衡作用;然而,如果我们对人格尊严理论的理解过于宽泛,它就会变成一个怪兽,摧毁《美国联邦宪法第四修正案》的司法审判,并且排除政府执法人员所享有的合理的搜查和扣押权力。

(一)建立一个可行的标准

目前,判断政府执法人员的搜查或者扣押行为的合理性的基本方法很简单:一方面,评估他们的行为在多大程度上对公民的隐私利益造成损害,另一方面,评估他们的行为在多大程度上满足政府提升其正当的执法利益的需要。然而,即便政府的执法利益危在旦夕,政府执法人员贬低嫌疑人的人格或者羞辱嫌疑人(或者其他有损嫌疑人的人格尊严)的搜查或者扣押行为也是不正当的,他们的做法是不合理的。因此,当政府执法人员对公民实施不合理的搜查或者扣押行为的时候,公民应当享有获得救济的权利。美国联邦最高法院应当思考以下两个问题:①政府执法人员的搜查或者扣押行为,或者政府执法人员实施搜查或者扣押行为的方式有没有贬低、羞辱或者有损嫌疑人合理的人格尊严;②如果是这样,在实施这种搜查或者扣押行为的过程中,政府的执法利益是否足以让人们容忍他们侵犯公民的人格尊严。如果美国联邦最高法院对第一个问题作出肯定的答案,但是对第二个问题作出否定的答案,那么根据《美国联邦宪法第四修正案》的规定,政府执法人员的执法行为就是无效的。

当然,正如合理性分析的开放性要求(和整体环境的判断标准)明确指出的那样,在评估政府执法人员对公民的人格尊严实施的压迫行为时，我们也应该评估政府执法人员对公民的隐私利益实施的压迫行为。在这种情况下，美国联邦最高法院不仅能够而且应该同时评估公民的人格尊严与隐私利益是否受到侵犯。诚然，在《美国联邦宪法第四修正案》的司法审判中，我们应该保持隐私权理论的中心地位，但是我们也应该纳入人格尊严理论，以便实现美国联邦最高法院在 Schmerber 一案中所宣示的目标："《美国联邦宪法第四修正案》最重要的作用就是保护公民的隐私利益和人格尊严，政府执法人员不得在没有搜查令的情况下侵犯公民的隐私利益和人格尊严。"[1] 根据这个观点，在评估政府执法人员对公民的隐私利益实施的压迫行为时，法院也能够同时评估政府执法人员对公民的人格尊严实施的压迫行为，这是单纯依赖隐私权理论的分析所不能实现的。如果政府执法人员的搜查行为同时侵犯公民的隐私利益和人格尊严利益，那么他们的行为很容易被法院认定为无效。然而，如果法院只采用隐私权理论或者人格尊严理论作为合理性的判断标准，当政府执法人员的搜查行为同时侵犯公民的隐私利益和人格尊严时，如果单从隐私利益或者人格尊严被侵犯的程度来看，公民都无法主张政府执法人员的搜查行为无效的时候，法院就不能为公民提供足够的保护。

在 United States v. Williams 一案[2]中，为了搜查嫌疑人身上有没有藏有毒品，在光天化日之下，警察在其停车场上把手伸进了嫌疑人的内裤里，法院认定，单纯从嫌疑人的隐私受侵犯的程度来看，它不足以宣告政府执法人员的搜查行为无效。美国联邦第八巡回上诉法院认定，因为停车场远离公共大街，所以 Williams 对他的隐私利益受到政府执法人员侵犯的主张不充分。如果法院考虑到了政府执法人员的搜查行为事实上也侵犯了 Williams 的人格尊严，那么法院可能会认定，警察实施搜查的方式——光天化日之下，在停车场上，通过一种贬低他人人格的方式可能会足以宣告警察的搜查行为无效。当然，即使法院最终还是支持政府执法人员的搜查行为是正当的，但是，如果美国联邦第八巡回上诉法院能够真正把握嫌疑人受侵犯的控诉要点，即他的人格尊严受到侵犯，那么法院的解释将会令人更加满意。

---

[1] Schmerber v. California, 384 U. S. 757, 767 (1966) (emphasis added).
[2] 477 F. 3d 974 (2007).

(二) 对于将人格尊严理论纳入合理性分析的批判

几乎所有的宪法学者都同意,在涉及《美国联邦宪法第四修正案》的案件中,传统司法审判是混乱的,其中充斥着理论不连贯和不一致的问题,同时它也暴露了一个问题:美国联邦最高法院的法官换届导致了其意识形态失控。①

到目前为止,法官或者学者都没有深入发掘人格尊严理论的内涵,这导致了它缺乏明显的定义参数,因此,如果将人格尊严理论放在合理性分析的最显著的位置,那么这种做法可能会导致风险的产生。

学者对这种风险提出了三个批判:第一个批判是,本质上,人格尊严理论是抽象的,这将刺激法官成为工具主义者。也就是说,当我们将人格尊严理论纳入合理性分析的时候,法官可能会完全根据其个人价值观对案件作出判决。这样一来,人格尊严理论并不能为判断政府执法人员的搜查或者扣押行为是否合理提供一个简单、一致和有用的手段,相反,它为工具主义者能够按照自己的意愿作出宪法性判决提供便利。第二个批判是,本质上,人格尊严理论是抽象的,而隐私权理论也是抽象的,所以在合理性分析中,人格尊严理论可能抵挡不了政府某些"具体"的执法利益的突击。在某种程度上,第二个批判是第一个批判的延伸。第三个批判指出,因为第一个和第二个批判的情况会轮流出现,所以即便我们善意地运用人格尊严理论作为合理性的判断标准,但是,因为其本质上的抽象性,它只能使原本已经混乱的涉及《美国联邦宪法第四修正案》的司法审判变得更加混乱。

1. 人格尊严理论将会导致工具主义的判决

试想一下,如果美国联邦最高法院根据本文的观点对一个案件作出判决,并且宣布从今以后,在评估政府执法人员的搜查或者扣押行为是否合理时,法院应该同时考虑政府执法人员的执法行为给公民的人格尊严和隐私利益带来的影响。接下来,法院该怎么做呢?鉴于在

---

① Samuel C. Rickless, The Coherence of Othodox Forth Amendment Jurisprudence, 15 GEO. MASON U. CIV. RTS. L. J. 261, 261 (2005) (countering this othodoxy).

《美国联邦宪法第四修正案》的语境中甚少涉及人格尊严的理论，法官应该如何判断公民的人格尊严是否遭受政府执法人员违宪性的侵犯呢？虽然正如笔者先前展示的那样，建立一个标准来判断公民的权利是否被侵犯是一件简单的事情，但是，在具体的案件中，当我们需要平衡互相冲突的利益的时候，这就变成一件异常困难的事情。何种警察策略才算是不合理地贬低公民的人格尊严呢？政府执法人员对公民造成多大程度的羞辱才是过分的羞辱行为？在何种情况下，政府的执法特权是合法地侵犯公民人格尊严的合理期待，以及在案件的日常运行中，如何平衡政府的执法特权与公民的人格尊严利益？也许有人会得出这样的结论：因为法院无法正确地回答上述问题，所以某个法官可能会把人格尊严理论当作一个过滤器，阻止所有不符合其意愿的政府执法人员的执法行为。从这个方面来看，人格尊严的判断标准的确存在一定的风险，因为缺乏相应的判例法和学术理论阐述人格尊严理论与政府执法人员的搜查和扣押行为之间的关系，所以任何逮捕或者搜查行为都有可能被法官描述成，政府执法人员对目标人物实施侮辱的行为或者侵犯了目标人物的人格尊严。

笔者认为，在《美国联邦宪法第四修正案》的合理性分析中，学者对工具主义判决的担忧不应该成为难以解决的问题。当从广义的角度判断公民人格尊严被侵犯的构成要件的时候，法官首先要创造新的审判方法。一开始，法官可能只会禁止政府执法人员对公民的人格尊严实施最过分的行为，更多地类似于现在《美国联邦宪法第五修正案》和《美国联邦宪法第十四修正案》禁止的"惨绝人寰"的行为。在适当的时候，法院将会广泛地同意，通过把人格尊严理论纳入合理性分析的方式，判断政府执法人员的执法行为的合理性。此外，在政府执法人员的执法行为处于合理与不合理的边缘的案件中，法官会作出明智的判决。因此，缺乏阐述人格尊严理论与政府执法人员的搜查和扣押行为之间的关系的判例法或者学术理论，对法官作出判决的影响是短期的。虽然美国联邦最高法院不能明确认定，政府执法人员的行为是否违反宪法的规定，是否侵犯公民的人格尊严，但是地方法院可以通过个案的方式，为判断嫌疑人的人格尊严是否被政府执法人员侵犯构建一个基本的框架，其中包括构建一个"在宪法意义上，公民享有的人格尊严是什么"的框架。① 显然易见，一开始法院只能识别出政府执法人员最过分的侵权行为，并且禁止他们实施这种行为。但是，随着政府执法人员的执法行为处于合理与不合理边缘的情况越来越多地出现，对于何种类型和何种程度的执法行为需要被适当的禁止，法院将会达成共识。新政策和不断进步的社会观念要求，法院不断地重新审视已经确立的、判断政府执法人员的执法行为的合理性的边界。这个过程并不引人注目；正如在不同的时代，法官都要根据当时合理性要件的核心价值，不断地定义和调整政府执法人员可被接受的执法行为的边界那样。最后，我们会发现，法院根本不需要对"人格尊严理论"作出一个具体的定义，因为通过司法实践，判例法已经为可被接受的执法行为提供普遍可行的规则，就像在涉及《美国联邦宪法第四修正案》的隐私保护的案件中，判例法也提供了判断执法行为是否合理的规则一样（即使这些规则比某些学者想象中的狭隘）。具体而言，在侵权案件中，当我们判断政府执法人员的执法行为是否存在过失时，判例法提供了普遍可行的参考规则；在证券诈骗案件中，当我们判断政府执法人员是否预先推断嫌疑人故意犯罪时，判例法也提供了普遍可行的参考规则。在涉及《美国联邦宪法第八修正案》"不得施加残酷和非常态的惩罚"的司法审判中——例如在 Trop v. Dulles 一案②中，美国联邦最高法院基本上考虑到了公民的"人格尊严"，它指出，随着社会的进步和日益"成熟"，在涉及《美国联邦宪法第四修正案》的案件中，对于政府执法人员的何种执法行为才是不合理地侵犯公民的人格尊严，不同的人有不同的想法。这个观点与《美国联邦宪法第四修正案》对政府执法人员的执法行为必须符合合理性要件的要求完全一致，而且它与侵权理论密切相关。此外，随着时间的推移，人们的想法也会不断地发生变化，这鼓励了法院采取具体案件具体分析的规则。最后，即便正如学者所说的那样，法官会利用人格尊严作出工具主义的判决，然而，这种工具主义的判决为我们社会带来的风险至少比我们现在面临的风险要小，而

---

① See Orin S. Kerr, Four Models of Fouth Amendment Protection, 60 STAN. L. REV. 503, 537-539 (2007).
② 356 U.S. 86 (1958).

且在某种意义上,我们会容忍这种风险的存在。[1]

2. 人格尊严理论将使涉及《美国联邦宪法第四修正案》的司法审判变得更加混乱

对于将人格尊严理论纳入合理性分析的另一个批判是,这种做法将会使涉及《美国联邦宪法第四修正案》的司法审判变得更加混乱不堪。众所周知,在涉及《美国联邦宪法第四修正案》的司法审判中,美国联邦最高法院的意见已经十分复杂难懂,那么,将人格尊严理论纳入合理性的判断标准的行为是否会令相关的司法审判深陷泥沼?鉴于人格尊严利益的抽象本质以及具体案件具体分析规则可能会产生敏感问题的情况,可能有人会主张,将人格尊严理论纳入合理性的判断标准的行为会导致涉及《美国联邦宪法第四修正案》的司法审判越来越混乱。

实际上,将人格尊严理论纳入合理性的判断标准的行为不会产生太大的风险。如今,美国联邦最高法院确立的例外规则和半分类规则是导致批判产生的主要原因。因为在面对合理性分析的开放性要求,以及这种要求如何与搜查令条款相衔接的问题时,大多数例外规则和半分类规则都是不符合逻辑而且在理论上是自相矛盾的。如果合理性的分析能够关注政府执法人员的搜查或者扣押行为给公民的人格尊严带来的影响,哪怕只关注到部分的影响,那么在判断政府执法人员的执法行为是否合理时,这种做法将会为法官增加一个判断规则(或者不可避免的例外规则),而不会使当前涉及《美国联邦宪法第四修正案》的司法审判变得更加混乱不堪;在判断政府执法人员的搜查行为是否合理的时候,人格尊严理论为法官提供了一个相对简单的判断方法,并且在具体的案件中,告知法官什么样的执法行为是不合理的。此外,人格尊严理论并不比当下主导着合理性的判断标准的理论抽象;因为就目前的情况来看,没有人能够清楚地解释隐私权理论,或者解释政府的有效执法利益的理论。如果要平衡公民的隐私和政府执法之间的利益,那么法院必然需要判断这两种利益的重要程度,并且要在特定的案件中,评估这两种利益哪个更加迫切。合理性分析的

---

[1] Steven Penney, Reasonable Expectation of Privacy and Novel Search Technologies: An Economic Approach, 97 J. CRIM. L. & CRIMINOLOGY 477, 479 (2007).

不确定性是根深蒂固的，不管要归因于其中的哪一个或者哪些价值。理论上，任何人都可以对这些价值进行谴责，这将取决于人们对这些价值的重要性的主观判断。因此，事实上，人们对人格尊严的看法与对这些价值的看法并无两样。

3. 人格尊严理论过于抽象

虽然人格尊严理论的灵活性与合理性分析的开放性要求保持一致，但是，在涉及《美国联邦宪法第四修正案》的案件中，根据人格尊严理论来判断政府执法人员的执法行为是否合理的方法仍然引发了人们的担忧。就目前的情况而言，在大多数涉及《美国联邦宪法第四修正案》的案件中，法官会根据隐私权理论来判断政府执法人员的执法行为是否合理。然而，隐私权理论本身是一个抽象而且未被明确解释的理论，它不能为公民提供充分的保护。因此，有学者提出，人格尊严理论本质上也是一个抽象的理论，通过人格尊严理论来加强《美国联邦宪法第四修正案》为公民提供的保护的做法，是否会重蹈覆辙呢？也就是说，法院会不会认为，人格尊严跟隐私利益一样只是抽象的利益，不能对抗政府具体的执法利益，所以，在涉及《美国联邦宪法第四修正案》的案件中，它会偏袒政府的执法利益呢？进一步而言，如果这是人格尊严理论的命运，那么在涉及《美国联邦宪法第四修正案》的案件中，它是否值得被纳入合理性分析中呢？

将人格尊严理论纳入合理性分析的做法是有价值的。因为，人格尊严理论没有隐私权理论的某些缺点。隐私利益是一个附条件的利益，当且仅当公民所处的环境允许其享有隐私权的时候，公民的隐私利益才会存在。然而，当公民可能放弃其隐私利益，或者被正当地剥夺其隐私利益，或者单纯地不享有隐私期待的时候，人格尊严（正如笔者试图对它作出的定义那样）是公民固有的权利，不受环境的影响。人格尊严是公民不可改变的权利，任何公民在任何时间内都可以享有平等的人格尊严利益，这是不能与其他人分享的私人权利。人格尊严伴随着公民的出生而出现（可能更早），伴随着公民的死亡而消失（可能更晚）。事实上，在所有核心的宪法价值观念中，人格尊严可能是公民唯一一个不会被政府完全合理地剥夺的权利，不管在什么情况中。政府可以剥夺公民的生命、自由或者财产，只要法院对公民作出充分公正的判决，这些惩罚都是符合宪法规定的。然而，我们难以主张，政府享有完全剥夺公民人格尊严的权力。因为没有人会从这样一个行为中获取利益。据笔者所知，没有一个法院曾经作出公民可以被合法地完全剥夺人格尊严的判决，不管剥夺人格尊严意味着什么。因此，人格尊严是一个比隐私利益更加稳定的、公民固有的价值观念——也许它为公民提供保护范围的宽度比不上隐私利益，但是它的深度比隐私利益更深，因为它不受公民所处的环境影响，而且政府不能合理地完全剥夺公民的人格尊严。

在分析政府执法人员执法行为是否合理的时候，如果法官单纯依赖隐私权理论来作出判断，那么这种分析方法将会不可避免地偏袒政府的执法利益，因为本质上，隐私权理论为公民提供保护的范围，以及它的适用是附条件的。相反，政府执法人员必须在具有更迫切的执法利益的情况下，才能侵犯公民的人格尊严；同时，政府执法人员不能完全地剥夺公民的人格尊严，因为没有任何理由支持政府执法人员正当地实施该行为。因此，在涉及政府执法人员的搜查和扣押行为的情况中（笔者认为不局限于案件），即使没有暗示公民享有人格尊严，作为一个不可改变的权利，人格尊严不会像隐私利益那样，成为法院维护政府执法利益的牺牲品。

回顾涉及《美国联邦宪法第四修正案》的案件中，Robert 法院的多数意见作出的判决，它们表明，将人格尊严理论纳入合理性的判断标准会产生实质的影响，并且有可能会改变 Samson v. California 一案[1]和 Los Angeles County v. Rettele 一案[2]的结果，而这两个案件的判决结果受到最多的质疑。在 Samson 一案中，美国联邦最高法院认定，政府执法人员可以在任何时候，出于某种理由或者根本没有理由的情况下，对假释犯实施搜查。与其他多数意见一致，Thomas 大法官指出，假释犯不享有（或者至少几乎不享有）隐私期待。鉴于当时单纯依赖隐私权理论的合理性判断标准，法官作出支持政府执法人员的执法行为的判决，并不让人惊讶，毕竟除了公民的隐私利益，法官就没有考虑过其他能够对抗政府执法利益的公民权利。在 Samson 一案

---

[1] 547 U. S 843（2006）.
[2] 127 S. Ct. 1989（2007）.

中，如果法官考虑到政府执法人员可能侵犯了 Samson 所享有的固有的人格尊严，那么其判决结果可能会改变。在某种程度上，我们可以设想，人格尊严是每位公民自治的结果，那么我们可以推测，如果政府执法人员在没有怀疑公民作出任何违法行为的情况下对其实施搜查，那么他们就侵犯了公民通过远离犯罪或者可疑的违法行为来避免政府干涉自己的自由。实际上，政府理所当然地推定假释犯犯罪，剥夺了公民在自由的社会里所享有的被推定为遵守法制的权利。这样一来，政府就把犯罪的标签强加在公民身上，因为按照通常的观念，只有那些实施了犯罪行为（或者至少涉嫌实施犯罪行为）的人，才会被警察截停并且实施搜查。[1] 通过推定公民犯罪，把鲜艳的标签强加在他们身上，政府执法人员可以在没有怀疑公民作出任何违法行为的情况下对其实施搜查。但是，这种行为剥夺了自治的公民所享有的选择权，剥夺其选择实施犯罪（产生被政府执法人员搜查或者扣押的更高风险）或者选择遵守法制（仅仅承担在特殊情况下被政府执法人员截停的风险）的权利。

在 Samson 一案中，如果法官考虑到人格尊严理论，那么他会想到的第一个问题是，在没有任何理由或者没有怀疑公民作出违法行为的情况下，政府执法人员对其实施搜查的行为，是否侵犯了公民的人格尊严（或者因人格尊严被侵犯而剥夺了公民的自治权）；而法官会想到的第二个问题是，当政府执法人员享有监管假释犯、引导假释犯改过自新的权力，以及保障社区安全的利益时，政府执法人员对公民的人格尊严造成的侵犯是否是不可容忍的。如果有强有力的证据表明，在该案中，法官对第一问题作出的回答是肯定的，而对第二个问题作出的回答是否定的，那么美国联邦最高法院就可以宣布，加利福尼亚州宪法授权的搜查行为无效。强有力的证据可以是，政府执法人员任意的搜查行为侵犯了公民的人格尊严，或者政府毫无根据地推定公民实施了犯罪活动。在 Samson 一案中，这些情况都得到了法院判决的认同。正如笔者主张的那样，在 Samson 一案中，美国联邦最高法院未能提供强有力的理由证明，为了实现假释的惩罚或者震慑犯罪的目的，法官才会授权政府执法人员在没有依据的情况下对假释犯实

---

[1] United States v. Martinez-Fuerte, 428 U.S. 543, 560 (1976).

施搜查。这样看来，政府执法人员的执法利益并不足以支持他们实施侵犯公民人格尊严的行为。

对Samson一案的反思表明，人格尊严理论对解决《美国联邦宪法第四修正案》的问题有实质的影响。在Los Angeles County v. Rettele一案的结果中，我们可以看到类似的变化。该案中，当警察执行搜查令的时候，他们错误地进入了一间民宅，并用枪指着当时正在睡觉并且赤裸的居住者，长达数分钟后，警察才意识到两名居住者并非搜查令上的嫌疑人。在这种情况下，如果考虑到居住者的人格尊严问题，那么法官将会考虑，警察的行为有没有侵犯居住者的人格尊严，或者令他们感到尴尬（主观上和客观上似乎如此），以及警察的行为有无正当的理由。当然，这是Rettele一案最令人困惑的地方，因为当政府执法人员执行搜查令的时候，他们需要掌控整个局面。然而，不管法院对这些问题给出的最终答案是什么，如果法院能够考虑到这些问题，那么他们作出的判决将会拥有更加坚固的道德基础，而且该案更多地体现出，政府执法人员侵犯了公民的人格尊严，而不是侵犯了他们的隐私利益。

在实践中，即便在类似Samson一案或者Rettele一案的案件中，法官能够适用人格尊严理论，但是这些案件的结果不一定会改变，尽管笔者在前面举了那么多相反的假设。也许在这些案件中，政府的执法利益十分迫切，足以牺牲公民的权利。事实上，我们必须认识到，即使把人格尊严理论作为合理性分析的基础要件，美国联邦最高法院也可能善意地维持这些案件的判决。然而，即便在Samson一案、Rettele一案和Hudson一案中，Robert法院只是草草地适用了人格尊严理论，那也会让这些案件的判决理由更令人满意。这些案件表明，在多数情况下，如果美国联邦最高法院未能考虑到应该重点考虑的价值观念，那么它的判决意见的说服力就会减弱。

（三）把人格尊严理论作为基础的判断标准的必要性

如果《美国联邦宪法第四修正案》的司法审判要符合宪法的历史和基本的道德观念，那么它必须采取把人格尊严理论作为基础的判断标准。因为缺乏对嫌疑人的人格尊严利益的理解，以及政府执法人员的执法行为如何影响嫌疑人的人格尊严利益，所以《美国联邦宪法第四修正案》显得十分不完整。虽然政府执法人员的搜查和扣押行为能够并且经常侵犯公民的权利，但是单纯依赖隐私权理论，法官还是难以辨识这种侵犯行为。当政府执法人员实施的搜查或者扣押行为的方式侵犯了公民的人格尊严时，或者当某个特定的警察程序侵犯了公民的人格尊严时，如果法院未能考虑到人格尊严问题，那么公民的权利将会被法院忽视。法院曾经偶尔地提出，《美国联邦宪法第四修正案》保护公民的人格尊严。然而，这样的例子少之又少，更不用说，为了实现这个利益，法院设计一个新的审判规程。鉴于在其他涉及《权利法案》的核心案件中，美国联邦最高法院自发地承认公民享有人格尊严，鉴于关于这方面的实体法日益增多，在政府执法人员越来越普遍地侵犯公民的人格尊严的情况下，法院也应该自发地在司法审判中适用人格尊严理论。如果缺乏这些考虑，那么《美国联邦宪法第四修正案》的司法审判仍然是不完整的。

五、结语

随着时间的推移，从这一代到下一代，《美国联邦宪法》会获得人们崇高的敬意，甚至正如麦迪逊所想的那样，得到全体美国人民的崇拜。宪法提出了源于美国经验的创新原则，并且依赖于这些原则，比如联邦制、分权与制衡或在刑事案件中，被告的权利得到了保证、大量的法律保障公民的自由和人格尊严。[①]

从某种意义上说，在《美国联邦宪法第四修正案》的合理性分析中，当前占据支配地位的解释方法存在极大的缺点，它导致了多年来司法审判出现了很多复杂而自相矛盾的情况。然而，这种解释方法也有其很大的优点，因为它为法院提供了一种灵活的法律手段，使得法院可以利用宪法修正案不断地改变社会和技术环境，从而（有希望地）阻止有关搜查和扣押行为的理论演变成无关紧要或者非理性的理论。秉持这种精神，法院没有理由死守根据隐私权理论判断政府执法人员的执法行为是否合理的方法，因为事实已经证明，这种方法不足以阻止政府执法人员在没有搜查令的情况下实施侵犯公民权利的行为。况且，单独来看，当下的隐私权理论也不足以抵挡政府处于上

---

① Roper v. Simmons, 543 U. S. 551, 578 (2005) (citation omitted).

升状态的执法利益。《美国联邦宪法第四修正案》不再是理性地限制政府执法人员行使搜查和扣押权力的法律,而是变成了容忍政府执法人员实施过分执法方案的机制。① 虽然无论是学者还是法官,对隐私权理论作为合理性分析的判断标准,他们都抱有最美好的期待,但是事实上,它会辜负他们的期待。因此,如果想要真正实现《美国联邦宪法第四修正案》为公民权利提供保护的目标,当初提出隐私权理论的学者就应该寻找另外的价值观念。笔者认为,人格尊严是一个很好的选择,因为它是最重要的宪法价值观念之一,它能够保持不变地、深入地对抗政府的执法利益,并且它深深地融入了每一个试图限制政府执法人员侵犯公民权利的法律制度中。

隐私权理论并非《美国联邦宪法第四修正案》的全部。除了隐私权理论之外,《美国联邦宪法第四修正案》的内部还包括人格尊严理论。事实上,只有当《美国联邦宪法第四修正案》的司法审判禁止政府执法人员侵犯公民人格尊严的时候,它才是完整的、前后一致的。② 目前,虽然有几个案件表面上支持政府执法人员侵犯公民人格尊严的行为违反了《美国联邦宪法第四修正案》,但是在判例法上,这种观点从未被阐明,因此,它只局限于法官简单的声明与不连贯的适用之中。当政府执法人员对公民实施搜查或者扣押行为的时候,我们缺乏检测政府执法人员的执法行为是否违反宪法规定或者是否侵犯公民的人格尊严的方法。笔者衷心地希望,本文的讨论会鼓励这种方法的产生。

值得注意的是,人格尊严不能代替隐私权利益并因此成为对抗政府执法利益的唯一标准。在分析政府执法人员的执法行为是否合理时,我们不能只考虑人格尊严理论,甚至不能经常把人格尊严理论作为占据支配地位的因素来考虑。因为不是所有案件都可以通过人格尊严理论来作出判决;正如我们所看到的那样,因为人格尊严理论不同于隐私权理论,所以可能会出现政府执法人员不正当地侵犯了公民合

---

① See Rachel E. Barkow, Originalists, Politics, ans Criminal Law on the Rehnquist Court, 74 GEO. WASH. L. REV. 1043, 1044 (2006).

② See Neomi Rao. On the Use and Abuse of Dignity in Constitutional Law, 14 COLIM. J. EUR. L. 201 (2008).

理的隐私期待，但是没有侵犯公民的人格尊严的情况。事实上，在案件分析的过程中，即便法官适用了人格尊严理论，多数案件的结果也可能不会发生任何改变。然而，也有可能发生这样的情况：如果法院考虑到了政府执法人员的搜查或者扣押行为对公民人格尊严产生的影响，判决的结果也会发生改变。例如，在本文第三部分提到的 Rettele 一案，在该案中，政府执法人员侵犯的应当是公民的人格尊严，而非隐私利益。但是，美国联邦最高法院却仅仅关注了政府执法人员有没有侵犯公民的隐私利益，因而未能充分地保护公民的权利。如果将人格尊严理论纳入《美国联邦宪法第四修正案》的合理性分析中，那么这个法律将具有更坚固的道德基础，并且将会进一步引导法官关注到他们现在没有关注的重要的价值观念，如 Samson 一案、Rettele 一案、Hudson 一案以及其他案件。我们可以认为，许多（甚至所有）受到宪法保护的权利都是源自公民的人格尊严，其中包括言论自由的权利、宗教自由的权利、受到法律平等保护的权利、免受残酷和非常态惩罚的权利，等等。因此，根据《美国联邦宪法第四修正案》的规定，公民所享有免受政府执法人员不合理的搜查或者扣押的权利，应该与上述权利并无两样，都是源自公民的人格尊严。法院应该通过行动保护公民的人格尊严，将人格尊严理论纳入《美国联邦宪法第四修正案》的合理性分析中。

"每个人"的《美国联邦宪法第四修正案》

——隐私或者政府与公民之间的互相信任

斯科特·E. 桑德贝[①]著　罗小艺[②]译

目　　次

一、导论
二、《美国联邦宪法第四修正案》的当前理论：隐私权与合理性
三、隐私权已不再适用于《美国联邦宪法第四修正案》的分析
四、《美国联邦宪法第四修正案》的新比喻：政府与公民之间的信任
五、结语：公民自由的代价

一、导论

"警察对被告车辆所进行的搜查应当被视为对一般人的车辆所进行的搜查。"[③]

——Robert Jackson 大法官

近来，美国联邦最高法院（以下简称联邦最高法院）就《美国联邦宪法第四修正案》（以下简称《宪法第四修正案》）所作出的判决在法学界引起了日益尖锐的批判。学者们撰写了一篇又一篇的文章

[①] 斯科特·E. 桑德贝（Scott E. Sundby），美国华盛顿 & 李法学院教授。
[②] 罗小艺，中山大学法学院助教。
[③] Brinegar v. United States, 338 U. S. 160, 181 (1949) (Jackson, J., dissenting).

来证明联邦最高法院的不当行为,他们指出:联邦最高法院不仅通过各种例外情况使搜查证条款变得错综复杂,而且以一个无所不包的合理性标准(reasonableness standard)扼制了个人隐私权的发展,并且还赋予了执法机构前所未有的巨大权力。如果说公民之基本自由岌岌可危的悲歌曾经在法学界唱响过的话,那必定就是此次法律评论上异口同声的批判了。

但是,有种奇怪的现象发生了。除了法学界的一致批判、若干公民权律师和一两个司法异见者的反对意见之外,上述警示在司法领域和公民之中前所未闻,并未引起普遍反响。比起那些倡导对执法活动施加更多限制的政治家,那些在巡回演讲时高呼"打击犯罪"的政治家更容易激发公民的热情,因为在公众的思维里,对执法活动施加限制所保障的只是刑事被告人的权利。久而久之,学界的批判似乎逐渐成为一群宪法纯粹主义者(constitutional purists)的坚持——他们孤立无援又不切实际,力图在《宪法第四修正案》的周围筑起一圈保护带,小心翼翼地对其加以守护,期望有朝一日理论上和政治上的新风能够重新唤起它的生命力。

然而,或许那些批判观点本身就存在部分问题。一般来说,在判断警察是否有必要持有搜查证或何种程度的嫌疑能够使警察的搜查、扣押行为获得正当性时,联邦最高法院会采用隐私、侵扰性、政府需求这些因素来判断《宪法第四修正案》所要求的合理性(reasonableness),而批评者们通常也都认为这些因素是恰当的。由此造成的结果是,大多数批评意见都纠缠于这几个方面:联邦最高法院未能正确地估量他人的隐私期待[1],或者联邦最高法院低估了搜查证条款基于合理依据(probable cause)对警察获取搜查证所提出的要求[2],或者在判断警察的某种侵扰行为是否"合理"时,联邦最高法院未能在

---

[1] See, e.g., Brian J. Serr, Great Expectations of Privacy: A New Model for Fourth Amendment Protection, 73 Minn. L. Rev. 583, 587 (1989).

[2] See, e.g., Phyllis T. Bookspan, Reworking the Warrant Requirement: Resuscitating the Fourth Amendment, 44 Vand. L. Rev. 473, 475 (1991)

个人利益与政府利益之间达成适当平衡①。因此，批评者们所提出的解决方法主要关注如何更加灵活、审慎地使用上述因素，而非对这些因素的使用存在异议，这一点丝毫不会令人惊讶。②

批评者们针对《宪法第四修正案》所提出的意见未能在司法领域和公民之中引起广泛回应，这一事实表明，这些批评意见所指向的问题并不正确，它们忽略了一个更加深层、更加基本的问题。假如问题并不在于法官们未能根据《宪法第四修正案》作出正确分析，而是在于他们所使用的判断因素本身呢？或者说，在判断政府侵扰行为之合理性时，依靠隐私权作为《宪法第四修正案》之标准分析路径的方法已经不再适用了呢？抑或者，法院将隐私权作为论证某种政府侵扰行为是否合理的中心要点，此种做法实际上扭曲了《宪法第四修正案》所旨在保护的价值？

为了避免使学者们的批判沦为一场对合理性之外延（shades of reasonableness）纠缠不休的口水仗，上述问题只是必须加以追问、思考的一部分问题。在此，我们没有必要去解释为什么在以往搜查证条款占据主导之位时，联邦最高法院却未能正确对待《宪法第四修正案》。除非认定《宪法第四修正案》之价值的现有法律、理论框架得到重新配置，否则，对那些为联邦最高法院所提出的阐释感到沮丧的学者们来说，他们的批评意见只不过是一种卡珊德拉式（Cassandra-like，卡珊德拉是希腊神话中不为人所信的预言家）的预言。

本文旨在探究目前联邦最高法院对《宪法第四修正案》所保护之价值的界定，即 Brandeis 大法官著名的"独处权"（the right to be let alone）之说是如何不再能够涵盖那些面临威胁的价值，借此对围绕《宪法第四修正案》所展开的论争进行一个初步梳理。目前，联邦最高法院主要以隐私权分析及合理性平衡标准（reasonableness bal-

---

① See, e.g., Tracey Maclin, Constructing Fourth Amendment Principles from the Government Perspective: Whose Amendment Is It, Anyway?, 25 Am. Crim. L. Rev. 669, 674 – 675 (1988); Strossen, supra note 2, at 1176; Scott E. Sundby, A Return to Fourth Amendment Basics: Undoing the Mischief of Camara and Terry, 72 Minn. L. Rev. 383, 383 (1988), at 400 – 404.

② See, e.g., Christopher Slobogin, The World Without a Fourth Amendment, 39 UCLA L. Rev. 1, 18 (1991).

ancing test）作为界定《宪法第四修正案》之保护范围的基本方法，本文的第三部分将对此进行简要考察，将着眼于社会、理论、解析及修辞学上的原因，进而阐释为什么目前《宪法第四修正案》的概念化成果，尤其是作为该修正案之基本价值的"独处权"再也无法为政府的侵扰行为划定一个适当的界限。

在第四部分，本文将探讨特定的观点或理论，如有关《美国联邦宪法第一修正案》的思想市场理论是如何影响公众的思想及法律学说的发展。在此基础之上，笔者将提出《宪法第四修正案》的一个新比喻，借此对"独处权"进行补充。基于《美国联邦宪法》及权利法案所蕴含的价值，笔者认为目前学界围绕《宪法第四修正案》所展开的论争忽略了一个颇具意义的要素，即政府和公民之间的相互信任。如果联邦最高法院不仅仅着眼于场所性隐私权，而是兼顾考虑政府的侵扰行为是如何影响政府－公民之互信（government-citizen trust）的内在需求，那么近来联邦最高法院依据《宪法第四修正案》所作出的一系列判决就会大不相同，笔者的观点将由此得到进一步阐释。

适用政府－公民互信理论的目的是为了保护社会免受政府之非法行为的侵扰，这一理论看似高超，但在适用中也可能出现问题，笔者将在结语部分对可能出现的部分问题进行回答。笔者的观点是：毒品、犯罪等紧迫的社会问题确实值得关注，但与此同时，我们也不应当忽略一个以政府－公民之互信为基础的宪法体系所能够实现的长远利益。

二、《美国联邦宪法第四修正案》的当前理论：隐私权与合理性

就像目前法院面临着潮水一般的战争或毒品案件一样，在1928年，法院正面临着大量由禁酒令（Prohibition Act）所引起的案件。[1]在 Olmstead v. United States 一案[2]中，联邦最高法院面对着这样的案

---

[1] See Kenneth M. Murchison, Prohibition and the Fourth Amendment: A New Look at Some Old Cases, 73 J. Crim. L. & Criminology 471, 472 (1982).
[2] See Olmstead v. United States, 277 U. S. 438, 456－457 (1928).

件事实：为了调查一个涉嫌走私贩酒的团伙，在尚未取得搜查证的情况下，联邦政府工作人员就在其电话上安装了窃听装置。当时，联邦最高法院坚持严格从字面意义来理解《宪法第四修正案》①，故法院认为，因为政府人员安装窃听装置的行为并未对 Olmstead 的房屋造成物理性侵扰，所以该案不受《宪法第四修正案》的保护。②

事实证明，Olmstead 一案所遗留下来的财富并非该案判决的多数赞成意见，令人瞩目的反而是 Brandeis 大法官所撰写的反对意见。Brandeis 大法官以 Olmstead 一案为契机并撰文指出，法院在界定他人权利时有必要关注《美国联邦宪法》所蕴含的内在价值。Brandeis 大法官总结道："为了使其能够同政府权力相抗衡，《美国联邦宪法》的制定者们授予公民以独处权——这一权利最是广泛而周全，且最为文明社会的公民所珍视。为了保护此种权利，政府对他人隐私所造成的任何不当侵扰都应当被认定为违反《宪法第四修正案》，而无论政府行为所采取的手段如何。"③ 此种界定认为，《宪法第四修正案》的保护并不止于列出一张得以免受政府侵扰的有形财产清单，而且还应当实现授予他人以"独处权"的高远目标。故 Brandeis 大法官指出，在界定《宪法第四修正案》的保护范围时，隐私权这一概念之下所蕴含的价值能够为人们提供指引。

虽然期间经历了四十年时间，但最终在 Katz v. United States 这个窃听案件④中，联邦最高法院接受了 Brandeis 大法官就《宪法第四修正案》所作出的阐释。在 Katz 一案中，联邦最高法院明确指出："《宪法第四修正案》保护的是人，而不是场所。"⑤ 由此，《宪法第四修正案》的核心意义就和他人的"合理隐私期待"⑥ 紧密联系在一起。而且，至少从概念上来看，《宪法第四修正案》的范围得到了扩张，使得一些原本不受其规制的政府侵扰行为也被纳入其中了。

然而，将隐私权作为《宪法第四修正案》的核心价值同样也会

---

① U. S. Const. amend. IV.
② See Olmstead, 277 U. S. at 464 – 466.
③ See Olmstead, 277 U. S. at 478（Brandeis, J., dissenting）.
④ 389 U. S. 347（1967）.
⑤ 389 U. S. 347（1967）at 351.
⑥ 389 U. S. 347（1967）at 360（Harlan, J., concurring）.

产生一些无法预料的结果。其中最重要的一个问题与《宪法第四修正案》的程序保护有关。实际上,《宪法第四修正案》的保护是通过两个条款来确立的：一是搜查证条款（Warrant Clause），该条款要求，"除非具备合理的依据（probable cause），否则不予颁发搜查证"。二是合理性条款（Reasonableness Clause），该条款的表述较为模糊，它禁止政府的"不合理的搜查和扣押行为"。①

习惯上，联邦最高法院一直将搜查证条款作为《宪法第四修正案》的"根本原则只存在少数明确认定、严格划分的例外情况"②，而合理性条款则一直被作为论证上述例外情况是否正当的手段，证明是否具备诸如紧急情况等重大必要性。③ 因此，即使实际上"搜查证条款的这些例外情况既非少数也未被严格界定"④，大多数基于《宪法第四修正案》所进行的分析还是能够符合搜查证条款的合理依据要求。

在判断《宪法第四修正案》是否适用时，联邦最高法院逐步引入隐私权的分析方法，然而，此种做法同时也意味着创造出一个重新界定该修正案之保护性质的机会。毕竟，如果在决定《宪法第四修正案》实际上是否适用时，隐私权具有重大意义，那么在根据该修正案判断某种政府侵扰行为是否合理时，隐私权不也应当具有重要作用吗？

在 Camara v. Municipal Court 一案⑤和 Terry v. Ohio 一案⑥中，联邦最高法院进一步扩大了隐私权分析方法的适用。在这些案件中，联邦最高法院正式将隐私权作为对抗政府利益的砝码，故而在判断政府的

---

① U. S. Const. amend. IV.
② United States v. Ross, 456 U. S. 798, 825 (1982) (quoting Mincey v. Arizona, 437 U. S. 385, 390 (1978) and Katz, 389 U. S. at 357) (footnotes omitted).
③ Scott E. Sundby, A Return to Fourth Amendment Basics: Undoing the Mischief of Camara and Terry, 72 Minn. L. Rev. 383, 383 (1988), at 386 - 387.
④ Craig M. Bradley, Two Models of the Fourth Amendment, 83 Mich. L. Rev. 1468, 1473 (1985); see also id. at 1473 - 1474 (documenting over twenty exceptions).
⑤ 387 U. S. 523 (1967) (applying Fourth Amendment to housing inspections based on weighing of government's need against intrusion on privacy).
⑥ 392 U. S. 1 (1968) (applying Fourth Amendment to stop and frisks based on reasonable suspicion that individual was armed and dangerous).

某种搜查行为是否"合理"时,《宪法第四修正案》的平衡标准得以确立。由此带来结果是,在个人利益与政府利益即政府造成侵扰的必要性孰轻孰重的衡量之上,基于传统合理依据的搜查证条款的根本原则地位发生动摇,逐渐成为联邦最高法院的备用选择之一。[①] 虽然它仍然是《宪法第四修正案》的重要组成部分,但原本以搜查证条款为中心的《宪法第四修正案》逐渐被另一种观点所取代,即"《宪法第四修正案》的基本要求在于,政府的搜查或扣押行为必须合理"。[②]可见,《宪法第四修正案》所提供之保护的侧重点发生了改变,对那些在个案中依据传统搜查证条款进行分析会缺乏合理依据的政府侵扰行为来说,而此种改变无异于为它们打开了一扇通行的大门,只要联邦最高法院认为政府的利益能够使其对他人隐私所造成的侵扰变得"合理",那么此类行为就有可能畅行无阻。

联邦最高法院将隐私权作为决定何时以及如何适用《宪法第四修正案》的指导原则,此种做法将"独处权"确立为《宪法第四修正案》的启用原则,从根本上改变了联邦最高法院的分析路径。但有趣的是,隐私权分析所体现的价值显然是为了把《宪法第四修正案》从僵化的分类中解放出来,然而事实证明,其后对他人隐私权的限缩也正根源于此。最终,《宪法第四修正案》的发展呈现出这样一种形势——它同隐私权紧密相连,随着隐私观念在联邦最高法院和社会整体之中的变化,其范围和保护也随之扩张或限缩。以现在的眼光对隐私权分析进行批判似乎是"事后诸葛"的做法;不过,后见之明的好处在于有许多因素能够得以明确,它们将有助于阐明为什么完全以隐私权为基础的《宪法第四修正案》会逐渐走向衰退。

三、隐私权已不再适用于《美国联邦宪法第四修正案》的分析

笔者认为,通过隐私权来界定《宪法第四修正案》所保护之利

[①] The process of the Court's movement away from a Warrant Clause-centered analysis is more fully developed in Scott E. Sundby, A Return to Fourth Amendment Basics: Undoing the Mischief of Camara and Terry, 72 Minn. L. Rev. 383, 383 (1988) at 391-404.

[②] New Jersey v. T. L. O., 469 U. S. 325, 340 (1985).

益,此种做法已经从根源上侵蚀了该修正案所提供的保护——此种观点看起来似乎违反直觉。因为学者们通常倾向于认为,现存的理论虽不好,但如果联邦最高法院能够吸纳"独处权"的思想并通过其他方式来界定隐私权,则《宪法第四修正案》的理论或许会有所不同。① 但事实上,在社会、理论、解析及修辞学上的一系列因素共同作用、阻碍之下,Brandeis 大法官所描绘的图景并没有实现。"独处权"再也无法为《宪法第四修正案》所蕴含之价值提供充分的保护。

(一) 无隐私世界 (non-private world) 中的隐私权

或许从最根本上来说,以隐私权为基础的《宪法第四修正案》必须能够应对现代社会的变化。一旦置于现代生活的背景之下,独处权这一概念就显得破败不堪。早先 Brandeis 大法官提出,《宪法第四修正案》的作用是守护他人的私人生活,使其免受政府之不正当行为的侵害,此种观点部分是出于对科学技术侵蚀他人私人生活的担忧。② 然而,Brandeis 大法官并未能完全预见到 20 世纪 90 年代的世界会是什么样子;而今,公共领域和私人领域之间的界限几乎已经模糊不清。无论是信用交易记录、银行账户记录、电话通讯记录还是传真记录,或者甚至是录像带的租借记录,科技和通讯的发展意味着在某时某地,有个人正悄然记录着我们的日常生活轨迹。或许我们渴望独处,但实际上没有人愿意陷入一个完全独处的境地。那些曾经被视为私人事务的信息(如财务状况、婚姻状况)现在已经沦为公众"知情权"(right to know) 所主张的部分,而就算法官和立法者们为了实现《宪法第四修正案》的目的,他们有责任划定公共领域和私人领域之间的界限。

在如今的世界里已经很难找到一片宁静的瓦尔登湖(Walden Pond)或"蜂儿高鸣的林间野地"(bee-loud glade),这确实表明《宪法第四修正案》应当为四面楚歌的隐私领域提供更强的保护,但

---

① See John B. Mitchell, What Went Wrong with the Warren Court's Conception of the Fourth Amendment?, 27 New Eng. L. Rev. 35, 47 – 53 (1992); see also Lewis R. Katz, In Search of a Fourth Amendment for the Twenty-First Century, 65 Ind. LJ. 549, 563 – 575 (1990).
② See Olmstead v. United States, 277 U. S. 438, 473 (1928) (Brandeis, J., dissenting).

这并不意味着隐私权再也不能在《宪法第四修正案》之下发挥作用。不过此种作用应当是将隐私权视为一种普遍意义上的抽象价值，由此包括联邦最高法院在内的每一个人都会认同，"隐私"是一种值得珍视的原则理念。然而，根据目前联邦最高法院对《宪法第四修正案》所作出的刻板阐释，隐私权并不是作为一种基本价值而存在，而是成为一个特定因素，供法院用来判断某一政府侵扰行为是否以及如何受《宪法第四修正案》规制。例如，此种方法需要审查他人对其特定行为是否享有"合理的隐私期待"，如果答案是肯定的，则进一步审查政府的利益是否大于他人受到侵扰的隐私利益。由此，隐私被视为一个可以计量的因素，能够被用于解决具体的法律争议。

当隐私被作为一个事实因素，将隐私权作为《宪法第四修正案》之核心权利的做法实际上造成了一种限缩隐私保护的潜在弊端。这一点确凿无疑，因为随着各种政府行为或非政府行为对他人隐私所造成的侵害逐步扩张，他人能够适当保有隐私期待的范围也相应地逐渐缩减。换而言之，联邦最高法院所考虑的问题并不是他人的银行或电话记录是否能够保持私密（这意味着将隐私视为一种价值），而是他人实际上是否期待别人获取、使用这些记录。① 因此，随着他人对日常生活的隐私期待逐渐缩减，《宪法第四修正案》的保护也将日益减退。②

联邦最高法院试图通过衡量政府行为的侵扰程度来保护《宪法第四修正案》所认可的隐私利益。同样，对此种做法来说，日常生活中愈加严重的政府侵扰将使得某一特定政府侵扰行为显得不是那么严重，因此所要求的正当理由就相对不再那么严格。如果他人的隐私几乎已经消失殆尽，那么相较而言，其他各种隐私侵扰行为只会有增无减。

随着技术手段的发展，政府不通过物理性侵扰行为也能够侵害他

---

① For example, in Smith v. Maryland, 442 U. S. 735 (1979), the Court used factual privacy to find that no reasonable expectation of privacy exists in numbers dialed from one's home.

② See, e. g. , National Treasury Employees Union, 489 U. S. at 672; Skinner v. Railway Labor Executives' Ass'n, 489 U. S. 602, 627 (1989); California v. Carney, 471 U. S. 386, 392 (1985); But cf. Donovan v. Dewey, 452 U. S. 594, 608 (1981) (Rehnquist, J. , concurring).

人隐私，这使得如何利用隐私权来分析《宪法第四修正案》之保护的问题变得更加复杂。在 Norman Rockwell 所描绘的场景里，警察一边吹着口哨一边玩警棍，友好地在中心大街上巡视。然而，此种情景已经不复存在，取而代之的是毒品嗅探犬、尿检光谱仪、无人侦察机、热传感器、DNA 分析、直升机观测以及电子追踪呼叫器。可见，问题在于这些技术"进步"是会被用于促进他人的隐私利益，还是会被用于更大程度地侵害他人的隐私利益。

确实，这些技术手段使得警察能够通过侵扰程度最低的方式来实施那些正当的搜查行为，从这个角度来说，这些精密且节约资源的技术值得赞扬。而且，在这方面使用先进技术手段能够保护他人的隐私利益，因为某种符合《宪法第四修正案》之规定的搜查行为原本也可能给他人造成较大侵扰，但技术手段的使用能够降低其侵扰程度。例如，在确实有必要检查是否存在武器的场合，金属探测器的使用就可以保护他人的隐私利益，因为它无需对他人进行搜身或开箱检查行李就可以实现政府分析武器的目的。[1]

目前的趋势表明，政府正逐渐利用这些侵扰程度较低的技术为借口，实施那些原本不被允许的搜查行为。[2] 由此造成的结果是，隐私和政府侵扰之必要性（《宪法第四修正案》的两个平衡因素）逐渐被视为两个独立但相互作用的变化因素。例如，在缺乏对他人的嫌疑时，即政府所提出的理由欠缺正当性的时候，侵扰程度最低的行为方式便成为补足其正当性的辅助理由。通过此种分析思路，政府降低对他人隐私之物理性侵害的能力并未促进他人的隐私利益，实际上反而扩张了侵扰行为的可接受范围，从总体上侵害了他人免受政府监视的权利。[3] 例如，为了证明他人在工作中吸食毒品而进行搜身检查，这通常要求对他人具有一定程度的嫌疑，但如果政府采用血液或尿液分

---

[1] See generally United States v. Davis, 482 F. 2d 893 (9th Cir. 1973) (addressing reasonableness of airport screening procedures).
[2] See Terry v. Ohio, 392 U. S. 1, 29 – 31 (1968).
[3] United States v. Martinez-Fuerte, 428 U. S. 543, 572 n. 2 (1976) (Brennan, J., dissenting) (citation omitted).

析等能够将侵扰程度降到最低的方式,那么此种检查就变得可以容忍了。①

联邦最高法院基于《宪法第四修正案》进行利益平衡时将隐私作为一个核心因素,但从长远的角度来看,此种做法实际上引入了一个最终损害该修正案之保护的因素。随着各类政府规章不可避免地涌现,私人领域的界限将变得更加模糊,与此同时,技术的发展还使得政府能够通过相对温和的、物理性侵扰程度较低的方式来侵害他人隐私,所以上述情况只会进一步恶化而已。

(二) 自由主义与个人权利的衰退

隐私权之所以在《宪法第四修正案》的理论中引发诸多问题,这不仅是因为人们的隐私意识实际上已经逐渐消退,而且还因为个人权利的地位正逐渐遭到广泛的质疑。② 虽然联邦最高法院并未大规模地推翻那些具有重大意义的判例,针对 Warren 时期的正当程序改革的"反革命"也并未发生,但仍有些许质疑的声音指出,最初那些改革者们的枪声几乎已经陷入沉寂。然而,对他人要求扩张权利或获得新权利的主张,联邦最高法院近来所确立的规则通常表示反对。这一点足以证明,联邦最高法院正试图限制他人个人或集体过度主张其宪法权利。

此种衰退对《宪法第四修正案》来说具有重大意义,因为在考虑是否扩张他人权利时,联邦最高法院表现得最谨小慎微的一个领域就是他人的宪法性隐私权。③ 虽然基于《宪法第四修正案》的隐私权与 Griswold v. Connecticut 一案④及其所确立的理论截然不同,但至少在联邦最高法院的层面盛行着一种观念,即除非民主地加以限制,否

---

① See Skinner v. Railway Labor Executives' Ass'n, 489 U. S. 602, 624 – 628 (1989). see also Mozo v. State, 632 So. 2d 623, 634 – 635 (Fla. Dist. Ct. App. 1994)
② See generally Robert H. Bork, The Tempting of America: The Political Seduction of the Law (1990); Lino A. Graglia, The Constitution and "Fundamental Rights," in The Framers & Fundamental Rights 86 – 101 (Robert A. Licht ed., 1992).
③ See generally Kendall Thomas, Beyond the Privacy Principle, 92 Colum. L. Rev. 1431, 1450 (1992).
④ 381 U. S. 479 (1965).

则他人的隐私利益已经太过强势。而在处理有关《宪法第四修正案》的隐私权问题时，此种观念似乎也影响了法院的态度。实际上，此种对他人宪法性隐私权主张的怀疑昭然若揭，尤其是当他人所质疑的政府行为不是典型的警匪对抗式行为，而是在欠缺具体嫌疑的情况下仍有计划安排的政府侵扰行为时。后一类政府侵扰行为诸如设置醉酒驾车检查站或提取他人的尿液样本，通常不涉及搜身检查或警察破门而入的物理性侵扰。因此，反对此类政府行为的主张只能援用一些政策、价值依据，以此来回应社会对政府侵害行为的普遍关注。

个人权利的衰退是否合乎需要，这是一个错综复杂的问题。通过扩张宪法性权利的范围来增强他人的个人自由，此种设想的出发点是良好的，但并不一定能产生长远的有利结果。有一种颇具说服力的观点认为，如果每一个团体和个人都意识到自己可以主张权利，那么各种相互冲突的权利就会陷入一个僵局。而法院将会陷入一个举步维艰的尴尬地位，它必须裁决孰为"胜者"孰为"败者"，竭力去解决社会上最以难解的那些问题。①

当个人的隐私权主张与要求减少犯罪的相反主张逐渐发生碰撞时，有关《宪法第四修正案》之权利的潜在冲突就显现出来了。② 如果简单地将解决权利冲突的过程比作一个各方亮出其权利卡牌（rights card），然后由法官裁决何种权利更具价值的戏剧，那么相对个人的隐私权主张来说，政府代表公众之安全"权利"的卡牌几乎无往而不胜，尤其是在政府已尽力将侵扰程度降到最低的情况下。例如，试看围绕着醉酒驾车检查站而展开的权利争斗是如何进行的：一方是通过设置醉酒驾车检查站所体现的行车安全的社会利益，另一方是要求免受 30 秒钟的警察临检的权利，哪一种权利更加重要？通过此种比较，哪一方的权利会获得胜利就不存在什么悬念了。而且，如果认为他人实际上是在驾车这一"优势地位"上进一步要求更多权利，那么双方权利比较的天平将更加倾斜。

---

① See generally Mary A. Glendon, Rights Talk: The Impoverishment of Political Discourse (1991) at 76 – 144.
② Gwen Ifill, Clinton Asks Help on Police Sweeps in Public Housing, N. Y. Times, Apr. 17, 1994, at A1, A18.

因此，对那些关注《宪法第四修正案》之保护的人们来说，上述情况所给予的启示在于，除非案件情况非同寻常，否则依照当前的"游戏规则"来主张权利注定只能失败。笔者并不是认为个人自由已经不再值得珍视，只是社会的情势正在改变，他人的权利主张只是法律交涉的一个开端，而不是结果。① 无论是被冠以社群主义的美名，还是被贬为反对权利泛滥的政治主张，有一点始终不可否认：就那些呼吁着对个人"权利"施加更多保护的人来说，他们最好能够设法证明，对该"权利"的保护不仅有利于权利主张者，同时还能惠及全社会。

（三）合理性平衡标准：《宪法第四修正案》的麦迪逊困境（Madisonian Dilemma）

假如《宪法第四修正案》的分析路径继续建立在搜查证条款的基础之上，假如联邦最高法院继续坚持搜查证条款的要求、严格审查个案中的合理依据，那么上述社会、理论上的转变就不会引起如此巨大的连锁反应。不过正如前文所述，将隐私权作为《宪法第四修正案》的核心概念，这同样给予了联邦最高法院一个反对政府利益的砝码，为法院推开更好地使用合理性平衡标准的大门。

这一扇门此后大大开放，因为联邦最高法院随即明确表示，基于政府采取侵扰行为的必要性同他人隐私利益之间的平衡，《宪法第四修正案》的首要问题在于判断政府的某种侵扰行为是否"合理"。② 此种转变将问题的焦点从搜查证条款转移到一种普遍的合理性审查，并因此逐渐改变了《宪法第四修正案》所提供之保护的性质，但不可避免地，此种转变也为政府的侵扰行为创造出更多获得认可的机会。如果我们对不同条款所要求之审查的性质进行比较，那就不难理解为什么政府侵扰行为获得认可的概率反而有增无减。

起初，搜查证条款占据着《宪法第四修正案》的主导地位，当

---

① See Louis M. Seidman, Brown and Miranda, 80 Cal. L. Rev. 673, 680 (1992).

② 489 U. S. 656, 665 - 666 (1989) (citing Skinner v. Railway Labor Executives' Ass'n, 489 U. S. 602, 619 - 620 (1989)); see also New Jersey v. T. L. O. , 469 U. S. 325, 337, 342 n. 8 (1985).

时的司法审查基本上属于事实审查,即个案中政府对他人的怀疑程度是否足以构成一项合理依据?如果是的话,那么政府人员是否已经取得搜查证,或者是否向他人出示充分的理由?虽然政策上的考虑可能影响法官对案件事实的认定,但即便如此,政府的侵扰行为是否正当还是取决于不受政府控制的外部因素,即与其特定搜查或扣押行为有关的具体因素。① 所以,如果在他人尚不具备充分嫌疑的情况下政府就实施了搜查或扣押行为,那么根据搜查证条款,即使政府提出一些政策理由来证明其侵扰行为的必要性或说明其行为受到社会公众的广泛支持,其侵扰行为也不会受到允许。换言之,此种审查并不会直接引发困扰大多数宪法问题的麦迪逊困境,即"民主多数按照其意愿进行统治的基本权利与少数人在特定领域免受多数人干涉的权利"②,此二者之间难以消解的冲突。搜查证条款直截了当地将案件判决从多数人的统治当中抽离并且毫不含糊地明示道,如果政府的搜查行为不符合某些特定的事实要求,则其行为断然不会被允许。③

然而,一旦联邦最高法院开始对搜查证条款进行修改、设立各种"例外情况",而且这些例外情况超出了紧急情况下之搜查或扣押行为的范围,此种分析方式就开始发生改变。此后,政策因素开始渗入《宪法第四修正案》的分析。Camara v. Municipal Court 一案④就能呈现出此种审查性质上的转变,即从个案嫌疑基础之上的合理依据标准转移到一种考虑政策问题的标准,该案判决中阐述道:"在判断警察的某种特定调查行为是否合理时,即判断是否存在合理依据来为该调查行为颁发搜查证时,该调查行为的必要性应当根据执法行为的一些合理目标来进行判定。除了对调查行为之必要性和侵扰性进行平衡的方法之外,没有其他现成的标准能够判断政府搜查行为的合理性。"⑤

---

① In Katz v. United States, for example, all of the Justices seemed to agree that the government agents had acted "with restraint", but the Court steadfastly refused to sanction the search since it had not met the Warrant Clause's factual prerequisites. See 389 U. S. 347, 356 – 357 (1967).
② David L. Faigman, Madisonian Balancing: A Theory of Constitutional Adjudication, 88 Nw. U. L. Rev. 641, 644 (1994).
③ For example, see Dunaway v. New York. 442 U. S. 200, 213 – 214 (1979) (citation omitted).
④ 387 U. S. 523 (1967).
⑤ 387 U. S. 523 (1967) at 535 – 537.

一旦平衡政府利益和他人隐私利益的方法（类似 Camara 一案中的所谓行政搜查行为）在搜查证条款中站稳脚跟，那么是否采用"合理性"平衡标准来判断合理性条款之下的一系列搜查行为，这也只是时间早晚的问题罢了。

从事实上的合理依据审查到合理性分析方法，此种转变影响深远，它使《宪法第四修正案》的分析方式依次发生以下两个重大改变：

一方面，此种转变影响了那些享有侵入行为之主要控制权的人（可能是政府或者公民）。当事实的合理依据还是规制政府行为的核心标准时，《宪法第四修正案》基本上能够实现自我调节（self-regulating），因为此时政府之侵入能力的控制权主要保留在他人手中。只要他人不作出涉嫌刑事犯罪的行为，则政府的搜查行为就不具备合理依据，他人的隐私就不容遭到侵犯；然而，一旦分析方式转变为平衡政府利益和他人隐私利益的合理性标准，他人就丧失了对侵入行为的大部分控制权。问题的焦点转向那些可能优于他人之合法行为（如驾驶车辆、求职等）的政策因素。联邦最高法院不再关注他人如何行为，而是转向一些政策问题上的考虑，例如，政府目的的重要程度如何？政府行为所针对的问题是否十分紧急？实现政府目的的最佳手段是什么？① 因此，如果政府的侵扰行为经司法审查被认定为"合理"，那么他人只有放弃原本打算进行的合法行为才能避免政府的侵扰，除此之外别无他法。

另一方面，此种转变引发了《宪法第四修正案》的麦迪逊困境。正如前文所述，根据传统的搜查证条款进行分析的话，能够决定政府行为正当与否的因素，比如政府行为是否具备合理依据？是否确实存在紧急情况？基本上是一些既定事实，所以无需对政府所提出的政策因素进行考虑。然而，一旦采用合理性审查进行分析，政府基于政策因素对其特定侵扰行为之必要性所作出的判断就成为分析《宪法第四修正案》时不可或缺的一部分。此时，麦迪逊困境出现了，或者至少已经隐约可见：如果某一个经民主选举而产生的机构或其委任的

---

① Terry v. Ohio, 392 U. S. 1, 21 (1968) [quoting Camara, 387 U. S. at 536 (1967)]; see also New York v. Class, 475 U. S. 106, 116 (1986) (same).

代表认定某项政府行为是必要的,那司法机关为什么要宣告该行为无效?而且对《宪法第四修正案》来说,此种困境尤为严重。因为只要求政府行为"合理"即可,那么日后回顾时被撤销的政府行为有可能是正确的,此时司法机关就必须担负违背多数人意愿而作出越权行为的恶名。因此,一旦采用合理性标准并考虑到政府侵扰行为所涉及的都是重大社会问题,例如持有武器、醉酒驾车、毒品使用、集团犯罪活动,司法审查就会逐渐屈从于政府对某种侵扰行为之必要性的判断,这一点丝毫不会令人感到惊讶。[1]

尽管此种屈从的正当性有待批判,[2] 但笔者在这里想要指出的是,通过合理性平衡标准将麦迪逊困境引入《宪法第四修正案》,此种做法将他人对政府侵扰行为的控制,即不作出那些可能使政府侵扰行为获得合理依据的行为转移到政府手上,这将产生不可避免的长期影响。如果联邦最高法院继续采用平衡政府侵扰行为之必要性和他人隐私利益的分析方法,此种控制权的转移将会不断持续下去。

(四)合理性标准的困境

对有关《宪法第四修正案》的争议来说,合理性审查的适用改变了法院的法律分析方法,除此之外,上述转变还具有一个有趣的修辞上的副作用,它使得学者们更加难以针对《宪法第四修正案》提出批评。[3] 因为合理性这一概念包含着"平衡"各种冲突利益的理念,所以只要政府能够为其行为提出一些正当理由,目前的趋势是某些政府行为就会因此得到允许,虽然可能尚未达到政府所期望的程度。这一点确实如此,因为对于一些极端的行为,如警察走着正步穿过中央大街,或通过窃听设备偷听他人用餐时的家庭对话,所有人都

---

[1] Such deference is evident in Chief Justice Rehnquist's approval of sobriety checkpoints, despite evidence that they were ineffective in deterring drunk driving. See Michigan Dep't of State Police v. Sitz, 496 U. S. 444, 453 – 454 (1990).

[2] See discussion infra Parts III. D. 3 and D. 4. See generally Nadine Strossen, Michigan Department of State Police v. Sitz: A Roadblock to Meaningful Judicial Enforcement of Constitutional Rights, 42 Hastings LJ. 285, 293 – 295, 318 – 321 (1991).

[3] see James B. WHiite, Heracles' Bow: Essays on the Rhetoric and Poetics of the Law 28 – 48 (1985); James B. The Fourth Amendment as a Way of Talking About People: A Study of Robinson and Matlock, 1974 Sup. Ct. Rev. 165.

会认定其为"不合理",但大多数案件所涉及的政府利益和他人隐私利益通常各有其正当性,无法得出一个黑白分明的"正确"答案,那么处于灰色地带的模糊答案就是一个不错的选择。

对政府所提出的一些损害《宪法第四修正案》之价值的特定原则或阐释,他人是难以提出质疑的,由此就产生了一个《宪法第四修正案》的"非保护区",当一个具体的个案被置于"合理性"的大背景之下加以考虑,它在利益比较的过程中尤其容易显得微不足道。确实,联邦最高法院所作出的大多数判决都限制了政府侵扰行为的手段和适用背景(从理论上来说,借此保护他人的部分隐私利益),但它同时也允许政府继续实施该侵扰行为(由此承认政府利益之合法性),试图通过此种做法达到一个折中的结果。因此,根据传统的搜查证条款,在不具备合理依据、未持有搜查证的情况下搜查某个学生的钱包,此种行为立即会引发他人对政府侵害的担忧;而根据宽泛的合理性标准,上述行为只不过是一个涉及惩处学生的"校园事件"而已,这种状况将是极权国家之下的典型悲剧。①"合理"一词的界定本身就模糊不清,故针对其所提出的批判往往陷入模棱两可的境地,而且此种批判还可能被指责为夸大其词的绝对论和思想僵化的产物。

有些学者坚信,《宪法第四修正案》之价值正遭受着比想象中更为严重的损害。对他们而言,有一个重大挑战在于理解上述《宪法第四修正案》的"非保护区"并且说服公众和法院相信,虽然极权国家的噩梦并未降临,但《宪法第四修正案》依然遭受着损害。这些学者必须证明,为什么孤立看待联邦最高法院近来所做的一系列判决的做法不正确?为什么此种做法只是在涉及各类重大社会问题的案件中,例如"公共汽车案件"、"醉酒驾车案件"、"敏感职业案件"、"火车失事案件"、"直升机观测案件"、"垃圾箱搜查案件"、"私人毒品实验室案件"、"校园惩罚案件"、"工厂搜查案件"等,不得要领地轻触了一下合理性平衡的"钟摆"?如果缺乏这一证明过程,任何批判听起来都只像是一派危言耸听,仿佛只顾着捍卫《宪法第四

---

① The Court's "splitting the difference" approach is evident in New Jersey v. T. L. O., 469 U. S. 325 (1985), which concerned searches of secondary school students.

修正案》的地位而忽略该修正案所要求的包容性，在进行合理性平衡时只顾个人利益而不顾社会利益。

四、《美国联邦宪法第四修正案》的新比喻：政府与公民之间的信任

正如前文所述，以隐私权为中心的《宪法第四修正案》理论既无法适应一个逐渐去隐私化（non-private）的世界，也无法应对司法上不愿继续扩张个人权利的趋势。对那些批评联邦最高法院的现有分析方式的学者们来说，这些情况使得他们必须提供强有力的新理由，以此来说明为什么隐私权的保护不仅对个人来说至关重要，而且对社会来说也具有重大意义。更直接地说，即学者们必须阐明为什么在一个被恐怖主义、贩毒集团、路过式杀人事件所困扰的世界当中，联邦最高法院对"不合理搜查、扣押行为"的界定依然不能顺从于日益增强的执法需求，不能屈服于有助于政府展开广泛监视的先进技术手段。

学者在提出任何有见地的观点之前都必须意识到，联邦最高法院并不打算放弃对合理性条款的依赖而寻求其他指引。就当前的司法状况来看，回归到以搜查证条款为中心的分析方式已经为时过晚，或许也并非明智之举。因为如果传统的搜查证条款（要求政府基于合理依据而持有搜查证）是联邦最高法院将《宪法第四修正案》适用于政府侵扰行为的唯一方式，那么法院就不可能将《宪法第四修正案》适用于某些业已纳入该修正案之规制的政府侵扰行为，比如 Camara 一案所涉及的安全检查行为。[①] 因此，在 Camara 一案判决之后亟待厘清的问题在于，联邦最高法院适用合理性标准时应如何对待政府所提出的政策因素？而且在什么情况下，搜查证条款及合理依据应当为认定某种政府侵扰行为提供指引？

（一）比喻的力量

如果有人要学习联邦最高法院作出宪法判决的技巧，那么他一定

---

① Scott E. Sundby, A Return to Fourth Amendment Basics: Undoing the Mischief of Camara and Terry, 72 Minn. L. Rev. 383, 383 (1988), at 415 – 416; See generally Anthony G. Amsterdam, Perspectives on the Fourth Amendment, 58 Minn. L. Rev. 349, 393 – 395 (1974).

很快就能掌握各种不同形态和范围的利益平衡方法,即要严格,又要合理;诸如二分法、三分法、四分法既要统一,又不失灵活。① 这些标准确实能够提供一些指引,有助于判断某种行为合宪与否。我们有十足的把握相信,在法院审查某项立法行为时,采用严格审查标准会比采用合理依据标准来得更加全面、审慎。然而,因为平衡各种相互冲突的利益是一个评估、判断的过程,即使采用的标准是一致的,衡量过程中还是存在许多可提出异议的空间。② 再严格的标准也具有一定的可变性,如要求政府行为具备某种令人信服的利益或某种"特殊"的需求,反观联邦最高法院倾向于保护政府利益的做法之后不难发现,它似乎总能为政府违背搜查证条款的行为找到某种"特殊的需求"。③

尽管学者们倾向于通过精心设计的标准来体现某个宪法原则,但有些时候,一个隐喻或一个富有生气的图景反而远比法律标准更能够体现宪法价值的内在实质。④ 其中最著名的例证莫过于 Holmes 大法官对《美国联邦宪法第一修正案》的阐释,他认为言论自由条款(Free Speech Clause)是建立在这样一种信念之上,即"思想的自由交换最能实现我们所追求的根本善良,检验真理的最佳标准是,某种思想促使自身在激烈的市场竞争中获得认同的力量"。⑤ 如果缺少思想市场这一引人入胜的图景,那么很难说 Holmes 大法官在其反对意见中所提出的法律标准⑥是否会像现实中那样,最终获得联邦最高法

---

① See generally T. Alexander Aleinikoff, Constitutional Law in the Age of Balancing, 96 Yale LJ. 943, 949 – 950 (1987) (discussing history and use of balancing in constitutional analysis).
② see David L. Faigman, Reconciling Individual Rights and Government Interests: Madisonian Principles Versus Supreme Court Practice, 78 Va. L. Rev. 1521 (1992), and to misuse empirical evidence, see David L. Faigman, "Normative Constitutional Fact-Finding": Exploring the Empirical Component of Constitutional Interpretation, 139 U. Pa. L. Rev. 541 (1991).
③ See California v. Acevedo, 500 U. S. 565, 600 (1991) (Stevens, J., dissenting).
④ James B. White, When Words Lose Their Meaning, 244 – 245 (1984).
⑤ Abrams v. United States, 250 U. S. 616, 630 (1919) (Holmes, J., dissenting). see G. Edward White, Justice Holmes and the Modernization of Free Speech Jurisprudence: The Human Dimension, 80 Cal. L. Rev. 391, 419 – 442 (1992).
⑥ See G. Edward White, Justice Holmes and the Modernization of Free Speech Jurisprudence: The Human Dimension, 80 Cal. L. Rev. 391, 440 – 441 (1992).

院的认可。①

从更加根本的层面上来说,思想市场的隐喻不仅促使公众对《美国联邦宪法第一修正案》的适当作用展开探讨,而且随之推动了联邦最高法院对《美国联邦宪法第一修正案》的理论发展。尽管此种隐喻本身并不是一个法律标准或规则,但它为围绕言论自由问题所展开的法律探讨描绘了一幅图画背景,防止《美国联邦宪法第一修正案》的法律标准逐渐僵化,最终成为只能被适用的呆板规则。毫无意外,思想市场的图景抓住了美国人的想象力,因为它巧妙地表达出蕴含于美国社会的基础价值,如对个人主义和资本主义的信仰。在许多方面,思想市场的隐喻已经成为《美国联邦宪法第一修正案》背后的神话,所以允许政府遏制他人"思想"的判决结果不仅必须基于某一特定的法律标准,而且还必须符合思想市场的理念。②

正如前文所述,《宪法第四修正案》已经具备其自身的指引图景,即"独处权这一最为广泛周全,且最受文明社会的公民所珍视的权利"。③ 和思想市场理论一样,"独处权"也已经对宪法性法律的发展产生了显著影响,其影响范围不仅及于《宪法第四修正案》,而且还有助于法院对另一种宪法性"隐私权"(Griswold 一案所确立的自治性隐私权)的最终认定。④ 并且,和思想市场的隐喻一样,"独处权"所代表的价值已经强有力地嵌入美国社会当中:个人主义的推崇;作为个人生活之堡垒的家庭住所;以及对免受政府干涉之自由的渴望。⑤

然而,日渐增多的政府规章和不断发展的技术手段已经摧毁了"独处权"的许多作用,使其无法继续主导有关《宪法第四修正案》

---

① See Brandenburg v. Ohio, 395 U. S. 444, 447 (1969). See David A. Anderson, Metaphorical Scholarship, 79 Cal. L. Rev. 1205, 1208 n. 20 (1991) (book review). See also Pennekamp v. Florida, 328 U. S. 331, 353 (1946) (Frankfurter, J., concurring).
② See generally Rodney A. Smolla, Smolla and Nimmer on Freedom of Speech: A Treatise on the First Amendment 2. 02 (1994); Stanley Ingber, The Marketplace of Ideas: A Legitimizing Myth, 1984 Duke LJ. 1.
③ Olmstead v. United States, 277 U. S. 438, 478 (1928) (Brandeis, J., dissenting).
④ In Griswold v. Connecticut, the Court relied upon the Fourth Amendment as one of the specific guarantees that creates a zone of privacy. See Griswold, 381 U. S. 479, 484 – 485 (1965).
⑤ Olmstead v. United States, 277 U. S. at 478.

的理论发展。在现代社会当中,依靠独处权来反对政府设置行车检查站或进行尿液分析,此种做法更像是求诸华兹华斯式的乌托邦(Wordsworthian utopia),而不是为有关《宪法第四修正案》的判决确立一个指导原则。因此,尽管隐私权依然属于美国社会当中不可或缺的价值,但这一概念已经无法充分实现《宪法第四修正案》的作用,无法再使其成为政府与公民之交互行为的重要调节机制。① 当务之急在于,我们必须明确除了他人之物理性隐私利益之外还有哪些价值正在遭受侵害,然后寻找一种表达这些价值的方式来使公众铭记,虽然涉及《宪法第四修正案》的问题表面上显得庸俗甚至令人反感,如该修正案是否保护他人的垃圾袋或尿液样本,但这些问题对美国和《美国联邦宪法》的运转来说却具有举足轻重的意义。

可以说,《宪法第四修正案》的价值并不仅局限于他人的物理性隐私利益,而且此种观点并不新奇。Amsterdam 教授就曾经在其文章(该文已被《宪法第四修正案》的推崇者们奉为经典)中指出:"很显然,最根本的问题在于一种价值判断,即如果允许警察的特定监视行为不受宪法规制而畅行无阻,那么他人所保留的隐私和自由是否会被缩减,以至于不符合一个自由、开放之社会所追求的目的。"② 同样,某种特定政府行为之所以遭到司法裁判的否定,是因为该行为"损害了人与人之间交往的信任感和安全感,而这正是自由社会中的人际关系所要求的特征"③,或者是因为该政府侵扰行为"将某些风险强加到他人身上,而在一个自由而开放的社会当中,他人原本无须承担这些风险"④,抑或者是因为该政府行为类似于专制者(Big Brother)或极权主义国家所作出的行为。⑤

---

① Griswold, 381 U. S. at 509 (Black, J., dissenting).
② Anthony G. Amsterdam, Perspectives on the Fourth Amendment, 58 Minn. L. Rev. 349, 393 – 95 (1974), at 403; see also Geoffrey R. Stone, The Scope of the Fourth Amendment: Privacy and the Police Use of Spies, Secret Agents and Informers, 1976 Am. B. Found. Res. J. 1193, 1209 – 1211.
③ United States v. White, 401 U. S. 745, 787 (1971) (Harlan, J., dissenting).
④ Smith v. Maryland, 442 U. S. 735, 750 (1979) (Marshall, J., dissenting).
⑤ See Florida v. Riley, 488 U. S. 445, 466 – 467 (1989) (Brennan, J., dissenting) [quoting George Orwell, Nineteen Eighty-Four (1949)]; see also Illinois v. Gates, 462 U. S. 213, 290 (1983) (Brennan, J., dissenting)

然而，这些观点几乎总是在法院判决的少数反对意见中才出现。人们或许会同意这样一种假设，即在上述案件中是"自由社会"这一概念本身受到了威胁，但是当此种观点作为一种法律推论而被加以援引时，那就有点像是对多数判决意见的结果表示不满。假如持多数赞成意见的大法官们也同样热爱"自由社会"，那么无需进一步阐释，上述观点就能引起共鸣。① 这就好比 Holmes 大法官在其反对意见中并未基于思想市场的比喻来提出一个"明显与即刻危险标准"（clear and present danger test），而是简要地宣称，其观点是唯一一个符合自由社会之言论的阐释。少了思想市场这一令人神往的图景，少了"检验真理的最佳方法是接受其他思想的检验而非压制其他思想"这一阐述，Holmes 大法官的观点也许远远不能引起人们对自由社会这一普遍理想的广泛关注。

因此，当前学者们的任务是继续向前迈进一步，探讨《宪法第四修正案》应当如何保护一个"自由的社会"，而不仅限于保护他人的物理性隐私利益。或者正如 John Mitchell 教授所言，根据"《宪法第四修正案》是如何维持美国社会的一些基本愿景"，我们应当对其进行反思。② 但是，究竟何种具有活力的原则才能够弥补当前《宪法第四修正案》的不足，才能解除联邦最高法院在审理相关案件时所面临的困惑呢？

（二）作为一种宪法价值的信任

虽然不像 Holmes 大法官或 Scalia 大法官那样拥有高超语言驾驭能力，而且笔者的观点在宪法领域内听起来可能平平无奇，但笔者还是要大胆地提出一个比喻，将受到损害的《宪法第四修正案》之内在价值认定为政府与公民之间的"信任"。笔者之所以从此种视角来看待《宪法第四修正案》的意旨，是因为政府与公民之间的互相信任是构成《美国联邦宪法》及社会对政府之评价的必要组成部分。③

---

① See, e.g., National Treasury Employees Union v. Von Raab, 489 U.S. 656, 670 (1989).
② John B. Mitchell, What Went Wrong with the Warren Court's Conception of the Fourth Amendment?, 27 New Eng. L. Rev. 35, 47 – 53 (1992) at 41, 42 – 44.
③ See Francis Fukuyama, The End of History and the Last Man 199 – 208 (1992).

政府由其所代表的公民选举产生，正是基于此种信任，政府的行为才获得其合法性。然而，只有当全体公民的决定是出于一种理智而自由的选择时，公民的委托才能使政府的行为合法化。只有这样，政府才能宣称自己确定获得了被统治者的同意。因此，为了实现此种具有合法化效力的委托，政府本身就不应当损害公民理智而自由地表示同意的能力，包括相信公民们能够合理地对待特定信息和资料，相信公民们能够担负其行为责任并遵守那些合理制定的法律和社会标准。

信任的第一个方面主要表现在《美国联邦宪法第一修正案》的条文之中，即政府需要相信公民能够明智地在思想市场中进行选择。① 与《宪法第四修正案》有关的是信任的第二个方面，即相信公民能够负责任地行使其自由权，如果允许政府随意侵扰公民的生活而无须证明该公民确实背弃了社会的信任（没有负责任地行使其自由权），那么《宪法第四修正案》中的信任就会遭到损害。②

我们只需对民主国家、极权主义国家和无政府主义国家进行一个初步比较，即可证明，政府–公民之互信对一个自由社会来说具有何等重要的作用。极权政府并不是通过取得被统治者的同意来维持政权，而是对民众实行生理、心理和经济上的全面控制。此种政府通过一系列手段来施行控制，其中最必不可少的就是警察权（police power）的使用，借此进一步强化政府优于公民、政府有权控制个人的观念。③ 设置身份检查站、进行随机搜查、实行通信控制、安插大量告密者等手段不仅仅是为了对公民进行密切监控，而且这些手段还是一种象征，它们无时无刻地宣告着公民由政府来支配的讯息。这些政府行为与建立信任相去甚远，为了使政府对公民的控制永存不朽，它们所表达的是一种不信任的信号。④ 同样，受国内动乱所困扰的社会情

---

① The classic work on this view of the First Amendment is Alexander Meiklejohn, Free Speech and Its Relation to Self-Government (1948).
② James F. Childress, Civil Disobedience and Trust 7 (1975).
③ Vaclav Havel's collection of essays, Vaclav Havel or Living in Truth (Jan Vladislav ed., 1986) [hereinafter Living in Truth]. See also A. James Gregor, Contemporary Radical Ideologies: Totalitarian Thought in the Twentieth Century 20 – 21 (1968) (describing characteristics of totalitarian states).
④ Cf. James F. Childress, Civil Disobedience and Trust 7 (1975) at 6.

况也能够证明,政府与公民之间的互信至关重要。虽然引发动乱的因素多种多样,但可以确定其中最主要的因素在于不信任,即不相信政府愿意倾听反对派的声音并尊重其利益。① 当此种不信任出现的时候,那些穷途末路的群体就会认为政府是不合法的,并倾向于采用正常政治途径之外的手段来发出声音。② 在最完满的情况下,上述行为会呈现为和平的非暴力抵抗并产生意义重大的变革③;而在最糟糕的情况下,那些受压迫的群体会转而采取恐怖主义和暴力行为。④ 而且,这些情况可能陷入恶性循环,因为民众的抗议和叛乱行为会遭到政府的压制,而政府的压制会在公民之中引发更加强烈的忿怒和不信任,进一步挑起民众之中的不满和骚乱。⑤

上述例证并不是为了指出美国社会正处在陷入极权主义与无政府主义之循环的边缘。然而它们确实表明,美国民主政治之所以能够保持长久的活力,其中一个举足轻重的部分在于政府-公民之互信的作用,它使得美国民众充满信心,相信自己有机会也有能力参与、并且是有意义地参与到社会生活当中。⑥ 而如果个人和团体认为政府并不认可其忧虑和信仰,他们就会认定政府的存在缺乏合法性,从而引发一种逐渐增强的疏离感,而且对政府是否会认真对待其需求缺乏信心。⑦ 因此,美国宪政体制的可持续性很大程度上有赖于政府-公民

---

① See Ralph W. Conant, The Prospects for Revolution: A Study of Riots, Civil Disobedience, and Insurrection in Contemporary America 62 – 64 (1971); See, e. g., Richard Bernstein, Turmoil in China, N. Y. Times, June 8, 1989 at A1.
② James F. Childress, Civil Disobedience and Trust 7 (1975) at 9 – 10.
③ James F. Childress, Civil Disobedience and Trust 7 (1975) at 13 – 14.
④ Ralph W. Conant, The Prospects for Revolution: A Study of Riots, Civil Disobedience, and Insurrection in Contemporary America 62 – 64 (1971) at 7 – 10, 21 – 22.
⑤ Ralph W. Conant, The Prospects for Revolution: A Study of Riots, Civil Disobedience, and Insurrection in Contemporary America 62 – 64 (1971) at 36.
⑥ See, e. g., Mari J. Matsuda et al., Words That Wound: Critical Race Theory, Assaultive Speech, and the First Amendment (1993); Richard Delgado & Jean Stefancic, Images of the Outsider in American Law and Culture: Can Free Expression Remedy Systemic Social Ills?, 77 Cornell L. Rev. 1258, 1284 – 1288 (1992).
⑦ See, e. g., James H. Johnson, Jr. & Waiter C. Farrell, Jr., The Fire This Time: The Genesis of the Los Angeles Rebellion of 1992, 71 N. C. L. Rev. 1403, 1404 (1993); Gary Peller, Criminal Law, Race, and the Ideology of Bias: Transcending the Critical Tools of the Sixties, 67 Tul. L. Rev. 2231, 2249 – 2252 (1993).

之互信的维持。

为了承认民众的尊严和价值,进而将《美国联邦宪法》视为增强政府及社会之合法性的工具,我们需要重新调整对宪法制定者之立法意图的传统解读。[1] 对此,最广为流传的莫过于洛克式的"权利"观点(Lockean "right" viewpoint):在建立社会运转所必需的基本框架时,宪法同时也是一个保护特定自然权利(如个人财富的权利)的社会契约。[2]

在此种背景之下,"权利"成为被政府侵扰所包围的领地。只要从头至尾细读一遍《人权法案》的规定,我们就可以发现这些领地位于何处,它们包括:他人对其选择进行思考、表达的权利,他人与其愿意结交的人展开交往的权利,他人践行其宗教信仰而不受政府干涉的权利以及修正案所规定的其他权利。从这一视角来看,当我们考察《宪法第四修正案》时会发现,Brandeis大法官将该修正案之目的界定为保护他人之"独处权"的阐述格外形象,就像是为他人构筑起免受政府侵扰的又一片领地。

或许《人权法案》确实为他人创造出一个个保持个人自由的领地,但《人权法案》之所以意义重大,个中原因还不止于此。与此相比,授予此类自由权利时所附随的认可至少具有同等的重要性,即相信承认权利受领者将会负责任地行使权利,其尊严应当受到尊重。虽然《人权法案》某种程度上是基于对联邦政府的不信任而诞生的产物,但反联邦主义者们同时也将《人权法案》视为"其政治存在的基本原则"[3]。或者,正如一位反联邦主义者所言:"这些权利界定了人尤其是真正的共和主义者、这片大陆的公民所应具备的特征;以新宪法为首列举出这些权利,能够鼓舞、保护国民的情感,为了维护

---

[1] See generally Robert A. Rutland, The Birth of the Bill of Rights, 1776 – 1791, at 159 – 189; Gordon S. Wood, The Creation of the American Republic, 1776 – 1787, 602 (1969); Akhil R. Amar, The Bill of Rights as a Constitution, 100 Yale LJ. 1131, 1140 (1991).

[2] See generally Mary A. Glendon, Rights Talk: The Impoverishment of Political Discourse (1991). at 76 – 144, at 47 – 75.

[3] Herbert J. Storing, The Constitution and the Bill of Rights, in The American Founding: Politics, Statesmanship, and the Constitution 42 (Ralph A. Rossum 8c Gary L. McDowell eds., 1981).

其存在的尊严,这也将成为年青一代在成人道路上所要学习的第一课。"① 反联邦主义者们坚信,增强这些功能至关重要,因为"对自由的真正保护……并不在于对财产权和商事活动的保护,而是在于那些能够促进公民之勇气、独立、批判及无私精神的规定"。②

不过,并不是说此种理解就局限于反联邦主义者们对《人权法案》的看法。在美国独立战争后,18 世纪政治学上正统的基本信念发生了改变,从"立法机关享有对所有人的所有权力"③ 转变为"国家主权根本上属于全体公民"④ 的"激进"观点。激进的学者们逐渐开始质疑传统的"实际代表"理论,质疑公民们将其权力交由代表行使的观点。他们认为:"'如果足以控制政府官员的权力不在公民手中',那么美国独立战争将变得毫无意义。'除了公民之外……谁能够代表我们?而如果公民们无法为其自身利益行使权利,那么还有谁可以呢?'。"⑤

自治政府(self-government)的观点意味着,随着"理解政治的重大变动……达到顶点",公民自我管理的诉求最终在宪法中得以体现。⑥ 尽管联邦主义者和反联邦主义者就一国政府的组织形式存在不同理念,但其阐述的前提都是基于一个相同的观点,即公民是新政府之合法性的唯一来源。⑦ 而就政府来说,"所有政府人员都是人民的代理人",⑧ 因为政府"本身不享有任何权利;它所拥有的全部就是责任而已"⑨。

在有关政府的此种基本构想中,平等是美国独立战争所释放出来

---

① Herbert J. Storing, The Constitution and the Bill of Rights, in The American Founding: Politics, Statesmanship, and the Constitution 42 (Ralph A. Rossum 8c Gary L. McDowell eds., 1981). (quoting Va. Independent Chron., June 25, 1788).
② Carol M. Rose, The Ancient Constitution vs. the Federalist Empire: Anti-Federalism From the Attack on "Monarchism" to Modern Localism, 84 Nw. U. L. Rev. 74, 92 (1989) at 93.
③ Gordon S. Wood, The Creation of the American Republic, 1776 – 1787, 602 (1969) at 381.
④ Gordon S. Wood, The Creation of the American Republic, 1776 – 1787, 602 (1969) at 374.
⑤ Gordon S. Wood, The Creation of the American Republic, 1776 – 1787, 602 (1969) at 374.
⑥ Gordon S. Wood, The Creation of the American Republic, 1776 – 1787, 602 (1969) at 594.
⑦ Gordon S. Wood, The Creation of the American Republic, 1776 – 1787, 602 (1969) at 471 – 565.
⑧ Gordon S. Wood, The Creation of the American Republic, 1776 – 1787, 602 (1969) at 598.
⑨ Gordon S. Wood, The Creation of the American Republic, 1776 – 1787, 602 (1969) at 601.

的最根本、最强大的思想力量,① 当此种构想与一个正在经历巨变的社会相结合,它就将重新塑造美国社会,使其成为一个"社会与政府之目的"皆在于"普通民众之利益与繁荣"的社会。② 在这一场巨变中,政府的统治从贵族掌权转变至承认公民为其统治力量的来源,而基于此种政治和社会背景来看待《美国联邦宪法》,它就可以被视为这场更为广阔的变革的一部分。③ 而一旦从这种角度来理解《美国联邦宪法》,那么授予给公民的权利就不仅仅是一个对抗政府权力的庇护所,它同时还是一个承认公民为负责任之个体,并对其寄予信任的政府行为。

在 Gordon Wood 教授称为"民主化公众舆论"(democratized public opinion)的发展过程中,我们也可以看出宪法权利的双重目的理念,即宪法权利不仅保护公民免受政府之不正当行为的侵害,而且确认公民作为社会主体(societal actors)的合法性。④ 根据 Wood 教授的观点,公民享有平等权和个人参与权的宪法原则有助于促使人们接受这样一种观点,即真理必须在公众舆论的竞技场中得到确认。⑤ 在此种意义之上,创造出思想市场的并不是《美国联邦宪法第一修正案》本身,而是对平等的信仰以及每个公民的观点皆有价值的理念。如果缺少对"民主化公众舆论"的积极信仰,恐怕 Holmes 大法官永远也不会提出一个值得保护的(思想)市场。

历史和哲学上的依据能够有力地证明,政府需要认可其公民的人格尊严。⑥ 不过,我们不必回溯到古希腊去寻找相关的依据,因为现代理论就强调对此种政府认可的持续需求。或许最生动的例子当属联邦最高法院就 Brown v. Board of Education 一案⑦所作出的判决。它在

---

① Gordon S. Wood, The Radicalism of the American Revolution 232 (1992); see Gordon S. Wood, The Creation of the American Republic, 1776 – 1787, 602 (1969) at 233.
② Gordon S. Wood, The Radicalism of the American Revolution 232 (1992) at 8.
③ Gordon S. Wood, The Radicalism of the American Revolution 232 (1992) at 8, at 365 – 369.
④ Gordon S. Wood, The Radicalism of the American Revolution 232 (1992) at 364.
⑤ Gordon S. Wood, The Radicalism of the American Revolution 232 (1992) at 347 – 369.
⑥ see Francis Fukuyama, The End of History and the Last Man 199 – 208 (1992), at 204 – 206, at 162.
⑦ 347 U. S. 483 (1954).

该案中抛弃了"隔离但平等"原则,① 但这并不是因为与教育有关的"有形"② 因素存在不公平之处,而是因为此种隔离"会给那些处于社会少数群体地位的儿童造成一种自卑感,此种自卑感可能影响他们的心理和思维,甚至有可能一直无法消解"③。审理 Brown 一案的法官们正确地洞察到那些在 Plessy v. Ferguson 一案④中没有被关注的方面⑤:平等保护条款(the Equal Protection Clause)部分包含了给予个人充分、平等之尊重的无形价值,而不是仅仅规定相同"有形"手段的条款。⑥ 在 Loving v. Virginia 一案⑦中,司法的敏感性也发生类似的改变,转而关注法律在纯粹形式适用之外的内在含义。在 Loving 一案之前,联邦最高法院一直支持那些禁止跨种族交往的法律,因为"无论是白人还是黑人,每一个触犯这些法律的人都会面临相同的惩罚"。⑧ 而在 Loving 一案中,联邦最高法院认定这些法律违反了平等保护原则,因为"仅仅由于祖先不同就对公民进行划分……在基于平等原则建立起来的惯例中,这对一个自由公民来说是十分恶劣的"⑨。

在《宪法第四修正案》的语境之下,政府-公民之互信的比喻符合联邦最高法院在 Brown 一案、Loving 一案等案件中的观点,即公民的权利不仅仅是保护其免受政府侵扰的领地,而且还会影响公民对其社会角色的认知。目前,联邦最高法院就《宪法第四修正案》所发展出的理论主要基于两种相互对抗的利益——政府的执法需求和他人的隐私利益进行分析并择一保护,故其理论还缺少 Brown 一案等案件中的观点。但是,仅仅关注案件中的直接事实争议,诸如政府进行尿液分析或搜查他人垃圾箱的即时需求,此种做法恰恰忽略了一些同

---

① 347 U. S. 483 (1954) at 488 [citing Plessy v. Ferguson, 163 U. S. 537 (1896)].
② 347 U. S. 483 (1954) at 493.
③ 347 U. S. 483 (1954) at 494.
④ 163 U. S. 537 (1896).
⑤ 163 U. S. at 551.
⑥ 163 U. S. at 551, 560.
⑦ 388 U. S. 1 (1967).
⑧ Pace v. Alabama, 106 U. S. 583, 585 (1883).
⑨ Loving, 388 U. S. at 11 (1967) [quoting Hirabayashi v. United States, 320 U. S. 81, 100 (1943)] (first alteration in original). at 195-196.

样包含在内的、事关政府在宪法框架中所起作用的长远价值。① 只有依据某种政府侵扰行为是否符合政府－公民之互信,进而重新铸造目前包罗万象的有关《宪法第四修正案》的问题,然后联邦最高法院才能将《宪法第四修正案》的目的置于一个更加广阔的背景,从而实现政府与公民都能从该修正案中获益的互利局面。

(三) 作为《宪法第四修正案》之指导原则的信任②

将政府－公民之互信作为《宪法第四修正案》的核心价值,此种做法面临着一些显著的不利因素。

首先,在许多方面,信任这一概念显得过于简单,非常不具法律意味和哲学意味。因此,它可能难以在法律－政治理论中获得充分的根基甚至不被接纳。诚然,有一种极具吸引力的做法是将信任这一比喻进行言语上的美化包装,比如称之为"工具性隐私"(instrumental privacy),或"《宪法第四修正案》之共和论"(Fourth Amendment republicanism),抑或者"共产主义搜查与扣押"(communitarian search and seizure)。③ 然而,屈从于这样的做法是不明智的,因为进行界定的目的部分是为了提供一个易于辨识和理解的价值,以使其能够在特定问题的宪法论争中凸显出深层的争议焦点。共和论和共产主义确实有助于阐明为什么这些价值对美国宪法思想来说十分重要(或应当变得重要)。但是,如果更直接的目的是为了向公众和法律共同体强调,为什么特定事件不仅仅是因为其对隐私权具有重大影响才关乎《宪法第四修正案》,那么信任这一基本价值才能最好地表明那些遭受损害的利益,才能最大程度地影响未来有关《宪法第四修正案》的探讨。

其次,将政府－公民之互信作为《宪法第四修正案》之指引原则的做法容易招致批评。学者们会谴责它反映出一种不切实际的世界观:对深夜遭遇危险人物的警察或毒品贩子活动猖獗的社区来说,信

---

① See Skinner v. Railway Labor Executives' Ass'n, 489 U. S. 602, 655 (1989) (Marshall, J., dissenting).
② See generally Haig Bosmajian, Metaphor and Reason in Judicial Opinions 144 – 145 (1992).
③ See Francis Fukuyama, The End of History and the Last Man 199 – 208 (1992) at 199 – 208.

任这一概念似乎百无一用。这不由得让人想起在 Morris v. Slappy 一案①中,联邦最高法院推翻了第九巡回上诉法院的判决,否定其认为宪法上对辩护权的保护包含"有意义的律师-当事人关系"权利的观点。联邦最高法院在其判决意见中数次强调第九巡回上诉法院的用语,似乎是在叱责下级法院不应该将"我没事,你也挺好"这样的通俗心理引入司法裁判当中。然而,我们必须牢记在《宪法第四修正案》之语境下进行比喻的目的。将信任作为《宪法第四修正案》的一个指引原则并不意味它将成为警察行为的一个明确规则,可以同警察的米兰达警告一起施行。相反地,这一比喻有助于梳理围绕《宪法第四修正案》的问题所展开的争论,以使法院的判决不至于成为对事实隐私问题的唯一反对意见,例如,有关在不同高度进行空中监测的频率问题。② 将问题置于政府-公民关系这一更为广阔的背景之下,特定规则的含义就能够显现出来。

此种视角上的扩张尤为重要,因为有关《宪法第四修正案》的问题正逐渐超出警察与嫌疑人在街道上交锋这种需要快速、现成规则的范围,更多地涉及警察基于预先存在的立法或行政计划所作出的搜查、扣押行为。③ 如雇员药物分析(employee drug-testing)、醉酒驾车检查站、移民障碍、"工厂调查"、空中监测、查封扣押物品的搜查、安全调查,这些都是基于既有规则和标准而正在进行的政府计划,而非警察-嫌疑人交锋式的出人意料的行为。④ 这些类型的政府侵扰行为为法院创造出一个格外丰富的机会,在涉及有计划的政府侵扰行为而非紧急情况的时候,法院可以借以阐明此类行为所适用的《宪法第四修正案》的原理。在此种意义之上,依据《宪法第四修正案》所进行的司法审查很可能会类似于法院依据《美国联邦宪法第一修正案》对仇恨言论所作出的审查,⑤ 或者类似于审查政府对罪犯(已

---

① Morris v. Slappy, 461 U. S. 1, 10, 13 (1983).
② See, e. g., Florida v. Riley, 488 U. S. 445, 450–452 & n. 2 (1989).
③ Anthony G. Amsterdam, Perspectives on the Fourth Amendment, 58 Minn. L. Rev. 349, 393–395 (1974), at 403.
④ See United States v. Soyland, 3 F. 3d 1312, 1316 (9th Cir. 1993) (Kozinski, J., concurring in part and dissenting in part).
⑤ See Doe v. University of Mich., 721 F. Supp. 852, 868 (E. D. Mich. 1989).

宣判）之功绩计算所作出的限制。①

正是因为《宪法第四修正案》需要应对此类"创始式侵扰"（initiatory intrusion），即政府自行发动侵扰行为而不是回应他人之可疑行为的场合，② 所以，信任这一比喻由此获得了最有说服力的支持。因为联邦最高法院所面临的案件已经逐渐跳出典型的"警察－劫匪式"事实模式而进入公共政策领域，所以，《宪法第四修正案》关于政府－公民关系的含义也应当随之更新。而且，一旦承认美国联邦最高就此类"新型"搜查、扣押案件所作出的判决并非只对隐私权造成影响，而是具有更为深远的作用，那么一个"新的"《宪法第四修正案》就会因此形成，它将促使处于平衡当中的政府－公民之互信获得更加宽广的价值。

最后，必须指出的是，《宪法第四修正案》已经不再仅仅适用于刑事指控，它已经成为一种与每个人都息息相关的民事权利。如果不据此进行调整，那么许多政府侵扰行为还将因为一些短期考虑而获得认可，而宪法结构正在从根本上发生改变的事实将被忽略。

（四）政府－公民之互信的运作：搜查、扣押与合理性

毫无疑问，政府－公民之互信作为《宪法第四修正案》的一个极具启发性的原则，最根本的问题在于它将如何在实践中进行运作。这不免使人再次联想到《美国联邦宪法第一修正案》（法律比喻的源起）③，以期能够从中获得一些颇具裨益的启发。就教会与国家之间的"隔离之墙"（the wall of separation）或"思想市场"等比喻来说，它们并未创造出一个新的、可供法院加以适用的法律标准，而是建立起一个能够反映那些遭受损害的基础价值的出发点。例如，教会与国家之间的"隔离之墙"本身并不能解决那些政府干涉宗教事务的具体问题。然而，将"隔离之墙"确立为一个重要图景，它将引发公

---

① See, e.g., Simon & Schuster, Inc. v. Crime Victims Bd., 112 S. Ct. 501 (1991).
② See Scott E. Sundby, A Return to Fourth Amendment Basics: Undoing the Mischief of Camara and Terry, 72 Minn. L. Rev. 383, 383 (1988), at 418 - 421.
③ See Haig Bosmajian, Metaphor and Reason in Judicial Opinions 144 - 145 (1992), at 49 - 198.

众对政府可能干涉宗教事务的审慎推定,开启有关政教分离条款的论争。① 这种审慎的推定不仅会影响法律制度中相应的审查进程,而且还能够在公众舆论这一广阔的背景之下来塑造人们对何种问题正处于紧要关头的认知。

同样,将政府-公民之互信纳入《宪法第四修正案》的理论并不会塑造出一个正式的法律因素或标准,但这能够将司法实践从当前以隐私权及合理性为中心(主要在物理性侵扰方面)的分析方式中解放出来,进而完善当前司法中的分析方式。政府-公民之互信比喻将作为一个出发点来扩张目前的分析方式,将公民信任与政府合法性也纳入考虑。任何一种新方法都可能遭遇一些批判,政府-公民之互信的比喻也不例外。不过,只要阐明这一比喻将如何在实践中运作,其相对优势自然能够得到证明。

隐私合理期待标准最初由 Harlan 大法官所构建,但随后他又转而反对联邦最高法院替换分析过程中所使用的措辞,因为构建和计划、观照和映射都是法律的任务,作为一名法官,我们不应该仅仅是列举各种期待和风险,而不去考量将它们强加于社会之上的可取性。② 或许 Harlan 大法官的做法十分具有启发意义,但 Harlan 大法官只是认为,联邦最高法院应当审查政府侵扰行为是否符合"《美国联邦宪法》所反映的政府体系",③ 除此之外并未就其观点提出更加明确的阐释。下文对隐私合理期待分析方式的考察将会表明,政府-公民之互信的比喻或许有助于联邦最高法院避免 Harlan 大法官所批判的、替换分析措辞的做法。

1. 判断《宪法第四修正案》何时得以适用:为什么垃圾也具有意义

在隐私合理期待标准获得认可之后的 25 年内,联邦最高法院一直尝试着判明隐私合理期待标准是否存在以及在何种程度下才存在,它所面对的案件情况形形色色,所涉内容从密探到尿液样本再到直升

---

① See Haig Bosmajian, Metaphor and Reason in Judicial Opinions 144 – 145 (1992), at 73 – 94; See, e. g. , Wallace v. Jaffree, 472 U. S. 38, 106 – 107 (1985) (Rehnquist, J. , dissenting).

② United States v. White, 401 U. S. 745, 786 (1971) (Harlan, J. , dissenting).

③ United States v. White, 401 U. S. 745, 786 (1971) (Harlan, J. , dissenting).

机空中监测。在这些案件中,联邦最高法院的做法表明,法院认为案件审查只是一个根据证据进行客观判断的事实问题。在 Florida v. Riley 一案中,警察利用直升机在 400 英尺的高空进行监测,而此种行为是否侵害他人之合理隐私期待被视为一个"经验上的"问题,似乎通过分析美国联邦航空管理局的规章、空中监测的次数等其他因素就能够解决这一问题。① 而警察是否能够利用直升机故意在他人后院上空盘旋,这一问题所包含的政府-公民关系的深刻政策意义则被法官们忽略了。② 不难发现,审理案件的大多数法官几乎都将该案视为一个财产滋扰问题,因而他们只关注一些事实因素,诸如直升机的扇叶是否产生"过度的噪音、气流、尘土或损害威胁"。③

实际上,联邦最高法院对此类案件所作出的判决意见总是呈现出一种不切实际的样子。在判断是否存在合理的隐私期待这一"事实"问题的时候,联邦最高法院先是假想了在双层巴士上通过围栏进行窥视的警察,④ 继而转向 Blackstone 大法官对庭院的界定,⑤ 然后争论着航拍照片是否足以使人辨认出像掉落雪地的纪念戒指那样微小的物品,⑥ 进而探讨"谷仓在乡村生活中的作用"⑦ 并就公众对小便行为的道德观念展开一番论述。⑧ 倘若不是为了探讨那些被联邦最高法院所忽略的、更为重大的政策问题,或者更多情况下是在法院的隐私权分析方式中间接涉及的政策问题,上述缺乏远见的事实问题探讨着实令人忍俊不禁。

为了证明联邦最高法院已经偏离到何种地步,我们可以将其适用《宪法第四修正案》的判决意见进行汇编,制成一份"保护个人隐私

---

① See, e.g., Florida v. Riley, 488 U.S. 445, 450–451 (1989).
② See, e.g., Florida v. Riley, 488 U.S. 445, 450–451 (1989), at 466–467 (Brennan, J., dissenting).
③ See, e.g., Florida v. Riley, 488 U.S. 445, 450–451 (1989), at 452.
④ See California v. Ciraolo, 476 U.S. 207, 211 (1986).
⑤ See United States v. Dunn, 480 U.S. 294, 300 n.3 (1987).
⑥ Compare Dow Chem. Co. v. United States, 476 U.S. 227, 238 n.5 (1986) with United States v. Dunn, 480 U.S. 294, 300 n.3 (1987). at 243 (Powell, J., concurring in part and dissenting in part).
⑦ Dunn, 480 U.S. at 307 (Brennan, J., dissenting).
⑧ See Skinner v. Railway Labor Executives' Ass'n, 489 U.S. 602, 617 (1989).

免受政府监视的旅行意外指南"（Accidental Tourist's Guide to Maintaining Privacy Against Government Surveillance）。① 汇编的结果足以令人瞠目结舌：首先，为了保护个人隐私，他人应该放弃使用任何支票、避免拨打任何电话。哪怕身处自家房屋外的私人财产范围内，同其他任何人一起交谈或散步都是不明智的举动。如果他人打算在自家后院中烧烤或读书，那么必须先筑起高于双层巴士的围栏，或者坐在不透明的遮阳伞下。如果市面上有售反空中监视的设备（一定要查阅锋利图像公司的最新订购目录），聪明的人就会考虑购置一套设备。在就寝时，一定记得把窗帘等遮光物轻轻拉拢以使其不留一丝缝隙，并且只能用轻微的音量进行谈话。其次，在丢弃信件或其他私人物品时，一定要先将文件进行彻底粉碎（可再次查阅锋利图像公司的最新订购目录以确认是否存在此种粉碎机）；最理想的是，他人应该亲自把垃圾送到废物处理场并将其深埋地下。最后，在购买商品时他人必须小心翼翼地多加检视，以防有电子追踪设备附着其上。②

可见，联邦最高法院对他人之合理隐私期待的界定如此狭隘，以至于 Powell 大法官忿怒地指出："只有蜗居在自家房屋的高墙之内，他人才能期待自己免受政府的监视。"③ 不过，或许有几个原因可以解释联邦最高法院的行为。也许是因为隐私侵扰行为已经比比皆是，所以大多数大法官的观点实际上是正确的，即使曾经渴望过，但恐怕他人在林中漫步时或驾车穿过城市道路时确实不期待自己能够免受政府监视。④ 兴许联邦最高法院是被这样的事实所影响，即其所面对的案件情况确实不是农夫们在荒僻地带种植玉米或在谷仓里照看绵羊，

---

① With apologies to Anne Tyler, The Accidental Tourist (1985).
② See California v. Greenwood, 486 U. S. 35 (1988); Dow Chem. Co., 476 U. S. at 227; California v. Ciraolo, 476 U. S. 207 (1986); Oliver v. United States, 466 U. S. 170 (1984); United States v. Knotts, 460 U. S. 276 (1983); Smith v. Maryland, 442 U. S. 735 (1979); United States v. Miller, 425 U. S. 435 (1976); United States v. White, 401 U. S. 745 (1971).
③ Ciraolo, 476 U. S. at 225 n. 10 (Powell, J., dissenting).
④ See Christopher Slobogin Joseph E. Schumacher, Reasonable Expectations of Privacy and Autonomy in Fourth Amendment Cases: An Empirical Look at "Understandings Recognized and Permitted by Society", 42 Duke LJ. 727, 740 – 742 (1993).

而是涉及种植大麻的行为。① 又或者是因为在判断何为"合理"隐私期待时，联邦最高法院将政府有效执行法律的需求也纳入了合理性的考量。②

无论联邦最高法院的判决意见背后包含着何种原因，但我们还是要去追问，是否（有关《宪法第四修正案》的）争议所直接指向的并不是 Katz 一案所确立的隐私合理期待标准本身，而是指向这一标准所未涉及的方面。在研读这些判例时，最令人震惊的并不是警察利用直升机在空中窥视他人后院、侵害其隐私的行为竟然获得允许，而是警察在尚未掌握任何嫌疑情况时就决定利用飞行器窥视他人后院，而联邦最高法院竟认为此种行为全然不受《宪法第四修正案》规制。③ 目前法院所采用的正是 Katz 一案所确立的标准，其不足之处恰恰在于：此种标准并不要求法院考虑相应的后果，换而言之，如果法院认定案件中并不存在合理的隐私期待，那么政府就有权实施涉案的侵扰行为而不受合理依据甚或合理性标准的限制。④

相反，如果认为他人隐私期待之合理性也包括政府与公民的互相信任，那么在考虑直升机扇叶于 400 英尺高空能够扬起多少尘土和气流时，联邦最高法院就不会陷入进退维谷的境地。或者说，联邦最高法院必须因此直面那些潜藏在隐私权这一表象之下的重大问题：政府的行为是否符合其对公民的信任，即相信公民会以合法、负责的方式作出行为？如果答案是否定的，则政府的侵扰行为不能得到允许，除非其行为满足《宪法第四修正案》之搜查证条款及合理性条款的要求。

通过考察 California v. Greenwood 一案⑤的判决，我们可以甄别出分析方式上的区别。在 Greenwood 一案中，联邦最高法院认定，他人

---

① Tracey Maclin, Justice Thurgood Marshall: Taking the Fourth Amendment Seriously, 77 Cornell L. Rev. 723, 745 (1992).
② See Phyllis T. Bookspan, Reworking the Warrant Requirement: Resuscitating the Fourth Amendment, 44 Vand. L. Rev. 473, 475 (1991), at 495.
③ See Ciraolo, 476 U. S. at 224 (Powell, J., dissenting).
④ See John B. Mitchell, What Went Wrong with the Warren Court's Conception of the Fourth Amendment?, 27 New Eng. L. Rev. 35, 47-53 (1992), at 40-47.
⑤ 486 U. S. 35 (1988).

对放置在自家庭院外等待回收的垃圾不享有合理的隐私期待。从隐私权的角度来进行分析，该案几乎显得十分荒谬。对于清晨时分东倒西歪地从家里拉出来、其间可能还绊到自己的一大袋塞满果皮和咖啡渣的垃圾，他人是否享有重大的隐私利益？毫无疑问，答案显然是否定的，在提出这个问题时答案就已经确凿无疑。或许令人惊讶的地方在于，对于这样一个显而易见的问题，联邦最高法院竟然大费周章地详加阐述。对此，该案的多数判决意见不得不描绘出一个没有任何垃圾能够安全存在的世界。法官们在注释中沉重地指出，在该案之前，"动物、儿童、清洁工、好事之徒等其他社会成员"已经都有可能获得别人的垃圾。① 随后，多数判决意见中又含糊其辞地提出，扔垃圾的人和捡拾垃圾的人之间仿佛存在一种契约关系。② 与此相对，少数反对意见也针锋相对地将"高贵的"垃圾袋人格化，认定其能够"生动地表明制造垃圾者的饮食、阅读和娱乐习惯"。③

Greenwood 一案判决不免让人感到，实际上联邦最高法院并未就"垃圾隐私权"展开任何有力的探讨，因为这个问题确实只关乎房屋主人对放置在路边的垃圾箱的隐私期待。倒不如说，除了隐私权之外其实还有一个更重要的原则遭受了损害，只是采用 Katz 一案所确立的标准无法将其体现出来。由此，围绕着垃圾之于美国社会的重要性，联邦最高法院被卷入这场荒谬离奇的争论。

但如果将政府-公民之互信纳入联邦最高法院的探讨，或许就没必要间接地去分析该案中最重要的原则。联邦最高法院可以直接面对一个更加开阔、更加重要的问题，即政府人员通过搜查他人的垃圾箱来寻找其违法犯罪证据的行为是否符合以政府-公民之互信为基础的宪法体系，而不是纠缠于小动物和清洁工是否会翻拣他人的垃圾箱。

从这一角度进行分析，案件的结果将会截然不同。例如，假设有个人从海外旅行归来，然后四处讲述政府是如何频繁地检查他人垃圾箱中的物品，从而维持其对公民的控制。大多数人会对此种政府行为作出强烈反应，但并不是因为他人对其垃圾享有重大隐私利益。人们

---

① See 486 U.S. 35 (1988). at 40.
② See 486 U.S. 35 (1988). at 40.
③ See 486 U.S. 35 (1988). at 50 (Brennan, J., dissenting).

之所以反应强烈是因为此种政府行为揭示出一种政府-公民之间的关系，在此种关系之中，政府有权进行侵扰行为（如搜查他人的垃圾箱）而无需任何正当理由。

这个例子并不是为了表明，警察搜查 Greenwood 之垃圾箱的行为仅仅是迈向极权主义的一小步，而是为了表明，当联邦最高法院宣布往后发生的此类行为根本无需受《宪法第四修正案》规制时，一些更为广泛的价值就会因此而遭受威胁。或许政府的行为并不仅仅是为了满足其监视民众的渴望，而是确实具备一个令人信服的、合法的正当理由，但其所主张的理由仍然必须接受《宪法第四修正案》的检验。如果缺乏此种认识，那么联邦最高法院的判决无异于向人们传递这样一个信息，即无论某种侵扰行为对政府之于公民的信任具有何种意义，只要没有不当地侵害他人之物理性隐私权，该侵扰行为就无需具备正当理由。那么，无论他人透过窗户看见的是百无聊赖的清洁工人还是搜查犯罪证据的警察，他们翻找垃圾桶所发出的响声并没有任何不同的意义。

2. 扣押与迁移权：理性公民之评断

基于上述同样的理由，在审查某种"扣押"行为是否足以引发《宪法第四修正案》的保护时，政府-公民之互信的比喻能够为联邦最高法院的审查带来更多的公正性。目前联邦最高法院所采取的分析方式是"将扣押发生当时的所有相关情况纳入考虑，然后审查警察的行为是否足以使一个理性的人领会到，自己当时不能无视警察的存在而自行随意离开"。[①] 尽管从抽象角度来看，此种方式听起来与理性人标准一样合情合理，但实际上采用此种分析方式的结果与隐私合理期待标准一样地不切实际。

根据当前的司法判决，我们的"旅行意外指南"不得不警示道：旅行是一个事关重大的问题。他人应当做好心理准备，因为哪怕他人的行为方式并不会引起任何有关违法犯罪的明确嫌疑，执法人员还是可能将其拦下并要求检查行李。这一点确凿无疑，无论他人采取的方式是航空、航海还是陆地旅行。如果发生此种情况，无辜的旅客不应

---

① Florida v. Bostick, 501 U. S. 429, 437 (1991) [quoting Michigan v. Chesternut, 486 U. S. 567, 569 (1988)].

该过于惊慌,而是应该向执法人员表明,自己没有交谈的意图并且正准备赴重要约会。尽管一开始这可能使旅客感到粗暴和无礼,如果执法人员配有武器则还会使人感到恐惧,但无奈联邦最高法院已经明确表示,《宪法第四修正案》并不保护胆怯的旅客一方。因此,聪明的旅客应当随身携带一份《宪法第四修正案》的文本,在需要的时候向执法人员出示以避免任何不必要的信息披露。笔者热切地希望,旅行社应尽快制作《宪法第四修正案》的复本,将其作为填写机票、汽车票或火车票时的标准程序。①

如果有人在阅读过联邦最高法院的上述判决后还能保持乐观,那或许是因为他注意到公民还有反抗权力的内在勇气,而联邦最高法院也正是以这一点为预设前提,比如,坐在即将发车的大巴上的一名乘客显然充满了宪法所赋予的勇气,当一名配备枪支的警察要求他出列接受单独盘查的时候,他一定敢于向警察主张自己的独处权。② 同样,美国先驱者的反独裁主义精神必定是根深蒂固、深入人心的,当面对一大群执法人员涌入工厂进行一项离奇的"调查"时,具备一般理性的工人们一定能够应对自如,一定有勇气拒绝配合。顺带一提,在这场调查中,执法人员封锁了出口,一边顺着走道有条不紊地前进一边提出特定的问题,将其认为具有非法移民嫌疑的工人戴上手铐,然后用货车将他们带离工厂。③

和涉及隐私期待的案件相同,联邦最高法院也可以将这些理性人的反应视为一个事实问题,由此得出其判决结果。并且与涉及隐私期待的案件相同,多数判决意见中的"事实认定"通常是罔顾事实的。④ 例如,在"工厂调查"案中,其多数判决意见就轻描淡写地指出,虽然"警察的调查行为确实引起一些骚乱,也有部分工人试图躲藏起来",但除了15~25个执法人员突然露面这一小插曲,这对大多数工人来说依然是一个相当平常的工作日。⑤

---

① See generally Tracey Maclin, The Decline of the Right of Locomotion: The Fourth Amendment on the Streets, 75 Cornell L. Rev. 1258, 1300 (1990).
② Cf. Bostick, 501 U. S. at 431-432, 437.
③ See Immigration and Naturalization Serv. v. Delgado, 466 U. S. 210, 210 (1984).
④ See Immigration and Naturalization Serv. v. Delgado, 466 U. S. 210, 210 (1984) at 226.
⑤ See Immigration and Naturalization Serv. v. Delgado, 466 U. S. 210, 210 (1984) at 218.

考察联邦最高法院的上述分析后可以发现,问题并不是它评估一个理性人在这些情势下将会如何反应的分析出现了错误。而且,考虑到没有一种明确的方法能够推翻多数判决意见中的"认定",联邦最高法院作出此种评估也无可厚非。① 其谬误之处在于,联邦最高法院从根本上将涉案问题视为一种事实审查,而非视为一个更加广阔的、事关政府在实施"拦截"和"调查"行为时的适当角色的问题。②

理性人抵抗政府盘查的自由是一个难以确知的心理评估,只要能够从这种评估中解放出来,问题的焦点自然而然就会转向政府的盘查行为能否符合政府、公民之间的互相信任。③ 从他人如何看待"迁移权"及其对"公民有权不受政府干涉而自由迁移"所持有的观点,此种问题焦点转变的区别就能得以体现。正如 Tracey Maclin 教授所述,由于联邦最高法院对隐私权的强调,这种传统权利受到了严重贬抑。因为迁移权通常需要公开行使,所以他人难以享有隐私期待。④ 但是,如果政府行为违背了公民的信任从而引发《宪法第四修正案》的保护,那么警察干涉他人迁移权的行为,例如,就某种犯罪行为而任意盘问他人,或要求搜查他人的行李,就必须依据该修正案的实质性规定来提出正当理由。

信任及其同政府侵扰行为之间的联系或许会在不同类型的政府侵扰行为之间形成一个逻辑划分,比如纽约州上诉法院以州法形式所确立的划分。因为同公民的信任并无显著联系,所以"良性的"或"公共服务式"的政府审查,以及政府人员所进行的一般"信息询问"只需要具备一个"客观、可信的理由"。⑤ 与此相对,针对他人的潜在犯罪可能性而进行的拦截行为,如警察要求搜查他人行李的行为在程度上更加严厉,而且直接关涉公民的信任,所以此类行为必须

---

① But cf. Slobogin 8c Schumacher, supra note 151, at 738 – 739.
② See Tracey Maclin, The Decline of the Right of Locomotion: The Fourth Amendment on the Streets, 75 Cornell L. Rev. 1258, 1300 (1990), at 1301.
③ Bostick v. State, 554 So. 2d 1153, 1158 (Fla. 1989) [quoting State v. Kerwick, 512 So. 2d 347 (Fla. Dist. Ct. App. 1987)], rev'd sub nom. Florida v. Bostick, 501 U. S. 429 (1991).
④ See Tracey Maclin, The Decline of the Right of Locomotion: The Fourth Amendment on the Streets, 75 Cornell L. Rev. 1258, 1300 (1990), at 1328 – 1230.
⑤ See People v. De Bour, 352 N. E. 2d 562, 571 – 572 (N. Y. 1976); People v. Hollman, 590 N. E. 2d 204, 212 (N. Y. 1992).

以合理的嫌疑作为其正当理由。

无论最终的体系将会采用何种形式,最关键的革新之处还是在于,联邦最高法院将直接阐明某种政府侵扰行为是否受《宪法第四修正案》规制的政策含义。联邦最高法院仍将为警察-公民的冲突保留一定的余地,以协调犯罪调查之外的各种各样的警察功能,但是对那些直接用于调查他人是否违法犯罪的政府行为来说,它们将被明确纳入《宪法第四修正案》的规制。那么下一步所面临的问题就是,政府必须证明哪些内容才能使其侵扰行为获得正当性。

3. 取舍:搜查证条款、合理性条款和合理性判断

引入政府-公民之互信作为决定性价值所产生的最后一个重大冲击在于,当法院认定《宪法第四修正案》适用于某个案件时,它将影响该修正案的作用方式。目前,联邦最高法院已经发展出一个包含两个步骤的框架。第一步,决定是否根据搜查证条款或合理性条款来分析某种侵扰行为。联邦最高法院已经努力在这两个条款之间寻找一个适当的平衡点,但目前来看,联邦最高法院审查是否存在某种"特定政府需求"的做法还是使某些违反搜查证条款的侵扰行为获得了生存空间。[1] 第二步,在选定适当的条款之后,联邦最高法院则继续进行相应的分析。如果适用搜查证条款,则进一步审查警察是否基于合理依据获得了相应的搜查证以及是否存在任何例外情况。如果适用合理性条款,则进一步衡量他人的隐私利益和政府实施侵扰行为的需求,由此认定政府的侵扰行为是否合理。因此,对两个审查步骤来说都至关重要的是,法院将如何估量政府为其侵扰行为所提出的需求。政府的需求不仅要使其违反搜查证条款的行为获得正当性,而且还要证明其侵扰行为是合理的。

尽管联邦最高法院表示其更倾向于搜查证条款,但实际上它总是轻易地就认可政府所提出的"特定需求"。[2] 考虑到各种社会问题的重要性以及政府对此所能起到的作用,联邦最高法院的做法也就不足

---

[1] See National Treasury Employees Union v. Von Raab, 489 U. S. 656, 665 – 666 (1989).
[2] See generally Skinner v. Railway Labor Executives' Ass'n, 489 U. S. 602, 639 – 640 (Marshall, J., dissenting).

为奇了。而且,要怎么样才可能计算出打击毒品的重要性①、教育体制的公正性②或者救助生命的重要性③?只要稍加想象,哪怕是毫不起眼的车辆识别号码似乎都可以对文明社会产生至关重要的意义。④

在联邦最高法院为了考虑政府的"特定需求"而从搜查证条款转向合理性分析的过程中,法院未能明确估量的一点在于,其分析方式在不同条款之间的转变同样也会产生"特定成本"。缺少此种明确考虑,分析方式的转变显得轻而易举,因为合理性标准仍然能够为目前《宪法第四修正案》所关注的焦点,即为他人隐私提供一些潜在的保护。这一点确实如此,因为联邦最高法院的合理性分析明确将他人的隐私利益纳入考虑。由此,在两个条款之间进行取舍,以及在保护他人隐私和允许政府侵扰行为之间进行一个全有或全无的选择时,合理性标准能够减轻联邦最高法院的压力。⑤

因为隐私权是目前广受关注的焦点,所以在估量政府的"特定需求"时,联邦最高法院无需给"侵扰行为是来自政府而非非政府组织"的事实(从公民的角度来看)附加任何特殊的意义。如果指明提供尿液样本只是一个普通的医疗程序,那么他人提供尿液样本的隐私利益就因此而消失。⑥ 如果指出商业航班上的乘客有可能一边嚼着花生米一边透过窗户向下扫视,那么他人在其后院中的隐私利益就降低了重要性。⑦ 如果明知专制的老板总是不停走动来监视办公室或某个员工的工作情况,那么他人对其工作场所的隐私利益就相应缩减。⑧ 无论侵扰行为是来自流浪汉⑨、野狗⑩、游客⑪、同事⑫还是执

---

① See Von Raab, 489 U. S. at 668.
② See New Jersey v. T. L. O. , 469 U. S. 325, 339 (1985).
③ See Skinner, 489 U. S. at 607.
④ See New York v. Class, 475 U. S. 106, 111 – 112 (1986).
⑤ See T. L. O. , 469 U. S. at 337.
⑥ See Skinner, 489 U. S. at 626 – 627.
⑦ See California v. Ciraolo, 476 U. S. 207, 213 – 214 (1986).
⑧ See, e. g. , O'Connor v. Ortega, 480 U. S. 709, 718 (1987).
⑨ See, e. g. , California v. Greenwood, 486 U. S. 35, 40 n. 2 (1988). at 40 n. 3.
⑩ See, e. g. , California v. Greenwood, 486 U. S. 35, 40 n. 2 (1988).
⑪ See Ciraolo, 476 U. S. at 213 – 214.
⑫ See O'Connor, 480 U. S. at 717 – 718.

法人员，隐私都被视为一个不可分割的概念。

不过，通过隐私权之外的角度进行考察能够表明，从搜查证条款转向合理性条款确实使《宪法第四修正案》的一部分重要价值遭受损害，因为根据传统的合理依据所提供的特别保障，只有在他人的行为表明其已经违背信任时，政府的侵扰行为才会发生。确实，考察传统的合理依据的其中一个方式就是，将其作为一个要求政府信任公民的宪法机制：只有具备明确的理由来证明他人违背了政府的信任，政府才能对其实施侵扰行为。如果允许政府在不具备具体嫌疑时依然能够主动实施侵扰行为，那么合理依据的保障就丧失殆尽：除非放弃某些合法行为，否则，他人无力躲避政府的侵扰行为。

此外，将政府－公民之互信作为《宪法第四修正案》的决定性价值还能够表明，政府侵扰行为对该修正案具有特殊的影响。从这一角度来说，他人出于医疗目的而自愿提供尿液样本与政府为了随机检查守法情况而要求他人提供尿液样本，二者之间确实存在性质上的区别。前一种情况并未间接涉及政府与公民之间的关系，而在后一种情况，侵扰行为是出于政府向公民宣示权力的目的，政府通过此种侵扰行为来确保他人并未违反法律。①

因此，将政府－公民之互信纳入《宪法第四修正案》的体系，这将在发展《宪法第四修正案》的道路上为联邦最高法院提供一个额外的选择。如果将合理依据视为实现公民信任的一个方式，那么为了满足合理依据的要求，政府所提出的"特定需求"也必须能够阐明为什么政府不相信特定的某些公民将会遵守社会规则。当政府希望从合理依据的限制中解放出来时，其阐释就很好地反映出政府所要求的东西，即在他人并无违反法律的相当可能性时，政府仍然能够将其视为规则破坏者并加以处置的权利。

就此而言，除了现有的审查内容以外，法院的合理性判断通常还要求另外两个方面的认定②：其一，因为在缺乏证据证明存在他人的

---

① Landmark Briefs and Arguments, supra note 30, at 814; see also O'Connor, 480 U. S. at 730 (Scalia, J., concurring); see also Ciraolo, 476 U. S. at 224 (Powell, J., dissenting).
② See, e. g., New York v. Burger, 482 U. S. 691, 716 (1987); see also Sitz v. Department of State Police, 506 N. W. 2d 209, 224 (Mich. 1993).

违法行为时，政府必须信任公民。所以对那些受政府行为侵扰的人来说，政府必须证明确实存在某种严重的问题，从而使其侵扰行为获得正当性。例如，如果政府意图对员工进行随机试验以分析毒品使用的问题，那么政府必须负责证明确实存在一个实际的问题，故要求接受分析的人放弃其获得信任的权利。从这一角度进行考察，在没有证据表明特定群体正涉嫌使用毒品的情况下，联邦最高法院不能仅仅因为社会上普遍存在吸毒问题就认定海关人员具备一个抽象的分析需求，而在 National Treasury Employees Union v. Von Raab 一案中，联邦最高法院正是如此进行认定的。① 其二，因为目前合理依据被视为保护公民之获得信任权（the citizenry's right to be trusted）的手段，故政府也必须在其所主张的特定需求中表明，为什么按照合理依据的要求行事会使其目的落空。② 联邦最高法院当前所采用的分析类似于一种松散的合理依据标准：如果能够证明侵扰行为促进了政府的利益，联邦最高法院就不会批评政府的判断。由此，在类似 Von Raab 一案和 Michigan Department of State Police v. Sitz 一案的案件中，除了那些根据具体嫌疑所作出的行为，其他缺乏具体嫌疑的政府侵扰行为并未对社会问题产生显著影响甚至适得其反，但即便如此，多数判决意见还是乐于支持涉案的政府侵扰行为。③

如果将信任作为一个指引性价值，那么法院所应当遵循的就不再是政府就其特定侵扰行为之"需求"所作出的判断，而是信任公民将以明智、负责的方式作出行为的宪法判断。政府必须承担责任来证明，比起传统的执法手段，其侵扰行为确实能够实际地促进政府的目的。毕竟，如果政府放弃合理依据的初衷是因为按照其要求行事会使某种令人信服的政府利益落空，那么当侵扰行为实际上并不能有效实

---

① See generally National Treasury Employees Union v. Von Raab, 489 U. S. 656, 683 (1989); see also Michigan Dep't of State Police v. Sitz, 496 U. S. 444, 477 (1990) (Steven, J., dissenting).
② United States v. Leon, 468 U. S. 897, 941 (1984) (Brennan, J., dissenting).
③ See Von Raab, 489 U. S. at 674 – 675; see also Sitz, 496 U. S. at 453 – 454. at 460 (Stevens, J., dissenting).

现政府利益时，这种理由就失去了正当性。① 同样，即使政府行为对他人隐私所造成的侵扰程度较为轻微，这也不能成为政府违背合理依据之要求的正当理由。因为只有政府成功地证明，等待合理依据的要求全部齐备将会造成某种不可接受的风险，继而隐私侵扰的严重程度才会成为相关的因素。②

尽管《宪法第四修正案》的理论已经历经四分之一世纪的发展，但或许令人惊讶的是，最近联邦最高法院就 Dolan v. City of Tigard 一案③所作出的判决才有助于上述看待政府证明责任的观点发挥作用。Dolan 一案所涉及的问题是，在何种情况下，对希望作出改进的所有人所施加的限制会构成一个违宪征用。联邦最高法院拒绝适用"合理联系"标准，因为它"与提供最低程度审查的'合理依据'一词似乎大同小异"。④ 相反，联邦最高法院采用了另一种标准，要求泰格尔市"提供一些具体的依据，证明其所作出的征用决定在性质上和范围上都关乎城市既定的发展规划"。⑤ 泰格尔市认为，原告的商业扩张将会产生更多的交通来往，因此其有理由要求原告建造一条自行车道。但联邦最高法院并未采纳泰格尔市的主张；相反，法院认为"自行车道能够减轻部分交通需求的主张"与"自行车道将会或很可能会减轻部分交通需求的主张"想去甚远，"故泰格尔市必须尽力对其主张进行量化说明"。⑥

将 Dolan 一案同 Von Raab 一案或 Sitz 一案进行比较后可以发现一个问题，比起缺乏具体嫌疑而实施搜查、扣押行为的场合，为什么联邦最高法院要求政府为其征用私人商业地产建造自行车道的行为提供更加严格、精确的正当理由？⑦ 不无讽刺的是，Dolan 一案的多数判决意见对此的解释是："征用条款和《美国联邦宪法第一修正案》或

---

① See United States v. Soyland, 3 F. 3d 1312, 1315–1320 (9th Cir. 1993) (Kozinski, J., concurring in part and dissenting in part); Cf. United States v. MYM124, 570 U. S. Currency, 873 F. 2d 1240, 1247 (9th Cir. 1989).
② See Sitz, 496 U. S. at 451.
③ 114 S. Ct. 2309 (1994).
④ 114 S. Ct. 2309 (1994) at 2319.
⑤ 114 S. Ct. 2309 (1994) at 2319–2320.
⑥ 114 S. Ct. 2309 (1994) at 2322.
⑦ 114 S. Ct. 2309 (1994) at 2322.

《宪法第四修正案》一样，都属于《人权法案》的一部分……我们没有理由将其贬入一个卑微的境地。"① 但毫无疑问，在 Dolan 一案之后，《宪法第四修正案》已经陷入一个卑微的境地，充满渴望地向往着征用条款的严格证明标准。

需要强调的是，《宪法第四修正案》的审查应当要求政府在以下两点中择一证明：其一，公民的不法行为使其丧失了获得信任的权利（例如政府可以证明存在传统的合理依据）；其二，如果要排除合理依据的实用，那么政府必须证明，考虑到事态的紧急性和政府利益的重要性，信任公民的成本过于高昂。第二点的经典例证当属机场的武器检查，这是对多次发生的劫机事件的回应。在登机之前可以检查乘客是否存在可疑行为，而飞机一旦起飞，机上人员就脱离了执法人员的检查能力范围。考虑到这些因素，为了防止对乘客的安全造成严重危害，唯一可行的手段就是放弃个体嫌疑而搜查所有乘客是否携带武器。② 将信任纳入《宪法第四修正案》的平衡并不会排挤合理依据的适用，反而能够更加明确地将证明责任加诸政府一方，要求其证明为什么违背信任公民的前提假设。

4. 应当由谁定夺：法官、陪审团和立法机关的作用

对政府－公民之互信的关注将使合理依据要求获得新生，使其成为《宪法第四修正案》所提供之保护的中心。因为它的起始假设在于，除非政府以一定的方式证明存在某种具体的怀疑，否则政府应当信任公民。此外，政府－公民之互信还将加强联邦最高法院的在先审查的约束性，因为在政府提出令人信服的正当理由之前，法院的目标都是排除政府的侵扰行为。但依然有一个问题尚待解决：考虑到历史上《宪法第四修正案》对搜查证的不信任（因为搜查证使其执行者获得了侵权之诉的绝对豁免权），③ 以及进退自如的合理性标准所能带来的灵活性，再次强调联邦最高法院应当优先选择传统搜查证条款的做法是否可取？

---

① 114 S. Ct. 2309（1994）at 2320.
② See Scott E. Sundby, A Return to Fourth Amendment Basics: Undoing the Mischief of Camara and Terry, 72 Minn. L. Rev. 383, 383（1988）, at 445–446.
③ See Akhil R. Amar, Fourth Amendment First Principles, 107 Harv. L. Rev. 757, 774（1994）.

实际上有些观点已经提出，兜转一圈后我们还是应当回归至殖民主义时期的理解，将合理依据基础上的搜查证视为一个亟待受到限制的手段，并用类似侵权法上所采用的合理性标准取而代之。① 这一观点的支持者们认为，采用此种包罗万象的合理性标准不仅更符合历史上对搜查证条款的见解，而且还能使联邦最高法院免于苦苦斟酌应该如何在形形色色的案件中适用搜查证条款，从而为《宪法第四修正案》带来和谐与统一。② 在最近的一篇文章中，Akhil Amer 教授建议，将涉及《宪法第四修正案》的问题全部交由民事陪审团来审判，并以一个广泛的合理性标准为审判依据。③ Amer 教授认为，此种方式符合历史经验，因为"比起法官，陪审团才是铸造'《宪法第四修正案》之传奇'的英雄"。④

　　但是，要使此种方式发挥作用，程序上和实体上都必须进行重大调整。⑤ 除此之外，过往的经验也强有力地证明，一个放诸四海而皆准的普遍宪法标准并不能实现预期中解决问题的作用。宪法中的自认规则和辩护权的发展过程清楚地表明，一个经常得到适用但模糊不清的标准只会给相互冲突的判决创造过多的存在空间，最终引发对更为明确之规则和指引的需求。⑥ 虽然依靠陪审团进行裁决或许能够掩盖部分公开冲突，但不难想见，相互矛盾的裁决随即可能激发警察、立法机关和下级法院要求得到更多司法指引的呼声。⑦

---

① See Akhil R. Amar, Fourth Amendment First Principles, 107 Harv. L. Rev. 757, 774 (1994) at 800 – 811.
② See Akhil R. Amar, Fourth Amendment First Principles, 107 Harv. L. Rev. 757, 774 (1994). at 800; Bradley W. Foster, Warrantless Aerial Surveillance and the Right to Privacy: The Flight of the Fourth Amendment, 56 J. Air L. & Com. 719 (1991), at 1488.
③ See Akhil R. Amar, Fourth Amendment First Principles, 107 Harv. L. Rev. 757, 774 (1994), at 800.
④ See Akhil R. Amar, Fourth Amendment First Principles, 107 Harv. L. Rev. 757, 774 (1994), at 771.
⑤ See Akhil R. Amar, Fourth Amendment First Principles, 107 Harv. L. Rev. 757, 774 (1994), at 811 – 816.
⑥ Geoffrey R. Stone, The Miranda Doctrine in the Burger Court, 1977 Sup. Ct. Rev. 99, 102 – 103 [quoting Walter V. Schaefer, Suspect and Society 10 (1967)].
⑦ See Akhil R. Amar, Fourth Amendment First Principles, 107 Harv. L. Rev. 757, 774 (1994). at 817.

即使假设此种方式能够为《宪法第四修正案》的理论带来协调与平和，但我们仍然有必要考虑，联邦最高法院在20世纪采纳搜查证条款进行保护的做法是不是理论上一个偶然的、亟待矫正的一百八十度大回转？我们能否对此举作出合理的阐释？正如Carol教授和其他学者所言，仅仅从历史角度去批判搜查证条款存在一个巨大的局限性，因为"我们的殖民祖先远远没有预见到，如今执法人员的绝对数量如此之庞大，其执法行为所涉范围如此之宽泛，抑或其权力渗透是如此地无所不在"。① 换而言之，《美国联邦宪法》的制定者们并没有预见到，如今政府侵扰行为所能触及的技术和规章范围是如此之广阔。例如，政府能够对劳工进行大范围的毒品分析，每年能够在非法移民检查站拦截多达百万的车辆进行检查，而这仅仅是其中的两个例子，行政搜查允许"政府人员例行公事一般地侵害无数公民的隐私和财产；几乎没有人能够逃离他们无情的魔爪"。②

这些类型的搜查行为非常难以交由陪审团依据一个广泛的合理性标准进行认定，因为它们并不是适合通过陪审团进行裁决的具体事实争议或公然的权力滥用行为。例如，在Amar教授将陪审团奉为英雄的Wilkes v. Wood一案③中，陪审团裁决原告获得大笔损害赔偿，因为乔治三世国王的内阁颁发了一个一般搜查证，并对那些印发小册子批评内阁的人展开大范围搜查。④ 但这是一个简单的案件，该案中的原告Wilkes本身就被塑造成一个英雄，⑤ 而政府的行为恰好又完美地诠释了一个留着两撇八字胡的卑鄙恶棍形象。

那么，对于那些政府行为更加微妙或原告并不具有太多号召力的案件，陪审团该如何认定呢？如果政府人员由于分析毒品的希望过于

---

① Carol S. Steiker, Second Thoughts about First Principles, 107 Harv. L. Rev. 820, 830 – 838 (1994); see also Silas J. Wasserstrom, The Incredible Shrinking Fourth Amendment, 21 Am. Crim. L. Rev. 257, 272 – 273 (1984), at 290 – 294.
② United States v. Soyland, 3 F. 3d 1312, 1316 (9th Cir. 1993) (Kozinski, J., concurring in part and dissenting in part).
③ 98 Eng. Rep. 489 (1763).
④ See See Akhil R. Amar, Fourth Amendment First Principles, 107 Harv. L. Rev. 757, 774 (1994), at 772 & n. 54.
⑤ See See Akhil R. Amar, Fourth Amendment First Principles, 107 Harv. L. Rev. 757, 774 (1994), at 772 & n. 54.

热切，以至于其行为超出了任何一种"行政"目的而遭受指控，那么要求陪审团认定此种行为并判定他人获得损害赔偿，这无异于是要求陪审团对违背宪法原则的政府行为进行阐释，这无异于是要求陪审团必须表现得英勇而高尚。① 而在确实发现毒品的情况下，要求陪审团就《宪法第四修正案》的原则作出如此重大的认定，这对陪审团来说无疑是一项十分艰巨的任务。②

实际上，陪审团认定此类案件时所面临的困难之处只是一个契机，可借以提出《宪法第四修正案》所保护的究竟是何种价值这一更具根本性的问题。当政府肆无忌惮地实施侵扰行为时，陪审团当然能够依据合理性标准来捍卫《宪法第四修正案》的价值。但是，相比政府公然宣示权力的行为，或许是那些隐秘的权力和控制才会对政府－公民的关系结构产生更为持久的恶性影响。③ 正如 Kozinski 大法官已经鲜明地指出："自由，即免受政府不正当侵扰的自由容易丧失，那些过于热切地渴望出色完成工作的政府人员，以及那些意在实施压迫的政府人员，他们的行为都会一点一点地将自由吞噬；小鱼也可以像巨鲨一样致命。"④

这不由得使人想起 Vaclav Havel 所说的关于水果商贩的故事。故事中的水果商贩被要求在其店铺橱窗上摆放一个标示牌，上面写着一句标语："全世界的工人们，团结起来吧！"当地的商铺都被要求摆放这条标语，没有多少人会刻意关注它，对水果商贩的日常生活来说它也只是微不足道的一部分。但 Havel 雄辩地指出："当许多微不足道的孤立行为结合在一起时，它们就会创造出一种每个人都无比熟知的景象。当然，此种景象也具有潜在的意义：它提醒人们自己生活在何处，被赋予了何种期待。它告诉人们其他人正在做些什么，它向人

---

① See United States v. Santa Maria, 15 F. 3d 879, 882 (9th Cir. 1994); see also Soyland, 3 F. 3d at 1316; United States v. MYM124, 570 U. S. Currency, 873 F. 2d 1240, 1245 - 1246 (9th Cir. 1989).
② Carol S. Steiker, Second Thoughts about First Principles, 107 Harv. L. Rev. 820, 830 - 38 (1994), at 850 - 851.
③ Scott E. Sundby, A Return to Fourth Amendment Basics: Undoing the Mischief of Camara and Terry, 72 Minn. L. Rev. 383, 383 (1988), at 439 - 440.
④ MYM124, 570 U. S. Currency, 873 F. 2d at 1246.

们指出，如果不想被排挤，不想陷入孤立，不想和社会疏远，不想破坏生活规则，不想承担丧失平静、安宁和安全的风险的话，那么最好也像其他人一样行事。"

当政府不具备合理依据仍可实施侵扰行为时，逐渐遭受威胁的正是这些孤立或微不足道的小事所具有的长期综合影响。而要求陪审团在事后界定、适用超越了任何特定事实模式的《宪法第四修正案》之价值，这无异于是在将该修正案的适用变成取决于特定原告之请求的随机保护。就如涉及《美国联邦宪法第一修正案》的案例（涉案言论通常是不得人心的）那样，要使《宪法第四修正案》为他人对抗大量政府侵扰行为时提供有意义的保护，唯一具有现实可能的方法是依靠司法上对隐私和信任的双重敏感性。

正是此种对更广泛的价值进行解释的需求，使得法院应当对政府侵扰行为的理由加强独立的司法审查，而不是服从政府对其侵扰行为之必要性所作出的判断，这一点至关重要。有一种观点似乎颇具说服力，即如果某种特定侵扰行为过于严苛，尤其是手段涉及集体搜查（如集体毒品测试或醉酒驾车检查）时，可以通过政治程序"扔出（具体实施行为）的恶棍"从而进行矫正。但如果了解到，此类搜查行为所造成的问题是它们损害了作为"政治矫正方式"之前提的、理智而自由的公民参与，那么上述观点就不是那么令人乐观。

使用《美国联邦宪法第一修正案》进行类推可以得出，即使有着大多数人的支持，我们也不会允许对非淫秽书籍进行出版审查。无论目前大多数人对该书籍持何种意见，经合意而建立的政府要求每个人都享有获取信息和提出不同观点的权利。同样地，就《宪法第四修正案》而言，尽管某种搜查行为或许得到了多数人的赞同，甚或被搜查者中的多数人都表示了赞同，该搜查行为仍具独特性，因为它罔顾了这样一个假设，即被搜查者中的某一特定个体可能是值得信任的、能够负责任地行使其自由权的人。政府的长期合法性建立在所有公民对政府的信念之上，即政府是经其同意才获得了统治权力。如果接受这样的观点，那么当政府行为违反信任（即相信公民会负责任地行事）时，公民的信念就会遭受损害，不管是在表面上还是实质上。

五、结语：公民自由的代价

> 联邦最高法院一直执迷不悟地接受着这样的观点，即公民自由意味着任何旨在维持秩序的努力都是对公民自由的损害。但选择并不在于秩序和自由之间。而是在于有秩序的自由状态和两者皆失的无政府状态之间。如果联邦最高法院为其空洞的教条理论注入一点实践的知识，那么《人权法案》就面临着沦为自杀协议的危险。
>
> ——Robert Jackson 大法官

保护他人权利与明知有人会不负责任地滥用权利二者之间存在冲突，很少有人能像 Jackson 大法官那样生动地刻画出此种冲突。《美国联邦宪法第一修正案》是思想超前者的避难所，同时也是煽动仇恨者的庇护所。当《宪法第四修正案》为那些渴望平静生活的人筑起一道隔绝政府侵扰的壁垒时，这道壁垒同样也会成为毒品走私贩子竭力藏身的场所。正如 Jackson 大法官所指出，问题在于认定何种情况下所发生的短期危害过于巨大，以至于必须优先于公民的自由权利。

对于《宪法第四修正案》来说，目前主要依据合理性规则来得出这一问题的答案。但笔者已经指出，合理性标准并不能对他人的隐私利益与政府实施侵扰行为的需求进行全面衡量。在不涉及对他人房屋进行任意全面搜查的情况时，相较于他人遭受侵害的隐私利益，解决某种紧急危机的迫切需求几乎总是能够使政府的侵扰行为获得正当理由。从孤立的角度来看，不妨由政府通过监视行为对他人"隐私之岛"的海岸线进行部分侵蚀，以免整座岛屿被不法之徒利用而脱离掌控。

然而，不仅无力解决短期危机的情况会引发"自杀协议"，如果那些能够使政府基于公民信任而获得稳定性的长期原则遭到损害，这同样也会引发一项"自杀协议"。Jackson 大法官提出的警示挥之不去，即过于僵化地实现自由会成为一种"自杀协议"。与此同时，Jackson 大法官确实也敏锐地意识到（或许部分是因为其曾经参与纽伦堡审判的经历），如果不保护公民之于政府的独立性，这也伴随着一些长期的危机。

根据常见的走私背景，Jackson 大法官这样的阐述："本人主张，

《宪法第四修正案》所保护的并不是那些次要的权利，而是那些属于公民不可或缺之自由的权利。在剥夺他人权利的手段中，再没有什么手段能够像恐吓他人、在他人心中埋下恐惧和击垮他人的精神防线一样具有如此巨大的威力。不受规制的搜查和扣押行为是专制政府的'军火库'中最为强大的武器之一。只要在那些被剥夺上述权利的人群中短暂居住和共事，即使他们仍具备许多值得称道的品质，但不难发现，如果他人的房屋、人身和财产无时无刻都可能遭受警察的不正当搜查和扣押，那么其人格将变得拙劣，其自主能力将消失殆尽。"

Jackson 大法官的阐述很有可能被指为一种紧张过度的警示，即使关涉美国社会的现实情况，那也仅仅略微涉及而已。学界的普遍观点认为，法院已经给各类犯罪要素留下太多余地，而这是以牺牲法律的执行为代价的。然而，在作出这样一个武断的批判之前，我们有必要稍进一步，对 Jackson 大法官的阐述进行深入思考。

我们应当考虑，如果遭到滥用的话，受到规制的执法行为是否不具备类似独裁政体的、对公民实施控制的潜在可能性（比如通过设置路障盘查他人身份信息等手段）。虽然其判决仅仅反映出一系列零散的执法行为，但是单从联邦最高法院来看，它最近已经面临着许多类型的警察执法行为，其中包括在员工的工作场所中任意要求其提供身份证件、在公共交通运输过程中任意要求搜查旅客的行李、登上船只任意要求乘客提供证件、在检查站任意拦截过往车辆以检查是否存在违反移民法的行为或检查是否存在醉酒驾车的行为、利用警犬任意嗅探以检查学生中是否存在毒品、仅仅因为涉及升迁或特定职位的调动就对联邦政府雇员进行毒品分析等。如果将视角扩大到其他地区所作出的、涉及法律执行与公民（尤其是少数人群体）反应的司法判决，那么其数量将逐渐更加庞大。

然而，另一个深层信息与上述行为可能造成的隐私侵扰一样重要，即在何种情况下上述执法行为能够得到司法上的支持，除了他人存在某种不法行为的情况之外，政府还可能推断他人已经违反法律，并采取一定措施来证实其推断。如果实现了这一点，政府就无需交换其相信公民将合法行事的信任，由此，政府-公民之互信的最根本前提转为一种单向要求，即公民也应当相信政府将理智地行使其侵扰性权力。幸运的是，政府正逐渐以一种节制的方式使用其日渐扩张的权力，不过《宪法第四修正案》还是要求，未来使用权力的控制权应当配置于公民手中，而不是由政府裁量决定。

如果在充斥着暴力行为的时期还要求捍卫《宪法第四修正案》所保护之权利，这种主张从好的角度来说是过于天真，从坏的角度来说就是误入歧途的。但是，当学生被迫接受毒品嗅探犬的任意检查时，当本来担负着执法责任的人员却被迫接受任意分析时，这对我们来说确实有所启示。启迪之处在于，尽管他人能够负责任地行事，但政府也有权作出判断，并因为某种更重要的利益而放弃公民的信任。然而从长远的视角来看，正是此种抛弃信任的行为损害了该种更为重要的利益，因为它推翻了政府－公民之间的互信，而政府－公民之互信正是形成一个合法政府的根基。虽然目前此种观点在有关《宪法第四修正案》的分析中影响甚微，但是只要适当加以发展，它将有助于在变化莫测的时势当中形成一种双重作用的保护机制，不仅能够保护他人的隐私利益，而且能够维持作为民主社会之基石的政府－公民之间的平衡。

《美国联邦宪法第四修正案》保护范围的判断标准

——一种实用主义的方法

丹尼尔·J. 索洛韦伊[①]著　敬罗晖[②]译

目　次

一、导论
二、《美国联邦宪法第四修正案》保护范围的有限性
三、一种实用主义的方法
四、结语

一、导论

自1967年的 Katz v. United States 一案[③]判决以来，美国联邦最高法院（以下简称联邦最高法院）已将合理隐私期待的判断标准作为确定《美国联邦宪法第四修正案》（以下简称《宪法第四修正案》）保护范围的判断标准。根据这一标准，如果政府信息采集行为侵犯了公民的隐私，并且这种隐私被社会认为是"合理"[④]的隐私，那么政府的信息采集行为就要受到《宪法第四修正案》的调整。

但不同的法官对合理隐私期待的判断标准有不同的理解，因此法官们根据该标准所作出的司法裁判往往相互矛盾，并引起学术界广泛的争议，他们争议的焦点主要是：政府信息采集行为是否侵犯公民的

[①] 丹尼尔·J. 索洛韦伊（Daniel J. Solove），美国乔治·华盛顿大学法学院教授。
[②] 敬罗晖，中山大学法学院助教。
[③] 389 U. S. 347, 353 (1967).
[④] 389 U. S. At 361 (Harlan, J., coucurring).

"隐私"。笔者经常参与这些讨论并认为,由于法官们未考虑科技对隐私的影响,因此法官们根据《宪法第四修正案》所作出的司法判决往往缺乏远见,未能与时俱进。

有助于创造优秀的智力游戏的因素并不能创造好的法律。事实上,几乎没有学者赞同合理隐私期待的判断标准,学者抨击联邦最高法院适用合理隐私期待的判断标准所作出的判决是易变的[1]、不符合逻辑的[2]甚至是有可能引起混乱的[3]。一位学者经过长期观察后发现,即使最近的司法判决带有政治倾向性,大多学者还是发现,合理隐私期待判断标准的理论体系仍然十分混乱。[4]

长期以来,笔者都相信,正确认识隐私是实现《宪法第四修正案》所确立的司法审查制度的一个很好的切入点,这就要求我们用一种适应新科技的、灵活而长远的观点去认识隐私,同时还要结合生活经验不断完善自己的隐私观。但现在,笔者发现自己错了。

尽管学者对于合理隐私期待的判断标准争论不休,但是笔者认为这些争论毫无意义,因为这些争论完全是无的放矢。在笔者看来,学者们的争论就像威廉·詹姆斯在他的《实用主义》一书中从哲学的角度探讨那只"松鼠"一样没有价值:

松鼠是所有争论的材料来源——一只站在树干一侧的松鼠;围绕着树,在松鼠的对角线上站着一个想象中的人。这个人想要看一眼那个松鼠,于是他不断绕着树跑动,但无论他跑得多快,那个松鼠都用同样的速度反向绕着树跑,由于那棵树一直挡在他们中间,这个人始终不能瞥见那只松鼠。最终,形而上学的问题就是:这个人是否绕着那个松鼠跑?他毫无疑问是在绕着树跑,那只松鼠也的确在树上,不过这样就能说这个人就是在绕着松鼠跑吗?[5]

---

[1] Sherry F. Colb, What is a Search? Two Conceptual Flaws in Fourth Amendment Doctrine and Some Hints of a Remedy, 55 Stan. L. Rev. 122.

[2] Gerald G. Ashdown, The Fourth Amendment and the "Legitimate Expectation of Privacy", 34 Vand. L. Rev. 1321.

[3] Richard G. Wilkins, Defining the "Reasonable Expectation of Privacy": An Emerging Tripartite Analysis, 40 Vand. L. Rev. 1081.

[4] Donald R. C. Prograce, Stereotypification of the Fourth Amendment's Public/Private Distinction: An Opportunity of Clarity, 34 AM. U. L. Rev. 1191, 1208 (1985).

[5] William James, Pragmatism 22 (Prometheus Books 1991) (1907).

詹姆斯认为,这种争论毫无意义,因为最终要看人们如何理解"绕着松鼠跑"。如果"绕着松鼠跑"意味着从松鼠的北面跑到东面,再到南面和西面,然后再回到北面,那么这个人显然是绕着它跑的,因为这个人确实相继占据了这些方位。相反,如果"绕着松鼠跑"是先在松鼠的前面,再到它的右面,再到它的后面,然后回到前面,那么这个人显然并没有绕着这个松鼠跑,因为,由于松鼠也在进行相对活动,它的肚子总是朝着这个人,背朝着外面。① 詹姆斯解释道,我们应当避免陷入这种没有结果的争论,将精力放在探讨有"实际后果"② 的问题上会更有成效。

正如学者们毫无价值地争论那个人是否绕着松鼠跑一样,当我们在确定《宪法第四修正案》的保护范围这个问题时,我们也将焦点放在错误的地方,即政府的信息采集行为是否侵犯了公民的隐私。这种错误导致《宪法第四修正案》的保护范围与政府调查行为所产生的问题毫无关系,也导致《宪法第四修正案》的保护范围与以下问题毫无关系:政府执法行为是否应当受到司法监督?如果是,这种监督应当包括哪些方面?我们打算在多大程度上对众多的政府信息采集行为进行限制?我们应当如何防止政府权力的滥用?

本文中,笔者主张用一种实用主义的方法来确定《宪法第四修正案》的保护范围,在此之前,笔者先要讨论两个关于《宪法第四修正案》的核心问题:①当政府实施特定形式的信息采集行为时,《宪法第四修正案》是否能够给公民提供相应的保护?②如果能,《宪法第四修正案》又是如何规范这种特定形式的政府信息采集行为?为了论述方便,笔者把第一个问题称为"保护范围"问题(coverage question),把第二个问题称为"程序"问题(procedure question)。

在研究《宪法第四修正案》时,学者们总是倾向于研究"保护范围"问题,由此形成了众多的理论与学说,但这些理论与学说的体系十分混乱。因此,当我们研究《宪法第四修正案》时,我们应当避免探讨隐私期待问题,或者特定价值能否启动《宪法第四修正

---

① William James, Pragmatism 22 – 23.
② William James, Pragmatism 23.

案》的保护机制问题，因为这样会引起不必要的争论。我们应当重点研究的内容是，当公民对政府实施的某种特定的信息采集行为的合理性产生怀疑时，政府所实施的此种采集行为就应当受到《宪法第四修正案》的规范与监督。具体而言，当特定的政府信息采集行为侵犯了公民的隐私，干涉了公民的集会自由、信仰自由和消费观念自由又或者导致寒蝉效应时，公民便会质疑政府信息采集行为的合理性。另外，当政府的信息采集行为反映出对政府权力的限制不足、对执法人员缺乏问责机制、警察自由裁量权过大等问题时，公民也可能会质疑政府信息采集行为的合理性。当政府信息采集行为会产生上述问题时，这种政府信息采集行为便应当受到《宪法第四修正案》的调整。

用上述方法确定《宪法第四修正案》的保护范围可使《宪法第四修正案》的保护范围更为综合全面，并与《宪法第四修正案》所规定的"不合理的搜查"[1] 语态相一致。据此，"保护范围"问题就很容易解答了——当公民对政府所实施的特定形式的信息采集行为的合理性产生怀疑时，《宪法第四修正案》便应当给公民提供相应的保护。

相对而言，"程序"问题更难以解决，因为它涉及《宪法第四修正案》如何规范政府行为的问题。哪种规范能够最大程度的减少由某种特定的政府信息采集行为所产生的问题？哪种程度的监督能兼具有效性和实操性？我们把太多的时间与精力浪费在研究《宪法第四修正案》的"保护范围"问题上，现在，我们应当将研究重点重新转移至"程序"问题上。在理想状态下，立法机关有权制定法律规则来调整政府的信息采集行为，法院并不自行制定法律规则来调整政府的信息采集行为，法院只是在案件的审理过程中判断立法机关所制定的这些法律规则是否与《宪法第四修正案》的基本原则相符合。因此，《宪法第四修正案》简短模糊的声明并不是用来制定这些法律规则，而是用来评价这些法律规则。

如今，尽管在某些独立的领域，立法机关已经制定法律来规范政府的信息采集行为，但立法机关仍未制定全面规范政府信息采集行为

---

[1] See U. S. Const. Amend. IV.

的法律制度。① 在此背景下,《宪法第四修正案》已成为最主要的规范政府信息采集行为的法律,除非新的法律出现,否则,《宪法第四修正案》仍会履行这种职责。一旦立法机关针对政府信息采集行为制定了法律规则,那么法院就应当停止制定法律规则,转而适用并评价由立法者所制定的法律规则。

在本文的第一部分,笔者主张,我们不但要抛弃合理隐私期待的判断标准,而且要避免探讨某一问题是否会启动《宪法第四修正案》保护机制的问题。相反,就像笔者在本文第二部分所主张的那样,当公民对政府信息采集行为的合理性产生怀疑时,《宪法第四修正案》就应当对这样的政府行为进行调整。与其用一种任意的、非逻辑的方法限缩《宪法第四修正案》的保护范围,法院倒不如直接提出规制政府信息采集行为的法律措施。为了这个目的,笔者建议法院与立法机关通力合作,建立起一种协调全面的规范系统,更好地规范政府的信息采集行为。这个系统主要由立法机关制定的法律所构成,并遵循宪法的原则性指导。笔者会在下文证明这种方法的合法性并回应潜在的反对意见。

二、《美国联邦宪法第四修正案》保护范围的有限性

(一) 美国的法律规范体系

多数国家的警察制度是中央集权式的并受法律的制约,但是,美国的执法系统是分散式的并主要为美国联邦宪法所调整。② 现行的规范政府信息采集行为的法律规范主要是根据《宪法第四修正案》所制定的,它规定:任何人的人身、住宅、文件和财产等不受不合理的搜查或扣押;没有合理的事实依据,不得签发搜查证或者逮捕证;搜查证必须具体描述清楚要搜查的地点、需要搜查和查封的具体文件和物品。③

---

① Daniel J. Solove, The Digital Person: Technology and Privacy in the Information Age 202 – 210 (2004).
② Daniel J. Solove, The Digital Person: Technology and Privacy in the Information Age 188 (2004).
③ U. S. CONST. Amend. IV.

美国根据这段话精心制定了调整政府信息采集行为的法律规范。众多依据《宪法第四修正案》所作出的判决形成了大量调整政府调查行为的规范，这些规范几乎涉及政府实施的各种调查行为，包括窃听和监视、搜查住宅、车辆、包裹和电脑、设置检查站等。

《美国联邦宪法》的制定者们不会预见到《宪法第四修正案》会成为规范整个政府执法活动的基础，他们设想宪法只适用于联邦政府，而在1789年，美国联邦政府只进行少量的执法行为，联邦调查局、中情局、国家安全局和其他的联邦机构甚至都还没有产生。同时，当时州与地方警察很少，也不为《宪法第四修正案》所管辖。

但1789年后，美国宪法和政府的执法活动都发生了巨大的变化，警察的数量和规模也开始扩大。新兴的科技使政府更有能力去采集公民的私人信息，同时，致力于减少犯罪和保障国家安全的联邦机构也不断产生。尽管政府机构不断增加，但由于缺乏全面调整各级政府执法行为的成文法律，社会迫切希望产生某些新事物来规范政府执法人员的行为。在此背景下，联邦最高法院依据《美国联邦宪法》确定了许多法律规则来规范政府的行为；此后，《宪法第四修正案》便成为确定政府在何时、以何种方式向公民采集信息的基础性法律规范。

现今，当政府要实施采集公民私人信息的行为时，根据《宪法第四修正案》的要求，政府必须证明其搜查和扣押行为是"合理的"，[①] 这就意味着政府需要有正当理由以获得搜查证或者逮捕证。由于政府在搜查或扣押前需要得到法官授权以取得搜查证或逮捕证，司法部门得以更好地监督执法人员。政府必须有正当理由（即合理可信的信息）证明一个人犯了罪或者正在犯罪，或者能在搜查的场所内发现犯罪证据，并且以足够的谨慎去逮捕或搜查这个人。[②] 如果政府没有遵循这个程序，那么典型的救济方式就是"证据排除规则"，即在审判中排除政府通过非法搜查所获得的证据。[③]

[①] Daniel J. Solove, The Digital Person: Technology and Privacy in the Information Age 189 (2004).

[②] Brinegar v. United States, 338 U. S. 160, 175 – 176（1949）.

[③] Mapp v. Ohio, 367 U. S. 643, 654 – 655（1961）（"We hold that all evidence obtained by searches and seizures in violation of the Constitution is, by the same authority, inadmissible in a state court."）.

但是，许多需要获取公民个人信息的政府行为并不受《宪法第四修正案》的管辖。① 尽管有少数法律条文能够调整政府的信息采集行为，但在大多数情况下，这些行为都不受任何监督或限制。② 因此，在确定《宪法第四修正案》何时对某种特定的政府执法行为进行规范时，我们应当采用怎样的判断标准？

（二）隐私合理期待标准的兴起

一百多年来，联邦最高法院对此问题一直争论不休。根据《宪法第四修正案》，当政府实施"搜查"行为或者"扣押"行为时，《宪法第四修正案》便可以调整这些政府执法行为，但是《宪法第四修正案》并没有对"搜查"行为或者"扣押"行为作出定义。另外，《宪法第四修正案》的文本是在几个世纪以前制定的，在那时，现代科技还没有彻底改变政府执法人员采集公民私人信息的方式。

19世纪后期，针对这个问题，联邦最高法院依据政府执法人员在调查活动中所实施的物理性侵入行为，确定了"物理性侵入标准"。③ 根据此种标准，当政府执法人员偷看公民私人信件或者侵入公民住所④时，他们的行为就应当受《宪法第四修正案》的调整。联邦最高法院所确定的物理性侵入标准在当时是有实际意义的，因为在当时，政府工作人员主要就是通过偷看公民的私人信件或者侵入公民住所这两种方式来收集公民的个人信息。

但科技改变了一切。19世纪后期发展起来的电话通讯技术和窃听通话的技术给《宪法第四修正案》带来了新的、具有挑战性的问

---

① Daniel J. Solove, The Digital Person: Technology and Privacy in the Information Age 200 – 202 (2004).
② Daniel J. Solove, The Digital Person: Technology and Privacy in the Information Age 200 – 202 (2004).
③ Daniel J. Solove, The Digital Person: Technology and Privacy in the Information Age 196 – 197 (2004) ("[T]he Court viewed invasions of privacy as a type of physical incursion.").
④ Daniel J. Solove, The Digital Person: Technology and Privacy in the Information Age 196 – 197 (2004). This was known as the "physical trespass doctrine." See, e. g. Silverman v. United States, 365 U. S. 505, 511 – 512 (1961); Goldman v. United States, 316 U. S. 129, 134 (1942).

题。在1928年的Olmstead v. United States 一案①中，联邦最高法院着重分析了这个问题：《宪法第四修正案》的保护范围是否包括政府执法人员窃听公民电话的行为。联邦最高法院最终决定："《宪法第四修正案》的保护范围并不包括政府执法人员窃听公民电话的行为，因为政府执法人员在窃听公民电话时并没有侵入公民的住宅或者办公室内。"②

但Louis Brandeis法官不同意这种判决。在他看来，联邦最高法院用以确定《宪法第四修正案》保护范围的判断标准过于陈旧，《宪法第四修正案》应当具有"与时俱进的能力"③，也就是说，联邦最高法院应当采用更加灵活和进步的方法来确定《宪法第四修正案》的保护范围，因为："随着科技的发展，政府得以用更为巧妙而且多样的方法来获取公民的个人信息。科技发明使政府能够更有效地深入到公民的壁橱中，窃听他们在里面的谈话，然后再向法庭披露他们的谈话内容。"④

联邦最高法院花了将近四十年的时间才接受了Brandeis法官的观点。为了使《宪法第四修正案》能够与不断发展和变化的新科技相适应，1967年，联邦最高法院在Katz v. United States 一案⑤中推翻了Olmstead一案的判决。Katz一案之后，联邦最高法院形成了现行的、确定《宪法第四修正案》保护范围的判断标准——合理隐私期待的判断标准。Carol Steiker教授分析道："Brandeis法官会感到十分欣慰，因为在确定《宪法第四修正案》的保护范围时，联邦最高法院开始采用一种隐私权导向的判断标准，而不再是僵硬地适用物理侵入标准"。⑥

乍一看，适用合理隐私期待的判断标准来确定《宪法第四修正案》的保护范围似乎很感性。但正如联邦最高法院所言："《宪法第

---

① 277 U. S. 438, 464 – 466 (1928).
② 277 U. S. 438, 464 – 466 (1928).
③ 277 U. S. 472 (1928) (Brandeis, J., dissenting).
④ 277 U. S. 473 (1928).
⑤ Katz v. Unites States, 389 U. S. 347, 353 (1967).
⑥ Carol S. Steiker, Brandeis in Olmstead: "Our Government is the Potent, the Omnipresent Teacher", 79 Miss. L. J. 149, 162 (2009).

四修正案》最重要的作用,就在于保护公民的隐私和尊严免受政府无根据的侵扰。"① 保护公民的隐私是《宪法第四修正案》的目的,这也就是说,公民可以根据《宪法第四修正案》来判断某种政府执法行为是否应当受到法律调整。而且,过时的形式主义的考量(比如单纯地判断政府执法人员的调查行为是否属于物理性侵入行为)不再成为确定《宪法第四修正案》保护范围的依据,这使得《宪法第四修正案》重新开始注重民主与自由的核心价值——隐私。当然,隐私合理期待的判断标准还很灵活,它能与社会共同进步,并与当今的社会价值观相适应。

但隐私合理期待的判断标准并不如预想的那样有效。随着该判断标准的发展,联邦最高法院虽然也形成了它自己的隐私理论,但是,大多数学者都认为,联邦最高法院所采用的这种隐私观过于狭隘、混乱、短视、损害自由并与社会完全脱节。Scott Sundby 教授对此指出:"作为注重保护公民隐私的学说,《宪法第四修正案》未能与不断发展着的、越来越非私人化的社会相适应,也未能回应司法实践中法官不愿意扩大公民个人权利的现象。"② Morgan Cloud 教授也指出:"如果 Katz 一案的初衷是根据《宪法第四修正案》来制定标准,从而确定现代监视技术的应用范围,那么 Katz 案是失败的,因为它没能实现这个目的。"③

举例而言,坚持"第三方学说"理论的法官一直以来都认为,合理的隐私期待是不存在的。因为在他们看来,越来越多的个人信息被第三方所掌握。1979 年,联邦最高法院在 Smith v. Maryland 一案④中裁定,《宪法第四修正案》的保护范围并不包括公民所拨打的电话号码,因为当公民拨打电话时,他们知道"其数字信息会传递到电

---

① Schmerber v. California, 384 U. S. 757, 767 (1966).
② Scott E. Sundby, "Everyman"'s Fourth Amendment: Privacy or Mutual Trust Between Government and Citizen?, 94 Colum. L. Rev. 1751, 1771 (1994).
③ Morgan Cloud, Rube Goldberg Meets the Constitution: The Supreme Court, Technology and the Fourth Amendment, 72 Miss. L. J. 5, 28 – 29 (2002). See also Katherine J. Strandburg, Freedom of Association in a Netwoeked World: First Amendment Regulation of Relational Surveillance, 49 B. C. L. Rev. 741, 769 – 777 (2008).
④ 442 U. S. 735, 743 (1979).

信公司",并且电信公司会将这些数字信息作为收费的依据,因此公民不能"指望他们拨打的电话号码也能成为秘密"。1976年,在 United States v. Miller 一案①中,联邦最高法院基于同样的理由,认为公民对自己的银行帐号并不享有合理的隐私期待。

根据"第三方学说",联邦最高法院总结了公民不享有隐私合理期待的特定情况,这些情况包括:执法人员从直升机上观察公民的住宅②、搜查公民丢在路边的垃圾袋③、让警用犬去闻公民的行李中是否有违法物品④或者秘密地记录公民的谈话并将谈话的内容公布出去⑤。

笔者可以接着列举让笔者和许多学者都感到困惑的案例和学说,但之前笔者已经批评过法院的隐私观,因此在此不再赘述。在笔者看来,虽然联邦最高法院所采用的隐私观过于注重信息的私密性,但联邦最高法院没有考虑到这样的事实:在"信息时代",只有极少数人的个人数据是私密的。⑥ 笔者一直期望联邦最高法院能认识到其所采用的隐私观是错误的,如果联邦最高法院能够像笔者主张的那样对待隐私观念,那么《宪法第四修正案》将会恢复生机。

如今,笔者坚信隐私合理期待的判断标准不可能复兴。尽管"隐私是由什么构成"的争论非常重要也非常有趣,而且与《宪法第四修正案》有关,但这个问题并不是决定能否启动《宪法第四修正案》保护机制的核心问题。

---

① 425 U. S. 435, 442 (1976).
② Florida v. Riley, 488 U. S. 445, 450 – 452 (1989) ("[Petitioner] could not reasonably have expected that his greenhouse was protected from public or official observation from a helicopter had it been flying within the navigable airspace for fix-wing aircraft.").
③ California v. Greenwood, 486 U. S. 35, 43 – 44 (1988) ("We have already concluded that society as a whole possesses no [reasonable expectation of privacy] with regard to garbage left for collection at the side of a public street.").
④ Illinois v. Caballes, 543 U. S. 405, 409 (2005) ("[T] he use of a well-trained narcotics detection dog…during a lawful traffic stop, generally does not implicate legitimate privacy interests.").
⑤ United States v. White, 401, U. S. 745, 753 – 754 (1971) (concluding that an agent could record or transmit a conversation with the defendant without a warrant).
⑥ Daniel J. Solove, The Digital Person: Technology and Privacy in the Information Age 42 – 44 (2004).

(三) 隐私合理期待的判断标准注定灭亡的原因

隐私合理期待的判断标准无法修复,它注定灭亡。因为,从它构建的方式来说,隐私合理期待的判断标准是要建立一种测量社会隐私观的实证主义度量标准。然而,即使联邦最高法院在其判决中认定某种隐私期待是被社会所认可的,即"合理的",联邦最高法院也从未引用任何实证性证据来支撑其观点。正如一位学者指出:"我们如何得知哪些事物会被社会认为是'合理的'?由于没有任何直接的答案,某种隐私期待是否'合理'最终也主要是由联邦最高法院的法官来决定。"①

联邦最高法院也承认,隐私合理期待的判断标准并不是完全实证的。② 举例而言,在 United States v. Jacobsen 一案③中,联邦最高法院解释道:"公民对个人隐私所持有的单纯期待往往难以获得有关当局的注意,因此,社会所认可的具有合理性的隐私利益与公民的单纯隐私期待大不相同。"Scalia 法官也曾指出:"在我看来,过去三十年间由 Katz 一案所明确的唯一一件事就是,社会认为合理的隐私期待与法院所认可的隐私期待惊人地相似。"④

实际上,联邦最高法院从未采取任何措施去决定,社会认为哪些隐私期待属于合理的隐私期待。很明显,法官并不具有感知公民喜好和价值观的能力,于是法官只能根据自己的喜好和观点来判断他人的隐私期待是否合理,而不管他们的判断是否与社会公众的观点相一致。

在许多情况下,虽然法院可能认定政府的某种执法行为侵犯了公民的隐私,但公民则可能持相反的态度,他们可能会认为政府的此种执法行为并没有侵犯他们的隐私。Christopher Slobogin 教授和 Joseph Schumacher 教授曾做过关于公民的隐私期待与法院所认定的隐私期

---

① Robert M. Bloom, Searches, Seizures, and Warrants 46 (2003); see also Minnesota v. Carter, 525 U. S. 83, 97 (1998) (Scalia, J., concurring).
② See Smith, 443 U. S. at 740 n. 5.
③ 466 U. S. 109, 122 (1984).
④ Carter, 525 U. S. at 97 (Scalis, J., concurring).

待是否一致的调查,① 结果显示,"就警察采用技术侦查手段获取公民个人信息的行为是否应当纳入《宪法第四修正案》保护范围内这一问题而言,联邦最高法院与大多数公民持不同的观点"②。

因此,虽然许多学者批评美国联邦最高院未能正视社会的隐私期待③,但是在判断他人的隐私期待是否合理时,联邦最高法院有充分的理由拒绝适用经验证据。以调查法为例,虽然调查法是衡量事物性质的最主要的实证方法,但这种方法会产生以下问题。

第一,不同的群体对于隐私有不同的认识,这是因为不同的公民可能具有不同的民族、种族或者宗教信仰。我们应当尊重少数人的意志,并对多数人的意志进行必要的限制,从而更好地保护少数人的意志自由,这正是《人权法案》广受民众拥护的原因。如果联邦最高法院单纯根据社会调查的统计结果来决定某种隐私期待是否"合理",则会出现《宪法第四修正案》被多数人的喜好所束缚的结果;而且这样可能使少数意见被视为非法而受到打压。但《美国联邦宪法》的制定目的就是在特定状况下超越多数人的意志,从而更好地保护少数人的意志不被多数人的意志所干预。

第二,用调查法来判断公民的隐私合理期待是有缺陷的,因为在隐私问题上,公民的言行常常不相一致。④ Alessandro Acquisti 教授和 Jens Grossklags 教授经过长期的观察后发现:"最近的调查和实验结果表明,就个人隐私问题而言,公民的态度和实际行为之间存在巨大分歧……尽管公民会说个人隐私对他们非常重要,但是他们却愿意用个

---

① Christopher Slobogin & Joseph E. Schumacher, Reasonable Expectation of Privacy and Autonomy in Fourth Amendment Cases: An Empirical Look at "Understanding Recognized and Permitted by Society", 42 Duke L. J. 727, 732 (1993).
② Christopher Slobogin & Joseph E. Schumacher, Reasonable Expectation of Privacy and Autonomy in Fourth Amendment Cases: An Empirical Look at "Understanding Recognized and Permitted by Society", 42 Duke L. J. 774 (1993).
③ Robert M. Bloom, Searches, Seizures and Warrants 46 (2003); Slobogin & Schumacher, Christopher Slobogin & Joseph E. Schumacher, Reasonable Expectation of Privacy and Autonomy in Fourth Amendment Cases: An Empirical Look at "Understanding Recognized and Permitted by Society", 42 Duke L. J. 774 (1993).
④ See Alessandro Acquisti & Jens Grossklags, Privacy and Rationality: A Survey, in Privacy and Techniligies of Identity: A Cross-disciplinary Conversation 15, 16.

人隐私换得方便，或者用公布个人信息的方式换得回报，哪怕这些回报相对较小。"从调查中很容易得出"公民很重视隐私"这个结论，但要确定公民是否真正重视隐私，则必须观察他们的实际行为是否与其言论相符。

尽管观察公民的实际行为所得到的数据比调查法所得到的数据似乎更加准确，但观察公民的实际行为所得到的数据仍不足以确定公民的喜好。公民往往不能认识到他们的行为可能会泄露隐私，因为通常而言，他们的信息是从不同的地方分别被收集起来的。就独立的信息碎片而言，公民往往不觉得自己的隐私被侵犯了，但当有关他们的所有的信息被集中起来时，公民才惊讶地发现这些信息揭示了他们的人格、兴趣爱好和智力工作成果等方面的信息。笔者将该现象称为"集合效应（aggregation effect）"。[1]

综上所述，通过调查法所获得的数据和通过观察公民的实际行为所获得的数据都有缺陷，因为这两种方法都是在公民不完全知悉真情的情况下去反映公民的思维和行动。举例而言，让我们分析一下公民是否对自己的垃圾享有合理隐私期待。1998年，在California v. Greenwood一案[2]中，联邦最高法院裁定公民对自己丢弃在路边的垃圾不享有合理的期待隐私。但Slobogin教授和Schumacher教授做过一项研究，该研究要求公民对政府执法人员实施的各种搜查行为进行排序，结果表明，公民将政府执法人员搜查他们垃圾的行为视为侵犯个人隐私的行为[3]，并且，公民认为政府执法人员让警用犬嗅他们的行李的行为是更加侵犯个人隐私的行为。不过，如果公民知道更多有关政府执法人员实施搜查行为的真相时，他们的排序结果可能会与现在的排序结果不同。

实际上，让警用犬嗅公民行李的行为可能只会泄露有限的关于行李内容的信息，甚至有可能不会泄露任何个人信息，因为行李内根本就没有可泄露的信息。但公民个人的垃圾则不同，因为个人的垃圾内可能包含任何值得被披露的内容，如公民的个人书信、从头发样本中

---

[1] Daniel J. Solove, Understanding Privacy at 118–119 (2008).
[2] 486 U. S. at 40.
[3] Slobogin & Schumacher, supra note 52, at 739–741.

获取的个人基因信息或者其他类似的东西。Slobogin 教授在后续的实证调查中发现，公民将政府执法人员搜查其信用卡记录、用药记录和银行账户记录的行为视作严重侵犯其个人隐私的行为[1]，但信用卡记录、用药史信息或者银行卡记录等信息都能通过垃圾被披露出来，因为公民会定期丢掉他们的经济账单和空药瓶。尽管现在公民仍然认为搜查他们的垃圾并不属于严重侵犯个人隐私的行为，但如果公民知道上述事实时，他们会发现政府执法人员所实施的搜查其个人垃圾的行为比其他搜查行为更加侵犯他们的隐私，他们的言行也会与现在不同。

因此，要正确地衡量社会的隐私期待非常困难。即使联邦最高法院真的能够设计出一种度量标准，精准展现在知悉真情的情况下，公民的哪些事物仍然会被他们看作隐私，但是，由于以下三种原因的存在，合理隐私期待的判断标准仍然无效：其一，公民的隐私观会随着科技的发展而变化，原本被公民视为隐私的事物可能不再是隐私，这种科技对隐私的侵蚀现象使得政府得以进行更深层次的搜查行为；其二，公民的隐私期待在某种程度上是由法律决定的，因为司法判决对引导公民形成隐私期待有重要作用，当联邦最高法院判决公民在某种事上享有或者不享有合理隐私期待时，这种判决结果对于公民日后的隐私期待会产生重大影响；[2] 其三，政府可以采取措施，使公民习惯自己的隐私权不断被限缩的事实，举例而言，正如 Anthony Amsterdam 教授所说，如果政府每晚都通过电视宣传"每个人都可能成为电子监控的对象"的思想，久而久之，政府就能够达到削弱民公民隐私期待的目的。[3]

经过分析可知，公民的隐私期待会受到多方面的影响，因此，研

---

[1] Christopher Slobogin, Privacy at Risk: The New Government Surveillance and the Fourth Amendment 184 (2007).
[2] See, e.g., Michael Abramowicz, Constitutional Circularity, 49 UCLA L. Rev. 1, 60 – 61 (2001); Richard A. Posner, The Uncertain Protection of Privacy by the Supreme Court, 1979 Sup. Ct. Rev. 173, 188; Robert C. Post, Three Concepts of Privacy, 89 Geo. L. J. 2087, 2094 (2001).
[3] See Anthony G. Amsterdam, Perspectives on the Fourth Amendment, 58 Minn. L. Rev. 349, 384 (1974).

究公民的隐私期待并没有多大作用。事实上，无论公民是否希望特定信息成为隐私，如果这些信息具有重要价值，法律都应当保护这些信息。可以说，重要的不是公民的隐私期待是什么，而是公民希望通过法律实现怎样的目的：公民寻求法律的帮助并不仅仅是需要法律来保持社会现状，更是需要法律来改变现状，最终将社会改造成公民所设想的那样。

现在让我们考虑一下公民对个人邮件的隐私期待。很长时期以来，公民并不指望他们的书信会成为隐私。[①] 从殖民时代到美国革命再到整个19世纪，公民都担心投递员会违法偷看他们的私人信件，为此，立法机关甚至颁布了许多法律以保护公民的信件不被非法开启。[②] 即使信件本身并不是私密的，公民仍然希望他们的信件能不被窥探。David Seipp指出："使信件享有像私人住宅一样神圣不可侵犯的地位的观点在19世纪广为流行。"[③] 社会不仅仅期待私人信件成为隐私，而且强烈要求私人信件成为隐私，于是立法机关便出台法律来实现社会的这种强烈要求。

但即使政府的信息采集行为没有侵犯公民的隐私，公民还是希望能够对这种政府行为进行规范。根据以上分析可知，用教条式的标准来判断何为隐私会产生严重的问题，因为它可能使法院和学者们陷入争论"隐私是什么"的沼泽当中，而没能关注《宪法第四修正案》的更重要的问题，这种不顾实际结果的争论并没有任何实际作用。

设想一下，以下两种政府信息采集行为哪个应当纳入《宪法第四修正案》的保护范围之中：①边境管理工作人员在不打开行李的情况下用手去挤压公民的行李；②政府发射新的卫星和建立新的摄像监视系统，来追踪和记录公民在公共场所的行为，并且公民终生都将受到这种监视。第一种行为已经在《宪法第四修正案》的保护范围

[①] Daniel J. Solove, The Digital Person: Technology and Privacy in the Information Age 225 (2004).

[②] Daniel J. Solove, The Digital Person: Technology and Privacy in the Information Age 225 (2004).

[③] Note, The Right to Privacy in Nineteenth Century America, 94 Harv. L. Rev. 1892, 1899 (1981).

之内。① 在 2000 年的 Bond v. United States 一案②中，联邦最高法院审理了一项有关政府执法人员实施搜查行为的案件：边境巡逻员用手去挤压一个公交车乘客的帆布包并发现了一个像砖块一样的东西，结果证实该物品为甲基苯丙胺，但法院最终裁定边境巡逻员的这项搜查行为违反《宪法第四修正案》，因为该公交车乘客不能够预料到他的包裹会被政府执法人员所挤压。然而，第二种行为似乎并不在《宪法第四修正案》的保护范围之内，因为联邦最高法院早已认定，公民在公共场所的所作所为并不属于公民合理隐私期待的范畴。在 1983 年的 United States v. Knotts 一案③中，联邦最高法院裁定，如果政府在公民住宅以外的地方追踪公民的行踪，那么此时公民不享有合理的隐私期待。1986 年的 California v. Ciraolo 一案④与此案类似，法院裁定，如果行为人在公共场所从上空用肉眼观察他人，此时，他人也不享有合理隐私期待。

目前的状况是，政府在公共场所实施的大量的密集的监视行为已经造成了公民的担忧，公民害怕这种监视行为可能会损害民主和自由。很明显，政府通过监视行为获得了巨大的权力，政府甚至可以建一个专门收集公民信息的信息库，然后用公民违反法律法规的事件作为借口来攻击公民的言论、政治信仰或者政治活动；同时，政府也可以用从监视中所获得的、令人尴尬的信息来勒索公民；政府工作人员可能无意地泄露这些信息，甚至可能有意地泄露这些信息来报复公民或者诽谤公民。因此，政府实施这些监视行为有可能导致寒蝉效应，并压制公民的反对意见。

即使允许政府系统性地实施监视行为，这些监视行为至少应当受

---

① See Bond v. United States, 529 U. S. 334, 336 (2000).
② Bond v. United States, 529 U. S. 338 – 339 (2000). ("A bus passenger clearly expects that his bag may be handled. He does not expect that other passengers or bus employees will, as a matter of course, feel the bag in an exploratory manner.").
③ 460 U. S. 276, 282 – 285 (1983) ("Nothing in the Fourth Amendment prohibited the police from augmenting the sensory faculties bestowed upon them at birth with such enhancement as science and technology afforded them in this case.").
④ 476 U. S. 207, 215 (1986) ("In an age where private and commercial flight in the public airways is routine, it is unreasonable for respondent to expect that his marijuana plants were constitutionally protected from being observed with the naked eye from an altitude of 1000 feet.").

到某种程度的监督和规范。依据现行的《宪法第四修正案》，虽然政府执法人员挤压公民背包的行为微不足道，但这种行为已经完全被纳入《宪法第四修正案》的保护范围，但政府系统性的监视公民的行为却不受《宪法第四修正案》的拘束，这种不一致的结果会误导学者们对《宪法第四修正案》的研究，学者们应当重点研究的内容不是政府实施的哪些执法行为会侵犯公民的隐私，而是政府实施的哪些执法行为应当受到《宪法第四修正案》的调整。

因此，笔者支持废弃隐私合理期待的判断标准。William Stuntz 教授也反对隐私合理期待的判断标准并认为："《宪法第四修正案》对政府的执法行为设置了正当程序，这既是为了避免政府强迫公民做他们不愿意做的事情，也是为了防止政府对公民使用暴力。不过，现在的问题是，《宪法第四修正案》过度关注隐私，导致其确定的正当程序在很大程度上已经被抛弃了。"[1] Raymond Ku 教授则主张，将《宪法第四修正案》视为对抗政府权力过度扩张、"保护公民在面对政府时的权威"[2] 的法律；Jed Rubenfeld 教授则认为："《宪法第四修正案》并不保障公民的隐私权，如果它确实保障什么东西的话，那应该是公民的安全权。"[3]

《宪法第四修正案》究竟保护公民免受政府所实施的哪些行为的侵扰？对此问题，学者的意见莫衷一是，包括：物理性侵入行为、隐私权侵害行为、政府权力行使行为、过度强制行为和一般搜查行为。[4] 但在笔者看来，《宪法第四修正案》保护公民免受政府所实施的行为的侵扰，并不意味着《宪法第四修正案》只保护公民免受某一种特定政府行为的侵扰。正如 William Cuddihy 教授在其介绍《宪

---

[1] William J. Stuntz, The Substantive Origins of Criminal Procedure, 105 Yale L. J. 393, 446 (1995).

[2] Raymond Shi Ray Ku, The Founders' Privacy: The Fourth Amendment and the Power of Technological Surveillance, 86 Minn. L. Rev. 1325, 1326 (2002).

[3] Jed Rubenfeld, The End of Privacy, 61 Stan. L. Rev. 101, 104 (2008); see also Thomas K. Clancy, What Does the Fourth Amendment Protect: Property, Privacy, or Security?, 33 Wake Forest L. Rev. 307, 309 (1998).

[4] See e. g., Thomas Y. Davies, Recovering the Original Fourth Amendment, 98 Mich. L. Rev. 547, 551 (1999); Tracey Maclin, When the Cure for the Fourth Amendment is Worse than the Disease, 68 S. Cal. L. Rev. 1, 9 (1994); Sundby, supra note 38, at 1777.

法第四修正案》起源与发展历史的书中所主张的那样:"《宪法第四修正案》的发展历史揭示了其难以用语言描述的深度和复杂性,《宪法第四修正案》并不只是表达一种思想,而是表达了多种思想,并且这些思想会随着历史不断演变进步。"①

寻找《宪法第四修正案》的核心内涵,或者确定某一特定问题能否启动《宪法第四修正案》的保护机制,这些都是需要花费大量时间精力却得不到实际结果的问题,因此我们在研究《宪法第四修正案》时应当尽量避开这些问题。在下一部分,笔者会尝试着提供一个更进一步的方法。

三、一种实用主义的方法

在信息化和科技迅猛发展的现代,《宪法第四修正案》一直以来都被视作规范政府信息采集行为的法律,但问题在于,《宪法第四修正案》并不是出于这个目的而制定的。我们试图用《宪法第四修正案》中简短的、表述其基本原则的话语来规范数不清的政府信息采集行为,但宪法并不是详细的法典,人权法案更是如此,宪法的作用只是陈述基本的法律原则,给政府权力的行使设置基本的界限,限制和引导法院就议会制定的法律的合法性进行审查。

现实是,《宪法第四修正案》仍是规范政府信息采集行为的最主要的法律,尽管政府实施的少数特定形式的信息采集行为(比如搭线窃听、窃听)已经受到立法机关所制定的法律的规范,但政府实施的大多数信息采集行为并不受《宪法第四修正案》的规范,政府实施的少数信息采集行为甚至不受任何法律的制约规范。

认清这个现实是采用实用主义方法确定《宪法第四修正案》保护范围的前提,我们应当摈弃所有确定《宪法第四修正案》保护范围的判断标准,集中精力解决实际难题,即怎样更好地规范政府实施的信息采集行为。《宪法第四修正案》应当用一种综合全面的方式来调整政府实施的信息采集行为。而实用主义方法的基本原则就是:当

---

① William J. Cuddihy, The Fourth Amendment: Origins and Original Meaning 770 (2009).

问题出现时，我们要尝试去理解这个问题，然后再想办法解决问题。①

因此，保护范围问题就很好解决：当公民对政府实施的某种信息采集行为的合理性产生怀疑时，《宪法第四修正案》就应当规范此种政府信息采集行为：一方面，政府信息采集行为经常会产生许多妨害自由和民主的问题，因为政府所实施的信息采集行为可能会侵犯公民的隐私或者抑制公民的言论自由与集会自由，使公民不敢表达自己的思想；另一方面，政府所实施的信息采集行为会使政府大量获得公民的个人信息，导致政府间接获得许多未被限制的权力或自由裁量的权力，政府官员也可能因此滥用自己的职权。当上述问题产生时，《宪法第四修正案》就应当介入。上述问题都是宪法层面的问题，因为这些问题对于确定政府权力范围、政府与公民之间的关系以及公民行使自治权、言论自由、交流自由、结社自由、政治活动自由、追求自我发展、表达自己的意见、信仰和价值观等方面具有基础性作用。

相对而言，程序问题更难解决：我们应当如何规范政府实施的信息采集行为？不幸的是，《宪法第四修正案》的保护范围问题转移了我们的注意力，使得我们不能集中精力处理程序问题。从某种意义上讲，我们一直都在逃避程序问题。

要想有所突破，我们就必须直面程序问题，而不是逃避程序问题。如果我们无法从《宪法第四修正案》当中找到能够约束政府信息采集行为的法律规范，那我们就应当制定新的法律规范来约束政府的信息采集行为。我们不能因为确定《宪法第四修正案》的保护范围的理论晦涩难懂，就不对政府所实施的、会产生严重问题的信息采集行为进行必要的调整。

（一）监督与规范

我们应当正视这样的现实：由于出现巨大的立法空缺，《宪法第四修正案》已经成为规范政府执法人员所实施的信息采集行为的最主要的法律规范。尽管《宪法第四修正案》最有效的作用是引导法

---

① 12 John Dewey, Logic: The Theory of Inquiry, in The Later Works 1, 110–113 (Jo Ann Boydston ed., 1986).

院去审查立法机关所立法律的合宪性，但当缺乏立法机关的立法时，它则承担着提供法律规范来调整政府信息采集行为的重责，我们不能为了避免《宪法第四修正案》扮演这种角色而武断地确定其保护范围。

但实用主义的方法则不同，它重视实际后果，而不是将重点放在分析方法上。依据实用主义的方法，我们应当从分析政府信息采集行为所引起的问题出发，以公民是否会对政府实施的某种信息采集行为的合理性产生怀疑为根据，来确定《宪法第四修正案》的保护范围。

如果适用这个方法，那么大量的政府信息采集行为可能会受到《宪法第四修正案》的调整。但此时，程序问题产生了更难以解答的问题：如何适用《宪法第四修正案》来规范政府实施的特定信息采集行为？要求政府基于正当理由获得搜查证，并在实施信息采集行为时出示搜查证或者逮捕证的方法并不能解决所有的问题，[①] 但如果我们采用多种监督和规范手段来调整政府所实施的信息采集行为，则可能使政府在实施信息采集行为时需要花费巨额成本，并且导致政府实施的调查活动严重缺乏效率。因此，我们应当先了解政府所实施的信息采集行为会产生怎样的问题，有哪些方法可以改善这些问题，从而确定政府所实施的信息采集行为的社会价值。上述分析活动要注重以下几个方面：这种信息采集行为是政府定期都会进行的，或是从未进行过的？是不是为了某项调查活动而进行的？是不是作为政府调查活动的最后手段？这种信息采集行为是针对特定案件的犯罪嫌疑人，或是针对全体民众？

即使是证据的排除规则也应受实证主义方法的限制。根据证据的排除规则，只要政府执法人员在搜查证据时违反了相关的程序，那么，他们通过非法手段收集到的证据就不能作为定案依据，但是根据实证主义方法，政府执法人员违反《宪法第四修正案》所应承担的法律责任要根据实际后果来决定，而不仅仅根据程序是否正确而决定。

绝大多数情况下，我们能够设计出一种特定的监督和规范方式，这种监督和规范方式在允许政府实施信息采集行为的同时还能够减少

---

① Fabio Arcila, The Death of Suspicion, 51 Wm. & Mary L. Rev. 1275, 1341 (2010).

由于政府行为所产生的问题。以政府实施的基因信息采集行为为例，假设政府想要获得某个公民的 DNA 信息，警察就必须跟着这个人并等着他丢掉含有其基因信息的物件，然后从中获得他的 DNA 信息。根据现有学说，《宪法第四修正案》能够给这个公民提供保护吗？答案是不能。① 尽管联邦最高法院并没有专门就这个问题作出解答，但是在参考 1988 年联邦最高法院裁定的 California v. Greenwood 一案②的基础上可知，联邦最高法院将丢弃含有 DNA 信息的物件与丢弃普通垃圾作类推，并裁定公民在此情况下并不享有合理的隐私期待。与此类似的是，在 2006 年的 Commonwealth v. Ewing 一案③中，马萨诸塞州上诉法院裁定，公民对其丢弃的香烟不享有合理的隐私期待，即使第三人从其丢弃的香烟中获取了他的 DNA 信息，他也不能要求第三人对其承担隐私侵权责任，因为他"自愿的把香烟当作垃圾丢掉了"。同样，在 2007 年的 State v. Athan④一案中，华盛顿最高法院审理了以下案件：一个警察冒充共同诉讼案件的律师，致信询问被告是否要加入该诉讼，被告通过信件回复该警察，由于被告是用唾液来封信的，该警察便从信封中获得了被告的 DNA 信息。⑤ 华盛顿最高法院最终裁定："警察暗中跟踪嫌疑人来收集嫌疑人的指纹、足迹或者其他定罪证据的行为并不侵犯该嫌疑人的隐私。"⑥

在适用隐私合理期待的判断标准来确定《宪法第四修正案》的保护范围时，学者们将精力更多地放在研究分析方法上而忽略了更为重要的问题：政府是否能够在毫无监督的情况下收集公民的基因信息？政府是否能在公民毫无怀疑的情况下收集其样本？政府可以随意使用这些样本并按自己的意愿保留这些样本吗？政府可以在没有任何限制的情况下系统性地向公民采集这些信息吗？为了获得公民的 DNA 信息，政府可以在多大程度内使用诡计和欺骗手法呢？

---

① See Elizabeth E. Joh, Reclaiming "Abandoned" DNA: The Fourth Amendment and Genetic Privacy, 100 Nw. U. L. Rev. 857, 862 (2006).
② See California v. Greenwood, 486 U. S. 35, 50 (1988).
③ 854 N. E. 2d 993, 1001 (Mass. APP. Ct. 2006).
④ 158 P. 3d 27, 31 (Wash. 2007).
⑤ 158 P. 3d 32 (Wash. 2007).
⑥ 158 P. 3d 37 (Wash. 2007).

基因信息可以揭示一个人的用药史,也可以揭示其家人的用药史。[①] 因此,应当采取监督和限制手段,使得政府只能向犯罪嫌疑人采集 DNA 信息,以避免政府滥用权力,因为即便《宪法第四修正案》要求政府向法院提供正当理由以获取搜查证、并在实施信息采集行为前出示该搜查证,它也不能防止政府从公民抛弃的物品中获取公民的 DNA 信息。

如今,公民可以通过网络远程进入"云计算"软件来储存文件、视频或者照片,像谷歌 Docs 就允许公民上传需要进行文字处理的文件、电子数据表或者其他文件到谷歌的服务器上,这项功能对于备份数据或者将各种文件进行综合处理有十分重要的作用。由于这些文件不再由公民的家庭电脑所储存,而是由第三方来储存,因此这些数据很可能不受《宪法第四修正案》所保护。有的学者认为第三方学说仅适用于有限类型的资料,不能适用于所有文件和电话通话的全部内容[②]。其他学者则用更开阔的眼光看待这个学说,认为可以将这个学说适用至所有公民的个人信息上,哪怕这些信息是由第三方代为保存。[③]

但争论第三方学说是否能够适用于所有信息并没有实际意义,因为联邦最高法院根据该学说所作出的判决相互矛盾。[④] 在 1979 年的 Smith v. Maryland 一案[⑤]中,联邦最高法院提出了两个理由证明电话号码不能成为第三方学说所保护的对象:①本案有关的信息仅仅只是电话号码,而不包括"通话内容";②公民知道他们必须向电信公司

---

① See, e.g., Michelle Hibbert, DNA Databanks: Law Enforcement's Greatest Surveillance Tool?, 34 Wake Forest L. Rev. 767, 782 (1999); Sonia M. Suter, Disentangling Privacy from Property: Toward a Deeper Understanding of Genetic Privacy, 72 Geo. Wash. L. Rev. 737, 739 (2004).

② See Deirdre K. Mulligan, Reasonable Exceptions in Electronic Communications: A Critical Perspective on the Electronic Communications Privacy Act, 72 Geo. Wash. L. Rev. 1557, 1581 (2004).

③ See Computer Crime & Intellectual Prop. Section Criminal Div., Dep't of Justice, Searching and Seizing Computers and Obtaining Electronic Evidence in Criminal Investigations 6 – 10 (2009), available at http://www.justice.gov/criminal/cyber crime/ssmanual/ssmanual2009.pdf.

④ See, e.g., Smith, 442 U.S. at 741; United States v. Miller, 425 U.S. 435, 442 (1976).

⑤ See 442 U.S. at 741, 743 (italics omitted); supra notes 40 – 41 and accompanying text.

传输电话号码信息,因此他们不能指望所"拨打的号码不为别人所知悉"。这是不是意味着只有当涉案信息不像通话内容那么敏感时,第三方学说才能够适用?还是说只要信息是被第三方所掌控,第三人学说就可以适用?但在 Smith 一案前几年,也就是 1976 年,联邦最高法院审理了 United States v. Miller 一案①,联邦最高法院最终将公民的银行账户纳入第三方学说的范围,并建议学界对第三方学说做更宽广的解释。问题在于,医疗记录是不是也适用第三方学说呢?因为公民终究还是要将自己的医疗状况告知他们的医生。联邦最高法院是不是真的坚持认为,公民对自己的医疗数据缺乏合理的隐私期待,因为公民必须向其医生告知自己的医疗状况呢?用这样的逻辑得出的结论会让很多人都觉得荒谬可笑。

如果采用笔者所主张的实用主义方法,这样的争论完全可以避免。实用主义方法强烈主张,政府从第三方获取公民个人信息的行为必须受到监督和规范。公民由于日常活动、阅读活动或者购物活动等所产生的数据越来越为第三方所掌握,但这并不意味着对政府信息采集行为的法律规范和监督取决于这些信息为谁所掌握。另外,使得公民得以将其个人信息储存于自己的住宅以外的、不断发展着的科技也不能阻碍这些信息受到法律的保护。

公民是否希望其个人的隐私数据为第三方所掌握并不是我们应当争论的,因为这种争论忽视了更为基础的问题:政府从第三方获取数据的行为是否应当受到监督和规范?如果需要,怎样的规范和监督能够在实现政府执法目标的前提下最大程度地保护公民权利不受侵害?

有趣的是,Orin Kerr 教授是从适用《宪法第四修正案》对政府的执法调查活动会产生哪些实际后果的角度,而不是从公民对于其个人的数据记录不具有隐私权的角度,来论证第三方学说的合理性。② Kerr 教授相信,由成文法和其他规范所构建的规范系统,能很好地保护由第三方所掌握的公民的个人信息,"《宪法第四修正案》当中

---

① Miller, 425 U. S. at 442.
② See Orin S. Kerr, The Case for the Third-Party Doctrine, 107 Mich. L. Rev. 561, 597 (2009).

并没有其他中间路径"。①

　　Kerr教授认为,由于《宪法第四修正案》所建立的规范有许多不足之处,《宪法第四修正案》的保护范围不应当包括由第三方所保存的公民个人数据记录。② 但事实上,许多由第三方所保存的数据记录几乎不受成文法的调整,也不受他所提到的替代性的规范机制所调整。③

　　在确定《宪法第四修正案》的保护范围时,如果我们仅仅因为《宪法第四修正案》存在问题,就将某些政府执法行为排除于《宪法第四修正案》的保护范围之外,那么我们的这种做法无异于削足适履。因此,为了完善《宪法第四修正案》,我们应当改良其中的某些规则,使其更能符合实际需要。就政府从第三方获取公民个人信息的行为而言,尽管公民的个人信息不再掌握于公民自身,而是由第三方代为保管,但《宪法第四修正案》仍然应当对这种政府行为进行必要的调整与规范。如果立法机关试图通过制定法律来保护由第三方代为保管的公民个人信息时,法院应当对立法机关制定的法律的有效性进行评价。换句话说,当政府实施了通过第三方获取公民个人信息的行为时,法院首先应当分析政府实施这种行为会带来哪些好处,会产生怎样的问题,然后分析立法机关制定的法律是否能够实现这两者之间的平衡,在此基础上再对立法机关制定的法律的有效性作出评价。如果在确定《宪法第四修正案》的保护范围时,联邦最高法院将政府通过第三方获取公民个人信息的行为排除在外,那么联邦最高法院将会陷入一个非常荒谬可笑的境地:当公民将其个人信息上传至第三方的服务器上,让第三方代为保管自己的个人信息时,公民就不再对这些个人信息享有合理的隐私期待。为什么要玩这种无聊的文字游

---

① See Orin S. Kerr, The Case for the Third-Party Doctrine, 107 Mich. L. Rev. 561, 597 (2009).
② See Orin S. Kerr, The Case for the Third-Party Doctrine, 107 Mich. L. Rev. 561, 597 (2009).
③ See Daniel J. Solove, The Digital Person: Technology and Privacy in the Information Age 202–209 (2004). For example, "[r]ecords held by bookstores, department stores, restaurants, clubs, gyms, employers and other companies are not protected [by statute from government access]." Id. at 208.

戏？为什么不直面问题，然后尝试找出解决办法，从而有效地规范政府通过第三方获取公民个人信息的行为？在对《宪法第四修正案》进行分析时，我们应当探究的不是如何保护隐私的问题，而是如何对政府信息采集行为进行监督和规范、监督和规范需要多大的社会成本、会产生怎样的社会效果等等问题。

（二）对潜在反对意见的回应

就笔者所主张的实用主义方法而言，学者们可能会提出三个方面的反对意见：①"法律适用不一致的反对意见"（inconsistence objection），学者们可能觉得实用主义方法会导致法律适用的不一致；②"文本性的反对意见"（textualist objection），学者们可能觉得实用主义方法太过不确定，因为它与《宪法第四修正案》的文本内容相去甚远；③"法官成为实际上的立法者的反对意见"（usurpation objection），学者们可能觉得实用主义方法侵害了立法者的立法职权。

1. 法律适用不一致的反对意见

Kerr 教授认为，在确定《宪法第四修正案》的保护范围时，我们不能采用政策模式，因为"下级法院不能统一一致地贯彻政策"。[①]他强调，联邦最高法院每年审理大量的案件，但其中只有极少数的案件涉及《宪法第四修正案》，而且"警察在日常的执法活动中会有许多行动惯例，但是联邦最高法院只对其中少部分的行动惯例进行审理并作出判决"。[②] Kerr 教授坚信，政策模式会使法院在审理特定案件时变得过于注重案件事实，因为，"政策模式要求法院在案件审理过程中，从案件中挑选出某些事实，根据这些案件事实实现某种利益平衡，并最终确定是否要对警察在日常执法活动中所产生的行动惯例进行调整，也就是说，如果法院希望保护公民的隐私，那么法院就从案件中挑选出有利于公民的事实，然后作出判决以保护公民的隐私；如果法院希望保护国家安全，那么法院就从案件中挑选出有利于政府的

---

① Orin S. Kerr, Four Models of Fourth Amendment Protection, 60 Stan. L. Rev. 536 (2007).
② Orin S. Kerr, Four Models of Fourth Amendment Protection, 60 Stan. L. Rev. 539 (2007).

事实，然后作出判决以保护国家安全。"① 很明显，法院的这种做法会导致法律适用的不稳定性②。

Kerr 教授还提出了善意问题，不过善意问题只存在于特定的法律当中。事实上，合理隐私期待的判断标准与第三方学说保护范围一样，仍有许多模糊不清的地方。因此，在适用第三方学说来判断所审理的案件是否与先例相类似时，法院其实也十分纠结。

通过研究政策模式，我们可以制定出明确一致的规则。更重要的是，在确定《宪法第四修正案》的适用范围时，实用主义方法的判断标准是：当政府实施这些信息采集行为时，普通公民是否会对政府实施的信息采集行为的合理性产生怀疑，如果公民对政府实施的信息采集行为的合理性产生了质疑，那么《宪法第四修正案》就要调整政府实施的信息采集行为。但《宪法第四修正案》并不具体规定对政府进行何种程度的监督与规范，而是由法院根据具体情况确定对政府进行何种程度的监督与规范。总之，实用主义方法和合理隐私期待的判断标准最大的不同之处在于：实用主义方法适用于所有由政府信息采集行为所造成的问题，而不仅仅是隐私问题。

就《宪法第四修正案》的保护范围而言，实用主义方法能够提供明确的结论，并能够将大部分政府信息采集行为包含在内，这是合理隐私期待的判断标准所不能做到的。就程序问题而言，笔者相信，经过一定的时间，法院会创造出一系列原则，并用这些原则来评价立法机关所制定法律；在缺乏制定法的情况下，法院也会创造出某些特殊的规则，并用这些规则来调整政府实施的信息采集行为。最终，法律的适用会变得更加明确一致。

2. 文本性的反对意见

对实用主义方法持文本性的反对意见的学者们可能会认为：如果适用实用主义方法的话，法院可能会以《宪法第四修正案》为工具，将法院的规范目的强加于社会之中。

但《宪法第四修正案》早就被这样利用了。现今，法院根据

---

① Orin S. Kerr, Four Models of Fourth Amendment Protection, 60 Stan. L. Rev. 539 – 540 (2007).

② Orin S. Kerr, Four Models of Fourth Amendment Protection, 60 Stan. L. Rev. 540 (2007).

《宪法第四修正案》所作的全部判决,几乎都与《宪法第四修正案》的文本内容没有联系。事实上,合理隐私期待的判断标准并不是从于《宪法第四修正案》的文本之中产生的,因为《宪法第四修正案》的文本甚至根本没有使用"隐私"这一词语。学说早就超越了《宪法第四修正案》的文本,也超越了宪法文本本身。因此,我们可以说,《宪法第四修正案》的文本内容并不具有决定性意义。而且,《宪法第四修正案》文本中所提及的"不合理搜查"也只是个很宽泛的概念,我们不必将其限于某种特定的问题上。就像政府实施侵犯公民隐私的搜查行为是不合理的一样,政府所实施的、会导致其他问题的搜查行为也同样不合理。由此,我们可以将《宪法第四修正案》视为一种表面的声明:当政府要采集公民个人信息时,政府应当选择正确的方式,从而避免产生更多的问题。《宪法第四修正案》也可以被解读为:政府实施的信息采集行为虽然会产生积极影响和消极影响,但是,其积极影响必须要大于其消极影响,否则,政府不得实施信息采集行为。

总而言之,在政府实施的信息采集行为问题上,我们应当达成两项共识:其一,我们应当对政府实施的搜查行为进行监督和规范,以减少问题的产生;其二,政府实施的搜查行为虽然会同时产生积极影响和消极影响,但是,它们的行为所产生的积极影响必须要大于他们的行为所产生的消极影响。这两项共识也应当是构建《宪法第四修正案》、使《宪法第四修正案》变得更为合理的核心要求。

3. 法官成为实际上的立法者的反对意见

某些学者可能持法官成为实际上的立法者的反对意见,对于这种反对意见,笔者必须更为谨慎地进行回应。这些学者可能会认为,实用主义方法会不断削弱立法机关的作用,使法院有余地去制定其想要制定的规则。① 但事实是,即便不考虑新科技带来的影响,大多数公民还是认为,应当由民主选举产生的立法机关来制定法律规则,以便

---

① See Orin S. Kerr, The Fourth Amendment and New Technologies: Constitutional Myths and the Case for Caution, 102 Mich. L. Rev. 801, 858 (2004). As Professor Kerr argues, "[c]ourts tend to be poorly suited to generate effective rules regulating criminal investigations involving new technologies. In contrast, legislatures possess a significant institutional advantage in this area over courts."

规范政府利用职权实施的采集公民信息的行为。法官无权创造这些法律规则,因为法官并不是由民主选举产生的,而且法官也缺乏执法人员所具有的专业知识。

尽管这种反对意见有其合理性,但只有在有限的情况下,立法机关才会制定法律来制约政府的信息采集行为。[1] 当初,正是由于缺乏立法机关制定的法律来规范政府的信息采集行为,法院才不得已用《宪法第四修正案》来规范政府的信息采集行为。而且,当政府实施信息采集行为时,政府也正在使用其强大的权力,这种权力会对自由和民主产生深远的影响。正是由于上述问题会对社会的基本结构产生基础性作用,宪法才得以对政府实施的信息采集行为进行必要的规范和调整。

然而,《美国联邦宪法》并不专门解决某一类问题,它缺乏详细的法律规定,因而只能作为表达基本原则的声明而已。根据《宪法第四修正案》,政府必须向法院提供正当理由并且获得搜查证之后才能实施搜查行为。如果政府不遵循这项程序,法院会根据证据的排除规则,拒绝使用政府非法获得的证据。有人可能会因此认为,《宪法第四修正案》在规范各种政府信息采集行为中缺乏敏捷性和灵活性。

在笔者看来,我们不应当对《宪法第四修正案》作刻板的理解,认为它是要用一种规则来调整政府实施的所有信息采集行为。尽管根据《宪法第四修正案》,政府应当向法院说明正当理由才能取得搜查证,但为了增强《宪法第四修正案》的灵活性,联邦最高法院也创造了不少的例外,这些例外包括紧急情况[2]、临时停留、对嫌疑人进行搜身[3]、检查站的例外[4],等等。实际上,《宪法第四修正案》已经具有相当程度的灵活性了,如果有需要,联邦最高法院还可以对《宪法第四修正案》作出更为灵活的解释。

然而,即便立法机关所制定的法律得到了广泛的适用,也不意味

---

[1] See Daniel J. Solove, Fourth Amendment Codification and Professor Kerr's Misguided Call for Judicial Deference, 74 Fordham, L. Rev. 747, 768–772 (2005).
[2] See Illinois v. Rodriguez, 497 U. S. 177, 186 (1990).
[3] See Terry v. Ohio, 392 U. S. 1, 30–31 (1968).
[4] See Mich. Dep't of State Police v. Sitz, 496 U. S. 444, 455 (1990).

着联邦最高法院根据《宪法第四修正案》所创造的规则也能得到广泛的适用。相反，只要立法机关制定的法律符合《宪法第四修正案》的最低要求，即使这些法律与法院创造的规则南辕北辙，在审理案件时，法官仍然应当适用立法机关所制定的法律。

与法官成为实际上的立法者的反对意见相类似，另一种反对意见可能会认为，我们不应当过分扩大《宪法第四修正案》的保护范围，因为这样可能会打击立法机关的积极性，使得立法机关不愿意制定法律来规范政府的执法行为。如果《宪法第四修正案》允许法院主导刑事案件的程序，那么立法机关很可能会感觉到自己丧失了制定法律的空间。如果法院强势地要适用自己制定的规则，并拒绝适用立法机关制定的法律的话，那这种担忧十分有道理。但实际上，《宪法第四修正案》只陈述了基本原则，具体的法律条文还是应当由立法机关来制定。在审理案件时，法官应当对立法机关制定的法律进行评价，看看立法者所制定的法律是否与《宪法第四修正案》的基本原则相符合。只有当立法机关没有制定明确的法律时，法院才能制定相应的规则，来规范政府的信息采集行为。如果立法机关已经制定法律，来规范政府实施的特定信息采集行为，那么法院只能就立法机关制定的法律是否符合《宪法第四修正案》的基本原则一事作出评价，而不能就立法机关制定的法律是否与理想的政策选择相符合一事作出评价。

笔者所主张的实用主义方法能够扩大《宪法第四修正案》的保护范围，但还有许多领域需要立法机关制定法律，从而更好地规范政府实施的信息采集行为。

四、结语

尽管在规范政府实施的信息采集行为时，《宪法第四修正案》仍起着最主要的作用，但《宪法第四修正案》存在着许多问题是不争的事实。为了解决《宪法第四修正案》所存在的问题，我们必须抛弃隐私合理期待的判断标准。因为，一方面，合理隐私期待的判断标准过分关注政府在实施信息采集行为时是否侵犯了公民的隐私权；另一方面，在确定《宪法第四修正案》的保护范围时，适用隐私合理期待判断标准的法院往往过分注重阐明"隐私"的含义，而没能全面看待政府信息采集行为所引起的各种问题。因此,在确定《宪法第四修正案》的保护范围时,我们是时候抛弃隐私合理期待标准而采用一个更符合实用主义的方法了。